新时代公共管理学教材系列

TEXTBOOK SERIES OF PUBLIC ADMINISTRATION
IN A NEW ERA

城市治理学

URBAN GOVERNANCE

◇ 陈水生　唐亚林　主编

复旦大学出版社

作者简介

陈水生，复旦大学国际关系与公共事务学院教授、博士生导师，复旦大学国际关系与公共事务学院大都市治理研究中心副主任、《复旦城市治理评论》联合主编。主要研究兴趣为城市治理、公共政策与行政改革。出版专著3部，在《政治学研究》《中国行政管理》《公共行政评论》《学术月刊》等核心刊物上发表论文50余篇，承担多项国家和省部级课题，荣获上海市哲学社会科学优秀成果奖二等奖3项。本书主编，导论、第一章、第十二章作者。

韩志明，上海交通大学国际与公共事务学院教授、博士生导师，国家社科基金重大项目首席专家，中国行政管理学会青年理事，中国政治学会青年工作专业委员会理事，澎湃特约评论员。主要研究领域为国家治理、城市治理和社区治理。主持国家级和省部级项目20余项。出版专著5部，参著和译著等8部。在《政治学研究》《管理世界》《中国行政管理》《公共管理学报》等期刊上发表文章200余篇，40余篇被《新华文摘》《中国社会科学文摘》和人大复印报刊资料等杂志全文转载。本书第十一章作者。

高恩新，华东师范大学公共管理学院党委书记、教授、博士生导师。主要研究方向为应急管理与行政体制改革。先后承担国家社科基金项目2项、教育部人文社科基金项目1项、地方政府委托项目40多项。出版专著3部，在《公共管理学报》《中国行政管理》等权威和核心期刊发表论文30多篇。获上海市第十一届哲学社会科学优秀成果奖二等奖1项、上海市高等教育优秀教学成果奖一等奖1项（排名第二）、华东师范大学"学生心目中最优秀教师奖"、华东师范大学本科教学年度贡献奖等13项教学及科研奖。本书第四章作者。

孔繁斌，南京大学政府管理学院教授、博士生导师。研究领域为公共管理理论、政府组织与管理运作比较、中国公共政策过程。现兼任全国公共管理专业学位研究生教育指导委员会委员、江苏省行政管理学会副会长，国家社会科学基金重大项目"社会科学影响公共政策的历史、机制与中国路径研究"首席专家。代表性学术成果为专著《公共性的再生产——多中心治理的合作机制建构》。本书第十章作者。

王庆歌，南京大学管理学博士、南京财经大学公共管理学院讲师、南京财经大学政府管理研究中心研究员，研究方向为公共政策、城市治理、数字政府，在《中国行政管理》《公共管理与政策评论》等CSSCI期刊发表多篇学术论文。本书第十章作者。

彭　勃，上海交通大学国家安全研究院执行院长，国际与公共事务学院长聘教授、博士生导师，上海交通大学公共政策与治理创新中心主任，入选国家级哲学社会科学领军人才、教育部新世纪优秀人才、上海市浦江人才。2022年度国家社科基金重大项目"超大城市治理的理论逻辑与数字化转型路径研究"首席专家。研究领域聚焦于基层政治与地方治理、西方政府管理改革、公共政策分析等。主持多项国家社科重点及一般项目、教育部人文社会科学课题。在《政治学研究》《中国行政管理》《学术月刊》等核心刊物发表论文多篇。兼任民政部"全国基层政权建设和社区治理专家委员会""全国城乡社区建设专家委员会"委员。本书第七章作者。

容　志，武汉大学政治与公共管理学院副院长、教授、博士生导师。曾赴美国哈佛大学肯尼迪政府学院、加拿大阿尔伯塔大学商学院访学。在《政治学研究》《管理世界》《中国行政管理》等国内外重要学术期刊发表论文140余篇。出版专著3部，主编1部，合著2部。主持国家哲学社会科学基金项目、民政部重点委托项目和省部级哲学社会科学基金项目共10余项，参与国家哲学社会科学基金重大项目、重点项目若干项。荣获多项省部级以上科研奖励，以及省级教学成果奖励。本书第十三章作者。

锁利铭，南开大学周恩来政府管理学院教授、博士生导师，中国政府发展联合研究中心研究员、中国行政管理学会理事、中国人工智能学会社会计算与社会智能专业委员会委员、中国城市治理学术委员会委员、成都金沙智库特邀专家。研究方向为大都市区治理、政府治理与改革、复杂网络与复杂治理、区域可持续发展政策等。承担国家自然科学基金项目、国家社会科学基金项目等国家及地方委托项目30余项。在 Public Administration Review, Urban Affairs Review 以及《公共管理学报》《中国行政管理》等国内外期刊发表论文70余篇。成果获省部级奖励10余次，被国家和地方部门采纳10余项。本书第八章作者。

孙志建，复旦大学国际关系与公共事务学院青年研究员。致力于政府监管、城市治理数字化转型、公共管理基础理论等相关领域研究。研究成果发表于《政治学研究》《中国行政管理》《公共行政评论》等刊物。主持国家社科基金青年项目一项。专著《模糊性治理：中国城市摊贩监管中的政府行为模式》获上海市哲学社会科学优秀成果著作类二等奖。本书第三章作者。

唐亚林，复旦大学国际关系与公共事务学院教授、博士生导师，复旦大学国际关系与公共事务学院大都市治理研究中心主任、《复旦城市治理评论》联合主编，教育部2006年"新世纪优秀人才计划"入选者，2022年上海领军人才。主要研究方向为中国政府与政治、城市治理与区域一体化、地方政府与地方治理、比较政府与政治。主编中国治理的逻辑丛书，承担多项国家社科重大课题，出版专著近十部。本书主编，第十四章作者。

汪仲启，中共上海市委党校公共管理教研部教授、硕士生导师，上海市习近平新时代中国特色社会主义思想研究中心研究员、复旦大学当代中国研究中心研究员。研究方向为中国政府与政治、城市治理、基层党建与社会治理创新。曾任《社会科学报》首席记者、记者部主任，连续五年参与全国两会报道。主持国家社科基金项目一项，参加国家社科基金重大课题一项(子课题负责人)，主持或参加省部级以上课题10余项。出版专著、合著、编著十余部。在《政治学研究》《中国行政管理》《学术月刊》《经济社会体制比较》《光明日报》等权威期刊及重要报刊理论版发表论文近百篇。本书第六章作者。

吴晓林，南开大学周恩来政府管理学院院长、教授、博士生导师。研究专长为城市治理与政治发展、数字政府建设。国家社科基金重大项目"大数据驱动的特大城市治理中的风险防控研究"首席专家。曾获第八届和第九届高等学校科学研究优秀成果奖(人文社会科学)、天津市和湖南省社会科学优秀成果一等奖等多项奖励。在 *International Journal of Public Management*, *Journal of Urban Affairs* 以及《政治学研究》《中国行政管理》《公共管理学报》等国内外权威刊物发表论文100余篇。本书第二章作者。

叶 敏，华东理工大学社会与公共管理学院教授、博士生导师，华东理工大学中国城乡发展研究中心研究员，复旦大学大都市治理研究中心特聘研究员。主要研究方向为城乡基层治理。在《政治学研究》《公共管理学报》《中国行政管理》《学术月刊》《开放时代》等期刊以独立作者或第一作者发表学术论文60余篇。出版专著2部，主持国家社会科学基金2项、中国博士后科学基金面上资助项目1项，参与国家社会科学基金重大项目2项。2017年获上海市教委"阳光计划"人才项目资助，获华东理工大学"科研新星"称号。本书第五章作者。

张 平，复旦大学国际关系与公共事务学院教授、博士生导师，复旦大学公共预算与绩效评价中心主任、公共行政系副主任、MPA 中心副主任，世界银行咨询专家(PEFA首席评估专家)，入选国家级青年人才计划，上海市青年拔尖人才。主要研究领域为公共财政、中国税制、房地产税与政府治理，在《经济研究》，*Journal of Development Economics*，*China Economic Review* 等学术期刊发表论文40多篇，已出版关于房地产税研究著作5部。主持国家自然科学基金面上项目和青年项目与国家社会科学基金项目，获得世界经济领域最高奖浦山奖、上海市哲学社会科学优秀成果奖论文类一等奖、上海市高等教育教学成果奖一等奖、复旦大学教学成果奖一等奖等奖项。本书第九章作者。

"新时代公共管理学教材系列"总序

当前,世界正处于百年未有之大变局。世界大变局不只是表现在物质和生产方式层面,同时也体现在知识和文化层面。一方面,各门学科知识的新陈代谢在加快;另一方面,世界知识格局的多极化也在推进。与此同时,中华民族也处于伟大复兴重要征程上。中国开辟了一条新的现代化道路模式,中国与世界的相互联系、相互依靠前所未有,彼此之间相互理解的需求也更加迫切。这些都对高等教育特别是哲学社会科学教育和育人提出了新的要求。就育人而言,其中一个重要环节就是建设和完善教材体系,以适应新时代人才培养的需求。

复旦大学国际关系与公共事务学院历来重视教材建设,"卓越为公,作育国士"是学院在育人上的共识。从20世纪80年代开始,国际政治系教师们就投入了很大精力,集体合作,接力工作,编写了政治学、国际关系、行政管理等一系列教材,总计有几十种,蔚为大观。这些教材在社会上产生了较大的影响,也为我国政治学、国际关系、公共管理的人才培养发挥了重要的作用。

近些年来,学院除了组织教师对经典教材进行修订完善以外,随着时代的变化以及课程育人的新要求,愈来愈认识到建设一批新教材尤为迫切。学院在科研上重视中国公共管理学自主知识体系建构,在教学教材上则同步将较为成熟的中国公共管理学自主知识转化到新教材中,发挥科研和教材同步同向育人的效应。

学院拥有政治学、公共管理学、国家安全学、区域国别学等多个一级学科。多年来,这些学科共为一体、互相支持、各有分工,形成了较好的学科融合发展生态和文化,构成复旦大学大政治学学科集群的独特特点。为了传承学院融合发展的学科和育人文化,承担一流学科为党育人、为国育才的使命,更好地将习近平新时代中国特色社会主义思想、党的创新理论、当代中国公共管理学理论成果、世界上前沿的公共管理学知识等融入教材,我们组织了以中青年教师为主体的写作力量,计划在"十四五"期间完成"新时代公共管理学教材系列"的建设工作。

复旦大学出版社向来支持院系教材建设,过去为学院教师们出版了一批优秀教材,深受读者喜爱。学院很高兴能够再次与复旦大学出版社合作,希望双方共同努力,把这套教材编写好、建设好,更好地服务新时代育人工作。

复旦大学国际关系与公共事务学院
"新时代公共管理学教材系列"编委会
2024 年 5 月

序　言

　　城市,作为人类文明的重要载体,不仅是社会、政治、经济与文化活动的核心场域,也是国家治理现代化进程中的关键领域。在全球化、城市化与智能化深度融合的背景下,城市发展正经历着从规模扩张向质量提升的深刻转型。这一转型带来了前所未有的机遇,也伴随着复杂的挑战。如何科学规划城市发展路径,高效配置城市资源,协调人口、经济、土地和环境的可持续与高质量发展,构建兼具韧性、包容性与高效能的城市治理体系,已成为学术界与实务界共同关注的核心议题。

　　城市治理学是一门跨学科、跨领域的新兴学科,其理论建构与实践探索始终伴随着多元治理模式的竞争与融合。不同国家与地区基于自身的历史背景、文化传统与制度环境,形成了各具特色的治理范式。这些范式的多样性不仅丰富了城市治理的理论内涵,也为全球城市治理实践提供了宝贵的经验借鉴。本书以理论溯源与范式比较为经,系统梳理城市治理学的主要理论流派与研究进展;以实践探索与制度创新为纬,深入剖析全球前沿案例中的治理经验与创新路径。本书通过对"城市治理现代化"这一核心命题的系统性论述,旨在构建一套科学、系统且实用的城市治理知识体系,为推进中国城市治理现代化提供理论支撑与实践指导。

　　本书的内容架构围绕城市治理的核心议题与前沿领域展开,注重理论与实践的结合、历史与现实的联结、全球视野与本土探索的映照。全书以理论为基石,以问题为导向,以城市治理现代化为目标,力求在学术研究与治理实践之间架设桥梁,既为高校城市治理相关专业的教学提供参考,也为城市治理实务工作者提供理论指导与实践指南。

　　本书是集体智慧的结晶。各章作者分别为:陈水生(导论、第一章、第十二章)、吴晓林(第二章)、孙志建(第三章)、高恩新(第四章)、叶敏(第五章)、汪仲启(第六章)、彭勃(第七章)、锁利铭(第八章)、张平(第九章)、孔繁斌和王庆歌(第十章)、韩志明(第十一章)、容志(第十三章)、唐亚林(第十四章)。全书由陈水生和唐亚林统稿。在此,我们对各位作者的学术贡献与辛勤付出表示由衷的感谢。同时要特别感谢复旦大学国际关系与公共事务学院博士生罗丹在统稿过程中所做的细致校对工作,以及复旦大学出版社朱枫女士的专业编校工作,她们的努力付出为本书的顺利出版提供了重要保障。此外,感谢复旦大学国际关系与公共事务学院将本书纳入"新时代公共管理学教材系列",这是对我们研究工作的高度认可与支持。

　　城市治理学作为一门正在发展中的新兴学科,其理论体系与实践框架仍需不断完善。由于时间与能力所限，本书难免存在疏漏与不足之处，恳请学界同人与广大读者不吝赐教。您的批评与建议将为我们提供宝贵的改进方向，也将为城市治理学的学科发展注入新的活力。

陈水生　唐亚林

2025 年 5 月 18 日于复旦大学文科楼

目　录

导论 ……………………………………………………………………… 1

　第一节　从城市管理学到城市治理学 …………………………… 1

　　一、城市发展与城市问题 …………………………………… 1

　　二、城市治理学的产生与发展 ……………………………… 4

　第二节　城市治理学的内容与特征 ……………………………… 8

　　一、城市治理学的内容 ……………………………………… 8

　　二、城市治理学的特征 ……………………………………… 15

　第三节　城市治理学的理论基础、范式与发展趋势 …………… 16

　　一、城市治理学的理论基础 ………………………………… 16

　　二、城市治理学的范式 ……………………………………… 20

　　三、城市治理学的发展趋势 ………………………………… 23

　思考题 …………………………………………………………… 27

第一章　现代城市的发展、功能与城市化 ………………………… 28

　第一节　城市的起源与发展 ……………………………………… 28

　　一、城市的起源 ……………………………………………… 28

　　二、城市发展的主要阶段 …………………………………… 30

　第二节　现代城市的功能 ………………………………………… 47

　　一、容器功能 ………………………………………………… 48

　　二、政治功能 ………………………………………………… 48

　　三、经济功能 ………………………………………………… 49

　　四、社会功能 ………………………………………………… 49

　　五、文化功能 ………………………………………………… 50

　第三节　城市化发展历程与特征 ………………………………… 50

　　一、西方国家城市化的发展历程与特征 …………………… 51

　　二、中国城市化的发展历程与特征 ………………………… 56

　思考题 …………………………………………………………… 62

第二章　城市治理制度与政策 ··· 63

　第一节　城市治理的权力结构 ··· 63

　　　　一、精英主义与多元主义的视角 ·································· 64

　　　　二、城市增长机器理论的视角 ······································ 66

　　　　三、新马克思主义城市理论的视角 ····························· 67

　　　　四、城市政体理论的视角 ··· 68

　　　　五、制度性集体行动理论的视角 ······························· 70

　　　　六、人民城市论的视角 ··· 72

　第二节　城市治理的主体与体制 ··· 74

　　　　一、中国城市治理的主体 ··· 74

　　　　二、西方国家城市管理体制 ·· 81

　第三节　城市治理政策的决策与执行 ··· 85

　　　　一、城市治理政策的决策模式 ····································· 85

　　　　二、城市治理政策的执行模式 ····································· 88

　　思考题 ·· 90

第三章　城市公共空间治理 ··· 91

　第一节　城市公共空间的功能、特质与典型问题 ······················· 91

　　　　一、城市公共空间的功能 ··· 92

　　　　二、城市公共空间的特质 ··· 94

　　　　三、城市公共空间治理中的典型问题 ··························· 96

　第二节　城市公共空间生产的逻辑 ··· 98

　　　　一、权力逻辑导向下的城市公共空间生产 ··················· 99

　　　　二、资本逻辑导向下的城市公共空间生产 ··················· 100

　　　　三、生活逻辑导向下的城市公共空间生产 ··················· 101

　第三节　城市公共空间治理的主要模式 ······································ 103

　　　　一、以国家为中心的治理模式 ····································· 103

　　　　二、以市场为中心的治理模式 ····································· 106

　　　　三、以使用者为中心的治理模式 ································· 107

　　思考题 ·· 109

第四章　城市安全治理 ·· 110

　第一节　城市与安全 ··· 110

　　　　一、安全是城市系统的基本需求 ································· 110

　　　　二、当代城市面临的安全挑战 ····································· 111

第二节　城市安全治理的主要内容 ………………………… 113
一、城市安全治理的物理基础:城市生命线工程 ………… 114
二、城市安全的根基:社区安全治理 ……………… 116
三、城市安全的终极目标:城市安全的可持续性 ……… 119
第三节　城市安全观的发展变迁 …………………… 123
一、防御性城市观 ……………………………… 123
二、脆弱性城市观 ……………………………… 125
三、韧性城市观 ………………………………… 127
第四节　城市安全治理体系 …………………………… 130
一、传统多元分散的管理体系 ………………… 130
二、走向整合的集中式安全管理体系 ………… 131
三、政府主导的多元参与治理体系 …………… 132
思考题 ……………………………………………… 135

第五章　城市环境治理 ……………………………… 136
第一节　快速城市化与城市环境问题 …………… 136
一、中国的快速城市化进程 …………………… 137
二、城市环境的急剧恶化 ……………………… 139
第二节　中国城市环境治理体制及其变迁 …………… 140
一、中国环境管理机构的历史沿革 …………… 141
二、走向大部制:城市环境治理体制变革 …… 142
三、政府主导的多元共治环境治理体制 ……… 144
第三节　中国城市环境的治理工具 ………………… 147
一、环境治理的立法规制 ……………………… 147
二、综合治理与目标责任制 …………………… 149
三、环保督查与专项整治 ……………………… 150
四、环保倡导与创建环保模范城市 …………… 151
五、技术创新、产业结构调整与市场化治理 … 153
第四节　中国城市环境治理创新 …………………… 155
一、"蓝天保卫战":中国城市空气治理创新 … 156
二、"河长制":中国城市水环境治理创新 …… 159
三、减量化、资源化和无害化:中国城市生活垃圾治理
创新 ………………………………………… 161
四、中国城市环境的可持续发展 ……………… 165
思考题 ……………………………………………… 168

第六章　城市交通治理 ················· 169

　　第一节　城市交通的发展与交通系统 ················· 169

　　　　一、城市交通的发展历程与治理挑战 ················· 169

　　　　二、城市交通系统的构成 ················· 171

　　第二节　城市交通治理的目标、原则与政策 ················· 175

　　　　一、城市交通治理的目标 ················· 175

　　　　二、城市交通治理的原则 ················· 177

　　　　三、城市交通治理政策 ················· 178

　　　　四、中国城市交通治理政策变迁 ················· 184

　　第三节　城市交通治理创新 ················· 187

　　　　一、城市交通治理创新的认知重塑 ················· 187

　　　　二、技术变革与城市交通治理创新 ················· 189

　　　　三、面向可持续发展的城市交通治理创新 ················· 192

　　思考题 ················· 194

第七章　城市社区治理 ················· 195

　　第一节　中国城市社区治理的演进、主体与结构 ················· 195

　　　　一、中国城市社区治理的演进历程 ················· 196

　　　　二、中国城市社区治理的主体 ················· 200

　　　　三、城市社区治理的结构 ················· 203

　　第二节　中国城市社区居民自治 ················· 207

　　　　一、中国城市社区居民自治的发展背景 ················· 207

　　　　二、中国城市社区居民自治的类型 ················· 208

　　　　三、"党建引领"城市社区居民自治 ················· 210

　　第三节　中国城市社区空间建设与社区营造 ················· 213

　　　　一、城市社区空间的功能与特征 ················· 213

　　　　二、城市社区空间建设中存在的问题 ················· 215

　　　　三、城市社区空间建设的原则与社区营造的路径 ················· 216

　　思考题 ················· 220

第八章　城市经济治理 ················· 221

　　第一节　城市经济治理概述 ················· 221

　　　　一、城市经济治理的概念与特征 ················· 221

　　　　二、城市经济发展模式 ················· 225

　　　　三、城市经济治理的结构 ················· 227

第二节　城市经济竞争力与发展型城市 …………………… 228

一、城市经济竞争力概述 ………………………………… 229

二、发展型城市的含义、特征与发展战略 ……………… 233

三、城市经济竞争与合作 ………………………………… 237

第三节　城市经济治理政策与绩效目标 …………………… 240

一、城市经济治理政策 …………………………………… 241

二、城市经济治理的绩效目标 …………………………… 244

思考题 …………………………………………………………… 248

第九章　城市财政治理 ……………………………………………… 249

第一节　城市财政治理的核心要素 ………………………… 249

一、城市财政收入 ………………………………………… 249

二、城市财政支出 ………………………………………… 260

三、城市公共预算 ………………………………………… 267

第二节　中国城市财政管理体制改革 ……………………… 270

一、中央与地方政府间财政体制改革的历程 ………… 270

二、城市财政管理体制改革的实践探索 ……………… 274

第三节　中国城市财政问题及其治理 ……………………… 278

一、地方政府的收支矛盾 ………………………………… 278

二、土地财政与地方债 …………………………………… 279

三、公共服务地区差异的税收定价 ……………………… 280

四、城市财政治理变革：财权事权与支出责任重构 …… 281

思考题 …………………………………………………………… 284

第十章　城市文化治理 ……………………………………………… 285

第一节　城市文化与城市文化治理概述 …………………… 285

一、城市文化的定义 ……………………………………… 286

二、城市文化的产生和构成 ……………………………… 287

三、城市文化治理与建设人文城市 ……………………… 290

第二节　城市公共文化服务及其治理政策 ………………… 291

一、城市公共文化服务的特征、功能与类型 ………… 291

二、城市公共文化服务治理转型与政策变迁 ………… 297

第三节　城市文化本土性与文化治理的主体性建构 ……… 301

一、文化差异与城市文化本土性 ………………………… 302

二、城市文化治理的主体性建构 ………………………… 304

思考题 ……………………………………………………………………………… 310

第十一章　城市治理创新 ……………………………………………………… 311
　　第一节　城市网格化治理创新 ………………………………………………… 311
　　　　一、城市网格化治理的演进历程 ………………………………………… 312
　　　　二、城市网格化治理的结构体系 ………………………………………… 315
　　　　三、城市网格化治理的优势与限度 ……………………………………… 318
　　　　四、城市网格化治理的未来发展趋向 …………………………………… 320
　　第二节　城市精细化治理创新 ………………………………………………… 321
　　　　一、城市精细化治理的构成要素 ………………………………………… 322
　　　　二、城市精细化治理的运行特征 ………………………………………… 325
　　　　三、城市精细化治理的成效、困境与优化路径 ………………………… 327
　　第三节　城市智慧治理创新 …………………………………………………… 330
　　　　一、城市智慧治理的内涵和特征 ………………………………………… 331
　　　　二、城市智慧治理的核心要素 …………………………………………… 332
　　　　三、城市智慧治理的技术构成 …………………………………………… 334
　　　　四、城市智慧治理的整体性构建路径 …………………………………… 336
　　思考题 ………………………………………………………………………… 340

第十二章　城市治理现代化与城市群治理 ………………………………… 341
　　第一节　城市治理现代化 ……………………………………………………… 341
　　　　一、城市治理现代化的定义与内涵 ……………………………………… 341
　　　　二、中国城市治理现代化面临的挑战 …………………………………… 342
　　　　三、中国城市治理现代化的实现路径 …………………………………… 343
　　第二节　城市群的形成与发展 ………………………………………………… 348
　　　　一、城市群的概念与特征 ………………………………………………… 348
　　　　二、城市群的发展演进 …………………………………………………… 349
　　　　三、中国主要城市群的形成过程与发展现状 …………………………… 352
　　第三节　中国城市群治理现代化 ……………………………………………… 358
　　　　一、中国城市群治理的实践经验 ………………………………………… 359
　　　　二、中国城市群治理存在的主要问题 …………………………………… 361
　　　　三、中国城市群治理现代化的实现路径 ………………………………… 362
　　思考题 ………………………………………………………………………… 366

第十三章　未来城市的治理 ………………………………………… 367

　　第一节　城市发展的历史与挑战 ………………………………… 367

　　　　一、城市发展的历史变迁 ………………………………… 368

　　　　二、未来城市面临的挑战 ………………………………… 369

　　第二节　未来城市的影响因素与发展图景 ……………………… 373

　　　　一、未来城市的影响因素 ………………………………… 373

　　　　二、未来城市的发展图景 ………………………………… 376

　　第三节　未来城市的空间形态与治理模式 ……………………… 379

　　　　一、未来城市的空间形态 ………………………………… 380

　　　　二、未来城市的治理模式 ………………………………… 384

　　思考题 ……………………………………………………………… 388

第十四章　走向人民城市 …………………………………………… 389

　　第一节　人民城市论的提出 ……………………………………… 389

　　　　一、历史中的城市 ………………………………………… 390

　　　　二、人民城市论的演进 …………………………………… 391

　　第二节　人民城市的理论逻辑 …………………………………… 393

　　　　一、城市功能的拓展与城市性的要素生成 ……………… 393

　　　　二、城市增长观的异化与城市人民性的回归 …………… 394

　　　　三、人民性与城市性、国家性的统一 …………………… 397

　　第三节　人民城市的历史逻辑 …………………………………… 397

　　　　一、工业城市崛起与人民性的缺失 ……………………… 398

　　　　二、现代城市治理与人民主体性 ………………………… 399

　　　　三、共建共治共享的城市文明共同体建构 ……………… 400

　　第四节　人民城市的实践逻辑 …………………………………… 401

　　　　一、新中国经济赶超型发展战略与现代工业体系的
　　　　　　构建 ………………………………………………… 402

　　　　二、社会主义市场经济条件下大中小城市和小城镇
　　　　　　协调发展战略格局的构建 ………………………… 402

　　　　三、新时代人民城市的高质量发展模式的建构 ………… 403

　　思考题 ……………………………………………………………… 406

导　　论

城市是人类文明发展的重要标志,城市治理学是随着城市治理理论的发展与城市管理实践的演进而形成的一门新兴学科。本章主要梳理城市治理学的学科发展历程、研究内容、理论基础和范式等,并展望其未来发展趋势。

第一节　从城市管理学到城市治理学

随着城市的形成与发展,分散的社会机构逐渐向城市集中。城市物质和文化的不断进步,加速拓展了人类交往的广度和深度,推动城市的进一步发展。[①] 为促进城市社会、经济、政治、文化、生态等方面的有序发展,城市管理应运而生。城市管理是指城市政府运用法律、经济、行政、技术等手段管理城市公共事务,旨在有效解决各类公共问题,满足城市组织和民众的多元化需求。然而,在经济全球化、技术革命、城市竞争加剧和民众需求多元等现实挑战下,传统城市管理模式显得力不从心,难以满足城市高质量发展、高效能治理和高品质生活的需要。因此,城市管理学亟须向城市治理学转变,从而构建多元共治体系,更好地治理城市公共事务,实现城市治理现代化。

一、城市发展与城市问题

城市在人类文明的发展与进步中扮演着不可或缺的角色。城市的发展历史与人类社会的发展历史紧密相连、相互交织,城市发展在很大程度上反映了人类社会的历史成就。城市的产生、发展与繁荣,依赖于三个关键因素:地点的神圣、提供安全和规划的能力、商业的激励作用。当这些因素在某个地方得到充分体现时,城市发展便能繁荣兴盛;反之,在这些因素式微的地方,城市就会逐步走向衰败,最终可

---

① ［美］刘易斯·芒福德:《城市发展史——起源、演变和前景》,宋俊岭、倪文彦译,中国建筑工业出版社2005年版,第31页。

能被历史抛弃。①

（一）城市的定义与特征

城市是人类社会发展到一定阶段的产物，也是人类文明的象征。由于城市历史悠久、构成要素复杂，要对城市进行准确、系统的定义是一个复杂的过程。正如刘易斯·芒福德(Lewis Mumford)所言，"人类用了5 000多年的时间，才对城市的本质和演变过程获得了一个局部的认识，也许要用更长的时间才能完全弄清它那些尚未被认识的潜在特性"。② 王震国等人也指出，"城市，是一个叠合了地理、经济、社会三大空间实体，以及各种自然和人为要素的多功能、多层次、复杂、动态、庞大的组织系统；它是一定规模的非农业人口聚集的场所，以及一定地域内政治、经济、社会、文化、科学的中心"。③

城市是人口和生产要素的集聚地。④ 从人的活动角度来看，城市与人的生活紧密相连，是人类生存与发展的空间和载体。从经济角度来看，城市的经济活动更加集中，生产要素更加聚集，流动速度更快。城市经济学家沃纳·赫希(Werner Hirsch)认为，"城市就是经济活动和家庭相当集中的一个巨大地理区域"。⑤ 从社会角度来看，城市具备不同于农村的互动关系和风俗习惯等，它是共同风俗、情感和传统的集合体。从环境角度来看，不同于农村的自然环境，城市拥有高度人工化的环境系统。这些特征共同构成了城市的独特性，使其成为人类社会的重要组成部分。

城市的具体特征如下。

（1）人口、生产要素和经济活动的聚集性。人口、生产要素和经济活动在特定空间内的集中是城市区别于乡村的显著特征。从历史演进的角度来看，正是经历了人口、生产要素的聚集，城市才得以形成，聚集性是城市发展的根本动力。

（2）经济和文化的辐射性。作为特定区域的中心，城市不仅具备引进、吸收、传导资金和技术等要素的能力，还能在经济上辐射带动周边地区的发展，并对周边地区的文化产生显著影响。

（3）社会构成的异质性和流动性。城市汇集了来自不同地区的人口，这使城市的社会结构呈现异质性特征；同时，城市人口的流动性较强，进一步强化了城市社会的流动性特征。

---

① 参见[美]乔尔·科特金:《全球城市史》，王旭等译，社会科学文献出版社2006年版。
② [美]刘易斯·芒福德:《城市发展史——起源、演变和前景》，宋俊岭、倪文彦译，中国建筑工业出版社2005年版，第2页。
③ 王震国、王宇辰:《现代城市管理》，中国建筑工业出版社2017年版，第1页。
④ 姚尚建:《"人民"的城市及其指向——城市性概念的初步检讨》，《浙江学刊》2021年第1期。
⑤ [美]沃纳·赫希:《城市经济学》，刘世庆等译，中国社会科学出版社1990年版，第8—10页。

（4）功能的多样性。作为人口和各类要素聚集的地方，城市日益成为一个复杂的巨系统。经济发展的需要、人类多样化的需求等主客观因素要求城市具备多样化的功能。

（5）系统的开放性。城市的形成和发展有赖于一个开放的城市系统以开展各种经营活动，只有在跨区域、跨文化、跨行业、跨族群的动态交互中，城市才能获得发展所需的资源补充以及产品供给的目标市场。

（二）城市的发展阶段

从世界范围来看，城市发展的历程可以根据时间维度划分为四个阶段：奴隶社会的城市、封建社会的城市、近代工业社会的城市及现代开放社会的城市。（1）在奴隶社会（原始公社解体至公元 476 年西罗马帝国灭亡）时期，城市规模较小、数量有限，功能相对单一，主要承担行政、宗教、军事或手工业中心的角色。（2）在封建社会（公元 476 年至 1640 年英国资产阶级革命前夕）时期，尽管城市规模依然较小，生产技术较为落后，但城市功能开始趋向多元化，不仅成为商品市场、贸易中心和文化活动的聚集地，也逐渐发展成为政治、经济和文化中心。（3）在近代工业社会（第一次工业革命至 19 世纪末）时期，随着机器大工业的兴起，城市开始以第二产业和第三产业为主导；城市人口迅速增长，随之而来的是交通拥堵、住房紧缺、环境污染等"城市病"；城市规模急剧扩张，成为全社会的经济、政治和文化中心。（4）在现代开放社会（20 世纪初至今）时期，城市成为第三产业的中心，城市功能愈加多样化；大型城市群或城市带相继形成，大都市区和城市群开始萌芽，逐步取代单一城市发展模式。[1]

近代以来，中国城市发展变迁主要经历了如下三个阶段。（1）传统城市阶段。在这一阶段，传统城市在整合城乡关系、血缘关系、地缘关系等方面发挥了重要作用，成为全国性官僚行政体系的重要组成部分。城市以属地管理为原则，主要在本地市场进行自发性的个体经济活动。（2）计划经济城市阶段。这一时期的城市特征主要体现为城乡分割明显、城市和社会受到严格控制、人口流动性低，经济活动以集体经济与公私合营为主。（3）市场经济城市阶段。此时，政府、市场与社会皆在城市发展中扮演着重要角色，城市内部阶层与空间出现分化，人口与资源的流动性显著增强，城市的全球化特征日益显著。[2]

（三）城市发展中的问题

第一次工业革命后，英国成为 19 世纪中叶世界上第一个城市人口占多数的国

---

[1]　白建民、王欣、王薇：《现代城市管理》，中国科学技术大学出版社 2005 年版，第 4—7 页。

[2]　宋辰婷：《城市变迁进程中传统与现代性矛盾分析——以北京、巴黎和东京的比较为例》，《北京工业大学学报》（社会科学版）2015 年第 1 期。

家。这个时期的技术革命在很大程度上塑造了现代城市的形式,电力、内燃机、集装箱化及重工业转型等因素的结合,促成了城市的根本转变。[1] 进入 20 世纪以后,全球经济一体化、世界经济的增长及新的科学技术革命的发展等因素推动了城市的持续发展与演进,促使城市进入现代城市阶段。与此同时,快速的城市发展也带来了诸多问题,例如城市风险增加、城市发展不平衡、城市空间结构不合理、城市居民获得感较低等。

第一,城市风险增加。现代城市作为政治、经济和文化的综合体,人口数量和建设规模均在快速扩张,与此相伴的是城市面临的整体性风险也在逐步增加,且这些风险具有复合性、联动性、叠加性、扩散性和隐蔽性等特征。[2] 城市中诸如极端气候灾害、传染性疾病传播等传统风险与非传统风险交织,容易引发社会失序、经济失调和政治失治的复合型危机。

第二,城市发展不平衡。城市内部、不同城市之间以及城市群之间在人口、产业、收入和公共服务等方面存在较大差异,这种不平衡引发了严重的贫富分化和社会冲突。

第三,城市空间结构不合理。以往城市管理者多从经济效益出发进行城市规划,忽视了城市发展的社会效益和生态效益,导致城市规划落后于城市发展实际需求。大城市功能高度集中,而周边中小城市功能不健全,进一步加剧了城市空间结构的失衡。

第四,城市居民获得感较低。由于城市快速扩张、城市管理理念未能与时俱进、城市规划较为落后、收入分配制度不合理等原因,居民在住房、交通、医疗、教育、就业和公共安全等方面的获得感与满足感不强。这些问题需要城市管理者通过改革与创新来解决,以提高居民的生活质量和城市的可持续发展能力。

二、城市治理学的产生与发展

城市是一个集人口、经济、政治、科技、文化和社会于一体的复杂空间系统,在经济社会活动中扮演着至关重要的角色。然而,城市并不能自发解决伴随规模扩大所出现的种种问题。因此,如何有效治理城市问题与公共事务,成为城市管理者和研究者亟待解决的难题。城市管理学是研究城市管理理论和实践、探究其客观规律的一门学科。但随着城市的快速发展、城市问题日趋复杂化,以及城市治理理论的发展进步,这些因素共同驱动城市管理学向城市治理学转变。

---

[1]　Nick Buck, Ian Gordon and Alan Harding, et al., *Changing Cities: Rethinking Urban Competitiveness, Cohesion and Governance*, Palgrave Macmillan, 2005, pp.1-2.

[2]　肖文涛、王鹭:《韧性视角下现代城市整体性风险防控问题研究》,《中国行政管理》2020 年第 2 期。

（一）中国城市管理实践的发展变迁

新中国成立以来,中国一直高度重视城市建设,但长期以来缺乏一个专门的部门进行统筹规划。城市管理权分散在公安、交通和市容绿化等多个部门,导致城市管理长期存在"散、乱、缺"等问题。[①] 1997年,北京市宣武区在全国率先启动城市管理领域的试点工作,此后各地相继成立了城管部门。关于"何为城市管理",学界存在多种不同的观点。第一种观点认为城市管理即市政管理,将城市管理与城市经济管理、社会管理、城市规划建设等并列看待。第二种观点认为城市管理是城市各部门管理的总和,涵盖工业管理、农业管理、商业管理和治安管理等,各个部门的管理组合起来构成城市管理学。第三种观点认为城市管理是一个多层次、分系统、从宏观到微观的纵横交织的管理网络,强调城市管理的复杂性和系统性。

从中国政府城市管理的机构设置和功能取向上看,城市管理的概念可从宏观、中观和微观三个层面考察。在宏观层面,城市管理泛指政府或者受托管理机构对一个城市地理空间事务的管理,这种管理涵盖了城市的整体规划和发展策略,以及对城市资源的配置和利用。从中观层面分析,城市管理是指政府专设机构或相关职能机构对涉及市政基础设施、市容环境、公共事业等与城市发展密切相关的领域进行的管理,包括对城市交通、供水、供电、绿化、环境卫生等方面的规划、建设和维护。微观意义上的城市管理则是指设立在城市管理委员会或城市管理局之下的城市管理综合执法机构所进行的管理,通常采用垂直管理方式。这些机构的基本职责是发现、查处和处罚违反城市管理条例的事件,以确保城市管理的规章制度得到有效执行。[②]

党中央和国务院一直高度重视城市工作。2013年12月,中央召开城镇化工作会议,明确了推进城镇化的指导思想、主要目标、基本原则和重点任务。会议指出,城镇化是中国现代化的必由之路,提出了推进城镇化的六大主要任务,包括:推进农业转移人口市民化、提高城镇建设用地利用效率、建立多元可持续的资金保障机制、优化城镇化布局和形态、提高城镇建设水平和加强对城镇化的管理。[③] 2014年3月,中共中央、国务院印发了指导城市工作的战略性文件——《国家新型城镇化规划(2014—2020年)》。该规划明确了未来城镇化的主要目标和发展路径,并强调未来城市工作需要着力于:强化城市产业就业支撑、优化城市空间结构和管理格局、提升城市基本公共服务水平、提高城市规划建设水平、推动新型城市建设、加强和创新城市社会治理。[④] 2015年

---

① 莫于川:《从城市管理走向城市治理:完善城管综合执法体制的路径选择》,《哈尔滨工业大学学报》(社会科学版)2013年第6期。

② 孙柏瑛:《我国政府城市治理结构与制度创新》,《中国行政管理》2007年第8期。

③ 《中央城镇化工作会议在北京举行》,《人民日报》2013年12月15日。

④ 《国家新型城镇化规划(2014—2020年)》(2014年3月16日),中国政府网,http://www.gov.cn/zhengce/2014-03/16/content_2640075.htm,最后浏览日期:2025年3月21日。

12 月,中央城市工作会议提出要完善城市治理体系,提高城市治理能力,走出一条中国特色城市发展道路。2021 年 3 月,《中华人民共和国国民经济和社会发展第十四个五年规划和 2035 年远景目标纲要》提出,推进以人为核心的新型城镇化,提高城市治理水平,实施城市更新行动,建设海绵城市、韧性城市,以适应城市发展新趋势,满足人民对美好生活的向往。①

(二) 城市治理学的发展

由于城市管理学难以适应城市管理实践的需要,城市治理亟需新的理论指导。自 20 世纪 90 年代开始,学界围绕城市治理的概念、参与者关系、治理模式、城市治理难题等问题展开了深入研究。2000 年后,中国学者逐渐将城市治理理论与中国城市建设管理问题联系起来,并运用到城市管理实践中。中国城市治理研究兴起的原因主要有以下四点:一是城市治理实践的需要。中国城市化进程不断加速,大量公共事务和社会矛盾在城市中出现,对城市政府提出了新挑战,城市治理实践亟需新的理论指导。二是城市新问题的出现拓展了研究内容。城市规模扩大和人口增加使市公共事务快速增加,这也拓展了城市治理研究的内容,推动了城市治理研究的发展。三是研究队伍的壮大。近年来,国内多所高校成立了城市治理研究中心,不少高校开设城市管理专业,培养了一大批城市治理研究者和实践者,城市治理研究成果也促进了城市治理学的发展繁荣。四是国际学术交流的互动影响。西方国家的城市治理理论和实践经验成为国内城市治理研究的重要内容,为中国城市治理研究提供了理论基础和经验借鉴。

1. 城市治理的定义

城市治理学是在治理理论基础之上发展起来的一种新型城市治理范式。自 20 世纪 90 年代以来,随着全球化进程的加剧,治理一词在经济学、政治学和管理学领域广为传播,推动了治理理论的形成。全球治理委员会将治理定义为公私领域的个人和组织在管理其共同事务时所采取的诸多方式的总和。治理强调政府和社会行动者之间及社会行动者之间相互作用的性质和效果,政府和非政府组织之间的关系得到重新界定。② 俞可平认为,治理是指官方的或民间的公共管理组织在一个既定的范围内,运用公共权威维持秩序,满足公众需要的过程。因此,治理是一种公共管理活动和公共管理过程,包含必要的公共权威、管理规则、治理机制和治理方式。它具有四个特征:治理不是一套规则,而是一个过程;治理过程的基

---

① 《中华人民共和国国民经济和社会发展第十四个五年规划和 2035 年远景目标纲要》(2021 年 3 月 13 日),中国政府网,http://www.gov.cn/xinwen/2021-03/13/content_5592681.htm,最后浏览日期:2025 年 3 月 21 日。

② Leon van den Dool, Frank Hendriks and Alberto Gianoli, et al., *The Quest for Good Urban Governance*, Springer, 2015, pp.14-16.

础是协调;治理涉及公共部门和私人部门;治理不是一种正式的制度,而是持续的互动。①

帕特里克·勒加莱斯(Patrick Le Galès)指出,城市治理是整合和协调地方政府、社会组织、社会团体之间利益的能力,同时也是代表这些不同主体形成对市场、国家、城市和其他同层次政府的相对一致策略的能力。② 广义上的城市治理是指为了谋求城市在经济、社会、生态等方面的持续发展,对城市中的资本、土地、劳动力、技术、信息和知识等生产要素进行整合的城市地域空间治理的概念。狭义上的城市治理则是指政府、私营部门、非营利组织作为三种主要的组织形态,组成相互依赖的多元主体治理网络,在城市范围内,平等地按照参与、沟通、协商、合作的治理机制,在解决城市公共问题、提供城市公共服务、增进城市公共利益的过程中相互合作的过程。③

因此,我们将城市治理界定为:城市政府、社会组织、企业和市民等多元主体利用各种治理资源,运用各种治理方式和手段,治理城市公共事务,解决城市公共问题,促进城市经济、社会、文化和环境等各领域的全面发展,实现城市高质量发展和高效能管理,为民众创造美好幸福生活的系统过程。

2. 城市治理学的产生背景

城市治理学的出现主要基于以下背景。

第一,经济全球化带来激烈的城市竞争。随着经济全球化趋势的日益明显,国家间的经济竞争变得更加激烈。城市是国家经济发展的重要增长点,而国家间的经济竞争主要体现为城市之间的竞争。④ 为了保持城市的竞争优势,城市吸引力和竞争力变得格外重要。因此,如何激发经济主体的创造性、促进城市发展,成为城市政府必须思考的问题,城市政府需要改革旧的管理机制,提升管理绩效,为经济发展和城市经济竞争创造良好的制度环境,推动城市管理迈向城市治理。

第二,政府失败和市场失灵倒逼新的城市治理模式的产生。政府失败和市场失灵促使城市管理者和研究者反思原有的城市管理模式,重视社会力量在城市治理中的重要作用,并致力于在政府与其他主体之间建立适宜的合作共治模式,共同提升城市治理效能。新公共管理运动、治理思潮等改革推动了私人企业、公民、社会组织等主体参与城市管理实践,为城市治理学的发展奠定了实践基础,并促成了城市治理模式的相应转变。

---

① 俞可平:《全球治理引论》,《马克思主义与现实》2002 年第 1 期。

② Patrick Le Galès, "Regulations and Governance in European Cities", *International Journal of Urban and Regional Research*, 1998, 22(3), pp.482-506.

③ 王佃利:《城市管理转型与城市治理分析框架》,《中国行政管理》2006 年第 12 期。

④ 易晓峰、唐发华:《西方城市管治研究的产生、理论和进展》,《南京大学学报》(哲学·人文科学·社会科学版)2001 年第 5 期。

第三,现代城市的新特征要求城市管理与时俱进。一方面,随着城市化的深入发展,城市的专业分工程度越来越高,管理对象也越来越复杂。城市或城市区域间的事务治理需要超越地方甚至区域政府管理的界限,这要求城市管理分工上的精细化、明确化、可视化和可操作化。另一方面,随着城市经济、社会的深刻转型,城市社会高度分化,这背后反映了不同群体的权力分配问题①,需要城市管理者对其作出积极回应。针对城市出现的新情况和新问题,城市内部、城市区域之间需要一种新的协调机制,采取有效、多样化和差异化的管理方式促进城市和区域发展。传统的城市管理模式无法满足城市中产生的新需求,城市治理作为一种新的城市管理模式,能够以理论指引现代城市管理实践。②

第四,适应城市快速发展与治理新挑战的需要。一方面,城市快速发展的同时,大量城市问题也随之产生,如资源短缺、环境污染、城市犯罪、住房拥挤和交通拥堵等"城市病"层出不穷;另一方面,城市管理也面临诸多挑战,主要表现为城市内不同群体对城市公共服务提出的差异化和个性化需求,教育、医疗、住房和社会保障等公共服务的有效供给,以及政府对社会资源的有效调配和对城市各子系统的高效管理。③ 为此,城市政府须探索新的城市管理方式,创新性地回应城市的新需求与新挑战,城市治理学恰好顺应了这一发展契机。

第二节　城市治理学的内容与特征

从研究内容来看,城市治理学涉及城市治理理论与城市治理实践,涵盖学科的基本概念、理论基础、核心任务与发展前沿。这一学科不仅关注理论的深度与广度,也注重理论在实践中的应用和效果。从学科特征来看,城市治理学体现了鲜明的实践导向和问题意识,积极回应时代的需求与治理需要,始终与城市治理实践保持紧密联系,并在与国外城市治理的学术交流中不断发展进步。

一、城市治理学的内容

城市治理学的研究内容十分广泛。首先,从学科基础来看,城市治理学作为一门以城市及其治理实践为研究对象的新兴学科,其内容涵盖城市治理学的产生与发展、城市的发展与演进及城市治理理论等核心领域。其次,从核心任务来看,城

---

① 袁政:《城市治理理论及其在中国的实践》,《学术研究》2007年第7期。
② 张晨:《新型城镇化背景下的城市治理转型:缘起、动力与路径》,《上海行政学院学报》2014年第6期。
③ 陈映芳:《城市与中国社会研究》,《社会科学》2012年第10期。

市治理学以"为人民创造美好生活"为根本追求,围绕"城市事务治理"和"城市发展治理"两个关键维度,旨在提升城市公共事务治理效能和增强城市发展能力与竞争优势。因此,城市治理学不但涉及微观的公共事务治理领域,而且包括宏观层面的城市发展治理,体现"以事务为中心"和"以发展为内核"的学科属性。最后,从发展前沿来看,城市治理学紧扣城市治理实践的最新进展,并以理论创新指导实践。基于此,城市治理学的研究内容也聚焦"城市治理创新"和"城市治理的未来趋向",回答"城市治理如何创新"与"城市治理走向何处"两个时代命题,凸显城市治理学与时俱进且面向未来的学科特色。

为此,本书遵循"学科基础—核心任务—发展前沿"的逻辑理路,将城市治理学的主要内容分为城市治理基础、城市事务治理、城市发展治理和城市治理创新四大模块。

(一) 城市治理基础

明晰学科基础是界定城市治理学研究内容的重要前提。这一模块的内容分为导论,现代城市的发展、功能与城市化,城市治理制度与政策三章。

导论部分简要梳理了城市治理学的产生与发展历程。由于城市的快速发展、城市问题日趋复杂、城市治理理论的发展进步,城市治理学逐渐取代城市管理学。鲜明的实践导向和问题意识是城市治理学的关键属性。作为一门发展中的学科,城市治理学还需关注城市技术治理和智慧治理、超大城市治理创新、城市协同治理、区域一体化治理等新议题。

第一章聚焦现代城市的发展、功能与城市化。城市发展经历了古代城市、中古城市、近代工业城市和现代城市四个主要阶段。城市作为社会结构的物质性表达,具备容器、政治、经济、社会和文化等基础功能。从城市化进程来看,西方国家的城市化主要经历了工业城市化、郊区化和逆城市化、再城市化三个阶段;中国城市化进程则更为曲折,大致可分为起步、快速发展和转型发展三个阶段。

第二章探讨城市治理制度与政策,主要包括城市治理的权力结构、城市治理主体与体制以及城市治理政策的决策与执行等内容。城市治理的权力结构主要形成了"精英主义""多元主义""城市增长机器理论""新马克思主义城市理论""城市政体理论""制度性集体行动理论""人民城市论"等多种研究视角,这些理论为理解城市治理的权力结构提供了重要参考。从治理主体角度来看,中国城市治理构建了"一核多元"的治理结构,其中,"一核"是指中国共产党的领导,"多元"则涵盖了政府、市场、社会和民众等多个主体;西方国家形成了市长议会制、城市委员会制、城市经理人制和多中心合作治理体制等多样化的治理格局。城市治理政策是解决城市问题、促进城市高质量发展和创造美好生活的重要工具,其决策和执行是城市治理政策的关键环节。城市治理政策的决策模式主要包括有限理性决策模式、渐进决策模式和垃圾桶决策模式,中国城市治理政策执行模式主要有行政发包制、运动式治理和项目制等典型模式。

(二) 城市事务治理

高效处理公共事务是城市治理的核心任务,也是城市治理学研究的重要议题。这一模块主要包括城市公共空间治理、城市安全治理、城市环境治理、城市交通治理和城市社区治理等内容。

第三章聚焦城市公共空间治理。首先,探讨城市公共空间的功能、特质与典型问题。城市公共空间是社会交往的平台、政治参与的途径和多元美好生活的集聚地。城市公共空间的特质表现为:自然性与社会性的统一、开放性与排斥性并存、确定性与偶然性的统一、私有化与公共性的辩证统一。城市公共空间治理需要回答"布局—边界"治理、"意象—活力"治理与"行为—秩序"治理三个典型问题。其次,分析城市公共空间生产的三重逻辑。其中,权力逻辑偏好控制和秩序,资本逻辑追逐利润与效率,生活逻辑追求宜居和幸福。最后,梳理城市公共空间治理的主要模式,包括以国家为中心的治理模式、以市场为中心的治理模式和以使用者为中心的治理模式。

第四章聚焦城市安全治理,围绕"城市与安全""城市安全治理的主要内容""城市安全观的发展变迁""城市安全治理体系"等主题展开。随着城市规模的急剧扩大和城市社会的日趋复杂,城市系统处于各种传统风险与非传统风险交织的环境中,面临包括生态环境安全、生产安全、公共卫生安全和社会安全等在内的诸多挑战。从城市安全治理的内容来看,城市生命线工程是城市安全治理的物理基础,包括电力、通信、公共交通和食品供给等重要领域。城市社区安全是城市安全治理的社会基础,涵盖防灾减灾、社会稳定风险排查和化解、消防风险预防与排查等关键环节。实现城市安全的可持续性是城市安全治理的终极目标,需要从城市规划、产业转型、人口结构等多个维度共同推进。城市安全观经历了防御性城市、脆弱性城市和韧性城市三个发展阶段,不同观念对应着不同的城市安全治理重点。随着治理模式的不断演进,城市安全治理也逐渐从传统的多元分散管理体系转变为整合的集中式安全管理体系,并进一步发展成为政府主导的多元参与治理体系。

第五章以城市环境治理为主题,讨论快速城市化与城市环境问题、中国城市环境治理体制及其变迁、中国城市环境治理的主要工具及中国城市环境治理创新等议题。城市环境问题与城市化进程相伴而生,主要由城市经济、社会、文化、生态等子系统发展不协调所致,衍生了空气污染、水体污染、垃圾围城、交通拥堵等环境问题。为应对日益严峻的环境挑战,中国不断调整城市环境治理体制,探索出以大部制为核心的综合治理体制,并进一步转向由政府主导的多元共治环境治理体制。

在治理工具方面,中国综合运用法律、行政、技术、经济和市场工具,形成了囊括立法规制、目标责任制、环保督查、创建环保模范城市以及技术创新、产业结构调整与市场化治理在内的整合型环境治理工具体系。在治理创新方面,中国围绕空气治理、水环境治理和垃圾治理三大治理难题,通过优化政策内容和完善制度设计,促进了城市环境问题的有效解决,为实现中国城市环境的可持续发展奠定了坚实的制度基础。

第六章聚焦城市交通治理,主要包含"城市交通发展与交通系统""城市交通治理的目标、原则与政策""城市交通治理创新"。从发展历程来看,城市交通的发展与工业化进程和现代技术的革新紧密相连,经历了"步行与马车""有轨电车""私人汽车"三大阶段,为城市交通治理奠定了物质基础。从系统构成来看,城市交通系统是一个开放性的复杂系统,由交通基础设施、交通网络、交通管理者、交通管理体制和交通参与者等多元子系统构成。城市交通治理以"安全、便捷、高效、环保、经济、公平、有序"为核心目标,遵循"科学化、制度化、智能化、社会化"等重要原则,其政策内容主要围绕交通供给、交通需求管理和交通运行管理三大方面。在城市化进程不断加速和城市交通基础设施飞速发展的背景下,中国通过持续的实践探索、经验借鉴与总结反思,积极推动了城市交通治理政策的变迁。城市交通治理创新可以从认知重塑、技术变革与可持续发展等方面推进。

第七章聚焦城市社区治理,涵盖"城市社区治理的演进、主体与结构""中国城市社区居民自治""中国城市社区空间建设与社区营造"三个主题。中国城市社区治理经历了起步(1949—1978年)、调整(1979—1990年)、试验(1991—2011年)和深化(2012年至今)四个主要阶段。伴随着单位制的逐渐解体,社区成为城市社会的基本单元,实现了从管理到治理的理念跃升,形成了"党委领导、政府负责、社会协同、公众参与"的多元共治格局。城市化进程的加速演进、单位制的逐渐式微和城市社会管理体制的不断完善,是中国城市社区居民自治实践得以发展的重要基础,经由实践发展,城市社区居民自治形成了传统型社区的居民自治、过渡型社区的居民自治、房地产开发型社区的居民自治以及外来人员为主的社区居民自治四种典型模式。为推进城市社区共建共治共享,中国通过"党建引领"整合社区多元主体开展互联共建与居民自治。社区空间作为城市系统的基础单元,兼具物质与社会双重属性,承担交往、政治、文化和安全等多重功能,呈现多样性、封闭性、非均衡性等典型特征。当前,中国城市社区空间建设存在空间结构不协调、社区交往分隔化、社区空间拥挤化和商业化等突出问题。未来的城市社区空间应以提高居民满意度与归属感为目标,以促进居民交往和构建社会网络为核心,打造安全、宜居和充满活力的社区空间,积极推进社区营造和社区更新,实现社区自治的可持续发展和居民福祉的增进。

（三）城市发展治理

促进城市发展是城市治理的重要目标。这一模块包括城市经济治理、城市财政治理和城市文化治理三章内容，侧重于增强城市发展能力和核心竞争力。

第八章聚焦城市经济治理，主要从城市经济治理概述、城市经济竞争力与发展型城市、城市经济治理政策与绩效目标等维度阐释城市经济治理的核心内容。城市经济治理范围涵盖城市发展中的各种经济关系。城市经济治理具有主体的协同性、手段的综合性、机制的互动性、运行的法治性等特征。发展型城市是提升城市竞争力和促进城市经济持续发展的理想形态，构建发展型城市需要立足城市的资源禀赋与发展现状，制定科学的城市发展战略及适宜的城市经济竞争与合作战略。城市所处的制度环境对城市经济发展具有根本性影响，城市政府主要通过调整产业政策、财政政策和货币政策促进城市经济发展。城市经济发展需要在融合政府、企业、社会组织和公民差异化目标的基础上设定整体发展目标，从经济发展、社会效益和生态环境等维度细化城市经济发展目标，最终形成科学有效的城市经济治理绩效评估体系。

第九章是城市财政治理。财政是城市治理的重要支柱，有效的城市治理依赖于科学、可持续的城市财政治理。本章主要包括城市财政治理的核心要素、中国城市财政管理体制改革、中国城市财政问题及其治理等内容。城市财政治理的核心要素包括财政收入、财政支出和公共预算。其中，财政收入是城市政府为履行城市公共管理与服务职能所筹集的资金；财政支出是履行城市公共服务职能的物质基础；公共预算是城市政府制定的公共收支计划，主要包括预算编制、预算批准、预算执行和预算监督等关键程序。随着中央与地方财政关系的不断调整，中国城市财政治理体制也发生了相应变化，围绕省以下财政管理体制改革进行了有益探索。自"分税制"改革以来，中国城市财政治理面临"财权上收、事权下移"的收支矛盾，地方政府开始采取"土地财政"与"地方债"策略来扩大地方税收。虽然基于土地的发展战略能够在短期内实现资本积累和规模效益，但这也在一定程度上损害了城市可持续发展的社会、空间与经济基础。城市财政治理的关键在于形成良性且可持续的财政收支结构，需要扭转过度依赖土地出让收入的局面，平衡城市经济发展与公共服务供给之间的支出结构。未来城市财政治理变革应积极推动财权事权与支出责任重构，以实现财政的可持续性并支持城市的健康发展。

第十章聚焦城市文化治理，涵盖"城市文化与城市文化治理概述""城市公共文化服务及其治理政策""城市文化本土性与文化治理的主体性建构"等内容。城市文化是指人们生活在城市中所进行的一系列文化实践及其产物，通常以建筑、仪式、故事、风俗等有形或无形的方式保存下来，进而凝聚为一座城市独特的精神或气质，具有空间性、时间性和社会性三元属性。城市文化治理是现代城市治理的重要组成部分,标志着从单向的文化统治向"国家—市场—市民社会"多维主体共同参与文化资源配置的转变。城市公共文化服务是城市文化治理的关键场域,具有生产和消费维度的公共性,以及文化需求的层级性、差异性和多样性等特征,发挥着政治、经济、社会和文化等多重功能。中国城市公共文化服务政策经历了从文化统治到文化管理再到文化治理的深刻转型,经历了探索、深化及法治化与现代化建设三个阶段,政策内容体系不断完善。城市文化深植于城市的本土性,因此,城市文化治理需要从城市的本土性出发,在"空间—时间—社会"的连接中培育城市的本土性。城市文化治理也要着眼于主体性建构,以高度的文化自觉和文化认同推进治理主体、治理内容、治理体制和治理机制的再建构。这要求城市文化治理在保护和传承城市文化遗产的同时,鼓励创新和多样性,从而满足市民日益增长的文化需求,促进城市的文化繁荣和社会和谐。

(四) 城市治理创新

创新是促进城市有效治理的根本动力,"从实践中来到实践中去"是贯穿城市治理学的根本原则,因而,本模块重点探讨城市治理创新的主要模式、城市治理现代化与城市群治理、未来城市的治理、走向人民城市等新议题。

第十一章探讨了城市治理创新的主要模式。随着新一轮信息技术革命和政府治理转型的纵深推进,城市治理领域涌现出网格化治理、精细化治理和智慧治理等创新模式。城市网格化治理通过网格治理单元的划分、现代信息技术的应用、信息共享平台的构建和城市治理主体的协同,将技术与制度、管控与服务、政府主导与多元共治等治理要素整合起来。这种模式使得政府行政权力不断向基层社会下沉和延伸。未来推进城市网格化治理需要进一步加大技术和资源投入,明晰治理主体的权责界限、增强服务意识、完善制度设计和发挥党建引领作用。城市精细化治理以"精、准、细、严"为核心要素,其实现依赖于职责清晰、技术支持、事务明晰、规则细致、体制嵌入、主体协同和专业逻辑。城市精细化治理推动了城市治理政策的精确化、手段的智慧化、对象的精细化和结果的效能化。然而,它也存在降低城市治理效率、弱化社会参与意愿、技术取向和制度主义取向的异化风险等内在困境,因此,需要从治理理念、治理体系、治理制度和治理技术等维度予以优化。城市智慧治理以算法至上、数据驱动和连接治理为典型特征,其实质是运用物联网、云计算、大数据和人工智能等技术推动治理技术创新、治理制度变革、治理过程优化和治理体系再造。未来城市智慧治理需遵循整体性构建路径,实现从分离治理向连接治理、从分域治理向整合治理、从电子治理向数据治理、从模糊治理向精准治理的转变。

第十二章聚焦城市治理现代化与城市群治理。城市是国家治理的重要场域,实现城市治理现代化是国家治理现代化的重要组成部分。城市治理现代化涵盖治理理念、治理目标、治理方法、治理路径、治理体系等方面的现代化。当前,中国城市治理现代化面临利益诉求多元化、治理结构碎片化、职能定位不清晰、城市空间布局不合理、城市功能紊乱与城市治理模式亟待转型等多重挑战,需从治理理念创新、治理体系优化和治理技术变革等方面共同推进。城市群作为城市化高级阶段的发展形态,正日益成为国家参与全球竞争和国际分工的新型地域单元,是实现城市治理现代化的关键场域。从实践来看,中国城市群治理在积累成功经验的同时,也暴露了府际竞争和地方保护主义阻碍城市协作、缺乏有效的跨区域深度合作机制、城市群发展模式简单粗放与集体行动困境等问题。未来,实现中国城市群治理现代化应从构建城市群规划、执行、协调的全过程治理机制,加强区域产业、基建网络与公共服务的统筹协同发展,构建多元主体参与的共建共治共享的治理格局,以及实现城市群与城市治理现代化的融合发展等方面入手。

第十三章聚焦未来城市的治理。近代以来,历经四次工业革命和技术革命,城市发展步入快车道,经历了从传统工业城市到现代城市再到未来城市的发展转型。未来城市面临城市包容性发展、城市可持续发展、城市复合风险及城市公共空间和文化的失落等多重挑战。未来城市是立足当下、面向未来的一种新型城市形态,受人口、土地、产业、技术等多种因素影响,需要转向人本主义城市、紧凑型城市和智能化城市。未来城市的空间形态可以从数实融合的经济空间、包容共治的社会空间、多元融合的文化空间和动态的"流空间"等维度推进建设。在技术赋能城市建设与治理的背景下,未来城市的治理强调开创性、探索性、开放性和协同性,注重运用互联网、物联网、大数据、云计算和人工智能等新一代智能技术,贯彻以人为本的治理理念,整合网络化治理、元宇宙治理和敏捷治理等现代治理模式,最终满足民众对高品质生活的追求,实现未来城市的高质量发展与高效能治理的有机融合。

第十四章探讨人民城市论。人民性是城市的本质属性,因而,城市治理需要秉持"人民城市人民建,人民城市为人民"的理念,致力于共建共治共享的现代城市文明体建设。从理论逻辑来看,城市治理理论经历了城市聚落论到增长机器论再到人民城市论的迭代,人民城市彰显了城市性、人民性与国家性的有机统一。从历史逻辑来看,在城市从简单的有机体进化为复杂的生命体,最终成为承载人类现代文明容器的演变历程中,人民的主体性地位逐渐得到确立,人民需求日益成为城市发展的核心动力。从实践逻辑来看,中国城市是在从新中国经济赶超型发展战略到社会主义市场经济条件下大中小城市和小城镇协调发展战略格局,再到新时代城市高质量发展目标的阶段式跃进中逐步迈向人民城市这一治理新形态,旨在将回应人民需求、维护人民利益、实现人民价值和人民当家作主等目标贯穿于城市治理与发展的全过程与各领域。

二、城市治理学的特征

城市治理学是一门实践性很强的学科,涉及多个学科和多元治理主体,并且与时代背景密不可分;城市治理学与城市治理实践紧密结合,积极回应城市治理需求;城市治理学在发展过程中积极与国际学术界进行交流,相互学习,取长补短。

(一)城市治理学积极回应时代需要与治理需求

城市治理实践的发展迫切需要城市治理学的进步与完善。城市治理学必须顺应经济全球化、政治民主化、政府治理变革、民众多元需要、新兴技术发展等时代潮流与治理需求。第一,经济全球化使城市竞争日益激烈。为了提高城市竞争力,政府治理开始借鉴企业化运作模式,构建城市区域一体化发展与治理模式,以应对全球化挑战。第二,政治民主化进程的加快使社会组织、企业和公民等多元主体更加积极地参与城市治理,突破了以往政府单中心的管理模式,城市治理学积极回应治理实践的需要。第三,20 世纪 70 年代,西方福利国家普遍遭遇财政危机,许多国家因此进行了公共部门改革,如缩小政府规模、实施绩效管理、将部分公共服务外包给市场,这些改革也引起了城市治理模式的相应转变,城市政府的决策方式和行为方式经历了深刻的变化,鼓励社会组织积极参与城市发展与治理。第四,城市治理学需积极回应民众多元化与差异化需要,运用各种新兴治理技术推进城市治理创新,提升城市治理绩效。

(二)城市治理学与城市治理实践紧密结合

城市治理学是一门与实践结合非常紧密的学科,它既源于城市治理实践,又指导城市治理实践。首先,城市治理学的知识体系是对城市治理实践的总结。戈登·麦克劳德(Gordon MacLeod)和马克·古德温(Mark Goodwin)梳理了大伦敦治理的发展历程,他们认为大伦敦治理的变化过程一定程度上反映了英国国家战略的演变,不同国家的政府政策会导致不同的城市治理模式。[①] 其次,城市治理研究服务于城市治理实践。学者们致力于总结过去和当下城市治理的有益经验,分析存在的问题,并为未来的城市治理实践提供指导性建议,进而促进城市治理理论与实践的融合发展。

(三)城市治理学在国际交流互鉴中发展进步

不同国家、地区乃至不同的城市虽然存在差异化的城市治理具体做法和改革措施,但城市治理学具有共性规律。城市间通过相互交流和学习,可以取长补短,

---

① Gordon MacLeod and Mark Goodwin, "Space, Scale and State Strategy: Rethinking Urban and Regional Governance", *Progress in Human Geography*, 1999, 23(4), pp.503-527.

推进城市治理学的共同发展和进步。纵观各国城市治理实践，可以发现以下特征。
一是主张分权。在中央和地方关系上，强调中央政府权力的转移和下放，认为地方
政府应在城市发展中承担更多责任；在政府与社会关系上，主张政府和社会分享权
力，鼓励社会组织积极参与城市治理。二是强调多元治理。构建政府部门和非政
府部门之间、非政府部门之间、不同利益主体之间的合作关系，形成政府、企业、非
政府组织、志愿组织、社区等多元合作共治的格局，使城市治理不再由政府单方面
主导。三是注重决策的过程导向和在地化。城市决策过程日益复杂，需要不同利
益主体之间通过联盟、合作和妥协来达成共识。同时，城市决策更加注重地区导
向，地方政府需要有效提供城市服务，使城市公共服务和城市基础设施更贴近社区
和城市居民的实际需求。四是跨域治理日益受到重视。随着城市间联合发展的加
强，大都市区或都市连绵区逐渐形成，城市问题往往超越了单个城市的空间范围及
城市政府的治理能力，这些问题的解决越来越依赖于周边区域的支持与联动，城市
与城市之间、城市与周边区域之间的联合与跨界治理不断加强。

第三节　城市治理学的理论基础、范式与发展趋势

　　城市治理学的理论基础主要包括城市增长机器理论、新马克思主义城市理论、城
市政体理论和城市治理理论。城市治理学研究初步形成了传统区域主义、公共选择
学派、新区域主义、地域重划与再区域化四大范式。城市治理学的未来发展要密切关
注城市智慧治理、超大城市治理创新、城市协同治理、区域一体化治理等新议题。

一、城市治理学的理论基础

　　城市治理学的理论基础主要有城市增长机器理论、新马克思主义城市理论、城
市政体理论、城市治理理论等，每种理论都有各自的解释力与不足之处。

（一）城市增长机器理论

　　城市增长机器理论将城市视为一台由"食利者"控制并不断追求增长的机器。
1976年，哈维·莫洛奇（Harvey Molotch）发表了《作为增长机器的城市》一文，标
志着城市增长机器理论的兴起。该理论将政府、企业、商人等精英视为城市管理的
主体，而"食利者"是地方性的资本。[①] 食利者分为三类：第一类直接从发展过程中

---

① Harvey Molotch, "The City as a Growth Machine: Toward a Political Economy of Place", *American Journal of Sociology*, 1976, 82(2), pp.309-332.

获利;第二类从城市发展中间接获利;第三类包括某些辅助性机构,如政府部门、大学、科研院所等。食利者在城市发展中追求自身利益最大化,并积极参与城市的政治斗争与实践。城市管理者为了连任、增加城市税收等目的,与商业力量形成联盟,共同推行促进城市经济发展的政策。在政治经济力量和政商联盟的推动下,城市变成了一台"追求经济增长的机器"。自20世纪50年代以来,多元主义理论与精英主义理论聚焦"谁统治城市"的主题,城市增长机器理论则进一步回答城市决策中"谁得到了什么""统治的原因"等更具实质意义的问题。然而,城市增长机器理论也遭到批评。批评者认为,该理论陷入了"经济决定论",将城市的目标局限于经济利益;忽视了社会力量在城市政策产生与演变过程中的作用;并且局限于地方经验,未能在更广泛的场域进行实证检验。

(二) 新马克思主义城市理论

新马克思主义城市理论是为了回应20世纪六七十年代资本主义国家普遍爆发的城市危机而产生的。该理论将城市政治制度视为国家机器的一部分,主张把城市政治置于资本主义生产方式的理论框架中加以研究,"空间、权力和正义"是理解城市政治的核心范畴。[①] 依循这一逻辑理路,亨利·列斐伏尔(Henri Lefebvre)、戴维·哈维(David Harvey)和曼纽尔·卡斯特(Manuel Castells)等学者运用马克思主义政治经济学和阶级分析法,尝试从不同视角对后现代城市的权力关系、空间发展与资本主义生产之间的关系进行深入解析。[②] 列斐伏尔将"城市"定义为一种空间形式,是资本主义关系的产物和再生者,提出了"空间实践—空间的表征—表征的空间"三元空间分析框架[③];哈维进一步将资本主义生产体制划分为"福特主义"和"灵活积累体制",认为"福特主义"向"灵活积累体制"的转型是影响城市空间结构变化的关键动因,并以资本三级循环过程(初级循环、次级循环和第三次循环)的观点解释资本运动与城市空间发展的关系[④];卡斯特提出城市社会运动是由城市集体消费问题引发的城市社会斗争,将同一地域的自发反抗称为"集体消费的工联主义"。[⑤]

新马克思主义城市理论为理解城市问题提供了新的视角。传统城市社会学的主流理论范式——人类生态学将城市社会看作一个独立的分析单位,认为城市的变迁是一个功能分化的过程,旨在寻求人口、社会组织、环境及技术之间的均衡发

①　曹海军、孙允铖:《空间、权力与正义:新马克思主义城市政治理论评述》,《国外社会科学》2014年第1期。
②　谢菲:《马克思恩格斯城市思想及其现代演变探析》,《马克思主义研究》2012年第9期。
③　See Henri Lefebvre, *The Production of Space*, Blackwell, 1991.
④　David Harvey, *The Urbanization of Capital: Studies in the History and Theory of Capitalist Urbanization*, Basil Blackwell, 1985, p.8.
⑤　See Manuel Castells, *The City and the Grassroots: A Cross-Cultural Theory of Urban Social Movements*, Edward Arnold Ltd., 1983.

展。相较之下,新马克思主义城市理论则认为现代城市是资本主义体系的一部分,城市的发展与变迁本质上是由资本主义体系内在的基本矛盾所决定的,与资本积累、资本循环以及集体消费等资本主义运作过程紧密相关,反映了资本主义的运作逻辑。[①] 但新马克思主义城市理论的核心概念过于抽象,并且这些分析极少被应用到关注协调过程的具体情景中。此外,新马克思主义城市理论将阶级利益视为行为者和事件发生的根本原因,但对这一观点缺乏必要的论证,对论据也持批判和选择的立场。[②] 新马克思主义城市理论为后续城市治理理论的发展提供了重要的思想源流,中国的人民城市论很大程度上继承了马克思对资本主义大机器生产的批判和列宁关于城市与人民关系的论述。[③]

(三) 城市政体理论

自 1989 年城市政体理论被正式提出以来,该理论不断完善,成为解释城市现象的重要理论之一。城市政体是指城市空间内,政府、经济组织和社会力量在充分利用各自资源优势的基础上,形成的一种非正式的、稳定的公私合作关系。这一理论强调,由于资源的分散性等,政府难以独自实现城市治理,主张通过联合与合作的方式提高政府行动能力,使不同的团体都能对公共政策的形成和结果产生影响。[④] 城市政体理论将城市发展的目标拓展至经济利益之外,如公平正义、城市稳定等,并重视非正式的制度安排。该理论是西方学者基于城市多元主义思潮发展起来的一种城市理论,打破了传统城市单一主义的管理思维。城市政体理论以政治经济学为主要研究方法,关注多元主体,尤其是市场主体在城市治理中的作用,强调治理行动需要动员私人资源[⑤];它强调组织间的相互依赖与权力的相互依赖,并重视城市中各种错综复杂力量的合作和协调。[⑥] 这一理论为城市治理研究提供了更加宽广的视角,蕴含着从统治到治理的思想转变,对权力的认识也由纵向支配转向强调横向合作。[⑦] 当然,该理论也存在一定缺陷。例如,它忽视市民社会的作用,对公共利益保障和公民参与等问题缺乏解释力。此外,它可能夸大了政商联盟

---

① 张应祥、蔡禾:《新马克思主义城市理论述评》,《学术研究》2006 年第 3 期。
② 〔英〕乔纳森·S. 戴维斯、〔美〕戴维·L. 英布罗肖:《城市政治学理论前沿》(第 2 版),何艳玲译,格致出版社、上海人民出版社 2013 年版,第 69 页。
③ 刘士林:《人民城市:理论渊源和当代发展》,《南京社会科学》2020 年第 8 期。
④ Keith Dowding, "Explaining Urban Regimes", *International Journal of Urban and Regional Research*, 2001, 25(1), pp.7-19.
⑤ Clarence N. Stone, "Urban Regimes and the Capacity to Govern: A Political Economy Approach", *Journal of Urban Affairs*, 1993, 15(3), pp.1-28.
⑥ Neil Brenner, "Globalisaction as Reterritorialisation. The Rescaling of Urban Governance in the European Union", *Urban Studies*, 1999, 36(3), pp.431-451.
⑦ 黄徐强:《从统治城市到治理城市:城市政治学研究综述》,《华中科技大学学报》(社会科学版)2015 年第 1 期。

在一定程度上产生的政治依赖性和决策偏离的严重性。① 尽管该理论重视资源和权力的相互依赖，但其视角仍然局限在特定的城市内部，忽视了更广阔范围的国家和国际层面的相互依赖。

（四）城市治理理论

城市治理理论发轫于20世纪90年代兴起的治理思潮。自1989年世界银行首次使用"治理危机"以来，治理这一概念便在理论界和实践界引起了广泛关注。治理作为一种理论，其主要观点包括：(1)治理指的是出自政府但又不限于政府的一套社会公共机构和行为者的行为；(2)治理指出了在解决社会和经济问题过程中的界线和责任方面的模糊性；(3)治理明确了集体行为中各个社会公共机构之间存在的权力依赖；(4)治理指的是行为者网络的自主自治；(5)治理的能力并非源自政府的权力和自上而下的命令与权威，而是能够运用新的工具和技术来控制和引导，政府的能力和责任均在于此。② 可见，治理主体不仅仅限于国家，还包含私人部门和社会组织等，它强调主体间的互动、协调与合作，重视公民参与；治理依托的资源不仅包含政府的权威与自上而下的命令，还包含非正式资源；政府可以运用新的技术和工具，如分权与资源交换、协调、谈判等；治理的参与主体之间的界限和责任具有模糊性，主体间形成自主性网络。也有学者提出"元治理"概念，提倡"治理的治理"③，主张政府应是共同规则的引导制定者、多主体参与的协调者、社会利益博弈的"平衡器"、责任的最终承担者，致力于实现多元主体的共同目标和公共利益。④

城市治理理论是治理理论在城市政治语境中的应用，它在强调引入多元主体的同时，主张城市充当治理的关键角色。该理论关注政治上的企业家精神、权力的情境化，而非形式权威及其结果，并将地方政治机构的主要职能界定为通过协调当地机构以达成集体目标。城市治理理论认为"权力"（作出决定）与"机构"（执行决定）可以而且应该分开，政治机构需要通过与社会伙伴的合作来确保决策的实施。⑤ 从这个意义上来讲，城市治理应当被视为一个涉及调控与协调的动态过程。

---

① 张衔春、易承志：《西方城市政体理论：研究论域、演进逻辑与启示》，《国外理论动态》2016年第6期。
② Gerry Stoker, "Governance as Theory: Five Propositions", *International Social Science Journal*, 1998, 50, pp.17-28.
③ Bob Jessop, "Governance and Meta-Governance in the Face of Complexity: On the Roles of Requisite Variety, Reflexive Observation, and Romantic Irony in Participatory Governance", in Heinelt, H., Getimis, P. and Kafkalas, G., et al., eds., *Participatory Governance in Multi-Level Context*, Springer Fachmedien Wiesbaden, 2002, pp.33-58.
④ 丁冬汉：《从"元治理"理论视角构建服务型政府》，《海南大学学报》（人文社会科学版）2010年第5期。
⑤ Jon Pierre, "Can Urban Regimes Travel in Time and Space? Urban Regime Theory, Urban Governance Theory, and Comparative Urban Politics", *Urban Affairs Review*, 2014, 50(6), pp.864-889.

在这一动态过程中,公共的和私人的行为体运用不同的治理结构(如科层、市场、网络、社群)以控制治理活动和达成预期目标。① 尽管城市治理理论将全球化、后工业化城市的兴起等情景变量纳入考量,拓宽了城市政体理论的应用范围,也为治理理论提供了具体的治理场景,但其缺乏对不同类型的机构和制度的概念化和解释性研究,因而更像一个框架而非严格意义上的理论。②

二、城市治理学的范式

托马斯·S.库恩(Thomas S. Kuhn)指出,范式是一组共有的方法、标准、解释方式或理论,或者说是一种共有的知识体系。③ 城市治理学形成了传统区域主义、公共选择学派、新区域主义及地域重划与再区域化四种研究范式。

(一) 传统区域主义

传统区域主义的时间跨度从 19 世纪末延续至 20 世纪 60 年代。该范式关注城市治理的效率问题,认为权威碎片化和地方政府的辖区重叠是降低城市政府效率的重要原因。因此,该理论坚持"一个区域,一个政府"的理念,主张通过合并中小城市,使中心城市发展成为大都市,建立拥有统一集权的大都市政府。在政府结构上,该理论主张实行由上至下的集权化科层制模式。传统区域主义经历了"兴起—高潮—衰落—复兴"四个阶段,1897 年,布鲁克林、奎因、斯塔德岛、布诺克斯和曼哈顿五市合并,成为"大纽约市"(New York City),这标志北美历史上第一波"区域政府合并"达到高潮。④

大都市政府的优点在于,它可以通过大都市范围内的税收和财政安排来减轻中心城市和郊区之间的财政失衡问题。大都市政府还具备进行区域战略规划的能力,能够促进大规模的交通规划,并采纳更平衡的交通政策。⑤ 对大都市政府的批评主要集中在两个方面:在理念上,这种大政府理念与自由主义思想提倡的"小政府"理念背道而驰;在实践中,并没有多少证据证明大都市政府确实产生了规模经

---

① [瑞典]乔恩·皮埃尔、[美]B. 盖伊·彼得斯:《治理、政治与国家》,唐贤兴、马婷译,格致出版社、上海人民出版社 2019 年版,第 13 页。
② [瑞典]乔恩·皮埃尔:《城市政体理论、城市治理理论和比较城市政治》,陈文、史滢滢译,《国外理论动态》2015 年第 12 期。
③ Thomas S. Kuhn, *The Structure of Scientific Revolution*, University of Chicago Press, 1970, p.36.
④ Nelson Wikstrom and G. Ross Stephens, *Metropolitan Government and Governance: Theoretical Perspectives, Empirical Analysis, and the Future*, Oxford University Press, 2000, p.120.
⑤ See Ivor Max Barlow, *Metropolitan Government*, Routledge, 1991.

济效益和更高的效率。[①]　此外,大都市政府可能威胁到少数族裔,特别是美国黑人的政治利益,在合并之后的新城市里,少数族裔的权力基础可能会被削弱,导致大都市政府在郊区的主导下最终名存实亡。[②]

(二) 公共选择学派

公共选择学派的时间跨度从 20 世纪 50 年代到 20 世纪 90 年代。该学派批判传统区域主义忽视了公民的多样化需求,并反对城市的统一集权模式。公共选择学派提倡多元治理和市场机制,主张权力不应集中于科层组织,而应分散于多层级政府、市场主体、社会组织和公民个人等主体。它提倡地方政府之间的竞争,以提高资源利用效率,促进城市的公共服务供给。这一范式重新界定了治理主体,改变了政府作为单一治理主体的观点,更加强调通过市场化、竞争和多元治理的方式实现城市治理。1956 年,查尔斯·M. 蒂伯特(Charles M. Tiebout)提出了"用脚投票"理论,支持大都市政府的多中心结构特征,批判了传统区域主义的单一中心政府。[③]　奥斯特罗姆夫妇(Elinor Ostrom & Vincent Ostrom)等学者从公共选择理论的视角出发理解大都市治理,推动了公共选择学派的繁荣。公共选择学派具有以下优势:(1)有助于理解正式结构如何满足个人需求和偏好;(2)不同规模的政府单位对提供不同公共产品和服务具有不同的效率;(3)将公共产品和服务的生产职能与供给职能分开,有助于深化对地方政府职能的理解。到 20 世纪 90 年代,公共选择学派遭到了批评:(1)"经济人"假设过分强调参与主体的理性和自利性,但现实中理性和自利性受到很多因素的干扰,难以做到完全理性和利益最大化;(2)该学派刻意回避了政府作为公共部门追求公共利益的特性;(3)"碎片化"政府造成了区域内部政府单位之间职责不清,政府效率低下,无法为居民提供高质量的服务;(4)参与主体之间的公平竞争只是理论条件,缺乏实质性的事实支持。[④]

(三) 新区域主义

新区域主义范式自 20 世纪 90 年代延续至今。随着经济全球化进程的快速推进,城市区域的竞争力成为各国关注的中心议题。在对传统区域主义和公共选择学派批判与继承的基础上,城市治理领域出现了新区域主义思潮。新区域主义强

---

① Stephen E. Condrey, "Organizational and Personnel Impacts on Local Government Consolidation: Athens-Clarke County, Georgia", *Journal of Urban Affairs*, 1994, 16(4), pp.371-383.

② Hank V. Savitch and Ronald K. Vogel, "Suburbs without a City: Power and City-County Consolidation", *Urban Affairs Review*, 2004, 39(6), pp.758-790.

③ Charles M. Tiebout, "A Pure Theory of Local Expenditures", *Journal of Political Economy*, 1956, 64(5), pp.416-424.

④ 曹海军、霍伟桦:《城市治理理论的范式转换及其对中国的启示》,《中国行政管理》2013 年第 7 期。

调通过区域内各级政府或政府部门间的灵活协作,实现区域公共服务的最优配置,或通过建立协调管理委员会来统筹区域公共事务,这些委员会由各级政府自愿参与。这种治理模式将传统的垂直政府管理变为现代化的水平合作网络,为解决区域问题和推动区域发展提供了新途径。①

新区域主义不仅关注城市区域治理结构的改革,更重视城市治理的过程和功能,它强调区域间的合作以及多主体间的相互依赖,主张在不同层次的政府、私人部门、社会组织、公民之间建立协调机制,成立协作型组织,以克服治理碎片化的弊端,提升城市区域的整体竞争力。新区域主义的特征包括:重视治理而非统治,强调跨部门合作而非单一部门行动,强调协作而非协调,注重过程而非结构,强调网络而非僵化的制度,强调开放性而非封闭性,强调信任建设而非单一问责,强调赋权于民而非集中权力。②

新区域主义主张通过灵活的政策网络来促进区域整合和发展的协调,有效缓解了区域内各级政府各自为政、效率低下的问题,有利于组建区域治理的协作性或合作性组织,并采取多种形式化解区域性公共问题。③ 但新区域主义也面临以下挑战:第一,新区域主义倡导通过谈判实现协调治理,但是这可能会遇到联合决策的陷阱④;第二,由于缺乏强制性政策手段,区域治理主要依靠政府和其他组织的资源投入和主动合作,在地方保护主义严重和集团利益复杂的地区,其可行性也许会受到很大限制;第三,新区域主义的成功取决于一些特定要素,如地区领袖的领导才能、上级政府的支持和激励等,这些偶然因素限制了新区域主义模式的普遍应用;第四,如果缺乏正式的法律法规和政策条例,责任分配不明确的问题可能会出现,加上问责机制的不完善,新区域主义下所制定政策的实际效果可能会受到严重影响。

(四) 地域重划与再区域化

进入 21 世纪,经济全球化以及随之而来的城市竞争加剧,引发了城市治理尤其是政策规划模式的深刻变化。经济合作与发展组织(Organization for Economic Cooperation and Development, OECD)将其概括为从主要关注为公民提供有效的社会福利服务的管理主义转变为企业家主义(entrepreneurialism)。企业家主义的特点是促进经济增长战略、承担风险、创新和面向私营部门。为实现这一转变,应通过放松规制、政治分散化、私有化,以及赋予大都市和区域更大的决

---

① 叶林:《新区域主义的兴起与发展:一个综述》,《公共行政评论》2010 年第 3 期。
② 曹海军、霍伟桦:《城市治理理论的范式转换及其对中国的启示》,《中国行政管理》2013 年第 7 期。
③ 吴晓林、侯雨佳:《城市治理理论的"双重流变"与融合趋向》,《天津社会科学》2017 年第 1 期。
④ 张紧跟:《新区域主义:美国大都市区治理的新思路》,《中山大学学报》(社会科学版)2010 年第 1 期。

策权力,以提升城市区域的竞争力。① 在此背景下,强调在重新划分国家的政治和地理范围基础上进行再区域化(reterritorialization)的区域主义范式开始盛行。地域重划与再区域化是对新区域主义的拓展。地域重划涉及国家层次到区域、地方层次的转换,国家范围内的辖区和政治正在被重新划分。② 这种管辖范围规划是权力下放的关键程序之一。③ 再区域化则主要着眼于提升世界城市的经济竞争力,区域政府一方面重新设计城市以满足全球资本的需要,另一方面通过基础设施建设和颁布政府政策增强经济竞争力。④ 该范式主张将城市治理的服务向下转移给更低层次的单位,并赋予其更大的决策能力,从而增强区域在全球化中的竞争力。然而,这一范式目前还处于成长阶段,有待未来进一步探索、检验和完善。

三、城市治理学的发展趋势

随着经济全球化、城市化、信息化和智能化的进一步发展,未来城市治理学将围绕城市智慧治理、超大城市治理、城市协同治理、城市区域一体化治理等方向发展,以适应城市治理实践中出现的新情况,满足各种新需求。

(一)城市智慧治理

智能时代呼唤城市技术治理和智慧治理创新。大数据、人工智能和现代信息通信技术等成为新技术的主要发展方向,城市治理逐渐迈向数字化和智能化。信息技术和数据分析系统等被更多应用到城市治理过程中,信息技术的飞速发展驱动政府在治理技术、理念、流程、模式等方面进行全方面变革,充分运用现代信息技术构建更加智慧的城市,推动城市迈向智慧治理。

以互联网和大数据等信息技术为依托的智慧城市逐步成为世界各国解决城市治理难题的方法之一。智慧城市的飞速发展源于解决城市自身问题的需要,智慧城市在解决治理碎片化、分散化等问题上具有较好的效果。智慧城市涵盖新一代信息基础设施、智慧政府、智慧经济、智慧社会、智慧发展环境五个方面,包含精细化管理、网格化治理、智慧化社区等一系列智慧城市的衍生品。随着 5G 网络和物

---

① Organisation for Economic Cooperation and Development, *Competitive Cities: A New Entrepreneurial Paradigm in Spatial Development*, Paris: OECD, 2007, pp.1-7.

② Michael Keating, "Governing Cities and Regions: Territorial Restructuring in a Global Age", in Allen J. Scott, ed., *Global City-Regions: Trends, Theory, Policy*, Oxford University Press, 2001, pp.371-390.

③ Joseph R. A. Ayee, "The Political Economy of the Creation of Districts in China", *Journal of Asian and African Studies*, 2012, 48(5), pp.623-645.

④ [美]汉克·V. 萨维奇、罗纳德·K. 福格尔、罗思东:《区域主义范式与城市政治》,《公共行政评论》2009 年第 3 期。

联网等技术的逐步发展,智慧城市系统将进一步优化,并且向智慧出行、智慧医疗和智慧家居等领域延伸,在精细化治理和提供公共服务等方面发挥重要作用。[①]

城市智慧治理是融合技术创新、算法至上、数据驱动和效能导向于一体的城市治理新形态。城市智慧治理的转型是系统工程,政府需要从治理理念、治理制度、治理工具和治理模式等方面全面转型:在治理理念上,从分离治理转向连接治理,将治理对象、治理要素、治理资源、治理工具、治理体系相连接,促进治理的一体化和整体化;在治理制度上,从分域治理转向整合治理,避免治理体系的碎片化,实现技术和制度的深度融合;在治理工具上,从电子治理转向数据治理,提高政府的数据收集、整理、分析能力,充分发挥数据这一生产要素的价值,服务于居民的生产生活;在治理模式上,从模糊治理向精准治理转变,充分运用大数据、人工智能等技术,改变传统粗放治理的方式,促进城市治理的精细化,实现城市的高效能治理。

(二) 超大城市治理

随着城市化进程的不断加快,中国城市规模持续扩大。根据国务院发布的《关于调整城市规模划分标准的通知》,以城区常住人口为统计口径,城区常住人口1 000 万以上的城市被定义为超大城市。按照这一标准,截至 2022 年年末,中国共有 10 个超大城市,分别为上海、北京、深圳、重庆、广州、成都、天津、武汉、杭州和东莞。[②] 管理超大城市并实现其可持续发展是城市治理学面临的重要议题。超大城市具有不同于其他城市的特点,主要表现为城市变化的瞬时性、管理和服务需求的多元化以及城市问题的关联性等特征。[③] 这要求超大城市治理采取更精细化的方式,确保城市规划、投资建设、公共政策和法律法规对大多数人的生活质量产生积极影响,并使城市生活的成本和效益得到更公平的分配,为此,需要全面提升超大城市的精细化治理能力。超大城市精细化治理是一个系统工程,可以从治理理念更新、治理政策协同、治理流程优化与治理技术驱动四个维度整体推进,具体包括:城市精细化治理理念的创新,从粗放式治理迈向精细化、精准性与高效能治理,实现“以人民为中心”的城市治理;通过健全城市精细化治理政策体系,促进治理政策工具的协同创新;通过简捷治理、无缝治理、平台治理等优化治理流程,提高治理效能;通过引入信息技术,充分发挥物联网、人工智能、数字孪生技术等在治理变革中的作用,形成技术创新与制度优化的共演发展。[④]

---

① 李晴、刘海军:《智慧城市与城市治理现代化:从冲突到赋能》,《行政管理改革》2020 年第 4 期。
② 国家住房和城乡建设部:《2022 年城市建设统计年鉴》,中华人民共和国住房和城乡建设部官网,https://www.mohurd.gov.cn/gongkai/fdzdgknr/sjfb/index.html,最后浏览日期:2025 年 3 月 10 日。
③ 王郁、李凌冰、魏程瑞:《超大城市精细化管理的概念内涵与实现路径——以上海为例》,《上海交通大学学报》(哲学社会科学版)2019 年第 2 期。
④ 陈水生、卢弥:《超大城市精细化治理:一个整体性的构建路径》,《城市问题》2021 年第 9 期。

超大城市治理需要构建整体性治理模式。作为复杂巨系统,超大城市内部子系统之间相互联系且相互依赖,但治理过程中却时常面临割裂化、碎片化的挑战。因此,城市治理学必须不断探索超大城市的整体性治理机制,推动政府条块之间的联动、政府职能的整合,促进城市治理多主体间的协同合作,实现信息资源的高效共享,进而推进超大城市治理的整体化、系统化和协同化。超大城市治理还需应对三重复杂性:公共权力体系要适应社会构成的超常复杂性,公共政策供给体系要适应居民需求的超常复杂性,公共服务体系要适应空间结构的超常复杂性。[①] 因此,城市治理学需要不断探索与超大城市发展规律相契合的治理模式,推动治理创新,实现超大城市治理能力的现代化。

(三) 城市协同治理

20 世纪 90 年代以来,全球面临着环境污染、国际安全、公共卫生等愈加复杂、涉及范围更广泛的社会问题,仅依靠单一主体很难解决这些社会问题。[②] 协同治理是一种多主体基于协作形成的治理机制与理论框架,是使相互冲突的不同利益主体得以调和并且采取联合行动的持续过程,既包括具有法律约束力的正式制度和规则,也包括各种促成协商与和解的非正式制度安排。[③]

协同治理强调治理主体的多元化、各子系统的协同性、自组织间的协作以及共同规则的制定。[④] 协同治理旨在充分调动并发挥各方主体的能动性,强调实用化的操作流程和多元化的目标设定。政府部门通过建立各种机制促进多元主体间的合作,加强它们在资源依赖和功能互补基础上的沟通协调,从而提高各类社会组织的创新发展能力、专业服务能力、协同治理能力和公信力。[⑤]

城市协同治理倡导治理主体的多元化,其中,政府、企业和公民等主体都承担着重要功能和责任。促进多元主体的对话、交流和协商,形成有效的协同治理结构,实现城市善治,是城市治理研究的重要目标。协同治理对城市政府的能力提出了更高要求,政府需要培养与科层、市场机制中不同的管理技能,如连接、协商、谈判、激发与促进等,还需要不断探索如何推动集体行动目标形成、完善协作规则、促进多主体间共识形成以及资源高效交换等问题。企业亦须创新性地参与城市协同治理,承担社会责任,增强与其他主体交换资源、达成共识的能力,并提供高质量的公共服务,参与城市公共政策的制定与完善。[⑥] 公民和社会组织在城市治理中同

---

① 赵孟营:《超大城市治理:国家治理的新时代转向》,《中国特色社会主义研究》2018 年第 4 期。
② 李婷婷:《协作治理:国内研究和域外进展综论》,《社会主义研究》2018 年第 3 期。
③ 刘伟忠:《我国协同治理理论研究的现状与趋向》,《城市问题》2012 年第 5 期。
④ 李汉卿:《协同治理理论探析》,《理论月刊》2014 年第 1 期。
⑤ 孙涛:《美国推进城市治理现代化的经验及其中国借鉴》,《理论导刊》2018 年第 4 期。
⑥ 郭鹏、林祥枝、黄艺等:《共享单车:互联网技术与公共服务中的协同治理》,《公共管理学报》2017 年第 3 期。

样需要发挥关键作用,通过多样化、实质性的参与活动,共同推动城市治理的协同化和现代化。

(四) 城市区域一体化治理

全球化与区域一体化是当今世界的两大重要发展趋势。自改革开放以来,中国有计划地实施了向东部倾斜的非均衡梯度发展战略,强调对各类资源实行重点调配,技术和人才等资源要素集中在经济发展基础较好、市场发育程度较高的东部地区。由于自身区位及其他条件的限制,中西部地区与东部地区的发展差距不断扩大。为应对这一发展形势,中国开始由区域非均衡发展转向区域协调发展,将区域一体化作为应对全球化挑战和指导地区经济与社会发展的总体战略导向。2015 年 4 月,中共中央政治局会议审议通过了《京津冀协同发展规划纲要》,从战略意义、总体要求、定位布局、统筹协同发展、深化体制机制改革等方面,为京津冀协同发展描绘了宏伟蓝图。2017 年 10 月,中国共产党第十九次全国代表大会提出"实施区域协调发展战略"。2018 年 1 月,长三角区域合作办公室正式成立,长三角区域一体化进入深化发展阶段。2019 年 2 月,中共中央、国务院印发《粤港澳大湾区发展规划纲要》,要求将香港、澳门、广州、深圳四大中心城市作为区域发展的强劲增长点,打造区域高质量发展的典范。可见,以城市群、都市带为中心的区域一体化正如火如荼地进行,整合区域资源、实现区域一体化发展已上升为国家战略。[①] 城市治理学要总结区域一体化进程中的经验,回应区域一体化中出现的热点、痛点和难点问题,推动区域高质量、可持续发展。

区域一体化一般是指两个或两个以上的地区,为谋求共同发展,通过构建合作框架和促进区域内要素自由流动,缩小区域发展差异并形成一个区域发展联合体的过程。[②] 区域一体化在目标方面强调促进区域内整体效益的最大化,实现区域之间的协同发展,在实现方式方面重视区域内城市之间的分工与合作。区域一体化分为国家之间的一体化和主权国家内部地区之间的一体化两种形式,前者如欧盟、北美自由贸易区之间通过贸易协定等方式促进区域的整体发展,后者如中国长三角一体化的探索与实践。区域一体化发展的核心任务在于通过制度、体制、机制和政策的改革、创新和协调,有效破解自然和技术因素对区域发展的限制,最大限度地克服和消除阻碍资源和要素流动的各种因素,促进资源和要素的优化配置,加速区域发展。[③]

高质量的区域一体化具有以下独特优势:其一,破除区域内的行政和市场壁

---

① 李郇、殷江滨:《国外区域一体化对产业影响研究综述》,《城市规划》2012 年第 5 期。

② 曾刚、王丰龙:《长三角区域城市一体化发展能力评价及其提升策略》,《改革》2018 年第 12 期。

③ 刘志彪:《区域一体化发展的再思考——兼论促进长三角地区一体化发展的政策与手段》,《南京师大学报》(社会科学版)2014 年第 6 期。

垒,充分整合区域内城市的各类资源,实现资源的优化配置;其二,促进区域内的空间优化,改善城市的产业布局,带动城市交界地区的产业发展;其三,有助于形成区域的发展合力,提高区域的综合优势与整体竞争力,实现区域内的协同发展。

目前,中国城市区域一体化发展仍处于探索阶段,区域一体化不是区域之间简单的拼合,而要从整体和宏观视角出发,形成促进区域整体、协调、可持续发展的新策略。首先,城市区域一体化的发展需要基于整体性的战略视角,进行系统性的顶层设计,将区域内合作城市的状况纳入考量,以促进区域整体利益的最大化。其次,需要建立具有权威性和执行力的协调机制与机构,以稳定、高效、可持续的方式加强城市间的互动与合作。再次,区域一体化需要树立法治理念,制定一系列法律法规,以引导和规范区域一体化合作,确保协调机制具有法律依据,这是区域一体化的坚实基础。相较于行政主导和自发协同合作的区域治理模式,法治化理念的确立有助于消除区域一体化的行政壁垒、市场壁垒和制度障碍。最后,充分发挥信息技术对区域一体化的促进作用,以技术赋能区域一体化发展。

思考题:

1. 如何理解城市治理和城市治理学?
2. 城市管理学与城市治理学的异同之处有哪些?
3. 城市治理研究的理论范式主要有哪些?
4. 城市治理学的未来发展趋势是什么?

第一章
现代城市的发展、功能与城市化

现代城市是社会发展的中心。作为区别于乡村的新型聚落文明,城市意味着人类不再被动依赖自然界,而是另起炉灶,试图构建一个可操控的新秩序。① 人类发展的历程和经验表明:实现现代化的国家和地区基本是完成城市化的国家和地区。② 城市的发展与演进是人类从蒙昧混沌走向文明的过程,因此,考察城市的产生与发展以及比较城市化的发展模式对理解城市发展与治理具有重要意义。本章主要探讨以下内容:(1)城市的起源与发展;(2)现代城市的功能;(3)城市化发展历程与特征。

第一节 城市的起源与发展

本节首先简要回顾有关城市起源的代表性观点,其次从历史视角回顾中西方城市在不同发展阶段呈现的典型特征,从而勾勒城市演进的总体脉络。

一、城市的起源

厘清城市的起源是探究现代城市发展规律的重要前提。关于城市的起源主要有以下五种代表性观点。③

一是军事防御说。该学说认为城市的兴起是出于维护和巩固统治权力的军事防御需要。中国经济史学家傅筑夫指出,城市兴起的具体地点虽然不同,但是它们的作用是相同的,即都是为了防御和保护而兴建起来的。④ 在原始社会,部落战争频发,促使首领在聚居地修筑墙垣城郭,这便形成了早期城郭。

---

① [美]乔尔·科特金:《全球城市史》,王旭等译,社会科学文献出版社 2006 年版,第 1 页。
② [美]罗伯特·阿尔特:《想象的城市》,邵文实译,江苏教育出版社 2013 年版,张鸿雁序言第 1 页。
③ 王国平:《城市学总论》,人民出版社 2013 年版,第 65—68 页。
④ 转引自赵运林:《城市概论》,天津大学出版社 2010 年版,第 8 页。

二是宗教中心说。该学说主张宗教在推动城市发展中发挥了关键作用。刘易斯·芒福德认为,人类永久性聚落的三大起源中至少有两个(墓地、圣祠)是宗教的产物,人们对死去同类的敬重心理比实际的生活需要更有力地促使古人寻求一个固定的聚汇地点,并最终形成了连续性的聚落,而这些聚落在宗教的推动下进一步发展成为城市。[1] 以耶路撒冷、麦加、麦地那、拉萨、成田、伊斯坦布尔为代表的宗教城市为该学说提供了有力佐证。

三是社会分工论。该理论认为城市起源于社会分工的发展,城市和乡村的分离是由社会大分工所推动的。其中,第一次社会大分工促成了农业与畜牧业的分离,从而产生了以经营农业为主的固定居民,并通过产品剩余创造了交换的前提;第二次社会大分工则带来工业和农业的分离,出现了以交换为目的的商品生产,使居住地脱离了农业土地的束缚;第三次社会大分工通过工商业劳动和农业劳动的分工实现了城市和乡村的分离。正如马克思和恩格斯所言,"物质劳动和精神劳动的最大的一次分工,就是城市和乡村的分离。城乡之间的对立是随着野蛮向文明的过渡、部落制度向国家的过渡、地方局限性向民族的过渡而开始的,它贯穿着全部文明的历史并一直延续到现在"。[2]

四是商业起源说。这种观点认为商业或商品交换是城市产生的根源,城市最初是作为商品交易的聚集地而出现的,即"贸迁"和"市集"之地。这一学说更加强调"市"的概念,认为先有"市"而后有"城",城市主要服务于经济职能。由于商品经济的不断发展,逐渐形成了集市贸易,从而在居民和商品交换活动的集中地形成了城市。

五是地利说。该观点认为自然地理条件是城市形成和发展的物理基础,许多城市的产生都是由地理环境因素决定的。《管子·乘马》总结了中国古代城市形成的地理原因:"凡立国都,非于大山之下,必于广川之上。高毋近旱,而水用足,下毋近水,而沟防省。因天材,就地利。"地处商路岔口、河川渡口或港湾,便利的交通运输及丰厚的自然资源等地理条件被视为城市兴起的主要原因。

此外,亦有学者强调思想交流对城市形成和发展的促进作用,认为只有当思想的碰撞增加了才智,富余的财富催生了享乐,金钱的力量带来了安全感,才会出现进步和文明,现代城市也由此产生并发展繁荣起来。[3] 可见,城市形成和发展的动力并不唯一,而是政治、经济、文化和地理等因素相互交织和共同作用的结果。正如保罗·惠特利(Paul Wheatley)所强调的,理解这些因素的相互作用比单独解释

---

[1] [美]刘易斯·芒福德:《城市发展史——起源、演变和前景》,宋俊岭、倪文彦译,中国建筑工业出版社2005年版,第5页。

[2] 《马克思恩格斯选集》(第一卷),人民出版社1972年版,第56页。

[3] [美]亨利·丘吉尔:《城市即人民》,吴家琦译,华中科技大学出版社2016年版,第3页。

某一种因素为城市起源的因果关系要重要得多。①

二、城市发展的主要阶段

在社会转型的驱动下,城市发展呈现出从无到有、从简单到复杂、从低级到高级的渐进发展图谱。总体而言,城市发展经历了古代城市、中古城市、近代工业城市和现代城市四个主要阶段,以下将对不同时期的中西方城市发展史进行简要回顾。

(一)古代城市

古代城市主要产生于奴隶社会。考古学证据表明,城市最先诞生于较早进入奴隶社会的四大文明古国,包括两河流域的巴比伦城、基什、拉戈什、乌尔等城市,尼罗河流域的孟菲斯、太阳城和底比斯等城市,印度河流域的摩亨佐·达罗和哈拉帕等城市,古代中国的早商都城和晚商都城等城市,以及公元前 800 年左右在地中海沿岸出现的雅典、斯巴达、罗马等城市。②

古代城市最先诞生于人类四大文明发源地,城市文明最先孕育于毗邻底格里斯和幼发拉底河流域、尼罗河流域、印度河流域和黄河流域等地区。这些地区之所以能够发展出早期的城市文明,主要得益于其富有生机的村庄、便利的水运交通系统、适宜的物质生产手段等临靠大河流域所致的优越自然地理条件,使之无须依附古代村庄的庇护进而衍生出城市这一文明新形态。③ 尽管奴隶制社会的生产力水平较为低下,但在大量的奴隶劳动投入下,也形成了较大的城市规模,市中心常常耸立着富丽堂皇的宫殿、庙宇和堡垒建筑群。在一些公共生活发达的城市,还建造了许多大型公共建筑、市政设施和大规模的输水工程。④

约公元前 3500 年,地处新月形沃地东部的美索不达米亚凭借其地理位置优势吸引了大量村庄人口,形成了苏美尔帝国的众多城邦。⑤ 苏美尔人在两河流域南部建立的城市大多是由原始公社联合而成的农村公社的中心。如著名的吴尔城,其中央城寨集宫殿、庙宇、观景台于一体,城市外廓则近似于卵形,有两个港口通往水面,城中保留着大量耕地,并有零星的居民点散布其间。⑥ 位于新月形沃地西侧

---

① [美]保罗·诺克斯、琳达·迈克卡西:《城市化》,顾朝林、汤培源、杨兴柱等译,科学出版社 2009 年版,第 24—26 页。

② 项光勤:《城市社会运行:理论·实践·范例》,中国工商出版社 2004 年版,第 2 页。

③ [美]刘易斯·芒福德:《城市发展史——起源、演变和前景》,宋俊岭、倪文彦译,中国建筑工业出版社 2005 年版,第 65 页。

④ 张承安:《城市发展史》,武汉大学出版社 1985 年版,第 4 页。

⑤ [美]保罗·诺克斯、琳达·迈克卡西:《城市化》,顾朝林、汤培源、杨兴柱等译,科学出版社 2009 年版,第 26 页。

⑥ 张承安:《城市发展史》,武汉大学出版社 1985 年版,第 8—10 页。

的埃及,尽管有着与美索不达米亚类似的区位优势和中央集权形态,但衍生出了不同的城市形态,其内部的和平意味着更少的防御工事投资,且由于首都的生命周期较短,每一任法老都可以在其墓穴处新建一座首都。① 这些城市的建立大多是为了满足帝王及贵族的需要,又汇聚了大批商人及手工业劳动者,使其既是政治、经济中心,也是宗教中心。印度河流域最古老的城市摩亨佐·达罗,由南北走向的主干道与东西向的次干道连接形成近于方格形的街道网,不仅在房屋内与街道上修建了下水道,而且还有全城的排水设备系统,包括主渠、沉淀池、排除雨水的阴沟等。②

　　中国奴隶社会的城市雏形是在奴隶主封地中心基础上发展起来的都邑。这一时期的城址主要包括河南偃师商城、郑州商城和安阳殷墟。到了公元前 11 世纪,商朝被周朝所取代,中国奴隶制社会也达到全盛期,此时城市建设严格遵循奴隶制的等级制度和宗法礼教思想,对城市面积的大小、道路的配置、行政和商业等功能的分布均有严格的规划制度。③

　　随着贸易和殖民的扩张,城市开始从四大文明发源地扩散至世界范围。古希腊人基于新月形沃地传播而来的建城观念,于公元前 800 年左右修建了雅典、斯巴达和科林斯等城市。这一时期的城市建设主要突出宗教、商业、行政和防御功能,中心通常是高地城市(如雅典“卫城”)的防卫据点,内含神殿、政府办公机构和仓库等建筑,高地城市之下则是集市和政治聚会的场所,同时环绕着政府和宗教建筑、军事区、居住区和防御城墙等。该时期的城市多沿海岸线分布,反映长途海上贸易对城市文明孕育的重要性。在公元前 1 世纪,扩张的古罗马文明取代了古希腊文明,古罗马城市沿袭了方格网布局并设有中央广场和防御城墙。但与古希腊城市不同的是,古罗马城市并非彼此独立,而是服从于以罗马帝国为中心的等级体系。古罗马城市还在市政方面取得了明显进步,修建了相对完善的道路系统、地下水道、地表水供应设施、高架水渠系统、淡水蓄水池等市政设施。④

(二) 中古城市

　　封建制度与商品经济的发展推动了中古城市的成长。⑤ 世界各国步入封建社会的具体时间并不一致:古代中国于公元前 500 年左右便步入了封建社会,并一直延续到鸦片战争时期,历时 2 000 余年;西方进入封建社会则是以西罗马帝国的灭亡

---

① [美]保罗·诺克斯、琳达·迈克卡西:《城市化》,顾朝林、汤培源、杨兴柱等译,科学出版社 2009 年版,第 27 页。

② 黄继忠、夏任凡:《城市学概论》,沈阳出版社 1990 年版,第 7—8 页。

③ 张承安:《城市发展史》,武汉大学出版社 1985 年版,第 36—37 页。

④ [美]保罗·诺克斯、琳达·迈克卡西:《城市化》,顾朝林、汤培源、杨兴柱等译,科学出版社 2009 年版,第 36—39 页。

⑤ 张承安:《城市发展史》,武汉大学出版社 1985 年版,第 38 页。

为起始点,直至公元 1640 年英国爆发资产阶级革命,封建社会的帷幕才逐渐落下。

随着奴隶制的瓦解和封建制度的建立,社会经济形态逐渐转向商品经济,城市发展也迈向中古城市阶段。中国中古城市形态历经从春秋战国至秦汉隋唐再到宋辽金元和明清时期的多次阶段性变化。[①] 此时的中古城市不仅是商业与手工业云集之地,更是全国或地方性的政治统治中心,其结构和功能主要服务于皇室贵族和封建主利益。此外,领土扩张和海外贸易推动了手工业和商业的繁荣,促进了沿海贸易城市的发展。西方各国步入封建社会则是以罗马帝国的覆灭为标志,因而在封建社会的前期,城市发展步入了一个衰落期。自公元 11 世纪起,随着西方封建体系的弱化,手工业和长途商业贸易兴盛,西方城市开始转型。从城市内部结构来看,此时西方的中古城市大多以一个开放广场作为中心,周边围绕教堂、市政厅、宫殿及杰出市民住所,城市中心附近通常还林立着各种工艺制造业以及银行等商业场所,频繁的战争也使城市建设格外注重防御性。[②] 而后,在文艺复兴运动和商业资本主义的推动下,西方中古城市发展先后呈现出人文色彩和巴洛克风格。

古代中国长期处于封建社会,其城市发展与自然经济衰退和商品经济兴起紧密相关。春秋战国是中国历史上列国大战的大动荡时期,也是中国城市发展的重要时期。该时期的城市集政治、经济与文化中心于一体,并重点建设了一批以政治、军事和经济功能为主的都城和工商业城市。其中,政治功能主要体现在各国都城,这些以宫殿建筑群为代表的城市通常人口众多且建筑规模巨大。同时,频繁的战事催生出一批服务于军事防御和进攻的防御性城市。此外,社会生产力的提升和战争的消耗推动了城市经济功能的强化,手工业和商业成为城市经济的两大支柱,随着"工商食官"制的式微和私营工商业者的壮大,城市的经济功能愈加彰显。[③]

到了秦汉隋唐时期,民族融合、经济发达和文化繁荣成为该时期的显著特征。秦统一全国后,首先对跨渭河两岸的都城咸阳进行扩建,在渭河南岸修筑了规模庞大的阿房宫;其次是将全国分为三十六郡,郡下辖的县约八九百个;为了拓宽疆土和应对匈奴的反攻,还以广修城池的方式巩固边疆领地并加强军事防御。汉代的城市建设与秦时基本一致,城市发展重心主要在北方,但在范围和数量上更为壮观。[④] 以中国封建社会前期的城市代表——汉代长安城为例,其建立在秦咸阳离宫的旧址上,城周长 26 千米,由皇宫和间里构成,在修建了长乐宫和未央宫之后,再筑以城墙,宫殿之间设间里多达 160 个,此外城内还另设 9 市,因此城市布局不

---

① 戴均良:《中国城市发展史》,黑龙江人民出版社 1992 年版,第 63—300 页。
② [美]保罗·诺克斯、琳达·迈克卡西:《城市化》,顾朝林、汤培源、杨兴柱等译,科学出版社 2009 年版,第 44 页。
③ 戴均良:《中国城市发展史》,黑龙江人民出版社 1992 年版,第 63—77 页。
④ 同上书,第 128—130 页。

规则,城市人口约 30 万人。隋唐时期,南北分裂的局面得以扭转,国家的统一、经济的发展及大运河的联通都为城市的发展缔造了有利条件,因此,长安城成为当时世界上最大的都城之一。其整体布局呈矩形,南北长 8 761 米,东西宽 9 721 米,布局规整。城市以朱雀大街为中轴线,形成了明确的南北向格局,官城居中靠北,南面则为皇城,外城为居民区。外城被划分为 108 个坊里,各坊里被坊墙围绕,内设住宅、府邸、寺院、绿化等,并施行严格的开闭管理制度,日出而启,日落而闭。城市的商业活动只在东、西两市进行,各占两个坊里,以井字路贯通,但经营的货物多为高级商品或奢侈品,与一般市民的日常生活并无多大联系。[①]

　　在封建社会中晚期的宋代,中国城市发展出现了具有历史意义的转折。政权稳固后,宋朝采取了一系列有力措施以促进社会经济的恢复和发展,这带动了城市数量、规模和结构的显著进步。同时,市民阶层的兴起突破了隋唐以来的坊市制度,极大地影响了城市的布局和面貌。唐代以前,中国城市发展以黄河流域为主,至北宋时期扩展至长江流域;南宋后,南方城市超越北方,如临安成为当时世界上人口最多的城市之一,广州、泉州等港口城市也迅速崛起,成为外国人集中居住的"藩坊"。宋代城市布局摆脱了唐代商业区划的限制,行业分布更自由,商业形态更多样化。坊制和市制的解体进一步影响了城市内部结构的变化,形成了各种商业街道、闹市区、交易市场及夜市。就城市居民构成而言,除汴京、临安聚居着皇室及其宗族、文武百官、大量卫戍部队外,两宋城市中人口数量占比最高的是坊郭户。按照有无房产,坊郭户进一步分为主户和客户,坊郭主户主要为商贾、手工业者和有产业的民户,坊郭客户则处于城市底层,通常是极为困苦的贫民。[②]

　　到了明清时期,封建制度日益腐朽没落,但商品经济高度发达,生产力达到封建社会的最高水平,江南一些工商业城市在明末清初出现了资本主义萌芽。在此背景下,中国城市发展步入新阶段。明清城市大致分为以下五类:一是手工业发达的城市,如杭州和苏州;二是商业集中的城市,包括扬州、汉口、临清等;三是以行政职能为主的城市,如南京、北京等全国性政治中心,以及太原、成都等地方性行政中心;四是对外贸易城市,以广州、喀什噶尔为主;五是边塞海防城市,如明初为防止北方蒙古族侵袭的"九边"重镇和洪武年间为抵抗倭寇而修筑的宁海、临山、天津卫、威海卫、蓬莱水城等。明清的都城北京城被誉为"中国封建社会晚期的代表"。北京城是在元大都的基础上扩建的,以宫城为中心,前朝后市,左祖右社,外置天地日月四坛,沿袭了以往皇权至上的建设观念,最内层为宫城,即皇帝居住的紫禁城;宫城之外是皇城,皇城外筑内、外城,内城多以官僚、贵族、地主、商人的居住地为主,外城则聚居着一般市民;三套城墙经由一条长达 8 千米的中轴线穿过,连接若干城门、干道、广场、建

---

① 张承安:《城市发展史》,武汉大学出版社 1985 年版,第 42—45 页。
② 戴均良:《中国城市发展史》,黑龙江人民出版社 1992 年版,第 193—204 页。

筑物、院落乃至制高点,南北东西相交的主干道贯通次干道、支路和胡同,庄严肃穆的宫殿建筑群尤为突出。① 园林也是北京城的特色建筑,其中多为宫苑和皇亲贵族府第,尤以圆明园、清漪园(今颐和园)为甚。此外,不少王公贵族、达官贵人和文人墨客都聚居于京并修建了不少宅园,据记载,清代著名宅园达 100 多处。②

古罗马帝国的崩溃标志着西方开始步入封建社会,直至公元 1000 年左右,西欧的城市发展长期处于停滞衰亡期,这段时期也被称为西欧的"黑暗时期"。一方面,日耳曼人和维京人控制了长途贸易的通道,切断了当时城市发展最为重要的命脉;另一方面,封建社会自身的等级体系和自给自足的农业经济阻碍了城市的发展,更多地将乡村庄园作为聚落的基本单元。③ 在动荡的政治局势下,出现了一批相对孤立和人口稀少的中心城市,这些城市大多是教会或高等教育中心(如苏格兰的圣安德鲁斯、英格兰的坎特伯雷和剑桥、德国的不来梅)、防御要塞(如意大利中部的圣吉米尼亚诺和乌尔比诺)或行政中心(如德国的科隆和马格德堡、英格兰的温切斯特和法国的图卢兹)。④ 而在东欧部分长途贸易便利的地区,城市非常繁荣,其中最著名的是东罗马帝国首都君士坦丁堡。君士坦丁堡不仅是当时欧洲的文化中心,同时也是国际贸易中心,被誉为"帝国境内最大的手工业和商业城市"。依靠发达的手工业和商业贸易中心的战略地位,君士坦丁堡发展为当时世界上最大的城市,拥有大约 50 万人。君士坦丁堡坐落于马尔马拉海岸的丘陵上,东临博斯普鲁斯海峡,扼黑海门户,处欧亚交通要冲,其作为东西方军事重镇,周围筑有水陆防御工事,城门高耸,碉堡林立;市中心区则由皇宫、圣索菲亚教堂、奥古斯都广场以及竞技场组成,其中,皇宫居中,东南角是竞技场,西边则为奥古斯都广场和圣索菲亚教堂。⑤ 公元7 世纪,"伊斯兰扩张"开始成为城市发展的重要推动力。尽管伊斯兰城市所处的地理位置和自然环境差异很大,但在共同的宗教信仰下,城市建筑呈现较高的同质性:清真寺通常居于城市中央,与之毗邻的是宫殿,市中心还建有巴扎集市、商队驿站、旅馆和马德拉萨(学校)等,离巴扎集市稍远则是居住区和小清真寺等建筑。⑥

公元 11 世纪以后,西方封建体系明显弱化,商业资本主义的快速发展为西方中古城市带来了新的变化。来自佛罗伦萨、威尼斯、比萨、日内瓦等地的商人组建了一个紧密的商业网络,从卑尔根到雅典、从里斯本到维也纳的长途贸易很快席卷整个欧洲,货物不再限于早期的高档奢侈品,而是以大宗生产的日常必需品(如谷

---

① 张承安:《城市发展史》,武汉大学出版社 1985 年版,第 47 页。
② 戴均良:《中国城市发展史》,黑龙江人民出版社 1992 年版,第 297—298 页。
③ 朱妍:《城市学概论》,广东人民出版社 2017 年版,第 50 页。
④ [美]保罗·诺克斯、琳达·迈克卡西:《城市化》,顾朝林、汤培源、杨兴柱等译,科学出版社 2009 年版,第 41 页。
⑤ 张承安:《城市发展史》,武汉大学出版社 1985 年版,第 60 页。
⑥ 何美兰:《7—12 世纪伊斯兰城市的布局及其成因——以开罗为例》,《首都师范大学学报》(社会科学版)2011 年第 5 期。

物、酒、盐、羊毛、布)为主。[①] 为寻找合适的商品贸易据点和居住地,新一轮的城市扩张逐渐展开。意大利佛罗伦萨、威尼斯和德国吕贝克是该时期城市发展的典型代表。中世纪的佛罗伦萨以发达的手工业闻名世界,毛纺织品远销欧洲各地。起初,该城市仅在河道的一边,平面布局仿若一个长方形,街道布置也相对规则,而后市区开始越过河道向四面放射,形成一个完全自由布局的贸易型城市。城市中心主要由市政厅和广场构成,广场上设有兰齐敞廊作为接待市民的场所,同时也是商品交易的聚集地。城市建筑风格突出立面式设计,临街的建筑物比肩而立,形成了屏风式街景。威尼斯作为早已摆脱罗马天主教会统治的中世纪东西方贸易中心,城市主要建筑物并非教堂与修道院,而是码头、仓库、客栈以及富商的府邸。威尼斯的城市建筑很重视与外界空间的联系,大运河两旁的府邸建筑群与波光水色融为一体,形成了颇为壮观的水上街景。德国吕贝克建成于公元 1138 年,坐落于德国最北端两条河流的汇合处,地形略似丘陵,四周被水环绕。城内道路指向入口处的城堡,中部为市场,市场上耸立着许多建筑,广场四周散落着各种行会;市场中心有一个小的市民教堂,在扩建后规模甚至超过了主教堂,教堂基本都位于城市制高点的小丘之上,加上哥特式风格的尖塔,从远处看去,城市轮廓线十分清晰。[②]

公元 14 世纪,文艺复兴运动在欧洲盛行。区别于以基督教堂和宗教教义为主导的中世纪,文艺复兴时期更加强调以人为中心,主张人的价值和回归现实生活。圣马可广场的改建正是以此为宗旨,该广场由圣马可教堂、总督府、图书馆及办公楼等场所构成,尽管教堂仍然是这个广场的主要建筑,但宗教活动已然退居到次要地位,其主要功能旨在发扬文艺复兴的人文主义和满足市民生活要求。随着商业资本主义的不断扩张,城市逐渐成为全球贸易的门户和殖民控制的中心。来自西班牙、葡萄牙的早期殖民者最先将世界的边缘地区纳入欧洲城市系统,西班牙殖民者在拉丁美洲西部建设了一批殖民城市,这类城市主要作为政治军事中心,通过城市管理以扩大殖民疆界。葡萄牙殖民者则更加注重商业贸易,将殖民城市建设在更加适合商业活动的地点,以便采集原材料和出口货物。在扩展贸易网络和拓宽殖民地的过程中,还兴起了一批作为殖民贸易的岗哨和行政管理中心的港口城市,如里约热内卢、圣保罗、布宜诺斯艾利斯等。[③]

在封建社会晚期的欧洲,诞生了一批中央集权的君主专制国家,城市发展也由此进入巴洛克时期。"巴洛克对权力的疯狂追求和崇拜甚至比中世纪的思想更加顽强"[④],

---

① [美]保罗·诺克、琳达·迈克卡西:《城市化》,顾朝林、汤培源、杨兴柱等译,科学出版社 2009 年版,第46 页。
② 张承安:《城市发展史》,武汉大学出版社 1985 年版,第 72—76 页。
③ 朱妍:《城市学概论》,广东人民出版社 2017 年版,第 51 页。
④ [美]刘易斯·芒福德:《城市发展史——起源、演变和前景》,宋俊岭、倪文彦译,中国建筑工业出版社 2005 年版,第 416 页。

因而,巴洛克时期的城市建设尤其追求宫廷式的显贵生活方式,并形成了独特的城市文化——享乐文化。一方面,城市建筑尤其崇尚抽象的对称和协调,对轴线和主从关系的强调贯穿于平面布局和立面构图,平面上是中央广场,立面上由中央穹顶统率着其余部分[1],法国的凡尔赛宫和德国的卡斯路城就是巴洛克时期城市建筑的突出代表。[2] 奢华宫殿成为新的城市景观,剧场、音乐厅、俱乐部、公园、博物馆、美术馆等供上层人士享乐的场所大多宏伟壮观且富丽堂皇,行业聚合的居住广场也主要服务于新贵族和商人家庭。另一方面,中央集权专制政治和军事防御的需要,推动了办公大楼和精密城防工事的建设,城市空间不断向高处扩展,高效利用城市空间成为该时期城市规划的重要考量。

(三) 近代工业城市

在工业革命和资本主义的推动下,城市发展开始进入近代工业城市阶段。在这一阶段,资本主义生产力空前发展,工业革命从本质上改变了商品的生产方式和地点,使得城市由原先的手工业生产的集中地、农产品的集散地发展为机器大工业生产的中心和商业贸易的中心,城市数量和规模不断扩张,并出现了城市群(带)。[3] 与此同时,殖民主义的扩张也深刻影响了城市的发展形态。

近代工业城市的发展主要得益于工业革命和资本主义的推动。18 世纪中叶,第一次工业革命率先在英国开展,随后扩散至西方其他国家。蒸汽机的发明将分散的城市手工业转变为大规模的工厂生产,大工业的生产方式成为城市增长的强力催化剂,使原来的消费性城市变成生产性城市,劳动人口占城市总人口的比重明显增加,城市空间出现了大片的工业区、仓库码头区、商业区和金融机构[4],矿山、工厂和铁路成为塑造新城市的主要力量。[5] 中国的近代工业城市则是在半殖民地半封建社会的背景下被动发展起来的。在帝国主义的侵略和掠夺下,中国丧失了部分城市的主权。为了倾销外国商品,中国大多数沿海、沿江城市获得了畸形繁荣,而其他内地及西部地区的城市则发展十分缓慢,区域差距持续增大。同时,随着国内资本主义的不断发展,一批新式工厂、银行、交通及基础设施逐步涌现,极大地改变了中国城市的面貌、结构与功能,人、财、物的高度集中推动了城市人口增加和城市规模扩大,但城市发展的不均衡和工商业布局的不合理也阻碍了中国近代工业城市水平的整体提升。[6]

---

① 张承安:《城市发展史》,武汉大学出版社 1985 年版,第 82 页。
② 黄继忠、夏任凡:《城市学概论》,沈阳出版社 1990 年版,第 11 页。
③ 朱妍:《城市学概论》,广东人民出版社 2017 年版,第 52 页。
④ 张承安:《城市发展史》,武汉大学出版社 1985 年版,第 95 页。
⑤ [美]刘易斯·芒福德:《城市发展史——起源、演变和前景》,宋俊岭、倪文彦译,中国建筑工业出版社 2005 年版,第 462 页。
⑥ 戴均良:《中国城市发展史》,黑龙江人民出版社 1992 年版,第 304—315 页。

作为工业革命的起源地,西方城市较早步入了近代工业城市阶段,其特征首先表现为城市人口密度的增加和城市规模的扩大。蒸汽机的发明和应用极大地提高了工业生产的效率,扩大了生产的规模,工业的迅速发展吸引了大批劳动力涌入城市,而工业的高度集中和城市人口的迅速膨胀也使得城市用地不断向外扩张,大批城市聚落沿工厂、铁路、公路而兴建,继而出现了成片、成群的城市群(带)地区。[①] 城市的结构布局也大幅调整,为满足大工业生产的需要,城市整体呈同心圆状向外扩张。工业、商业和金融业居于核心地位,中央商务区即诞生于此,工业区外围则为简陋的住宅区。火车、轮船等交通工具的出现使各大城市相继修建铁路、火车站、港口码头、仓库等基础设施。火车站通常位于城市中心或郊区,在城市不断向郊区扩展后,火车站和铁路又被城市包围起来,形成了城市对铁路的包围和铁路对城市的分割,打乱了既有的城市布局。[②] 与象征着进步和繁华的城市中心区背道而驰的是贫民窟,环境恶劣、低矮简陋的住宅区里拥挤着大批低收入者和涌入城市的农民,并与工厂、铁路一同组成了新的城市综合体。[③]

西方近代工业城市在发展的同时,也不可避免地催生了"焦炭城"。"焦炭城"最先由狄更斯(Dickens)在其小说《艰难时世》中提出,而后刘易斯·芒福德进一步将工业社会中的城市比喻成"焦炭城"。"烟囱林立"成为这一时期许多工业城市景观的共同特点,加之当时燃煤的工艺和设备比较落后,缺乏有效的烟尘净化装置和方法,煤炭燃烧产生的大量煤烟在城市中肆意蔓延,使城市的空气质量不断降低,空气污染日益加剧,城市居民饱受空气污染之苦。[④] 近代工业城市的经济增长是以生态环境为代价的。城市的工业生产规模越大,煤炭的耗费就越大,城市空气中的烟尘指数因而也就越高。恶劣的城市环境和有毒烟尘严重影响了居民的健康,落后的市政设施加剧了传染病的传播。直到 19 世纪中后期,工业城市的环境状况才因技术的进步、市政设施的社会化和"讲卫生运动"的深入得到一定程度的改善。

由于城市居住空间的大幅缩减和居住环境的日益恶劣,原本被视作落后和封建的乡间农村赢得了广泛关注,部分贵族和中产阶级开始逃离工业城市转而寻求干净整洁、独立自由的乡间生活,郊区运动开始兴起。事实上,郊区几乎是与城市相伴而生的,也正是因为有了郊区,早期城市才不至于因环境卫生问题而覆灭。[⑤] 郊区区别于传统工业城镇的一个重要特点是强调居民对空间的需求。在

---

①　朱妍:《城市学概论》,广东人民出版社 2017 年版,第 52 页。

②　黄继忠、夏任凡:《城市学概论》,沈阳出版社 1990 年版,第 11—12 页。

③　[美]刘易斯·芒福德:《城市发展史——起源、演变和前景》,宋俊岭、倪文彦译,中国建筑工业出版社 2005 年版,第 472 页。

④　李春敏:《马克思的社会空间理论研究》,上海人民出版社 2012 年版,第 195 页。

⑤　[美]刘易斯·芒福德:《城市发展史——起源、演变和前景》,宋俊岭、倪文彦译,中国建筑工业出版社 2005 年版,第 496 页。

勒·柯布西耶(Le Corbusier)的现代城市方案中,缓解城市中心的拥挤、强化城市中心的密度、增加向郊区流动的手段、增加公园和开放空间成为城市规划的基本原则。① 因此,在郊区的规划和布局上追求高质量的宜居,主张粗线条式的城市布局,如建设大街区、新公路、公园、私人花园、游戏场地和绿地等,倡导亲近自然并通过建筑表现对自然的喜好和尊重。19 世纪下半叶,在强调古典主义和自然主义的"工艺美术运动"影响下,浪漫主义思潮开始冲击城市郊区的建筑和规划,奉行"不拘形式、偶然性、变化莫测和原始天然"的"自然"原则,奇形怪状的地块和花园、为适应地形轮廓线而设计的弯曲街道、将生活与风景融为一体的独栋家庭住宅及环境优美的私人花园和公共绿地也由此变为现实。②

第二次工业革命推动人类社会步入"汽车时代",郊区运动开始进入新阶段。相对于早期的郊区运动,汽车生活方式的推广不仅让居住场所的选址变得更加自由,还为郊区建筑带来了革命性变化。城郊空间涌现出众多的汽车旅馆、汽车式剧院、汽车式购物中心,低密度住宅在城市边缘和"阳光地带"备受青睐。以美国为例,随着联邦政府"居者有其屋"政策的落地,各种住房补贴和抵押贷款担保极大地提高了市民的购买欲,设施完备的新社区也随之形成,大量睦邻组织的涌现不仅在很大程度上弥补了郊区地方政府的缺失,还充分调动了市民参与的主动性。然而,轰轰烈烈的郊区运动也招致了许多不满和批判,如汽车时代的交通拥堵和尾气污染、过度强调居住空间和公共区域的宽广而造成郊区土地利用效率低下和资源浪费等。此外,郊区的迅速扩张还直接导致了中心城市的空心化,人口和产业的过度外迁使城市中心不可避免地走向衰败。

相比西方城市发展顺应工业革命的主动之举,中国迈向近代工业城市则是在以帝国主义为首的多重压迫下的被动反应,同时还受制于半殖民地半封建的社会背景和相对落后的民族资本主义。第一次鸦片战争开启了苦难的中国近代史,此后近百年时间里中国都饱受帝国主义、封建主义和资本主义的掠夺和剥削,与之对应的城市发展一度处于畸形样态。首先是帝国主义侵略对中国近代工业城市的影响。依照 1842 年《南京条约》的规定,中国被迫开放了广州、厦门、福州、宁波、上海等通商口岸,帝国主义列强逐步控制了中国的部分海关、对外贸易和海、陆、空交通设施,垄断了中国的主要工业和金融财政。与此同时,帝国主义侵略者在租界内修建了银行、工厂、车站、码头等现代设施,推动着中国旧城区的改造和一批新型工业和交通枢纽城镇的发展。但是,由于帝国主义侵略中国的桥头堡多集中于沿海、沿江地区,在这些城市获得畸形繁荣的同时,中国广大内地及西部地区的城镇则每况

---

① [美]勒·柯布西耶:《现代城市》,载[美]张庭伟、田莉主编:《城市读本》(中文版),中国建筑工业出版社 2013 年版,第 319 页。

② [美]刘易斯·芒福德:《城市发展史——起源、演变和前景》,宋俊岭、倪文彦译,中国建筑工业出版社 2005 年版,第 501—503 页。

愈下,京广线成为中国城市发展的人为分割线。其次是国内封建主义和资本主义对中国城市发展的助推效应。一方面,帝国主义的侵略使封建统治者格外重视对腹地、边疆地区的开发与控制,新疆、台湾府、盛京、吉林、黑龙江等地改为行省就是为了应对帝国主义对中国边疆的军事挑战,侧面推动了中国内陆城镇的发展。另一方面,随着中国资产阶级力量的不断壮大,中国近代资本主义工商业取得了一定的发展。抗日战争前夕,中国近代工业已广泛涉足煤炭、电力、钢铁、金属加工、化学、建筑材料、纺织、食品等行业,铁路、交通运输业和银行的快速发展更是促进了城市商业的日益繁荣,这些都在很大程度上改变了原有城市的面貌并助推着新型城市的构建。

中国近代工业城市的发展大致经历了如下三大阶段。一是1840—1895年的帝国主义商品输出阶段。在该时期,帝国主义主要通过直接侵占城市土地和开设通商口岸等形式进入中国市场,上海一跃成为国内领先的工商业城市,由于外国商品的倾销,国内历来以工商业驰名的城市如苏州、佛山、湘潭、杭州等逐渐衰落。二是1895—1931年的帝国主义资本输出阶段。在这一阶段,大肆开办铁路和矿山成为帝国主义掠夺中国的新途径,中国东北地区的城镇化速度明显加快,一批工矿业城市和交通枢纽城市开始兴起,地区之间的城镇化差距较为突出。第三阶段是1931—1949年。东北成为日本独占的殖民地,沦为帝国主义掠夺中国的工具;位于沦陷区的城市,如南京、长沙、徐州、衡阳、金华,则是遭到了惨重破坏;作为革命圣地的延安,在此期间成为陕甘宁边区的政治、经济和文化中心,其经济建设和文化设施都取得了长足进展,其而创造了新型城市的范例。[①]

中国近代工业城市与西方工业城市存在一定的相似性。在城市布局上,工业区、商业街区、洋行以及娱乐场所等改变了中国封建旧城的固有布局。城市建筑风格也开始效仿外国近代建筑样式,花园住宅、里弄住宅和高楼大厦开始替代中国传统的城市建筑面貌。城市公用设施的嬗变则主要表现在供水、供电、排污和供气设施方面,近代化的交通工具、邮电通信系统、城市道路系统、图书馆和公园等被广泛应用。与此同时,中国近代工业城市中的社会阶级关系和居民生活方式也发生了转变。在社会阶级结构方面,旧式地主、商人、官僚逐步向资产阶级过渡,外籍居民大量增加,大量破产手工业者与农民变为无产阶级,新式学校的建立则使知识分子成为一个重要阶层。资产阶级和无产阶级的严重对立导致工人罢工、学生运动等社会问题频繁发生。贫富差距悬殊、生活节奏加快、生活内容丰富和消费主义盛行的共同叠加促成了城市居民生活方式的改变。

(四) 现代城市

随着工业革命的进一步深化和世界资本主义向帝国主义阶段的转变,城市发

---

① 戴均良:《中国城市发展史》,黑龙江人民出版社1992年版,第319—323页。

展开始步入一直持续至今的新阶段——现代城市。这一时期城市发展具有明显的异质性:大多数西方发达国家已经处于"后城市化"发展阶段,而大多数发展中国家的城市发展则正由工业城市向现代城市转型。

如果将近代工业城市视作城市发展的上半场,那么自第二次世界大战以后的现代城市则意味着城市发展开始进入下半场,即城市化加速阶段。这个阶段的城市化进程不再局限于欧洲和北美等地的发达国家,而是向世界其他地区加快扩散、全面普及,城市化进程得到了空前发展。以广大亚非拉国家为首的被殖民地获得了民族独立并走上了现代化工业发展道路,城市化步伐明显加快。1950年,发展中国家城市人口占总人口的比重为15.8%(世界平均水平为28.7%),1980年,这一比重达到30%(世界平均水平为42.2%)。[1] 截至2020年,发展中国家城市化率高达51.7%,与世界平均水平(56.2%)的差距越来越小。[2] 历次人口普查数据显示中国的城市化率已经从1953年的13.26%上升至2024年的67%,超出同期世界平均标准和亚洲平均标准,但与北美洲82.6%和欧洲74.9%的城市化率还有较大差距。

随着西方国家普遍进入"后工业社会",该时期的城市建设与发展也呈现出新的特征。一是出现了以一个或几个主要城市为中心的城市群,如以纽约为中心的美国东北部大西洋沿岸城市群、以芝加哥为中心的北美五大湖城市群、以伦敦为中心的英国城市群和以巴黎为中心的欧洲西北部城市群。[3] 二是产生了新的城市规划建设理念。为缓解前期工业化所致的"城市病"和应对全球化浪潮,部分学者基于分散主义或集中主义提出了新的城市规划方案,如埃比尼泽·霍华德(Ebenezer Howard)的"田园城市"、格拉汉姆·泰勒(Graham Taylor)的"卫星城"、勒·柯布西耶的"现代城市"、丝奇雅·沙森(Saskia Sassen)的"全球城市"构想。三是兴起了城市复兴运动。面对"逆城市化"现象和内城衰退的困局,"城市复兴"逐渐成为西方国家城市发展的主流方向,旨在使城市居民自发回迁中心城区,从而实现高质量和可持续的现代化城市发展。对比西方,中国的现代城市发展以落后的工业化为前提,经历了较长的恢复发展期和曲折发展期,城市发展水平总体较低,而后在经济体制改革不断深化的背景下,中国城市得以进入蓬勃发展期,表现出与西方现代城市发展趋同的态势,如重视城市群发展战略、积极推进卫星城建设以及深化城市更新理念和实践。此外,中国现代城市发展逐步探索出了以人为核心的新型城镇化发展道路和人民城市建设理念。

---

[1] 黄继忠、夏任凡:《城市学概论》,沈阳出版社1990年版,第13页。

[2] United Nations Human Settlements Programme, "World Cities Report 2022: Envisaging the Future of Cities", 2022, p.9.

[3] 陈水生:《世界城市群是如何形成的——规划变迁与动力支持的视角》,《复旦城市治理评论》2017年第1期。

现代城市作为城市发展的高级阶段,衍生出城市群这一新型城市地域空间组织形式。1957 年,法国学者简·戈特曼(Jean Gottmann)基于对美国东北海岸地区的考察,认为支配空间经济形式的已不再是单一的大城市或都市圈,而是聚集了若干个都市圈的巨大整体。[1] 英国学者彼得·霍尔(Peter Hall)进一步指出,这一全新的城市形态是由相互联系的 10—50 个城市集聚在一个或多个较大的中心城市周围,并通过高速公路、高速铁路和电信电缆等"流动空间"联结起来的城市化区域。[2] 从空间分布来看,西方城市群主要出现在北美洲和欧洲等发达的工业化地区。美国东北部大西洋沿岸城市群是以波士顿、纽约、华盛顿几个大城市为核心,加上 40 个中小城市所构成的城市化区域,城市化水平超过 90%,是美国最大的都市化地带;北美五大湖城市群则分布于五大湖沿岸,从芝加哥、底特律、匹兹堡一直延伸到加拿大的多伦多和蒙特利尔,该城市群是北美洲重要的加工制造业基地,也是美国、加拿大工业化程度最高的地区,与美国东北沿海城市群共同构成北美洲的制造业带;此外,北美洲还形成了波士顿—华盛顿、芝加哥—匹兹堡及圣地亚哥—旧金山三大城市群。欧洲城市群则主要包括英国的伦敦—伯明翰—利物浦—曼彻斯特城市群、法国的巴黎—鲁昂—勒阿弗尔城市群、荷兰的兰斯塔德城市群和德国的莱茵—鲁尔区城市群。就形成原因而言,英国伦敦城市群和德国莱茵城市群均是因工矿业发展而形成的多中心城市集聚区,法国巴黎城市群是为改变巴黎大都市区的向心结构而沿塞纳河下游形成的带状城市群,荷兰兰斯塔德城市群则是把中心城市所具有的多种职能分散到大中小城市以保持整体的统一性和有序性。[3]

与近代工业城市主动顺应工业化进程不同的是,现代城市更多是在解决工业化所导致的大城市畸形发展问题,例如城市矛盾、建筑密集、土地垄断、交通阻塞、住房紧张、环境污染等"城市病"。基于此,城市规划学者开始致力于解决这些病症。其中,持分散主义观点的学者提出了"田园城市"和"卫星城"的建设构想。霍华德在《明日的田园城市》一书中设想田园城市是为安排健康的生活和工业而设计的城镇,以适度的城市规模满足各种社会生活需求,城市被乡村带包围且全部土地归公众所有或由社区代管,其实质是用城乡一体的新社会结构形态取代城乡分离的旧社会结构形态。[4] 就理想建设方案而言,田园城市总占地面积为 6 000 英亩[5],其中,城市用地 1 000 英亩,农业用地 5 000 英亩;城市由六条林荫大道划分为六个相等的区域,中心为圆形花园空间,周围环绕市政厅、音乐厅、剧院、图书馆、展

[1]　Jean Gottmann, "Megalopolis or the Urbanization of the Northeastern Seaboard", *Economic Geography*, 1957, 33(3), pp.189-200.

[2]　Peter Hall and Kathy Pain, *The Polycentric Metropolis: Learning from Mega-City Regions in Europe*, Routledge, 2006, p.3.

[3]　裴志扬:《城市群发展研究》,河南人民出版社 2009 年版,第 46—49 页。

[4]　[英]埃比尼泽·霍华德:《明日的田园城市》,金经元译,商务印书馆 2000 年版,(序言)第 17—18 页。

[5]　1 英亩约为 4 046.86 平方米。

览馆等大型公共建筑;中央公园被"水晶宫"包围,面向全体居民开放;五号大街沿线为符合卫生标准的高品质住宅;城外有长达三英里的"宏伟大街"绿地,形成环带型城市公园,并配备教育、宗教、花园和休闲设施;工厂和仓库等设施沿环形铁路布局,便于货物运输。① 在这一建设理念的指引下,田园城市逐渐在全球范围内盛行,除了英国的莱奇沃思、韦林和斯托克菲尔德等田园城市之外,美国、法国、德国、荷兰、奥地利、澳大利亚等也都先后建设了"田园城市"或类似的示范性城市。

　　"卫星城"被视作田园城市建设理念的延续,由美国学者泰勒在《卫星城镇》一书中正式提出。其核心要义是在城市郊区新建类似宇宙中卫星般的小城市,此类卫星城不同于位于大城市周边的独立小城镇,是与大城市的经济、文化、社会紧密联系的小城区,并且通过分担"母城"的一部分功能以缓解大城市畸形发展所致的弊病。卫星城的发展经历了"卧城""半独立'辅城'""独立'新城'"三个主要阶段。② 卧城是附属于大城市的居住城,主要承担居住职能,一般距离母城约20—30千米且位于通往母城的主要交通干线上,多见于法国巴黎和英国伦敦。由于卧城未能实现疏解人口的目标,还增加了郊区与市中心的交通压力,芬兰建筑师伊利尔·沙里宁(Eliel Saarinen)提出了"有机疏散论",主张在母城附近建立一些能够承接母城部分产业的半独立辅城。半独立"辅城"除了卧城所具备的生活设施外,还有一定的工业、企业与服务设施,能够吸纳部分居民就地工作。③ 由沙里宁在芬兰赫尔辛基市设计的威林比卫星城就是半独立"辅城"的典型代表。鉴于辅城通常产业结构单一、规模偏小且就业吸纳能力不足,一批功能完整、独立性强、产城融合的第三代卫星城——独立"新城"开始出现。新城不再过度依赖"母城"提供生活服务和就业机会,而是配备独立的行政、经济和社会中心,城市功能相对完善。以哈罗为例,该卫星城共有两个工业区和四个居住区,每个居住区又分为四个邻里单位,此外,还有现代化的市中心以及各种生活、文化服务及公用设施,能够很好地满足市民的生产、生活和生态需求。

　　基于集中主义的"现代城市"则是由著名建筑大师勒·柯布西耶提出。他认为大城市中心的问题主要在于人口和建筑密度过大、机动车辆与现行道路系统不相适应以及绿化、日照、通风等条件不佳,因而主张:一是在市中心修建高层建筑,通过增加建筑层数来减少建筑密度;二是扩大道路宽度和增设停车场,同时减少街道交叉口并发展分层的立体式交通;三是加强与大自然的联系,增设空地和文化、生活服务设施,其中,屋顶可作运动场,架空的屋底则用作绿化或车库。④ 柯布西耶

---

① ［英］埃比尼泽·霍华德:《明日的田园城市》,金经元译,商务印书馆2000年版,第13—16页。

② 李万峰:《卫星城理论的产生、演变及对我国新型城镇化的启示》,《经济研究参考》2014年第41期。

③ 参见［美］伊利尔·沙里宁:《城市:它的发展、衰败与未来》,顾启源译,中国建筑工业出版社1986年版。

④ 张承安:《城市发展史》,武汉大学出版社1985年版,第135—137页。

的城市规划思想深刻影响了世界各国的城市规划和城市建设活动,如在市中心修建高层建筑、搭建立体式的交通体系、减少拥堵以及扩大城市绿地面积。但现今的城市建筑过密、交通拥堵、公共空间严重不足等问题依然显著,一定程度上背离了柯布西耶所主张的"现代城市"。①

20 世纪 90 年代以来,经济全球化和信息技术的发展推动了全球生产、服务和金融网络的扩展与集中,少数具备资本、人才和技术垄断优势的城市成为全球性的跨国经济活动中心,如纽约、伦敦、东京和巴黎。新的"城市系统"由此出现,丝奇雅·沙森称之为"全球城市"。经济活动空间分散化和全球一体化的融合使得全球城市成为管理与控制新空间经济的服务节点,集中管理、协调和服务功能愈加突出,其内生的全球控制能力能够使跨国公司对分散化的国内外生产系统进行有效控制。在这些全球城市中,服务业代替制造业成为城市主导产业,发展了以商务服务、工程和建筑服务、法律服务、专业银行、广告、会计等为主的新产业体系,容纳了大量金融机构和专业性服务公司。② 此外,为实现对工厂、服务供给及金融市场的全球网络的管理与服务,这些城市通常内部空间密度高,商务楼宇林立,中心商务区经过改造成为商业活动密集的大都会。全球城市并不是单个存在的,而是多个战略性区域连接起来的跨国界网络,越来越多的城市主动选择或被迫参与全球城市网络,成为全球经济运行的支架。③

尽管世界范围内的城市化率增长是现代城市发展的主旋律,但人口向心集聚的同时也出现了"逆城市化"现象。随着西方国家普遍进入后工业时代,工业生产作为城市主要职能的地位急剧下降,一些原料采集和初始制造加工等产业开始转移至欠发达地区,这导致城市中心区失业人口增多,加之旧城机能衰退、工业用地闲置、供需矛盾突出、生态环境恶化和贫富差距悬殊等问题,城市人口数量不增反减。针对内城衰退问题,西方国家相继出台了城市改建和城市更新战略,其中,城市改建主要受公共建设驱动,重点对市内过度拥挤的贫民窟进行大规模的再开发;兴起于 20 世纪 80 年代的城市更新则侧重经济发展和地产开发,依赖公共资金来影响市场投资。④《迈向城市复兴》从可持续发展的城市、城市与城镇的良性运转、高效利用现有的城市资源、投资和资本运作、持续的城市复兴五大方面对英国城市发展提出了 100 多项建议⑤,强调以就业、住房、医疗、环境和社会治安为政策核心,并重视社区在城市发展中的作用,推动社区可持续发展。

---

① [法]勒·柯布西耶:《明日之城市》,李浩译,中国建筑工业出版社 2009 年版,第 3 页。
② [美]丝奇雅·沙森:《全球城市:纽约、伦敦、东京》,周振华译,上海社会科学院出版社 2001 年版,第 312 页。
③ 同上书,第 326—327 页。
④ [英]安德鲁·塔隆:《英国城市更新》,杨帆译,同济大学出版社 2017 年版,第 14 页。
⑤ See The Urban Task Force, *Towards an Urban Renaissance*, Routledge, 1999.

与西方"后工业化"背景下的现代城市相比,中国现代城市经历了漫长的恢复发展期和曲折发展期。在恢复发展期中,旧中国遗留下的城市工商业基础薄弱,市政设施破败,重工业和交通设施受损严重,战争和通货膨胀导致市民生活困苦。为破解这一发展困局,党和政府采取了没收官僚资本、稳定物价、发放紧急救济和修缮市政设施等举措,有计划地增设了一批建制市以适应工商业发展的需要。1953 年,中国进入第一个"五年计划"建设时期,城市建设取得了一定成就,如城市住宅面积明显扩大,兴建了办公楼、学校、医院、文化宫、戏院、电影院、商店等公共建筑,道路桥梁、公共交通、邮电通信、供水排水、煤气热力、园林绿化等公用设施也逐步完善。① 国家着手改变城市发展的畸形分布:一方面,强调合理利用东北、上海和其他工业城市已有的工业基础;另一方面,在华北、华中、西北、西南等新工业区开启工业基地建设和设置建制市、镇。

1958—1977 年是中国现代城市的曲折发展期。"大跃进"引发了工业基本建设投资的急剧膨胀,直接促使市镇规模和市镇人口的畸形增长,加上三年困难时期的影响,农业和工业发展均遭到了破坏。为此,中共中央作出了调整城市工业项目、压缩城市人口、撤销部分市镇建制等重大决策以控制与生产力发展现状不符的虚假城市化。然而,随着 1966 年"文化大革命"的开始,中国现代城市发展再次进入停滞期。在极左思潮的影响下,城市建设和规划管理遭受严重挫折,甚至出现了不搞城市建设的倾向,原有的"一、二、三线"战略布局也未能予以贯彻落实。

中国现代城市发展的转折始于 1978 年。在 1978 年召开的第三次全国城市工作会议上,党中央和国务院出台了《关于加强城市建设工作的意见》(以下简称《意见》)。《意见》指出,中国城市建设开始进入依照城市规划进行建设的科学轨道。城市是中国经济、政治、科学、技术、文化、教育的中心,在社会主义现代化建设中起着主导作用;要实现城市建设与经济建设、环境建设的统一规划和协调发展。《意见》还明确了"控制大城市规模,合理发展中等城市,积极发展小城市"和"十分珍惜、合理利用每寸土地"的基本建设方针,具体内容包括:重点建设好一批规划科学、设施完善、环境优美、适应人们日益增长的物质和文化需要的社会主义新型城市;防止大城市人口特别是市区人口过度膨胀,着力化解大城市人口密度和建筑密度过大、资源不足、交通拥堵、住房紧张和环境污染等"大城市病";着重发展中等城市和小城镇,使之尽快形成具有相当规模与功能、生产专业化程度较高、并在一定区域内发挥中心作用的城市。为进一步增强城市活力和发展城市经济,中国于1981 年开始推行城市经济体制改革试点,并于 1984 年出台了《中共中央关于经济体制改革的决定》,要求逐步形成以城市特别是大、中城市为依托的,不同规模的,开放式、网络型的经济区。在此背景下,深圳、珠海、汕头、厦门全面展开了经济特

---

① 戴均良:《中国城市发展史》,黑龙江人民出版社 1992 年版,第 426 页。

区建设,上海等 14 个沿海港口城市的外向型经济比重也显著提高。此外,随着乡镇企业的蓬勃发展,原来的农村小集镇逐步发展为以农业服务、商贸旅游、工矿开发等多种产业为依托的新型小城镇,中国城镇化进程明显加快。[①]

　　随着经济体制改革的深化和社会主义市场经济体制的确立,中国现代城市发展进入蓬勃发展期,呈现出与西方“后工业化”城市发展趋同的态势。一是突出城市群发展战略的重要地位。2006 年,“十一五”规划首次提出城市群战略,指出要把城市群作为推进城镇化的主体形态,逐步形成以若干城市群为主体的高效、协调、可持续的城镇化空间格局;2011 年,“十二五”规划进一步强调“以大城市为依托,以中小城市为重点,逐步形成辐射作用大的城市群,促进大中小城市和小城镇协调发展”,并且在东部地区打造更具国际竞争力的城市群和培育壮大中西部地区的若干城市群;2014 年,国务院印发《国家新型城镇化规划(2014—2020 年)》,要求优化提升京津冀、长三角和珠三角东部地区城市群,加快培育成渝、中原、长江中游、哈长等中西部地区城市群,统筹制定城市群规划和加快推进城市群一体化进程。此后,“十三五”和“十四五”规划均强调城市群在实现新型城镇化战略中的关键地位。目前,中国已形成京津冀、长三角、珠三角、成渝、长江中游、山东半岛、粤闽浙沿海、中原、关中平原、北部湾、哈长、辽中南、山西中部、黔中、滇中、呼包鄂榆、兰州—西宁、宁夏沿黄、天山北坡 19 个城市群。

　　二是积极建设卫星城以疏散中心城区部分功能。改革开放以来,中国城镇化经历了一个起点低但速度快的发展过程,中心城区不可避免地出现了市民化进程滞后、空间结构不合理、人口过度集聚、交通拥堵、环境污染加剧、公共服务供给能力不足、人居环境质量不佳等突出问题。为缓解这些问题,积极建设卫星城市成为重要策略。以上海为例,其早在 20 世纪 50 年代就开始规划卫星城建设。初期,卫星城镇的规划旨在疏散市区人口,而后《1958—1962 年上海工业发展规划纲要》明确提出卫星城镇应服务于工业建设的需要,通过承接工业建设项目以繁荣附近中小城镇和改善市区人口过分集中的问题。20 世纪 70 年代末,上海共建成闵行、吴泾、嘉定、安亭、松江、金山卫和宝钢七个卫星城。[②] 1986 年,《上海城市总体规划方案》经国务院批复,要求形成以中心城为主体、卫星城、郊县小城镇和农村集镇协调发展的四级城镇体系,通过公路网等交通实现闵行等七个卫星城和主要小城镇、邻省主要城市的有机联结。21 世纪初,上海开始实施第三代卫星城即新城建设,新城不仅承担疏解中心城区人口的功能,同时还通过产业聚集成为带动区域发展的规模化城市地区。《上海市城市总体规划(1999—2020 年)》提出“多轴、多层、多核”的市域空间布局,其中,“多层”是指由中心城、新城、中心镇和一般镇所构成的

①　朱妍:《城市学概论》,广东人民出版社 2017 年版,第 66 页。
②　包树芳、忻平:《20 世纪 50 年代上海卫星城战略形成的历史考察》,《史林》2019 年第 1 期。

四级城镇体系和中心村,"多核"则由中心城和 11 个新城组成。而后在"十一五"规划中提出了"1966"四级城乡体系,即 1 个中心城、9 个新城、60 个左右新市镇和 600 个左右中心村。在上海市人民政府 2021 年印发的《关于本市"十四五"加快推进新城规划建设工作的实施意见》中,要求将嘉定、青浦、松江、奉贤、南汇 5 个新城培育为在长三角城市群中具有辐射带动作用的综合性节点城市,强调新城建设应致力于实现产业能级大幅提升、公共服务品质显著提高、交通枢纽地位初步确立和人居环境质量不断优化等目标。2023 年 10 月 27 日,上海市十六届人大常委会第七次会议表决通过了《上海市人民代表大会常务委员会关于促进和保障"五个新城"建设的决定》(以下简称《决定》)。《决定》明确上海市按照独立的综合性节点城市定位,举全市之力将新城建设成为引领高品质生活的希望之城和未来之城、全市经济发展的重要增长极、推进人民城市建设的创新实践区、城市数字化转型的示范区和上海服务辐射长三角的战略支撑点。《决定》重点对推进产业、交通、建设品质、公共服务等四个方面向新城综合赋能提出要求:一是加强产业支撑,聚焦先导产业和未来产业布局,实现错位发展、互补发展和联动发展;二是加快构建现代集约、功能完备、智慧生态的综合交通体系,提升区域交通节点功能;三是以人为本,加强城市设计,不断提升城市建设品质;四是对标一流标准,提高公共服务能级和水平,积极打造"15 分钟社区生活圈"。

三是不断深化城市更新理念和实践。城市更新是推动城市产业经济振兴、功能复兴和良性发展的周期性行动,由二战后西方旧工业城市复兴策略演变为全球范围内的城市再开发活动。[①] 在中国城镇化从"外延扩张式"走向"内涵提升式"的进程中,中国对城市更新的认识和实践也呈现出阶段性变化。在第一个"五年计划"期间,城市更新主要服务于国家工业化建设和城市建成区改建,遵循"充分利用,逐步改造"的原则,旧城改造主要着眼于棚户区和危房简屋改造,但同时也累积了因低标准建设和超负荷使用所致的空间品质问题。[②] 改革开放后,住房商品化和大规模的土地开发反向刺激了推倒重建式的旧城改造,在 20 世纪 90 年代,旧城片区开始以集资、合资或商品房开发等方式逐步实施改造,并逐步演变为包括旧城镇、旧厂房、旧村庄的"三旧"改造。[③] 随着城市发展步入新阶段,城市更新行动开始进入中央政策议程。2015 年的中央城市工作会议明确了"框定总量、限定容量、盘活存量、做优增量、提高质量"的集约式发展理念,要求进一步加快城镇棚户区、城中村、老旧小区和危房的改造并开展城市修补。2019 年,中央经济工作会议要求加强城市更新和推动存量住房改造,做好城镇老旧小区改造,而后,"城市更新行

①　严若谷、周素红、闫小培:《城市更新之研究》,《地理科学进展》2011 年第 8 期。
②　王嘉、白韵溪、宋聚生:《我国城市更新演进历程、挑战与建议》,《规划师》2021 年第 24 期。
③　王世福、易智康、张晓阳:《中国城市更新转型的反思与展望》,《城市规划学刊》2023 年第 1 期。

动"被纳入国家"十四五"规划。在具体实施方面,城市更新行动以建设宜居城市、绿色城市、韧性城市、智慧城市和人文城市为总体目标,同时涵盖完善城市空间结构、开展城市生态修复、强化历史文化保护、加强居住社区建设、推进新型城市基础设施建设和城镇老旧小区改造等多重任务。[①]

中国现代城市是在人口众多、资源短缺、生态环境脆弱、城乡区域发展不平衡的背景下发展起来的,针对这一现实国情,中国提出以人为核心的新型城镇化发展道路。随着中国经济发展逐步进入高质量发展阶段,以 GDP 为中心的传统城镇化模式暴露了诸多弊端,如城镇无序扩张、忽视人的城镇化和城镇化质量、破坏生态环境等。为此,2013 年中央召开城镇化工作会议,提出解决好人的问题是推进新型城镇化的关键,要推进以人为核心的城镇化,提高城镇人口素质和居民生活质量,并把有序实现市民化作为首要任务。在国务院印发的《国家新型城镇化规划(2014—2020 年)》中,新型城镇化道路是指坚持以人为本、四化同步、优化布局、生态文明和文化传承的城镇化道路,其中,"以人为本"居于核心地位,"有序推进农业转移人口市民化"是重点任务,具体包括推进农业转移人口落户城镇和享有城镇基本公共服务、建立健全市民化推进机制。此外,以人为核心的新型城镇化道路还表现为人民城市建设理念。习近平总书记在 2015 年中央城市工作会议上提出,"做好城市工作,要顺应城市工作新形势、改革发展新要求、人民群众新期待,坚持以人民为中心的发展思想,坚持人民城市为人民"。[②] 2019 年 11 月,习近平总书记在上海考察时再次明确了人民城市的核心要义,即"人民城市人民建,人民城市为人民"。[③] 归结起来,以人为核心的新型城镇化道路和人民城市建设理念使得中国现代城市发展跳脱了"以物为本""见物不见人"的片面城市发展观,同时超越了传统城市增长机器理论的局限,转而进入人民本位观的社会主义现代化城市发展阶段。

第二节 现代城市的功能

社会结构是经济实例(economic instances)、政治制度实例(politico-juridical instances)和意识形态实例(ideological instances)的集中反映,而城市功能则是社会结构的物质性表达。[④] 现代城市主要具有如下功能。

[①] 王蒙徽:《实施城市更新行动》(2020 年 12 月 29 日),中国政府网,https://www.gov.cn/xinwen/2020-12/29/content_5574417.htm,最后浏览日期:2023 年 12 月 1 日。

[②] 《中央城市工作会议在北京举行 习近平李克强作重要讲话》(2015 年 12 月 22 日),中国政府网,https://www.gov.cn/xinwen/2015-12/22/content_5026592.htm,最后浏览日期:2025 年 3 月 6 日。

[③] 中共上海市委:《奋力谱写新时代人民城市建设新画卷》,《人民日报》2024 年 11 月 1 日。

[④] Manuel Castells, *The Urban Question: A Marxist Approach*, The MIT Press, 1979, pp.234-237.

一、容器功能

"城市从其起源时代开始便是一种特殊的构造,它专门用来贮存并流传人类文明的成果;这种构造致密而紧凑,足以用最小的空间容纳最多的设施;同时又能扩大自身的结构,以适应不断变化的需求和社会发展更加繁复的形势,从而保存不断积累起来的社会遗产。"①芒福德将此概括为城市的容器功能。城市的容器功能进一步表现为物质载体和聚落空间。首先,城市作为一个巨型容器,承载着一定空间范围内人类活动的基本物质资源,既包括土地、水源、山林、河湖和矿藏等自然资源,也涵盖住宅、道路、交通、通信、文化娱乐、教育、卫生和体育等人工设施。自然资源和人工设施在城市容器内的有机结合,共同构成了人类赖以存在和发展的物质基础。其次,城市作为聚落文明的表征,相较于乡村的分散状态,实现了人口、资源、资本的高度集中,并且通过容器自身的封闭性强化了各种新兴力量之间的相互作用。② 城市聚落还打破了乡村聚落的封闭和自给自足状态,通过城市化进程实现人口与资源的大规模流动,使分散的人力资本、经济资本与文化资本向少数中心城市集聚,那些高度集中的"巨型城市容器"为城市生活的繁荣提供更为坚实的物质条件。③

二、政治功能

从古至今,城市都是统治阶级统治和管理一个国家或地区的主要实体,承担着维护阶级统治和实施社会管理的政治功能。在封建社会时期,随着中央集权专制政治和寡头统治取代宗教神权统治,为维护封建君主至高无上的权威,都城建设作为巩固政权的手段开始被提上日程。在古代中国长达 2 000 多年的封建历史中,历朝历代都倾注大量人力物力于都城建设,一方面是为了彰显"皇权至上"和维护阶级统治,另一方面是为了抵御外敌,集政治统治和军事防御于一体。西方亦是如此,15—16 世纪,马德里、维也纳、莫斯科、里斯本、哥本哈根和斯德哥尔摩等一批首都城市出现了,中世纪末期兴起了城市建设的巴洛克风尚。象征着封建等级制度的皇家宫殿和宫殿群成为最引人注目的城市景观,它们通常设有巨大的花园和带有雕像的皇家广场,各种阅兵仪式、王室加冕礼、公共仪式和大众节日均在此进行。④ 进

---

① ［美］刘易斯·芒福德:《城市发展史——起源、演变和前景》,宋俊岭、倪文彦译,中国建筑工业出版社 2005 年版,第 33 页。
② 同上书,第 37 页。
③ 刘士林:《芒福德的城市功能理论及其当代启示》,《河北学刊》2008 年第 2 期。
④ ［荷兰］劳拉·科尔比、宋壮壮、雷江帆等:《欧洲城市规划的历史:延续与变迁》,《城市区域与规划研究》 2013 年第 1 期。

入现代,城市成为国家进行政治统治和社会管理的主要场域。中央政府的重要政策均需在城市区域内予以落实,城市政府成为协调其所辖区域内各子系统并使之正常运转的行政机构。

三、经济功能

城市的经济功能体现在它作为生产力和生产资料的集中地,能够有效组织经济活动并创造效益。作为城市的核心功能之一,经济功能的发挥是以工业和商业的繁荣发展为前提的。继两次工业革命后,人类由传统手工劳动步入"蒸汽时代"和"电气时代",工业生产能力大幅提升。火车、轮船、汽车和飞机等新式交通工具的发明,为资本主义世界市场的形成提供了良好的物质基础,城市成为工业、资本、人力和技术的聚集地和人类开展经济活动的主要场所。

按照经济学的一般划分,城市经济功能可分为宏观经济功能和微观经济功能。宏观经济功能是指城市作为流通中心和商品集散地,需要最大限度地维护市场交易秩序、组织区域性经济协作、提高市场资源配置效率,从而促进城市经济结构合理化。同时,城市政府作为行政管理机构,还需要履行宏观调控的职能,实现"有为政府"和"有效市场"的有机结合。微观经济功能主要由企业这一市场主体发挥,企业是城市经济活动不可或缺的主体,其数量、规模、水平和效益直接决定了整个城市的经济水平。

四、社会功能

城市的社会功能是指城市为满足城市居民生存和发展需要、构筑良好的社会关系和解决社会问题所承担的任务和产生的效能。首先,城市需要为城市居民提供良好的工作和生活环境,包括提供尽可能多的工作岗位和最大限度地保障劳动权益,提供各种社会交往、锻炼和娱乐的场所和基本公共服务设施。其次,城市的社会功能还表现在构筑和睦的社会关系上,需要积极培育和增强市民的认同感和归属感。现代化以经济理性和社会流动的力量冲击着传统社会中普遍存在的共同体意识和情感性联系,因而一定程度上削弱了城市的社会功能。[①] 因此,世界各国均强调社区建设的战略意义。社区建设能有效缓解都市中社会成员间的相对孤立和隔绝状态,体现对人性的滋养和关怀。同时,社区作为一种群体意象,其再度回归也意味着城市平等提供给所有居民的社交功能被重新唤起。最后,城市的社会功能还体现在不断解决或缓解居民所关心的社会问题上,既包括与城市经济社会

① 　王思斌:《体制改革中的城市社区建设的理论分析》,《北京大学学报》(哲学社会科学版)2000 年第 5 期。

生态发展不协调的"城市病",诸如交通堵塞、人口拥挤、住房紧张、环境污染、失业率和犯罪率上升,也涵盖潜在社会矛盾(如城市公共服务供给与实际的公共服务需求之间的差距)所致的公民获得感不足。

五、文化功能

在芒福德看来,文化功能是城市最为重要的功能。人类原始的文化与精神活动不仅早于城市的诞生,而且是推动城市形成最为直接且重要的诱因。[①] 但在快速发展和扩张的工业化城市中,标准化的现代城市规划和资本逻辑的扩张使文化成为城市发展中的牺牲品,文化功能一度被城市规划者所忽视。在此背景下,帕特里克·格迪斯(Patrick Geddes)指出,城市规划不仅要注意研究物质环境,更要重视研究城市文化传统与社会问题,主张城市规划要以居民的价值观念和意见为基础,充分考虑当地的历史传统与特点,避免大拆大建并关注城市中广大居民的生活条件。[②]

城市文化功能具体包括如下三层含义。城市文化功能的第一层含义是文化保护。自19世纪末起,关注文化传承的地方性历史保护协会就开始致力于保护和留存早期具有城市特征的标志性建筑,而后兴起的旧城保护运动和城市更新运动也在一定程度上增强了城市的文化记忆,修建博物馆、图书馆、档案馆、美术馆、展览馆等文化设施也被视作储存和记录"已经消失的城市"的有效途径。城市文化功能的第二层含义是文化服务,即城市需要为居民提供公共文化服务,以营造宜居宜业的城市环境。目前,中国城市公共文化服务的载体主要是公共图书馆、文化馆(站)、博物馆、美术馆和综合性文化服务中心等公共文化机构,政府通过打造城市公共文化空间和推动公共文化服务数字化建设来不断满足人民的多样化多层次需求,提升城市公共文化服务供给质量。城市文化功能的第三层含义是塑造具有现代意识的市民。城市作为现代文明生产、现代生活方式、现代文化意识的策源地和扩散地,其城市化进程伴随着市民化进程,即把城市居民塑造成理性、独立的现代公民的进程。

第三节　城市化发展历程与特征

"城市化"一词源自英文"urbanization",亦可译作"都市化""城镇化",是指城

① [美]刘易斯·芒福德:《城市发展史——起源、演变和前景》,宋俊岭、倪文彦译,中国建筑工业出版社2005年版,第4—9页。

② 参见[英]帕特里克·格迪斯:《进化中的城市:城市规划与城市研究导论》,李浩、吴骏莲、叶冬青等译,中国建筑工业出版社2012年版。

市(镇)人口占总人口比例提高的过程,表现为城市(镇)数量增加和规模扩大、第二和第三产业比重上升、农业人口向城市(镇)聚集,以及城市(镇)物质文明和精神文明不断扩散至农村地区。[①]就城市化发展规律而言,美国地理学家雷·M.诺瑟姆(Ray M. Northam)认为,城市化发展过程形似一条被拉平的 S 形曲线,包括三个主要阶段:(1)初始阶段(initial stage),在这一阶段,城市化率低于 25%,城市人口比重较低;(2)加速阶段(acceleration stage),在这一阶段,城市化率由 25%增长至 50%—70%,甚至更高,经济社会活动在城市范围内高度集中;(3)成熟阶段(terminal stage),在这一阶段,城市化率高于 60%或 70%,当城市化曲线趋近 100%时则近似于一条平坦的直线或出现逆转。[②]从全球城市化进程来看,人类社会主要经历了三次城市化浪潮:第一次是欧洲的城市化,自英国率先进行第一次工业革命后,英国和欧洲大多数国家在近 200 年的时间里完成了城市化的基本进程(城市化率提升至70%);第二次是美国的城市化,由于世界工业中心的转移和外来移民的进入,美国仅用 100 年左右的时间就实现了城市化;第三次则发生在拉美及其他发展中国家,从 20 世纪 80 年代延续至今。[③]在这三次大规模的现代城市化浪潮中,虽然欧美国家和中国都呈现出乡村人口向城市聚集的基本特征,与诺瑟姆 S 形曲线保持一致,且基本都以工业化为主要动力,但由于中西方政治、经济和意识形态等方面的巨大差异,各自的城市化进程与特征也有一定的区别,以下分别展开论述。

一、西方国家城市化的发展历程与特征

(一) 西方国家城市化的发展历程

作为世界范围内最早实现工业化的区域,在两次工业革命的驱动下,西方国家在 20 世纪 50 年代左右就步入了城市化的成熟阶段,城市化率超过 70%,顺利实现了从以农业和农村人口为主向以非农业和城市人口为主的社会结构转变。从发展历程来看,西方国家的城市化主要经历了工业城市化阶段、郊区化和逆城市化阶段、再城市化阶段。

1. 工业城市化阶段

18 世纪中叶,第一次工业革命发端于英国,随后扩散至欧洲、北美洲国家。近代工业的迅速发展促成了资本和劳动力的高度集中,大量农村人口开始涌入城市,工业取代农业成为城市主导产业,西方国家由此步入工业城市化阶段。以英国为

---

① 唐耀华:《城市化概念研究与新定义》,《学术论坛》2013 年第 5 期。
② Ray M. Northam, *Urban Geography*, John Wiley & Sons, 1975, pp.53-54.
③ 仇保兴:《第三次城市化浪潮中的中国范例:中国快速城市化的特点、问题与对策》,《城市规划》2007 年第6 期。

例,1750 年英国的城市化率为 17%—19%,1851 年为 50.2%,至 20 世纪初期已超过 70%,成为世界上第一个实现城市化的国家。① 工业革命带来机器大工业生产,工业资本取代商业资本成为资本主义发展的原动力,资本、工厂、人口不断向城市集中,曼彻斯特、伯明翰、格拉斯哥和利物浦等一大批工业城市迅速崛起,并带动了以铁路、运河为主的"交通运输革命"。交通运输网络的发展促使英格兰中部地区形成了以伦敦至利物浦为轴线的大片城市带(群)。② 城市的快速发展进一步反哺工业化,工业资本的不断扩张让英国取得了工业霸主的地位,成为当时的"世界工厂"。随着工业革命和先进生产技术的扩散,欧洲大陆和北美的一些国家也开启了城市化进程。到 18 世纪下半叶,5 000—9 900 人口规模的城市增加了约 200 个,10 000—19 000 人口规模的城市增加了 100 个以上③,并且这一增长态势一直延续到 19 世纪。

19 世纪下半叶,以电力、内燃机的应用为标志的第二次工业革命在美国、德国等资本主义国家兴起,美国取代英国成为新的世界工业中心,主导着全球第二次城市化进程。第二次工业革命推动原有的纺织、采煤、冶金、机器制造和交通运输业发生深刻的变革,催生出电力、化学、石油、汽车和飞机制造等一系列新兴工业,西方国家的城市化进程在该时期均得到了空前发展,尤以美国最具代表性。美国在第二次工业革命的推动下形成了以重工业为主的产业结构,从半农业半工业国变成以重工业为主导产业的工业国,农村人口不断向城市转移,城市化进程明显加速。美国东北部与中西部地区还开展了大规模的铁路建设运动,1900 年,美国铁路长度已达 19.33 万英里④,发达的铁路网使城市经济的规模效应更加凸显,铁路沿线涌现了大量小城镇和内陆城市。⑤ 从城市规模来看,1870—1920 年,美国城市数量增长达四倍之多,其中,纽约市拥有 475 万名居民,波士顿、芝加哥、费城和匹兹堡等城市人口均超 150 万,美国东北部(如巴尔的摩、辛辛那提、普罗维登斯)、西部(如洛杉矶、旧金山、西雅图)、西南部(如达拉斯)和中西部(如圣保罗、圣路易斯、堪萨斯、密尔沃基、明尼阿波利斯)的许多城市也都拥有 50 万左右的城市人口。⑥ 再加上移民热潮,数以百万的欧洲移民和本土移民涌入美国城市,美国城市人口比重由 1860 年的 19.8%上升至 1920 年的 51.2%,逐步形成了综合性城市与专业性城市、大中小城市相结合的现代化城市体系。⑦

① 纪晓岚:《英国城市化历史过程分析与启示》,《华东理工大学学报》(社会科学版)2004 年第 2 期。
② 张苗根:《新型城市化概论》,浙江人民出版社 2009 年版,第 47 页。
③ [美]简·德·弗里斯:《欧洲的城市化:1500—1800》,朱明译,商务印书馆 2015 年版,第 280 页。
④ 1 英里约为 1.61 千米。
⑤ 徐和平:《郊区化和逆城市化下的美国乡村发展与振兴》,《中国名城》2019 年第 10 期。
⑥ [美]保罗·诺克斯、琳达·迈克卡西:《城市化》,顾朝林、汤培源、杨兴柱等译,科学出版社 2009 年版,第 77 页。
⑦ 王春艳:《美国城市化的历史、特征及启示》,《城市问题》2007 年第 6 期。

2. 郊区化和逆城市化阶段

工业化在推动城市化的同时也导致了城市生态环境的恶化，"焦炭城"成为工业城市的代名词，加上汽车等新式交通工具的普及、交通运输技术的改进及州际高速公路计划和住房贷款政策的实施，人口由城市大规模迁往郊区，西方国家开始步入郊区城市化阶段。为摆脱"焦炭城"的负面影响和寻求更好的生存空间，英国在19世纪末出现了郊区城市化趋势。以伦敦为例，由于交通和商业不断向城市外围地区扩展，伦敦商业中心区急剧衰落，1901年，伦敦城市人口仅有2.7万人，而郊区人口则高达204.5万人，高度集中型城市逐步变为低密度的郊区化城市。① 美国自1920年开始进入郊区化发展阶段，具体又可分为1920—1945年的郊区化起步阶段和1945年以后的郊区化加速阶段。在郊区化起步阶段，主动迁往郊区的多为白人中产阶级，一方面可以获得优美的居住环境，另一方面也可以享受城市生活的便利，郊区人口比重由1920年的17%增长至1940年的20%。② 但这一阶段的郊区化基本只限于人口的增加，产业和经济活动外迁的条件尚未成熟。第二次世界大战后，美国城市郊区化的进程开始提速，除了人口大规模向郊区迁移之外，部分产业和经济活动也开始涌向郊区。随着郊区化的主力军由原来的白人中产阶级扩展为普通大众，郊区化得以加速并促进了大都市区的形成。1960年，美国大都市中心城市人口与郊区人口几乎相等，而在1977年中心城市人口则降到28.5%，郊区升至39.2%。③ 就产业迁移而言，第二次世界大战后美国经济结构的中心从第二产业转向第三产业，因而最早迁往郊区的是零售业和服务业，郊区逐渐成为新的商业中心。此外，制造业也逐渐从内城迁往郊区，为了满足开阔的生产空间需求，化工厂、钢铁厂、石油加工厂等大企业开始搬离中心城市。产业经济活动的外迁使得郊区愈发成为人口聚集地，1970年，美国15个大都市地区72%的就业人口均迁往郊区，郊区已不再仅是理想的居住地，而是形成"居住＋就业"的双重格局。④

逆城市化（counter-urbanization）最先由美国经济地理学者布莱恩·J.L.贝里（Brian J.L. Berry）提出，用于描述20世纪50年代至70年代美国城市化进程中大都市区人口减少而非都市区人口却快速增长的现象，并且这一现象在其他西方国家也普遍存在。⑤ 美国的逆城市化主要表现为：一是在城市化率低速增长的同时郊区人口比重快速上升——1950—1980年，美国的城市化率由64%提高至74%，同期的郊区人口比重则以接近城市化水平两倍的速度保持快速增长；二是城市中

① 纪晓岚：《英国城市化历史过程分析与启示》，《华东理工大学学报》（社会科学版）2004年第2期。
② John Palen, *The Urban World*, McGraw-Hill, 1981, p.157.
③ Ibid., p.84.
④ 李红梅：《美国城市郊区化简论》，《北方论丛》1998年第3期。
⑤ Brian J. L. Berry, *Urbanization and Counterurbanization*, Sage Publications, 1976, p.34.

心的吸引力显著下降,郊区成为人们的主要聚居地——1950年,美国有64%的城市人口居住在市区,而1980年有近60%的人口迁往郊区;三是小城市代替中心城市成为城市化的主力军——1950—1980年,美国城市化率提升了10%,但人口规模最大的12个中心城市(除洛杉矶外)的城市人口比重平均降低了9.6个百分点,其中,底特律到1980年只剩下100万左右的城市人口,大城市的人口开始向中小城市、乡镇和农村扩散,转而由中小规模的城市承担起城市化的重任。[①] 英国早在20世纪50年代就出现了逆城市化现象,城市人口不断分散至城市周边地区,并且这一现象一直持续至20世纪80年代,绝大多数大城市都陷入了人口不断减少的困境。德国也与之类似,1977—1982年,德国人口规模在50万以上和20—50万的城市,其人口分布年均下降2.8%和9.2%,逆城市化现象还广泛存在于比利时、荷兰、卢森堡、瑞典、挪威和丹麦等国家。[②]

郊区化和逆城市化并非意味着城市化进程的停滞或倒退,而是城市化向郊区和乡村地区加速扩散和普及的正常阶段,在此过程中,城郊差距、城乡差距进一步缩小,大城市的部分功能得到了疏解,"城市病"也得到了有效缓解。[③]

3.再城市化阶段

进入20世纪80年代,西方发达国家基本上都已经达到成熟的城市化水平,但前期郊区化和逆城市化的发展在缩小城郊、城乡差距的同时也造成了城市中心区的人口外迁和产业转移,再加上商业萎缩、失业严重、贫困加剧等"城市病"的恶化,城市中心区开始走向衰落。为了复兴城市中心区,西方发达国家采取了一系列政策,如积极调整产业结构、发展高科技产业和第三产业、重新进行城市规划和建设投资、发放高额财政补贴、增加城市就业岗位,从而吸引人口回流至城市中心区,这一过程被称作再城市化(reurbanization)。以英国为例,为复兴城市中心区往日的繁荣,英国政府将更多的财政资金分配至城市中心区,注重发挥社区精神,并于1978年颁布"内城法",旨在恢复旧城的活力,包括增加就业机会,新建办公、住宅、文化设施,以及改善城市环境等具体措施。德国各级政府也高度重视再城市化,在其专家委员会提交的《通向国家城市发展战略之路》中,勾画了复兴内城的六大战略:激励城市公民;完善社会福利保障设施;打造创新型城市;加强环境保护和积极承担全球责任;更好地规划城市并重塑城市文化;发挥地方政府的主动性并增强不同层级政府间的沟通和合作。[④] 美国通过调整城市中心区的产业结构推动再城市化:一是利用现代科学技术改造传统产业,在汽车、钢铁、电子等重要产业领域赢得了巨大的竞争优势;二是积极发展以信息技术为代表的新兴产业,依靠高新技术的

---

① 谢文蕙、邓卫:《城市经济学》,清华大学出版社1996年版,第66—67页。

② 汤长平、周倩:《西欧的"逆城市化"和农村开发》,《兰州大学学报》(社会科学版)2019年第3期。

③ 孙群郎:《20世纪70年代美国的"逆城市化"现象及其实质》,《世界历史》2005年第1期。

④ 郑春荣、夏晓文:《德国的再城市化》,《城市问题》2013年第9期。

研发和新兴行业的商品化、产业化,美国城市中心区逐渐成为产业结构调整和优化的高地,第三产业尤其是与信息服务相关的服务业的快速崛起创造了大量就业机会。据美国人口普查数据,20 世纪 80 年代,美国都市区的人口增长率达 11.8%,而非都市区的增长率仅为 2.7%,都市区人口增速再次超过非都市区,并于 20 世纪 90 年代达到 13.81%的增幅。①

经过工业城市化、郊区化和逆城市化、再城市化的阶段性发展,西方国家已基本步入城市化进程的成熟阶段,城市化率为 70%—90%,城市发展战略不再单一强调城市数量的增加和城市人口规模的扩大,而是更加注重中心城市、都市区、都市圈、都市带和城市群的统筹发展,从而迈向更高质量的城市化。

(二) 西方国家城市化的特征

西方国家城市化具有以下特征。

1. 城市化与工业化发展基本同步

按照城市化和工业化水平的匹配程度,世界城市化发展模式可分为同步城市化、过度城市化和滞后城市化。② 西方国家的城市化发展模式即属于同步城市化型,城市化的进程与工业化发展水平趋于一致。一方面,工业化的发展使生产规模不断扩大,资本、技术、人口、生产资料等要素不断向城市集中以实现规模效应,使得原来的小城市逐渐发展为人口密集的大城市。铁路、运河和公路等运输方式触发了交通运输业的根本性变革,不仅促进了交通枢纽城市的增长,而且增进了城市与城市之间、城市与农村之间的物流和人流,从而进一步带动了城市化。另一方面,城市化水平的提高满足了工业生产对劳动力的需求,也创造了潜在的消费市场,从而能够缓解工业生产过剩和供应不足的结构性矛盾。与此同时,城市化的发展还推动了城市基础设施的完善,通过共享城市基础设施而使工业生产能以最低的生产成本实现生产利润的最大化。③

2. 城市化具有自发性特征,"城市病"问题受到重视

西方国家的城市化建立在工业化快速发展的基础上,基本实现了城市化、工业化和社会的适度同步发展,因而其城市化进程表现出明显的自发性。面对过度工业化所致的交通拥堵、住房紧张、生态环境恶化、贫富差距拉大和社会矛盾激增等"城市病",以及全球化引起的民族冲突、国际难民、不平等加剧等严峻形势,西方国家不再一味地追求城市化率的机械增长,而是通过郊区化、卫星城建设、城市复兴等发展战略进行调整和应对。如针对工业化所致的环境污染,德国构建了以环境

---

① 钟水映、李晶、刘孟芳:《产业结构与城市化:美国的"去工业化"和"再城市化"现象及其启示》,《人口与经济》2003 年第 2 期。

② 周毅、李京文:《城市化发展阶段、规律和模式及趋势》,《经济与管理研究》2009 年第 12 期。

③ 沈建国:《世界城市化的基本规律》,《城市发展研究》2000 年第 1 期。

污染治理为主要举措的循环经济模式,美国倡导多方主体共同参与循环消费和废弃物再利用,法国则推行"绿点"工程,这些举措都取得了不错的成效。①

3. 城市化政策从自由放任转向积极干预和引导

在工业化和城市化早期阶段,发达国家政府普遍奉行自由放任的城市发展政策,这一定程度上有利于资本和要素的自由流动,促进了早期城市化的发展。然而,自由放任也造成了市场的无序竞争,失业率、犯罪率的增加引发社会动荡,进而阻碍了城市化的健康发展。第二次世界大战后,西方各国普遍采取积极的干预和引导政策:一是为城市建设提供直接的公共财政资金支持,保障公共产品和公共设施能够惠及普通市民;二是通过立法和制定规划为城市发展提供法律框架,以促进城市的有序发展。如英国出台了《新城法》《工业配置法案》《城乡规划法案》《大伦敦发展规划》等法规和政策以解决城市畸形发展所致的各种城市问题。

4. 政府高度重视城乡统筹和城乡一体化发展

西方的城市化发展并不意味着乡村聚落和乡村经济的持续衰退,而是城市对周围农村地区的辐射效应。第二次世界大战后,郊区化和逆城市化使城郊和乡村地区得到进一步开发,基础设施和经济发展水平大幅提高。即使到了再城市化阶段,西方国家在复兴中心城区的同时也并未忽视乡村发展,而是遵循"大集中,小分散"的人口分布原则统筹城乡发展。其中,英国以"城市村庄"的发展模式作为城乡统筹建设的纽带,修订规划建设标准以实现城乡环境的公平发展,并出台市镇规划和城乡一体发展法规和政策,以实现城乡一体化发展;德国建立了"联邦—州—地方政府"一体化的城乡规划体系,同时倡导"城乡等值化"发展理念,通过城乡空间布局的均衡化、土地发展的规模合作化和城乡产业结构的合理化以实现城乡统筹;美国致力于乡村的保护与建设,通过完善医疗卫生、污水处理、消防安全等公共设施,并出台《清洁空气法》《分区规划》《清洁水法》等法律法规加强对乡村居民点的管理,从而缩小城乡差距并实现城乡共同发展。②

二、中国城市化的发展历程与特征

(一)中国城市化的发展历程

中国城市化进程因战争与滞后的工业化而长期落后于西方,截至 2024 年年底,中国常住人口城镇化率已达 67%,仍处于城市化的快速发展区间,尚未步入城市化的成熟阶段。从发展历程来看,中国城市化经历了起步、快速发展和转型发展

---

① 余茂才、袁云光:《中国道路:城市科学发展研究》,武汉出版社 2014 年版,第 157—158 页。
② 张沛、张中华、孙海军:《城乡一体化研究的国际进展及典型国家发展经验》,《国际城市规划》2014 年第 1 期。

三个主要阶段。在起步阶段,中国城市化受外国资本主义影响,率先发展沿海沿江城市;在新中国成立之后,由于工业化进程的滞后和冒进式的城市发展战略,城市化一度遭遇挫折。随着改革开放和经济体制改革的深化,中国进入了城市化发展的快车道,城市化率于2011年首次突破50%。由于中国的特殊国情,西方式的城市化发展模式并不完全适用于中国,中国走上了新型城镇化发展道路,城市化也由此进入转型发展阶段。

1. 城市化起步阶段

城市作为区别于乡村的新型聚落在古代中国便已出现,但城市化进程是在中国步入近代以后才逐步发展起来的。1840年鸦片战争被认为是中国近代史的开端,同时也是中国城市现代化的开始。据统计,1843年,中国(不包括满洲和台湾省)的城市人口为2 072万人,城市化率为5.1%。[①] 在外国资本主义的不断入侵下,中国自给自足的自然经济遭到严重破坏,传统农业和手工业日渐衰落,而近代工业(如纺织业、造纸业、制造业、矿业)得到了一定程度的发展,为工业化和城市化的起步创造了客观条件。《南京条约》《天津条约》《北京条约》等一系列不平等条约签订后,中国被迫开放了广州、厦门、福州、宁波、上海、汉口、九江、南京、天津等沿海沿江城市,虽然这些城市发展了一批新兴工业,也拥有较为便利的交通运输条件,但其本质上仍是殖民地或半殖民地,加上近代中国交通及通信技术落后、农村与城市区隔明显,此时并未出现大规模的城乡人口流动。到1949年,中国城镇人口数约为5 700万,城市化水平为10.6%,比1900年世界平均水平13.6%还要低3个百分点。[②]

1949年新中国成立以后,中国处于传统农业与现代工业、传统农村与现代城市并存的二元经济社会结构。在第一个"五年计划"时期,中国推行"重点建设,稳步前进"的城市建设方针,重点建设东北和内地部分传统工业城市,涌现了一批中小城市。与此同时,工业化的快速发展吸引了大批农民进城务工,到1957年年底,中国城市数量增长至176个,城市人口增加到7 077.27万人。[③] 在经历"大跃进"和"人民公社"运动后,大量的农业劳动力涌入城市导致城市人口激增,工农业发展也陷入生产困境,城市化进程一度处于混乱失控的状态。为控制人口流动,1958年颁布了《中华人民共和国户口登记条例》,确立了以户籍制度为核心的一系列制度安排,严格限制劳动力的流动和城乡人口的转化。1961年,国家开始对国民经济进行全面调整,包括压缩工业建设、精减职工数量和控制城市人口。1966—1976年的"文化大革命"再次破坏了中国的城市化进程。城市规划和城市建设工

---

① ［美］施坚雅主编:《中华帝国晚期的城市》,叶光庭、徐自立、王嗣均等译,中华书局2000年版,第264页。

② 谢文蕙、邓卫:《城市经济学》,清华大学出版社1996年版,第72页。

③ 朱妍:《城市学概论》,广东人民出版社2017年版,第65页。

作中断,大量城镇人口迁出,经济发展的受挫也使城市重工业生产萎缩和基建投资不足,城市化一度处于停滞状态。总体来看,从新中国成立到改革开放前夕,中国城市化处于起步阶段,全国城市人口比重仅由 1949 年的 10.6% 提升到 1978 年的 17.9%[①],远低于世界平均城市化水平和发展中国家的平均增速。

2. 城市化快速发展阶段

改革开放被视作中国经济和社会转型的关键转折点,中国城市化进程也自此进入了快速发展阶段。在这一时期,城市化进程加速的主要动力有如下三个。

一是小城镇发展战略的深化。随着家庭联产承包责任制的逐步推行,农村生产力得到了极大解放,农产品产量和农民收入大幅度提高,但由此产生的剩余劳动力就业成为当时较为突出的社会问题。为此,1980 年,国家制定了"控制大城市规模,合理发展中等城市,积极发展小城市"的城镇化方针,并实行大力发展乡镇企业和就地转移农村剩余劳动力的政策。乡镇企业的蓬勃发展不仅标志着中国农村工业化的起点,实现了农业劳动力"离土不离乡,进厂不进城",还使资本、劳动力和技术等生产要素不断向乡镇企业转移,中国部分村庄逐渐转化为小城镇。中国于 1984 年推行城市经济体制改革和户籍管理制度改革,扩大了企业自主权并放宽了对农民工进城的限制,其中对城镇建制标准的调整使小城镇的数量和规模都得到了较大增长。2012 年,小城镇人口占城镇总人口的比重由 1978 年的 20% 上升至 45% 以上,同期城镇人口占比由 1978 年的 17.9% 提高至 52.57%,城市人口超过农村人口。[②]

二是工业化水平的大幅提升。自 1978 年党和国家的工作重心转移到经济建设以来,中国工业化进程明显提速。经过国家对工业内部结构的调整,以纺织、家电等行业为代表的轻工业得以迅速发展,随着"八五""九五"计划的推进,基础工业、加工工业、高技术产业和电子产业均开始崭露头角,工业内部轻重工业比例失衡的状况明显改善。2002 年,党的十六大提出走新型工业化道路,"坚持以信息化带动工业化,以工业化促进信息化",要求进一步推进产业结构优化升级,优先发展信息产业和高新技术产业,并逐步形成以高新技术产业为先导、基础产业和制造业为支撑、服务业全面发展的产业格局。在这一战略的指导下,2003—2012 年,中国国内生产总值年均增速超过 10%,三大产业结构日益优化,工业化步入中后期发展阶段。[③] 随着工业化水平的不断提升,资本、劳动力等生产要素日益流向聚集效益高的城市区域,社会主义市场经济体制的确立使中国沿海地区开始大规模吸纳国际资本和承接工业生产,长三角、珠三角和京津冀三大经济区的城市人口比重显著上升。

---

① 谢文蕙、邓卫:《城市经济学》,清华大学出版社 1996 年版,第 75 页。
② 朱妍:《城市学概论》,广东人民出版社 2017 年版,第 66 页。
③ 韩保江、杨丽:《新中国 70 年工业化历程、成就与基本经验》,《改革》2019 年第 7 期。

　　三是积极推进区域协调发展。根据邓小平同志关于"让一部分地区、一部分人先富起来"的精神,中国在 20 世纪八九十年代先后设立了 5 个经济特区,开放了 14 个沿海城市,并将沿海地区的一些市、县和沿海开放城市的部分所辖县划为沿海经济开放区,这些开放措施在促进沿海地区率先发展的同时也加剧了中国城市化进程的不均衡发展,导致中西部地区的城市化进程明显滞后于东部沿海地区。在此背景下,中国在"十一五"规划中确立了"推进西部大开发、振兴东北地区等老工业基地、促进中部地区崛起、鼓励东部地区率先发展"的区域发展总体战略,通过加强基础设施建设、发展特色产业、构建综合交通运输体系、推进工业化和城镇化等具体措施不断缩小区域差距,确立东中西相互促进、优势互补、共同发展的格局。随着这一战略的贯彻落实,中国东部地区的城镇化率由 2005 年的 58.96% 上升到 2019 年的 71.17%,中部地区的城镇化率从 2005 年的 41.39% 增长到 2019 年的 57.92%,西部地区的城镇化率则由 2005 年的 35.66% 提升至 2019 年的 53.31%。[①] 整体而言,三大地区的城镇化率均呈现持续增长态势,为中国城市化的快速发展奠定了坚实基础。

　　3. 城市化转型发展阶段

　　2011 年,中国城镇化率达到 51.27%,城镇常住人口首次超过农村人口,国民经济步入中等收入水平,标志着中国开始进入城市化的下半场——转型发展阶段。[②] 在转型发展阶段,中国城镇化发展面临的内外部形势不容乐观。一方面,在全球经济再平衡和产业格局再调整的背景下,庞大的生产能力与有限的市场空间之间的矛盾更加突出,国际市场竞争更加激烈,使中国面临产业转型升级、过剩产能消化、能源资源利用率提高和生态环境改善等多重挑战;另一方面,城镇化与工业化、信息化和农业现代化不同步,劳动力减少、人口老龄化加剧、城乡二元结构矛盾突出等客观形势也要求中国城镇化发展由速度型转向质量型。在城镇化率高速增长的同时,大城市过度集聚、中小城市发展缓慢甚至衰落、资源和生态环境过载、城市化与市民化的鸿沟、农村空心化等问题也逐渐暴露出来。[③] 为此,中国提出了"新型城镇化"的发展道路。新型城镇化强调提升质量、稳中求进,是一条以人口城镇化为核心,以城市群为主体形态,以综合承载能力为支撑,以完善体制机制为保障的中国特色新型城镇化道路,主要任务包括有序推进农业转移人口市民化、优化城镇化布局和形态、提高城市可持续发展能力、推进新型城市建设、提升城市治理能力、推动城乡发展一体化和改革完善城镇化发展体制机制。

---

①　孔祥利、周晓峰:《城镇化率区域差异对农村居民消费结构的影响》,《西北大学学报》(哲学社会科学版)2021 年第 3 期。

②　张占斌:《新型城镇化的战略意义和改革难题》,《国家行政学院学报》2013 年第 1 期。

③　陆大道、陈明星:《关于"国家新型城镇化规划(2014—2020)"编制大背景的几点认识》,《地理学报》2015 年第 2 期。

从政策成效来看,新型城镇化战略的实施使中国城镇化水平和质量大幅提升,具体表现在如下四个方面。一是城镇化率稳步提升。中国城镇常住人口从2015年年末的7.71亿人增加到2023年年末的9.435亿人,城镇化率由2015年的56.1%增长至2024年的67%,正趋近于西方发达国家的城市化水平。二是农业转移人口市民化取得了重要成就。随着户籍制度改革的深化和居住证制度的全面实施,中国顺利达成了"1亿农业转移人口和其他常住人口落户城镇"的目标,基本公共服务覆盖范围和均等化水平也显著扩大和提高。三是城镇化布局和新型城市建设不断优化,城市群和都市圈的经济带动作用和战略地位更加显著。中国着力构建了以陆桥通道、沿长江通道为两条横轴,以沿海、京哈京广、包昆通道为三条纵轴的"两横三纵"城镇化战略格局,并在此基础上形成了京津冀、长三角、珠三角等19个城市群,新疆喀什和西藏拉萨2个城市圈,以及北京、上海、广州、深圳、南京、杭州等34个都市圈,城市群和都市圈成为带动城镇化高质量发展的动力源。在推动新型城市建设方面,中国以"人民城市人民建、人民城市为人民"的理念为宗旨,通过优化公共服务供给、健全市政公用设施、完善城市住房体系、有序推进城市更新改造、增强防灾减灾能力、加强生态修复和环境保护、推动历史文化传承和人文城市建设等具体措施,建设宜居、韧性、创新、智慧、绿色、人文城市。四是积极推进城乡一体化发展。为扭转城乡二元分割的不利局面,中国探索了以县域为基本单元、城镇基础设施向乡村延伸、公共服务和社会事业向乡村覆盖的城乡融合发展路径,加快推进"城乡统一要素市场建设"和"城乡规划、基础设施和公共服务一体化"两大工程,努力消除城乡二元结构的体制机制障碍。

(二)中国城市化的特征

中国的城市化发展既体现了全球城市化发展的共有规律,又具有自身特点,主要表现为以下五个方面。

第一,城市化发展起步晚、速度快。中国的城市化始于鸦片战争,在西方国家坚船利炮的胁迫下被动开启了城市化进程。但由于近代中国半殖民地半封建社会的性质和新中国成立初期不恰当的城市政策,早期的城市化发展曲折而缓慢。改革开放后,中国的城市化开始由被动城市化向主动城市化转变,经历了世界历史上规模最大、速度极快的城镇化进程,用几十年的时间走完了西方发达国家百余年的城市化进程,目前仍处于城市化的快速发展阶段。

第二,政府主导城市化发展。与西方城市化相比,中国城市化进程是在政府主导下推进的城市化,中央和地方各级政府严格把控城市的规划、建设选址、土地使用审批、基础设施建设、改造拆迁等重要环节[1],并通过制定城市总体规划、出台专

---

[1] 李强、陈宇琳、刘精明:《中国城镇化"推进模式"研究》,《中国社会科学》2012年第7期。

项政策、大范围试点改革、加大财政资金支持力度等举措,引导城市化发展进程和提升城市化质量。但是,政府主导的城市建设也面临缺乏变通和违背市场规律的风险,因此要重视发挥市场在城市化进程中的资源配置作用。

第三,形成了城乡二元结构模式。著名发展经济学家威廉·阿瑟·刘易斯(William Arthur Lewis)于 1954 年提出了"二元经济结构"的概念,他认为发展中国家存在两个部门,即以农业部门为代表的非资本主义部门和以工业部门为代表的资本主义部门。[1] 中国城乡二元结构的形成不仅受市场分工这一普遍规律的影响,还在外国资本主义入侵、计划经济体制确立、"级差式"发展方式和"分离化"改革等的累积效应下逐步固化。[2] 在这一发展过程中,中国形成了以城市为主要发生地域的扩展型城市化和以小城镇为载体的农村集聚型城市化并行的二元城市化道路。[3] 尽管中国近年来一直推动城乡统筹发展和城乡一体化发展,但由于长期以来的累积效应和城市集聚效应,城乡二元差异不减反增,资本、人力、技术等生产要素仍然不断从农村及农业部门转移到城市及工业部门,并且随着城市群、都市圈在城市化布局中的战略地位愈加凸显,城乡二元结构很难在短期内消失。

第四,土地城市化快于人口城市化。土地城市化是指以城市在空间上的扩张推动城市化进程,而人口城市化则是通过吸纳农村人口并使其真正转变为城市人口来提升城市化水平。自 1994 年分税制改革以来,在政府垄断土地一级市场的背景下,土地出让收益成为地方政府的重要财政来源。为获得更高的经济收益以缓解财权和事权不匹配的矛盾,地方政府普遍偏好大规模城市建设,导致城市快速扩张,形成了"摊大饼式"的城市外延发展模式。但与此同时,高额房价与不平等的社会福利、严格的落户政策和户籍制度等都制约着农村人口向城镇人口转化,人口城市化水平增长缓慢,城镇常住人口与城镇户籍人口比重存在较大的差距。[4] 土地城市化和人口城市化的不均衡不仅会降低土地利用效率,还会导致耕地占用和不合理拆迁,危及国家的粮食安全,甚至给社会稳定带来隐患。[5]

第五,东中西部地区城市化水平呈梯次变化。中国地域辽阔,地区差异显著,加上近代以来率先开放沿海城市和改革开放以来对沿海地区的政策倾斜,东中西部地区的城市化差距进一步拉大。东部沿海城市依托有利的区位条件和人文环境保持了经济的高速增长,吸引了大量中西部地区的农村人口,其城市化水平远高于中西部地区。2010 年,北京、天津、上海的城镇化率已经超过 70%,江苏、浙江、广

[1] William Arthur Lewis, "Economic Development with Unlimited Supplies of Labour", *The Manchester School of Economic and Social Studies*, 1954, 22(2), pp.139-191.

[2] 白永秀:《城乡二元结构的中国视角:形成、拓展、路径》,《学术月刊》2012 年第 5 期。

[3] 崔功豪、马润潮:《中国自下而上城市化的发展及其机制》,《地理学报》1999 年第 2 期。

[4] 郑荣华:《城市的兴衰:基于经济、社会、制度的逻辑》,广西师范大学出版社 2021 年版,第 22—25 页。

[5] 李力行:《中国的城市化水平:现状、挑战和应对》,《浙江社会科学》2010 年第 12 期。

东、辽宁等省份的城市化率也达到 60% 以上,而中部和西部地区的大多数省份的城镇化率则分别在 40%—50% 和 30%—40% 的区间浮动。[①] 据第七次全国人口普查公报数据显示,2020 年城镇化率超 70% 的共有七个省级行政区域,分别是北京、天津、上海、广东、江苏、浙江和辽宁,均处于东部地区。中西部地区尽管城镇化率增幅较高,但实有的城镇化率仍普遍较低。整体而言,中国的城市化水平呈现出了"东部地区>中部地区>西部地区"的梯次格局。

城市作为人类文明新形态和人类社会经济结构形塑的产物,经历了古代城市、中古城市、近代工业城市和现代城市的阶段式演进,承担着容器、政治、经济、社会和文化等多重功能。在城市化的发展过程中,受不同的社会背景、经济发展水平等因素的影响,西方发达国家和中国的城市化历程和特征也并不相同。然而,无论是发达国家还是发展中国家,都面临着不同程度的贫困、边缘化、环境恶化和城市衰退等问题,需要以新的城市发展共识来打造更宜居的城市环境和更优质的城市生活,进而重新焕发全球城市的活力,使之更加平等、公正、环保、稳定和富有创造力。[②]

思考题:

1. 城市是如何产生和发展起来的?

2. 西方国家的城市化经历了哪些发展阶段?具有哪些主要特征?

3. 中国城市化的发展历程与特征如何?

4. 现代城市的产生和发展带给我们哪些启发?

---

① 宁越敏:《中国城市化特点、问题及治理》,《南京社会科学》2012 年第 10 期。

② [加]杰布·布鲁格曼:《城变:城市如何改变世界》,董云峰译,中国人民大学出版社 2011 年版,第 232 页。

第二章
城市治理制度与政策

　　城市治理研究围绕"谁治理城市？如何治理城市？"等问题形成了不同研究流派。西方国家城市治理形成了市长议会制、城市委员会制、城市经理人制和多中心合作治理等治理制度。中国城市治理构建了执政党、政府、市场和社会等多元主体共同参与的治理体系。公共政策是城市治理的重要工具，城市治理政策的决策质量和执行绩效直接关乎城市治理体系和治理能力现代化，因而需进一步探讨城市治理政策的决策模型和执行路径。本章主要涉及以下内容：(1)城市治理的权力结构；(2)城市治理的主体与体制；(3)城市治理政策的决策与执行。

第一节　城市治理的权力结构

　　决策权力的归属和运作是城市治理研究的永恒主题。研究者基于权力结构视角，通过厘清决策权力在社会各阶层的分配格局及其所掌握的各类资源，考察公共权力运作过程中形成的稳定关系和组织形式，从而回答"权力到底掌握在谁手里？不同的权力主体之间是什么关系？权力运作的机制与结果是什么？"等问题，揭示城市治理的政治逻辑。在20世纪50年代到70年代的近20年时间里，学者们围绕"城市权力掌握在谁手中"进行了多年的论辩，形成了"精英主义"(Elitism)与"多元主义"(Pluralism)两大阵营。继"精英主义"与"多元主义"论争之后，城市增长机器理论强势登场，突破了以往的权力控制视角，转向探索"如何推进城市发展"的机制建构。而以列斐伏尔、哈维和卡斯特为首的学者在欧洲大陆掀起了新马克思主义浪潮，将城市发展与资本主义基本矛盾和运作逻辑联系起来，认为整个城市从根本上是被资本主义生产方式所控制。进入20世纪80年代，城市治理领域涌现了以政府与商业资本联盟(state-business partnership)为基础的城市政体理论，而随着合作治理理念的深化，以里查德·C.菲沃克(Richard C. Feiock)为首的学者主张以制度性集体行动(Institutional Collective Action, ICA)理论作为城市治理的新处方。进入21世纪，中国形成了一种有别于城市聚落论和城市增长机器论的人类社会城市理论新范式——人民城市论,进一步回答了"城市发展为了什么"的基本命题,开启了"人民城市人民建,人民城市为人民"的城市发展新篇章。

一、精英主义与多元主义的视角

从理论发展脉络来看,传统城市权力结构研究有两大流派:一是以亨特(Hunter)为代表的精英主义,二是以达尔(Dahl)为代表的多元主义。精英主义和多元主义围绕"谁统治城市"这一主题展开争辩,形成了以城市权力为核心的研究论域。

(一) 精英主义的观点

20 世纪 50 年代,亨特运用"声望法"研究亚特兰大市的权力结构,提出了城市权力掌握在少数精英手中的"精英主义"主张。通过对权力声望进行排序,亨特从政、商、社会团体中选拔了 40 名精英进行研究,得出了如下结论:声望的影响力会形成不同的利益群体,城市的"核心决策层"正是由这些群体的领导层所构成,其成员大多是商界精英。尽管机构和正式社区在制定和执行决策方面起重要作用,但大部分决策是由掌握经济利益的商界精英所共同决定的。在《社区权力结构:决策者研究》一书中,亨特进一步指出:"亚特兰大市的城市政治实际上是由一个以工商业和社会精英为中心的金字塔形状的'社区权力'结构所主宰的"[1];"商人是社区领导。财富、社会声望和政治机器都是社区经济精英的权力工具。……在公共事务方面,经济精英也占据着突出的位置"[2],这些经济精英通常会结合成权势群体进而影响政策制定,虽然极少数经济精英对政策制定的影响重大,但并不存在单一的权力金字塔,不同领域的经济精英仅在其所属领域拥有发言权。[3]

精英主义认为少数经济精英垄断了城市公共政策的制定权,这些经济精英在公共政策制定过程中具有决定性作用,而城市各级官员只是予以配合,最终目的在于实现少数精英的经济利益,底层民众对城市政策制定的影响则微乎其微。精英主义的基本主张包括:(1)社会由少数掌握权力的精英与多数没有权力的底层民众构成;(2)这些少数精英组成单一的"权力精英",在城市生活中具有统治地位,政治领导与社区领导是该阶层的执行者,公共政策则是其攫取利益和稳固地位的工具;(3)精英阶层与底层民众之间存在利益冲突,但由于少数精英掌握实际的决策权力,因而多数公共政策旨在实现统治精英的价值偏好;(4)地方精英与国家精英存

---

① Floyd Hunter, *Community Power Structure: A Study of Decision Makers*, the University of North Carolina Press, 1953, p.11.

② Ibid., p.81.

③ Ibid., pp.94-97.

在千丝万缕的联系。①

（二）多元主义的观点

20 世纪 60 年代,以达尔为首的学者提出了与精英主义相对立的多元主义城市权力论。达尔对亨特的"声望法"提出批评,认为权力不仅是声望,还有行动的实权,因而主张以"决策法"来考察城市政策的实际决策主体。以 1784 年至 20 世纪中期纽黑文市的权力结构演变为例,达尔认为纽黑文市从寡头统治转变为多元主义政体,经历了贵族独揽市政大权、新兴企业家取而代之、前平民阶层崛起三个主要阶段,政治资源分配方式从累积性不平等转向了分散性不平等。② 达尔进一步总结了分散性不平等系统的六大特征:(1)不同公民可以使用不同资源影响政府官员;(2)大多数资源分配是不平等的;(3)因使用某种资源获益的人通常缺乏其他资源;(4)在任何关键决策中,没有一种影响力资源能主导所有其他资源;(5)大多数情况下,一种影响力资源仅在某些议题领域或部分特殊决策中是有效的;(6)任何个人或由少数人构成的群体都或多或少掌握某种特定的影响力资源。③

在多元主义论看来,不存在少数经济精英独掌城市权力的现象,相反,城市权力分散于多个团体或个人的集合体,不同领域的精英掌握着该领域的政策制定权,政府官员具有相对独立的决策权,选民通过政治投票来控制政治家,因而城市实际由"多重少数人"统治。④ 多元主义学说的主要观点包括:(1)社会建筑在有组织的社会团体而非社会阶层之上;(2)权力资源不平等地分布于各社会团体;(3)尽管不同社会团体掌握的权力资源不同,但是可以通过适当途径去争取某些权力资源;(4)选举出来的官员具有政治独立性;(5)选民通过投票间接影响地方政策。⑤

精英主义与多元主义的论争推动了城市政治学的发展,前者认为少数经济精英掌控城市权力,后者则认为城市权力由不同领域的精英共享,但从本质上来讲,两派都承认权力和资源分配的不平等性,承袭的均是马克斯·韦伯(Max Weber)的权力理论,隶属于社会控制模式阵营,因而将权力的本质定位为支配,关注的焦点是"谁统治城市"。⑥

---

① 何艳玲:《城市的政治逻辑:国外城市权力结构研究述评》,《中山大学学报》(社会科学版)2008 年第 5 期。
② 〔美〕罗伯特·A. 达尔:《谁统治:一个美国城市的民主与权力》,范春辉、张宇译,江苏人民出版社 2011 年版,第 12 页。
③ 同上书,第 255 页。
④ 黄徐强:《城市、权力与治理:城市政治学的论域、脉络与启示》,《广东行政学院学报》2014 年第 5 期。
⑤ 夏建中:《现代西方城市社区研究的主要理论与方法》,《燕山大学学报》(哲学社会科学版)2000 年第 2 期。
⑥ 黄徐强:《从统治城市到治理城市:城市政治学研究综述》,《华中科技大学学报》(社会科学版)2015 年第 1 期。

二、城市增长机器理论的视角

自 20 世纪 70 年代以后,西方国家普遍面临政治经济再结构化问题,凯恩斯主义所致的政府失灵和经济危机直接促成了新自由主义的崛起,自由市场再度成为社会生产与分配最有效的调节机制,私有化、去管制化和自由贸易因而成为当时经济发展的主导思想。在此背景下,哈维·莫洛奇等学者将城市权力结构视角从"谁统治城市"转向"为什么进行这样的统治",提出了"城市增长机器理论"。作为对精英主义理论的修正,城市增长机器理论更加关注"城市发展"①,旨在回应"城市增长"这一更具实质意义的议题。

莫洛奇从权力的争夺与分配出发,回答了城市究竟是什么、城市发展与演化的逻辑如何以及为什么城市精英团体会具有相同的利益等深层次问题。他以美国为研究情境,将增长视为地方政治和经济最本质的属性,认为对增长的渴望和兴趣是地方精英达成共识的关键,并且增长是地方政治和经济改革的首要考量。② 一方面,基于夯实税基、募集竞选资金以及职位晋升等目的,城市政府官员会与追求自身利益最大化的资本家合作,共同推行有利于经济发展的公共政策。另一方面,地方精英也能在城市人口增长和经济繁荣中实现自身利益最大化,因而会通过资源分配政策,全力推动城市增长——于是,在政治经济力量的塑造和"政商联盟"的控制下,城市成为一台巨大的"增长机器"。③

后续研究者进一步拓展了莫洛奇的增长机器论。约翰·R. 罗根(John R. Logan)指出,尽管增长联盟是推动城市发展的主要力量,但也存在颠覆性的阻力,劳工、工会等也应该纳入增长机器的分析,并由此论述了城市的"反增长"力量。④ 保罗·彼得森(Paul Peterson)从增长机器论中推演出了新的权力关系:"权力所需要的不是把领导力理解为将某种意志强加于他人的能力,而是能够说服他人为共同目标作出贡献。"⑤尽管城市增长机器论将土地开发等政治经济议题纳入研究范畴,为城市权力结构的分析提供了一个更为宏观的架构,但批评者认为增长机器论将城市发展简化为土地开发,不仅忽视了国家层面的政治经济结构,也没有把城市发展嵌入全球化背景;此外,基于地方经验所得到的结论很大程度上限制了该理论的适用范围。

---

① [英]戴维·贾奇、格里·斯托克:《城市政治学理论》,刘晔译,上海人民出版社 2009 年版,第 51 页。

② Harvey Molotch, "The City as a Growth Machine: Toward a Political Economy of Place", *American Journal of Sociology*, 1976, 82(2), pp.309-332.

③ 吴晓林、侯雨佳:《城市治理理论的"双重流变"与融合趋向》,《天津社会科学》2017 年第 1 期。

④ See John R. Logan and Harvey L. Molotch, *Urban Fortunes: The Political Economy of Place*, University of California Press, 1987.

⑤ [美]保罗·E. 彼得森:《城市极限》,罗思东译,上海人民出版社 2012 年版,第 155 页。

三、新马克思主义城市理论的视角

　　面对西方资本主义国家日益严重的城市社会危机,新马克思主义城市理论对城市权力问题做出了新的回答。该理论主张在资本主义生产方式的理论框架下考察城市问题,着重分析了空间资本主义殖民化与城市空间生产、劳动力再生产的空间单位与集体消费,以及城市社会的阶级斗争和社会运动等重要议题,力图将城市发展与资本主义基本矛盾和运作逻辑联系起来。[①] 在新马克思主义者看来,城市不仅是基本生产条件的空间集结体,还是劳动力集中和流动的特定市场区域内生产力、生产关系和上层建筑的聚集体。[②] 在资本主义生产方式的操纵下,资本控制了权力,而城市公民的权利则受到了钳制。

　　列斐伏尔、哈维和卡斯特被誉为新马克思主义城市理论的"三剑客"。[③] 其中,列斐伏尔是最早对空间进行理论阐释的学者,他认为空间是可以将经济、政治和文化等各个子系统加以辩证整合的新视角,空间是社会关系的产物,并在其代表作《空间的生产》中,开创性地将马克思的历史唯物主义中的关键因素——人的社会生产,由直接的物质资料的生产扩展到了(社会)空间本身的生产。列斐伏尔在社会—空间辩证思想的基础上提出了三元空间分析框架:(1)空间实践,包括生产和再生产,以及每一社会形态所特有的位置和空间集合特征,是人们在日常生活中感知和使用空间的经历;(2)空间的表征,是一个基于构想而非实际生活所产生的抽象空间,与生产关系和这些关系所施加的"秩序"联系在一起,主要为交换价值服务;(3)表征的空间,是居住者和使用者通过复杂的符号和经历而产生的对空间的感知和想象,作为一个被统治的空间,该空间随着时间和空间使用方式的变化而被动变化。[④] 哈维进一步对"空间生产"与资本主义生产方式之间的辩证关系展开分析,认为城市建构环境的生产和创建是由工业资本利润无情驱动和支配的结果。在资本主义生产方式下,资本对利益的追逐直接塑造了城市的空间面貌,而城市空间建构的最终目的是提升资本运转效率和创造更多利润,应当关注资本主义积累过程以及由此带来的空间关系变革,进而提出了"资本的第三次循环"。

　　新马克思主义城市理论研究的另一个重要视角是"阶级斗争"。伴随着空间资本主义殖民化以及集体消费的出现,城市阶级斗争主要表现为围绕城市建构环境的阶级斗争和集体消费危机引发的城市社会运动[⑤],并且城市社会运动是城市权

① 张应祥、蔡禾:《新马克思主义城市理论述评》,《学术研究》2006 年第 3 期。
② 高鉴国:《新马克思主义城市理论》,商务印书馆 2006 年版,第 78 页。
③ 李春敏:《马克思的社会空间理论研究》,上海人民出版社 2012 年版,第 215 页。
④ Henri Lefebvre, *The Production of Space*, Blackwell, 1991, p.33.
⑤ 张应祥、蔡禾:《新马克思主义城市理论述评》,《学术研究》2006 年第 3 期。

力关系的重要组成部分。卡斯特将城市社会运动界定为"由城市代理人系统与其他社会实践在特定形势下以特殊方式结合而产生的实践系统"①,是由城市集体消费问题引发的城市社会斗争,是对社会统治的反抗②;哈维也论及"必须给予反对从工人生活空间中收回和实现剩余价值的斗争,和发生在城市生产中的各种斗争以同样的身份"③,其本质都是在资本主导的生产关系的基础上寻找城市权力根源,以阶级分析的立场力图形成对资本权力的控制。卡斯特以巴黎的住房政策与城市社会运动为例,发现处在同一住宅区的居民更容易产生共同的保护意识并自发组织起来争取所在社区利益,他将这一现象称为"集体消费的工联主义"。④ 卡斯特指出城市社会运动的目标在于改变城市意义,具体包括:(1)构筑以使用价值为核心而不是局限于商品或服务交换的城市价值观念,即追求集体消费改善而不是把城市视作增长机器;(2)寻求文化认同,通过社区运动创造和维护地方自主文化;(3)增强地方政府力量、邻里分散化和自我管理以对抗集权国家统一化的领土管理,从而夺取城市自由。⑤

新马克思主义城市理论学者在继承马克思、恩格斯城市思想的基础上,尝试从空间生产、城市阶级斗争和社会运动等视角重新阐释城市权力和城市阶级关系,发展了城市权利、城市革命、城市社会运动、空间正义等一系列概念,使马克思主义城市理论不断丰富和深化,为化解城市危机、探寻未来理想城市提供了借鉴。⑥ 然而,新马克思主义城市理论由于过于宏观,忽略了微观变量的影响,缺乏实证研究和事实依据的支持⑦,因而对其学术价值的评价也是褒贬共存。

四、城市政体理论的视角

进入20世纪80年代,学界对城市权力结构的研究仍在继续。克拉伦斯·N.斯通(Clarence N. Stone)与斯蒂芬·埃尔金(Stephen Elkin)以"二战"后美国的政治经济文化为宏观背景,在政府与商业资本联盟的基础上建构了"城市政体理论"⑧,使研究焦点由"谁统治城市"转向"如何统治城市",正如斯通所言,"权力斗争不是关于

① Manuel Castells, *The Urban Question: A Marxist Approach*, Edward Arnold Ltd., 1977, p. VIII.
② Manuel Castells, *The City and the Grassroots: A Cross-Cultural Theory of Urban Social Movements*, Edward Arnold Ltd., 1983, pp. 212—329.
③ [美]戴维·哈维:《叛逆的城市:从城市权利到城市革命》,叶齐茂、倪晓晖译,商务印书馆2014年版,第141—142页。
④ Manuel Castells, *The City and the Grassroots: A Cross-Cultural Theory of Urban Social Movements*, Edward Arnold Ltd., 1983, p. 94.
⑤ Manuel Castells, *The Urban Question: A Marxist Approach*, Edward Arnold Ltd., 1977, p. 87.
⑥ 张佳:《城市政治话语的空间转向——从马克思主义到新马克思主义》,《山东社会科学》2018年第9期。
⑦ 高鉴国:《新马克思主义城市理论》,商务印书馆2006年版,第138页。
⑧ 张衔春、易承志:《西方城市政体理论:研究论域、演进逻辑与启示》,《国外理论动态》2016年第6期。

权力的斗争和抵抗，而是取得和融合某种行动的能力——用权力去实现目标"。①

城市政体理论的核心概念是"城市政体"。城市政体是指治理社区的一整套制度安排，这些制度安排通常以相对稳定的形式存在，有一个明确的议程，大多是未经政府严格授权的非正式规定，其运行机制依赖合作而非行政指令，最关键的是这些制度安排具有生产能力，能够为议程确定提供必要资源并采取适当行动。② 就城市政体的类型划分而言，埃尔金认为美国在二战后至 20 世纪 80 年代形成了多元主义（Pluralist）、联邦主义（Federalist）和私利至上主义（Privatist）三类城市政体。③ 其中，多元主义政体大多出现在美国东北部和中西部的大都市，由当选的官员和政党领袖主导，政商之间形成了以土地开发利用为主的包容性联盟，致力于重塑城市的土地利用格局、支持不断下降的税基和提高城市作为商业中心与中产阶级居住地的吸引力；联邦主义政体则是指地方政府在联邦政府的统一指导下，为满足社会公众的福利诉求而推行一系列福利政策；私利至上政体主要在美国东南部城市，企业是这一政体的主导者，城市是企业资本积累的引擎，城市政府沦为企业攫取私利的保护伞。作为城市政体理论的集大成者，斯通按照政策目标等将城市政体模型划分为维持型政体（maintenance regime）、发展型政体（development regime）、中产阶级进步型政体（middle class progressive regime）以及低收入阶层机会扩展型政体（lower-class opportunity expansion regime）四种类型。④ 格里·斯托克（Gerry Stoker）和凯伦·默斯伯格（Karen Mossberger）在斯通的基础上进一步拓展了城市政体类型，将城市政体类型分为有机型、工具型和象征型三类。从政体目标来看，有机型政体旨在维持现状，工具型政体是为了完成接续的项目工程，而象征型政体则试图从根本上改变一个城市的意识形态并塑造特定的城市形象；就政体的联盟特性而言，三类政体分别通过政治交流、政治伙伴关系和竞争性协议来协调和达成共同利益。⑤

城市政体理论的贡献在于提出了区别于社会控制的社会生产模式的权力观——权力的争论关涉的不是控制与抵制，而是活动与共同行动的能力⑥，强调公

① Clarence Nathan Stone, *Regime Politics: Governing Atlanta, 1946-1988*, University Press of Kansas, 1989, p.221.
② Clarence Nathan Stone, "The Atlanta Experience Re-Examined: The Link between Agenda and Regime Change", *International Journal of Urban and Regional Research*, 2001, 25(1), pp.20-34.
③ Stephen L. Elkin, "Twentieth Century Urban Regimes", *Journal of Urban Affairs*, 1985, 7(2), pp.11-28.
④ Clarence Nathan Stone, "Urban Regimes and the Capacity to Govern: A Political Economy Approach", *Journal of Urban Affairs*, 1993, 15(1), pp.1-28.
⑤ G. Stoker and Karen Mossberger, "Urban Regime Theory in Comparative Perspective", *Environment and Planning C: Government and Policy*, 1994, 12(2), pp.195-212.
⑥ Clarence Nathan Stone, *Regime Politics: Governing Atlanta, 1946-1988*, University Press of Kansas, 1989, p.229.

私合作而非权力支配;治理权力不是通过选举获得,而是形成于有共同目标的联合体。① 从理论目标来看,城市政体理论强调现代社会的高度碎片化特征,主张强化正式制度与非正式制度的联系,以实现经济发展和提升社会治理能力。但城市政体理论未能考虑 20 世纪 90 年代和 21 世纪初的一些社会变革,如全球化的深入发展、企业部门的国际化、生产要素的集中化以及人们对环境问题的高度关注,而这些都是推动城市政治和社会变革的关键力量。此外,该理论是建立在对研究领域的抽象分析之上,虽然界定了关键概念的内涵并明晰了概念之间的因果关系,但对政体形成、维持与变化中的变量缺乏合理解释,因而是一个分析框架而非自成体系的理论。②

五、制度性集体行动理论的视角

21 世纪以来,合作治理逐渐成为一个共识性分析框架,打破了传统政府的一元统治观,城市社会的多元力量重新排序,但同时面临着治理碎片化的问题。为此,菲沃克等学者围绕地理单元指向与公共权力指向的"合流",探讨了如何达成地方政府之间良好的自愿性合作以共同处理区域性问题和提升大都市治理水平,形成了制度性集体行动理论。③

制度性集体行动理论(Institutional Collective Action)是对曼瑟尔·奥尔森(Mancur Olson)的个人层面集体行动理论、奥斯特罗姆夫妇的制度发展与分析框架、罗纳德·H.科斯(Ronald H. Coase)的交易成本理论的融合、深化与升级。④ 菲沃克指出,制度性集体行动是指两个及以上的政府采取集体行动在更大的地区提供或生产服务以获取收益的机制的总和。由于单边行动难以实现集体利益,地方政府应当通过合作协议来提高生产效率、扩大规模经济、将公共产品和服务的外溢问题内部化,从而实现集体利益。公共产品或服务的交易属性、社区的经济社会特征、地方政治制度和政策网络结构也是影响地方政府间合作的主要因素。⑤ 该理论认为地方政府官员在进行政府间合作时,会权衡与其他主体共同提供公共产品或服务的成本和收益,而当实际和潜在的利益超过交易成本时,政府间

① Clarence Nathan Stone, "The Hedgehog, the Fox, and the New Urban Politics: Rejoinder to Kevin R. Cox", *Journal of Urban Affairs*, 1991, 13(3), pp.289-297.

② Jon Pierre, "Can Urban Regimes Travel in Time and Space? Urban Regime Theory, Urban Governance Theory, and Comparative Urban Politics", *Urban Affairs Review*, 2014, 50(6), pp.864-889.

③ 吴晓林、侯雨佳:《城市治理理论的"双重流变"与融合趋向》,《天津社会科学》2017 年第 1 期。

④ 锁利铭、阚艳秋、涂易梅:《从"府际合作"走向"制度性集体行动":协作性区域治理的研究述评》,《公共管理与政策评论》2018 年第 3 期。

⑤ Richard C. Feiock, "Rational Choice and Regional Governance", *Journal of Urban Affairs*, 2007, 29(1), pp.47-63.

往往能达成自愿性合作协议。① 其中,成本主要指各类交易成本,包括信息/协调成本、谈判/分配成本、执行/监督成本、代理成本(见表 2-1)②;收益分为集体性收益和选择性收益,集体性收益指由规模经济和溢出效应等带来的集体收益,选择性收益涵盖声誉、信任、地位和社会资本等。此外,制度性集体行动理论在肯定合作生产优势的同时,也强调在分工协作和权力分割的情境下,一个政府在一个或多个特定职能领域的决策会影响其他政府行使职能,且分工协作所致的责任分化会进一步导致制度性集体行动困境。基于此,该理论基于权力的强制性程度和问题的复杂程度两个维度,提出了克服集体行动困境的 12 种解决机制(见图 2-1),并按照强制性从低到高依次划分为嵌入(Embeddedness)、合同(Contracts)、授权(Delegated Authority)、强制性权力(Imposed Authority)四种类型,前三类机制更多依赖个体的自愿参与和协作意愿,最后一类则是上级政府强加给地方行动者的命令性机制。③

表 2-1　地方政府合作的交易成本

信息/协调成本	关于所有参与者对可能结果的偏好及其资源的信息必须是共同的知识
谈判/分配成本	达成协议的谈判过程中必须花费较小的资源成本,参与方必须就共同利益的分配达成一致
执行/监督成本	保证大部分与监督和执行协议相关的成本是低的
代理成本	作为协议代理者的地方政府必须准确地代表公民利益

	嵌入	合同	授权	强制性权力
复杂/集体	多元自组织系统 7	政府委员会 8	区域管理机构 9	外部强制权力/合并 12
中间/多边	工作小组 4	伙伴关系/多边政府间协议 5	多重合作目标的区域 6	强制性或被管理的网络 11
单一事项/双边	非正式网络 1	服务协议 2	单一合作目标的特定区域 3	命令性协议 10

图 2-1　解决制度性集体行动困境的多元机制

制度性集体行动理论的核心议题是如何使分权化的治理体系形成追求联合行

① Richard C. Feiock, "Institutional Collective Action and Local Government Collaboration", in Lisa Blomgren Bingham and Rosemary O'Leary, eds., *Big Ideas in Collaborative Public Management*, Routledge, 2014, pp.205-220.

② Richard C. Feiock, "Rational Choice and Regional Governance", *Journal of Urban Affairs*, 2007, 29(1), pp.47-63.

③ Richard C. Feiock, "The Institutional Collective Action Framework", *Policy Studies Journal*, 2013, 41(3), pp.397-425.

动效益的集体行动。① 它将地方政府视作"有限理性人",引入交易成本、合作收益、合作机制等解释变量,为理解地方政府合作行为的阻碍因素、激励因素以及合作机制选择提供了有力的分析框架。作为一种新兴的城市权力结构理论,该理论处于发展之中,由于其基于美国制度情境所建构的"地方性知识",因此也存在适用性问题,其理论价值有待进一步验证。

六、人民城市论的视角

长期以来,城市权力结构理论一直围绕"谁统治城市"和"如何统治城市"论争,在推动城市治理理论发展的同时,忽略了城市文明建构与演进的本质追求,即"城市发展为了什么"这一基本命题。回溯城市发展历程,每一阶段的城市形态演进和城市治理变革都是以一国的具体制度体系和治理模式为总体框架和必要前提,因而回答"城市发展为了什么"这一基本命题也应置于特定的国家制度场域。中国创造性地继承和发展了"以人民为中心"的城市发展观,建构了"人民城市人民建,人民城市为人民"的人民城市理念,体现了城市性、人民性与国家性的有机统一,由基于交易性的城市聚落论到植根于资本性的城市增长机器论,进而实现以人民性为本质特征的"人民城市论"的理论跃升。

2015 年 12 月的中央城市工作会议指出,城市建设作为现代化建设的重要引擎,做好城市工作的出发点和落脚点在于坚持以人民为中心的发展思想,坚持人民城市为人民。2019 年 11 月,习近平总书记在上海考察时指出,"城市是人民的城市,人民城市为人民。无论是城市规划还是城市建设,无论是新城区建设还是老城区改造,都要坚持以人民为中心,聚焦人民群众的需求,合理安排生产、生活、生态空间,走内涵式、集约型、绿色化的高质量发展路子,努力创造宜业、宜居、宜乐、宜游的良好环境,让人民有更多获得感,为人民创造更加幸福的美好生活"。人民城市理念的基本内涵即"人民城市人民建,人民城市为人民"。2020 年 6 月,上海市审议通过了《中共上海市委关于深入贯彻落实"人民城市人民建,人民城市为人民"重要理念,谱写新时代人民城市新篇章的意见》。该意见指出,要以共建为根本动力,以共治为重要方式,以共享为最终目的,努力打造人人都有人生出彩机会、人人都能有序参与治理、人人都能享有品质生活、人人都能切实感受温度、人人都能拥有归属认同的城市,始终坚持人民至上,把人民的主体地位、发展要求、作用发挥贯穿于城市工作的全过程和各领域,以更好对接人民需求并满足人民对美好生活的向往。

人民城市论继承了马克思对资本主义大机器生产的批判和列宁关于城市与人

---

① 吴晓林、侯雨佳:《城市治理理论的"双重流变"与融合趋向》,《天津社会科学》2017 年第 1 期。

民关系的论述等经典理论思想,并在实践马克思主义城市思想的中国化进程中发展和完善。[1] 从内涵体系来看,"城市属于广大人民、城市发展为了人民、城市治理依靠人民"是人民城市论的深刻内涵。[2] 其中,"城市属于广大人民"指向的是社会主义城市的人民性,强调人民而不是别的利益群体的主体地位;"城市发展为了人民"是城市建设与治理的根本目的,人民群众在城市建设与发展中的获得感、幸福感和安全感取代单一的经济绩效,成为城市高质量发展的评判标准;"城市治理依靠人民"回答的是"如何建设人民城市"这一实践命题,要求充分发挥人民的主观能动性,将人民纳入城市治理主体范畴,形成共建共治共享的城市治理新格局。就发展逻辑而言,人民城市论以"人民逻辑"为根本立场,意在找回资本逻辑主导下的城市发展过程中所缺失的人民性。[3] 人民城市论的人民性涵盖三重意蕴:一是确立了人民需求、人民利益与人民价值"三位一体"的城市发展目标;二是以人民当家作主和全过程人民民主参与的实践方式来实现人民城市为人民的根本目标;三是将提升人民幸福感与国家使命有机统一,贯彻人民国家为人民的治理理念。此外,保障人民主体地位、不断满足人民日益增长的美好生活需要、精确引导人民参与城市公共事务治理、增进人民福祉和提升人民幸福感共同构成了人民城市论的价值指引。[4]

人民城市论彰显了中国城市建设与社会主义制度的本质联系,既是对中国特色社会主义现代化城市新型发展道路的最新阐述,也标志着城市理论新范式的建构与发展。随着人民城市理论与实践的发展完善,当代中国步入了一个基于人民本位观的城市发展新时代,着力打造回应人民需求、维护人民利益、实现人民价值和保障人民当家作主的人民城市样板。基于人民城市论的城市治理观是国家治理现代化背景下的城市治理新典范,是实现城市治理现代化和满足人民对美好生活向往的重要推动力量。[5]

总体而言,上述城市权力结构的理论大多是基于西方国家发展现实做出的论断,其核心思想在于以多元治理格局寻求社会多元主体的力量,弥补国家(政府)单一治理的缺陷。但是,泛西方化的城市权力结构理论尚不足以解释发展中国家的城市治理现实,"社会中心主义"和"官僚主义"的权力结构在发展中国家都需要再检视。[6] 对中国而言,"强国家、弱社会"或"强社会、弱国家"的划分并不利于城市

① 刘士林:《人民城市:理论渊源和当代发展》,《南京社会科学》2020 年第 8 期。
② 陈水生、甫昕芮:《人民城市的公共空间再造——以上海"一江一河"滨水空间更新为例》,《广西师范大学学报》(哲学社会科学版)2022 年第 1 期。
③ 龚晓莺、严宇珺:《从资本逻辑到人民逻辑:谱写新时代人民城市新篇章》,《城市问题》2021 年第 9 期。
④ 陈水生、卢弥:《超大城市精细化治理:一个整体性的构建路径》,《城市问题》2021 年第 9 期。
⑤ 宋道雷:《人民城市理念及其治理策略》,《南京社会科学》2021 年第 6 期。
⑥ Theodore J. Lowi, *The End of Liberalism: The Second Republic of the United States*, W. W. Norton, 1979, pp.38-39.

治理的转型与进步,而应基于"人民城市论"进一步探索符合国情和城市治理实际的"国家与社会合作"[①]和"政府主导下的多方合作"[②]等城市治理路径,同时注重从西方城市治理理论和实践中汲取有益经验,将二者统一于中国城市治理理论和实践的伟大创新。

第二节　城市治理的主体与体制

改革开放以来,中国城镇化进程不断加快,正经历着由"乡土中国"到"城市中国"的历史性蜕变,城市发展中的矛盾和问题不断积累,城市治理能力亟待增强。其中,治理主体作为城市治理中最能动、最关键的要素,直接关系和决定着城市治理现代化的水平,而中国长期以来"强国家、弱社会"的治理传统一度使城市治理主体格局呈现国家(政府)一支独大,社会和市场主体发育严重不足的特征,因而实现城市治理现代化的核心任务是推进城市治理主体由单一主体向多元主体转变并促进城市治理主体再造。[③] 为明晰城市治理主体的发展演变,以下将分别论述中国和西方城市治理主体的构成。

一、中国城市治理的主体

城市治理主体是国家治理与社会治理主体在城市治理场域的延伸。随着治理问题的复杂性和关联性不断增强,国家治理和社会治理的主体格局不断演变。2004年,中国共产党十六届四中全会提出"社会管理体制创新"的命题,勾画了"党委领导、政府负责、社会协同、公众参与"的社会管理格局;2013年,中国共产党十八届三中全会作出了《中共中央关于全面深化改革若干重大问题的决定》,宣布"推进国家治理体系和治理能力现代化",提出"坚持系统治理,加强党委领导,发挥政府主导作用,鼓励和支持社会各方面参与,实现政府治理和社会自我调节、居民自治良性互动";2015年,中国共产党十八届五中全会首次论及"构建全民共建共享的社会治理格局";2017年,党的十九大进一步指出要打造"共建共治共享"的社会治理格局,完善"党委领导、政府负责、社会协同、公众参与、法治保障"的社会治理体制,提高社会治理社会化、法治化、智能化、专业化水平;党的二十大要求健全共

---

① Wu Xiaolin, Yan H. and Jiang Yongxi, "How are New Community Governance Structures Formed in Urban China?: A Case Study of Two Cities, Wuhan and Guangzhou", *Asian Survey*, 2018, 58(5), pp.942-965.

② 竺乾威:《政府主导下的多方合作:集中体制下的治理创新》,《中国行政管理》2022年第1期。

③ 田祚雄、杨瑜娴:《主体再造:推进城市治理体系现代化的关键》,《学习与实践》2015年第7期。

建共治共享的社会治理制度,提升社会治理效能,加快推进市域社会治理现代化和提高市域社会治理能力,建设人人有责、人人尽责、人人享有的社会治理共同体。中国城市治理遵循"一核多元"的治理结构,其中,"一核"是中国共产党的领导,"多元"主要包括政府、市场和社会等主体。

（一）中国城市治理的党政主体

中国共产党是城市治理的领导核心。作为一个以马克思主义为理论指导、以实现共产主义为终极目标的使命型政党,中国共产党自成立伊始,就致力于"为人民谋幸福,为民族谋复兴,为世界谋大同",并把这种对人民、民族和整个人类社会的使命和责任内化为组织激励和行为动力的根本源泉。[1] "中国特色社会主义最本质的特征是中国共产党领导,中国特色社会主义制度的最大优势是中国共产党领导"[2]"中国特色社会主义制度是一个严密完整的科学制度体系,起四梁八柱作用的是根本制度、基本制度、重要制度,其中具有统领地位的是党的领导制度。党的领导制度是中国的根本领导制度。"[3]在城市治理中,中国共产党是中国城市治理的关键主体,发挥总揽全局、协调各方的领导核心作用,充分发挥中国共产党在城市治理中的治理优势主要表现为坚持党的全面领导。在横向维度,城市治理涉及经济、政治、文化、社会和生态文明等多领域,坚持党的全面领导是将党的领导贯彻落实到城市治理的各领域和各环节。在纵向维度,中国城市治理主要遵循"属地管理"原则,行政区划作为治理边界,而城市行政区包括了省级的直辖市、市级的地级市、县级的市辖区和县级市、乡级的街道和镇等,因此坚持党的全面领导涵盖党中央集中统一领导、地方党委领导和基层党组织领导,把党的领导贯穿各级城市治理活动的全过程,确保党中央政令畅通、令行禁止。在领导形式和内容上,坚持党的全面领导具体包括坚持党的政治、组织和思想领导。[4] 在城市治理领域,政治领导是指严格贯彻和落实党对城市治理的路线、方针和政策,引导城市治理的整体发展方向,将党的领导与多元社会治理有机统一,最终实现城市治理体系和治理能力现代化;思想领导则体现为依托理论宣传和思想政治教育工作,以说服、教育等方式凝聚共识并提高思想认识,通过发挥党员的先锋模范作用来培育和引导城市治理中的志愿服务组织;组织领导主要通过党员在城市管理机构中担任领导职务和组织动员其他主体积极参与,以联动效应促进城市治理水平的提高。中国共产党

---

① 唐皇凤:《使命型政党:新时代中国共产党长期执政能力建设的政治基础》,《武汉大学学报》(哲学社会科学版)2018 年第 3 期。
② 习近平:《中国共产党领导是中国特色社会主义最本质的特征》,《求是》2020 年第 14 期。
③ 习近平:《坚持和完善中国特色社会主义制度 推进国家治理体系和治理能力现代化》,《求是》2020 年第 1 期。
④ 张平、隋永强:《一核多元:元治理视域下的中国城市社区治理主体结构》,《江苏行政学院学报》2015 年第 5 期。

在城市治理中的治理主体优势还体现为"党与社会链接",通过组织动员、资源链接和服务链接三大机制实现政治整合和维护城市治理秩序。①

  各级政府作为社会管理职能的执行者,承担城市治理的主要责任。早在2004年,中国共产党十六届四中全会便将"政府负责"列为社会治理格局中的关键一环,这是基于政府职能所决定的,即贯彻"权责一致"原则。自1988年提出"转变政府职能"的要求以来,中国政府职能发生了深刻变化,经历了"统治型—管理型—服务型"的演变过程。② 在城市治理场域,城市政府职能向服务型政府转变,注重发挥社会管理和公共服务职能。城市政府职能整体沿横向的各政府机构和纵向的行政层级分配。以上海市为例,截至2024年10月,上海市政府共设置37个工作部门,包括办公厅和25个组成部门、1个直属特设机构和10个直属机构,职能范围覆盖城市治理的方方面面;其纵向行政权力则是以"两级政府,三级管理"的架构由市政府向区政府再向街道(镇)延伸。此外,面对城市部分公共事务的跨域性特征和城镇化进程加速的客观需求,城市政府在基于行政区划的行政管理基础上积极推动跨域合作和区域一体化。一方面,城市政府围绕部分跨域公共事务进行了深度合作。以太湖水环境治理为例,为破解长期存在的太湖流域水污染危机,国家发展和改革委员会牵头水利部、生态环境部、科技部、住房和城乡建设部等11个部委与江苏省、浙江省和上海市政府共同组织省部际联席会议,建立太湖流域水环境综合治理工作协调机制,大幅提升了太湖水环境治理绩效,实现了跨区域环境治理"1+1+1>3"的飞跃。③ 另一方面,日益深化的城镇化进程使中国进入了以中心城市和都市圈为引领的"城市群中国"时代,构建了集"都带群区路"等发展战略于一体的空间发展格局。④ 以中共中央、国务院于2019年12月印发的《长江三角洲区域一体化发展规划纲要》为例,该纲要以上海市、江苏省、浙江省和安徽省全域为规划范围,将上海市、南京市、无锡市、杭州市、宁波市、合肥市、芜湖市等27个城市作为中心区以辐射带动长三角地区高质量发展。该纲要围绕发展、治理、服务三项根本任务规划了长江三角洲区域治理的总体目标、发展战略与实现路径⑤,其中,发展任务主要包括推动形成区域协调发展新格局、加强协同创新产业体系建设、提升基础设施互联互通水平和推进更高水平协同开放等具体目标;治理任务涵盖强化生态环境共保联治和创新一体化发展体制机制;服务方面致力于加快公共服务便利共享,如教育、医疗、科技等资源共享和推进公共服务标准化与便利化建设。

---

① 吴晓林:《党如何链接社会:城市社区党建的主体补位与社会建构》,《学术月刊》2020年第5期。

② 竺乾威:《政府职能的三次转变:以权力为中心的改革回归》,《江苏行政学院学报》2017年第6期。

③ 王俊敏、沈菊琴:《跨域水环境流域政府协同治理:理论框架与实现机制》,《江海学刊》2016年第5期。

④ 唐亚林:《构建新时代社会主义现代化国家的空间布局战略体系——基于城市化发展的考察》,《同济大学学报》(社会科学版)2021年第1期。

⑤ 唐亚林、郝文强:《从协同到共同:区域治理共同体的制度演进与机制安排》,《天津社会科学》2023年第1期。

（二）城市治理的市场主体

市场主体是城市治理不可或缺的参与者，在优化城市公共服务供给和推进社区自治中发挥重要作用。中国共产党十八届三中全会提出，"经济体制改革是全面深化改革的重点，核心问题是处理好政府和市场的关系，使市场在资源配置中起决定性作用和更好发挥政府作用"，这一论断强调了市场在资源配置中的决定性地位。就城市治理而言，市场主体的资源配置功能主要体现为提升和优化公共服务供给效率和质量。公共产品和服务具有"非竞争性"与"非排他性"，理应由公共部门承担供给责任，因而在传统管理模式下，城市公共服务多由政府单一提供，政府同时充当安排者和生产者的角色。随着政府公共服务的同质性与社会需求的异质性之间的矛盾愈发突出，越来越多的学者呼吁政府作为公共服务供给安排者和生产者角色的分离。"政府本质上是一个安排者或者提供者，是一种社会工具，用以决定什么应该通过集体去做，为谁而做，做到什么程度或什么水平，怎样付费等问题。"①"只要市场提供的公共产品和公共服务，如果有购买者愿意购买且不付费者则不能享有，那么，私人生产商可以提供这些公共产品和公共服务。"②在此背景下，中国着力构建公共服务的多元供给体系，《"十四五"公共服务规划》要求进一步放开和放宽市场准入限制，推进市场公平准入，鼓励市场主体通过公建民营、政府购买服务、政府和社会资本合作（Public-Private-Partnership，PPP）等方式参与公共服务供给。市场主体还具备数字技术优势，能够有效运用大数据、云计算、区块链、人工智能等数字技术赋能公共服务供给，进一步提高公共服务供给和需求信息的精确度，从而缓解公共服务供需矛盾，最终提升公共服务的质量、水平和效能，推动公共服务高质量发展。但是，市场主体因其内生的自利性和滞后性等特征，在公共服务供给领域容易陷入市场失灵，因而公共服务市场化还需政府切实履行监管职责，需要对市场主体作为生产者的公共服务成本、服务数量、服务质量、服务进度和服务效果等进行全过程监管。③

市场主体参与城市治理的另一途径是以物业管理推进社区自治。改革开放以来，随着单位制的逐步解体，商品房居住模式逐渐取代原有的工厂住宅混合居住模式。1980年6月，中共中央、国务院批转国家建委党组《全国基本建设工作会议汇报提纲》，正式提出住房商品化政策。1998年7月，国务院发布《关于进一步深化城镇住房制度改革加快住房建设的通知》，提出自1998年下半年开始停止住房实物分配，逐步实行住房分配货币化，标志着延续半个世纪的福利分房制度走向终

---

① ［美］E. S. 萨瓦斯：《民营化与公私部门的伙伴关系》，周志忍译，中国人民大学出版社2002年版，第68页。

② ［美］戴维·奥斯本、彼得·普拉斯特里克：《政府改革手册：战略与工具》，谭功荣、刘霞译，中国人民大学出版社2004年版，第111页。

③ 沈志荣、沈荣华：《公共服务市场化：政府与市场关系再思考》，《中国行政管理》2016年第3期。

结,由此开启了中国城市住宅的"商品化"时代,商品房社区逐渐成为城市基本的居住单元。与之同步进行的是物业管理制度的建立和完善:1981 年,在借鉴香港经验的基础上,深圳东湖丽苑小区成为内地首个物业管理小区;1988 年,深圳市出台《住宅区管理细则》,提出"实行多层次、综合性服务,统一收费管理"的住宅区管理模式,成为后来物业管理制度的雏形①;1994 年 3 月,国家建设部(2008 年改为住房和城乡建设部)颁布的《城市新建住宅小区管理办法》提出"住宅小区应当逐步推行社会化、专业化的管理模式。由物业管理公司统一实施专业化管理",加速了物业管理的制度化进程。历经四十余年的发展,中国物业管理行业日趋成熟,截至2020 年,中国物业服务企业的数量为 23.4 万家,从业人员 740 余万人,物业管理行业营业收入达 11 800.3 亿元。② 2020 年 12 月,住房和城乡建设部等 10 个部门联合发布了《关于加强和改进住宅物业管理工作的通知》,强调要进一步推动城市管理服务下沉,将城市管理服务延伸至居住社区(住宅小区),并扩大物业管理覆盖范围,选聘物业服务企业实行专业化物业管理,推动建立物业管理长效机制,鼓励物业服务企业积极参与城镇老旧小区改造。依托物业服务企业建立的物业管理制度已经成为城市社区自治的重要制度基础,与社区党组织、社区居民委员会和业主委员会等多元主体共同推进城市社区管理的社会化和专业化进程。

(三) 城市治理的社会主体

为推动社会治理社会化水平提升,社会主体成为与党政主体和市场主体协同参与城市治理的能动力量,是实现城市治理社会协同和公众参与的重要媒介。社会主体参与城市治理主要以城市社区为主要场域,包括作为基层群众性自治组织的居民委员会、以满足社区居民公共服务需求和促进社区发展为宗旨的各类公益性和服务性社会组织,以及广大社区居民。

居民委员会作为"自我管理、自我教育、自我服务"的自治组织,既是城市社区治理的自治力量,又是国家行政力量向基层延伸的关键载体。按照《中华人民共和国城市居民委员会组织法》的规定,居民委员会主要承担三大职能:一是宣传教育职能,包括宣传宪法、法律法规和政策,教育居民依法履行义务,引导居民互相帮助和加强团结,以及开展多种形式的社会主义精神文明建设活动;二是公共服务职能,按照法定程序办理居住地区居民的公共事务和公益事业,协助人民

---

① 吴晓林、谢伊云:《房权意识何以外溢到城市治理?——中国城市社区业主委员会治理功能的实证分析》,《江汉论坛》2018 年第 1 期。
② 《2020 年我国物业管理行业营业收入达 1.18 万亿元 物业服务向高品质多样化升级》(2021 年 2 月 7日),中国政府网,http://www.gov.cn/xinwen/2021-02/07/content_5585520.htm,最后浏览日期:2023 年 5 月 14 日。

政府或其他派出机关做好与居民利益有关的公共卫生、计划生育、社会保障、优抚救济、青少年教育、社区治安等工作；三是监督管理职能，居民委员会监督执行经居民会议讨论制定的居民公约，需要就关涉居民利益的公共政策召开听证会和组织居民评议，并指导和监督业主委员会、物业管理公司和社区社会组织有序参与社区治理和维护居民合法权益。尽管居民委员会被定位为自治组织，但在以街道为基层社会管理主体、以社区为基本社会管理单元的街居制管理模式下，居民委员会实质上是官治与民治相结合、以民治辅助官治的组织形式。[①] 而且，居民委员会的组织经费来源于不设区的市、市辖区的人民政府或者上级人民政府，说明居民委员会受党政系统的直接管理，是国家行政系统触及社会基层的辅助力量。

　　社会组织是活跃在城市基层的公益性和服务性组织，对城市公共服务高质量发展具有重要推动作用。中国社会组织参与城市治理不仅得益于社会主义市场经济的蓬勃发展，政府简政放权也为该主体的发展壮大提供了重要契机。[②] 为深入推进政府职能转变，中国以"简政放权、放管结合、优化服务"（"放管服"）改革作为推进行政体制改革和转变政府职能的重大决策部署，三管齐下重塑政府与市场、社会的关系。2013 年 9 月，国务院办公厅发布了《关于政府向社会力量购买服务的指导意见》，《意见》明确要求有效动员社会力量，构建多层次、多方式的公共服务供给体系，在教育、就业、社保、医疗卫生、住房保障、文化体育及残疾人服务等基本公共服务领域逐步加大政府向社会力量购买服务的力度。《中共中央关于全面深化改革若干重大问题的决定》进一步提出，"适合由社会组织提供的公共服务和解决的事项，交由社会组织承担"。在此背景下，地方政府围绕社会组织承接公共服务进行了有益探索。广州市民政局在全市社会组织中开展了社会组织公益创投活动，以"扶老、助残、救孤、济困"为宗旨，按照"政府资助、社会组织承接"的运作模式孵化了为老服务类、助残服务类、未成年人保护类、救助帮困类和社区治理类等公益创投项目。自 2014 年至今，广州市社会组织公益创投活动已连续举办九届，累计资助 1 201 个公益创投项目，政府资助总额超 1.5 亿元，撬动社会配套资金近亿元。2017 年 12 月民政部出台《关于大力培育发展社区社会组织的意见》，支持社区社会组织积极参与城市社区治理。以浙江省杭州市为例，经过近十年的试点和培育工作，业已形成涵盖社会服务、社区事务、文化体育、慈善救助、社区维权等领域的社区社会组织体系，打造了"和事佬协会""社区志愿者服务站""社区特色工作室""邻里值班室"等一系列地方品牌，构建了志愿者社区服务网络、社区社会组织服务中心、社区频道等重要工作机制和信息平台，社区社会组织在促进居民融合、

① 周庆智：《政社互嵌结构与基层社会治理变革》，《南京大学学报》（哲学・人文科学・社会科学）2018 年第 3 期。
② 曾永和：《当下中国社会组织的发展困境与制度重建》，《求是学刊》2013 年第 5 期。

协同管理社区、提供社会服务、调处社会矛盾、集结居民意愿等方面发挥了重要作用。[①]《"十四五"社会组织发展规划》进一步提出,要开展"社区社会组织专项行动",加快发展社区社会组织,发挥社区社会组织联合会、社区社会组织服务中心等枢纽型社会组织在社区治理中的积极作用。目前中国城市社区治理主要依托"邻里守望"系列社区志愿服务活动、"共建共治共享"系列社区协商活动、"共创平安"系列社区治理活动、"文化铸魂"系列精神文明创建活动等品牌活动不断引导社区社会组织参与社区治理、提供社区服务、培育社区文化、开展社区协商、化解社区矛盾和促进社区和谐。

广大社区居民是社区治理的根基,居民主动参与是城市治理社会化的长久动力。居民参与社区治理的主要途径包括社区民主选举、民主决策、民主管理和民主监督。[②]《中华人民共和国城市居民委员会组织法》规定,"年满十八周岁的本居住地区居民,……都有选举权和被选举权;但是,依照法律被剥夺政治权利的人除外",符合选举条件的居民有权利参加社区选举。民主决策是指居民可以通过居民会议、居民协商议事会、社区听证会、社区民情恳谈会以及互联网、电话等多种形式对社区重大事项和涉及居民利益的公共事务发表个人意见和参与集体讨论。民主管理强调居民个人对社区公共事务进行自主管理,包括参与社区环境事务管理(如社区绿化、社区卫生、社区道路维护)、治安事务管理(如打击违法犯罪、社区安防)、公共服务提供(如帮扶弱势群体、参与便民利民志愿服务)、文化事务管理(如参加社区文化阵地建设、文化载体建设)以及针对特定群体的科普和宣传教育等社会实践活动。民主监督是指充分发挥居民的主人翁精神,以居民满意度为评价标准,倒逼社区决策、管理的科学化和民主化。

从实践来看,居民参与社区治理的效果不佳,究其缘由,居民的集体行动意识和能力是影响社区自治成效的关键所在。一方面,在社会转型明显加快的当今社会,仍有大多数居民受制于传统的全能型政府管理理念,将自身视作"被管理者",治理意识和公民精神相对薄弱,因而难以构建起与新型社区治理模式相适应的认知方式和行动能力,从而陷入集体行动的困境;另一方面,随着社区空间开放性和流动性的增强,居民之间也出现了一定程度的社会分化,认知方式和行动模式不尽相同,限制了居民集体行动的应有成效。[③] 加之社区工作主要依靠自上而下的行

①　《降低门槛 杭州将大力培育发展社区社会组织》(2018 年 11 月 30 日),浙江新闻客户端,https://zj.zjol.com.cn/news.html?id=1085663,最后浏览日期:2023 年 5 月 15 日。

②　张平、隋永强:《一核多元:元治理视域下的中国城市社区治理主体结构》,《江苏行政学院学报》2015 年第 5 期。

③　彭宗峰:《政府、社会与居民良性互动的社区治理何以可能——一个基于内卷理论重释的理解框架》,《求实》2022 年第 4 期。

政指令开展,居民委员会存在"等靠要"的依赖思想,完成街道办和相关政府部门布置的规定动作成为其工作的首要目标,而引导居民参与社区自治这一重要任务则被置于次要地位,社区居民因而长期处于被组织、被动员和被动参与状态,参与社区治理的积极性和主动性也大为降低。

二、西方国家城市管理体制

西方城市化进程整体早于中国,由于政治制度和城市化阶段的差异,西方国家的城市治理主体和治理机制不断变革,美国形成了市长议会制、城市委员会制和城市经理人制三种市政体制。受合作治理思潮的影响,多中心合作治理体制在西方国家也较为盛行。以下分别就市长议会制、城市委员会制、城市经理人制和多中心合作治理体制进行阐述。

(一) 市长议会制

美国的市长议会制(Mayor-Council Plan)是指在分权与制衡原则下,由市议会负责批准预算、通过立法决议和监督政府运作等,市长作为行政主管,负责管理城市日常事务,市议会议员和市长均经市民选举产生,按照市长权限的大小,进一步分为强市长议会制和弱市长议会制(见图2-2)。[1] 在19世纪末以前,美国城市普遍实行的是弱市长议会制。弱市长议会制实质是杰斐逊式民主的产物,主张以限权和监督来规范权力运行,其特征包括:(1)市长和市议会由选民分别选举产生,市政府部门同时对市长和议会负责;(2)市议会不仅掌握立法权,还掌握部分行政权,并享有除民选之外的部分行政首长的任命权,市长委任的行政官员也须经市议会批准;(3)市长权力受到限制,需与市议会、委员会分享权力;(4)市议会可以通过预算权或财政委员会影响市政预算。[2] 强市长议会制始于美国进步运动初期,最先出现于布鲁克林和波士顿,并逐渐取代弱市长议会制成为市长议会制的主要形式。[3] 在强市长议会制下,市政府只对市长负责,市长作为市政府的行政首脑,负责执行法律和规章制度,可以任免市行政部门首长,有权向议会提出立法草案并否决市议会法案,并掌握主要的财政预算权;市议会居于次要地位,主要行使立法权,负责审议和

---

① 王旭:《美国三大市政体制的历史成因与内在运行机制》,《陕西师范大学学报》(哲学社会科学版)2007年第4期。

② 杨宏山:《城市管理学》,中国人民大学出版社2019年版,第53页。

③ 罗思东、何艳玲:《城市应该如何管理——美国进步时代的市政体制及其改革》,《公共行政评论》2008年第2期。

通过财政预算,并对市政府的各类活动进行拨款。① 强市长议会制体现了联邦政府和州政府设计上的分权原则②,有助于及时解决社会问题和冲突,免除后顾之忧。③

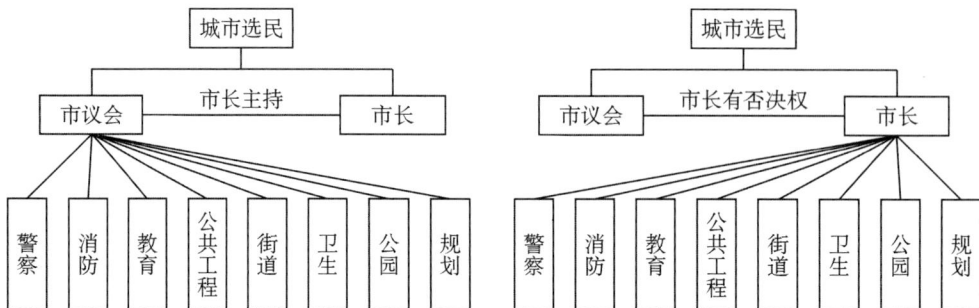

图 2-2　弱市长议会制和强市长议会制的组织结构

资料来源　John P. Pelissero, *Cities, Politics and Policy: A Comparative Analysis*, CQ Press, 2003, p.15.

(二) 城市委员会制

强市长议会制实现了市长的统一指挥,提高了行政效率,但容易导致市长专权,因而改革者呼吁以分权和制衡原则对市长权力进行监督和制约,在此背景下,城市委员会制应运而生。城市委员会制主张立法权与行政权合一,由选举产生的委员会统一行使,实行集体负责制,市政府主要对委员会负责。委员会通常由三至五名成员组成,每位委员兼任一个或几个行政部门的行政首长,对本部门工作有独立指挥权。市长或经民选产生,或从委员会中产生,其权力并不大于其他委员。作为委员会主席和市政府的代表,市长负责主持委员会会议,并在一些重要场合代表市政府,部分市委员会实行轮值制度。④ 城市委员会制的优点在于决策权和执行权的统一,但也存在如下缺陷:一是民选产生的委员缺乏专业知识,难以应对复杂的城市问题,无法胜任本职工作;二是委员之间地位平等、权力分散,经常出现协调困难,且每位委员倾向于本部门利益,忽视整体利益;三是城市委员会缺少必要的政治领导人,其领导力很大程度上取决于民选市长的个人影响力。⑤ 由于城市委

---

① 范广垠:《市政管理》,南开大学出版社 2008 年版,第 29—30 页。
② [美]乔治·弗雷德里克森、阿兰·约翰逊、柯蒂斯·伍德:《变革中的美国城市体制》,王金良译,《国家行政学院学报》2009 年第 1 期。
③ 罗思东、何艳玲:《城市应该如何管理——美国进步时代的市政体制及其改革》,《公共行政评论》2008 年第 2 期。
④ 范广垠:《市政管理》,南开大学出版社 2008 年版,第 31—32 页。
⑤ 罗思东、何艳玲:《城市应该如何管理——美国进步时代的市政体制及其改革》,《公共行政评论》2008 年第 2 期。

员会制在体制上的缺陷,美国采取委员会制的城市数量呈减少趋势,原先采用该体制的城市也大都采用了其他市政体制。

(三) 城市经理人制

城市委员会制在实践中暴露出的体制缺陷促使改革者们转而寻求更好的市政体制方案。19 世纪末 20 世纪初期,大型企业的巨大成功使职业经理人理念深入人心,改革者开始提倡将这种成功的企业管理经验移植到市政管理中,城市经理人制因而走向兴盛(见图 2-3)。理查德·蔡尔兹(Richard Childs)指出,城市经理人制类似于企业的董事会经理制,它既保证了稳定的集体决策(议会),同时将决策的执行留给了一个寡头控制的行政机构(城市经理)。[①] 城市经理人制最大的特征是由市议会聘任的城市经理实行专业化管理,市议会与城市经理之间分工明确,市议会负责制定城市政策和招聘城市经理,而城市经理主要负责执行。城市经理的具体职责一般包括:监督法律与各种规章制度的执行;负责编制城市年度财政预算并向市议会报告;列席市议会并就市政管理提供有益的政策方案,可以参加讨论但没有表决权;执行市议会通过各种法案和决议;此外还可依法任命、监督和黜免各行政部门的首长和其他官员。[②] 市议会则由民选产生,负责立法、批准预算和重大问题的决策,并视政绩决定城市经理的任期。市长一般从市议会成员中选出或经市民选举产生,但市长只是名义上的行政首长,实际的行政权力集中在城市经理手

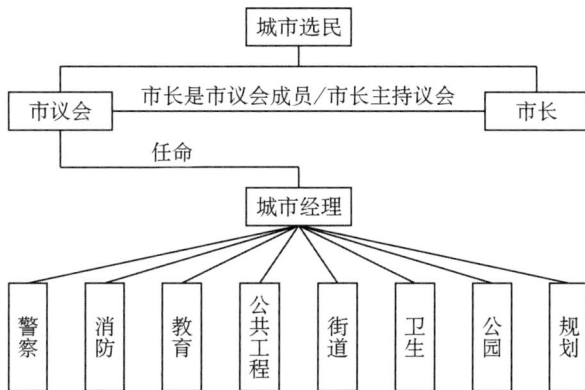

图 2-3　城市经理人制的组织结构

资料来源　John P. Pelissero, *Cities, Politics and Policy: A Comparative Analysis*, CQ Press, 2003, p.16.

---

① Richard S. Childs, "The Theory of the New Controlled-Executive Plan", *National Municipal Review*, 1913, 2(1), pp.76-81.
② 郑宝祥:《市政管理的一种模式——市经理制》,《政治学研究》1985 年第 1 期。

中。由议会任命的其他行政官员与城市经理仅存在合作关系而无隶属关系。[①] 城市经理人制的优势是将企业化管理原则融入市政管理,通过城市经理的专业化管理提高城市管理效益,同时有利于将政治矛盾与城市管理隔离,避免城市管理沦为政治纷争的牺牲品。城市经理人制是工业大机器时期城市化的产物,适应了美国城市化发展的客观需要,因而被誉为美国市政体制史上的"里程碑"。

(四)多中心合作治理体制

随着城市管理问题日益复杂,公民需求日趋多样,民众对公共服务质量的要求也日益提高,政府单中心和自上而下的管理模式难以为继,文森特·A.奥斯特罗姆(Vincent A. Ostrom)、查尔斯·蒂伯特和罗伯特·瓦伦(Robert Warren)提出了与单中心相对的多中心政治体制(polycentric political system)。美国大都市地区的政府管理模式实质是一种"多中心政治体制","多中心"意味着存在多个决策中心,如果它们在竞争关系中签订契约和合作承诺,或通过联邦机制来解决冲突,大都市地区的不同管辖地可能表现出具有一致性和可预测性的互动行为模式。在某种程度上,可以将其看成一个"系统",一个能够解决冲突并适当保持竞争的多中心政治体制,因而这种模式成为处理大都市地区各种公共问题的可行制度安排。[②] 在多中心政治体制下,合作治理模式成为城市公共产品和公共服务供给的主要形式。一方面,城市管理的主体不再局限于政府行政机关,而扩大到公众、企业和非营利组织;另一方面,在合作治理框架下,联邦政府、州政府、地方政府等不同层级的政府机构也通过竞争合作以实现更高水平的城市管理绩效。[③]

以英国为例,为振兴中心城区经济,促进城市更新与复兴,发展合作伙伴组织成为英国多中心合作治理的主要策略。合作伙伴组织是指为重整某一特定区域而制定和监督一个共同的战略所结成的利益联盟。[④] 经过几十年的发展,英国合作伙伴组织已演变为跨越不同组织与利益团体的合作形式,在区域、城市和邻里社区等各个层面上广泛进行横向联盟,构筑了中央政府与地方政府、地方政府之间、政府与私有部门、政府与非营利组织等多重合作伙伴关系。[⑤] 此外,多中心合作治理模式主要通过 PPP 模式将部分城市公共服务的供给移交给(半)私人机构。欧盟

---

① 罗思东、何艳玲:《城市应该如何管理——美国进步时代的市政体制及其改革》,《公共行政评论》2008 年第 2 期。

② Vincent. A. Ostrom, Charles M. Tiebout and R. Warren, "The Organization of Government in Metropolitan Areas: A Theoretical Inquiry", *The American Political Science Review*, 1961, 55(4), pp.831-842.

③ 易志斌、马晓明:《多中心合作治理模式与城市管理发展方向》,《城市问题》2009 年第 3 期。

④ Nicholas Bailey, Kelvin MacDonald and Alison Barker, *Partnership Agencies in British Urban Policy*, UCL Press, 1995, p.27.

⑤ 曲凌雁:《"合作伙伴组织"政策的发展与创新——英国城市治理经验》,《国际城市规划》2013 年第 6 期。

委员会将 PPP 模式界定为公共部门与私人部门之间的合作关系,把实施公共项目或提供公共服务作为目标[①],以伙伴关系、利益共享和风险分担为主要特征,通过吸引私人企业参与城市公共基础设施建设来节省政府投资和降低政府风险,最终提高公共服务效率。[②] PPP 模式有多种表现形式,包括服务协议、承包协议、租赁协议、BOT(Build-Operate-Transfer)协议、BOO(Build-Own-Operate)协议、TOT(Transfer-Operate-Transfer)协议等。以加拿大为例,1991—2013 年,加拿大政府共启动了 206 个 PPP 项目,项目总金额超过 630 亿美元,创造了超过 50 万个工作岗位,占加拿大国内公共服务领域项目的 15%—20%,涉及交通、医疗、环境、教育、文化、住房、司法和国防等多个领域。[③] PPP 模式作为公共服务提供和项目管理方式的一种变革,政府在其中并没有完全退位,而是形成了与市场间的合作,并通过政治权力的竞逐不断调整其合作界限。[④]

第三节　城市治理政策的决策与执行

公共政策是公共权力机构经由政治过程所制定的用于解决公共问题、达成公共目标、实现公共利益的行为准则或价值规范,因而也是解决城市问题、促进城市高质量发展和为人民创造美好生活的治理工具。从政策过程来看,一项公共政策一般需要经过问题界定、政策议程设置、政策方案拟定、政策决策、政策执行、政策评估和政策终结等主要阶段。其中,政策决策和政策执行作为承上启下的中间环节,其科学化和合理性程度直接关乎城市治理政策绩效,本节主要探讨城市治理政策的决策模型与执行路径。

一、城市治理政策的决策模式

公共政策决策是指在现有的政策备选方案中作出最终抉择以解决公共问题。关于决策的理论模式众多,其中,全面理性决策模式基于"经济人"假设,以实现最优决策为根本目标,认为理性的决策者总是能够在众多备选方案中做出最优选择。由于该模式与决策实际存在较大差距,越来越多的学者提出

①　See The European Commission, "Guidance for successful PPP", 2003.

②　贾康、孙洁:《公私伙伴关系(PPP)的概念、起源、特征与功能》,《财政研究》2009 年第 10 期。

③　InterVISTAS Consulting Inc, "10-Year Economic Impact Assessment of Public-Private Partnerships in Canada (2003-2012)", 2013, pp. i-ii.

④　Bob Jessop, "Liberalism, Neoliberalism, and Urban Governance: A State-Theoretical Perspective", *Antipode*, 2002, 34(3), pp. 452-472.

了不同的决策模式，以下主要介绍有限理性决策、渐进决策和"垃圾桶"决策三种典型模式。

（一）有限理性决策模式

20世纪50年代，美国行为主义科学家赫伯特·A.西蒙（Herbert A. Simon）提出了有限理性决策模式。西蒙指出，决策任务通常包括三个步骤：（1）列出所有备选方案；（2）确定每一方案实施之后的所有后果；（3）对这些后果进行比较评价。问题在于负责决策的个人不可能知道决策的所有替代方案或所有结果，这种不可能性导致了实际决策行为与全面理性模式之间的背离。[①] 他进一步明确了"理性"的定义，"理性关注的是在某种价值体系中对偏好行为的选择，在这一价值体系中，行为的后果可以被评估"。[②] "理性"可分为客观理性、主观理性、有意识的理性、有目的的理性、组织理性和个人理性。相对于全面理性模式将个体视作完全理性的"经济人"，西蒙认为现实中的行政人仅具备"有限理性"（bounded rationality），寻求"满意的"或"足够好的"决策，决策遵循的是"满意"而非"最优"原则。[③] 根据有限理性决策模式，一项决策经由以下几个阶段：（1）发现并确定问题；（2）分析问题产生的原因；（3）提出解决问题的备选方案；（4）评估备选方案；（5）做出次优选择。[④] 西蒙强调，决策过程并不是"线性的"，每一个子过程本身又会产生新的问题，因而可能需要再次进行议程设置、寻找替代方案、选择方案并评估方案。[⑤]

（二）渐进决策模式

查尔斯·林德布洛姆（Charles Lindblom）试图建构一个不同于全面理性的替代性理论模式，从"决策实际上如何做"而不是"应该如何做"的角度，构建了渐进决策模型。林德布洛姆将全面理性模式称之为"根本的方法"（root method），而渐进决策模式则是"分枝的方法"（branch method），前者是从基本原理出发，将过去视作理论建立的经验，每次都要完全从头开始，后者则是从现状出发，主张逐步、小幅度地调整，更适用于复杂的政策问题。[⑥] 渐进决策模式包含两大基本命题：一是认

---

① Herbert A. Simon, *Administrative Behavior: A Study of Decision-Making Processes in Administrative Organizations* (fourth edition), Free Press, 1997, p.77.

② Ibid., p.84.

③ Ibid., p.119.

④ 杨宏山：《公共政策学》，中国人民大学出版社2020年版，第53页。

⑤ Herbert A. Simon, *Administrative Behavior: A Study of Decision-Making Processes in Administrative Organizations* (fourth edition), Free Press, 1997, p.127.

⑥ Charles E. Lindblom, "The Science of 'Muddling Through'", *Public Administration Review*, 1959, 19(2), pp.79-88.

为公共政策实际上只是过去政府活动的延续,是基于过去的经验而对现行政策所做的局部和边际性的调适;二是将决策看作是一个一步接一步、永远没有完结的过程,需要不断修正政策内容和目标,并且接连不断的微小进步可能导致社会发生巨大变化。渐进决策模式具有如下特征:(1)分析局限于较熟悉的政策选择,与现实方案具有细微差别;(2)对政策目标和其他价值的分析以及政策问题的经验分析是交织的;(3)分析时专注于对社会问题的补救和社会现状的改善,而非执着于理想目标的达成;(4)决策分析是一系列试验修正的过程;(5)对每一个替代方案只考虑部分后果,而不是所有可能的后果;(6)决策过程中参与者众多,决策分析工作呈现碎片化特征。[1]

(三)“垃圾桶”决策模式

1972 年,迈克尔·D.科恩(Michael D. Cohen)、詹姆斯·G.马奇(James G. March)和约翰·P.奥尔森(Johan P. Olsen)提出了“垃圾桶”决策模式(Garbage Can Model),强调了模糊性对决策过程的影响。该模式认为,理性决策模式和渐进决策模式都过于强调决策的确定性和理性,然而大多数组织都具有“有问题的偏好”“不明确的技术”和“流动的参与者”三项特质,其决策过程多处于“有组织的无序”(organized anarchy)的组织环境之下,因而将决策机会比喻为一个“垃圾桶”,决策参与者会将各种问题和解决方案扔进这个垃圾桶。对决策者而言,决策结果往往是未知的,只有当与决策过程相关的四股源流(问题、解决方案、参与者、决策机会)融合时,决策才有可能发生。[2] 相较于前两个理论模式,垃圾桶决策模式注重从结构视角考察决策过程,首先确立了问题偏好模糊、技术手段不明确和参与者具有流动性等结构性前提;其次纳入了组织净能量承载量、进入结构、决策结构、组织内的能量分布状况等结构性变量;最后阐释了这些结构性因素之间的相关性。[3] 垃圾桶决策模式基于决策“模糊性”的假设前提,注重运用结构性因素而不是个人偏好来解释决策过程,克服了理性决策学派只能解释问题结构良好和目的明确的组织决策行为的缺陷,有助于理解模糊状态下复杂问题的决策过程,其更趋近于真实决策。后续研究者对该理论模式给予了高度肯定并对其进行补充完善,如约翰·W.金登(John W. Kingdon)在该理论模式的基础上发展了“多源流分析框架”用于解释政策议程设置过程。

---

[1] Charles E. Lindblom, "Still Muddling, Not Yet Through", *Public Administration Review*, 1979, 39(6), pp.517-526.

[2] Michael D. Cohen, James G. March and Johan P. Olsen, "A Garbage Can Model of Organizational Choice", *Administrative Science Quarterly*, 1972, 17(1), pp.1-25.

[3] 龚虹波:《“垃圾桶”模型述评——兼谈其对公共政策研究的启示》,《理论探讨》2005 年第 6 期。

二、城市治理政策的执行模式

政策执行是指特定的行政机构和行政人员运用各种政策资源,通过发布命令、拨付款项、订立契约、收集资料、传递信息、委派人员、创设机构等行动[1],将政策内容转化为实际效果、实现既定政策目标的活动过程。自 1973 年普雷斯曼(Pressman)和威尔达夫斯基(Wildavsky)出版《执行:华盛顿的伟大期望如何在奥克兰落空》一书后[2],西方学界兴起了一场声势浩大的"执行研究运动",发展至今已形成自上而下、自下而上和整合模式三大研究路径。[3] 中国城市治理政策执行模式主要有行政发包制、运动式治理、项目制等典型模式。

(一) 行政发包制

周黎安以改革开放以来中国经济增长之谜为研究起点,认为地方官员对地方经济发展的高度热情是这一经济发展奇迹的重要动力,因而从地方官员激励和政府治理的视角提出了"行政发包制"。行政发包制是介于"科层制"和"外包制"之间的理想类型,可看作是行政组织边界之内的"内部发包制",即上级与下级基于统一的权威所形成的发包关系。在行政权的分配上,发包方(上级政府)拥有正式权威(包括对下级政府的人事控制权、审批权和监察权)和剩余控制权(如否决权和干预权),承包方(下级政府)掌握执行权并享有实际控制权;在经济激励上,承包方与发包方之间是财政分成关系,实行的是财政包干制,因而承包方拥有剩余索取权,同时也面临自筹资金的压力;在内部考核与控制上,行政发包制是结果导向的、人格化的责任分担,以"属地管理"为基本原则进行问责。[4] 行政发包制作为中国公共政策自上而下的执行路径,也是地方政府开展城市治理的重要路径。中央政府综合考虑公共服务收益的溢出范围及其导致的风险,一方面将一些溢出效应比较广泛的公共服务(如医疗、社会保障、教育、环境治理)发包给城市政府,中央政府出资比例很低;另一方面对一些隶属于地方的公共服务进行严格控制(如地铁建设)[5],由中央政府掌控项目审批权、干预权和指导权,再加上"政治锦标赛"的横向竞争压力,既能避免地方政府"尾大不掉",又能保证其有效完成发包任务。[6]

---

[1] George C. Edwards and Ira Sharkansky, *The Policy Predicament: Making and Implementing Public Policy*, W. H Freeman, 1978, p. 293.

[2] See Jeffrey L. Pressman and Aaron Wildavsky, *Implementation: How Great Expectations in Washington are Dashed in Okaland*, University of California Press, 1973.

[3] 丁煌、定明捷:《国外政策执行理论前沿评述》,《公共行政评论》2010 年第 1 期。

[4] 周黎安:《转型中的地方政府:官员激励与治理》(第二版),上海人民出版社 2017 年版,第 34—37 页。

[5] 周黎安:《行政发包制》,《社会》2014 年第 6 期。

[6] 周黎安:《行政发包制:一种混合治理形态》,《文化纵横》2015 年第 1 期。

（二）运动式治理

运动式治理又被称为运动型治理、运动化治理、运动式执法等[①]，是一统体制下进行地方有效治理的关键机制之一。[②]　在常态化管理模式疲于应付时，治理主体自上而下进行政治动员，调动一切可利用的人力、物力、财力等公共资源，打破常规程序，从重、从快地对社会重大问题或难题进行专项整治，以超常规的执行力应对社会公共问题。运动式治理有如下特征：一是暂时叫停原科层制的常规过程，以政治动员纠正科层制的失败，并规范权力运行边界；二是运动式治理通常发生在组织环境突变的情形下，如重大灾害和危机，而常规机制未能随重大变动进行适时调整；三是运动式治理常常采用大张旗鼓、舆论造势和全面动员的形式，突破按部就班的科层体制，在短时间内实现政令的上传下达；四是运动式治理具有高度的灵活性和随意性，容易导致治标不治本。[③]　在城市治理实践中，运动式治理集中在部分突发性公共事务领域，如反"暴力恐怖袭击"。由于暴力恐怖袭击具有"发生难以预测、目标难以明确、事态的发展难控、危害涉及面广、处理综合难度大"的特点，城市政府倾向于以超常规的运动式治理作为主要应对策略。[④]　运动式治理还常被用于纵向发包程度高而横向竞争程度低的城市公共事务领域，环境治理就是其中之一，如北京市"APEC 蓝"和中央环保督察下的地方"回头看"，都是以运动式治理动员地方政府，在短时间内取得政策成效。运动式治理尽管具有常规机制难以比拟的制度优势，在中国"举国体制"的制度基础下也有其存在的合理空间，但其本身是一把"双刃剑"，取得高效用的同时也意味着高风险，将其转化为常态化管理机制也不可避免地受官僚体制的常规节奏制约，因而未来还需进一步平衡运动式治理与常规化管理，重新找回有效的城市治理政策执行机制。

（三）项目制

项目制治理是近年来中国社会治理领域的独特现象，具体表现为国家注重以转移支付撬动社会投资，进而拉动经济增长和发展公共事业，地方政府忙于抓项目、跑项目以弥补财政缺口和保障公共事务的正常运转，企业也热衷于申请各类政府资助项目来提高企业资产净收益。"项目制"不限于某一项目的运行过程和管理制度，还指一种能够统合各个行政层级以及社会各个子领域的治理模式，它打破了纵向的层级性安排（条条）和横向的区域性安排（块块），是科层制下推进政策落实、

---

①　杨林霞：《近十年来国内运动式治理研究述评》，《理论导刊》2014 年第 5 期。
②　周雪光：《权威体制与有效治理：当代中国国家治理的制度逻辑》，《开放时代》2011 年第 10 期。
③　周雪光：《运动型治理机制：中国国家治理的制度逻辑再思考》，《开放时代》2012 年第 9 期。
④　李辉：《"运动式治理"缘何长期存在？——一个本源性分析》，《行政论坛》2017 年第 5 期。

重组条块关系、提升政策执行力的重要治理工具。[①] 在城市治理中,地方政府通过主动申请或"先行先试"的方式向中央政府争取特定项目,尤其是推动地方经济发展的投资型项目,而这一竞争性争取过程实际上体现了项目制"自下而上"的运作特质。此外,项目制基于分级治理的制度安排,通过非科层的竞争性授权,虽无法突破中央集权的总体模式,但在"条线"控制之外,凭借"自下而上"的竞争机制,一定程度上修正了既定的集权框架和科层逻辑,从而使地方获得更多自主权,并促进地方利益发展。[②] 但也有学者指出,项目制虽然可以促成一定程度的竞争和上下级互动,更好调动地方政府的积极性,但也容易被逐利价值观所驱使,进而导致各种"暗箱操作"和权力寻租。[③]

思考题:

1. 城市权力结构研究形成了哪些主要分析视角?

2. 城市治理的主体有哪些?

3. 中国城市决策过程的参与者有哪些? 哪些是进行实质决策的人? 哪些是影响决策的人?

4. 中国城市治理政策形成了哪些主要的执行模式?

---

① 渠敬东:《项目制:一种新的国家治理体制》,《中国社会科学》2012 年第 1 期。

② 折晓叶、陈婴婴:《项目制的分级运作机制和治理逻辑——对"项目进村"案例的社会学分析》,《中国社会科学》2011 年第 4 期。

③ 黄宗智、龚为纲、高原:《"项目制"的运作机制和效果是"合理化"吗?》,《开放时代》2014 年第 5 期。

第三章
城市公共空间治理

　　每一处空间都有相对于其他空间的政治或经济地位,影响着生活在其边界内的人们可获得的生活水平和机会。① 正如"土地"议题之于乡村治理,"空间"(space)议题之于城市治理具有十分独特的意义。在城市空间结构中,公共空间是最具可视性、可触及性和复杂性的组成部分,它既包括街道、广场、公园等有意设计的城市公共景观,也涵盖自发形成的人口集聚场所。城市公共空间既是承载城市生活的物质空间,也是城市居民进行社会交往和情感交流的主要场所。公共空间为陌生人提供了平等进入和交流的机会,其质量好坏被视为判断一个城市是否健康的重要标志。② 随着住宅密度的增加,人们需要更多地关注公共空间及其配套设施,如设计优良的街道、公共空间和城镇中心。③ 本章主要探讨以下 3 个问题:(1)城市公共空间的功能、特质与典型问题;(2)城市公共空间生产的逻辑;(3)城市公共空间治理的主要模式。

第一节　城市公共空间的功能、特质与典型问题

　　公共空间概念最早出现在社会学和政治哲学领域,20 世纪 60 年代,刘易斯·芒福德和简·雅各布斯(Jane Jacobs)等人将其引入城市规划与设计领域。④ 20 世纪 70 年代,城市公共空间逐渐成为多学科研究的主题。城市公共空间主要指街道、绿地、公园、广场以及其他为公众所有的开放空间体。⑤ 也有学者认为城市公

---

① [美]约翰·R.洛根、哈维·L.莫洛奇:《都市财富:空间的政治经济学》,陈那波译,格致出版社 2018 年版,第 18 页。
② [美]戴维·古德菲尔德:《美国城市史百科全书》,陈恒、李文硕、曹升生等译,上海三联书店 2018 年版,第 522 页。
③ [美]维托尔德·雷布琴斯基:《嬗变的大都市:关于城市的一些的观念》,叶齐茂、倪晓晖译,商务印书馆 2016 年版,第 186 页。
④ 陈竹、叶珉:《什么是真正的公共空间?——西方城市公共空间理论与空间公共性的判定》,《国际城市规划》2009 年第 3 期。
⑤ 孙彤宇:《从城市公共空间与建筑的耦合关系论城市公共空间的动态发展》,《城市规划学刊》2012 年第 5 期。

共空间是由政府或城市公共机构生产提供的,向全社会开放使用的开放空间。[①] 20世纪90年代以来,随着采取公私合营或完全私人运营模式的城市住宅增多,城市公共空间的土地权属关系也不断拓展,私有公共空间成为可能。[②] 城市公共空间的供应形式不再是完全由政府所有和管理的传统模式,也不完全是私有化形式,由此带来公共空间治理中角色、权利和责任的复杂再分配。[③]

一、城市公共空间的功能

城市拥有广阔空间、密集人口和大量机构,不仅是复杂的、由各种基础设施连接而成的有形建筑,更是蕴含巨大商机和产生无数交集的场所。公共空间是城市重要的组成部分,是指具有实体性和视觉可达性的空间。公共空间不仅涵盖街道、公园、广场,还包括两侧和周围的建筑物。[④] 公共空间是面向大众开放的、供公众使用的空间,是各类社会行为发生的场所,并且这些行为会受到空间使用管理规则的约束。[⑤] 现代城市公共空间发挥着重要而多元的功能,如学习和发展社交能力、交换信息、促进社会对话、培养社会意识等。城市公共空间既是社会交往的重要平台,也是政治参与的重要途径,还是城市美好生活的集聚地。

(一) 城市公共空间是社会交往的重要平台

城市的首要功能是允许和鼓励不同人之间、不同人群之间的会面和交流,为人类社交提供一个舞台。[⑥] 因此,城市公共空间最为重要的功能是社交,促进城市居民的交往、交流和生活联通。有形的公共空间是促进社交活跃度的关键,在有形的公共空间里,人们能够面对面地交流,一系列行为才能得以发生。不同的人在公共空间中产生交集并进行交流时产生新需求和新观点,从而使重塑社会空间和社会生活成为可能。[⑦] 城市公共空间还有助于提高个人归属感,超出个体或家庭领域、建立在共同性和邻里交往之上的社区公共空间能够帮助人们维系社会关系,增强个体对社区和城市的归属感。[⑧] 在当今所有城市公共空间形态中,街道是最能

① 张庭伟、于洋:《经济全球化时代下城市公共空间的开发与管理》,《城市规划学刊》2010年第5期。
② Ali Madanipour, "Urban Design and Dilemmas of Space", *Environment & Planning D Society & Space*, 1996, 14(3), pp.331-355.
③ Claudio De Magalhães, "Public Space and the Contracting-Out of Publicness: A Framework for Analysis", *Journal of Urban Design*, 2010, 15(4), pp.559-574.
④ Francis Tibbalds, *Making People-Friendly Towns: Improving the Public Environment in Towns and Cities*, Longman, 1992, p.1.
⑤ [美]维卡斯·梅赫塔:《街道:社会公共空间的典范》,金琼兰译,电子工业出版社2016年版,第21页。
⑥ Lewis Mumford, *The Highway and the City*, Secker & Warburg, 1964, p.173.
⑦ [美]维卡斯·梅赫塔:《街道:社会公共空间的典范》,金琼兰译,电子工业出版社2016年版,第8页。
⑧ See William H. Whyte, *The Social Life of Small Urban Spaces*, Conservation Foundation, 1980.

发挥社交功能的空间,其他如公园、广场等城市公共空间也是人们社会交往的重要场所。

(二) 城市公共空间是政治参与的重要途径

公共空间一直被视为政治参与的重要途径和习得场所。汉娜·阿伦特(Hannah Arendt)指出,公共空间能够让人们聚集、闲聊、认识彼此的存在,这对民主来说至关重要。① 公共空间是私人、家庭和工作空间以外的必要补充,能够满足人们交往、沟通、娱乐和放松的需求。② 城市公共空间不仅是人们集会、社交、娱乐、参加节日活动的重要场所,也是示威、游行等表达民众不满的公共场所,而不满的表达也是公民社会参与的一种。③ 城市公共空间是塑造公共生活的重要场所,是对私人领域不可或缺的平衡机制。通过城市公共空间的交往,独特的城市文化将有差异的个体聚集在一起,从而为人们在复杂城市生活中形成更广泛的社会关系和重塑个体身份提供了无限可能。④

(三) 城市公共空间是多元美好生活的集聚地

城市公共空间也是决定一座城市是否宜居的重要因素。良好的城市公共空间为民众提供方便安全的去处,为各种活动提供便利,帮助人们培养自尊和归属感,提高对环境的意识和兴趣,提供愉快的经历和社会交流的机会。⑤ 具有良好公共空间的高密度城市空间要比没有公共空间的低密度城市空间更宜居。⑥ 城市公共空间对创造多元生活具有特别重要的意义。威廉·H.怀特(William H. Whyte)认为城市的公共生活并不那么美好,相反,可能是粗暴、嘈杂、没有目的性的。但正是人们的聚集成就了公共空间,这是它存在的意义和优势所在。⑦ 城市公共空间所支撑的、建立在陌生人交往基础上的具有差异性的社会生活,相比于建立在共同性基础上的社区关系,具有更积极的社会意义。⑧ 城市公共空间的公共性、服务性和宜居

① See Hannah Arendt, *The Human Condition*, University of Chicago Press, 1958.
② See Ray Oldenburg, *The Great Good Place*, University of California Press, 1991.
③ Neil M. Inroy, "Urban Regeneration and Public Space: The Story of An Urban Park", *Space and Policy*, 2000, 4(1), pp.23-40.
④ See Richard Sennett, *The Conscience of the Eye: The Design and Social Life of Cities* (first edition), Knopf, 1990.
⑤ Suzanne H. Crowhurst Lennard and Henry L. Lennard, *Livable Cities Observed*, Gondolier Press, 1995, p.25.
⑥ See Jerold S. Kayden, *Privately Owned Public Space: The New York Experience*, John Whey & Sons, 2000.
⑦ William H. Whyte, *City: Rediscovering the Center*, Doubleday, 1988, p.341.
⑧ Iris Marion Young, "The Ideal of Community and the Politics of Difference", *Social Theory and Practice*, 1986, 12(1), pp.1-26.

性特征使其在城市发展和治理中发挥着重要作用,对民众生产、生存和生活都有巨大影响。

二、城市公共空间的特质

公共空间是城市空间结构中举足轻重的组成部分,城市公共空间治理的好坏很大程度上决定了一个城市的品质。现代城市公共领域包括三种类型,即公共空间、市政空间和商业中心。公共空间主要供人们从事各种临时性的公共活动和非正式的聚会,通常都是共有的,比如广场、公园和街道;市政空间主要是指政府部门、宗教团体和其他一些共有或者私人拥有的空间和建筑,可以举行各种有目的或者正式的聚会;商业中心是举办各种商业活动的场所,各种活动可以由公共机构或者私人机构发起。①

就其特质而言,城市公共空间既是自然性的,也是社会性的;既是开放性的,也具有内在的排斥性;既有其确定性,也充满了偶然性;公共空间的发展还彰显了私有化与公共性辩证统一的特点。

第一,自然性与社会性的统一。自然性是对城市公共空间的地理和物理特质的确认。这种意义上的"空间"同土地、面积、位置及实体边界等诸多问题紧密相关。然而,就其本质而言,空间是社会性的。"它牵涉生产的社会关系,亦即性别、年龄与特定家庭组织之间的生物—生理关系,也牵涉生产关系,亦即劳动及其组织的分化","它不仅被社会关系支持,也生产社会关系和被社会关系所生产"。② 城市公共空间自然性与社会性相统一的属性意味着它同时又是中立性和非中立性的辩证统一。

第二,开放性与排斥性并存。城市公共空间是城市中为偶遇、闲逛、漫步、擦肩而过以及畅通无阻等预留的空间区域,这些行为可视为公共空间开放性的证明。正是基于这种开放性,城市公共空间演变成了一种包罗万象的空间容器,只要言行没有触犯基本的法治秩序,文明与野蛮、冲突与温情、正常与反常、激情与冷漠等看似截然相反的现象和行为方式都得以包容。但在城市公共空间这种开放性表象背后,潜藏着阶层、资本、话语、性别、暴力等结构性因素,这使公共空间的开放性有一定限度。因此,公共空间的控制权、空间争夺、话语竞争甚至是走向封闭的主张等从未停止。"虽然在定义上,公共领域应当是所有人可达的,但无论有意还是无意,某些环境是独享的,对于社会的某些阶层具有较低的可达性。"③

第三,确定性与偶然性的统一。城市和城市公共空间的发展是在追求确定性

---

① [美]安德列斯·杜亚尼:《新城市规划艺术》,杨至德译,华中科技大学出版社 2015 年版,第 177 页。

② [法]亨利·列斐伏尔:《现代性与空间的生产》,包亚明译,上海教育出版社 2003 年版,第 48 页。

③ [英]马修·卡莫纳、史蒂文·迪斯迪尔、蒂姆·希斯等:《公共空间与城市空间——城市设计维度》(原著第二版),马航、张昌娟、刘堃等译,中国建筑工业出版社 2015 年版,第 173 页。

的基本框架下逐步发展起来的。如通过城墙防卫可能的入侵,通过秩序井然的城市主干道设计维护城市秩序稳定,通过日渐完备的法律和政策体系为现代城市公共空间注入确定性。然而,城市公共空间本质上是流动性、异质性以及不间断地移动的集合。不可预知性、自发性和无序性是城市的核心。① 这意味着城市公共空间充满了不确定性和偶然性,它们是城市公共空间发展不可或缺的要素。城市公共空间成为一种辩证的、矛盾的、充满张力和悖论的集合。一方面,它受到"权力—理性—秩序"逻辑的塑造,从而维持底线的确定性;另一方面,它也不可避免地受到"活力—想象力—包容性"逻辑的塑造,以便维护好作为其活力之源的偶然性和不确定性。

第四,私有化与公共性的辩证统一。在城市空间格局中,公共空间彰显的是公共性,然而它并非同私有空间绝缘。公共空间因私有空间的界定而界定,它是私有空间权利归属明晰之后的剩余物;当然,也可以是先有公共空间然后再有私有空间的分割。城市公共空间的治理涉及私有空间和公共空间关系的治理。在当前城市治理中,一方面,城市空间跨越边界的做法开始增加。譬如,日渐加剧的城市空间的私有化,那些本质上是公共空间的城市空间被圈占为私有空间。相反的趋势也是存在的,例如越来越多的私有空间开始对外开放共享。另一方面,特定空间区域边界控制的争议不断加大。譬如某些大学及其附属公共空间因禁止或在特定时间段禁止市民进入而饱受质疑。

按照空间的属性(公或私)与管理方式(开放或封闭)两个维度,可以对当前城市空间管理格局作如下分类(见图3-1):(1)私密空间,即对私人空间进行严格的封闭式管理,如私人别墅区域、私人厂房等;(2)私人所有的开放空间(POPOS),这是当前发达国家城市公共空间治理中出现的一种新趋势,如旧金山私有空间一日免费活动,即为陌生人提供20分钟午休的空间和相应的设施;(3)公共所有的公共开放空间,如滨水空间、公共公园、城市中央广场及城市街道等;(4)公共所有的封闭空间,如故宫中尚未开放的区域。

图 3-1　城市空间管理格局的类型划分

---

① 〔英〕加里·布里奇、索菲·沃森:《城市概论》,陈剑峰译,漓江出版社2015年版,第392页。

随着时代和观念的转变,公共所有的空间将逐步走向开放,以彰显其公共性,如上海外滩建筑开放行动。2018年,上海黄浦区旅游局与和平饭店联合推出"走进外滩建筑"项目,自6月1日起,位于外滩沿线一带,包括和平饭店在内的7座经典历史建筑,将对公众免费开放。在固定的时间、固定的区域形成开放的固定线路,让公众能够走进外滩建筑内部,近距离探究海派文化的魅力。在实际操作中,开放与封闭也并非黑白分明。在绝对开放(24小时无限制开放)和彻底封闭之间存在多种形式的管理。比如,规定时间段免费开放、规定时间段凭票进入、规定时间段免费但需经由安检通道进入。可见,城市公共空间具有十分复杂的特性。

三、城市公共空间治理中的典型问题

公共空间治理涉及抽象空间治理和具象空间治理两个维度。其中,"抽象空间治理"是空间生产与再生产,其本质是社会关系的生产与再生产。亨利·列斐伏尔认为,空间产生于劳动和劳动分工。据此,空间就随着分工的细化、深化、网络化及形态演变而获得生产和再生产。这个层面的空间治理,将空间视为某种"再生产的场所"。与之相对照,"具象空间治理"关注的是广场、公园、街道及商圈附属公共空间等具体化、客观化和有形化的空间。

城市公共空间治理关乎"谁来治理""怎样治理""治理什么"三个方面的问题。此外,还要回答对公共空间的哪些要素进行治理。从本源看,城市公共空间治理涉及"布局—边界"治理、"意象—活力"治理及"行为—秩序"治理三个典型问题(见图3-2)。

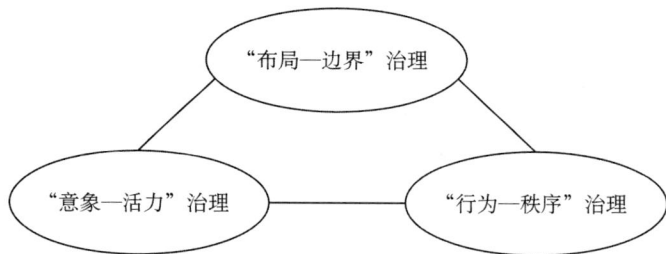

图3-2　城市公共空间治理中的典型问题

第一,"布局—边界"治理。城市公共空间的产生乃是空间分配的产物。城市公共空间治理的典型问题之一就是城市公共空间的合理布局问题,城市公共空间布局是否合理是衡量城市健康发展的重要指标。在空间分配和布局既定的情况下,对空间边界的守卫和动态防护就成为城市公共空间治理的关键。"边界可以稳固社会关系。它区分了居民与流浪汉、邻居与陌生人、陌生人与敌人。它赋予了场地的永恒的人类特质,否则它们就是一片无组织的大地。"①对公共空间边界的侵犯可能来自城市政府的混乱或不科学的决策、管理部门的不作为、资本的侵蚀、强势集团的圈占以及非正规经济的占据等,如共享单车挤占公共空间、流动摊贩占道经营、广场舞抢占城市广场、噪声扰民等。

第二,"意象—活力"治理。公共空间建成之后,就需要保持足够的活力,并向外呈现独特的城市意象。城市公共空间"意象—活力"治理分化为两种基本思路。一种是理性的秩序主导的思路。这种思路强调机械的人造秩序、界限分明的边界、等级森严的符号体系以及随处可领悟的空间排斥基调等。其结果往往导致城市公共空间沦为一种刻板、呆滞以及"单调的规律性场景",进而人迹罕至,失去活力。另一种是充满想象力和包容性的思路。城市公共空间乃是人们逃避权力的压制、资本的侵蚀和琐碎生活困扰的舒适空间区域,它应当为想象力重回主体的精神生活中而创造条件,这个条件应足够包容、自然和多元。以上两种思路皆重视公共空间意象层面的有效治理。凯文·林奇(Kevin Lynch)指出,一个高度可意象的城市(外显的、可读或是可见的)应该看起来适宜、独特而不寻常,能够吸引视觉和听觉的注意和参与。② 换言之,城市公共空间是城市建筑美学、权力美学以及艺术的集中展现空间,它应当成为城市中非常耀眼和特殊的空间,成为一个可以被阅读和审美评价的空间。城市公共空间治理的另一关键点是活力。这种活力需要从物质基础和制度体系两个方面得到保障。前者是指公共空间要为漫步、发呆、遛娃、嬉戏打闹、群体活动以及不期而遇的交往提供基本的设施保障,要为特殊人群(如老年人、婴幼儿以及残障人群)进入公共空间提供畅行无阻的通道。后者是指城市管理部门要为公共空间活动开展提供公平、便捷以及高效的准入机制,并从人财物等方面为营造公共空间活力提供支撑。所有这些举措的目的只有一个,即吸引人在公共空间中举办和参与活动。对任何公共空间而言,活力之源在于人的活动和互动。

第三,"行为—秩序"治理。在"布局—边界"治理和"意象—活力"治理的基础之上,"行为—秩序"治理成为城市公共空间治理的关键。这需要把握好如下两种辩证关系。其一,常规议题与突发议题的关系。在城市中,集会、观景、流浪、乞讨、叫卖、街头艺术、行为艺术等活动必然占用公共空间,这些是城市治理当局不可回避的常规管理对象。此外,一些非常规的活动也会借助公共空间展示出来,譬如抗争、突发事件(包括群体性事件)等。其二,专项秩序和系统秩序的关系。对于城市公共空间而言,秩序主要是指公共空间内部的小秩序,譬如卫生、治安以及市场秩序等。但对于城市而言,秩序乃是一个系统概念。在秩序议题上,城市治理者需要

① ［美］约翰·布林克霍夫·杰克逊:《发现乡土景观》,俞孔坚、陈义勇、莫琳等译,商务印书馆2016年版,第28页。
② ［美］凯文·林奇:《城市意象》,方益萍、何晓军译,华夏出版社2001年版,第7页。

重点考虑如何布局、设计公共空间,从而提高整个城市的安全感和秩序感。

第二节　城市公共空间生产的逻辑

　　城市公共空间在城市生活中具有多元而重要的功能,为有效发挥公共空间的积极效用,城市治理要重视公共空间的生产,通过合理的公共空间生产更好地配置空间资源。对于空间生产,亨利·列斐伏尔构建了空间生产三元一体理论框架,即空间实践、空间的表征、表征的空间。空间实践是城市社会生产与再生产的普遍过程,体现于日常生活中;空间的表征是概念化的空间,与生产关系和强化生产关系的制度相关,也与知识、符号和编码相关,它是科学家、规划师、城市问题专家、技术专家和社会工程师所理解的空间;表征的空间体现了象征意义,空间的居民或使用者通过图像和符号直接体验想象空间。[①] 戴维·哈维认为,城市化是资本积累的重要形式和资本主义再生产的核心条件,其本质是一种被建构的环境,可称为人为建设的"第二自然城市"。[②]

　　国外城市公共空间生产的研究议题非常广泛,包括社区中公共空间生产研究、后社会主义城市规划对公共空间生产的影响、公共空间生产与公众参与理论研究等。[③] 自 20 世纪 90 年代空间生产理论被引入中国以来,该理论不断细化和分化,形成了当代城市的发展模式由生产驱动向消费驱动转型[④],从国家、居民和博弈视角分析"规训—反规训"空间生产的逻辑[⑤],以及经济全球化视角下公共空间生产的发展与管理[⑥]等研究成果。

　　在全球快速城市化的背景下,现代城市空间因资本、权力等要素的参与而不断重构。空间生产是资本和权力等因素对空间的重新塑造,从而形成空间的社会化结构。城市公共空间生产逻辑的考察既要看到权力对城市公共空间生产的塑造,

---

① 　Henri Lefebvre, *The Production of Space*, Blackwell, 1991, pp.33-39.

② 　David Harvey, *A Brief History of Neoliberalism*, Oxford University Press, 2005, p.3.

③ 　Rajjan Man Chitrakar, Douglas C. Baker and Mirko Guaralda, "Urban Growth and Development of Contemporary Neighbourhood Public Space in Kathmandu Valley, Nepal", *Habitat International*, 2016, 53, pp.30-38; Ljiljana Vasilevska, Petar Vranic and Aleksandra Marinkovic, "The Effects of Changes to the Post-Socialist Urban Planning Framework on Public Open Spaces in Multi-Story Housing Areas: A View from Nis, Serbia", *Cities*, 2014, 36, pp.83-92; Wan Azlina Wan Ismail and Ismail Said, "Integrating the Community in Urban Design and Planning of Public Spaces: A Review in Malaysian Cities", *Procedia-Social and Behavioral Sciences*, 2015, 168, pp.357-364.

④ 　杨震、徐苗:《消费时代城市公共空间的特点及其理论批判》,《城市规划学刊》2011 年第 3 期。

⑤ 　孙其昂、杜培培、张津瑞等:《"规训—反规训"空间的生产:以 NJ 市 X 社区公共空间违法侵占的实证研究》,《城市发展研究》2015 年第 3 期。

⑥ 　张庭伟、于洋:《经济全球化时代下城市公共空间的开发与管理》,《城市规划学刊》2010 年第 5 期。

也要看到资本对公共空间生产的影响,还要看到民众对公共空间生产的使用和参与,也就是要从权力、资本与生活的三重逻辑出发来考察中国城市公共空间的生产(见表3-1)。城市公共空间生产权力逻辑的主导者是政府,政府通过政策等工具在城市公共空间生产的规划和设计阶段施加影响,以贯彻和体现权力意志和偏好,追求对公共空间的控制。资本逻辑的主体是市场参与者,他们通过市场机制参与城市公共空间的开发、建设和运营,以塑造符合资本利益的公共空间,追求的是利益最大化。生活逻辑的主体是城市民众,民众通过参与机制使用和评价公共空间,追求的是宜居。城市公共空间的三重逻辑紧密相连,一个完整的城市公共空间生产应包括公共空间生产的主体协作、阶段协同、机制配合以及目标整合。因此,三重逻辑既不能被割裂,也不能厚此薄彼,如此才能实现公共空间生产的协同共进,创造美好城市生活。

表 3-1　城市公共空间生产的三重逻辑及其比较

三重逻辑	主体	阶段	机制	目标
权力逻辑	政府	规划和设计	公共政策	控制与秩序
资本逻辑	市场	开发和建设	市场机制	利润与效率
生活逻辑	公众	使用与评价	参与机制	宜居与幸福

资料来源　陈水生:《中国城市公共空间生产的三重逻辑及其平衡》,《学术月刊》2018年第5期。

一、权力逻辑导向下的城市公共空间生产

中国城市公共空间生产由政府主导,体现出强烈的权力意志。在权力逻辑的运作体制下,城市公共空间的开发、设计与管理都掌控在政府之手。政府追求控制与秩序,通过主导城市公共空间规划、设计与发展,为城市公共空间生产设定发展战略、目标和路径,政府一般通过各种公共政策和法律法规对发展战略予以保障和实现。政府主导的城市发展模式使中国能够在几十年时间实现城市化的飞速发展,并形成京津冀、长三角和粤港澳大湾区等大城市群,使北京、上海、广州和深圳等城市跻身世界超大城市行列,对世界城市群的形成与发展起到了重要促进作用。

政府主导的城市发展模式既可以为城市公共空间生产设定科学目标和发展路径,又能集中全国资源,以确保城市发展重大战略目标和任务的实现。此外,政府主导的发展模式还有利于发挥中央政府的顶层设计和地方的主动创新,将中央的全局精神和地方的首创精神结合起来。在面临区域性发展难题时,中央可以做出更为宏观的指导和安排,从而避免地方之间的恶性竞争。政府主导的发展模式也让城市政府可以因地制宜,更好地统筹城市经济、社会、文化以及民众生活等需求,制定符合市情、民情的公共空间发展规划与政策。

政府主导下的城市公共空间发展也有其弊端。首先,城市公共空间生产有其自身规律,政府基于治理便利和政绩实现的需要,可能有意或无意忽略此种规律,为城市发展和公共空间生产注入非科学的因素,从而使城市公共空间生产陷入困局。据统计,在中国的城市发展目标中,1995 年全国大约有 50 多个城市提出建设"国际化大都市"的目标,到 2004 年已高达 183 个。[①] 这种不切实际的发展目标显然会对城市发展和公共空间生产带来负面影响。其次,政府主导下的城市公共空间生产容易引发"大干快上"等风潮,不遵从城市建设的客观规律,忽略城市公共空间生产质量,从而降低公共空间的品质,影响公众的生活质量。快速发展的城市化以及追求速度至上的建设思潮,造成"千城一面",很多城市的传统与特色不复存在。中国城市公共空间从规划、建设到运行基本上由利益集团与官僚精英掌控,民众少有表达意见的机会,在各个项目的方案中难以体现公众需求与偏好,更谈不上对公共空间的监督。城市公共空间沦为少数人展示资本、权力及个人成果的牺牲品。[②] 最后,政府主导的城市公共空间生产还会以官员的需求和审美决定一个城市公共空间的品位,各种符合官员政绩需求的面子工程既浪费了公共资源,又难以满足民众的实际需求。官员主导的城市公共空间生产形成了诸多城市开发和建设的大工程和大项目,在不受制约的权力体系下,这些项目往往成为官商勾结和权钱交易的温床,造成公共资源和公共空间资源的巨大浪费。

权力主导下的城市公共空间生产既有其积极的一面,也带来了不容忽视的负面影响。城市公共空间生产的权力逻辑虽然可以充分发挥政府在公共空间生产中的引导和规划作用,但权力逻辑不能成为支配空间生产的唯一逻辑,而应受到其他逻辑的约束与平衡。城市公共空间生产是个系统工程,既要政府的规划和管理,也要资本的投资与运营。

二、资本逻辑导向下的城市公共空间生产

中国城市化之所以取得如此巨大的进步,除了政府主导的发展模式发挥了重要作用,另一个不能忽略的原因就是各种资本进入城市开发和公共空间生产领域。资本逻辑导向下的城市公共空间生产借助市场的力量,在短短几十年创造了世界上独一无二的城市发展成就。可以说,中国城市化史就是一部"造城"史,"造城运动"离不开资本的参与和运作。无论是一线城市,还是二、三、四线城市,城市发展都伴随着大量的房地产开发和基础设施、公共空间的建设,在这股建设热潮中,除了国有资本,民营资本也是一支重要力量。资本的逐利性使得城市公共空间生产

---

① 杨丽萍:《城市规划失效:全国要建 183 个国际大都市》,《21 世纪经济报道》2006 年 6 月 1 日。
② 陈水生、石龙:《失落与再造:城市公共空间的构建》,《中国行政管理》2014 年第 2 期。

具有强烈的利润与效率导向。

　　资本逻辑通过市场机制对城市公共空间的开发、建设与运营诸环节施加影响,市场机制通过价格和竞争将逐利的资本引向城市建设和城市公共空间生产过程。资本介入城市公共空间生产是为了追逐利润,其采取的方法和策略主要有:一是获取城市空间中的黄金地段和优势空间,依靠有利的空间位置创造利润;二是通过资本力量介入政策过程,影响城市规划和公共空间的设计与建设,使其在公共空间生产中获得有利的竞争地位;三是资本与资本形成利益同盟,一起向政府施加影响,获取有利的政治地位和经济优惠政策;四是资本与权力的合谋与协作,比如成立合资公司或某种程度的合作,进而在城市公共空间生产中获得较高收益。大多数城市的开发和建设背后都可看到不同资本活跃的身影,他们介入城市规划、基础设施建设、街道改造和公园建设等项目,通过资本的力量促进城市公共空间生产的迭代更新与发展进步。

　　资本逻辑与权力逻辑的共生与协作关系使其具备强大的政策敏锐度和影响力。它们有可能介入城市空间生产的前期论证和规划阶段,从而将其利益诉求巧妙植入公共政策中,为其后续项目发展和竞争提供合法化基础,降低其参与竞争的成本。资本逻辑的逐利性会削弱公共空间的公共性,主要表现为与民争利,占据本属于公众的城市公共空间,或者剥夺那些优势的公共空间资源。许多城市的公共空间都要让位于经济利益至上的城市开发项目,从而牺牲城市公共空间的数量和质量。例如,那些地理位置优越、自然资源禀赋较好的空间被开发成房地产、购物中心或政府办公项目,使得这些城市空间远离公众,公众无法享受其公共性功能。

　　从实践观之,资本逻辑影响下的中国城市发展形成了特有的开发模式,许多城市的核心城区和繁华地段基本被强大的资本占据。大量的公共和私人资金投入到广场、商业步行街的兴建。这种兴建源于地方政府的两大诉求:推动经济发展和提升城市美学形象。[①] 前者是资本追逐利润的必然结果,后者则是权力逻辑下官员追求政绩以及治理目标的需要。城市公共空间生产的资本逻辑会影响公共性,这就需要权力逻辑的制约,通过政府的公共政策对资本逻辑下的城市公共空间生产进行科学规划与管理,将资本运作纳入合法合规渠道。同时对资本和权力的合谋也要保持一定的警惕与约束,否则将带来削弱城市公共空间的公共性和宜居性特征等严峻后果,影响公共空间的生活逻辑。

三、生活逻辑导向下的城市公共空间生产

　　城市公共空间生产要尊重并满足公众的生存、生产和生活的需求,为民众的城

---

① Yang Zhen and Xu Miao, "Evolution, Public Use and Design of Central Pedestrian Districts in Large Chinese Cities: A Case Study of Nanjing Road, Shanghai", *Urban Design International*, 2009, 14(2), pp.84-98; Zacharias, "New Central Areas in Chinese Cities", *Urban Design International*, 2002, 7(1), pp.3-17.

市美好生活创造良好条件,此即城市公共空间生产的生活逻辑。生活逻辑解决的是城市公共空间生产的目标和价值问题。首先,要体现其民本主义的价值取向,做到以人为本。城市公共空间生产最终是为了服务于民众,满足大多数人的利益和需求。民众是城市的主人,也是公共空间的主人,因而政府的政策、城市规划、空间建设和管理等都要尊重并满足广大民众的需求,而非满足官僚和资本的需求。民本主义的城市公共空间生产要能够为民众的幸福生活提供宜居空间,改善其生活品质,公共空间的规划、设计、建设和管理最终都要让居民分享公共空间的价值功能,实现城市让生活更美好,更幸福的目标。

其次,城市公共空间生产要体现服务性,树立服务至上的理念。公共空间是为服务于其间的民众而形成的,所以其设计、建设、运营与管理都要体现服务性,通过城市公共空间生产更好地满足民众的实际生活需求。城市公共空间生产要遵从人的活动规律、行为特点、普遍感受和实际需要①,满足人对空间数量与形态的需求和偏好,提供各种服务设施并保持相应的服务水准和管理水平,提升民众体验感。城市公共空间生产要提供具有可及性的公共服务,让服务触手可及,让民众在物理空间和心理空间都能感受到舒适、便利和可达。城市公共空间作为一种公共产品,其代表的是一个城市的发展、管理和服务水平,因此,城市政府应该提升其公共空间的服务水平。

最后,城市公共空间的生活逻辑要求公共空间能够促进公共参与的提升,进而为城市治理积累理念与技术。城市公共空间的生活逻辑要求制约权力和资本逻辑对公共空间的侵蚀,发挥其对抗和平衡权力和资本的功能。通过生活逻辑的展开构建一个公共参与水平较高的城市公共空间,可以对权力和资本的扩张进行一定程度的限制。一个好的公共空间应该是多元、民主、亲切和有生命力的。城市公共空间应当具有容纳公共生活的兼容性、可达性、自由性、愉悦性和联系性。② 现代新城市主义理论强调公共空间安排的优先性,认为公共空间是富有生命力且有助于社区自治的,希望创建出与市民的需求和期盼相适应的邻里和城市。在为人民建造场所的理念指导下,街道成为链接民主空间与视觉经验、构建城市和城镇的组织。③

总之,城市公共空间的最重要特质是公共性,因此,城市公共空间生产要服务于公众,满足生活于城市中或穿行于其间的民众的所有需求。无论是城市公共空间的设计、建设、运营,还是管理,都要服务于这一宗旨。城市公共空间生产不能仅遵从权力和资本的逻辑,而要实现权力、资本和生活逻辑的协同发展。要实现生活

---

① 陈水生、石龙:《失落与再造:城市公共空间的构建》,《中国行政管理》2014年第2期。
② 刘佳燕:《公共空间的未来:社会演进视角下的公共性》,《北京规划建设》2010年第3期。
③ 曹杰勇:《新城市主义理论——中国城市设计新视角》,东南大学出版社2011年版,第79—81页。

逻辑对其他两种逻辑的制约和平衡,就必须尊重并保障城市居民的生存、生产和生活的权利。权力、资本逻辑都要服务于生活逻辑,通过城市公共空间生产三重逻辑的有机协同发展,创造美好城市生活。

第三节　城市公共空间治理的主要模式

城市公共空间种类繁多、涉及面广、功能叠加性强,这些特质决定了城市公共空间治理具有独特的复杂性。城市公共空间治理主要形成了三种主要模式:以国家为中心的模式、以市场为中心的模式和以使用者为中心的模式。

一、以国家为中心的治理模式

公共空间作为选举政治和街头政治的重要空间载体,成为城市管理者重点关注的对象之一。"以国家为中心"的公共空间治理,主要依靠公共部门提供公共服务与管理城市公共空间。这种公共空间治理模式具有层级分明的等级结构,公共服务提供者和使用者区分明确,公共服务的质量取决于官员对公共福祉的维护投入。此外,城市公共空间治理还依赖公共财政的合理分配、国家法律的强制规定和公共服务使用者畅通的意见反馈通道,以保证公共空间治理的有效性。[①] 这种模式主要采取以下几种治理方式。

(一) 分级分类管理

根据国家统治的需要,城市管理者赋予各级党政机构所在地附近的广场、地铁、街道以及公园等——如北京天安门广场、上海人民广场等特殊公共空间——以更高的安全级别,同时也会从权力、资源和机制等方面给予支持。这种分级分类管控思维已经渗入越来越多的中观或微观城市事务(如无序设摊、共享单车等)治理中。以城市流动摊贩治理为例,上海市 2014 年颁布实施的《关于本市进一步加强城市无序设摊综合治理工作的实施意见》提出要形成"严禁、严控、控制"分类管理的标准规范,强化分类管理。以禁止和管控为主要基调对无序设摊行为进行治理,根据对道路交通、市容环境、区域功能等的影响情况,将城市 90 条主要道路和 26 个景观区域划为设摊严禁区域,中心城区 22 个街道(镇)划为设摊严控区域,除此之外其他区域划为设摊控制区域。"严禁区域坚决取缔无序设摊;严控区域禁止设置摊贩临时销售点,对居民日常生活确需的小型修理摊进行有序规范疏导;对控

---

① 陈水生:《中国城市公共空间治理模式创新研究》,《江苏行政学院学报》2018 年第 5 期。

制区域,根据市民诉求和商业服务网点配套情况,可'拾遗补阙、因地制宜'设置符合规范管理要求的摊贩临时集中疏导点。"①共享单车治理也运用了这种分级分类管理的思维。2017 年 4 月,上海市黄浦区根据非机动车禁行道路范围,在全市率先制定并公布了"黄浦区共享单车投、骑、停禁限区域"清单,明确南京东路、淮海中路等 5 个禁投、禁骑、禁停路段,北京东路、福州路等 22 个禁投、禁骑路段,以及人民广场、新天地等 6 个限制投放、停放区域。总体上,这种分级分类管理技术服务于统治者的需要,体现的是权力逻辑,本质上属于詹姆斯·C. 斯科特(James C. Scott)所描述的现代国家的"简单化"运作方案。② 这种简单化路线往往行之有效,但也会带来风险隐患,如分类过于简化以至于难以适应现实的复杂性。

(二)清晰治理的技术

标准化、简单性以及清晰化乃是国家治理的重要策略。对城市公共空间治理而言,清晰性治理也是不可忽略的方面。城市公共空间日渐通明的灯火、布局愈发细致的视频监控系统以及逐步消除的视觉或通行"死角"都展现了清晰性治理的发展趋势。对任何健全的城市生活而言,方向和地标是必不可少的。因此,设置方向指示系统及建设地标是为城市公共空间注入清晰性的必要举措。为城市公共空间注入清晰性的做法也是营造城市公共道德空间的有效机制。以美国纽约联合广场的改造为例,政府为了打破贩毒集团对纽约联合广场的隐性控制,遂对广场进行设计改造,改造的基本策略就是可视化和清晰化,即"视觉倾向性"。通过砍掉黄杨树篱、拔除部分树木及拆掉矮墙等方式使公园每个位置的视线都一览无余,从而改变了公园的整体可视性,有效扭转了公园的社会生态,广场的控制权又重新回到老百姓手中。③

(三)参与共治机制

城市公共空间治理的复杂性决定了团结社会组织、普通民众等一切可以团结的力量的必要性,以实现社会共治。这既可以是组织化的参与,也可以是分散的个体化参与。当前,各大城市实行的网格化管理机制便是一种参与共治的机制。城市网格化管理是指将城市管理辖区按照一定的标准划分成单元责任网格,通过对责任网格内的部件和事件进行巡查,并将发现的问题通过城市管理信息系统传送至处置部门予以处置,并对处置情况实施监督和考评,从而形成的一种监督和处置

① 《市政府办公厅转发市绿化市容局等关于本市进一步加强城市无序设摊综合治理工作实施意见的通知》(2014 年 7 月 21 日),上海市人民政府网,https://www.shanghai.gov.cn/nw31831/20200820/0001-31831_39725.html,最后浏览日期:2025 年 4 月 17 日。
② 参见[美]詹姆斯·C. 斯科特:《国家的视角:那些试图改善人类状况的项目是如何失败的》,王晓毅译,社会科学文献出版社 2004 年版。
③ 尹国均:《国外后现代大师文存》,西南师范大学出版社 2008 年版,第 5 页。

互相分离的管理与服务模式。这套机制具有显著的精细化管理特质,它将辖区(包括公共空间)划分为责任边界清晰的单元网格,每个单元网格都有相应的网格员负责巡查。本质上,网格员扮演着政府官僚机器的探头和触角的角色。依据浙江淳安县石林镇《关于进一步加强全科网格员队伍建设的实施意见》,"兼职网格员"也是网格化管理执行队伍结构的重要构成。在城市公共空间网格化管理中,包括党员骨干、居民代表、楼组长、"两代表一委员"以及各类志愿者在内的兼职网格员发挥了重要作用。这种举措的目的非常明确,即通过进一步完善网格员队伍结构,以"业余队"补充"专业队",延伸网格化管理的触角,提高发现问题的能力。诸如此类的社会参与合作共治机制还不少,这也是当前以国家为中心的城市公共空间治理模式的主要创新举措之一。

(四) 规则之治

规则之治是以国家为中心的城市公共空间治理模式中的一个至关重要的维度。在现代国家治理中,规则具有重要的行为导向功能。绝大多数受到规则约束的对象会依据规则自觉调整行为,以达到合规的状态。盲道设计、轮椅或婴儿车通道、人防工程及开放空间配比等都会受到规则或标准的引导和约束。在英国,每一个地方政府都必须制定适用于本地新开发项目的开放空间标准。当前各国城市开放空间的标准大体情况如下:美国平均的城市开放空间总配置是每千人3—7.5公顷;英国是每千人6.5公顷;南非纳塔尔省是每千人2.8公顷;日本东京是每千人0.6公顷。①《美国残疾人法》要求建筑大楼、公共空间必须从建筑设计层面防止将残障人士排除在外。中国的《建筑与市政工程无障碍通用规范》(GB 55019—2021)以及《中华人民共和国道路交通安全法》《中华人民共和国残疾人保障法》等法律法规都丰富了城市公共空间治理的内涵和外延。

规则的生命力取决于两个关键方面,即规则制定的科学性和规则执行的有效性。作为城市公共空间的重要范畴之一,人防工程的配件应当按需布局、结构合理。然而,现实中却出现结构失衡、供需不匹配的局面。例如,上海陆家嘴超高层建筑只需建两三千平方米人防工程,配建比例仅为1%;而一个普通大卖场却要建近万平方米人防工程,配建比例高达30%。此类现象的根源在于标准设计不合理,即现行的人防工程行政审批政策规定基础埋深超过3米的建筑,均按首层面积配建人防工程。此外,规则之治能否实现在很大程度上取决于规则能否有效执行。以盲道设计和建设为例,盲道设计已有相应的要求和标准,然而在操作层面,某些设计人员在设计盲道时并未实地考察全部地形,只在图纸上规定盲道的铺设长度

---

① 　[美]伊恩·道格拉斯:《城市环境史》,孙民乐译,江苏凤凰教育出版社2016年版,第394—395页。

和路线,没有考虑人行道的每个电线杆、每棵树的位置是否占用盲道。①

以国家为中心的公共空间治理模式还运用了"互联网＋"、数字化转型、指标管理、空间规训、购买服务、"人盯人"以及运动式治理等多种手段与技术。这些手段的表现形式、基础以及策略各有不同,但其根本目的都是一致的,那就是不遗余力地延伸国家机器的触角,以加强国家对城市公共空间的供给服务能力、管控能力以及秩序维护能力。

二、以市场为中心的治理模式

以市场为中心的公共空间治理将城市公共空间的管理责任归于私营实体,随之转让制定规则和做出决策的权力,这种转让通常通过协商、签订协议或契约成为合作伙伴等形式实现。以市场为中心的城市公共空间治理模式主要有基于市场机制的公共空间治理和市场主体附属公共空间的自我管理两种情形。

(一)基于市场机制的公共空间治理

这种情形是指公共空间虽然在权属上属于国家或集体,但在诸多细分事项和微观事项上(譬如广场清洁、停车管理等)采用市场机制。在以市场为中心的模式中,公共服务的供给者和生产者区分明确。因此,以市场为中心的空间治理模式实际上是经济效率权衡的结果,它往往通过合同、契约以及购买服务等方式实现。当采取这种以市场为中心的模式之后,城市公共空间使用、管理以及维护将主要受到相应承包方(私营企业)所制定的规则支配。

(二)市场主体附属公共空间的自我管理

在现代城市中,有相当比例的附属广场、购物中心、景点都归属于私人或私有企业,但从其社会影响上讲,这些地方又具有十分显著的公共空间属性。因此,这种类型的城市公共空间治理,不能一味简单地按照权力逻辑或秩序思维来进行管控,而应当适度放权给商圈、购物中心及景点的经营主体,采取以市场为中心的公共空间治理模式。这种类型的公共空间治理基本遵循利润最大化的市场逻辑。城市商业广场的形象和意象凸显什么主题、哪些商业活动被允许举行不是由政府而是由运营者决定。"大厦业主应该负责管理城市开放空间,包括但不限于管理允许障碍物的界限、管理垃圾、照看和替换分区内部和与这个分区相邻的人行道上的植物。"②依据现有的制度框架,部分城市公共空间的起源甚至也

---

① 申少铁:《残疾人出行容易吗?》,《人民日报》2017年2月17日。

② [美]威廉·H.怀特:《小城市空间的社会生活》,叶齐茂、倪晓晖译,上海译文出版社2016年版,第139页。

打上了深深的市场烙印。依据《成都市建设项目公共空间规划管理暂行办法》，若在临城市道路、道路交叉口、河道处建设作为城市公共空间使用的集中绿地，将实施奖励机制，如"每建设 1 平方米集中绿地，奖励 1 平方米建筑面积"。在美国纽约，该项奖励的幅度更大，为"每 1 平方英尺广场面积增加 6 平方英尺建筑面积"。①

以市场为中心的空间治理并不意味着国家的退出，而是国家的暂时性和局部性退隐，国家也将通过法律法规以及政策等进行适度规制，为公共空间赋予秩序。当然这种以市场为中心的模式也有其内在风险，其注重对收益的追求，致力于吸引更多资源和财力物力，更加关注利益和效率，从而可能侵蚀公共空间的公共性。

三、以使用者为中心的治理模式

以使用者为中心的公共空间治理模式是相对于以所有者为中心的模式而言的。上文所论及的以国家为中心的模式是典型的以所有者为中心的模式，以市场为中心的模式则兼有以所有者和以使用者为中心的特点。在实践中，以使用者为中心的城市公共空间治理，既不以贯彻统治者意图（譬如秩序稳控或治安管理）作为目的，也不以利润最大化和赢得市场竞争作为首要目的，公共空间治理权力被分散至国家官僚系统之外的组织化的使用者（包括企业、社会组织等）。这种模式将提升公共福祉和提高公共空间公共服务质量作为纯粹的价值追求，具有很高的灵活性，能够很好地将公共服务与公民实际需求相匹配，并帮助政府服务于边缘性的弱势群体。② 相较而言，以使用者为中心的模式具有更强的自治性质。在具体形式上，以使用者为中心的治理模式主要包括"以单个使用者为中心"和"以复数使用者为中心"两种形式。

（一）以单个使用者为中心的模式

在管理责任边界模糊不清的情况下，通过合适的方式将责任"分配"给单个的使用者，进而享受相应的权益，就会形成以单个使用者为中心的公共空间治理模式。以共享单车治理为例，共享单车的发展对城市治理最大的挑战之一就是挤占公共空间，随之还将产生占用盲道、人行道及消防通道等无序停放问题。为了针对性地治理这种无序停放和占用公共空间的问题，各大城市形成了两种典型的方案，即"以国家为中心"的方案和"以使用者为中心"的方案。其中，以国家为中心的治

---

① ［美］威廉·H. 怀特：《小城市空间的社会生活》，叶齐茂、倪晓晖译，上海译文出版社 2016 年版，第 144 页。1 平方英尺约等于 0.092 9 平方米。
② 陈水生：《中国城市公共空间治理模式创新研究》，《江苏行政学院学报》2018 年第 5 期。

理方案强调各家共享单车企业按照单车的投入量来承担运维责任,按照每120辆出1名运维人员或者每200辆出1名运维人员,这些企业派出的运维人员由监管部门统一调度和支配。然而,这种方案看似科学却难以执行。关键问题在于,这些整合起来的运维人员无法科学有效地被分配到每条街道。另一种方案称为"路长制",它是一种以管理服务换经营权的机制,即在企业"承包"的路段,禁止其他共享单车企业投放共享单车,只允许市民零散骑行的其他共享单车停放,且每晚都要进行清运。本质上,路长制属于典型的以使用者为中心的城市公共空间治理模式。这是一种基于科学管理思维推出的城市公共空间治理机制创新,其成功运行的关键就在于科学划分责任边界。

(二) 以复数使用者为中心的模式

这一模式的典型是业主大会、业主委员会等对居民小区及其附属公共空间(如商业街、广场等)这种特殊公共空间进行的治理行动。2007年8月26日第一次修订后于2007年10月1日起实施的《物业管理条例》规定,物业管理"是指业主通过选聘物业服务企业,由业主和物业服务企业按照物业服务合同约定,对房屋及配套的设施设备和相关场地进行维修、养护、管理,维护物业管理区域内的环境卫生和相关秩序的活动"。同一个物业管理区域内的业主按照程序成立业主大会并选举产生业主委员会,或者由业主共同履行业主大会、业主委员会的职责。在绝大多数情况下,由业主大会和业主委员会代表业主行使权利。显然,这是一种以使用者为中心的公共空间治理模式。

当前中国各大城市流行的以社区公共空间为主的"社区营造"项目,本质上也属于这种模式。该项目往往以公益组织或专家团队牵头,引导社区居民共同参与小区公共空间改造,使之更具生活气息。此外,上海市徐汇、闵行等区以"路管会"方案,引导商户参与街道与沿街广场公共空间治理,解决"占道经营""跨门营业"等问题,这种方案也带有比较鲜明的以使用者为中心的色彩。为引导商户自律自治、规范经营活动,闵行区各街镇在部分路段探索建立了市容环境卫生责任区自律、自治、共治组织——"路管会",以商户为主体,通过签约承诺、行业自律等方式,让"路管会"督促和监管沿街商户履行好门责制,共同参与街面环境治理,共建共治共享"美丽街区"。

以复数使用者为中心的模式本质上是以全体居民或作为其代表的业委会、路管会以及其他社会组织联合行动为中心推进城市公共空间治理创新。通过组织化的方式让社会主体更加专业有序地参与城市公共空间治理行动,这种做法也是发达国家城市治理的基本经验。在美国,"到20世纪中期,城市更新运动开始改造城市空间。与欧洲现代主义相似,城市更新运动旨在消除城市中的混乱、零散和过气的城市空间,代之以高效、社会参与的空间"。①

　　总之,城市公共空间性质和产权归属的多元性决定了城市公共空间治理需要走向共建共治共享。城市公共空间治理由此形成了以国家为中心、以市场为中心和以使用者为中心的三种模式,三种治理模式各有优缺点。然而,并不意味着以市场为中心或者以使用者为中心,就能脱离国家和政府管理体系而存在。在市场主体附属空间和居民区等特殊公共空间中,国家都只是暂时性的退隐。无论是以市场为中心还是以使用者为中心的城市公共空间治理,都是建立在国家所赋予的基本制度框架基础之上的,也是处于其总体制度约束框架之下的,而且,国家对城市公共空间特定议题和事务的治理需要承担兜底责任。

思考题:

　　1. 城市公共空间具有哪些重要功能?

　　2. 城市公共空间具有哪些典型特质?

　　3. 城市公共空间生产遵循哪些逻辑?

　　4. 城市公共空间治理有哪些典型模式?

---

① ［美］戴维·古德菲尔德:《美国城市史百科全书》,陈恒、李文硕、曹升生等译,上海三联书店 2018 年版,第 524 页。

第四章
城市安全治理

自古以来,城市安全是市民最根本和最首要的需求,也是作为复杂系统的城市正常运行的基础。现代城市作为各类要素的聚集地,面临极端气候、自然灾害、技术风险、生物安全和社会安全等一系列挑战。在城市发展过程中,增强城市抵御风险的能力、应对高度不确定性带来的挑战,已成为现代城市治理的重要议题。在建设安全城市的过程中,从分散低效的防灾设施建设到社区可持续安全建设,从被动安全防御到韧性城市建设,从政府主导到多元参与,城市安全治理理念与技术不断发展进步,正朝着政府主导、社会参与、多元协同、动态演进的方向发展。本章主要讨论以下4个问题:(1)城市与安全的关系以及当代城市面临的安全挑战;(2)城市安全治理的主要内容;(3)城市安全观的发展变迁;(4)当代城市安全治理体系。

第一节　城市与安全

城市在建立伊始便与安全具有深刻的联结,安全是城市系统发展过程中的基本需求。现代城市化进程既令城市的规模、形态和功能都有了质的飞跃,又使得当代城市面临的安全挑战愈加严峻,因此推进城市安全发展的重要性与日俱增。

一、安全是城市系统的基本需求

自城市产生以来,城市发展始终需要满足居民的三种需求——精神、安全和经济,三者缺一不可,任何一个部分没有得到满足都会威胁城市的生存和发展。[①] 在三种基本需求中,城市安全是最根本和最首要的需求。从城市的起源来看,许多城市的建立是为了躲避游牧民族的掠夺,或是逃离法制不健全的避难之地。当一个城市保证安全的能力下降时,如遭遇频繁的犯罪侵扰或行将覆灭,城市人口就会退

---

① ［美］乔尔·科特金:《全球城市史》,王旭等译,社会科学文献出版社2006年版,第2页。

避到另一个更安全的城市。① 中国古代也流传着"城者,所以自守也""筑城以卫君,造郭以守民"等习语,这些习语均强调城市具有作为军事防御和保护居民不受外来侵犯的功能。依照刘易斯·芒福德对城市聚合过程的解释,即便城堡的军事防御功能不是首要的,城墙的修建仍是为了标明"圣界"的范围,是宗教性质的"避邪"和寻求精神上的安全避难。② 从城市的发展演进来看,城市体系得以长存的必要条件是强有力的法律和秩序,持续的混乱是不利因素。城市居民至少要有某种程度的人身安全感;维持一个强有力的安全制度对城市地区的复兴起着关键作用,如20世纪末美国纽约复兴的关键在于城市犯罪率的显著下降。③

城市系统对安全的基本需求源于复杂的外部环境。党的二十大报告指出,"我国发展进入战略机遇和风险挑战并存、不确定难预料因素增多的时期,各种'黑天鹅''灰犀牛'事件随时可能发生。我们必须增强忧患意识,坚持底线思维,做到居安思危、未雨绸缪,准备经受风高浪急甚至惊涛骇浪的重大考验"。④ 在此背景下,现代城市文明的发展需要防范和处理各种潜在的安全风险,为人民群众营造安居乐业、幸福安康的生产生活环境成为城市发展的重要目标。为此,中共中央、国务院于2018年印发了《关于推进城市安全发展的意见》,《意见》确立了城市安全发展的总体要求和关键任务,包括加强城市安全源头治理、健全城市安全防控机制和提升城市安全监管效能。⑤

二、当代城市面临的安全挑战

随着城市规模的持续扩张,原本作为人类安全庇护所发展起来的城市,开始面临越来越多不安全因素。由于城市化进程的加速,人口和各种生产要素在城市范围内高度集聚,在为人类生产生活提供便利的同时,也引发了诸多风险。城市人口不断膨胀,大城市、超大城市数量剧增,加上人员混杂、人口流动性强,导致管理难度高、社会风险突出。城市面临的多元风险日益复杂化,自然灾害、生产事故以及各类社会因素交织,给城市生产生活带来诸多安全挑战。从城市居民安全风险感知的类型来看,当代城市面临的安全挑战主要包括生态环境安全挑战、生产安全挑

---

① ［美］乔尔·科特金:《全球城市史》,王旭等译,社会科学文献出版社2006年版,第5—6页。
② ［美］刘易斯·芒福德:《城市发展史——起源、演变和前景》,宋俊岭、倪文彦译,中国建筑工业出版社2005年版,第39页。
③ ［美］乔尔·科特金:《全球城市史》,王旭等译,社会科学文献出版社2006年版,第286页。
④ 习近平:《高举中国特色社会主义伟大旗帜 为全面建设社会主义现代化国家而团结奋斗——在中国共产党第二十次全国代表大会上的报告》,人民出版社2022年版,第26页。
⑤ 《中共中央办公厅 国务院办公厅印发〈关于推进城市安全发展的意见〉》(2018年1月7日),中国政府网,https://www.gov.cn/zhengce/2018-01/07/content_5254181.htm,最后浏览日期:2025年4月21日。

战、公共卫生安全挑战和社会安全挑战。

（一）生态环境污染问题亟待解决

工业化与城市化的快速扩张加剧了城市的环境污染，居民生活环境质量明显降低。以雾霾为例，2013 年，中国 500 个大中城市中，达到世界卫生组织制定的空气质量标准的城市只有不到 1%。至 2018 年"蓝天保卫战"三大重点区域涵盖的 80 个城市中仍有 21 个城市在当年冬天（10—12 月）$PM_{2.5}$ 浓度反弹。[①] 根据《国务院关于 2022 年度环境状况和环境保护目标完成情况的报告》可知，全国 $PM_{2.5}$ 平均浓度达标城市占比 74.6%，京津冀及周边地区、汾渭平原 $PM_{2.5}$ 平均浓度分别超标 25.7%、31.4%，秋冬季大气污染依然较重，区域性重污染天气仍时有发生。[②] 此外，还有水污染、噪声污染和垃圾围城等各种问题亟待解决。

（二）生产安全事故损失巨大

城市是经济要素的集聚地，其工业生产系统的复杂性蕴含着较高的事故风险。由应急管理部统计数据可知，2021 年中国共发生各类生产安全事故 3.46 万起、死亡 2.63 万人，涉及道路运输、煤矿、金属非金属矿山、建筑业、水上运输、火灾和燃气等行业领域。[③] 此外，重特大事故与特大城市的叠加，还容易引发重大灾情，人员伤亡数量大、财产损失惨重，且影响恶劣，降低城市居民安全感。例如，2015 年"8·12"天津港特大爆炸就是一起发生在特大城市的特别重大安全生产责任事故，造成 165 人遇难，8 人失踪，798 人受伤，已核定的直接经济损失达 68.66 亿元。[④] 除人员伤亡及巨额经济损失外，事故还引发了舆论对天津滨海新区"化工围城"的反思，给城市形象带来负面影响。[⑤]

（三）传染性疾病威胁严重

城市作为人口聚居和生产生活集中区域，是传染性疾病迅速传播的重要场域。

[①] 危昱萍：《2018 年冬季雾霾"反扑"：北京等 21 个城市 $PM_{2.5}$ 反弹》（2019 年 1 月 17 日），21 世纪经济报道，https://finance.sina.com.cn/roll/2019-01-17/doc-ihqhqcis7121780.shtml，最后浏览日期：2023 年 10 月 30 日。

[②] 黄润秋：《生态环境部部长黄润秋作〈国务院关于 2022 年度环境状况和环境保护目标完成情况的报告〉》（2023 年 5 月 6 日），中华人民共和国生态环境部，https://www.mee.gov.cn/ywdt/hjywnews/202305/t20230506_1029130.shtml，最后浏览日期：2023 年 12 月 15 日。

[③] 《应急管理部 2022 年 1 月例行新闻发布会》（2022 年 1 月 20 日），中华人民共和国应急管理部，https://www.mem.gov.cn/xw/xwfbh/2022n1y20rxwfbh/，最后浏览日期：2023 年 12 月 15 日。

[④] 《国务院调查组认定天津港"8·12"爆炸是特别重大生产安全责任事故》（2016 年 2 月 5 日），中国政府网，https://www.gov.cn/xinwen/2016-02/05/content_5039773.htm，最后浏览日期：2023 年 12 月 15 日。

[⑤] 陶金：《天津港爆炸事件对天津经济影响有多大？》（2015 年 8 月 13 日），凤凰财经，http://finance.ifeng.com/a/20150813/13907185_0.shtml，最后浏览日期：2023 年 10 月 30 日。

历史上十大影响全球的传染性疾病事件无一不是通过同时代的核心城市迅速传播扩张,最终造成巨大影响。2015 年,中国传染性疾病发病数 6 408 429 例,死亡 16 744 人,报告发病率为 470.35/10 万,报告死亡率为 1.23/10 万[①];2015—2019 年,这一数据一直保持上升趋势,2019 年共报告法定传染病 10 244 507 例,死亡 25 285 人,报告发病率为 733.57/10 万,报告死亡率为 1.81/10 万。[②] 现代交通的高度便捷性和人口流动性的增加,使城市面临更高的传染病传播风险。以 COVID-19 为例,中国武汉、美国纽约、英国伦敦、新加坡等国家城市都成为疫情聚集地,造成了较大规模的人群感染。

(四) 社会安全问题突出

城市的快速发展过程中,经济转型、社会变革和体制转轨给城市带来巨大冲击,各种利益冲突、观念分歧、社会矛盾在城市中不断积累,诱发群体性事件等社会安全问题的因素也在持续增多,由此构成了社会安全风险。一方面,由于城市人口规模越来越大,流动性越来越强,各种突发事件引发的社会安全问题日益成为城市安全面临的重大风险源。另一方面,各种新事物、新业态和新产业的发展,也催生各种新的安全风险。例如,互联网"专车"不断挤压传统出租车行业生存空间,导致全国各地爆发出租车罢运等群体性事件;又如,在万物皆可数字化的当下,高速运转的信息流已成为城市发展的关键要素,数字化为市民生活、生产带来便利的同时,个人信息安全面临着前所未有的挑战,从个人信息泄露到网络钓鱼,再到各种形式的网络安全欺诈,人们的信息时刻暴露于不断演变的安全风险之中。[③] 这些因素共同构成了现代城市安全的复杂风险,也是城市政府必须高度关注的问题。

第二节　城市安全治理的主要内容

城市是一个复杂系统,城市安全是该系统发挥正常功能的前提。[④] 从安全涉

---

① 《2015 年全国法定传染病疫情概况》(2016 年 2 月 18 日),中华人民共和国国家卫生健康委员会,https://www.nbc.gov.cn/jkj/c100062/201602/0edee39b504b409b9d3a46789f132b88.shtml,最后浏览日期:2025 年 4 月 21 日。

② 《2019 年全国法定传染病疫情概况》(2020 年 4 月 20 日),中华人民共和国国家卫生健康委员会,https://www.nbc.gov.cn/wjw/c100178/202004/c765f98477754d4ba5f0c5f66643ae31.shtml,最后浏览日期:2025 年 4 月 21 日。

③ 吴晓林、谭晓琴:《新时代城市安全风险治理体系建设:风险研判与治理转型》,《天津社会科学》2023 年第 5 期。

④ 樊志宏、胡玉桃:《基于复杂适应系统理论的超大城市发展和安全治理研究》,《城市发展研究》2022 年第 7 期。

及的领域来看,城市生命线工程是城市安全治理的物理基础,城市社区安全是城市安全治理的社会基础,实现城市安全的可持续性是城市安全治理的终极目标。

一、城市安全治理的物理基础:城市生命线工程

处于急剧转型和高速发展期的城市,其繁荣发展和安全稳定离不开基础设施的保驾护航。基础设施是指为企业生产和居民生活提供基本条件、以物质形态为主要特征、承载城市生产与生活资源供给的城市基础结构系统。基础设施安全治理是城市存续和发展的生命线,并且直接影响城市居民个体的生活质量,体现城市的治理能力、核心竞争力和发展水平。作为城市生命线工程,城市基础设施损害会产生叠加放大的连锁反应,引发严重的次生灾害。城市基础设施安全治理主要包括电力、通信、公共交通、食品供给等城市安全生命线的基本方面。

(一)电力基础设施安全

电力是现代城市必不可少的能源性基础设施。由于电力基础设施关乎国计民生,并且具有规模经济的特征,通常由政府控制管制权,即由政府职能部门来监管电力的安全和价格,经营权则向社会资本部分放开。

从管理流程来看,电力安全治理包括电力生产、输变电、供应和经营管理等环节。第一,电力生产安全,不管是火力发电、水力发电、核能发电还是其他能源发电,要坚持"安全第一、预防为主、综合治理"的安全生产方针,积极落实安全标准。第二,输变电建设安全,要做好预测复合、制定发展规划、变电所位置选择、送电线路路径选择等。第三,供电安全,要做好运行安全巡视和检查、定期检修和事故抢修、安全事故预防以及安全技术管理。第四,用电安全,要做好业务安全管理、电能质量管控,以及落实安全用电、节约用电。尽管中国已建成全球规模最大的电力系统,但仍肩负降碳脱碳、构建新型电力系统及维护电力信息网络安全等多重任务,需要稳妥推进电力行业安全降碳、着力防范化解重大电力安全风险、提升行业安全治理能力和电力防灾减灾救灾能力。

(二)通信基础设施安全

通信基础设施是信息传递的媒介之一,通过有线、无线、光学或其他电子系统,对信息进行传输和接收。[1] 传统通信设施是人们生产和生活中为了满足信息交流和传递所必需的基础设施,包括邮政、电信、电视、广播媒体、网络等公共设施。进入数字时代,通信设施从以信息传输为核心的传统电信网络设施拓展为融感知、传

---

[1]　参见滕五晓:《应急管理能力评估:基于案例分析的研究》,社会科学文献出版社 2014 年版。

输、存储、计算、处理为一体的新型数字基础设施体系,包括以"千兆光网"和"5G"为代表的新一代通信网络基础设施、数据中心等数据和算力设施,以及工业互联网和车联网等融合基础设施。[①] 通信基础设施多为国家所有,并通过部分私营、特许经营或政府直接管理等方式运营。

通信基础设施作为城市信息的生命线工程,是提升城市安全治理能力的关键。根据《"十四五"信息通信行业发展规划》,通信基础设施安全治理应从增强信息基础设施安全保障能力、系统完善数据安全治理体系、提升新型数字基础设施安全管理水平、推动网络安全产业创新发展、提高网络安全应急处置水平和积极营造安全可信网络生态环境等方面入手。

从既有建设现状来看,中国通信基础设施的安全治理仍面临诸多挑战,包括系统协同性不足、设施服务效能较低、智能化水平不高、"卡脖子"技术问题突出,以及可持续发展模式尚未全面形成。这些制约因素不仅限制了通信基础设施的发展潜力,也成为提升安全治理能力的障碍。因此,亟需通过技术创新、政策引导和产业协同,加速优化通信基础设施建设与管理,为数字经济和城市治理提供更坚实的支撑。

(三) 公共交通系统

公共交通系统是城市交通体系的核心组成部分,在促进生产要素流通、优化人口分布和调整产业布局方面具有重要作用。按照公共交通的范围,可以分为对外公共交通和对内公共交通。对外公共交通是指城市为了连接城市区域范围之外地区的交通方式,有铁路、公路、水路和航空等方式;对内公共交通则是指连接城市及郊区范围的交通方式,主要包括城市范围内定线运营的公共汽车、轨道交通和市场化运作的共享单车等方式。

公共交通被视为缓解交通拥堵、转变城市交通发展方式和提升人民生活品质的关键措施,为此中国确立了"城市公共交通优先发展"战略。2012 年,中国启动公交都市创建示范工程,先后分三批确定 87 个城市开展公交都市建设。截至2024 年 12 月月底,中国共有 54 个城市开通运营城市轨道交通线路 325 条,运营里程 10 945.6 千米,车站 6 324 座。[②] 城市慢行交通系统也获得了较快发展,共享单车服务已遍及全国大、中、小城市和县城。然而,城市公共交通基础设施仍存在着地区间发展不均衡、城市公共交通体系不协调、城市交通规划和设计缺陷、承载能

---

① 《工业和信息化部关于印发"十四五"信息通信行业发展规划的通知》(2021 年 11 月 1 日),中国政府网,https://www.gov.cn/zhengce/zhengceku/2021-11/16/content_5651262.htm,最后浏览日期:2023 年12 月 15 日。

② 《全国城市轨道交通年客运量超 322 亿人次》(2025 年 1 月 22 日),中华人民共和国交通运输部,https://www.mot.gov.cn/jiaotongyaowen/202501/t20250122_4162898.html,最后浏览日期:2025 年 2 月 5 日。

力不足、交通事故多发以及环境污染等问题。未来城市交通安全治理可以朝多元网络联动的方向发展,通过衔接城市发展战略,完善公路网络、高铁路网、城际铁路网、水路航道、机场航空网,加快智慧交通和绿色交通建设,推动多种运输方式信息联动、设施联通,运用新科技赋能交通运输发展质量提升,贯彻绿色、低碳、平安、智慧、高效发展理念,积极构建现代综合交通运输体系。

(四)基本食品供给安全

食品供给关乎居民健康和城市安全。党的十九大报告指出,"中国特色社会主义进入新时代,我国社会主要矛盾已经转化为人民日益增长的美好生活需要和不平衡不充分的发展之间的矛盾。……人民美好生活需要日益广泛,不仅对物质文化生活提出了更高要求,而且在民主、法治、公平、正义、安全、环境等方面的要求日益增长"。[①] 在此背景下,人们对食品供给质量的需求越来越高。受农业种植和经营情况的不确定性、耕地资源减少、水资源恶化等因素的影响,食品供给问题成为影响国家发展和国家安全的关键因素。基本食品供给安全是指粮食、蔬菜、肉、食用油等基本食品供应体系的稳定与可持续,需要考虑粮食储备安全、食品产出安全、食品外购销安全、食品物流安全、食品消费安全等方面。

基本食品供给引发的物资危机被称为"食物短缺",在短期内表现为可用基本食品数量减少、食品价格攀升等导致的困难与饥饿,严重时可能导致由疾病和饥饿引发的死亡。比物资危机造成更大苦难、引发更大程度社会混乱的状态被称为"饥荒"。饥荒是指必要食品严重短缺,由此引发的饥饿造成人口死亡率显著提高,同时伴随着社会、政治和道德秩序的崩溃。[②] 提高城市基本食品供给安全,需要应对种植养殖业源头治理、食品生产加工领域治理、食品流通环节治理、食品安全观念治理、食品检测治理等多方面的挑战。通过完善食品安全监管体系、加快食品安全社会信用体系建设、推进食品风险评估和安全预警机制、提高食品安全科技水平等手段,全面提升城市基本食品供给安全,确保城市居民基本生活供应充足。[③]

二、城市安全的根基:社区安全治理

社区是城市安全治理的基础空间。社区要因地制宜、制定适合区域特征和发展需求的危机预防与应对战略,使这些战略与社区长久的发展规划相一致,实现防灾减灾与可持续发展有机融合,打造安全的韧性社区。

---

① 习近平:《决胜全面建成小康社会 夺取新时代中国特色社会主义伟大胜利——在中国共产党第十九次全国代表大会上的报告》,人民出版社 2017 年版,第 11 页。
② 参见[英]J. 波力奥:《理解灾变》,郑毅译,华夏出版社 2006 年版。
③ 参见李萌、彭启民:《中国城市安全评论》(第 1 卷),金城出版社 2014 年版。

（一）社区防灾减灾工作

社区防灾减灾建设是城市安全治理的基本组成单元,与社区居民的生活安全和生活质量息息相关。研究表明,灾前预防能减少 80% 的致灾因子。因此,有效整合社区中政府、居委会、物业公司、业主委员会、社区志愿组织、居民等多方主体的防灾减灾资源,推动社区安全治理从"事后应急救援"向"事前预防"转变,对提升社区防灾减灾能力具有重要意义。

防灾旨在减少致灾因子,规避风险带来的不利影响,是事前行为;减灾旨在控制致灾因子,降低风险带来的不利影响,包括事前行为或事后行为。防灾减灾社区建设是指以社区为基本单元,在政府的宏观指导下,突出居民的主体地位,长期持续地开展社区风险预防与应急准备工作,以最大程度地降低灾害损失,并在灾害发生后迅速恢复重建。防灾减灾社区具有以下特征:第一,社区有能力降低风险发生概率,即减少社区风险的致灾因子;第二,社区能承受不利事件的冲击,且能降低事故带来的损害,即减小社区对不利事件的敏感性;第三,在事故发生后,社区可以迅速复原重建和获得持续发展,即提升社区应对风险的抗逆力。

防灾减灾社区建设的主要做法有:(1)完善法律法规体系,明确防灾减灾社区建设的职责与权利义务关系;(2)加强社区安全基础设施建设,优化社区防灾减灾资源配置;(3)健全社区防灾减灾组织体系,积极发挥社区志愿组织功能,加强社区志愿者队伍建设;(4)积极开展社区动员,如通过风险教育提升居民防灾减灾意识,提高其自救与互救能力;促进社区居民对社区公共事务的参与,增强居民社区归属感,树立社区共同体意识,及时沟通风险信息。

（二）社区社会稳定风险排查和化解

社区社会稳定风险是指社区存在失序甚至动荡状态的不确定性,主要表现为群体性事件。根据风险来源的不同,可以将其划分为原生性社区社会稳定风险和次生性社区社会稳定风险两类。前者是指由于社区内部原因造成社区失序和损失的不确定性;后者是指受到外部其他风险威胁后,居民将由此产生的不满情绪向社区发泄,进而造成社区失序和损失的不确定性。

社区社会稳定风险排查和化解是社区安全治理的基础。社区社会稳定风险排查主要包括风险识别与风险评估两个环节。风险识别指的是社区治理主体在不稳定事件发生前感知、确定、分析社区潜在社会稳定风险的过程。风险识别包括了解社区可能发生的不利事件、探寻不利事件潜在的致灾因子、考察不利事件发生的作用机制、判断不利事件可能发生的重要时间节点和地点、分析不利事件影响的范围和对象等。风险评估是对社区不利事件发生概率和可能造成的后果进行评价和测量的过程,即对社区范围内居民生活、生命、财产、环境等社区正常秩序受到威胁的可能性和由此造成的损害进行描述和量化的过程,通常通过定性、定量或两者结合的方法,从安全性、合法性、合理性与可控性等维度进行测度,最终确定社区社会稳定风险的级别。

成功化解社区社会稳定风险是社区安全治理的关键,而风险排查是实现这一目标的基础。社区治理主体根据风险排查的结果,对社区社会稳定风险源、潜在影响对象、当前治理方案的有效性及其后果进行分析后,确定风险化解的最终策略和采取具体措施,旨在减少社区可能遭受的损失和降低未来此类社会风险的发生概率。风险化解的方法一般包括流程防控和制度防控,强调政府、居委会、物业公司、业主委员会、社区志愿组织、居民等相关利益主体的有效参与和信息沟通。此外,社区社会稳定风险的化解除了要关注风险发生可能性、损害大小及化解能力之外,还要考虑风险化解方法的经济性,合理分配风险化解成本。

(三) 社区消防风险预防与排查

社区消防风险预防和排查是社区安全治理的重点工作。为加强城市消防风险治理,预防并降低火灾损害,上海市于 2017 年 9 月 1 日施行《上海市住宅物业消防安全管理办法》,对"消防安全责任""消防设施、器材和标志的设置维护""日常消防安全管理"作出了具体规定。

依照《上海市住宅物业消防安全管理办法》,社区消防风险治理的责任主体涵盖区人民政府、街道办事处、乡镇人民政府等多个层级,涉及公安、住房城乡建设管理、城管执法、国土资源、民防等职能部门。区人民政府对本行政区域内住宅物业消防安全管理工作进行领导,组织实施有关住宅物业消防安全的政府实事工程并提供财政保障;街道办事处、乡镇人民政府负责将消防安全管理纳入基层社会治理和城市网格化综合管理范围,处理消防风险预防和排查过程中的纠纷。此外,社区消防风险治理的责任主体还包括居委会、物业公司、业主委员会、志愿组织和居民等社会主体。其中,居委会监督物业公司和业主委员会履行职责,日常走访、联系居民,组织制定消防防火公约,对行动不便人群登记造册,组建志愿消防队,开展社区消防安全教育等;物业公司负责制定并实施消防安全制度、操作规程和消防档案管理制度,开展共用部位的每日防火巡查、每月检查,消除安全隐患,保障疏散通道、安全出口、消防车通道畅通,定期对共用消防设施、器材及消防安全标志维护管理,制定灭火和应急疏散预案,开展消防演练,做好每日巡查、检查工作,监督业主、物业使用人遵守消防安全管理规定,投保火灾公众责任保险等;业主委员会的职责是督促业主履行义务,监督物业公司,制定业主、物业使用人消防安全教育和演练计划,同时审核、列支、筹集专项维修资金以合理用于社区消防安全预防;社区消防志愿组织应当积极参与消防风险预防和排查,组织志愿者对居民进行常态化的消防风险教育,并且在社区内开展消防安全巡逻等志愿活动;居民应当自觉提高消防安全意识,做好个人消防安全防范工作,并配合居委会、物业公司等做好消防安全工作,及时排除周围消防安全隐患。

三、城市安全的终极目标:城市安全的可持续性

城市安全的可持续性是城市安全治理的重要议题,也是其终极目标。城市安全不是静态的,而是一个不断发展变化的动态过程。城市安全可持续发展应该统筹好城市规划、城市产业转型、城市人口结构三者与安全之间的关系。

(一) 城市规划与安全

城市规划是指对一定时期内城市的经济和社会发展、土地利用、空间布局以及各项建设的综合部署、具体安排和实施管理。[①] 城市规划能有序配置城市土地和空间等资源,提高城市运作效率,确保社会活动与生态环境协调发展,有利于预防和降低城市发展中遇到的风险,提升城市发展和安全的可持续性。城市规划要将保障城市安全作为重点,发挥战略引领作用,推进城市安全发展。

第一,提高城市规划内容的科学性。首先,在城市规模上,城市规划要明确城市发展定位,有效评估城市承载量,适度控制城市规模,预判城市规模扩张中所面临的问题,避免无序发展。同时,从可持续发展角度来看,城市规划要适度分散城市中心,向"多中心"城市转型,突破因城市规模扩大而导致的"单中心"困境,从而有效减少安全隐患。其次,在空间布局上,城市规划要以安全为前提,统筹安排城市基础设施、公共服务设施和公共安全设施的建设,合理布局居民生活区、商业区、经济技术开发区、工业园区、港区及其他功能区,完善城市综合防灾减灾设施建设,优化危险化学品产业布局,尤其要确保居民生活区、商业区、学校、医院等人员密集场所与易燃易爆、有毒有害物质生产、储存区域保持足够安全距离。

第二,强化城市防灾减灾规划的功能。中国建立了从国家到地方层面的城市防灾减灾规划,但因未纳入法定城乡规划内容,且缺乏专门管理机构,限制了防灾减灾规划的功能发挥,甚至存在与城市总体规划相冲突的情况,因此将防灾减灾规划接入法定城乡规划轨道是城市规划体系建设的当务之急。

第三,编制系统性的城市安全规划。目前中国城市安全规划仍处于研究和摸索阶段,尚未出台城市安全规划的法律,城市安全规划的科学性和系统性亟待提高。首先,根据城市安全规划的定位,城市安全规划应当遵循综合性、科学性、权威性、可持续性、动态性、实用性和前瞻性等原则。其次,从城市安全规划的内容来看,城市安全规划应包括城市安全总体规划和专项规划。城市安全总体规

---

① 参见中国城市规划学会:《城市规划读本》,中国建筑工业出版社 2002 年版。

划一般涵盖目标和原则、空间布局安全、基础设施安全、防灾减灾建设、实施步骤等方面;城市安全专项规划一般由城市自然灾害规划、城市突发公共事件安全规划、城市生命线系统安全规划、城市工业危险源规划、城市道路交通安全规划、城市公共场所安全规划、城市恐怖袭击与破坏安全规划、城市应急救援规划等部分组成。

第四,促进城市各项规划间的整体协同。在各项规划的制定和实施环节,确保城市各项规划间相互配合、相互协调,提高规划的信息化管理水平,确保城市规划评估的动态性和科学性,完善城市公共安全监督体系,将城市安全可持续发展的基本要求和保障措施落实到城市发展的各个领域和各个环节。

(二)城市产业转型与安全

城市产业转型与城市安全、可持续发展紧密相关。在城市化进程中,中国城市产业结构不断调整和转型。如表4-1所示,2013—2022年,第一产业占国内生产总值比重除2020年、2022年略微增加之外,其余年份总体呈递减态势,比重均维持在10%以下;第二产业占国内生产总值比重除2017年、2018年、2021年、2022年略微增加外,其余年份均呈递减态势,整体比重维持在40%左右;经由产业结构不断调整升级,第三产业占国内生产总值比重稳步增加,除2017年和新冠疫情期间外,其余年份第三产业比例均有所上升。

表4-1 中国2013—2023年国内生产总值构成表(单位:%)

年份	第一产业	第二产业	第三产业
2023	6.9	36.8	56.3
2022	7.3	39.9	52.8
2021	7.2	39.3	53.5
2020	7.7	37.8	54.5
2019	7.1	38.6	54.3
2018	7.2	40.7	52.2
2017	7.9	40.5	51.6
2016	8.6	39.9	51.6
2015	8.8	40.9	50.2
2014	9.1	43.1	47.8
2013	9.3	44.0	46.7

资料来源 历年《中国统计年鉴》。

中国产业结构转型应关注转型不到位的问题,即对高投资、高耗能、高污染的第二产业过度依赖,而低耗能、低污染、高收入的第三产业发展不充分,环境恶化等生态问题,就业不充分、公共服务供给不到位、居民贫困等社会问题,以及发展疲软、供需结构失衡等经济问题。

从产业转型发展的角度看,在内部各产业可以延长产业链条,完善城市上下游企业间的利益联结机制,提高产业规模联动性和产品附加值,推动产业链现代化。从产业结构安全发展的角度看,城市产业转型可以通过创新发展战略、加大城市污染治理力度等方式来提升城市安全治理水平。首先,政府积极引导和鼓励企业创新发展,加快重点产业安全改造升级,提升产品的技术水平和附加值,加大高新技术企业的占比,对高耗能、高污染、不符合安全生产标准的企业进行整改和搬迁,大力发展无污染、低耗能、节能环保、高效益的现代服务业和先进制造业,提升产业绿色发展水平。其次,加强对生产过程中的环境污染和资源过度消耗等问题的治理,推行清洁生产,激活企业主体的环境责任意识,发展绿色产业和循环经济,促进区域生态环境平衡和优化,实现经济、社会和环境的协调发展。

(三) 城市人口结构与安全

人口是城市发展的战略资源,城市的持续繁荣和稳定有赖于城市人口安全。人口安全是指人口系统与环境、经济、社会等系统和谐运行的平衡状态,合理的人口结构是人口安全的重要表现形式。

从人口数量来看,如表 4-2 所示,中国城市人口数量及比重逐年稳步提升,乡村人口不断减少,逐渐从"乡土中国"转变为"城市中国"。与此同时,城市人口对生态、教育、医疗等各种资源的需求总量不断提升,流动人口也为城市管理带来了压力,对城市人居环境治理提出了更大挑战。

表 4-2　中国 2013—2023 年国内人口数及构成表

年份	城镇		乡村	
	人口数(万人)	比重(%)	人口数(万人)	比重(%)
2023	93 267	66.16	47 700	33.84
2022	92 071	65.22	49 104	34.78
2021	91 425	64.72	49 835	35.28
2020	90 220	63.90	50 992	36.10
2019	88 426	60.60	52 582	39.40
2018	83 137	59.58	56 401	40.42
2017	81 347	58.52	57 661	41.48

（续表）

年份	城镇		乡村	
	人口数（万人）	比重（%）	人口数（万人）	比重（%）
2016	79 298	57.35	58 973	42.65
2015	77 116	56.10	60 346	43.90
2014	74 916	54.77	61 866	45.23
2013	73 111	53.73	62 961	46.27

资料来源　历年《中国统计年鉴》。

　　从年龄结构看（见表4-3），中国人口老龄化进程明显加速。老龄人口的养老问题成为家庭和社会关注的难题，对社会保障体系构成了巨大挑战。同时，劳动力人口（15—64岁）的比重正不断减少，将直接影响社会财富总量的创造。随着国家相继实施"全面二孩"和"三孩"政策，新生儿人口比重有所提高但不具可持续性。由于配套措施不完善、法律法规亟待健全、政策实施效果未达预期水平等现实问题，中国人口均衡发展仍面临巨大压力，人口结构的不协调制约着城市安全的进一步发展。

表 4-3　中国 2013—2023 年人口年龄结构表

年份	0—14 岁		15—64 岁		65 岁及以上	
	人口数（万人）	比重（%）	人口数（万人）	比重（%）	人口数（万人）	比重（%）
2023	23 063	16.3	96 228	68.3	21 676	15.4
2022	23 908	16.9	96 289	68.2	20 978	14.9
2021	24 678	17.5	96 526	68.3	20 056	14.2
2020	25 277	17.9	96 871	68.6	19 064	13.5
2019	23 689	16.8	99 552	70.6	17 767	12.6
2018	23 751	16.9	100 065	71.2	16 724	11.9
2017	23 522	16.8	100 528	71.8	15 961	11.4
2016	23 252	16.7	100 943	72.5	15 037	10.8
2015	22 824	16.5	100 978	73.0	14 524	10.5
2014	22 712	16.5	101 032	73.4	13 902	10.1
2013	22 423	16.4	101 041	73.9	13 262	9.7

资料来源　历年《中国统计年鉴》。

第三节　城市安全观的发展变迁

城市安全观是城市安全管理实践的行动指南。城市安全观主要经历了防御性城市、脆弱性城市和韧性城市三种典型形态,为城市安全管理提供了不同的目标选择、管理模式、管理手段和应用策略。鉴于现代城市是一个多要素高度聚集的复杂社会系统,且城市系统本身与外部环境构成一种长期的共生关系,现代城市安全治理需要抛弃传统的规避、抵御和控制策略,转而以利用和适应不确定性作为城市安全治理的核心内容,通过韧性灾害管理、韧性规划和韧性社区建设建立人与自然、物理空间与社会空间、短期增长与长期发展的和谐与平衡。

一、防御性城市观

(一)防御性城市的定义

从城市管理形态上看,早期城市安全管理主要通过环绕型、封闭型工程抵御外部威胁,呈现"防御性城市"特征。保证城市居民的安全、防御外部威胁是城市产生和发展的重要动力。

"国之大事,在祀与戎",中国城市发展的历史表明,中国早期的"城"是为了抵御外部威胁而建立起来的防御体系,是由城墙、护城河等包围而成的相对封闭的生产、生活空间。从部落时代开始,城市就以城墙、壕沟等工程构建一个封闭圈以增加防卫和抵御外部威胁。例如,在山西省东南阳城县城东 13 千米处润城镇的西北隅,至今仍保存一座堡寨聚落——砥洎城。该城坐北朝南,南接村镇,北临沁河,三面环水,水域面积 20 万平方米,城内街巷多为丁字巷,院与院暗门相通,巷间有过街楼相连,下有地道,形成地下、地上、空中三维一体的防御系统。[1]

(二)防御性城市面临的风险之一——自然灾害

防御性城市主要防御两种危险:自然灾害和人为入侵。[2] 自然灾害是地球表层孕灾环境、致灾因子和承灾体综合作用的结果。[3] 对城市来说,自然灾害是自然界的外部危险源作用于城市而引发的灾害事件。自然灾害可分为气象水文灾害、地质地震灾害、海洋灾害、生物灾害、生态环境灾害等多种类型。[4]

---

[1] 《砥洎城》(2023 年 6 月 15 日),阳城县人民政府门户网站,http://www.yczf.gov.cn/mobile/yryc_mobile/ycmp_mobile/202306/t20230615_1809506.shtml,最后浏览日期:2025 年 4 月 21 日。

[2] 高恩新:《防御性、脆弱性与韧性:城市安全管理的三重变奏》,《中国行政管理》2016 年第 11 期。

[3] 国家减灾委员会办公室编:《灾害科学和灾害理论》,中国社会出版社 2009 年版,第 2—6 页。

[4] 时立荣、闫昊:《汶川地震以来对自然灾害治理的社会科学研究态势分析》,《理论探讨》2019 年第 1 期。

中国古代城址多居于依山傍水之处：一方面，城市选址要考虑交通水运的优势，便于防卫；另一方面，出于防洪的考量，城址要高低适宜，以避免因选择洼地面临洪水的威胁。防微杜渐，消未起之患，是中国城市应对自然灾害的传统思路。风水选址是古代中国城市建设中趋利避害的重要策略，通过对周边山、水、气流、植被、土壤等环境因子的勘察判断，为城市找到一个相对安全的所在，最大程度地降低水患、风沙和泥石流等对城市居民的危害。[1] 其他防灾减灾措施还包括对城市河道系统的治理、沟渠挖疏、园林建设等多个方面。

（三）防御性城市面临的风险之二——人为入侵与战争

除了自然界带来的威胁外，城市还面临人类自身的威胁，即因争夺统治权、资源、人口等引发的冲突和战争，表现为对城市的入侵和占领。"攻城拔寨"历来是战争的直接目标和关键动机。随着战事频发，攻防相生，城池也因此成为最大最重要的战争舞台。城市的统治者、居民需要在城内集中所有资源抵御外部侵略，如此才能保证自身安全。早期城市的选址、内部建筑布局、城墙、护城河以及城市内部物资储备都是作为一个整体性防御体系进行设计规划，以应对外部封锁和入侵。如两千多年前齐国的都城临淄，城墙就达 20 米之宽，楚国都城郢的墙也有 14 米之厚。在冷兵器时代，这样的厚度，在守军准备充分的情况下足以抵御大军围攻。此外，为保险起见，在高大厚实的城墙外，与城墙平行的还有人工挖掘的护城河。大的都城，城外环周的护城河，通常宽度达到 30 米，深度也在 4—5 米。南宋时期，无往不利的蒙古大军面对襄阳城高大的城墙和宽阔的护城河时连连受挫，围攻长达六年才最终取胜。

防御性城市将其面临的威胁认定为来自外部的危险源，采用隔离或阻断的策略以建立城市与外部危险源的阻隔带，从而确保城市处于安全状态。然而，防御性城市安全管理面临着一个内在理论和实践难题，即在同样的时空条件下，不同城市的安全呈现不同结果。外部危险源可能以特定的事件或者结果作用于城市，例如洪水、地震、飓风、泥石流等直接摧毁了城市；也可能通过中介变量与城市内部要素耦合，导致破坏性后果，例如极端高温天气与电力系统耦合引发的停电危机。仅仅考虑"防御性"策略不能有效地解释为何处于同样时空状态、采取同样的防御策略的两个城市在面临同样外部危险因素的条件下，遭受的破坏性后果却可能有显著不同。例如，唐山大地震时唐山市与青龙县、汶川大地震时北川县城与青川县城之间的破坏性后果就存在巨大差异。[2] 因此，必须转变基于外部危险源的防御性视角，需要从城市内部寻求破解城市安全困境的策略。由此，脆弱性城市观成为理解

[1] 杨卡：《新时代城市安全发展态势及其治理现状概析与反思》，《晋阳学刊》2019 年第 1 期。
[2] 王世福：《城市安全：从汶川地震到北京 7.21 暴雨——我们真的准备好了吗》，《城市规划》2013 年第 2 期。

城市安全治理的新视角。

二、脆弱性城市观

(一) 脆弱性城市的定义

脆弱性是指某一系统、某一群体或者某一生物体由自身内在结构所决定的固有属性,是它们对外界因素的干扰或侵害具有敏感性,并且在遭到侵害后难以恢复原来状态的一种性质。[1] 脆弱性首先由英国学者菲尔·奥克夫(Phil O'Keefe)等人在《揭开自然灾害的"自然"面纱》一文中提出。他们认为,人类面临的自然灾害并不是自然因素导致的,而是人类自身所具有的不利的社会经济条件导致的。[2]

城市脆弱性理论不仅关注城市作为承灾体的物理结构易损性,还涵盖一个复杂的二元或多元结构,涉及城市内部风险、外部伤害易损性、应对意外事件的能力、整合外部威胁资源的能力以及对外部环境的适应性等多种因素。城市的脆弱性不仅仅是物理硬件上的易损性,还包括软件如城市管理体系、城市安全意识和理念、城市应急能力等所具有的"有限性"。城市脆弱性是一个包括城市内部要素(物理或者结构的易损性)和城市外部要素如自然、经济、社会、环境的综合性概念。[3]

(二) 城市脆弱性的影响因素

从脆弱性的来源上看,影响城市脆弱性的因素可分为结构性因素和胁迫因素:结构性因素源于系统的内部结构,胁迫因素源于外界的扰动。[4]

1. 结构性因素

城市规模、城市密度、城市形态、经济发展水平、基础设施水平以及应急管理水平等要素,体现了城市系统的内部结构,是影响城市脆弱性的主要结构性因素。

城市规模分为人口规模和用地规模。通常认为,城市规模越大,越易遭受突发事件扰动,从而导致更大的损失,而敏感性越高的城市,通常安全性越低。城市密度是指人口和建筑密度,体现城市土地开发强度和城市活动密集程度。一般而言,城市密度越大,越易于遭受突发事件扰动,进而导致更大的损失。城市形态指的是城市实体表现出来的具体物质空间形态。在其他因素相同的情况下,不同城市形态的脆弱性由低及高依次为卫星城型、组团多中心型、星型、中心环型(核心城市)。

---

[1] 徐君、李贵芳、王育红:《国内外资源型城市脆弱性研究综述与展望》,《资源科学》2015年第6期。
[2] Phil O'Keefe, Ken Westgate and Ben Wisner, "Taking the Naturalness out of Natural Disasters", *Nature*, 1976, 260, pp.566-567.
[3] See Jörn Birkmann, *Measuring Vulnerability to Hazards of Natural Origin: Towards Disaster Resilient Societies*, UN University Press, 2006.
[4] 程林、修春亮、张哲:《城市的脆弱性及其规避措施》,《城市问题》2011年第4期。

一般说来,经济发展水平越高,城市基础设施越完善,城市应对突发事件的能力也就越强。城市突发事件的应对能力也与政府的应急管理水平密切相关,城市政府的应急管理制度越完善,城市的突发事件应对能力也就越强。中国 2018 年 3 月组建应急管理部,目的就是提高处置重大突发公共安全事件的能力,使重大安全问题的处置更加适应安全科学规律。

2. 胁迫因素

突发事件是城市脆弱性产生的主要胁迫因素,可分为以下四种类型:(1)自然灾害,即自然原因而导致的灾害事件,如地震、洪灾、暴雨、雪灾、龙卷风(飓风)等;(2)事故灾难,即由人为原因造成的紧急事件,如环境污染、生态破坏、火灾、重大交通事故、公共设施和设备事故等;(3)社会安全事件,即由人的行为产生的危及社会安全的突发事件,如规模较大的群体性事件、重大刑事案件、恐怖袭击事件、战争等;(4)公共卫生事件,即由病菌、病毒引起的大面积疾病流行等事件,如传染病疫情、群体性疾病、食品安全事件等。[①]

(三) 基于脆弱性的城市安全治理策略

脆弱性视角强调从系统内部理解外部威胁的可能后果,以及影响城市应对能力的复杂因素,如政治、经济、社会、制度和环境等。因此城市安全治理需从降低城市脆弱性角度来设计城市安全治理架构。

第一,加固城市建筑,提高安全标准,提供核心功能备份等以降低易受损害性。在脆弱性视角下,工程法是增强城市应对外部威胁、降低脆弱性的通用原则。工程法贯穿于城市安全治理全过程,通过强制约束、安全性标准、防灾减灾工程等手段抵御、减缓外部风险带来的损害。通常,一个城市的"结构增强"从基础设施开始,包括建筑物、城市电力、通信、交通、能源供应等"硬件"安全标准的全面升级,也包括医疗、规划、消防、救助、教育等服务的全覆盖供给。针对脆弱性,城市安全治理要求城市的生命线系统如道路、公共基础设施、能源系统等在设计和建造时按照可以抵御不同等级外部威胁的要求来建设;高风险的项目应迁移到郊区;原有的建筑物不符合安全标准的,通过加固工程以满足抵御外部威胁的要求;对自然条件不佳的城市,通过降低城市的集中度以减轻灾害对城市的影响。

第二,构建适宜的城市规模、密度和形态三位一体的关系。城市规模、密度和形态是三位一体的关系,共同影响着城市的脆弱性。[②] 对规模、密度过大的城市,应限制城市无节制的膨胀和无序扩张,并明确城市形态要求,选择多中心组团式城市形态发展模式;而对集中式布局的城市,则应严格控制其规模和密度。

---

① 计雷、池宏、陈安等:《突发事件应急管理》,高等教育出版社 2006 年版,第 8—9 页。

② 修春亮、祝翔凌:《针对突发灾害:大城市的人居安全及其政策》,《人文地理》2003 年第 5 期。

　　第三,增强城市政府的应急管理能力。应急管理是一项长期性、系统性的工作,各级政府部门需居安思危,清醒认识城市复杂严峻的安全形势,从以下几方面增强城市政府应急管理能力:(1)做好应急管理规划,完善应急处置预案;(2)健全机制,主动学习借鉴其他城市的先进经验,加强应急体系建设;(3)做到心中有责,认真做好值班值守和信息报送工作,确保报送的信息及时准确全面;(4)积极应对,及时回应社会关切,提高应急响应和舆情应对能力;(5)突出实战,加强培训演练,提高应急处置能力。

　　脆弱性的概念本质上来源于地理学和工程学,两者都通过"确定性"来寻求平衡和稳定。但是,"脆弱性"理论却存在三个难以解决的难题:其一,现代社会本质上是变化的,不存在绝对不变的稳定性,自然和社会系统始终处于变化和不确定之中,因此城市安全也无法实现绝对的稳定和平衡;其二,脆弱性的社会因素如人口分布、阶层的形成、种族的聚散、承受损失的社会化差异都是复杂的政治、经济、文化和其他社会活动长期的结果,城市管理者难以通过"控制"实施管理,需要多样化的行为体共同支持;其三,脆弱性理论假定城市自身缺乏灵活性,只能以一种僵硬的防御策略来应对外部的威胁,忽视了城市系统自有的组织和协调能力,尤其是贬低了城市自身的适应能力。[1] 现代社会面临的"不确定性"是不以人的意志为转移的,任何城市本质上都不是"安全无忧"的城市。因此,城市不应该是,也不可能建成固若金汤的"堡垒",而应该是一个有能力自我调整以适应不确定性的复杂系统,即使面临各种外部的扰动或者风险时也能通过自身的调适来减小损失。这样的城市能够在面临扰动时,以适当的手段吸收、缓冲扰动所带来的不利影响,通过优化、重组和协调自身的系统结构来分割和抑制消极影响,以确保城市整体系统处于有效运行的状态。这种安全管理逻辑就是"韧性城市"(resilient city)思想。

三、韧性城市观

(一) 韧性城市的定义和特征

　　韧性是指系统在不改变自身基本状态的前提下,应对改变和扰动的能力。[2] 韧性最初是一个物理学概念,表示建筑材料受压后回振的性能。1973 年,克劳福德·霍林(Crawford Holing)首次将韧性概念引入生态系统中,将韧性界定为生态系统

---

[1]　Jack Ahern, "From Fail-Safe to Safe-to-Fail: Sustainability and Resilience in the New Urban World", *Landscape and Urban Planning*, 2011, 100(4), pp.341-343.

[2]　See Brian Walker and David Salt, *Resilience Thinking: Sustaining Ecosystems and People in a Changing World*, Island Press, 2006.

承受外部干扰、保持生态稳定的能力。[1] 从生态韧性角度出发,社会生态系统在面对外部扰动时,不是采取规避、抵御的策略,而是寻求系统自身的持续、适应和转变,以此不断地塑造系统的循环式动态平衡。[2]

韧性城市包括五个基本要素:(1)多样性。功能越是单一的城市,其韧性越差;(2)具备冗余度,即城市应具有一定量级的备用设施或多个功能相同的模块,以便在空间上分散风险、减少损失;(3)具备生态和社会多样性,以便在危机状态下能够实现信息、技能和解决方案的共享;(4)有效的网络链接结构,在物质实体、空间结构之间以及群体之间能够实现沟通与协作;(5)有一定适应性的城市规划,即对规划留有余地。[3] 从结构上看,一个城市越是功能多样化、组织扁平化、适应力强及基础设施具有冗余度,城市的韧性就越强。

(二) 基于韧性视角的城市安全治理策略

1. 基于韧性的灾害管理

基于韧性的灾害管理是以城市主动地改变自我条件的方式来应对灾害。它需要城市在面对来源于自然或者人为带来的原生或次生灾害如地震、洪灾、传染性疾病、恐怖袭击等威胁时,摒弃原有的单纯依赖抵抗性措施的思路,构建一种强调把抵御性措施与当地具体的地理、空间、经济社会特征有机结合起来的方式,实现基于利用目的的防御。如经常遭受洪水侵扰的城市可以采取适应洪水的策略,即依靠城市的"可浸性"(floodability)和在洪水状态下的功能重组来实现避灾。高"可浸性"的城市如同"海绵",能够有效地吸收、储存、利用洪水从而实现避灾、减灾。

2. 基于韧性的规划

基于韧性的规划是指在城市规划中,通过留有一定的规划余地来适应现代城市面临的不确定性。韧性规划要求城市管理当局必须以不确定性为导向、以适应性为目的来对城市的未来做出指导,以功能互补、适应不确定性以及灵活性为导向来设计城市空间。例如,雅各布斯在《美国大城市的死与生》中提到城市功能的混合、小街区设计以及城市多样性在城市安全和可持续发展中的重要性。[4] 在城市规划过程中,不用过度强调城市的分区功能,防止过度的功能分割破坏了城市的有

---

[1] Crawford Holing, "Resilience and Stability of Ecological Systems", *Annual Review of Ecology and Systematics*, 1973, 4(1), pp.1-23.

[2] Carl Folke, et al., "Resilience Thinking: Integrating Resilience, Adaptability and Transformability", *Ecology and Society*, 2010, 15(4), p.20.

[3] Jack Ahern, "From Fail-Safe to Safe-to-Fail: Sustainability and Resilience in the New Urban World", *Landscape and Urban Planning*, 2011, 100(4), pp.341-343.

[4] 参见[美]简·雅各布斯:《美国大城市的死与生》,金衡山译,译林出版社 2006 年版。

机组合和相互支持。具有韧性的城市规划还需实现自然环境与社会环境的有机结合，追求自然与人造物的和谐，避免两者的对立和割裂。"弹性规划"也是一种有效的韧性规划策略，即从城市总体规划、城市详细规划、规划的法规和标准以及规划管理等方面按照"弹性"的理念实施。① 全球约有五分之一的城市基于韧性规划的理念设计了城市适应规划，以加强城市应对未来不确定的气候风险的综合防护能力，打造安全、韧性和宜居的城市。

3. 构建韧性社区

韧性社区是韧性城市建设的基础单元，是城市高度复杂系统的一个子系统。要构建韧性社区，不仅要在社区内部建立自我增强机制，还需要将社区内部的韧性构建与整体城市的公共安全紧密联系起来。

（1）构建社区内部的自我增强机制。首先，社区各部分之间要形成良好的"联动机制"，面对整体改善韧性社区成本过高的情况，可以采取局部、连续的改变，从而综合作用于整个社区系统。其次，社区要有常态化的自治组织，社区成员积极自治，能将社区内部整合成一个良好的循环体系，培育社区的自我更新能力。最后，社区要搭建多元主体的共治平台，使社区发展参与者能彼此联结、共同工作，利益共享、风险共担，即使处于干扰压力下，各主体也能适应不断变化的环境，保证自力更生，并进一步改善社区。

（2）构建城市整合机制。首先，要构建畅通的输入机制，为城市集聚各种复杂、相互影响、彼此依赖的资源，增加韧性社区构建所需的政策、经济和社会网络等方面的支持，提高建设韧性社区的社会资本。其次，要构建良性的输出机制，即形成城市公共安全的基层堡垒，为城市其他单元提供支持或示范，搭建韧性社区与城市公共安全之间的互动桥梁，通过内外两个方面共同构建韧性社区。②

基于韧性理念的城市安全治理抛弃了传统的躲避、隔离和抵御外部扰动的策略，转而采取适应、调整和改进策略。韧性越来越成为统合城市减灾工作框架的概念。③ 城市安全治理越来越注重受灾对象在不依赖或者较少依赖外部救援的情况下存续、重建和发展的能力。城市管理者要更多关注居民和社区的"韧性"，而不仅仅是受灾对象的救灾需求和脆弱性。尽管对城市韧性的定义仍然十分多样化，但是从韧性角度设计城市减灾设施、城市发展规划和城市社区建设，已经成为城市安全治理的一个共识性的新兴策略。

---

① 刘堃、仝德、金珊等：《韧性规划·区间控制·动态组织——深圳市弹性规划经验总结与方法提炼》，《规划师》2012年第5期。
② 吴晓林、谢伊云：《基于城市公共安全的韧性社区研究》，《天津社会科学》2018年第3期。
③ See IFRC, *World Disasters Report 2004: Focus on Community Resilience*, Geneva, 2004.

第四节　城市安全治理体系

城市安全治理体系是指将城市安全治理权力、责任和职能进行法治化与制度化整合，涉及不同治理主体之间的权责关系划分，其科学合理关系到城市安全治理的总体效能。该体系的建设历程从分散到整合，逐步发展为政府主导、多元参与的治理体系。传统多元分散管理体系以"一事一管"为原则，难以应对城市面临的日益综合性的风险，这就需要走向整合的集中式安全管理体系，通过"整体性治理"来快速应对危机。在城市安全治理中，仅依靠政府力量往往难以灵活、高效处理问题，还需要调动多元主体参与安全治理体系建设，提升城市全系统的安全治理能力。

一、传统多元分散的管理体系

城市安全管理涉及经济发展、社会管理、市政建设等城市管理的方方面面，受政府管理"碎片化"的影响，城市安全管理往往遵循"一事一管"的处理原则①，即政府就某一具体灾难进行立法，然后将法定职责授予某一部门承担，但尚未形成系统性的安全管理体系，单项灾种相关责任部门在各自负责的公共领域采取相对孤立、以救灾和应急救援为主导的措施。

1803年，美国国会首次通过灾难立法，由联邦政府向遭受火灾的新罕布什尔州提供经济援助，明确了"一事一管，一事一案"的单项灾害管理形式。在随后的一个多世纪里，仅针对遭受飓风、地震以及洪涝等自然灾害破坏地区的援助法案已达128个。② 多元分散管理的制度一方面能够保障安全管理工作的专业性，为日后从城市整体层面建立统一的城市安全管理体系奠定行政基础，另一方面也能够逐步确立政府须维护城市安全管理的社会共识。

中国城市安全治理的现代化、法治化、专业化进程始于2003年的"非典事件"。"非典事件"之后，国务院于2005年成立应急管理办公室，统一协调不同部门和政府应对突发事件。随后，从中央到地方按照分类管理、分级负责、条块结合、属地为主的原则，初步建立了"横向到边、纵向到底"的突发公共事件应急管理体系。经过几年探索，中国应急管理体系快速实现了从单一的防灾减灾体系到综合性应急管

---

① 参见闪淳昌、薛澜：《应急管理概论：理论与实践》，高等教育出版社2012年版。
② 美国联邦紧急事务管理局：《美国联邦紧急事务管理局（FEMA）的历史》，《国际地震动态》2004年第4期。

理体系的过渡,形成了以国务院《国家突发公共事件总体应急预案》为总纲,25 件专项预案、80 件部门预案和 31 个省(区、市)总体预案为主的全国性的突发事件预警机制与应急管理框架。

以上海市为例,按照横向划分,当时的城市日常安全管理职责被分为自然灾害、事故灾害、公共卫生与社会安全四大类,分别由市民政局、市安全生产监管局、市卫生局和市公安局负责。按照纵向划分,各区县结合实际情况建立应急管理机构,明确工作职责,具体落实突发事件风险隐患的排查、预防、应急准备等工作,负责突发事件应急处置过程中的人员疏散、安置以及事发现场的治安维护、交通疏导等保障工作。①

二、走向整合的集中式安全管理体系

自 20 世纪 60 年代起,随着城市化进程的加速,城市空间和人口迅速膨胀,自然界与人类社会的关系愈加复杂。自然灾害的发生并非突变的过程,而是逐步演化、环环相扣的"链式结构"。自然灾害的衍生性、次生性和关联性使灾害能够在空间上进行传播,从一个地域空间扩散到另一个更为广阔的地域空间②,灾难带来的破坏不断扩散。一方面,自然灾害的发生很大程度上是因为人类社会活动对自然界运行过程的干预和破坏;另一方面,自然灾害的发生导致了社会变迁,社会资源分配机制、政治体系都可能遭受破坏和重塑。自然灾害与社会风险交织,城市安全的复杂性增大、涉及面拓宽以及处置周期延长等客观困境都给传统的多元分散管理带来挑战。③

过度注重细节的专业分工和部门分割对政府应急管理工作的效率与政府间协同合作效能产生了严重阻碍。20 世纪六七十年代,美国飓风与地震频发,灾害应对过程中政府机构间的权限不明、相互扯皮,使这些自然灾害严重威胁了美国城市与居民的安全。各级政府、居民要求在美国联邦机构间展开广泛合作、提高减灾救灾能力的呼声越来越高。1979 年,联邦紧急事务管理署(Federal Emergency Management Agency, FEMA)成立,首次对分散的灾害管理职责进行整合,覆盖了联邦保险署、联邦消防管理局、住房与城市发展部的联邦灾害救援署等部门中的城市安全管理相关工作,这标志着美国专业性公共安全管理体系的诞生。

20 世纪 90 年代,"整体性治理"为城市安全管理走向集中化提供了理论指引。"整体性治理"要求政府各个部门和机构摆脱对立绊脚的桎梏而更加注重相互合

---

① 左学金、晋胜国:《城市公共安全与应急管理研究》,上海社会科学院出版社 2009 年版,第 68—69 页。
② 史培军:《再论灾害研究的理论与实践》,《自然灾害学报》1996 年第 4 期。
③ 熊竞:《公共管理视角下城市公共安全问题探讨》,《上海城市管理》2015 年第 5 期。

作,这意味着城市安全管理不再追求极致的专业化分工与条块最优,加强城市安全管理的综合性、协调性的机制建设成为这一阶段的主要特征①,如何在专业部门各司其职的基础上,建立综合协调机构对各专业部门工作进行督促检查,从而实现城市安全管理工作的无缝隙,成为世界各国城市安全管理的重要考量。②

"9·11"事件发生后,全球安全形势发生重大变化。2002年,美国联邦紧急事务管理局并入新设立的国土安全部,形成涵盖自然灾害、社会危机在内的各类突发事件应急管理体系。自此,全球范围内的城市安全管理逐步走向集中式管理,应对突发事件的重点从应急响应转向全过程管理。

2018年3月,我国根据第十三届全国人民代表大会第一次会议批准的国务院机构改革方案,将国家安全生产监督管理总局的职责、公安部的消防管理职责、民政部的救灾职责、国土资源部的地质灾害防治等13个部委的安全管理职责整合,组建应急管理部,以统筹、协调全国防灾减灾救灾工作,组织制定不同灾种应急预案和工作方案,这标志着我国集中式城市安全管理制度的正式确立。

三、政府主导的多元参与治理体系

随着"灾害链"与"社会风险链"的日益复杂化,全球城市都面临着风险社会的威胁,无论是自然灾害还是社会危机,其风险性都在不断提高,单纯依靠有限的政府资源很难高效、灵活地应对城市安全问题。城市公共安全如何更有效地动员社会力量并将其纳入城市安全管理系统,是增强全民公共安全和防范风险意识、提高全社会避险救助能力的关键。在此背景下,协同治理理论主张将政府、市场与社会纳入开放的系统之中,以公共利益及公民本位、公平正义、公共服务等公共价值诉求为驱动力,引导多元主体共同参与社会治理,这一理论在城市治理实践中被广为采纳。③

(一) 安全治理网络的构建

社会团体与民众参与减灾救灾活动已有很长历史。明代的地方士绅在公共工程建设、灾荒记载、救济百姓与教化百姓中就扮演了重要角色。④ 在美国国会1803年首次颁布灾难立法前,社会互助一直是灾后建设的主要手段之一。近代以来,红十字会等非政府组织因其亲民性赢得了广泛的社会信任,能够整合社会力

---

① 左学金、晋胜国:《城市公共安全与应急管理研究》,上海社会科学院出版社2009年版,第74页。
② 参见周慧:《城市安全:中国城市运行安全问题的制度性根源》,中共中央党校出版社2014年版。
③ 郑巧、肖文涛:《协同治理:服务型政府的治道逻辑》,《中国行政管理》2008年第7期。
④ 杨向艳:《明代后期潮州士绅与地方救灾——以林熙春为例》,《暨南学报》(哲学社会科学版)2014年第7期。

量,迅速填补政府在防灾宣传教育、灾时应急救援及灾后重建等方面的缺位,在灾前宣传、灾中救助和灾后建设等环节发挥着举足轻重的作用。

企业在城市安全治理中也是重要的参与者。一方面,企业是安全生产的直接责任主体,负有保障企业职工以及利益相关者安全的职责;另一方面,企业丰富的人力、财力及物力资源是灾时捐赠、现场处置与救援、灾后重建等方面的重要保障。例如,为确保城市的安全运行,有效应对各类突发安全生产事故,上海市整合了化工、冶金、建筑等行业 17 支企业应急救援队伍,组建了上海市安全生产应急救援队,在安全生产应急救援、市民安全知识教育、安全社区建设等方面发挥着重要作用。

媒体在政府与公众双向沟通中扮演着桥梁角色,承担着安全教育、传递安全信息、引导社会认知等重要责任。在互联网与自媒体时代,以微博、微信和短视频等为代表的自媒体平台在灾害预警、灾时信息及时传播等方面发挥着越来越重要的作用。例如,2018 年 9 月台风"山竹"登陆广东沿海地区时,社会上传出"港珠澳大桥要被台风吹垮"的谣言,误导民众。中国气象局官方微博及时发布辟谣文章,由媒体进行转载,单条微博阅读量超过 3 100 万,及时澄清事实,将谣言可能带来的负面影响降至最低。

(二) 韧性社区建设

城市的安全最终依赖于居民的安全意识与防灾抗灾能力。作为城市的基本单元,社区也是公共部门、私营部门、非营利组织和社区居民等多元主体共同参与减灾应灾的天然场所,其在减灾救灾与灾后重建方面的重要性已经获得普遍认可。

在城市安全管理的脆弱性理论中,城市安全管理从城市内部结构要素的易受损害性来解释城市面临的挑战,体现了主动寻求安全管理的策略。城市管理者需要主动识别城市脆弱性的要素,通过采取各种管理措施消除脆弱性从而降低破坏性事件的发生概率。脆弱性理念指导下的城市安全管理是一种典型的控制管理模式,即相信依赖科学和技术的城市管理者可以有效地识别风险、抵御风险,从而降低城市的脆弱性来实现城市安全。

韧性城市理论则强调城市社区对风险的认知、对灾害的应对与社区中的人际互助。韧性社区建设要求城市安全管理注重从以下几个方面推进社区建设以适应城市生活面临的不确定性:(1)通过有效的社区动员,使社区成员认识社区面临的风险,共同讨论应对风险的策略;(2)建构有效的公共政策参与机制,使面向社区的减灾和救灾政策获得广泛的认同和支持;(3)建设具有适应性与多样性的社区,从每一次灾害中进行改进,使社区在面临外部扰动冲击的情况时能够快速恢复功能;(4)准确定位城市中的脆弱社区,积极推动各类资源的投入,帮助社区建立适应外部扰动的减灾体系和措施。[①] 韧性社区建设最具代表性的成功案例是美国加州伯克利市的选民通过投票为建筑物加固支付了 3.9 亿美元。伯克利市议会批准了转让退税计划和许可费返还计划,鼓励房屋持有人为房屋和社区安全采取行动,并为低收入群体、老年人、残疾人的安全改进项目提供贷款支持和免费的家园维修计划。[②]

(三) 城市安全治理的数字化转型

信息是城市安全治理的基础。近年来,中国城市灾害管理和应急管理相关部门不断加强突发公共事件和自然灾害的监测预警系统等科技支撑体系建设工作,初步建成以遥感、通信、导航卫星为主体的空间基础设施,为气象、地质、水文等多灾种提供预报、监测、通信、定位保障。[③] 借助于卫星遥感和卫星导航,防灾减灾部门可以迅速获取灾害范围、位置和受损程度等灾情,为救灾人力和物资投放提供决策支持。

1. 基于大数据的警情分析

步入大数据时代,大数据能够为城市安全提供风险预警、事态研判、资源调度、事件评估等诸多服务与便利。合理利用大数据进行灾害预测预警、风险监控和筛查,提升防灾应灾能力,已成为各国城市安全治理的重点工作。例如,贵阳市大数据战略是推动数字时代下的城市安全综合治理的缩影。自 2013 年开始,贵阳市公安局着手打造"块数据中心",打通了信息资源的壁垒,全面融合政府部门、社会、互联网等多源数据,利用"云计算"开展数据挖掘、研判分析,完成对社会的全方位管控,为快速联动、精确打防提供了有效支撑。其中,"网格化接处警"和"智慧门禁"两项数据技术极大地提高了市民的安全感与满意度。

按照"布警网格化、巡处一体化、处警规范化"的要求,贵阳市将大数据技术与网格化管理技术相结合,推行了"网格化接处警"。"网格化接处警"以区域面积接警常量为参照标准,辅之以道路通行情况、单位面积内人口常量为测算标准,践行"模糊警种、模糊管辖、模糊打防"理念。将贵阳市城区、城镇划分为 55 个网格,每个网格配备 1 辆 4G 图传网格巡处车、5 名民警、10 名辅警和多辆电瓶巡逻处警车,24 小时不间断开展网格接处警、巡逻防控、应急处突和服务群众等工作。自2016 年 3 月开始,贵阳市公安局观山湖分局以世纪城社区为试点安装基于大数据技术的"智慧门禁"系统,居民实名制录入家庭成员身份证信息后,可以直接使用身份证、手机号等多种方式打开门禁,解决了大量人员不断涌入所造成的"底数不清、

---

① 高恩新:《防御性、脆弱性与韧性:城市安全管理的三重变奏》,《中国行政管理》2016 年第 11 期。

② Arrietta Chakos, Paula Schulz and L. Thomas Tobin, "Making It Work in Berkeley: Investing in Community Sustainibility", *Natural Hazarfds Review*, 2002, 3(2), pp.55-67.

③ 张小明、麻名更:《突发事件应急管理科技支撑体系建设》,《行政管理改革》2013 年第 5 期。

情况不明""控制不住、管得不好"的难题。[①]

　　2. 信息技术辅助：电子监视系统和远程指挥系统

　　信息技术赋能城市安全治理的重要前提是构建全天候的电子监视系统与远程指挥系统，从而最大限度地提升突发事件的响应速度，在较短时间内控制事态发展，减少损失，降低影响。例如，美国在华盛顿地区实施了"社区流行病早期发现电子检测系统（ESSENCE）"项目。该系统覆盖马里兰州和弗吉尼亚州的 12 个县与华盛顿特区，并收集来自医院、急诊室、药店收款台与气象预报站等地的报告。工作人员根据报告中出现的异常数据监测可能出现的生物恐怖袭击、传染性疾病等问题，如通过药店账单数据对比评估某个时期是否出现人们大量购买治疗感冒或者腹泻药物的情况，以此分析特定类型传染病的发展趋势。

　　中国也积极推进信息技术辅助应急管理系统建设。以南宁市城市消防远程监控系统为例，该系统具备 24 小时监控能力，可在 20 秒内确认真实情况上传 119 指挥中心，提供火灾单位的具体位置、周边道路、楼层结构、着火点位置、水源分布、疏散通道、救援预警等情况。借助于远程监控系统，灾情发现快，现场情况掌握准确，消防救援人员能够迅速出动、及时处置，从而将人员伤亡和财产损失降至最低。与此同时，该系统也能对联网单位火灾自动报警设备等建筑消防设施的运行情况、消防控制室值班人员进行远程监控与指挥，并可以将联网单位消防设施的报警、运行、操作和故障信息及值班人在岗在位情况进行统计、分析，定期反馈回联网单位。[②]

思考题：

　　1. 当代城市面临的安全挑战有哪些？这些挑战是如何形成的，如何有针对性地进行治理？请结合具体案例进行讨论。

　　2. 城市安全观经历了怎样的发展变迁？

　　3. 如何通过韧性城市建设实现城市安全治理？

　　4. 如何运用数字技术推动城市安全治理现代化？

---

① 苏雪峰、周文学、缪春云：《贵阳：大数据让城市更安全更"清爽"》，《人民公安报》2018 年 8 月 15 日。
② 黎承：《浅论城市消防远程监控系统的实践应用与发展对策》，《中国公共安全》（学术版）2011 年第 3 期。

第五章
城市环境治理

　　城市化是一把"双刃剑",一方面它提高了人类的物质文化生活水平,体现城市生活魅力,另一方面也对社会的可持续发展构成了威胁,逐渐暴露出环境问题。在城市繁荣背后,隐藏的是水体的严重污染、空气的日益混浊、垃圾的无序弃置、资源的不断枯竭、气候的无常变化、生物多样性的持续丧失和自然及人为灾害的频发。[①] 愈演愈烈的"城市病"给人们的生产生活带来了巨大的负面影响,倒逼城市治理者重视城市环境治理。城市环境治理的核心是在遵循城市生态环境规律与经济发展规律的基础上,正确处理城市经济增长与环境保护的关系,实现城市健康可持续发展。环境治理的紧迫性要求城市建立更加合理的环境治理体制并运用更加科学、全面的治理工具。本章主要探讨城市化与城市环境治理的关系,以及如何更好地运用多种治理工具推动环境治理体制变革,促进城市化的良性发展,实现人与环境和谐共生、经济与生态协调共赢。本章主要内容包括:(1)快速城市化与城市环境问题;(2)中国城市环境治理体制及其变迁;(3)中国城市环境治理工具;(4)中国城市环境治理的创新。

第一节　快速城市化与城市环境问题

　　中国改革开放打破了诸多制约人口流动的制度性因素,驱动了城市人口与规模的急剧扩张,促进了城市化进程。快速城市化带来地方经济发展与人民生活质量的飞速提升,展现了改革开放所激发的生机活力。但是,城市化是一个集经济、社会、文化和生态等系统于一体的现代化过程。在这一过程中,一旦出现经济、社会、生态等系统发展不协调,便会在城市化发展中出现"城市病"。[②] 随着城市化的推进,空气污染、垃圾围城、交通拥堵等环境问题层出不穷,已成为中国城市治理的难点与痛点,亟待加以解决。

---

① [美]理查德·瑞吉斯特:《生态城市》,王如松、于占杰译,社会科学文献出版社 2010 年版,第 24—25 页。
② 向春玲:《中国城镇化进程中的"城市病"及其治理》,《新疆师范大学学报》(哲学社会科学版)2014 年第 2 期。

一、中国的快速城市化进程

改革开放之前,由于国家对人口流动的高度控制,中国城市化一直滞后于工业化。改革开放之后,随着城乡间人口流动和其他经济生产要素流动的增强,特别是以往各种人口城市化的政策瓶颈的破除,中国的城市化速度明显加快。中国城市化具有"起点低、速度快"的特征:1978 年,中国常住人口城镇化率仅有 17.92%[①],远低于同期国际社会平均水平;2011 年,中国常住人口城镇化率达到 51.27%,城镇人口规模首次超过农村人口规模,实现了城市化的一大突破;2017 年中国常住人口城镇化率已达到 58.52%,40 年里平均每年约增长 1%,约为世界城镇化速度的 2 倍。目前中国城市化水平依旧保持增长态势,2024 年常住人口城镇化率已达到 67%,充分体现了中国城市化的发展成就(见图 5-1)。

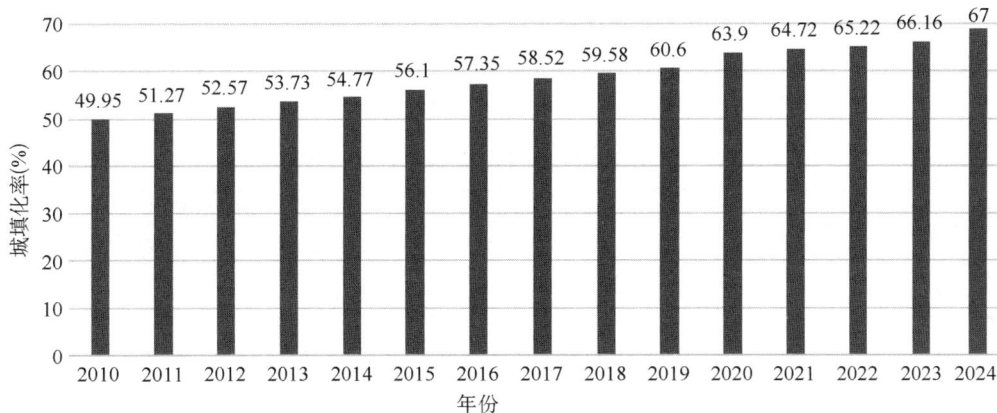

图 5-1　2010—2024 年中国城镇化率

资料来源　国家统计局。

中国快速城市化进程主要体现在城市数量、人口规模的增长和城市形态的扩张。过去几十年中国城乡建制数量发生了巨大变化,1978 年年末全国城市仅有 193 个,其中,地级以上城市 101 个,县级市 92 个。改革开放后,中国城市化建设进入快速发展阶段,大中小城市和小城镇加快发展,城市数量迅速增加。[②] 2023 年,

---

① 《城镇化水平显著提高 城市面貌焕然一新——改革开放 40 年经济社会发展成就系列报告之十一》(2018 年 9 月 10 日),国家统计局官网,https://www.stats.gov.cn/zt_18555/ztfx/ggkf40n/202302/t20230209_1902591.html,最后浏览日期:2023 年 12 月 21 日。
② 《城镇化水平不断提升 城市发展阔步前进——新中国成立 70 周年经济社会发展成就系列报告之十七》(2019 年 8 月 15 日),中国政府网,https://www.gov.cn/xinwen/2019-08/15/content_5421382.htm,最后浏览日期:2021 年 10 月 28 日。

城市数量达到 690 个,其中,地级市 293 个,县级市 397 个。① 根据 2014 年国务院发布的《关于调整城市规模划分标准的通知》(国发〔2014〕51 号),以城区常住人口为统计口径,将城市划分为五类七档:城区常住人口 50 万以下的城市为小城市,其中 20 万以上 50 万以下的城市为 Ⅰ 型小城市,20 万以下的城市为 Ⅱ 型小城市;城区常住人口 50 万以上 100 万以下的城市为中等城市;城区常住人口 100 万以上500 万以下的城市为大城市,其中 300 万以上 500 万以下的城市为 Ⅰ 型大城市,100 万以上 300 万以下的城市为 Ⅱ 型大城市;城区常住人口 500 万以上 1 000 万以下的城市为特大城市;城区常住人口 1 000 万以上的城市为超大城市。截至2022 年年底,中国已有超大城市 10 座,特大城市 16 座。② 高速的城市化进程不仅体现在城市数量与人口规模的增长,还体现在城市形态的迅速扩张,城市建设用地不断挤占乡村空间,中国的城乡版图发生巨大变化。从城市空间扩张程度来看(见表 5-1),截至 2022 年年底,中国城市的城区面积已经达到 191 216.77 平方千米,建成区面积达到 63 676.4 平方千米,城市建设用地面积达到 59 451.69 平方千米。如果说传统中国是农耕文明,改革开放之前的中国主要是"乡村中国",那么现阶段的中国则越来越向"城市中国"转变。

表 5-1　中国城市建设的基本情况(2006—2022 年)

年份	城区面积 (平方千米)	建成区面积 (平方千米)	城市建设用地面积 (平方千米)	城市人口密度 (人/平方千米)
2006	166 533.50	33 659.80	34 166.70	2 238
2007	176 065.50	35 469.70	36 351.70	2 104
2008	178 110.30	36 295.30	39 140.50	2 080
2009	175 463.60	38 107.30	38 726.90	2 147
2010	178 691.70	40 058.00	39 758.40	2 209
2011	183 618.00	43 603.20	41 805.30	2 228
2012	183 039.40	45 565.80	45 750.70	2 307
2013	183 416.10	47 855.30	47 108.50	2 362
2014	184 098.59	49 772.63	49 982.74	2 419
2015	191 775.54	52 102.31	51 584.10	2 399
2016	198 178.59	54 331.47	52 761.30	2 408
2017	198 357.20	56 225.40	55 155.50	2 477

---

① 《2023 年城乡建设统计年鉴》(2024 年 10 月 25 日),中华人民共和国住房和城乡建设部官网,https://www.mohurd.gov.cn/gongkai/fdzdgknr/sjfb/tjxx/jstjnj/index.html,最后浏览日期:2024 年 12 月21 日。
② 《超大特大城市名单"上新"》(2023 年 11 月 21 日),新华网,http://www.xinhuanet.com/politics/2023-11/21/c_1129985222.htm,最后浏览日期:2023 年 12 月 21 日。

（续表）

年份	城区面积 （平方千米）	建成区面积 （平方千米）	城市建设用地面积 （平方千米）	城市人口密度 （人/平方千米）
2018	200 896.50	58 455.66	56 075.90	2 546
2019	200 569.51	60 312.45	58 307.71	2 613
2020	186 628.87	60 721.32	58 355.29	2 881
2021	188 300.45	62 420.53	59 424.59	2 868
2022	191 216.77	63 676.40	5 9451.69	2 854

资料来源　《城乡建设统计年鉴》（2006—2022 年）。

二、城市环境的急剧恶化

"城市病"源于英国工业革命时期，并在全球城市化进程的初期和中期普遍出现，表现为大城市数量高速增长和规模快速扩张的趋势。[1]　近年来，随着中国工业化进程的加速，过快的"城市化"发展导致"城市病"日益突出，城市环境急剧恶化。

继党的十八大把"生态文明建设"纳入中国特色社会主义事业"五位一体"总体布局后，中国对生态环境保护的力度显著增强。以空气污染为例，2013 年京津冀、长三角、珠三角等重点区域及直辖市、省会城市和计划单列市共 74 个城市按照新标准开展监测，依据《环境空气质量标准》（GB 3095—2012）对 SO_2、NO_2、PM_{10}、$PM_{2.5}$ 年均值，CO 日均值和 O_3 最大 8 小时均值进行评价，74 个城市中仅有 3 个城市空气质量达标，仅占 4.1%，超标城市比例高达 95.9%。从空气达标天数看，74 个城市平均达标天数比例为 60.5%，平均超标天数比例为 39.5%。[2]　城市环境空气质量不容乐观。尽管在近十年的环境污染攻坚战的努力下，2023 年全国 339 个地级及以上城市中，203 个城市环境空气质量达标，占比 59.99%，但仍有 40.01% 的城市环境空气质量超标。[3]

在水污染方面，2013 年，全国地表水总体为轻度污染，部分城市河段污染较重。2013 年，水质为优良、轻度污染、中度污染和重度污染的国控重点湖泊（水库）比例分别为 60.7%、26.2%、1.6% 和 11.5%。就整个地表水而言，受到严重污染的劣 Ⅴ 类水体所占比例较高，全国约 10%，有些流域甚至大大超过这个数。如

① 王晓玲：《世界大城市化规律及发展趋势》，《城市发展研究》2013 年第 5 期。
② 《2013 中国环境状况公报》（2014 年 5 月 27 日），中华人民共和国生态环境部官网，https://www.mee.gov.cn/hjzl/sthjzk/zghjzkgb/index.shtml，最后浏览日期：2023 年 12 月 21 日。
③ 《2023 中国生态环境状况公报》（2024 年 6 月 5 日），中华人民共和国生态环境部官网，https://www.mee.gov.cn/hjzl/sthjzk/zghjzkgb/index.shtml，最后浏览日期：2024 年 11 月 17 日。

海河流域劣Ⅴ类的比例高达39.1%。[①] 2023年,全国地表水环境质量持续向好,
Ⅰ～Ⅲ类水质断面比例为89.4%,劣Ⅴ类水质断面比例为0.7%;监测的3115个
国控断面中,长江流域、黄河流域、珠江流域、浙闽片河流、西北诸河和西南诸河水
质为优,淮河流域和辽河流域水质良好,松花江流域为轻度污染,但黄河流域、珠江
流域、辽河流域仍存在着不同程度的劣Ⅴ类水体。[②]

现阶段还面临着"垃圾围城"的困境。随着城镇经济的发展和生活方式的转
变,工业上的"建设性摧毁"、商业上的过度包装、居住上的高度集中、生活方式上的
消费主义和肆意浪费,导致城市化进程中产生巨量垃圾。以城市生活垃圾为例,城
市生活垃圾清运量在2000—2019年持续增长,从2000年的11 819万吨增长至
2019年的24 206万吨,截至2022年年底,全国城市生活垃圾清运量为24 445万
吨。[③] 城市资源环境承载力具有一定限度,当这些污染物质和废弃能量超过城市
环境自净能力时,城市环境就会受到污染和破坏,也会对居民健康和城市景观带来
严重的负面影响。[④]

"城市病"在中国还体现为大范围、高强度的交通拥堵。经济发展要求更加快
速便捷的物资、人员、信息的流通,而严重的交通拥堵对人们的日常出行与工作通
勤都造成了不便,降低了城市居民的生活质量和幸福感。《2022年度中国城市交
通报告》显示,在百度地图监测的100个城市中,重庆、北京、上海、杭州、长春五个
城市在通勤高峰的交通拥堵指数均高达1.7以上,16%的城市通勤高峰交通拥堵
指数较上年平均上涨2.34%;杭州、成都、西安等八个城市在周末的交通拥堵指数
保持在1.4以上,40%的城市周末交通拥堵指数较上年平均上涨2.58%。[⑤] 交通
供给与需求的不匹配是引发交通拥堵的内源性诱因,在"大城市化"的总体发展趋
势下,根治交通拥堵这一"城市病"仍面临诸多挑战,需进一步优化环境治理体制。

第二节　中国城市环境治理体制及其变迁

城市环境治理是指城市治理主体运用一定的手段与方法规范、引导、限制、监

---

① 《2013中国环境状况公报》(2014年5月27日),中华人民共和国生态环境部官网,https://www.mee.
gov.cn/hjzl/sthjzk/zghjzkgb/index.shtml,最后浏览日期:2023年12月21日。
② 《2023中国生态环境状况公报》(2024年6月5日),中华人民共和国生态环境部官网,https://
www.mee.gov.cn/hjzl/sthjzk/zghjzkgb/index.shtml,最后浏览日期:2024年11月17日。
③ 《2022年城乡建设统计年鉴》(2023年10月13日),中华人民共和国住房和城乡建设部官网,https://
www.mohurd.gov.cn/gongkai/fdzdgknr/sjfb/tjxx/jstjnj/index.html,最后浏览日期:2023年12月
21日。
④ 安树伟:《近年来我国城市环境污染的趋势、危害与治理》,《城市发展研究》2013年第5期。
⑤ 《2022年度中国城市交通报告》,百度地图官网,https://jiaotong.baidu.com/cms/reports/traffic/2022/
index.html,最后浏览日期:2023年12月21日。

督与协调城市环境公共事务的一系列行为活动的总称。[①] 城市环境治理问题的解决需要加强地方政府、市场主体、专业组织和公民等主体之间的协调。由于环境问题具有牵涉面广、管理链条长等特点,环境治理体制的有效性直接决定了环境治理的效果。

一、中国环境管理机构的历史沿革

新中国成立后,国家的首要目标是实现工业化,将中国从传统农业国迅速转型为现代工业国。在计划经济年代,由于工业基础不发达,加上国家对工业化的热切追求,很多工业化成果的实现往往以牺牲环境为代价。尽管一些地区的环境污染问题十分严重,但长期以来,环境治理问题未能得到足够重视。改革开放后,国家开始稳步推进环境治理工作。1982 年 5 月,城乡建设环境保护部成立,部内设环境保护局,这意味着国家开始有相对固定的工作部门主管环境保护问题。1984 年 5 月,国务院环境保护委员会成立,进一步强化了环境保护的协同工作能力。同年 12 月,城乡建设环境保护部环境保护局改为国家环境保护局,负责全国环境保护的规划、协调、监督和指导工作。1988 年 7 月,国家把环境工作从城乡建设环境保护部分离出来,成立独立的国家环境保护局(副部级)作为国务院直属机构,明确其作为国务院综合管理环境保护的职能部门及国务院环境保护委员会的办事机构。1998 年 6 月,国务院环境保护委员会被撤销,同时将国家环境保护局升格为国家环境保护总局(正部级),作为国务院主管环境保护工作的直属机构。2008 年 7 月,国家环境保护总局再次升格为环境保护部,首次成为国务院组成部门,体现了国家对环境保护工作的高度重视。2018 年 4 月,按照新一轮国务院机构改革方案,环境保护部不再保留,转而成立生态环境部。此次机构改革标志着中国生态环境保护进入新阶段,实行最严格的生态环境保护制度,旨在解决环境问题和形成绿色发展方式与生活方式。总体而言,中国环境保护部门历经了从无到有、从低级到高级的演变过程,并通过合理设置部门机构和职责分工提升了环境保护工作的有效性,其背后凸显的是中国对环境保护工作认识的不断深化与环境治理体制的日益完善。

在机构设置的变迁之外,国家对环境保护工作的重视还体现在重大会议的召开上,如表 5-2 所示,中国大致每隔五年召开一次全国环境保护会议讨论和部署环境保护工作。在历次环境保护会议的整体推进下,中国生态环境保护工作逐步趋于制度化、规范化和法治化。

---

① 张建伟、谈珊:《我国城市环境治理中的多元共治模式研究》,《学习论坛》2018 年第 6 期。

表 5-2　中国历次全国环境保护会议的基本情况

会议与时间	会议主题与内容
第一次全国环境保护会议 (1973 年 8 月 5 日—20 日)	确定"全面规划,合理布局,综合利用,化害为利,依靠群众,大家动手,保护环境,造福人民"的 32 字环境保护工作方针
第二次全国环境保护会议 (1983 年 12 月 31 日—1984 年 1 月 7 日)	将环境保护确立为基本国策。制定了经济建设、城乡建设和环境建设同步规划、同步实施、同步发展,实现经济效益、社会效益和环境效益相统一的指导方针
第三次全国环境保护会议 (1989 年 4 月 28 日—5 月 1 日)	提出要加强制度建设,深化环境监管,向环境污染宣战,促进经济与环境协调发展
第四次全国环境保护会议 (1996 年 7 月 15 日—17 日)	提出保护环境的实质就是保护生产力,确立了坚持污染防治和生态保护并举的方针,全面推进环保工作
第五次全国环境保护会议 (2002 年 1 月 8 日)	提出环境保护是政府的一项重要职能,要按照社会主义市场经济的要求,动员全社会的力量做好这项工作
第六次全国环境保护大会 (2006 年 4 月 17 日—18 日)	强调做好新形势下的环保工作,要加快实现三个转变:从重经济增长轻环境保护转变为保护环境与经济增长并重;从环境保护滞后于经济发展转变为环境保护和经济发展同步;从主要用行政办法保护环境转变为综合运用法律、经济、技术和必要的行政办法解决环境问题
第七次全国环境保护大会 (2011 年 12 月 20 日—21 日)	强调坚持在发展中保护、在保护中发展,积极探索环境保护新道路,切实解决影响科学发展和损害群众健康的突出环境问题,全面开创环境保护工作新局面
全国生态环境保护大会 (2018 年 5 月 18 日—19 日)	强调坚决打好污染防治攻坚战,推动生态文明建设迈上新台阶
全国生态环境保护大会 (2023 年 7 月 17 日—18 日)	强调全面推进美丽中国建设,加快推进人与自然和谐共生的现代化

资料来源　生态环境部官网。

二、走向大部制:城市环境治理体制变革

在环境管理机构变革的同时,中国城市环境治理体制也随之发生变化,经历了从统一监督管理体制到大部制监管体制的深刻转型,在"共建共治共享"的社会治理格局下,日益走向由政府主导的多元共治环境治理体制。

(一) 统一监督管理体制:职责分散的治理困境

统一监督管理体制是中国相当长一段时期内的生态环境管理体制,这一体制对保障环境保护、经济与社会的协调发展起到了一定的积极作用,但也存在对组织机构职责权限界分不够明确的问题,导致环境保护"条块分割"严重,进而出现扯

皮、争权、推诿责任等现象,无法满足社会进一步发展的需要。[①] 1989 年《中华人民共和国环境保护法》(以下简称《环保法》)第七条规定,"国务院环境保护行政主管部门,对全国环境保护工作实施统一监督管理。县级以上地方人民政府环境保护行政主管部门,对本辖区的环保工作实施统一监督管理"。然而,"统一监督管理"这一理念既缺乏清晰的职责界定,在实践中也难以实施,加上中国环境管理体制是从各部门分工管理逐步转变为统一监督管理与分工负责相结合的管理体制,在此变化过程中更加注重对新机构的授权,而忽视了对原有机构及其相关职能的撤销,致使环境管理机构重复设置的现象广泛存在。[②] 2008 年 7 月,中国组建了环境保护部,但环境保护部的设立并没有从根本上满足中国环境治理统一监管的要求,环境治理仍然存在着机构林立、叠床架屋、九龙治水等问题。环境保护职能处于分散状态,如污染防治职能分散在环保、海洋、港务监督、渔政、公安、交通等部门,资源保护职能分散在矿产、林业、农业、水利等部门,综合调控管理职能分散在环保、发展和改革委员会、财政、工信、国土等部门。[③] 这种职责分散的管理体制,虽强化了对特定领域环境问题的管理,但却人为分割了本应由环境管理部门统一行使的职权,与统一的环境生态系统存在结构性矛盾,容易造成监管盲区,使监管责任难以落实。[④]

(二) 大部制:从分散到系统化的生态环境治理

"大部制"作为市场经济国家普遍采用的政府组织形态,是一种综合性的管理组织体制,将职能相近、业务范围类似的事项集中至一个部门进行统一管理,使其管辖范围拓宽,加强横向的宏观管理,在一定程度上有助于解决政府长期存在的机构重叠、职能不清、部门林立、职责交叉、权责脱节、政出多门的问题,从而使政府运转顺畅,提高政府的工作效率和服务质量。[⑤] 大部制改革不仅意味着职能相似的部门得到有效整合,而且让原本分散在各个部门的资源以更优的组合配置发挥最大效益。[⑥] 党的十九大报告提出,要"像对待生命一样对待生态环境,统筹山水林田湖草系统治理",并将污染防治工作确定为党和国家在未来五年的三大攻坚战之一。在此背景下,2018 年 3 月,新一轮国务院机构改革方案决定设立生态环境部,对生态环境保护职责进行了重新整合,将环境保护部的职责,国家发展和改革委员会的应对气候变化和减排职责,国土资源部(2018 年改为自然资源部)的监督防止地下水污染职责,水利部的编制水功能区划、排污口设置管理、流域水环境保护职责,农

---

① 侯佳儒:《论我国环境行政管理体制存在的问题及其完善》,《行政法学研究》2013 年第 2 期。
② 彭峰:《大部制改革:环保先行》,《社会观察》2008 年第 6 期。
③ 章轲:《环保"大部制"设想与争议:三个"统管"部门》,《第一财经日报》2015 年 6 月 17 日。
④ 毛科、秦鹏:《环境管理大部制改革的难点、策略设计与路径选择》,《中国行政管理》2017 年第 3 期。
⑤ 竺乾威:《地方政府大部制改革:组织结构角度的分析》,《中国行政管理》2014 年第 4 期。
⑥ 黄冬娅、陈川慜:《地方大部制改革运行成效跟踪调查——来自广东省佛山市顺德区的经验》,《公共行政评论》2012 年第 5 期。

业部(2018年改为农业农村部)的监督指导农业面源污染治理职责,国家海洋局的海洋环境保护职责,国务院南水北调工程建设委员会办公室的南水北调工程项目区环境保护职责整合至生态环境部。[①] 此次改革即以大部制理念为基础,整合了分散的生态环境保护职能,使生态环境部统一履行生态和城乡各类污染排放监管与行政执法职责,有利于克服原有体制下行政职能的碎片化与职权分割问题,更加宏观系统地管控、调整、解决生态环境问题,标志着中国环境治理体制的重大调整。

三、政府主导的多元共治环境治理体制

经过长期探索,在"大部制"监管体制和"共建共治共享"社会治理格局的制度情境下,中国逐步形成了政府主导、多元社会主体共同参与的环境治理体制,其实质是将政府、企业、社会联结起来,通过发挥各治理主体优势,实现权力与权利的互动,进而实现治理效果的最优化。[②] 2015年9月,中共中央、国务院印发《生态文明体制改革总体方案》,将"健全市场机制,更好发挥政府的主导和监管作用,发挥企业的积极性和自我约束作用,发挥社会组织和公众的参与和监督作用"作为生态文明体制改革的基本原则。2017年10月,党的十九大报告指出,着力解决突出环境问题要"坚持全民共治",构建政府为主导、企业为主体、社会组织和公众共同参与的环境治理体系。2021年3月,国家"十四五"规划进一步强调,健全现代环境治理体系,加大环保信息公开力度,加强企业环境治理责任制度建设,完善公众监督和举报反馈机制,引导社会组织和公众共同参与环境治理。

(一) 政府:环境治理体系的主导

"政府为主导"的原则强调主导责任在政府,体现为中央和地方政府对全国和地方区域的环境质量负责。一方面,政府要扮演好"裁判员"的角色,通过有效的环境监督管理,管控好不同主体的行为,尽量减少环境污染和生态破坏;另一方面,政府作为环境问题的积极治理者,要通过加大环境保护基础设施和环保科技研发的投入力度促进环境质量的改善。《环保法》第六条规定:"地方各级人民政府应当对本行政区域的环境质量负责"。由于地方政府同时承担着经济发展、市政开发、民生改善、环境保护等多项职责,地方政府和官员容易直接或间接地介入市场,也容易连带性地产生相关环境问题,因而地方政府既是环境监管的履行者,也是中央政府环境监管的对象。现代环境治理体制的一个核心要求就是中央生态环境保护工

① 《中共中央印发〈深化党和国家机构改革方案〉》(2018年3月21日),中国政府网,https://www.gov.cn/zhengce/2018-03/21/content_5276191.htm#2,最后浏览日期:2023年12月22日。
② 张建伟、谈珊:《我国城市环境治理中的多元共治模式研究》,《学习论坛》2018年第6期。

作部门要对地方政府的环境行为实施有效的监管。

(二) 企业:环境治理体系的主体

"企业为主体"的原则是指作为生产单位和污染排放单位的企业要在生产经营过程主动防止、减少环境污染和生态破坏,并对所造成的损害依法承担责任。2014 年修订的《中华人民共和国环境保护法》有多项涉及企业责任的规定,如:第四十条规定,"企业应当优先使用清洁能源,采用资源利用率高、污染物排放量少的工艺、设备以及废弃物综合利用技术和污染物无害化处理技术,减少污染物的产生";第四十二条规定,"排放污染物的企业事业单位和其他生产经营者,应当采取措施,防治在生产建设或者其他活动中产生的废气、废水、废渣、医疗废物、粉尘、恶臭气体、放射性物质以及噪声、振动、光辐射、电磁辐射等对环境的污染和危害。排放污染物的企业事业单位,应当建立环境保护责任制度,明确单位负责人和相关人员的责任"。从上述法律规定来看,"企业为主体"重在强调环境保护"生产端"的责任,特别是企业要积极配备环境保护设施,通过技术创新减轻经济生产活动对环境的压力。除此之外,"企业为主体"还意味着可以通过培育和发展环境友好型产业实现经济发展与环境保护的双赢。

(三) 社会组织:环境治理体系的重要支撑

中国环保社会组织的发展始于 20 世纪七八十年代,1978 年 5 月,中国环境科学学会成立,这是最早由政府部门发起成立的环保民间组织。1993 年,"自然之友"在北京成立,是中国成立最早的环保社会组织之一,此后,各种环保社会组织相继成立。环保社会组织作为起步较早、发展较快、最为活跃和最具影响力的社会组织类型之一,已成为中国环境治理体系的重要支撑。2009 年,中国环保 NGO 已逾 3 500 家,成为当时中国民间非政府组织中数量最多的群体。[1] 根据民政部的统计数据,截至2016 年年底,全国 33.6 万个社会团体中生态环境类为 0.6 万个,全国 36.1 万个民办非企业单位中有 444 个生态环境类民办非企业单位。[2] 2017 年 1 月,原环境保护部和民政部联合发文,对以环保社会团体、环保基金会和环保社会服务机构为主体组成的环保社会组织在促进生态文明建设和绿色发展中所作出的重要贡献给予高度肯定,认为环保社会组织是提升公众环保意识、促进公众参与环保、开展环境维权与法律援助、参与环保政策制定与实施、监督企业环境行为、促进环境保护国际交流与合作的重要力量,要进一步加强环保社会组织的规范化管理,发挥其积极

---

[1] 汤蕴懿:《中国需要怎样的环保 NGO》,《环境保护》2011 年第 Z1 期。

[2] 《2016 年社会服务发展统计公报》(2017 年 8 月 3 日),中华人民共和国民政部官网,https://www.mca.gov.cn/n156/n189/c93379/content.html,最后浏览日期:2023 年 12 月 22 日。

作用。①

　　环保社会组织力量的壮大是中国城市环境治理兴起的一个重要社会基础。② 环保社会组织能够通过环保宣传、环保监督、政策倡议和公益诉讼等方式提升环境治理效果。在 2003 年的"怒江水电之争"和 2005 年的"26 度空调"行动中，环保社会组织均发挥了重要监督和助推作用，促进了环境治理科学化和民主化决策。环保社会组织在环境治理体系中的主体地位受到法律保护，《环保法》第五十八条赋予社会组织公益诉讼的资格，社会组织只要"依法在设区的市级以上人民政府民政部门登记""专门从事环境保护公益活动连续五年以上且无违法记录"，就可以"对污染环境、破坏生态、损害社会公共利益的行为，向人民法院提起诉讼"。

（四）公众参与：环境治理体系的监督保证

　　公众参与是指公众对环境治理的参与和潜在贡献。公众参与不仅是监督企业和地方政府行为的重要手段，也是防止和减少环境污染和生态破坏的重要办法。随着经济发展水平和居民受教育程度的提高，以及政府环境信息公开力度的加大和环境信息可获得性的增强，公众对环境问题的关注度和参与热情正在逐渐提升，公众参与环境治理也成为保障公民环境权利的重要体现。公众环境关注度的提高能够有效地推动地方政府更加关注环境治理问题。③ 中国公众参与形式多元，既可以通过信函、传真、电子邮件、"12369"环保举报热线、政府网站等信息反馈渠道主动为之，也能够以互动讨论的形式有序参与环境保护主管部门开展的征求意见、问卷调查、座谈会、专家论证会、公众听证会等相关活动。环境保护是公民的正当权利，也是法律规定的公民义务。《环保法》第五十七条规定："公民、法人和其他组织发现任何单位和个人有污染环境和破坏生态行为的，有权向环境保护主管部门或者其他负有环境保护监督管理职责的部门举报。公民、法人和其他组织发现地方各级人民政府、县级以上人民政府环境保护主管部门和其他负有环境保护监督管理职责的部门不依法履行职责的，有权向其上级机关或者监察机关举报。"此外，《环保法》还规定了公民应当自觉履行环境保护义务，如 2018 年 6 月试行的《公民生态环境行为规范十条》明确了公民应当履行的具体行为规范：关注生态环境、节约能源资源、践行绿色消费、选择低碳出行、分类投放垃圾、减少污染产生、呵护自然生态、参加环保实践、参与监督举报、共建美丽中国。

①　《关于加强对环保社会组织引导发展和规范管理的指导意见》（2017 年 1 月 26 日），中国政府网，https://www.gov.cn/xinwen/2017-03/24/content_5180494.htm#1，最后浏览日期：2025 年 4 月 22 日。
②　邓集文：《试论中国城市环境治理的兴起》，《东南学术》2012 年第 3 期。
③　郑思齐、万广华、孙伟增等：《公众诉求与城市环境治理》，《管理世界》2013 年第 6 期。

第三节　中国城市环境的治理工具

在快速城市化的背景下,随着城市人口和其他生产、生活要素的集聚,城市发展面临着越来越严重的资源环境压力,环境污染和生态破坏行为屡禁不止,城市环境的有效治理挑战重重。城市环境治理不仅要约束和规范企业行为和公民行为,而且还要矫正地方政府行为偏差。由于地方政府兼具"监管者"和"被监管者"双重身份,这种角色冲突使地方政府及其环境监管部门的行为存在偏差,进而影响环境治理效果。与此同时,地方政府在环境治理中容易受税收驱动、GDP 考核和政商关系的影响,从而对所辖区域内企业及个人的非环境友好型行为进行庇护,导致环境监管被"俘获"。为此,中国城市环境治理要采取更为科学的治理工具,从而有效约束地方政府、企业和公民等多元主体在环境治理中的自利倾向和不当行为。

一、环境治理的立法规制

城市环境治理首先要有法可依,立法规制是环境保护最为重要的基础性治理工具,旨在通过法律权威和正式规则对行为主体施以强制性约束和禁止性规范。据不完全统计,中国已颁布实施了 30 余部环境法律(见表 5-3)、70 余部环境保护行政法规、800 余部环境保护部门规章和地方性法规,2 000 余部环境保护标准,环境法已经成为中国特色社会主义法治体系的重要组成部分。[①] 在正式法律体系之外,中国环境治理的规则约束还包括党内法规。比如,2015 年 7 月 1 日,中央全面深化改革领导小组(2018 年 3 月改为中央全面深化改革委员会)第十四次会议审议通过了《党政领导干部生态环境损害责任追究办法(试行)》,该文件首次以中央文件形式提出了生态环境保护应当"党政同责",即"地方各级党委和政府对本地区生态环境和资源保护负总责,党委和政府主要领导成员承担主要责任",同时实行"生态环境损害责任终身追究制",要求"对违背科学发展要求、造成生态环境和资源严重破坏的,责任人不论是否已调离、提拔或者退休,都必须严格追责"。

对城市环境治理而言,立法规制有以下重要功能。一是立法规制是形成环境保护稳定性规则的基础。相较于其他正式或非正式规则,立法规制能够运用法律至高无上的权威达成稳定的预期和形成严格的监管体系,以公开、稳定、强制的规

[①]　李奇伟:《城市中心主义环境立法倾向及其矫正》,《求索》2018 年第 6 期。

则约束和规范行为主体。二是立法规制可以通过行政许可加强环境监管。中国环境治理中有两个重要的行政许可性质的规定，即"环境影响评价"和"排污许可证"。《环保法》第十九条规定："未依法进行环境影响评价的建设项目，不得开工建设"；"实行排污许可管理的企业事业单位和其他生产经营者应当按照排污许可证的要求排放污染物；未取得排污许可证的，不得排放污染物"。三是立法规制提供了正、负向激励相结合的奖惩体系。如果从产品的角度理解环境保护，人类所处的生态环境属于埃莉诺·奥斯特罗姆（Elinor Ostrom）所说的"公共池塘资源"，由于此类产品具备高竞用性和低排他性双重属性[①]，按照理性人预期，需要运用恰当的激励来引导自利的个人做出更多亲环境行为，即处罚违规行为或褒奖守规行为。《环保法》规定了企事业单位、其他生产经营者以及地方政府的环境违法违规行为的法律责任，制定了罚款、限制生产、停产整治、责令停业、关闭、拘留乃至追究刑事责任等处罚规则，大大提高了环境违法违规行为的成本，形成了强大的法律威慑效应。《中华人民共和国环境保护税法》通过税收优惠杠杆促进企业的环保行为。该法第十二条规定了五种可暂予免征环境保护税的情形，第十三条规定了税收减免情况，即"纳税人排放应税大气污染物或者水污染物的浓度值低于国家和地方规定的污染物排放标准百分之三十的，减按百分之七十五征收环境保护税。纳税人排放应税大气污染物或者水污染物的浓度值低于国家和地方规定的污染物排放标准百分之五十的，减按百分之五十征收环境保护税"。

表5-3　中国出台的部分重要环境保护法规

法律名称	立法时间	修订（正）时间
《中华人民共和国水污染防治法》	1984年5月11日	2017年6月27日
《中华人民共和国大气污染防治法》	1987年9月5日	2018年10月26日
《中华人民共和国水法》	1988年1月21日	2016年7月2日
《中华人民共和国环境保护法》	1989年12月26日	2014年4月24日
《中华人民共和国水土保持法》	1991年6月29日	2010年12月25日
《中华人民共和国固体废物污染环境防治法》	1995年10月30日	2020年4月29日
《中华人民共和国环境噪声污染防治法》	1996年10月29日	2018年12月29日，2022年6月5日废止
《中华人民共和国环境影响评价法》	2002年10月28日	2018年12月29日
《中华人民共和国可再生能源法》	2005年2月28日	2009年12月26日

---

① ［美］埃莉诺·奥斯特罗姆：《公共事物的治理之道：集体行动制度的演进》，余逊达、陈旭东译，上海三联书店2000年版，第54—55页。

（续表）

法律名称	立法时间	修订（正）时间
《中华人民共和国清洁生产促进法》	2002 年 6 月 29 日	2012 年 2 月 29 日
《中华人民共和国环境保护税法》	2016 年 12 月 25 日	2018 年 10 月 26 日
《中华人民共和国土壤污染防治法》	2018 年 8 月 31 日	—
《中华人民共和国湿地保护法》	2021 年 12 月 24 日	—
《中华人民共和国噪声污染防治法》	2022 年 6 月 5 日	—

二、综合治理与目标责任制

城市环境治理不仅要有效约束环境违法违规行为,还要激发地方政府的治理主动性,从而建立科学合理的环境治理模式。从 1985 年开始,中国城市环境治理已经由污染源治理和工业污染综合防治阶段进入了城市环境综合整治阶段,即在城市政府的统一领导下,通过法治、经济、行政和技术等手段,达到保护和改善城市环境的目的。[1] 1989 年 4 月,国务院召开第三次全国环境保护会议,确立了"预防为主""谁污染谁治理"和"强化环境管理"三项政策和城市环境综合整治定量考核制、环境保护目标责任制、排放污染物许可证制、污染集中控制、限期治理、环境影响评价制度、"三同时"制度、排污收费制度八项环境管理制度[2],构成了一个较为完整的环境治理制度体系。

其中,城市环境综合整治定量考核制强调城市政府的主体责任,这与《环保法》规定的"地方各级人民政府应当对本行政区域的环境质量负责"相一致。从考核范围来看,省、自治区政府需对所辖地级以上(含地级)全部城市进行考核,考核内容涉及城市环境质量、城市污染防治、城市环境建设和城市环境管理等方面,囊括 API 指数、清洁能源使用率、城市污水集中处理率、环境保护机构建设等多项指标。[3] 环境保护目标责任制进一步将环境保护责任落实到各级地方主官,通常是以签订责任书的形式,规定省长、市长、县长在任期内的具体环境目标和任务,并将其作为政绩考核的内容之一。同时,省长、市长、县长等再以责任书的形式,把有关环境目标和任务分解到政府的各个部门,根据完成情况给予奖惩。

---

[1]　冯东方:《中国城市环境现状及主要城市环境管理措施》,《城市发展研究》2001 年第 4 期。

[2]　《第三次全国环境保护会议》(2018 年 7 月 13 日),中华人民共和国生态环境部官网,https://www.mee. gov.cn/zjhb/lsj/lsj_zyhy/201807/t20180713_446639.shtml,最后浏览日期:2023 年 12 月 23 日。

[3]　《关于印发〈"十一五"城市环境综合整治定量考核指标实施细则〉和〈全国城市环境综合整治定量考核管理工作规定〉的通知》(2006 年 3 月 22 日),中华人民共和国生态环境部官网,https://www.mee.gov. cn/gkml/zj/bgt/200910/t20091022_173950.htm,最后浏览日期:2023 年 12 月 23 日。

上述环境治理制度体系偏重"督政"而不是"监企",环境治理主要依靠行政体系内部的考核体系来实现监管目标成为中国环境监管体系的重要特征,环境治理成效依赖于行政控制而非国家对企业的日常监管。[①]

三、环保督查与专项整治

环保督查与专项整治的核心在于激发地方政府的积极性,通过自上而下的环保督察,形成了上下联动、横纵协同的环境治理体系。为了加强"督政"和"监企"的效果,近年来国家还特别重视通过自上而下的垂直型环保督查机制来提升生态环境保护力度。长期以来,中国的区域环境治理面临着行政壁垒和地方保护主义的困境。由于区域环境管理体制具有很强的属地特征,中央政府负责监管协调,地方政府负责区域问题解决,这种区域环境问题管理的属地特征与环境问题跨域化的特征存在冲突。地方政府的环保责任仅限于本行政区,对跨域环境问题缺乏权威性责任认定,导致地方政府之间矛盾激化。[②] 地方政府为了保护本地的经济发展和财政税收也往往会放松对企业的环保监督,造成普遍的"监督软化"问题。与地方经济发展相比,生态环境保护在地方事权清单上通常处于后置位置,环境监督执法工作为经济建设"让路"屡见不鲜。[③]

为了督促地方政府与企业履行环保职责,2006 年 7 月,原国家环境保护总局办公厅出台《总局环境保护督查中心组建方案》,组建了华东、华南、西北、西南、东北五大区域环境保护督查中心,而后于 2008 年 12 月增设华北环保督查中心,实现了环保区域督查全覆盖。区域层面的环保督察机构的设立在一定程度上打破了条块分割的地方环保行政执法监察体制,逐渐形成由环境监察局、应急中心和区域环境保护督查中心组成的"国家监察体系"。由于区域环境保护督察中心仅作为环境保护总局派出的执法监督机构,而省级环保厅同时受省政府和环保部的双重领导,后者的执法力度很大程度依赖于省级政府对环境问题的重视程度。在此基础上,国家建立了常态化、制度化的环保督查制度,从环境保护部牵头转向中央主导。2015 年 7 月 1 日,中央深化改革领导小组第十四次会议审议通过《环境保护督察方案(试行)》,要求全面落实党委、政府环境保护"党政同责""一岗双责"的主体责任,将建立环保督察工作机制作为生态文明建设的重要抓手。自 2015 年 12 月启动河北省督察试点以来,中央环保督察在全国各地掀起了一场持久的环保督察风暴,

① 黄冬娅、杨大力:《考核式监管的运行与困境:基于主要污染物总量减排考核的分析》,《政治学研究》2016 年第 4 期。
② 葛察忠、翁智雄、董战峰:《环保督查制度:推动建立督政问责监管体系》,《环境保护》2016 年第 7 期。
③ 袁方成、姜煜威:《"晋升锦标赛"依然有效?——以生态环境治理为讨论场域》,《公共管理与政策评论》2020 年第 9 期。

2016 年 7 月和 11 月、2017 年 4 月和 8 月分四批开展督察,实现了对 31 个省(区、市)全覆盖。中央环保督察在进驻各个省份过程中,紧盯环境污染沉疴,推动解决了一批重点、难点问题。[①] 发展至今,中央环保督察已进行至第三轮,于 2024 年 10 月 20 日完成第三批 8 个中央生态环境保护督察组进驻,彰显中央坚决打赢生态环境保护攻坚战的巨大决心。

除了中央环保督查,地方政府也通过专项整治行动促进生态环境综合治理。专项整治可以充分集中利用政府资源,以高速度、严标准整治城市环境的"顽疾沉疴",取得"运动式治理"般立竿见影的效果。以上海市为例,从 2015 年开始,上海市启动了"五违四必"区域环境综合整治工作,先后实施了 3 批市级重点地块的综合整治,全面完成共 50 个市级和 666 个区级地块的整治,全市拆除违法建筑 1.6 亿平方米,基本消除"五违"问题集中成片区域。[②]

四、环保倡导与创建环保模范城市

城市环境治理不仅需要后端有力的处罚和整治,还需要在过程链的前端实施有效的教育、宣传、倡导和示范,引导地方政府和各类社会主体参与环境治理,积极践行生态保护的生产方式和生活理念。

在环保倡导方面,中国于 1996 年设立国家级环境保护宣传教育中心(现为"生态环境部宣传教育中心"),承担环境宣传教育工作,包括向公众普及环境法律法规、开展"6·5"环境日重大宣传、进行环境教育理论研究和实践、运营"国家环保宣教示范基地"、组织专题社会培训、建设生态环境影视媒资库,以及策划制作各类环保电视片、公益广告片等。2016 年 4 月,原环境保护部、中共中央宣传部等六部门共同出台《全国环境宣传教育工作纲要(2016—2020)》,提出了"十三五"期间国家环境宣传的主要目标,即"到 2020 年,全民环境意识显著提高,生态文明主流价值观在全社会顺利推行。构建全民参与环境保护社会行动体系,推动形成自上而下和自下而上相结合的社会共治局面",确定了"加大信息公开和舆论引导""加强生态文化建设以满足民众文化需求""加强环保宣传工作""推进学校环境教育"和"积极促进公众参与"五项主要任务。

国家还通过创建环境保护模范城市促进城市环境治理能力的提升。1996 年 3 月,《国家环境保护"九五"计划和 2010 年远景目标》提出城市环境保

---

① 《中央环保督察将成常态　全国绿色风暴愈演愈烈》(2017 年 12 月 30 日),中国环保在线,https://www.hbzhan.com/news/Detail/122854.html,最后浏览日期:2023 年 10 月 28 日。

② 《应勇市长在上海市第十五届人民代表大会第一次会议的政府工作报告(2018 年)》(2018 年 2 月 1 日),上海市人民政府网,https://www.shanghai.gov.cn/nw12336/20200813/0001-12336_1286704.html,最后浏览日期:2023 年 12 月 23 日。

护"要建成若干个经济快速发展、环境清洁优美、生态良性循环的示范城市"。1997 年 5 月,国家环境保护局下发《关于开展创建国家环境保护模范城市活动的通知》,在全国范围内推动此项工作,明确了申请、验收的程序以及考核标准。2006 年 3 月,国家环境保护总局制定了《"十一五"国家环境保护模范城市考核指标及其实施细则》和《国家环境保护模范城市创建与管理工作规定》,进一步细化了创建环保模范城市的规则。截至 2010 年,全国已有 67 个城市和 5 个直辖市城区被授予国家环境保护模范城市(城区)的称号。[①] 2011 年 1 月,原国家环境保护部颁布了《国家环境保护模范城市创建与管理工作办法》,该办法由总则、创建申请、考核验收、公示公告、复核、监督管理和附则七部分组成,将国家环境保护模范城市的考核内容划分为环境质量、环境建设和环境管理三个主要方面,兼顾经济社会等方面指标。与此同时,原环境保护部办公厅印发了《国家环境保护模范城市考核指标及其实施细则(第六阶段)》,将国家环境保护模范城市的考核内容细分为经济社会、环境质量、环境建设和环境管理四大方面二十六项指标(见表 5-4)。

表 5-4　国家环境保护模范城市创建考核指标

内容	序号	考核指标
基本条件	1	按期完成国家和省下达的主要污染物总量控制任务
	2	近三年,城市市域内未发生重大、特大环境污染和生态破坏事故,制定环境突发事件应急预案并进行演练,前一年未有重大违反环保法律法规的案件
	3	城市环境综合整治定量考核连续三年名列本省(区)前列
建设指标 经济社会	4	近三年,每年城镇居民人均可支配收入达到 10 000 元,西部城市 8 500 元;近三年,每年环境保护投资指数≥1.7%
	5	规模以上单位工业增加值能耗近三年逐年下降
	6	单位 GDP 用水量近三年逐年下降
	7	万元工业增加值主要污染物排放强度逐年下降
环境质量	8	城区空气主要污染物年平均浓度值达到国家二级标准,且主要污染物日平均浓度达到二级标准天数占全年天数的 85% 以上
	9	集中式饮用水水源地水质达标
	10	市辖区内水质达到相应水体环境功能要求,全市域跨界断面出境水质达到要求
	11	区域环境噪声平均值≤60 dB(A)(城区)
	12	交通干线噪声平均值≤70 dB(A)(城区)

[①] 黄亮雄、才国伟:《国家环保模范城市减排绩效实证分析》,《城市问题》2012 年第 8 期。

（续表）

内容		序号	考核指标
建设指标	环境建设	13	建成区绿化覆盖率≥35%（西部城市可选择人均公共绿地面积≥全国平均水平）
		14	城市生活污水集中处理率≥80%，缺水城市污水再生利用率≥20%
		15	重点工业企业污染物排放稳定达标
		16	城市清洁能源使用率≥50%
		17	机动车环保定期检测率≥80%
		18	生活垃圾无害化处理率≥85%
		19	工业固体废物处置利用率≥90%
		20	危险废物依法安全处置
	环境管理	21	环保目标责任制落实到位，环境指标已纳入党政领导干部政绩考核，制定创模规划并分解实施，实行环境质量公告制度
		22	建设项目依法执行环评、"三同时"，依法开展规划环境影响评价
		23	环境保护机构独立建制，环境保护能力建设达到国家标准化建设要求
		24	公众对城市环境保护的满意率≥80%
		25	中小学环境教育普及率≥85%
		26	城市环境卫生工作落实到位，城乡接合部及周边地区环境管理符合要求

资料来源　原环境保护部办公厅《关于印发〈国家环境保护模范城市考核指标及其实施细则（第六阶段）〉的通知》。

区别于前述环境立法规制、责任考核制、上级督查与专项整治等强制型治理工具，环保倡导与创建环保模范城市这类治理工具更加侧重于激发社会公众和地方政府的内在自觉，旨在培育城市环境治理的自愿性力量，将环境保护内化为个体的自发行为，有助于实现环境治理绩效的有效提升。

五、技术创新、产业结构调整与市场化治理

城市环境治理作为一项系统性工程，在强制型和自愿型治理工具之外，还可以通过技术创新、产业结构调整和引入市场化治理等经济工具减轻经济社会发展对生态环境的压力。

（一）技术创新

创新是引领发展的第一动力，加强技术创新是提升生态环境治理效果的关键路径。环境保护领域的技术创新既包括发展低能耗、低污染的源头减量和清洁生产技术，也涵盖集约化、高效能的废弃物协同处置与资源利用技术革新，同时囊括

环境污染防治、生态保护与修复、生态环境监测预警与风险控制等关键核心技术。为推动环保领域的技术创新,中国出台了一系列政策鼓励绿色低碳技术研发,围绕节能环保、清洁生产、清洁能源等领域布局了多项科技攻关项目,通过建设绿色技术国家技术创新中心、国家科技资源共享服务平台等创新基础设施,利用政府基金、财政补贴、税收优惠等经济工具支持企业进行生产技术改造,资助大量节能减排、清洁生产、清洁能源、绿色基础设施等技术的研发和应用,从而以绿色技术创新体系改善促进生态文明高质量发展。

(二) 产业结构调整

产业结构调整是通过产业结构的转型升级来降低粗放式经济发展方式对生态环境所造成的破坏。根据经济发展的一般规律,当经济发展进入高级阶段,产业结构应当趋于合理化和高级化。合理化意味着第一、二、三产业之间的比重更加协调;高级化则是在产业结构合理化的基础上,运用技术创新改进社会生产技术,通过大力发展技术密集型、知识密集型、资本密集型产业,形成创新力更强和附加值更高的现代化产业链,提升产业整体效益有助于降低污染物的排放。[①] 为推进产业结构调整和优化升级,2005 年出台的《促进产业结构调整暂行规定》要求鼓励和支持发展先进生产能力,限制和淘汰落后生产能力,防止盲目投资和低水平重复建设,推进产业结构优化升级。以限制和淘汰落后生产能力为例,2007 年后,中国国民经济运行中出现了较为突出的产能过剩问题,为过剩产能和落后行业进行"瘦身"是相当长一段时期内的重点工作。国家层面通常以《产业结构调整指导目录》的形式,按照鼓励、限制和淘汰三个类别指导地方产业结构调整;地方层面则负责具体落实,如上海市经济和信息化委员会以"负面清单"产业管理模式,出台《上海市部分行业限制类、淘汰类生产工艺、装备、产品指导目录》,旨在淘汰落后产能和提升能源利用效率。

(三) 市场化治理

市场化治理工具是指引入环境治理的市场化机制,使环境治理模式由过去的政府推动为主转变为政府推动与市场驱动相结合,更加注重发挥市场力量在环境治理中的关键作用。市场化治理工具包含多种类型,如在环境保护领域推行公私合作、特许经营、第三方治理等 PPP 模式,又如建设以市场为导向的涵盖排污权、碳排放权、用能权、水权、林权等在内的公共资源交易制度体系以及资源有偿使用和生态补偿制度,还可通过发展绿色信贷、设立政府引导基金等吸引各类资本参与投资、建设和运营,构建市场化多元投融资体系。以中国发展相对成熟的排污权交

---

① 刘亚清、马艺翔、吴振信:《京津冀地区产业结构升级对大气污染的影响》,《城市问题》2017 年第 12 期。

易制度为例,20 世纪 80 年代开始引入排污权交易制度,对提高资源利用效率、构建绿色发展政策体系、推动产业绿色转型、促进经济高质量发展起到了重要作用。[①] 1987 年,上海进行的关于水污染排放权的转让是最早应用排污权交易的案例。2002 年 3 月,原国家环境保护总局启动了"推动二氧化硫排放总量控制及排放权交易政策实施"的示范工作,选择山东、山西、江苏、河南、上海、天津和柳州等 7 个代表性省、市作为试点区域,而后又增设了河北、内蒙古、浙江、湖北、湖南、陕西、重庆和青岛等省(自治区)、市开展排污权交易试点,另有部分省份自行开展了排污权交易工作。2014 年 8 月,国务院办公厅印发了《关于进一步推进排污权有偿使用和交易试点工作的指导意见》(以下简称《意见》),作为排污权交易工作的纲领性文件,《意见》确立了试点地区的排污权交易政策框架和基本交易制度体系,将严格落实污染物总量控制制度作为排污交易的基础。截至 2021 年年底,全国排污权有偿使用和交易总金额为 245 亿元。其中,一级市场(含排污权有偿使用费)金额约 176 亿元,占比 72%;二级市场(企业间)交易约 69 亿元,占比 28%。[②] 排污权有偿使用和交易总额的显著增加,标志着该项试点工作取得阶段性成效。

以技术创新、产业结构调整和市场化机制为代表的环境治理工具能够在一定程度上弥补强制型治理工具中的政府失灵和自愿型治理工具中的第三方失灵,但市场化治理工具也可能陷入信息不对称、垄断、负外部性等资源配置低效或无效的失灵情况,尤其是在市场经济尚不发达的转型中国家,更需要政府运用有效的宏观政策进行矫正。

第四节　中国城市环境治理创新

中国城市环境治理面临诸多挑战,其中空气治理、水环境治理和垃圾治理是现阶段城市环境治理的重点和难点。工业行业有毒气体、汽车尾气等废气的排放使大气污染愈发严重。[③] 未经处理的工业废水与生活污水的排放,加之缺乏系统、统一的规划与管理,导致水体严重污染。[④] 消费主义与肆意浪费的恶性循环导致大多数城市陷入"垃圾围城"的窘境。这些问题都需要通过完善的制度设计和有效的政策执行加以解决。

---

① 魏益华、高翔:《排污权交易制度对排污产出率的传导机制及效应研究》,《吉林大学社会科学学报》2022 年第 2 期。
② 陈刚:《排污权交易试点工作的启示与思考》(2022 年 7 月 4 日),中国经济网,http://www.ce.cn/cysc/stwm/gd/202207/04/t20220704_37828583.shtml,最后浏览日期:2025 年 4 月 28 日。
③ 门超:《城市环境管理强化大气污染治理的路径探析》,《资源节约与环保》2021 年第 8 期。
④ 李新贵、孙亚月、黄美荣:《城市水环境的修复与综合治理》,《上海城市管理》2014 年第 4 期。

一、"蓝天保卫战":中国城市空气治理创新

中国城市大气环境历经了迅速恶化到逐步改善的发展过程。如表 5-5 所示，2000 年,中国工业废气排放总量为 138 145 亿立方米,而到 2014 年,工业废气排放总量达到历史高峰的 694 190 亿立方米,是 2000 年工业废气排放总量的 5 倍多;2000 年,二氧化硫排放总量为 1 995.1 万吨,到 2006 年二氧化硫排放总量达到历史峰值的 2 588.8 万吨,是 2000 年二氧化硫排放总量的 1.3 倍,2012 年之后,经过严格的治理措施,二氧化硫排放总量呈现快速下降趋势,到 2021 年已降低到 274.8 万吨;氮氧化物排放总量也由 2011 年的 2 404.3 万吨下降为 2021 年的 988.4 万吨;颗粒物排放总量也经历了先升后降的过程,在 2014 年达到历史峰值,而后在 2021 年下降至 537.4 万吨。这些艰难转变的背后,主要得益于空气治理政策的转变。

表 5-5　中国大气污染物排放情况(2000—2022 年)

年份	工业废气排放总量 （亿立方米）	二氧化硫排放总量 （万吨）	氮氧化物排放总量 （万吨）	颗粒物排放总量 （万吨）
2000	138 145	1 995.1	—	—
2001	160 863	1 947.2	—	—
2002	175 257	1 926.6	—	—
2003	198 906	2 158.5	—	—
2004	237 696	2 254.9	—	—
2005	268 988	2 549.4	—	—
2006	330 990	2 588.8	—	—
2007	388 169	2 468.1	—	—
2008	403 866	2 321.2	—	—
2009	436 064	2 214.4	—	—
2010	519 168	2 185.1	—	—
2011	674 509	2 217.9	2 404.3	1 278.8
2012	635 519	2 117.6	2 337.8	1 235.8
2013	669 361	2 043.9	2 227.4	1 278.1
2014	694 190	1 974.4	2 078	1 740.8
2015	685 190	1 859.1	1 851	1 538
2016	—	854.9	1 503.3	1 608

（续表）

年份	工业废气排放总量（亿立方米）	二氧化硫排放总量（万吨）	氮氧化物排放总量（万吨）	颗粒物排放总量（万吨）
2017	—	610.8	1 348.4	1 284.9
2018	—	516.1	1 288.4	1 132.3
2019	—	457.3	1 233.9	1 088.5
2020	—	318.2	1 019.7	611.4
2021	—	274.8	988.4	537.4
2022	—	243.53	900.53	493.42

资料来源　《中国环境统计年鉴 2023》。

　　一是建立了城市空气质量监测和报告制度。1989 年，《环保法》第十一条规定："国务院环境保护行政主管部门建立监测制度，制定监测规范，会同有关部门组织监测网络，加强对环境监测的管理。国务院和省、自治区、直辖市人民政府的环境保护行政主管部门，应当定期发布环境状况公报。"1996 年 11 月，国家环境保护局制定了环境检测报告制度的规范性文件。自 1997 年 6 月 5 日开始，包括北京、上海、重庆、大连、厦门在内的 13 个重点城市以周报的形式公开发布空气污染指数等环境质量数据，报告城市大气污染程度。[①] 为更加精准地监测大气环境质量，1982 年出台首部《大气环境质量标准》，对总悬浮微粒、飘尘、二氧化硫、氮氧化物、一氧化碳、光化学氧化剂（O_3）制订了浓度限值，且每个污染物的标准均分为三级。1996 年 1 月，国家环境保护局和国家技术监督局对 1982 年大气环境质量标准进行了修订，发布了《环境空气质量标准》（GB 3095—1996），新版《环境空气质量标准》对污染物的类型划分更为精确和全面，并保留了环境空气质量标准的三级划分。据生态环境部的统计数据（见表 5-6），2002—2012 年，大气质量达到一级标准的城市占比一直低于 5%，不过大气质量达到二级标准的城市占比则从 2002 年的30.9%上升到 2012 年的 88%，三级标准城市占比从 2002 年的 34.7%下降到2012 年的 7.1%，劣于三级标准的城市占比从 2002 年的 31.2%下降到 2012 年的1.5%。从空气质量监测数据来看，中国城市大气质量已有较大改善，但数据的改善与人们的实际感知存在一定差距。根据 2013 年中国社会科学院社会发展战略研究院发布的《中国社会发展年度报告（2012）》，受访者对中国环境质量持"很满意""较满意""一般""较不满意""很不满意"态度的比例分别为 5%、27.5%、30.3%、21.6%、15.6%，累计 67.5%的受访者对中国环境质量表达了担忧。[②] 实

----

① 冯东方：《中国城市环境现状及主要城市环境管理措施》，《城市发展研究》2001 年第 4 期。
② 李汉林：《中国社会发展年度报告（2012）》，中国社会科学出版社 2012 年版，第 326 页。

际上,这一差距出现的最主要原因是监测指标的标准落后。

表 5-6　中国城市空气质量的历史情况(2002—2012 年)

年份	监测的城市数量	一级标准城市占比	二级标准城市占比	三级标准城市占比	劣于三级标准的城市占比
2002	343	3.2%	30.9%	34.7%	31.2%
2003	340	—	41.7%	31.5%	26.8%
2004	342	—	38.6%	41.2%	20.2%
2005	522	4.2%	56.1%	29.1%	10.6%
2006	559	4.3%	58.1%	28.5%	9.1%
2007	地级及以上	2.4%	58.1%	36.1%	3.4%
2008	519	4.0%	72.8%	21.8%	1.4%
2009	612	4.2%	78.3%	16.2%	1.3%
2010	471	3.6%	79.2%	15.5%	1.7%
2011	325	3.1%	85.9%	9.8%	1.2%
2012	325	3.4%	88%	7.1%	1.5%

资料来源　《中国环境状况公报》(2002—2012 年)。

2012 年 2 月,《环境空气质量标准》(GB 3095—1996)被重新修订,修订后的《环境空气质量标准》(GB 3095—2012)将原有的环境空气功能区三级分类调整为二级,将三类区并入二类区,同时增设了细颗粒物(粒径小于等于 2.5 μm)浓度限值、臭氧 8 小时平均浓度限值和调整了可吸入颗粒物(粒径小于等于 10 μm)、二氧化氮等的浓度限值,实施了更为严格的空气质量检测标准。2013 年,京津冀、长三角、珠三角等重点区域及直辖市、省会城市和计划单列市共 74 个城市按照新标准开展监测。依据《环境空气质量标准》(GB 3095—2012)的评价结果,74 个城市中仅海口、舟山和拉萨 3 个城市空气质量达标,占 4.1%,超标城市比例为 95.9%。74 个城市平均达标天数比例为 60.5%,平均超标天数比例为 39.5%。2013 年全国平均霾日数为 35.9 天,比上年增加 18.3 天,为 1961 年以来最多。[1] 2015 年全国 338 个地级以上城市全部开展了空气质量新标准监测,监测结果显示,环境空气质量达标城市占比 21.6%,78.4%的城市环境空气质量超标。[2] 由此可见,监测标准的提高暴露出中国城市空气质量的严峻。

---

[1] 《2013 中国环境状况公报》(2014 年 5 月 27 日),中华人民共和国生态环境部官网,https://www.mee.gov.cn/hjzl/sthjzk/zghjzkgb/201605/P020160526564151497131.pdf,最后浏览日期:2025 年 4 月 21 日。

[2] 《2015 中国环境状况公报》(2016 年 5 月 20 日),中华人民共和国生态环境部官网,https://www.mee.gov.cn/hjzl/sthjzk/zghjzkgb/201606/P020160602333160471955.pdf,最后浏览日期:2023 年 12 月 24 日。

二是出台大气污染防治专项行动计划。由于以可吸入颗粒物（PM_{10}）、细颗粒物（$PM_{2.5}$）为特征污染物的区域性大气环境问题日益突出,中国开始对大气环境治理给予高度关注,投入了更多的政治、经济、人力、物力等资源。2013 年 9 月,国务院发布《大气污染防治行动计划》（以下简称"大气十条"）,提出"到 2017 年,全国地级及以上城市可吸入颗粒物浓度比 2012 年下降 10% 以上,优良天数逐年提高;京津冀、长三角、珠三角等区域细颗粒物浓度分别下降 25%、20%、15% 左右,其中北京市细颗粒物年均浓度控制在 60 微克/立方米左右"的具体目标。"大气十条"的主要内容包括:（1）加大综合治理力度,减少多污染物排放;（2）调整优化产业结构,推动经济转型升级;（3）加快企业技术改造,提高科技创新能力;（4）加快调整能源结构,增加清洁能源供应;（5）严格节能环保准入,优化产业空间布局;（6）发挥市场机制作用,完善环境经济政策;（7）健全法律法规体系,严格依法监督管理;（8）建立区域协作机制,统筹区域环境治理;（9）建立监测预警应急体系,妥善应对重污染天气;（10）明确政府企业和社会的责任,动员全民参与环境保护。2017 年,全国 338 个地级及以上城市 PM_{10} 平均浓度比 2013 年下降 22.7%,京津冀、长三角、珠三角区域 $PM_{2.5}$ 平均浓度比 2013 年分别下降 39.6%、34.3%、27.7%,北京市 $PM_{2.5}$ 平均浓度从 2013 年的 89.5 微克/立方米降至 58 微克/立方米,空气质量改善目标全面完成。[1] 此后,国务院又相继出台了"大气十条"的 2.0 版本（2018 年 6 月《打赢蓝天保卫战三年行动计划》）和 3.0 版本（2023 年 11 月《空气质量持续改善行动计划》）,制定了阶段性的大气污染防治目标和针对性的行动举措。2023 年,全国 339 个地级及以上城市中,203 个城市环境空气质量达标,占全部城市的 59.9%,136 个城市环境空气质量超标,占 40.1%,全国环境空气质量稳中向好[2],中国的空气环境治理取得明显进步。

二、"河长制":中国城市水环境治理创新

"资源总量丰富,但人均占有量少"是中国大多数自然资源的基本现状,水资源亦是如此。在城市化快速发展的背景下,城市工业污水、生活污水和农业生产污水大量排放,一度使城市水环境呈严重污染态势。有统计数据显示,2001 年全国七大水系 742 个重点监测断面中,仅有 29.5% 的断面满足 I ～ III 类水质要求,26.5% 的断面属于 IV ～ V 类水质,44% 的断面属于劣 V 类水质。[3] 从污水排放量

①　《"大气十条"目标全面实现》（2018 年 2 月 1 日）,人民网,http://politics.people.com.cn/n1/2018/0201/c1001-29798802.html,最后浏览日期:2023 年 12 月 24 日。
②　《2023 中国生态环境状况公报》（2024 年 6 月 5 日）,中华人民共和国生态环境部官网,https://www.mee.gov.cn/hjzl/sthjzk/zghjzkgb/index.shtml,最后浏览日期:2024 年 11 月 17 日。
③　《2001 中国环境状况公报》（2002 年 5 月 23 日）,中华人民共和国生态环境部官网,https://www.mee.gov.cn/hjzl/sthjzk/zghjzkgb/index_1.shtml,最后浏览日期:2023 年 12 月 24 日。

来看,城市污水年排放量已由 2001 年的 3 285 850.39 万立方米增加至 2022 年的 6 389 706.71 万立方米[①],水环境治理能力亟待提高。经多年努力,水环境治理有了明显改善。2022 年,全国十大流域监测的 3 115 个国控断面中(见图 5-2),Ⅰ～Ⅲ类水质断面占 90.2%,Ⅳ～Ⅴ类水质断面占 9.4%,劣Ⅴ类水质断面占 0.4%,十大流域水质状况为优、良好或轻度污染[②];城市污水处理厂达到 2 894 座,处理能力达到 21 606 万立方米/日,污水处理率由 2001 年的 36.43% 提高到 96.81%。[③] 究其缘由,除了技术革新和环保执法力度加大,城市水环境治理的改善还与一种中国特色的水环境治理工具——"河长制"相关。

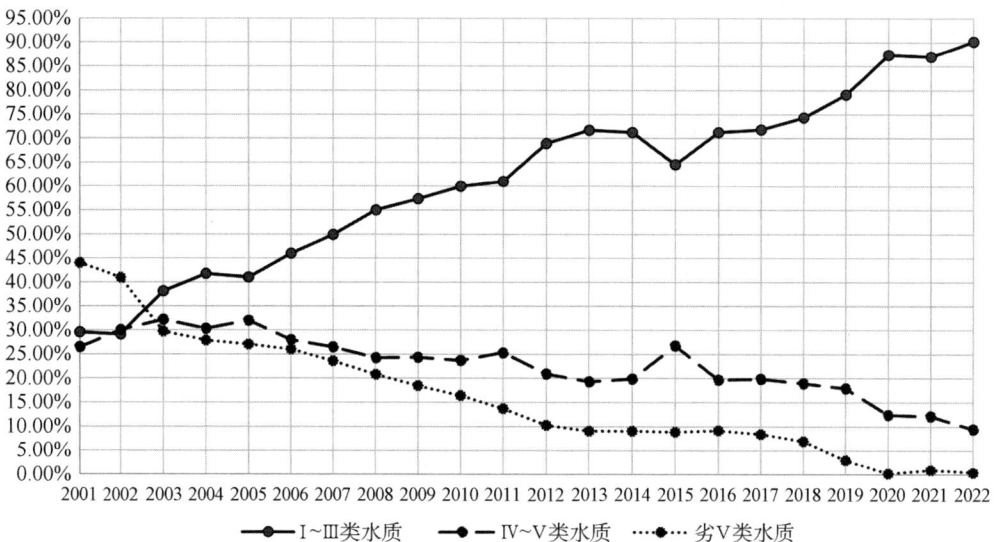

图 5-2　中国主要流域水质类别比例(2001—2022 年)

注:2001—2010 年监测流域为长江、黄河、珠江、松花江、淮河、海河、辽河七大水系;2011—2022 年为七大水系和浙闽片河流、西北诸河、西南诸河共十大流域。

资料来源　《中国环境状况公报》(2001—2022 年)。

"河长制"是由各级党政主要负责人担任"河长",负责相应河湖的管理和污染治理工作的一种制度创新。[④] 这一制度由江苏省无锡市首创,2007 年太湖蓝

① 《2022 年城乡建设统计年鉴》(2023 年 10 月 13 日),中华人民共和国住房和城乡建设部官网,https://www.mohurd.gov.cn/gongkai/fdzdgknr/sjfb/tjxx/jstjnj/index.html,最后浏览日期:2023 年 12 月 24 日。

② 《2022 中国生态环境状况公报》(2023 年 5 月 24 日),中华人民共和国生态环境部官网,https://www.mee.gov.cn/hjzl/sthjzk/zghjzkgb/index.shtml,最后浏览日期:2023 年 12 月 24 日。

③ 《2022 年城乡建设统计年鉴》(2023 年 10 月 13 日),中华人民共和国住房和城乡建设部官网,https://www.mohurd.gov.cn/gongkai/fdzdgknr/sjfb/tjxx/jstjnj/index.html,最后浏览日期:2023 年 12 月 24 日。

④ 李轶:《河长制的历史沿革、功能变迁与发展保障》,《环境保护》2017 年第 16 期。

藻暴发,无锡市面临水污染严重、水生态破坏等问题,为全力开展太湖流域水环境治理,无锡市委、市政府将79条河流断面水质检测结果纳入各市(县)、区党政主要负责人政绩考核,由党政主要负责人及相关部门领导担任"河长",初步建立了将各项治污措施落实到位的"河长制"。2008年6月,江苏省政府办公厅下发《关于在太湖主要入湖河流实行"双河长制"的通知》,要求对15条主要入湖河流实行"双河长制",即由省政府领导、省太湖水污染防治委员会部分成员和有关厅局负责人担任省级层面的"河长",地方层面的"河长"则由各市、县(市、区)人民政府主要负责人担任,"河长"需组织编制并领导实施流域内的水环境综合整治规划,确保规划、项目、资金和责任落实,促进水污染防治工作的有序开展。"河长制"的推行使得太湖水环境治理取得显著成效,太湖流域监测的重点水功能区水质达标率从2007年的22.5%稳定上升为2016年的56.5%,省界河流水质达标率由2007年的22.9%提高至2016年的50%。[①] 鉴于河长制的实际成效,2016年12月,中共中央办公厅、国务院办公厅印发了《关于全面推行河长制的意见》,该《意见》要求全面建立省、市、县、乡四级河长体系,并明确了河长的具体工作职责和主要任务。截至2018年6月月底,全国31个省(自治区、直辖市)已全面建立河长制,共明确了省、市、县、乡四级河长30多万名,其中29个省份把河长纵向负责体系延伸到了村一级,设立了76万多名村级河长,打通了河长制的"最后一公里"。[②]

"河长制"取得成效的关键在于压实了治污责任和实现了流域治理的跨部门协同,通过党政领导负责制和绩效考核制理顺了"目标—责任"关系,借助约束性指标考核和激励相容机制,有效解决了权责不清、多龙治水的弊端[③],降低了治理成本。然而,在实际运作中,由于考核制度不够完备、职责分工不够清晰、跨地域跨部门协调机制运作不畅,水环境治理问题可能会出现反复,需要进一步夯实制度基础、完善配套激励措施和建立权责相匹配的监督体系。[④]

三、减量化、资源化和无害化:中国城市生活垃圾治理创新

中华人民共和国住房和城乡建设部的一项调查数据表明,全国城市垃圾堆存

① 《太湖健康状况报告(2016)》(2017年9月11日),水利部太湖流域管理局官网,https://www.tba.gov.cn/slbthlyglj/thjkzkbg/content/slth1_5d691c607c6c4b6fae10962853b6b9de.html,最后浏览日期:2023年12月24日。

② 《我国全面建立河长制》(2018年7月18日),中国政府网,https://www.gov.cn/xinwen/2018-07/18/content_5307246.htm,最后浏览日期:2023年12月24日。

③ 陈景云、许崇涛:《河长制在省(区、市)间扩散的进程与机制转变——基于时间、空间与层级维度的考察》,《环境保护》2018年第14期。

④ 毛寿龙、栗伊萱:《河长制下水环境治理的制度困境及其优化路径》,《行政管理改革》2023年第3期。

累计侵占土地 75 万亩,有 1/3 以上的城市正饱受"垃圾之困"①,"垃圾围城"已成为中国城市环境治理的"燃眉之急"。以成分最复杂、产生量巨大的生活垃圾为例,2000—2022 年,中国城市生活垃圾清运量从 11 819 万吨增加至 24 445 万吨(见图5-3)。1992 年,政府意识到城市生活垃圾问题的严重性,开始从提高城市生活垃圾问题意识、强化城市垃圾管理、实现城市垃圾的回收综合利用、多渠道筹措生活垃圾无害化处理设施专项资金、加强技术攻关和稳定环卫队伍等多方面促进城市生活垃圾问题的解决。② 1993 年 8 月出台的《城市生活垃圾管理办法》进一步提出"实行城市生活垃圾分类收集、运输和处理"的解决策略,要求实现城市生活垃圾治理的无害化、资源化、减量化和综合利用。2007 年 4 月,原国家建设部重新修订了城市生活垃圾处理的专项规章,首次确立了城市生活垃圾治理的"减量化、资源化、无害化"和"谁产生、谁依法负责"的原则,制定了生活垃圾治理规划与设施建设,分类投放、收集、运输、处置以及监督管理等环节的实施细则。③ 此后,遵循"减量化、资源化、无害化"的治理原则,中国城市生活垃圾治理取得了一定成效,生活垃圾处理率显著提高,并在全社会掀起了一股"生活垃圾分类"的热潮。

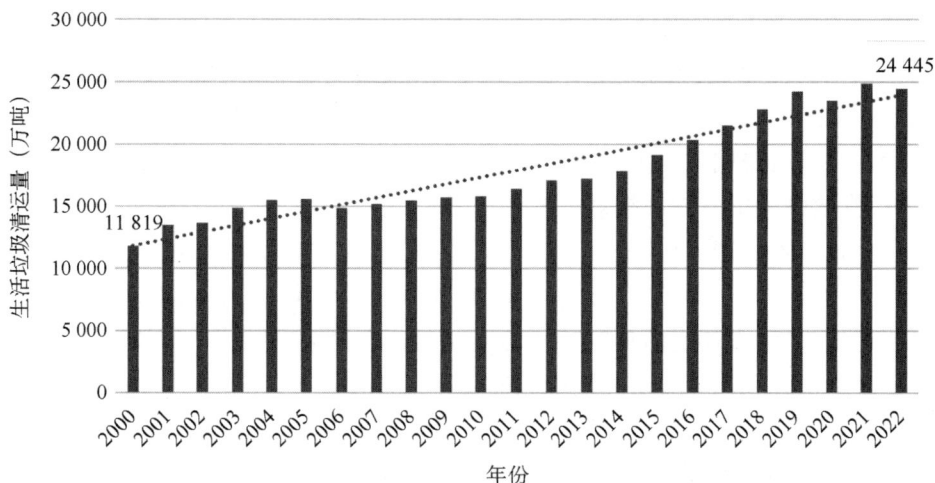

图 5-3　2000—2022 年中国城市生活垃圾清运量

资料来源　《2023 年城乡建设统计年鉴》。

---

① 《如何治理城镇化发展中的"垃圾围城"》(2013 年 8 月 25 日),人民网,http://theory.people.com.cn/n/2013/0825/c107503-22683241.html,最后浏览日期:2023 年 12 月 24 日。
② 《国务院批转建设部等部门关于解决我国城市生活垃圾问题几点意见的通知》(1992 年 7 月 4 日),中国政府网,https://www.gov.cn/zhengce/content/2016-10/20/content_5122206.htm,最后浏览日期:2023 年 12 月 26 日。
③ 《城市生活垃圾管理办法》(2007 年 4 月 28 日),中国政府网,https://www.gov.cn/ziliao/flfg/2007-06/05/content_636413.htm,最后浏览日期:2023 年 12 月 26 日。

　　生活垃圾的减量化和资源化是指通过清洁生产、绿色消费和资源再生利用等源头减量措施达到减少垃圾处置量和提高资源利用率的效果。在很长一段时期内，中国直接采用卫生填埋、堆肥、焚烧等传统垃圾处理方式，而大部分发达国家已普遍遵循分类"投放—收集—清运—处置"的低污染、可循环处理模式，在实现社会及环境效益的同时也产生了极高的经济效益。在此背景下，中国将"减量化"与"资源化"的治理原则与"分类处理"的具体实践结合起来，于2017年3月出台了《生活垃圾分类制度实施方案》（以下简称《实施方案》），作为生活垃圾治理的纲领性文件。按照《实施方案》的总体要求，上海等46个试点城市率先制定了城市生活垃圾管理细则。以上海市为例，2019年1月31日，上海市第十五届人民代表大会第二次会议通过了《上海市生活垃圾管理条例》（以下简称《条例》），以地方性法规的形式确立生活垃圾分类管理的实施细则。为了促进生活垃圾源头减量，该《条例》第三章将市、区人民政府及相关部门，企业，党政机关，事业单位，以及个人作为责任主体，要求：市、区人民政府建立涵盖生产、流通、消费等领域的各类生活垃圾源头减量工作机制（第十六条）；企业严格遵守清洁生产原则，生产废弃物产生量少、可循环利用的产品，并接受市场监管部门的监督管理（第十七条）；党政机关、事业单位应带头使用有利于保护环境的产品、设备和设施，优先采购可循环利用的产品（第二十一条）；鼓励企业和个人通过线上、线下交易等方式促进闲置物品再利用（第二十二条）。在资源化利用方面，该《条例》明确了市发展改革委、商务、经济信息化、绿化市容等相关部门的职责分工，包括制定循环经济发展扶持政策、推进循环经济产业园建设、对可回收物资源化利用活动进行协调和监督，以及制定资源化利用标准。从实践成效来看，自上海市推行《上海市生活垃圾管理条例》以来，生活垃圾"三增一减"（干垃圾减少，可回收物、有害垃圾、湿垃圾增加）趋于稳定，源头减量率达3%，生活垃圾焚烧和湿垃圾资源化利用总能力超过3.6万吨/日，生活垃圾回收利用率已达到42%。[①]

　　生活垃圾的无害化原则是指在处置环节对废弃物进行无害化或安全化处理，使处置后的垃圾不再对土壤、水源、大气等生态环境构成威胁。依照2010年发布的《生活垃圾处理技术指南》，中国城市生活垃圾处理技术分为卫生填埋、焚烧和其他技术（生物处理、水泥窑协同处置等）。由图5-4可知，自2016年开始，生活垃圾无害化处理量与生活垃圾处理总量基本持平，说明城市生活垃圾已基本实现无害化处理。从处理方式来看，城市生活垃圾无害化处理技术主要以卫生填埋和焚烧为主，且焚烧比例明显增加，卫生填埋占比大幅降低，逐步形成以焚烧为主的生活垃圾无害化处理模式。预计到2025年年底，中国城镇生活垃圾

① 曾刚、易臻真：《垃圾分类在上海｜生活垃圾分类"上海模式"成效与前瞻》（2023年6月2日），澎湃新闻官网，https://www.thepaper.cn/newsDetail_forward_23312507，最后浏览日期：2023年12月26日。

焚烧处理能力将达到约 80 万吨／日,城市生活垃圾焚烧处理能力占比上升至65％左右。[①] 相较于卫生填埋,焚烧处理不仅占用土地面积更少,减量效果明显,而且可以有效利用焚烧余热,但焚烧处理技术更为复杂,建设投资和运行成本也更高。每焚烧 1 吨生活垃圾,从垃圾运入焚烧厂算起,成本约为 1 088.49 元(如果加上收运环节,这一成本为 2 253 元)。[②] 此外,垃圾焚烧厂的建设还可能会诱发环境群体性事件,如"邻避运动"。[③] 提高生活垃圾无害化处理能力应从如下两方面入手。一是提升城市生活垃圾处理设施建设水平。通过科学合理的规划布局统筹建设生活垃圾焚烧设施、厨余垃圾处理设施、垃圾填埋处理设施、可回收物资源化利用设施和区域协同生活垃圾处理设施,强化生活垃圾处理设施的二次环境污染防治能力建设。二是坚持资源化优先和因地制宜原则,依据安全可靠、环保节能、经济适用等标准选择差异化的生活垃圾无害化处理技术。如经济发达地区和土地资源短缺、人口基数大的城市可优先采用焚烧处理技术;具备卫生填埋场地资源和自然条件适宜的地区可将卫生填埋作为基本方案;生活垃圾管理水平较高的地区则可采用生物处理技术和积极开展水泥窑协同处理、飞灰处置等技术的试点示范。

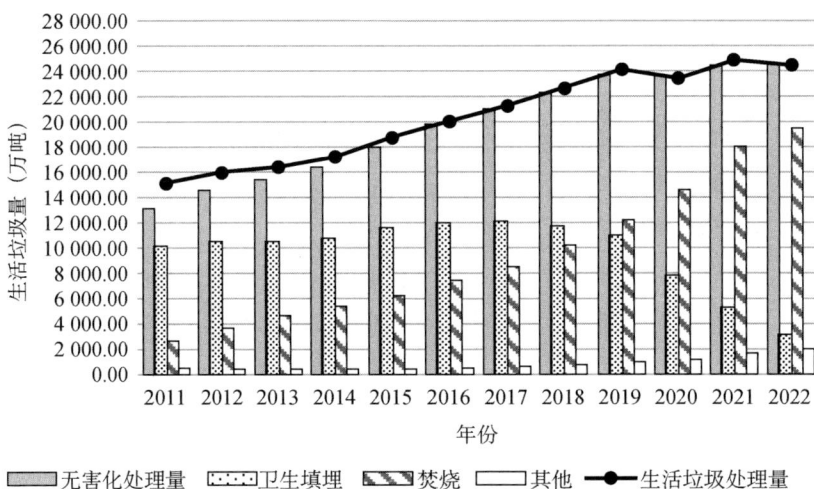

图 5-4　中国城市生活垃圾无害化处理量(2011—2022 年)

资料来源　《中国城市建设统计年鉴》(2011—2023 年)。

[①]　《国家发展改革委 住房城乡建设部关于印发〈"十四五"城镇生活垃圾分类和处理设施发展规划〉的通知》(2021 年 5 月 6 日),中国政府网,https://www.gov.cn/zhengce/zhengceku/2021-05/14/content_5606349.htm,最后浏览日期:2023 年 12 月 26 日。

[②]　张蕾:《焚烧是解决垃圾围城的曙光吗》(2017 年 4 月 1 日),光明网,https://news.gmw.cn/2017-04/01/content_24113048.htm,最后浏览日期:2021 年 10 月 28 日。

[③]　谭爽、胡象明:《邻避运动与环境公民的培育——基于 A 垃圾焚烧厂反建事件的个案研究》,《中国地质大学学报》(社会科学版)2016 年第 6 期。

四、中国城市环境的可持续发展

城市环境问题的本质是人与自然生态关系的失衡。党的二十大报告指出，"中国式现代化是人与自然和谐共生的现代化"[1]，在此背景下，如何实现人与自然的和谐共生、经济与生态的协调共赢已成为中国城市环境治理的重要议题。

（一）城市环境问题的本质是人与自然关系的失衡

城市环境问题和"城市病"本质上意味着人与自然生态关系的失衡，这种失衡不仅是不恰当的，而且是危险的。恩格斯曾深刻指出："我们不要过分陶醉于我们人类对自然界的胜利。对于每一次这样的胜利，自然界都对我们进行报复。每一次胜利，在第一线都确实取得了我们预期的结果，但是在第二线和第三线却有了完全不同的、出乎预料的影响，它常常把第一个结果重新消除。"[2]人与自然关系失衡的根源在于未能正确处理好工业化发展与生态环境保护这一重要关系。在生产端，工业化在提升人类生产水平的同时，也导致大量的污染物排放和对自然资源的加速度开发，造成了人口在城市的大量集聚，更助长了"大量生产—大量消费—大量废弃"的现代经济增长癖。[3]在消费端，工业文明的高歌猛进使得现代社会沦为消费社会，消费不再只是为了满足需求，而是成为一种符号、一种编码。[4]在生产端和消费端的共同作用下，工业文明不可避免地触发了生态灾难。更为致命的是，面对工业化技术理性无限扩张所致的生态破坏，绝大多数国家遵循的是"先污染、后治理"或"边治理、边污染"的"零和博弈"式解决策略，进一步加剧了人与自然关系的失衡。

（二）从增长驱动到可持续发展

在遭遇自然界的猛烈报复后，人类开始重新思考现代化发展与生态环境保护之间的平衡，"可持续发展"逐渐成为世界共识。1987年，世界环境与发展委员会在《我们共同的未来》报告中提出了"可持续发展"的概念，将其定义为"既满足当代人需求，又不对后代人满足其需要的能力构成危害的发展"，包括"需要"和"限制"两个维度。"可持续发展"提倡的是在生态可能范围内的消费标准和所有人都能合理期望的价值。[5]1992年，联合国环境与发展会议在巴西里约热内卢召开，会议达

① 习近平：《高举中国特色社会主义伟大旗帜 为全面建设社会主义现代化国家而团结奋斗——在中国共产党第二十次全国代表大会上的报告》，人民出版社2022年版，第23页。
② ［德］弗里德里希·恩格斯：《自然辩证法》，于光远等译，人民出版社1984年版，第304—305页。
③ 安树伟：《近年来我国城市环境污染的趋势、危害与治理》，《城市发展研究》2013年第5期。
④ 魏波：《论全球环境问题与现代性之检省》，《思想战线》2003年第2期。
⑤ UN. Secretary-General and World Commission on Environment and Development, *Report of the World Commission on Environment and Development: Our Common Future*, 1987, pp.54-55.

成了《21世纪议程》《里约宣言》《联合国气候变化框架公约》《生物多样性公约》等重要共识,将环境保护视为可持续发展进程不可分割的重要构成部分,全面和平衡地应对经济、社会和环境问题,会后还专门成立了可持续发展委员会。① 2000年,联合国千年首脑会议(United Nations Millennium Summit)在美国纽约召开,秘书长科菲·安南(Kofi Annan)将"后代在地球上维持生命的自由"列为21世纪除"免于匮乏的自由"和"免于恐惧的自由"之外的第三大挑战,并把"让我们的未来可持续"作为五大关键领域之一。② 此次会议通过了《联合国千年宣言》,以2015年为最后期限确立了涵盖"确保环境的可持续能力"在内的八项具体目标。2015年,联合国全体会员国通过了《2030年可持续发展议程》,提出了17项可持续发展总目标(Sustainable development goals,SDGs)。③ 可持续发展理念的提出和完善,代表着人类在保持现代化生产生活方式的同时极力寻求与生态环境的和谐共生。

改革开放以来,中国并没有完全摆脱"先污染、后治理"的发展路径④,为了大力发展经济,形成了"以GDP论英雄"的片面发展观,一味地追求经济增长而忽视环境保护,陷入了"边建设边破坏、建设赶不上破坏"的恶性循环,生态环境形势日益严峻。进入20世纪90年代,随着全球范围内可持续发展理念的进一步深化,中国开始意识到解决环境问题的急迫性,试图在现代化背景下寻找人与自然和谐共生、经济发展与环境保护协调共赢的可持续机制。

21世纪以来,在确立"可持续发展战略"的基础上,中国创造性地提出了"科学发展观""生态文明建设""美丽中国""绿色发展"和"绿水青山就是金山银山"等理念。其中,"科学发展观"是坚持以人为本,全面、协调、可持续的发展观,其重要内容之一就是强调社会经济的发展必须与自然生态的保护相协调,在社会经济的发展中实现人与自然之间的和谐,发展不仅要与现存的自然条件相适应,也要顾及子孙后代的利益。⑤ "生态文明建设"和"美丽中国"均被写入党的十八大报告,"建设生态文明,是关系人民福祉、关乎民族未来的长远大计。面对资源约束趋紧、环境污染严重、生态系统退化的严峻形势,必须树立尊重自然、顺应自然、保护自然的生态文明理念,把生态文明建设放在突出地位,融入经济建设、政治建设、文化建设、

---

① 《联合国环境和发展会议,1992年6月3至14日,巴西里约热内卢》,联合国官网,https://www.un.org/zh/conferences/environment/rio1992,最后浏览日期:2023年12月26日。

② United Nations, "'We the Peoples: The Role of the United Nations in the 21st Century' Presented to General Assembly by Secretary-General", 2000, https://press.un.org/en/2000/20000403.ga9704.doc.html, accessed 1 March 2025.

③ United Nations, https://sdgs.un.org/zh/goals. 17项可持续发展总目标包括:无贫穷,零饥饿,良好健康与福祉,优质教育,性别平等,清洁饮水和卫生设施,经济适用的清洁能源,体面工作和经济增长,产业、创新和基础设施,减少不平等,可持续城市和社区,负责任消费和生产,气候行动,水下生物,陆地生物,和平、正义与强大机构,促进目标实现的伙伴关系。

④ 安树伟:《近年来我国城市环境污染的趋势、危害与治理》,《城市发展研究》2013年第5期。

⑤ 俞可平:《科学发展观与生态文明》,《马克思主义与现实》2005年第4期。

社会建设各方面和全过程,努力建设美丽中国"。[①] 继"生态文明建设"被纳入"五位一体"总体布局后,党的十八届五中全会提出了"创新、协调、绿色、开放、共享"的新发展理念,强调"绿色"是永续发展的必要条件。2017 年 10 月,党的十九大报告确立了"人与自然和谐共生"的基本方略,要求树立和践行"绿水青山就是金山银山"的理念,进一步丰富了新时代中国特色社会主义生态文明建设的理论内涵。

在经济由快速增长转向高质量发展的背景下,坚持"可持续发展"是城市发展迈向高级阶段的重要支撑。2019 年 11 月,习近平总书记在上海考察时强调,城市发展要坚持"走内涵式、集约型、绿色化的高质量发展路子"。[②] 2020 年 11 月,习近平总书记在江苏考察时再次明确,"城市是现代化的重要载体,也是人口最密集、污染排放最集中的地方。建设人与自然和谐共生的现代化,必须把保护城市生态环境摆在更加突出的位置"。[③] 各地方政府也相继出台了城市环境综合整治、城市更新、城市绿色低碳循环发展等行动方案。总体而言,统筹城市发展与生态保护已成为中国城市发展的基本原则。

(三) 面向可持续发展的城市环境治理

未来,中国城市环境的治理压力还会不断加大,城市环境治理服务中国可持续发展大局的重要性也会更加突出。其一,更高品质的环境已成为人民群众的急切期盼。现阶段中国人民群众的需要呈现多样化、多层次和多方面的特点,越来越期盼有更好的教育、更稳定的工作、更满意的收入、更可靠的社会保障、更高水平的医疗卫生服务、更舒适的居住条件、更优美的环境、更丰富的精神文化生活,这些都离不开良好的生态环境。其二,城市环境治理将成为经济转型升级的重要工具。内涵式发展、环境友好型发展和高质量发展已成为中国经济转型升级的重要方向,出色的政府环境治理将为中国经济转型升级作出重要贡献。瑞典、德国、美国等发达国家的历史经验也证明了有效的环境治理能够促进经济转型。[④] 在地区发展层面,城市环境治理质量也将成为地区竞争力的重要指标,为地区发展积聚大量优质生产要素和人才资源。其三,城市环境治理质量是影响中国国际形象的重要因素。中国作为世界最大的碳排放国家,在气候政治不断升温的国际形势下,中国环境治

[①] 胡锦涛:《坚定不移沿着中国特色社会主义道路前进 为全面建成小康社会而奋斗——在中国共产党第十八次全国代表大会上的报告》,《求是》2012 年第 22 期。

[②] 《习近平在上海考察时强调 深入学习贯彻党的十九届四中全会精神 提高社会主义现代化国际大都市治理能力和水平》(2019 年 11 月 4 日),求是网,http://www.qstheory.cn/yaowen/2019-11/04/c_1125190858.htm,最后浏览日期:2025 年 4 月 21 日。

[③] 《习近平在江苏考察时强调 贯彻新发展理念构建新发展格局 推动经济社会高质量发展可持续发展》(2020 年 11 月 14 日),中国政府网,https://www.gov.cn/xinwen/2020-11/14/content_5561530.htm,最后浏览日期:2023 年 12 月 26 日。

[④] 高峰:《环境之忧》,《中国统计》2013 年第 9 期。

理的压力日益增大,城市环境治理质量不仅影响中国的可持续发展大局,而且会影响中国的国际形象和全球可持续发展大局。

　　未来,中国城市环境治理应坚持可持续发展理念,以系统观念对待城市发展与生态保护,坚决整治生态环境问题,不断推进生态文明体制改革和健全生态环境保护制度,综合运用政府"有形之手"与市场"无形之手",持续提高城市环境治理绩效。

思考题:

　　1. 中国城市环境治理的重点领域有哪些?

　　2. 如何发挥中国环境治理体制中各治理主体的积极性? 如何形成政府、企业、社会组织和公民之间的良性互动?

　　3. 中国城市治理的工具有哪些? 取得了怎样的治理效果?

　　4. 城市环境治理的前景在于可持续发展,未来应该如何提升环境治理的有效性与科学性,构建城市发展与生态环境保护的平衡机制?

第六章

城市交通治理

交通犹如城市的血液循环系统，为城市的运行和发展输送养分，维持城市肌体的健康与活力。城市交通治理不仅关系到城市的内在效率与外在面貌，还反映了城市的品质与治理水平。城市交通治理涉及多元主体，涵盖一系列政策和技术工具，是一项综合性极强的公共治理活动。随着中国城镇化进程的迅速推进，交通基础设施供给不足、交通拥堵、交通无序、交通安全等"城市病"日益加剧，城市交通治理的紧迫性愈发显著。本章聚焦城市交通治理，主要包含以下内容：(1)城市交通的发展与交通系统；(2)城市交通治理的目标、原则与政策；(3)城市交通治理创新。

第一节　城市交通的发展与交通系统

迁徙和流动是人类活动的重要方式。在前工业社会，人类的迁徙和流动往往受制于有限的交通工具，流动规模较小，因而治理难度也相对较低。进入工业社会，由于交通工具的现代化和生产、生活方式的变革，承载人类迁徙和流动的交通活动日益趋向规模化、复杂化和技术化，交通治理逐渐演变为一项重要的公共管理活动。

一、城市交通的发展历程与治理挑战

城市交通的发展得益于工业化进程的稳步推进。第一次工业革命催生了以蒸汽机为驱动力的蒸汽机车，兼具货运和客运功能的火车开始成为主要交通运输工具，使城市之间的组织化、高速度、远距离的出行成为可能。随着内燃机在第二次工业革命中的广泛运用，有轨电车、私人汽车逐渐取代火车，成为城市短途交通的主要工具，城市交通状况也由此发生了质的变化。经过第三次工业革命和第四次工业革命的技术演进，城市交通进入下一发展阶段，新能源汽车、共享出行、无人驾驶、智慧交通成为新时尚，城市交通的现代化水平显著提高。

城市交通发展史可以分为如下三个阶段。

第一阶段可以称之为步行和马车时代，从城市诞生初期一直延续到第一次工业革命前夕。由于当时生产力水平总体低下，且城市规模相对较小，步行成为大多数人出行的首要选择。后来，马车作为交通工具出现，并成为少数贵族的主要交通方式。17 世纪初，作为城市公共交通工具的出租马车开始出现在伦敦、巴黎等欧洲大城市，但当时的马车承载容量十分有限。1819 年，多人同乘的公共马车逐渐盛行于巴黎等主要城市，这标志着近代公共交通的开端。

第二阶段以轨道交通为主要标志。第一次工业革命以后，蒸汽机车和铁路的铺设促进了城市交通方式的变革。起初，由于蒸汽机车体积庞大、能耗过高且噪音嘈杂，这一交通工具并没有被应用于城市内部交通，但铁路的兴起却带动了轨道交通的发展。1832 年，在纽约曼哈顿岛上的哈勒姆区，铺设了第一条城市交通用的铁轨，用以运行公共马车。第二次工业革命的到来使电力成为人类生产、生活的主要动力，有轨电车成为城市交通的又一选择。到 20 世纪初，有轨电车成为美国真正意义上的大众交通（mass transit）。与此同时，有轨电车也被引入发展中国家，1899 年西门子公司在北京修建了第一条有轨电车。此外，在伦敦等欧洲城市，地下运行的有轨电车（地铁前身）也得到了广泛应用；1908 年，伦敦已建成如今 11 条地铁线路中的 9 条。发达的轨道交通不仅大大提升了城市交通的便利化程度，而且也加快了城市规模的扩张，一些大都市周围开始出现由轨道交通紧密连接的卫星城市。

第三阶段是综合交通时代。一方面，私人汽车成为个体交通方式的主要选择。福特汽车公司的标准化生产推动了私人汽车的普及，引发了城市交通设施的根本性变化，用于汽车行驶的公路、加油站等基础设施大幅增加。另一方面，轨道交通、公共汽车、共享出行等多种公共交通方式也成为城市交通系统的重要组成部分。为应对私人汽车规模急剧增加所致的交通拥堵、空气污染等"城市病"，公共部门开始大力提倡"绿色出行"理念。以中国为例，2012 年，出台了《国务院关于城市优先发展公共交通的指导意见》，该意见主张优先发展具有集约高效、节能环保等优点的城市公共交通，以期有效缓解交通拥堵、提高城市交通效率和促进城市交通可持续发展。随着交通技术的进一步升级，采用非常规车用燃料的新能源汽车和借助雷达、感测器、电脑视觉等智能技术的无人驾驶汽车成为世界范围内抢占技术高地的焦点，进一步促进了城市交通方式的多元化发展。综合发挥多种交通工具的优势并实现城市环境的可持续发展，成为这一阶段城市交通发展的重要目标。[1]

上述城市交通的发展历程构成了城市交通治理的重要背景，交通方式的日益革新使城市交通治理面临的问题和矛盾发生显著变化。在进入综合交通发展阶段

---

① 　单刚、王晓原、王凤群：《城市交通与城市空间结构演变》，《城市问题》2007 年第 9 期。

之后,交通技术革新所带来的生产优势极大地刺激了人们的交通需求,突出表现为私人汽车保有量和交通基础设施的急剧增加。与此同时,城市作为国家经济增长极的重要地位日益凸显,交通也因此承担了更大比重的经济发展负荷。在可持续发展的总体发展目标下,城市交通治理面临资源环境约束等客观限制,亟待提升治理的科学化水平。当前,城市交通发展已经从规模扩张转向存量优化、有序建设和适度开发,从注重基础设施建设转向注重新设施建设和提升治理质量并重的新阶段。[①] 因此,城市交通治理需秉持系统化思维,既要解决交通基础设施落后、交通拥堵、交通事故频发和城市环境改善等迫在眉睫的现实问题,更要以整体性的战略规划对复合交通网络的整体构建与运行调控进行宏观指导,进而实现城市复合交通网络运行效率提升和城市交通服务质量优化等多重可持续发展目标。

二、城市交通系统的构成

广义的城市交通包括市内、市际和国际来往于水域、陆地和空中的综合系统[②],所指的城市交通系统主要针对市内交通。城市交通是一个开放的复杂系统,包括交通基础设施、交通网络、交通管理者与交通管理体制、交通参与者等多种要素,既与社会经济系统密切相关,又受技术、政策、环境和人员等因素的综合影响。[③]

(一) 交通基础设施

交通基础设施是指为社会生产和居民生活提供交通服务的物质设施,通常分为一般公路交通设施、高速公路交通设施、市政道路交通设施、轨道交通设施、停车场设施等多个类别,包括公路、轨道、隧道、高架道路、车站、码头、通风亭、机电设备、供电系统、通信信号、道路标线等具体设施。这些交通基础设施既是构成城市交通的基础部件,也是城市交通治理的核心任务。

改革开放以来,中国城市交通基础设施实现了跨越式发展。以作为城市公共交通核心基础设施的城市轨道交通为例,中国于 20 世纪 80 年代末 90 年代初启动城市轨道交通建设。21 世纪以来,中国城市轨道交通进入快速发展新阶段,自 2016 年起运营里程跃居全球首位,已建成轨道交通的城市数量也位居世界前列。[④] 截至 2024 年 12 月底,我国共有 54 个城市开通运营城市轨道交通线路

---

① 　汪光焘:《城市交通治理的内涵和目标研究》,《城市交通》2018 年第 1 期。

② 　夏书章:《城市交通》,《中国行政管理》2007 年第 8 期。

③ 　傅惠、伍乃骐、胡刚:《城市交通系统管理与优化研究综述》,《工业工程》2016 年第 1 期。

④ 　《城市轨道交通发展战略与"十四五"发展思路》(2021 年 11 月 27 日),中国城市轨道交通协会官网,http://www.rail-transit.com/file/upload/202111/27/07304188134.pdf,最后浏览日期:2024 年 4 月 7 日。

325 条,运营里程 10 945.6 千米,车站 6 324 座。① 根据 2021 年国务院印发的《"十四五"现代综合交通运输体系发展规划》,未来五年我国将进一步完善城市交通基础设施,加快构建快速干线交通、生活性集散交通、绿色慢行交通顺畅衔接的城市综合交通系统,从加强大城市微循环和支路网建设、合理提高中小城市路网密度、补齐县城等城市道路和公路客运站设施等短板、建设"安全、连续、舒适"的城市慢行交通系统和打造多模式便捷公共交通系统等多方面持续发力。同时,该规划还要求完善交通基础设施投融资、管理运营养护等领域的法律法规和标准规范,持续推进市场化改革和多元化投融资体制,形成以信用为基础的新型监管机制,使城市交通治理能力更加完备,进而实现"2035 年基本建成便捷顺畅、经济高效、安全可靠、绿色集约、智能先进的现代化高质量国家综合立体交通网"和"本世纪中叶全面建成人民满意、保障有力、世界前列的交通强国"的总体发展目标。②

(二) 交通网络

城市交通系统是一个由跨市域的航空、高铁、高速公路到城市内部的公路交通、轨道交通、慢行交通等交通方式层层嵌套、相互交织的多模式复杂交通网络。城市交通发展的历程即城市交通网络不断复杂化的过程。在步行时代,城市规模通常维持在方圆大约 3 千米的范围内。③ 随着城市规模的不断扩大,"职住分离"的现象日益普遍,城市交通逐渐走向公交化和私人汽车化。城市群时代的到来更是催生了城市综合交通枢纽等高度多样化、立体化的交通网络,使城市交通治理的规模、难度、技术要求等各项指标都呈指数级增长。

尽管中国多模式交通网络日趋完善,但也暴露了交通网络衔接不畅、结构有待优化和网络韧性仍需增强等突出问题。针对这些问题,《交通强国建设纲要》《国家综合立体交通网规划纲要》等纲领性文件均强调要推进多种交通方式一体化融合发展,着力构建便捷顺畅的城市交通网络,包括推进城市公共交通设施建设、强化城市轨道交通与其他交通方式衔接、完善城市步行和非机动车交通系统、科学规划建设城市各类交通基础设施等主要任务,旨在实现高质量供给和多元化需求的动态平衡,不断满足人民日益增长的美好生活需要。在多模式城市交通网络时代,城市交通治理不仅需要考虑多模式网络一体化供给的效率和效能,还应注重交通治理现代化水平和服务质量的提升,以安全、便捷、高效、环保、经济的城市交通网络助推现代化综合交通体系的完善。

---

① 《去年我国城市轨道交通客运量增长 9.5%》(2015 年 1 月 16 日),中国政府网,https://www.gov.cn/lianbo/bumen/202501/content_6998938.htm,最后浏览日期:2025 年 6 月 1 日。
② 《中共中央 国务院印发〈交通强国建设纲要〉》(2019 年 9 月 19 日),中国政府网,https://www.gov.cn/zhengce/2019-09/19/content_5431432.htm,最后浏览日期:2025 年 4 月 22 日。
③ 潘海啸:《多模式城市交通体系与方式间的转换》,《城市规划学刊》2013 年第 6 期。

（三）交通管理者与交通管理体制

城市交通治理本质上是治理主体利用各种治理工具所进行的,旨在解决各种城市交通问题和提升城市交通运行效能的治理活动,因而,交通管理者与交通管理体制是城市交通系统的核心构件。广义上的城市交通管理者包括城市政府的多个工作部门,例如规划部门、路政部门、建设部门、运管部门等;狭义的城市交通管理者则主要指城市交通管理部门。交通管理者对城市交通治理的影响主要体现在交通规划设计、交通基础设施供给和城市交通日常运营管理服务等方面,其专业能力、协调能力和统筹治理能力便在很大程度上决定了城市交通治理效果。城市交通管理权通常按照交通类型进行划分,涵盖铁路管理、航空管理、地铁管理、公路管理、港口管理等管理部门。但过度分割的管理权限也带来了城市交通管理部门之间"不协调""踢皮球"等管理低效乃至失效的问题,因此需要对城市交通管理体制进行改革。

综观主要发达国家的城市交通管理体制变革历程,呈现如下四个特征:一是管理机构设置由分散走向集中,以"大部制"横向管理体制实现相近或相关业务部门之间的协调合作和优化资源配置;二是构建决策与执行相分离的纵向管理格局,例如,德国联邦政府主要负责政策制定,具体的政策执行、公共产品与服务的供给则由州政府、地方政府或民间协会承担,旨在充分利用各级政府的相对优势,提高多层级治理的行政效率;三是不断细化中央和地方政府的职责分工,通常由中央政府负责规划、筹资、建设和管理涉及重大公共利益和发挥全局性功能的交通基础设施,区域性的交通基础设施则交由地方政府负责;四是逐步将交通管理纳入法治化轨道,通过健全交通管理行政法规和不断规范执法程序来提高交通管理的法治化水平,以有效的政府监管防范市场失灵。[①]

中国传统交通管理体制采取的是"条"与"块"相结合的分散化管理模式,涉及公安、交通、城建等多个部门,管理权限相对分离。随着交通管理体制改革的深入,这种条块分割的管理模式逐步向大部门体制转变。在中央层面,2008年国务院机构改革对交通管理体制进行了较大调整——组建新交通运输部,承担原交通部、中国民用航空总局的职责以及建设部的指导城市客运职责,并管理新组建的国家民用航空局和原国家邮政局。2013年《国务院机构改革和职能转变方案》进一步提出组建国家铁路局,由交通运输部负责管理,原铁道部拟订铁路发展规划和政策的职责也整体划入交通运输部。2014年12月,交通运输部出台了《关于全面深化交通运输改革的意见》,要求以"推进交通运输治理体系和治理能力现代化"为总体目标,到2020年形成更加完善的交通运输体制机制和成熟规范、运行有效的交通运

---

① 王佃利、曹现强:《城市管理学》,首都经济贸易大学出版社 2007 年版,第 280 页。

输制度体系。为完善综合交通运输体制机制,要以深化交通大部门制改革、完善综合交通运输规划编制机制、完善综合运输服务衔接机制为主要抓手,不断加强综合交通运输制度建设,建立健全综合交通运输发展协调机制,逐步形成"大交通"管理体制和工作机制。此外,还要从完善交通运输现代市场体系、转变政府职能和推进交通运输法治建设等方面助力交通运输现代化改革。

在地方层面,随着交通大部门制改革的深化,部分城市开始探索新型交通管理体制,如沈阳、哈尔滨等城市采取了城乡道路运输一体化管理模式,由交通部门统筹负责公路和水路客货运输以及城市公交和市域范围内的道路客运;北京、广州、深圳等城市构建了"一城一交"综合管理模式,由市交通委员会或交通局对交通运输规划、道路、水路、城市公交、出租汽车以及市域范围内的铁路、民航等交通方式进行综合协调。发展至今,各省、自治区、直辖市政府均设立交通运输厅(局、委)作为政府组成部门。尽管目前交通运输部门的职责权限划分尚未形成统一方案,但部分地区结合自身实际对交通运输管理体制进行了有益探索,整体上向"大交通"管理模式和综合交通运输管理体制变革。按照2020年发布的《交通运输部关于推进交通运输治理体系和治理能力现代化若干问题的意见》,未来交通管理体制改革还将持续完善交通运输法治体系、行政管理体系、市场治理体系、社会协同共治体系、基础设施高质量发展政策体系和科技创新体系,不断提升交通运输治理的现代化水平。

(四)交通参与者

交通参与者在城市交通系统中同样具有基础性地位,他们不仅是交通设施和交通服务的"消费者",还是构成交通治理综合有机体的重要组成部分,能够直接或间接地影响城市交通治理绩效。

交通参与者主要包括各类交通运输公司以及在生产、生活中直接使用交通工具的个体,例如驾驶员、乘客和行人等。为维护道路运输市场秩序和保护道路运输有关各方当事人的合法权益,《中华人民共和国道路运输条例》要求,拟从事客运、货运经营和道路运输相关行业(如道路运输站经营、机动车维修经营和机动车驾驶员培训)的单位与个体,均需按照规定向市场监督管理部门办理有关登记,并向交通运输主管部门提出行政申请。此外,为了更好地规范道路交通秩序和预防、减少交通事故,《中华人民共和国道路交通安全法》于2003年出台,就车辆、驾驶人、道路通行条件与规定、交通事故处理、交通执法和法律责任作出了详细说明。随着互联网和数字经济的蓬勃发展,城市交通参与人的范围还囊括以网约车平台、共享出行平台为主要代表的新兴参与者。针对此类交通参与者,我国主要采取"强监管"的措施。以规范网络预约出租汽车经营为例,2016年7月,交通运输部通过了《网络预约出租汽车经营服务管理暂行办法》,明确了网约车经营所涉主体和行为规范。但由于网约车平台自身的强市场属性以及覆盖范围较广,各地尚未形成统一、有效的监管模式,围绕网约车与传统出租车管理的利益之争和相关交通安全事故的责任归属始终未能得到有效解决。为此,2022 年 2 月,交通运输部办公厅联合工业和信息化部办公厅、公安部办公厅、国家市场监督管理总局办公厅等 8 部门联合修订发布了《关于加强网络预约出租汽车行业事前事中事后全链条联合监管有关工作的通知》,要求构建事前事中事后全链条联合监管的工作机制,以推动网约车行业规范发展。

第二节　城市交通治理的目标、原则与政策

城市交通治理是一项系统性工程,其目标与原则对治理过程起引导、协调和控制作用,治理政策则是解决城市交通问题和提升城市交通治理成效的主要工具。

一、城市交通治理的目标

城市交通治理作为城市治理系统的重要组成部分,既要体现交通治理的特殊性,也要顺应城市发展的总体趋势,契合城市治理现代化的发展目标。因此,城市交通治理应尽可能满足以下七大目标。

(一) 安全

安全是城市交通治理的首要目标。城市交通安全治理主要涉及交通事故、交通治安、应急保障以及各类非传统安全风险等方面,需要从完善交通基础设施、提高交通治理能力、提升交通参与者素质等方面增强城市交通运输的安全性和交通系统的韧性。在"优先发展公共交通"的指导理念下,城市交通安全治理更多体现在维护公共安全,需要对地铁踩踏、暴恐袭击等非交通事故类安全问题予以高度重视。

(二) 便捷

便捷即方便快捷,城市交通治理服务于城市经济社会发展和市民个人出行双重需求,交通的便捷度是衡量城市交通治理水平的重要指标。首先,交通便捷意味着通达性,即城市可以通过各种交通方式满足客运和货运需求。其次,交通便捷还意味着可及性,即交通站点和交通工具方便可及。最后,交通便捷也追求快速性,这要求交通路线、站点、停车场等基础设施设计科学合理,各类交通工具衔接顺畅。

(三) 高效

效率是评判城市能级和竞争力的重要维度,城市交通的运行效率直接影响市民的体验感和获得感。城市交通治理的高效既强调提升交通设施利用率和交通网运行通畅水平,也对交通网络的一体化和整体协调度提出了更高要求。在强调技术赋能社会的当下,高效还意味着以综合交通智慧化实现城市交通治理的智能创新。因此,需要不断增强城市交通供给能力和管理能力,从而提高城市交通的精细化治理和智慧化治理水平。

(四) 环保

在高质量发展背景下,环保是城市交通治理的重要目标。在交通方式的选择上,步行和骑行最为绿色环保,其次是地铁公交等公共交通,再次是私家车。步行和骑行不仅是节约能源、减少碳排放的有效方式,也有助于缓解交通拥堵。近年来,欧盟主要国家相继推出涵盖升级公共交通、改善步行与自行车交通、低排放乃至零排放的区域交通管制等一系列政策。中国也在不断优化城市交通空间布局和交通运输结构,大力推广应用新能源、发展绿色技术和制定绿色交通标准,旨在构建低碳交通运输体系,推动绿色交通发展,提高资源集约利用水平,促进人与自然和谐共生。

(五) 经济

经济是指城市交通治理应注重投入产出比,以尽可能低的成本提供高品质的运输服务,从而提高交通运输对城市乃至全社会经济发展的贡献度。城市交通治理的经济目标具体又可分为两大维度:一是增强城市交通的经济适应性,包括人民群众对交通运输时间和金钱成本的可承受能力,以及交通基础设施供给的可持续能力;二是发挥城市交通对城市经济发展的支撑作用,如交通运输业占GDP总值的比重,以及交通运输通道与交通枢纽建设对本地区和周边区域经济的规模效应。

(六) 公平

公平是指城市交通资源配置的合理化、均等化与普惠性程度。在公共交通大规模普及之前,交通公平性矛盾并不突出。然而,随着公共交通的可及性显著提升,城市交通治理的公平目标要求公共交通资源的供给和分配不能仅仅基于经济和效率考量,而应将资源分配的公平性置于重要地位。在"社会分层"现象愈加突出的当下,城市交通治理的公平性已经成为城市治理不可或缺的价值取向。

（七）有序

有序是指城市交通治理的规范化水平，包括城市交通市场秩序的规范化和交通参与者的文明出行程度。在"法治引领"的总体要求下，城市交通治理的有序目标是以健全交通运输法治体系为首要前提，通过构建科学立法、严格执法、公正司法、全民守法的闭环管理模式来促进城市交通治理的法治化和有序化。

二、城市交通治理的原则

城市交通治理需要遵循多重原则。一方面，未来城市交通问题是工程技术与经济社会问题的综合体现，涉及基础设施、交通技术、交通需求、治理制度、参与主体等多种要素，因此依赖于跨学科专业知识辅助决策；另一方面，城市交通治理应符合城市整体发展趋势，以中长期战略规划将城市交通治理与城市整体发展衔接起来，使城市交通治理服务于城市治理现代化。为此，城市交通治理需遵循以下基本原则。

（一）科学化

科学化意味着城市交通治理要符合科学规律，既不能主观主义"拍脑袋"决策，也不能脱离实际。城市交通治理是一项科学活动，所涉环节（如规划建设、运营管理、日常维护、风险应急）的稳定运转均建立在科学的专业知识基础之上。这一原则尤其体现在交通模式选择和交通规划决策等前置环节，既要有现实性也要有前瞻性。例如，美国人口疏密不均，但国土空间承载能力总体富余，比较适合以航空运输和高速公路交通为主的模式；日本国土面积狭小且人口密集，更加适合以地铁等公共交通为主的模式。介于美国和日本之间，中国虽然幅员辽阔，但人口过度集中于"胡焕庸线"以东，显然不能像美国一样成为"汽车上的国家"，而是需要大力发展运力强大的公共交通体系。

（二）制度化

城市交通治理的参与者众多且具有高度动态性，需要通过制度化建设营造良好的治理秩序。城市交通治理制度主要包括交通规划制度、交通管理制度、交通执法制度、交通纠纷解决制度等。其中，交通管理制度和交通执法制度发挥着统领作用。交通管理的制度化是指以正式化的制度规范来引导所有交通参与者有序开展交通活动并维持交通系统的有效运转；而交通执法制度则是凭借法律的强制力和严格执法来整治交通秩序的混乱状态，是维护交通秩序、交通安全与提升交通效率的重要保障。当前，中国交通参与者的安全意识、法治意识、文明意识仍有待提高，各种城市交通违法行为所致的交通失序现象时有发生,有必要通过有效精准的严格执法减少和消除影响城市交通运行安全畅通的交通违法行为,从而确保整个城市交通系统的高效运转。

(三) 智能化

现代交通活动已具备相当规模,交通状况瞬息万变,传统以人力为主的管理模式已难以有效应对综合化、复杂化、快速化的新型交通状况,科学技术的迭代升级为解决上述矛盾提供了重要支撑。早期交通技术主要以安装高清探头来实现视频拍照、闭路信号传输等功能,以此增加交通违法成本并降低人工执法压力。随着信息技术特别是大数据、云计算、人工智能、区块链等技术在交通领域的广泛应用,城市交通治理的智能化水平显著提升。当前,中国大部分城市已基本形成了通过视频卡口及多源数据获取违法证据,掌控路网通行态势、堵点乱点分布,研判指标状态的交通治理模式,但总体而言,能够熟练运用智能技术对交通运行态势开展快速反应和提前干预的城市数量并不多,城市交通治理智能化进程尚处于初级阶段。依照《"十四五"交通领域科技创新规划》的总体安排,未来中国城市交通治理还将进一步推动大数据、云计算、物联网、移动互联网、区块链、人工智能等新一代信息技术与交通运输深度融合,围绕基础设施、交通装备、运输服务、智慧交通、安全交通和绿色交通等治理场景创新运输组织、路网监测、仿真测试、运营管控、应急救援、污染防治等智能化技术,不断提升城市交通治理的智能化水平。

(四) 社会化

城市交通治理既不是单纯的技术活动,也不是单纯的政府活动,而是一项由多元主体共同参与的社会治理活动,其本质是通过社会治理共同体的建构以实现治理目标。为满足城市交通治理的社会化原则,我们首先需要创造开放的政策沟通环境,综合运用各种治理工具,吸纳社会主体参与交通政策过程,为交通规划与管理政策的决策、执行与评估反馈提供充足信息;其次,激发广大社会主体的责任意识,交通出行与人们生活密切相关,需要积极引导全社会培育文明出行、守法礼让的自觉意识,并通过社会规范嵌入以鼓励人们遵守交通规范,抵制失范行为;最后,努力健全城市交通治理规则与治理机制,以科学合理的正式规则和动态调适的机制安排来营造包容性、常态化的交通治理氛围,进而提升社会主体有序参与城市交通治理的综合能力。

三、城市交通治理政策

城市交通治理政策是联结城市交通治理目标、价值分配、行动过程和多元主体的枢纽,它既是城市交通网络规划与建设的总体原则,也是城市交通运营与管理等方案和措施实施的基本依据,其着眼点在于推动城市交通问题的解决和实现城市交通治理现代化。从城市交通问题产生的内在机理来看,其根源在于交通需求与供给的不平衡,因此,解决交通问题也必须从供需矛盾出发,城市交通治理政策主要涉及交通供给政策、交通需求管理、交通运行管理等方面。

(一) 城市交通供给政策

城市交通供给政策主要服务于城市交通规划、投资与建设活动。交通规划是城市总体规划的次级领域,受城市目标、规模和功能区划的显著影响。如果一个城市定位为国际化大都市,则通常要规划世界级的综合交通枢纽;若定位为区域中心城市,则需要规划同卫星城市和周边其他城市的大型交通通道,例如地铁或城际铁路;若定位为小城市,则交通规划主要聚焦城市内部通勤。城市交通规划的落实很大程度上取决于一个城市已有的物理设施基础和可供调配的资金,这与市政当局的投融资及建设能力直接关联。由于城市交通设施投资规模大且回报周期长,单纯依靠财政投资或市场资金难以满足快速发展的城市交通需求,多数城市为了保证城市交通设施建设的可持续,通常会采取发行政府债、公私合营等途径扩大资金来源从而提升建设能力。

城市交通供给政策通过改变城市交通的网络结构与承载能力影响城市交通供需矛盾。从实践观之,部分城市缺乏对城市交通供需矛盾本质的科学认知,狭义地将交通供给政策等同于增加道路供给面积,而未触及深层次的供给结构优化,导致城市供给政策低效甚至无效。有效的城市交通供给需克服深层次的结构性矛盾,如城市空间结构与用地形态不合理带来的出行需求过旺、公共交通欠发达导致的交通出行结构不均衡、城市道路网规划建设不合理所致的路权分配冲突等。中国现行城市交通供给模式是建立在公共产品供给制度体系基础之上的,具有明显的政府垄断属性。这与大多数城市交通基础设施与服务所自带的竞争性和排他性形成了一定冲突,使城市交通供给陷入资源配置效率低下和公共服务供给不足的困境。[①] 为实现城市交通供给的可持续发展,需要深化城市交通供给体制改革,形成政府与市场在城市交通基础设施与服务供给中的合作生产模式,强化市场在资源配置中的决定性作用及政府在规划制定和市场监管等环节中的宏观调控作用,以多元化的城市供给模式更好地满足城市多层次、个性化的交通服务需求。与此同时,还要进一步调整城市结构(如促进职住均衡,从源头提升交通便捷度)、交通结构(如推动多种交通方式融合发展的城市综合交通体系建设)、路网结构(如强化衔接联通、消除交通瓶颈,提高道路网络通行效率和整体效能)和路权结构(如道路空

---

① 全永燊、潘昭宇:《城市交通供给侧结构性改革研究》,《城市交通》2017 年第 5 期。

间向绿色交通倾斜,优先保障步行、自行车和公共交通等绿色出行方式的道路空间资源分配),从而提高城市交通供给质量。

(二) 城市交通需求管理政策

实践证明,单纯从供给侧入手难以根治城市交通问题,还应着眼于城市交通需求管理。交通需求管理(Transportation/Traffic/Travel Demand Management,TDM)是指为提高交通运输效率和整体效能,实现特定目标(如减少交通拥挤、节约道路运行成本、降低交通污染等)而采取的各种影响出行需求的政策、技术与管理措施的总称。交通需求管理政策的本质是通过管理政策与技术手段的导向作用来限制交通生成、影响出行模式选择或者调整出行交通的时空分布,从而使城市路网中的交通供需趋于平衡。目前,交通管理部门所采取的诸如限购、限号、限行、提高停车收费等措施,都属于交通需求管理政策的范畴。[①] 城市交通需求管理措施的实施可细分为城市性质、规模、结构与功能定位,城市总体规划,城市综合交通规划和交通监控四个层次。[②]

交通需求管理产生于 20 世纪 70 年代。新加坡较早运用了拥车证制、车辆注册,附加注册费、汽油税、路税、公路电子收费制,并大力发展公共交通等一系列政策措施进行交通需求管理。[③] 美国交通部联邦公路管理局强调在企业、个人和地区三个层次共同实施交通需求管理措施。企业层面的交通需求管理方案包括企业支持措施(如交通需求管理宣传、设计舒适的环境和企业承诺)、高占用车辆优先通行措施、经济刺激、停车场建设、交通拥堵收费等;个人层面可以通过弹性工作时间、压缩周工作日和电子通勤等方式影响交通需求;地区层面则在囊括上述举措的基础上,致力于提高城市交通服务系统尤其是公共交通的服务水平,同时结合轿车共乘方案、客车共乘方案、改善自行车和行人的交通设施等多种举措以节省交通费用和时间成本。[④] 一些特大城市,如伦敦、巴黎、东京、首尔、香港、北京、上海、深圳等,均采取了多样化的交通需求管理措施,包括优化城市土地布局、大力发展公共交通、对机动车进行拥有量和使用量控制、停车收费制,旨在减少交通需求,并通过城市交通多模式整合来缓解交通拥堵。[⑤]

近年来,城市交通需求管理的政策工具日趋丰富,一定程度上缓解了城市交通供需矛盾。但是,交通需求管理政策也存在双重效应:实施得当,有助于提升城市

---

① 傅惠、伍乃骐、胡刚:《城市交通系统管理与优化研究综述》,《工业工程》2016 年第 1 期。

② 周鹤龙、徐吉谦:《大城市交通需求管理研究》,《城市规划》2003 年第 1 期。

③ 刘清泉、顾怀中:《新加坡城市交通需求管理对中国城市交通管理的启示》,《现代城市研究》2000 年第 1 期。

④ 美国交通部联邦公路管理局:《实施有效交通需求管理:TDM 在美国》,王刚编译,中国人民公安大学出版社 2004 年版,第 15—16 页。

⑤ 陈艳艳、刘小明、陈金川:《城市交通需求管理及应用》,人民交通出版社 2009 年版,第 14—48 页。

交通运行效率；实施不当，则可能对城市交通运输和经济发展产生不利影响。目前，针对城市交通需求管理政策绩效的评估实践还面临较大困难，即便是同一交通需求管理措施在不同城市也有可能产生不同的后果。为保证城市交通需求管理措施的有效性，需要遵循以下七项基本原则：公平合理原则、经济可持续发展原则、公共交通优先原则、道路资源均衡使用原则、多方综合协调发展原则、因地制宜经济适用原则和社会可接受原则。[1] 有学者提出了交通可持续发展的概念，主张城市交通运输应实现当前与未来经济、社会和环境质量间的平衡，充分考虑政策对个体生活质量的影响[2]，这也是未来城市交通需求管理政策需重点关注的发展方向。

（三）城市交通运行管理政策

由于城市交通运行管理涉及基础设施、交通管理者和参与者之间的复杂互动，城市交通运行管理政策涉及技术、制度、主体、文化等诸多方面，需要坚持综合治理理念，依托现代技术和依法治理、协同治理等典型模式提升城市交通运行管理的有效性。

1. 综合治理

解决城市交通问题需秉持系统思维，实施综合治理。综合治理要求确立整体性的交通治理理念、目标和策略，统筹规划制定、交通供给和运行管理等主要环节，进而建立城市交通综合治理体系。首先，提升城市交通规划的科学性、前瞻性和协同性。从本质上来看，多数城市的交通问题都源于规划缺位或规划缺乏科学性与前瞻性。例如，一些城市的交通规划对城市规模和潜在交通需求缺乏准确预估，在交通规划上过分偏重机动车的发展，造成城市拥堵加剧，居民出行体验感受损。城市交通规划作为城市总体规划的重要组成部分，应当与城市总体规划协调一致。因此，城市交通主管部门应当兼顾城市经济社会发展现状及未来前景进行科学规划，积极构建交通规划与城市发展规划、空间规划紧密衔接的规划协同机制，建立健全交通规划动态更新机制以适应不断变化的外部情境。其次，通过交通基础设施的有效供给，缓解快速城市化进程中的交通供需矛盾。在农村人口不断向城市集聚、小城市人口涌向中心城市和大都市的背景下，城市特别是大城市的交通基础设施供给面临巨大挑战，需要提升城市交通基础设施的有效供给水平。城市交通基础设施的有效供给不仅要破除制约交通市场有序竞争的各种壁垒，激发市场主体在道路系统等"硬件"设施和信息系统等"软件"设施供给中的活力，通过规范化的政府与市场合作模式实现交通基础设施的规模化发展；更要对建设质量和运行

---

[1]　周鹤龙、徐吉谦：《大城市交通需求管理研究》，《城市规划》2003 年第 1 期。
[2]　Linda Steg and Robert Gifford, "Sustainable Transportation and Quality of Life", *Journal of Transport Geography*, 2005, 13(1), pp.59-69.

效率进行动态监管,不断完善交通基础设施建设、养护、运输等市场准入、退出制度,对破坏交通基础设施有效供给的不当行为进行惩治,构建常态化沟通机制以提高交通基础设施供给的效率与效能。最后,强化城市交通的日常运行管理。城市交通的日常运行管理是在已有城市交通系统基础上,通过更新基础设施、调整道路布局和交通方式以及提高交通运输一体化发展水平来增加交通供给的有效性,也包括实施需求管理政策来抑制交通需求或者影响交通需求分布,如实施限购限行、拥堵收费、交通管制等。

2. 技术治理

灵活运用多种交通技术工具是城市交通运行管理政策的核心内容,不同的技术工具组合能产生不同的治理效果。交通领域的技术应用范围十分广泛,涉及规划、建设、道路设施、信号传输、监测预警、大数据计算等多个方面。随着人类步入数字时代,以智能化技术工具提升城市交通运行管理效率和效能已成必然趋势。经过几十年的快速发展,中国城市交通基础部件铺设广度和效度显著提升,但部分城市依然存在交通标志、标线、信号灯等设置不科学、错误设置甚至应设未设等情况,交叉口渠化设计覆盖率还有待提高,路段分流、合流、开口设计的科学性不佳,这些精细化的技术问题直接削弱甚至抵消了一系列综合对策的实施效果。因此,未来城市交通运行管理政策还应着眼于精细化和智能化目标,通过交通技术革新促进城市交通治理现代化,具体包括以下 3 个方面。

(1)提升城市道路交通设计、信号控制和交通标线等基础设施的精细化水平。重点优化城市核心区及交通拥堵易发高发地段的道路设计,通过设置单向交通、可变车道、潮汐车道、合乘车道等来缓解交通拥堵;基于城市交通基础设施使用行为特征分析结果科学设置城市交通指路系统,确保指路标志、交通信号设置清晰、合理,注重优化交叉口交通渠化设计以提升交叉口通行效率[①];对城市交通基础设施进行智能化改造,建设集成多种设备及功能的智慧杆柱,实现动、静态交通数据感知和收集的智能化,同时建设支持多元化应用的智能道路,在重点区域探索建设"全息路网"。

(2)构建智慧化城市交通运行管理体系。运用大数据、物联网、云计算等现代信息技术建设城市交通基础设施监测平台、城市运行管理服务平台和城市信息模型(City Information Modeling, CIM)基础平台,实现道路状况自动感知、交通态势自动研判、信号控制自动调整、交通违法行为自动监测和路况信息自动发布,充分、正确发挥监测评估结果对城市交通运行管理决策的辅助作用,最终提高城市交通"全息感知 + 协同联动 + 动态优化 + 精准调控"的智能化管理水平。

---

① 　陆化普:《从"畅通工程"到"文明畅通提升行动计划"——走向交通管理科学化现代化的时代轨迹》,《道路交通管理》2020 年第 9 期。

（3）改进城市交通出行服务质量。充分利用各类信息平台为交通参与者提供实时、准确的公共交通、导航路况、停车泊位和交通管理等信息，最大限度地实现交通信息服务便捷化；综合运用城市交通需求预测、城市交通多智能体仿真决策和数据驱动的交通疏堵控制与诱导等技术，促进城市交通拥堵问题的解决，进而降低人们的交通出行成本和改善出行体验。

3. 依法治理

城市交通活动不仅是城市经济发展的命脉和原动力，还是支撑人们日常生活的纽带和传输器，为保障人流、物流、车流的整体通畅，需要通过依法治理提升交通行为的稳定性、可预见性和可治理性。依法治理是指运用法定制度和规则来指导交通活动和维护交通秩序，借助教育、管理、行政处罚等方式减少违规行为，依托交通运输法治体系预防和减少交通事故、保护人身和财产安全以及提高通行效率。加强城市交通依法治理包括以下3个方面。

（1）健全交通法规体系与标准体系。城市交通依法治理要求建立完备的交通法规体系与标准体系，实现有法可依。健全交通法规体系既要完善中央层面的总领性法规建设，推动跨运输方式，铁路、公路、水路、民航、邮政等各领域"龙头法"和配套法规的制定与完善，又要加速地方层面的法规政策进程，增强地方法规政策的可操作性，进而构建系统完备、相互衔接的综合交通法规体系。此外，还要发展适应现代综合交通运输体系的标准体系，包括完善综合交通枢纽、旅客联程运输、货物多式联运、智能交通、绿色交通、交通安全应急、无障碍交通、新业态新模式等技术标准，以及强化各类标准的衔接与质量监督管理。[1]

（2）建立交通综合行政执法体系。为摆脱传统交通行政执法体制"多头执法"的弊病、提高城市交通管理效能，需要继续深化交通综合行政执法改革。一方面，要厘清部门职责边界，明确业务部门、行业发展服务机构、综合行政执法机构在交通监管和执法活动中的职责分工，完善信息共享、联合检查、案情通报、案件移送等综合执法机制。另一方面，也要深化区域执法协作，推进区域执法联勤联动，统筹调配毗邻地区执法资源，健全区域执法协作机制，组织开展常态化联合巡查和专项治理活动，提升区域执法协同水平。

（3）加强交通部门法治建设。交通部门的法治能力是促进城市交通依法治理的重要保障。为此，城市交通部门应持续推进"四基四化"建设[2]，坚持依法行政，完善重大行政决策制度和决策后评估制度，优化行政权力制约、监督、评价机制，以

---

[1] 《国务院关于印发"十四五"现代综合交通运输体系发展规划的通知》（2022年1月18日），中国政府网，https://www.gov.cn/zhengce/content/2022-01/18/content_5669049.htm，最后浏览日期：2024年4月10日。

[2] "四基四化"是指：基层执法队伍职业化、基层执法站所标准化、基础管理制度规范化、基层执法工作信息化。

法治思维严格规范公正文明执法,提升执法能力和水平。

4.协同治理

城市交通治理是一项协同性的社会治理工程,依赖于政府、市场、社会多元主体的互动与协作,需要建立城市交通协同共治体系。首先,健全社会参与机制。实现城市交通的协同治理离不开社会主体的有序参与,应完善社会主体参与的制度化渠道,推进交通服务、决策和执行信息公开,提高社会主体的参与意愿和能力。其次,激发市场主体的积极性和规范市场秩序。市场主体是城市交通协同治理的重要支撑。一方面,通过市场化改革激活市场主体,营造各类主体平等使用资源要素和公平参与竞争的市场环境,破除制约社会资本参与竞争的各种壁垒,建立常态化政企沟通和反馈机制,为市场主体参与城市交通治理提供制度支持;另一方面,强化对市场秩序的有效监管,不断健全交通建设、养护、运输等市场准入、退出制度,提高交通资源要素市场化配置效率,同时构建以信用为基础的新型监管机制,加强守信激励和失信惩戒,促进交通市场规范发展。最后,增强多元主体的行动共识。在"共建共治共享"的社会治理格局下,城市交通治理的公共性愈加凸显,满足人们的交通活动需求是城市交通治理的核心目标。基于这一原则,城市交通治理应秉持服务导向,并以此统摄多元治理主体的差异化行动逻辑,通过持续化的协同治理提高城市交通治理效能。

此外,城市交通治理不仅包括显性层面的交通秩序维护,还涉及隐性层面的交通文明程度改善,因而也是一个重要的文化治理过程。因此,城市交通治理还需要综合运用正式规则、社会规范、宣传教育等途径引导社会公众积极践行现代交通行为规范,增强社会公众的交通安全责任意识和认同感,进而提升全社会交通文明程度。

四、中国城市交通治理政策变迁

改革开放后,中国城市化进程进入快车道。与快速工业化、城镇化相伴而生的是交通需求的急剧增加,许多城市暴露了交通供给不足的短板。城乡二元分割的管理体制进一步加剧了城市交通治理挑战,催生了"春运"这一全球罕见的人口大规模流动现象。交通运输部数据显示,2024 年春运期间全社会跨区域人员流动量超 84 亿人次,其中,铁路客运量为 4.8 亿人次,公路人员流动量为 78.3 亿人次,"流动的中国"对中国交通供给能力提出了更高要求。与此同时,在城市内部,机动车保有量大幅提升、交通基础设施不平衡和职住分离等现实因素进一步加剧了交通拥堵。截至 2024 年 6 月月底,中国机动车保有量达 4.4 亿辆,其中,汽车 3.45 亿辆,全国 96 个城市汽车保有量超过 100 万辆,43 个城市超过 200 万辆,26 个城市超过 300 万辆,北京、上海、成都、重庆等超大城市汽车保有量超过 500 万辆。① 然而,在机动车高速发展的同时,城市交通基础设施建设却难以匹配人们日益增长的交通需求。2022 年,全国人均城市道路面积约为 19.28 平方米,而容纳千万人口的北京、上海、深圳等超大城市却仅有 5—10 平方米②;在主要城市中,60 分钟以上通勤(极端通勤)人口比重约为 12%,平均通勤空间范围是 27—37 千米,轨道站点 800 米半径覆盖通勤平均比例为 19%,45 分钟公交通勤比重达 47%。此外,多数城市的职住分离度仍在上升。③

　　针对日益突出的城市交通供需矛盾,中国开始有意识地调整城市交通政策导向,通过综合交通运输体系建设来改善城市交通治理。建设综合交通运输体系的战略可追溯至 1991 年的《中华人民共和国国民经济和社会发展十年规划和第八个五年计划纲要》,彼时提出“搞好综合运输体系建设”的目标,确立了“以增加铁路运力为重点,积极发挥公路、水运、空运、管道等多种运输方式的优势,并使各种运输方式衔接配套”的交通发展模式。2001 年,《中华人民共和国国民经济和社会发展第十个五年计划纲要》进一步指出,交通建设要统筹规划、扩大网络、优化结构、完善系统,建立健全畅通、安全、便捷的现代综合运输体系。在此背景下,公安部、原建设部联合启动全国城市道路交通管理“畅通工程”,强化城市交通建设和管理。然而,由于汽车保有量的大幅上升,多数城市陷入“汽车围城”的困境,交通拥堵、停车难、出行不便等问题甚至出现恶化的态势。2005 年 9 月,原建设部与国家发展和改革委员会等部门联合发文,提出“优先发展城市公共交通”以提高交通资源利用效率和缓解交通拥堵。2012 年 12 月出台了《国务院关于城市优先发展公共交通的指导意见》,再次明确了公共交通在城市交通格局中的首要位置,从规划布局、设施建设、技术装备、运营服务、综合管理等方面构建了加快发展公共交通的政策框架。此后,全国开展了公交优先和优化步行、自行车交通系统建设的有益探索。2015 年,城市公交专用道增加至 8 569 千米,城市轨道交通里程为 3 069 千米,设市城市全部编制了步行自行车专项规划,绿色交通优先、以人为本的发展理念得到了有力落实。④ 2017—2020 年,公安部联合多部门在全国范围内组织实施“城市道路交通文明畅通提升行动”,要求加大城市轨道交通、快速公交、常规公交等城市公共

① 《全国机动车达 4.4 亿辆 驾驶人达 5.32 亿人》(2024 年 7 月 8 日),中国政府网,https://www.gov.cn/lianbo/bumen/202407/content_6961935.htm,最后浏览日期:2024 年 8 月 20 日。

② 《2022 年城市建设统计年鉴》(2023 年 10 月 13 日),中华人民共和国住房和城乡建设部官网,https://www.mohurd.gov.cn/gongkai/fdzdgknr/sjfb/tjxx/jstjnj/index.html,最后浏览日期:2024 年 8 月 20 日。

③ 《2023 年度中国主要城市通勤监测报告》(2023 年 8 月),https://bj.bcebos.com/v1/mapopen/cms/report/2023tongqin/index.html,最后浏览日期:2024 年 8 月 20 日。

④ 陆化普:《从“畅通工程”到“文明畅通提升行动计划”——走向交通管理科学化现代化的时代轨迹》,《道路交通管理》2020 年第 9 期。

交通的建设力度,增强城市人行道、非机动车道系统规划和建设,提升综合运输发展水平。2022年1月发布的《"十四五"现代综合交通运输体系发展规划》将"建设城市综合交通系统"和"打造多模式便捷公共交通系统"作为城市交通治理的重点内容,为后续构建城市综合交通运输体系指明了方向。

在上述一系列政策的推动下,中国城市交通治理取得了长足进步与发展,交通基础设施建设日新月异,综合性的交通网络体系基本形成,日益呈现内畅外联、立体互通的发展趋势,不断向交通强国目标靠拢。然而,处在高质量发展的转型期,城市交通治理不仅要关注交通网络布局的综合性,更要深入贯彻可持续发展理念,建设"安全、便捷、高效、绿色、经济、包容、韧性的可持续交通体系",从而服务于经济社会高质量发展,实现"人享其行、物畅其流"的美好愿景。[1] 从《"十四五"现代综合交通运输体系发展规划》也可以看出,构建现代综合交通运输体系是一项多维联动、多措并举的治理任务,它涵盖了交通设施网络、交通运输服务、交通智能技术、交通发展模式、交通治理能力等诸多维度,以及规划、建设、管理、服务、安全等多个环节。因此,与之适配的城市交通治理政策要着重考虑政策设计的整体性、衔接性和融合性,从而有效缓解城市交通供需矛盾和满足人们的美好生活需求。结合当前中国城市交通治理实际,完善城市交通治理政策还需从以下三方面重点发力。

首先,树立"以人为本"的交通治理理念。理念是一切政策制定的根本依据和出发点,贯穿政策制定的全过程并决定政策目标内含的价值选择。城市交通治理政策需要贯彻"以人为本"的核心理念,确保政策真正服务于民,满足人们的便利出行需求,并强调服务导向,而非单一的管理取向。在实践中,突出管理取向而忽视服务取向的城市交通政策并不少见。例如,为缓解城市交通拥堵和改善生态环境,部分城市出台了严格的交通管制政策,在特定区域和时段限制部分车辆出行。这些限制性政策在短期内对提升城市交通管理效率具有促进作用,但也会给公民出行带来不便,甚至侵害部分公民权益。部分城市在规划城市交通基础设施时存在"汽车本位"的倾向,一味强调拓宽车道,建设快速路、高架路或立交桥等,以满足机动车行驶需求,忽视了处于相对弱势地位的非机动车和行人路权,未能结合实际需求向公民提供均衡、适配的交通服务。

其次,采取综合治理的行动路径。城市交通治理是一项系统工程,构建完善的综合交通运输体系需要实现交通设施网络、交通运输服务和交通治理能力的一体化发展。一方面,应继续补齐交通基础设施短板,通过综合立体交通网络实现城市内部、城市群和都市圈的融合衔接,并积极利用大数据、人工智能、区块链等新兴技

① 《习近平向全球可持续交通高峰论坛致贺信》(2023年9月25日),中国政府网,https://www.gov.cn/yaowen/liebiao/202309/content_6906150.htm,最后浏览日期:2024年8月20日。

术推进交通基础设施智能化升级；另一方面，顺应人们的多元化出行需求，在保障交通服务公平可及的基础上，鼓励和规范定制化服务的发展，同时加快发展旅客联程运输和货物多式联运，以提升旅客出行服务品质和优化货运服务系统。此外，还要进一步健全交通运输法治体系，深化交通行政管理体制改革，通过制度化建设增强交通治理政策的执行力，促进交通治理现代化，以适应交通强国需要。

最后，践行绿色可持续的交通发展模式。在全球气候变化加剧、国家积极落实"双碳"目标的背景下，推动城市交通绿色低碳转型、提升城市交通可持续发展水平，是实现交通治理现代化的必然趋势。自 2017 年交通运输部实施"绿色交通"专项行动以来，各地围绕交通结构优化、组织创新、绿色出行、资源集约、装备升级、污染防治和生态保护等重点领域进行了有益探索，不断健全以绿色可持续发展为导向的交通制度标准体系、科技创新体系和监督管理体系。未来还需进一步优化部门协同、区域联动、政企互动、公众参与的多元共治格局，通过构建有为政府、有效市场和有力社会的协同机制，共同打造绿色可持续的城市交通发展模式。

第三节　城市交通治理创新

随着工业化和城市化进程的加速，中国日益从交通大国向交通强国迈进，实现交通治理体系和治理能力现代化，建立现代化综合交通体系、无障碍出行服务体系、交通科技创新体系是交通强国建设的核心目标。在此背景下，以城市交通治理创新化解交通拥堵、停车难、环境污染、安全事故频发等治理难题成为城市交通现代化的重要趋向。因此，厘清城市交通治理创新的基本认知，审视城市交通治理技术创新，反思城市交通治理的价值目标，具有重要的理论和实践价值。

一、城市交通治理创新的认知重塑

城市交通系统是一个动态开放的复杂巨系统，其构成要素众多，且各子系统之间存在非线性交互。这一内在特征决定了城市交通治理创新需要坚持复杂系统思维，遵循城市交通治理的科学规律。

20 世纪 70 年代以来，"复杂性"这一概念频现于自然科学领域，而后被系统科学纳入研究范畴。20 世纪 80 年代，钱学森在传统系统科学的基础上对"系统"进行分类，根据总系统所包含的子系统数量和种类的多少，以及子系统之间关联系统的复杂程度，把系统分为简单系统和巨系统两大类，巨系统则进一步细分为简单巨系统和复杂巨系统。复杂巨系统的子系统通常种类众多并有层次结构,彼此之间的关联非常复杂,社会系统、生物体系统、地理系统等都属于复杂巨系统。[1]1990年,钱学森等人对"开放的复杂巨系统"及其方法论展开了详细论述,提出了有效处理复杂巨系统的综合集成方法。综合集成方法主张将定性与定量方法相结合,实现还原论方法与整体论方法辩证统一。其实质是把各学科的科学理论和人的经验知识有机结合成一个系统,并通过发挥这个系统的整体优势和综合优势解决复杂系统问题。[2] 随着复杂系统研究的不断深入,美国学者约翰·霍兰(John Holland)在控制论、耗散结构理论和协同学的基础上发展出第三代系统论——复杂适应系统理论(complex adaptive systems,CAS)。霍兰基于复杂适应系统的基本特性和核心机制,构建了一个通用的理论框架,包括聚集(aggregation)、非线性(nonlinearity)、流(flows)、多样性(diversity)四个基本特性和标识(tagging)、内部模型(internal models)、积木(building blocks)三种机制,并引入适应性主体(adaptive agents)和回声模型(echo model)用以分析复杂适应系统的生成与演化机理。[3] 此后,CAS理论被广泛运用于多个研究领域。基于"城市是一个开放的复杂巨系统"这一研究共识,部分学者尝试运用CAS理论指导城市规划与治理实践。例如,仇保兴以CAS理论为内核,构建了包括连续性与非连续性并存、确定性与非确定性并存、可分性与不可分性并存、预见性和不可预见性并存的新理性主义框架,并基于CAS理论提出了韧性城市的设计方法和原则。[4]

从交通发展历程来看,中国城市交通治理理念经历了从简单线性思维向复杂系统思维的演变,城市交通治理政策逐渐从静态的道路设施扩容向动态的综合交通系统调适转变。改革开放以前,真正意义上的城市交通规划尚未形成,当时主要沿用了苏联的道路网规划,其核心任务是根据城市布局形态确定道路网结构、功能和等级。[5] 随着改革开放和城市化的推进,中国实现了从"自行车王国"到"汽车大国"的转型,城市交通形态发生了明显变化,私人汽车的快速普及使汽车拥堵逐渐成为城市交通治理的重点内容。为解决日益严峻的交通拥堵问题,中国最初采取增加交通设施供给的应对策略,试图通过道路基础设施建设缓解交通供需失衡。然而实践证明,仅仅作用于供给侧的道路设施扩容并非解决交通供需矛盾的长久之策。在借鉴国外治理经验的基础上,优先发展公共交通和加强交通需求管理逐渐成为中国城市交通规划的重要导向,与之对应的规划视角也从道路网扩展到综

① 于景元:《钱学森关于开放的复杂巨系统的研究》,《系统工程理论与实践》1992年第5期。
② 钱学森、于景元、戴汝为:《一个科学新领域——开放的复杂巨系统及其方法论》,《自然杂志》1990年第1期。
③ See John Holland, *Hidden Order: How Adaptation Builds Complexity*, Perseus Books, 1995.
④ 仇保兴:《城市规划学新理性主义思想初探——复杂自适应系统(CAS)视角》,《城市发展研究》2017年第1期;仇保兴:《基于复杂适应系统理论的韧性城市设计方法及原则》,《城市发展研究》2018年第10期。
⑤ 马林:《新中国城市交通规划的探索与发展》,《国际城市规划》2019年第4期。

合交通系统。

在此背景下,上海、北京出台了以综合交通系统为导向的交通规划。在《上海市城市交通白皮书》(2002 年)和《北京交通发展纲要(2004—2020 年)》中,"增强交通系统内部的协同性与外部的适应性"成为交通规划的主导理念。其中,交通系统的内部协同主要依赖于设施平衡、运行协调和管理统一;设施平衡和运行协调是指在优先发展公共交通的基础上推动多种交通方式融合发展、紧密衔接,重视换乘、停车和管理设施建设,提升交通基础设施建设的系统性与协同性;管理统一是指交通相关部门协同运作,对城市交通规划、投资、建设、管理和服务进行综合协调。交通系统与外部系统的适应性则表现为交通系统与土地系统、经济系统、社会系统和生态系统等协调共生。[①]

除此之外,部分城市还实施了交通综合治理行动。以深圳市为例,作为改革开放的重要示范区,深圳市机动车保有量在 1995 年便已达到 23.6 万辆[②],机动化出行比例显著提高,出现了交通拥堵问题。为系统解决行车难、乘车难、停车难等交通治理难题,深圳市 1997 年出台《城市交通综合治理实施方案》,专门成立"城市交通综合治理指挥部"统筹交通综合治理工作。深圳市围绕道路交叉口渠化改造、道路空间资源配置、骨干交通网建设、交通结构调整、优先发展公共交通和精细化管理等重点任务在交通领域进行持续性的综合整治。[③] 在《深圳市交通综合治理三年行动方案及 2020 年工作计划》中,深圳市将原有的八项综合治理策略[④]整合为协同治理、服务提质、平衡发展和需求调控四类策略,旨在通过交通综合治理模式提高城市交通运行效率、服务品质和安全水平。

总体而言,实现城市交通治理创新应秉持复杂系统思维,着眼于城市交通系统内部与外部的平衡,厘清各要素、各系统之间的复杂关联,基于全面、系统的科学认知来寻求契合城市交通发展阶段的治理模式。

二、技术变革与城市交通治理创新

城市交通治理创新依赖于特定的技术基础。随着第四次工业革命的纵深推进,科学技术不断迭代升级,催生了大数据、人工智能、移动互联网、云计算、数字孪生等新兴技术,推动人类社会进入智能时代。智能时代的到来带动了交通设施、管

---

① 朱洪:《巨型城市交通体系的持续整合政策——新一轮〈上海市城市交通白皮书〉的研制》,《城市规划》2005 年第 12 期。
② 徐惠农、张晓春、林群:《深圳市交通综合治理实践经验》,《城市交通》2011 年第 3 期。
③ 李桂波、孙佳:《存量发展背景下深圳市交通综合治理模式探讨》,《交通与运输》2024 年第 5 期。
④ 八项治理策略是指慢行复兴、三网融合、深入挖潜、智慧提升、定向增供、分类调控、停车改革和精细管理,具体内容参见《深圳市交通拥堵综合治理策略措施及 2018 年行动方案》。

理和服务的变革,更新了城市交通治理创新的技术基础,是发展智能交通和促进交通治理转型的重要动力源泉。

首先,新兴技术与交通领域的深度融合能够促进城市交通基础设施的智能化升级。以新一代移动互联技术为例,5G 与大数据、人工智能、云计算等技术的融合应用为智慧交通提供了强大赋能,这不仅有效降低了信息传输壁垒,发展出以移动互联为基础的综合性交通智能服务体系,如基于物联网的电子不停车收费系统(Electronic Toll Collection, ETC);还可以实现人、车、路、云等协同互联,如基于车联网的车路协同服务系统,使泛在控制成为可能。传统控制是面向群体的定点强制性控制,例如信号控制;而泛在控制则可以利用泛在的信息网络实现人与车、车与车、车与路等的即时感知和控制,包括路径选择控制、红绿灯前置控制、车与车之间的安全控制等。① 此外,建筑信息模型(Building Information Modeling, BIM)和地理信息系统(Geographic Information System, GIS)技术在基础设施智能化建设中也发挥了重要作用。BIM 技术能够利用数字技术存储和传递建筑结构及构造特征,实现工程设计、施工、养护、运营、监测、管理等信息共享和工作协同,促进工程建设项目全程信息化;GIS 技术作为地理和交通数据存储及应用的关键支撑,可以与相应地区的交通地图相结合,将区域内交通地理图及其有关的路网、设施、车流等信息结合,生成可视化的数字地图和交通地理信息数据库。从政策议程来看,《交通运输部关于推动交通运输领域新型基础设施建设的指导意见》《交通领域科技创新中长期发展规划纲要(2021—2035 年)》《数字交通"十四五"发展规划》等文件的出台,表明新兴技术在交通基础设施智能化改造中的应用已成为不可逆的发展趋向,预示着提升交通基础设施的智能制造能力将成为未来交通发展的重要目标。

其次,以大数据为代表的智能感知、监测和分析技术为交通治理决策提供了可靠的智力支撑。随着新一代移动互联网、物联网、云计算等信息技术,以及以社交媒体、基于位置的服务(location based services, LBS)为代表的新型信息发布方式的不断涌现,数据信息的生产、分享与应用被无限放大,规模性(volume)、多样性(variety)、高速性(velocity)和价值性(value)成为大数据的典型特征。大数据的飞速发展重塑了人类对数据利用的认知,为人类认识和改造世界提供了新的有效工具,传统依靠主观经验或抽样数据的决策模式逐渐向基于海量数据的智慧决策模式转变,"数据驱动决策"成为促进政府决策科学化和治理现代化的必要工具。② 基于大数据的信息处理方式不仅能够让决策主体快速掌握宏观大数据和城

① 何梅、陈艳艳、陈学武等:《新时代城市交通需求演变与治理变革——中国城市交通发展论坛 2018 年第 1 次研讨会》,《城市交通》2018 年第 3 期。
② 胡税根、单立栋、徐靖芮:《基于大数据的智慧公共决策特征研究》,《浙江大学学报》(人文社会科学版)2015 年第 3 期。

市综合路网大数据,还可以随时聚焦微观层面的车辆和个体,通过数据算法对各种结构化和非结构化的数据样本进行规律化处理与趋势化分析,合理优化城市交通资源配置。[①] 以公共交通出行为例,大数据技术既可以通过 IC 卡、GPS 数据等获取精准、动态的交通出行量信息和公共交通运行状况等多源数据,优化公交线路选择、站点设计、换乘安排和公交运力资源配置;也可对不同区域公共交通的时间可达性、距离可达性等进行多维度评估,辅助识别特定区域的交通薄弱环节,为城市用地布局、公共交通设施、生活设施等一体化规划和综合交通系统设计提供决策参考。[②] 大数据技术在解决城市交通拥堵问题上也具有重要作用,如杭州市利用大数据技术分析交通流量、实时监测城市拥堵态势和道路运行情况,从而诊断交通拥堵症结并制定科学有效的治堵方案。

最后,技术变迁与政府治理的共演发展催生了新型交通治理形态。每一次重大的技术变革都促进了政府治理方式的变革,这种变革不仅体现在信息处理方式的创新上,更表现为权力关系的重塑。在传统工业革命时期,一切为生产效率服务,与之对应的政府组织采取的是垂直结构,通过自上而下的集权化管理对社会进行总体性支配。但随着智能时代的到来,政府管理体制、结构、职能和方式均发生了深刻变化,经历了从"电子政务"到"互联网＋政务"再到"数字政府"的阶段性演进,日益显现出网络化、扁平化、分布式、开放性等特征[③],权力关系形态逐渐从单向的管制与被管制过渡到政府与社会双向互动的网络型治理。就城市交通治理而言,网络型治理形态能够超越传统分割式治理的限度,对内可以借助新技术对分散在多个部门的交通信息进行整合与共享,通过数据联通来规避科层管理体制下各自为政的局限;对外则基于各类智能终端和交互平台增强政府与社会主体之间的多向联动,通过有序的合作治理与外部监督来提高交通治理效能。以上海市为例,经过持续的交通智能化建设,上海市实现了道路交通、公共交通、对外交通等综合交通信息的有机整合与综合处理,推出了面向政府管理决策和公众出行的多层次交通信息服务,逐渐从分散式建设转向整体型建设、从孤立封闭转向共享开放、从以政府推动为主转向多元合作共治。[④]

智能技术赋能城市交通治理不能停留在技术层面的简单嵌入,而应从更深层次的认知、制度和价值层面推动城市交通治理转型,这就要求治理者主动把握技术变革的重要机遇,充分挖掘技术潜力以推动治理体制、机制和政策的重塑与协调互

① 谢治菊、许文朔:《数据驱动、交通变革与智慧治理》,《云南大学学报》(社会科学版)2019 年第 5 期。

② 何梅、陈艳艳、陈学武等:《新时代城市交通需求演变与治理变革——中国城市交通发展论坛 2018 年第 1 次研讨会》,《城市交通》2018 年第 3 期。

③ 陈振明:《政府治理变革的技术基础——大数据与智能化时代的政府改革述评》,《行政论坛》2015 年第 6 期。

④ 《上海智慧交通发展》(2018 年 7 月 1 日),上海市交通委员会官网,https://jtw. sh. gov. cn/zxft/20180720/0010-19036.html,最后浏览日期:2024 年 8 月 22 日。

适,最终实现城市交通智能化发展和善治的美好愿景。

三、面向可持续发展的城市交通治理创新

城市交通治理创新不仅致力于现实问题的解决,更着眼于高阶发展目标的实现。所谓高阶发展目标,是将交通系统置于城市总系统之中,结合城市发展议程设定城市交通治理创新的发展目标,最终通过交通系统与城市总系统的融合发展推动城市文明过渡到高阶形态。从城市发展议程来看,人类对城市的认识经历了从简单有机体到复杂生命体再到现代文明体的跃进,对城市的期待也不再满足于其作为栖居和生产场所的物质性功能,而是承载着人类对美好生活的诸多向往,"可持续发展"逐渐取代"机械增长"成为城市发展的主导理念。因此,作为城市总系统的构成部分,城市交通治理创新也要立足可持续发展的价值目标,既要满足交通发展需求,也要综合考虑交通发展所带来的资源消耗、生态破坏和社会公平等问题,以可持续发展推动城市交通治理转型。

自可持续发展议程确立以来,交通就被视为实现城市可持续发展的关键领域之一。1992 年,联合国环境与发展会议通过的《21 世纪议程》正式强调了交通在可持续发展中的重要作用,并针对如何发展可持续交通提出了解决方案,包括将土地利用和交通规划相结合、优先发展公共交通、提供安全的自行车道和人行道以鼓励非机动车交通方式、实施有效的交通管理和交通基础设施维护等。[1] 1997 年,联合国大会对《21 世纪议程》执行情况进行审查时进一步指出,"在今后二十年里,预计交通将是世界能源需求增长的主要原因。交通部门是发达国家能源的最主要最终用户,也是大多数发展中国家增长速度最快的部门。目前的交通部门的主要能源使用模式是不能持续的,长此下去,会加深世界面临的环境问题"。[2] 2002 年,可持续发展问题世界首脑会议重申了交通可持续发展的必要性,从基础设施、公共交通系统、货物运送网络、交通承载力、效率和便利性等方面为可持续交通提供了多个连接点。[3] 2007 年,国际组织政府间气候变化专门委员会(Intergovernmental Panel on Climate Change, IPCC)专门编写了关于气候变化的系列报告,也将交通视为改善气候变化的关键领域,提出"使用更清洁、节能的车辆,发展公共交通,鼓励非机动交通方式,加强土地利用和交通规划"等建议。[4] 2016 年,首届全球可持

---

[1] United Nations, *Agenda 21* (3 to 14 June 1992), https://sdgs.un.org/sites/default/files/publications/Agenda21.pdf, accessed 22 April 2025.

[2] 《进一步执行 21 世纪议程方案》(1997 年 6 月 28 日),联合国官网,https://documents.un.org/doc/undoc/gen/n97/774/72/pdf/n9777472.pdf,最后浏览日期:2025 年 4 月 23 日。

[3] 《可持续发展问题世界首脑会议的报告》(2002 年 8 月 26 日—9 月 4 日),联合国官网,https://documents.un.org/doc/undoc/gen/n02/636/92/pdf/n0263692.pdf,最后浏览日期:2024 年 8 月 23 日。

[4] IPCC, *Climate Change 2007: Synthesis Report*, IPCC, Geneva, Switzerland, 2007, p.17.

续交通大会发布了关于促进可持续交通发展的报告,主张从政策制定与实施、资金和技术三个维度采取行动,如运用整体性的政策制定方法、动员利益相关者参与政策过程、加强监测和评估、多渠道融资,以及在能源、车辆、系统等方面实现关键性技术突破。[①] 2021 年,第二届全球可持续交通大会在北京市召开,在大会通过的标志性成果文件中,"加强治理"被视为实现可持续交通目标的重要途径,主张在全球、区域、国家和地方层面共同进行支持性的体制和政策创新,包括制定相关法规和标准、跨域协调、综合性的规划和促进多元参与。[②]

中国交通可持续发展的议程可追溯至 1995 年由原建设部、财政部和世界银行等联合制定的《北京宣言:中国城市交通发展战略》,该文件指明了未来一段时期内中国城市交通发展的五项基本原则、政策和规划制定的四项标准和应当采取的八项行动[③],奠定了城市交通可持续发展的基础。1996 年 3 月,《国民经济和社会发展"九五"计划和 2010 年远景目标纲要》正式将可持续发展上升为国家战略。此后,中国交通发展目标逐渐从供给侧的补足基础设施短板过渡到实现交通的可持续发展,相继实施了城市道路交通管理"畅通工程"、绿色交通城市、优先发展公共交通、倡导绿色出行、公交都市试点、城市步行和自行车交通系统建设、文明交通行动等示范项目,并于 2020 年出台了《新能源汽车产业发展规划(2021—2035 年)》,2021 年出台了《国家综合立体交通网规划纲要》,初步构建了城市交通可持续发展的政策体系。

尽管促进交通可持续发展的政策议程和实践由来已久,但"可持续发展"的内涵仍在不断拓展。2023 年 9 月,习近平总书记向全球可持续交通高峰论坛致贺信,指出要"建设安全、便捷、高效、绿色、经济、包容、韧性的可持续交通体系",在2019 年《交通强国建设纲要》的基础上新增了"包容"和"韧性"两大价值目标。以"韧性"为例,处在气候变化和极端天气日益加剧的风险社会,发展韧性交通显得尤为必要,2021 年河南省郑州市特大暴雨对城市交通系统的重创就是一个例证。韧性交通具有三重内涵:一是交通系统对内部或外部干扰具有保持、恢复可达性的能力;二是交通系统在软硬件方面均具有足够的适应能力、抗冲击能力、学习能力和

---

①　United Nations Secretary-General's High-Level Advisory Group on Sustainable Transport, *Mobilizing Sustainable Transport for Development*, 2016, pp.20-37.

②　United Nations, *Sustainable Transport Sustainable Development*, 2021, pp.41-68.

③　"五项原则"是指:(1)交通的目的是实现人和物的移动,而不是车辆的移动;(2)交通收费和价格应当反映全部社会成本;(3)交通体制改革应该在社会主义市场经济原则指导下进一步深化,以提高效率;(4)政府的职能应该是指导交通的发展;(5)应当发挥私营企业在交通运输市场中的作用。"四项标准"是指经济的可行性、财政的可承受性、社会的可接受性和环境的可持续性。"八项行动"包括:(1)改革城市交通运输行政管理体制;(2)提高城市交通管理的地位;(3)制定减少机动车空气和噪声污染的对策;(4)制定控制交通需求的政策;(5)制定发展大容量公共交通的战略;(6)改革公共交通管理和运营;(7)制定交通产业的财政战略;(8)加强城市交通规划和人才培养。参见王慧明,《北京宣言 中国城市交通发展战略》,《城市规划》1996 年第 4 期。

自我调整恢复能力;三是交通系统在应对各种干扰的过程中能够与干扰共同进化,不断提高韧性和减少脆弱性。① 从实践来看,部分城市尝试通过以公共交通为导向(transit-oriented development,TOD)的发展模式提升交通韧性。作为国内首个利用高铁车站"上盖"和立体化开发线上线下空间的大型 TOD 工程,重庆沙坪坝高铁枢纽 TOD 综合体秉持"站城融合、品质提升、公交优先、交通一体"的建设理念,实现了城市功能与交通功能深度融合,以及高铁、市域铁路、轨道交通、公共交通、小汽车等多种交通方式和商业、办公、酒店等多业态的协调发展。② 此外,发展多样化的交通方式、增加公共交通和步行接驳的便利性、设置无车区、共享街道、提高停车收费以及实施智慧化管理也是增强交通韧性的有益方案。③

思考题:

1. 城市交通系统的构成要素有哪些?
2. 城市交通治理的目标与原则有哪些?
3. 城市交通治理政策主要有哪些?
4. 如何构建面向可持续发展的城市交通体系?

---

① 仇保兴:《构建韧性城市交通五准则》,《城市发展研究》2017 年第 11 期。
② 李雪、周涛、喻永辉等:《重庆沙坪坝高铁枢纽 TOD 交通规划实践与总结》,《城乡规划》2021 年第 6 期。
③ 陆化普:《中国城市可持续交通发展》,《科技导报》2022 年第 14 期。

第七章
城市社区治理

　　社区作为城市社会治理的基本单元和神经末梢，是推动城市治理体系和治理能力现代化的重要场域。改革开放前，中国通过以单位制为主、以街居制为辅的社会管理模式实现了对社会的超强整合，但伴随着经济社会的重大变革与转型，原先的单位制逐渐解体，街居制也陷入职能超载、角色冲突等困境①，"社区"作为各种社会群体、利益关系与社会资源的"容器"，由此成为城市社会治理的基本单元。与此同时，随着城市化水平不断提高，城市人口老龄化、家庭结构小型化、人口流动频繁等趋势逐渐显现，社区居民利益诉求也更加多元，城市社区治理难度激增。如何适应城市经济社会发展、满足居民多元化的利益诉求、加强基层政权治理能力建设，成为实务界和理论界共同关注的重点议题。近年来，中国不断创新社区治理模式，推动治理资源、重心、力量下沉，鼓励市场、社会组织和居民参与社区公共事务治理，逐渐从"一元管理"转变为"多元协同治理"，实现了国家与社会的有效互动。多元主体协同共治的治理格局不仅有助于促进社区和谐发展，也满足了新时代人民对美好生活的期望，进一步推动了基层治理体系和治理能力现代化。本章聚焦城市社区治理，主要涉及三个方面：(1)中国城市社区治理的演进、主体与结构；(2)城市社区居民自治实践；(3)城市社区空间建设与社区营造。

第一节　中国城市社区治理的演进、主体与结构

　　尽管早在1887年斐迪南·滕尼斯(Ferdinand Tönnies)便提出了"社区"与"社会"的二元划分，即社区是基于情感、习惯、地缘、血缘等由"自然意志"(natural will)形成的共同体，社会则是人类基于劳动分工和契约等由"理性意志"(rational will)形成的各种利益群体②，但发展至今，社区仍是一个非常模糊、多元的概念，其

---

① 何海兵：《我国城市基层社会管理体制的变迁：从单位制、街居制到社区制》，《管理世界》2003年第6期。

② See Ferdinand Tönnies, *Community and Civil Society*, J. Harris, ed., M. Hollis and Margaret Hollis, trans., Cambridge University Press, 2001.

界定方式多达上百种。① 在中国语境下,社区是指聚居在一定地域范围内的人们
所组成的社会生活共同体,其范围是指经过社区体制改革后作了规模调整的居民
委员会辖区。② 而有关社区治理的概念界定则相对统一:社区治理是一种特定的
治理形式,通过直接控制或借由邻里论坛、社区委员会之类的机构赋予公众参与并
尽可能决定或影响社区事务的权利。在这一治理过程中,社区充当最大的"利益相
关者",其他利益相关方可能包括向社区提供公共产品与服务的多元主体,以及社
区需要为之负责的其他治理层级(如地方政府和中央政府)。③ 本节首先梳理中国
城市社区治理的演进历程,随后总结社区治理涉及的主体类型及其互动关系,最后
介绍城市社区治理的结构。

一、中国城市社区治理的演进历程

现代意义上的"社区"是人类社会不断演进的产物,经历了从聚落共同体向现
代社区的漫长历程。中国社区治理的雏形古已有之,历代封建王朝时期便设立了
控制乡村的组织,如里制、保甲制等。但"社区"这一概念正式引入中国则迟至
20 世纪 40 年代。1948 年,费孝通先生正式采用"社区"作为"community"的译法,
"最初 community 这个字介绍到中国来的时候,那时的翻法是用'地方社会',而不
是'社区'。当我们翻译 Park 的 community 和 society 两个不同的概念时,面对
'co'不是'so'成了句自相矛盾的不适之语。因此,我们开始感到'地方社会'一词
的不恰当。……偶然间,我就想到了'社区'这么两个字样。后来大家采用了,慢慢
流行"。④ 从实践来看,新中国成立以来的城市社区治理发展演进可划分为以下四
个主要阶段。

(一) 起步阶段:1949—1978 年

新中国成立之初,为了巩固新生政权和恢复社会秩序,中国采取的是以单位制
为主的基层社会管理体制。在单位制下,一切微观社会组织乃至国家都是单位,党
的组织系统及其行政组织成为控制和调节社会运转的中枢系统,自上而下的国家
权力控制着每一个单位,又通过单位控制着每一个个体。⑤ 因此孙立平等人将这

---

① John E. Puddifoot, "Dimensions of Community Identity", *Journal of Community & Applied Social Psychology*, 1995, 5(5), pp.357-370.
② 引自《中共中央办公厅、国务院办公厅转发民政部关于在全国推进城市社区建设的意见的通知》(中办发〔2000〕23 号)。
③ Peter Somerville, "Community Governance and Democracy", *Policy and Politics*, 2005, 33 (1), pp.117-144.
④ 费孝通:《二十年来之中国社区研究》,载《费孝通文集》(第 5 卷),群言出版社 1999 年版,第 530 页。
⑤ 路风:《单位:一种特殊的社会组织形式》,《中国社会科学》1989 年第 1 期。

一时期的社会结构称为"总体性社会",即国家几乎垄断了全部重要资源,对几乎全部的社会生活实行全面控制,独立于国家之外的社会力量要么被抑制,要么被纳入成为国家机构的一部分。① 为了加强对"单位"之外的人员管理,居民委员会成为法律意义上的居民自治载体。1954 年《中华人民共和国城市居民委员会组织条例》明确规定"居民委员会是群众自治性的居民组织",主要负责办理与居民有关的公共福利事项、反映居民意见和要求、动员居民响应政府号召并遵守法律、领导群众性的治安保卫工作以及调解居民间的纠纷。尽管居民委员会作为群众自治组织的地位在法律上得以确认,但实际上,这一自治组织的设置主要是为了加强对居民的组织和管理,且需要接受行政领导。在同年出台的《城市街道办事处组织条例》中,街道办事处的核心任务之一即指导居民委员会的工作。可见,这一时期的居民委员会主要扮演的是与单位制相配合的辅助角色,依赖性与边缘性特征十分明显。

(二) 调整阶段:1979—1990 年

进入 20 世纪 80 年代,经济领域的体制改革促进了社会结构的整体变迁,由此形成的"非单位型"社会极大地冲击了原有的社会管理体制,国家难以通过"单位"对社会成员进行有效整合和结构化。② 与此同时,在从农业社会向工业社会转型的进程中,所有制结构的变化加速了"单位制"的瓦解,社会流动日益频繁。一种"断裂社会"的结构正在形成,表现为社会结构的断裂、城乡之间的断裂以及文化、社会生活的断裂。③ 社区逐渐从一个"熟人社会"转变为"陌生人社会"。人情关系及其规范是"熟人社会"赖以维系的社会基础④,而在"陌生人社会",社区中的街坊、邻居是不断变换的"生人",社区异质性的增加和公共物业的市场化使蕴藏于邻里关系之中的社会资本被消解⑤,社区的共同体精神也面临被侵蚀的威胁。在此背景下,原先由"单位"承担的管理和服务职能开始外溢至社区层面,街道办事处和居民委员会承接了大量城市基层管理和服务事项⑥,社区由此成为后"单位制"时代国家治理与社会整合的基础单元。1980 年,全国人大常委会重新公布了《中华人民共和国城市居民委员会组织条例》《城市街道办事处组织条例》等法规,为"街居制"的恢复奠定了法律基础。1986 年,为适应城市经济体制改革和社会保障制度建设,民政部首次将"社区"概念引入城市管理,提出要在城市中开展社区服务工作,并于 1987 年、1989 年先后召开"全国城市社区服务工作座谈会"和"全国城市

---

① 孙立平、王汉生、王思斌等:《改革以来中国社会结构的变迁》,《中国社会科学》1994 年第 2 期。
② 徐勇:《论城市社区建设中的社区居民自治》,《华中师范大学学报》(人文社会科学版)2001 年第 3 期。
③ 孙立平:《中国社会结构的变迁及其分析模式的转换》,《南京社会科学》2009 年第 5 期。
④ 陈柏峰:《熟人社会:村庄秩序机制的理想型探究》,《社会》2011 年第 1 期。
⑤ 孙莉莉、伍嘉冀:《城市社区治理中的居民自治:实践探索与演进》,上海交通大学出版社 2019 年版,第 19 页。
⑥ 袁方成、王泽:《中国城市社区治理现代化之路——一项历时性的多维度考察》,《探索》2019 年第 1 期。

社区服务工作会议"。① 1989年12月,《中华人民共和国城市居民委员会组织法》正式通过,这一法律的颁布是"为了加强城市居民委员会的建设,由城市居民群众依法办理群众自己的事情",将居民委员会界定为"自我管理、自我教育、自我服务的基层群众性自治组织",在《中华人民共和国城市居民委员会组织条例》的基础上拓宽了居民委员会的职能,同时指出,"居民委员会应当开展便民利民的社区服务活动,可以兴办有关的服务事业"。这一时期,中国居民委员会的数量大幅增加,从1981年的57 169个增加至1989年的93 691个②,增幅约63.88%,与之对应的社区服务设施、服务力量也不断扩大,社区服务和管理水平显著提升。

(三)试验阶段:1991—2011年

随着经济体制改革的逐步深入,扮演"承接"和"应急"角色的社区服务已难以满足现代城市基层社会发展的多元化需求,甚至陷入体制性困境。自"街居制"实施以来,城市管理权限主要集中于市、区、街层级,由于缺乏清晰的职能分工与定位,社区实际上成为街道办事处的"腿",缺乏开展社区服务的财权和综合协调能力。③ 因此,"社区建设"成为城市体制改革的重点任务。1991年5月,时任民政部部长崔乃夫同志指出,"社区建设是健全、完善和发挥城市基层政权组织职能的具体举措,是建立'小政府、大社会'的基础工程"。同年7月,民政部下发《关于听取对"社区建设"思路的意见的通知》,面向全国征求社区建设的意见、建议。在1998年国务院机构改革的推动下,原"基层政权建设司"改为"基层政权与社区建设司",由民政部指导社区服务管理工作和推动社区建设,标志着社区建设正式被纳入国家行政职能范围。此后,探索并总结成功的实践经验成为城市社区建设的核心内容。1999年,民政部正式启动社区建设试点,选择了城市社区服务工作基础较好的北京市西城区等26个城区为社区建设试验区,并制定了《全国社区建设试验区工作实施方案》。2000年,民政部向中共中央、国务院上报了《关于在全国推进城市社区建设的意见》,该文件指明了推进城市社区建设的重大意义,确立了城市社区建设的指导思想、基本原则和主要目标,要求从社区服务、社区卫生、社区文化、社区环境、社区治安以及社区组织和队伍建设等多个方面共同推进城市社区建设。为进一步调动地方政府广泛开展社区建设的积极性、总结推广试点地区社区建设经验,民政部于2001年开展"社区建设示范"活动,出台了《全国城市社区建设示范活动指导纲要》《全国社区建设示范城基本标准》《关于做好推荐全国社区建

① 向德平、华汛子:《中国社区建设的历程、演进与展望》,《中共中央党校(国家行政学院)学报》2019年第3期。
② 《基层群众性自治组织》(2008年8月27日),国家统计局官网,https://www.stats.gov.cn/zt_18555/ztsj/hstjnj/sh2008/202303/t20230303_1926475.html,最后浏览日期:2023年10月12日。
③ 袁方成:《国家治理与社会成长:中国城市社区治理40年》,上海交通大学出版社2018年版,第146页。

设示范城工作的通知》等系列文件,遴选了河北省保定市等 27 个"全国社区建设示范市"、北京市西城区等 148 个"全国社区建设示范区",并于 2002 年 9 月召开全国城市社区建设四平现场会议以总结推广四平经验。① 2009 年 11 月,民政部出台了《关于进一步推进和谐社区建设工作的意见》,提出"力争用五年的时间,把全国 80%以上的城乡社区建设成为管理有序、服务完善、文明祥和的社会生活共同体;到建党 100 周年时,把所有城乡社区全面建设成为管理有序、服务完善、文明祥和的社会生活共同体"。同年,民政部确立了北京市丰台区丰台街道永善社区等 500 个"全国和谐社区建设示范社区"。总体而言,这一阶段围绕"社区建设"为重点任务和目标,通过"地方试验—中央推广"的执行机制推动了社区建设的发展。

(四) 深化阶段:2012 年至今

在这一阶段,"社区治理"逐渐取代"社区建设"成为社区实践的指导理念。2012 年 11 月,党的十八大指出,"在城乡社区治理、基层公共事务和公益事业中实行群众自我管理、自我服务、自我教育、自我监督,是人民依法直接行使民主权利的重要方式"②,首次将"社区治理"写入党的纲领性文献。2013 年 11 月,党的十八届三中全会将"国家治理体系和治理能力现代化"作为全面深化改革的总目标之一,提出"加快形成科学有效的社会治理体制,确保社会既充满活力又和谐有序",要求"加强党委领导,发挥政府主导作用,鼓励和支持社会各方面参与,实现政府治理和社会自我调节、居民自治良性互动"。③ 2014 年"两会"期间,习近平总书记在参加上海代表团审议时强调,"社会治理的重心必须落到城乡社区,社区服务和管理能力强了,社会治理的基础就实了"。④ 在此背景下,全国各地围绕社区治理展开了有益探索,如 2015 年上海市印发了《关于进一步创新社会治理加强基层建设的意见》,通过重心下移、资源下沉、权力下放有效激发了基层社区治理活力;山东省烟台市芝罘区推行民需项目服务法,建立了"三社联动"的社区服务体系;浙江省海宁市以评价指标倒逼社区治理改进,提升社区"无微不治"水平,形成了社区治理的"海宁样本"。⑤ 2017 年 6 月,中共中央、国务院出台了《关于加强和完善城乡社区治理的意见》,该《意见》指出,"城乡社区是社会治理的基本单元",确立了"基层党组织领导、基层政府主导以及发挥基层群众性自治组织基础作用和社会力量协同

---

① 民政部基层政权和社区建设司:《中国社区建设年鉴》,中国社会出版社 2003 年版,第 35—36 页。

② 胡锦涛:《坚定不移沿着中国特色社会主义道路前进 为全面建成小康社会而奋斗——在中国共产党第十八次全国代表大会上的报告》,《求是》2012 年第 22 期。

③ 《中共中央关于全面深化改革若干重大问题的决定(2013 年 11 月 12 日中国共产党第十八届中央委员会第三次全体会议通过)》,《求是》2013 年第 22 期。

④ 《习近平参加上海代表团审议》(2014 年 3 月 6 日),中国政府网,https://www.gov.cn/2014lh/2014-03/06/content_2630515.htm,最后浏览日期:2024 年 10 月 14 日。

⑤ 张雷:《建设以人民为中心的城乡社区治理新体系》,《中国民政》2022 年第 10 期。

作用"的多元共治体系,要求不断提升社区居民参与、服务供给、文化引领、依法办事、矛盾预防化解、信息化应用能力,并着力补齐社区人居环境、综合服务设施建设、资源配置、减负增效、物业服务管理等治理短板。2019 年 1 月,民政部"基层政权和社区建设司"更名为"基层政权建设和社区治理司",负责"拟订城乡基层群众自治建设和社区治理政策,指导城乡社区治理体系和治理能力建设"。① 在实践中,聚焦社区治理的创新实践方兴未艾,北京"接诉即办"、上海"家门口服务体系"、深圳"民意速办"等均是社区治理现代化的有益经验。2022 年 10 月,党的二十大将"健全城乡社区治理体系"作为"完善社会治理体系"的关键组成部分,并提出"建设人人有责、人人尽责、人人享有的社会治理共同体"。② 可见,"构建具有中国特色的社区治理共同体"将成为未来城市社区治理的新目标。

经过上述阶段性发展,中国城市社区在基层社会管理体制中的角色发生了根本性变化,从最初的辅助和管控角色逐步过渡到服务与自治角色,社区组织的功能也从单一的行政单元转变为集政治、服务(行政)、社会功能于一体的政社复合体。③ 在"国家治理体系和治理能力现代化"的宏观指引下,中国城市社区实践实现了从"管理"到"治理"的理念跃升,更加强调党组织、政府、基层群众性自治组织和社会力量的整体协同与互动合作,更加重视激发社会主体的治理能动性。未来,如何培育具有高度共识和归属感的治理共同体以及构建稳定可持续的行动框架与治理规则将成为提升社区治理效能的关键。

二、中国城市社区治理的主体

中国城市社区治理的参与主体日益多元化,其中,居民委员会、业主委员会与物业管理公司被喻为驱动社区治理的"三驾马车"。④ 从权威来源来看,居民委员会的权威来自政府,业主委员会的权威来自产权,物业管理公司的权威则来自市场经济所赋予的自治权。此外,行政权威如政府、政治权威如党组织、专业权威如社会组织等也是社区治理的重要主体。⑤ 因此,城市社区治理是由多元主体共同参

---

① 《民政部职能配置、内设机构和人员编制规定》(2019 年 1 月 25 日),中国政府网,https://www.gov.cn/zhengce/2019-01/25/content_5361053.htm,最后浏览日期:2024 年 10 月 14 日。
② 习近平:《高举中国特色社会主义伟大旗帜 为全面建设社会主义现代化国家而团结奋斗——在中国共产党第二十次全国代表大会上的报告》,人民出版社 2022 年版,第 54 页。
③ 吴晓林:《治权统合、服务下沉与选择性参与:改革开放四十年城市社区治理的"复合结构"》,《中国行政管理》2019 年第 7 期。
④ 李友梅:《基层社区组织的实际生活方式——对上海康健社区实地调查的初步认识》,《社会学研究》2002 年第 4 期。
⑤ 李宁、罗梁波:《国家的高地、社会的篱笆和社区的围墙——基于社区治理资源配置的一项学术史梳理》,《甘肃行政学院学报》2020 年第 4 期。

与的治理活动,包括党组织、政府组织、居民委员会、业主委员会、物业管理公司、群团组织、社会组织、驻地单位和居民个体等多元类型。[①] 以下主要介绍社区治理中的政治主体、经济主体和社会主体。

(一) 政治主体:党组织与政府组织

社区治理中的政治主体包括党组织与政府组织两类。社区党组织主要是党的基层组织,是指作为城市区一级党委的派出机构的街道党工委和设立于每个社区的社区党支部。基层党组织覆盖面广、影响力大,在基层社区治理中具有独特优势。为充分发挥党组织的领导核心作用,可在与社区治理相关的利益主体(如物业公司、社会组织)中成立党组织,抑或采取社区党组织成员兼任相关主体重要职务的方式,从而发挥党组织对这些主体的引领作用。[②] 近年来,随着城市人口流动性的增强与高附加值产业的蓬勃发展,社区党组织设立形式也发生了新变化,包括依照地域、行业建立的党组织,如在"两新"组织(新经济组织与新社会组织)集中的地域、行业建立党支部,以及在商圈楼宇内建立联合党支部,从而更有效地整合社区内的各种资源。整体而言,通过"党总支建在社区、党支部建在小区、党小组建在楼组"等多样化途径,社区治理实现了"政党进场",从而强化了基层党组织的政治功能和组织力。[③]

社区治理中的政府组织不仅包括作为区政府派出机关的街道办事处,还包括活跃于社区空间的街头官僚群体。[④] 区别于同一层级的乡镇政府,街道办事处所辖区域的城市化水平更高,因此更多涉及与城市建设和治理有关的事务,如拆迁征地、旧城改造和公共服务供给。由于其所辖区域的人口更加集中,街道办事处还需协调不同利益关系、回应居民的多元化需求,并维护辖区稳定与和谐。针对日益复杂的社会治理情境,多数地区采取了"两级政府、三级管理"的城市管理体系。其中,街道办事处作为第三级管理主体,既要指导居民委员会工作和开展基层党组织建设,又要反映居民意见,此外还承担购买辖区内社会组织公共服务的职能。[⑤] 在社区治理中,街头官僚也发挥着重要作用。活跃在社区内的街头官僚主要包含两类:一类是基于法定职责而与社区接触较多的行政官僚,如城管与社区民警;另一类则是为推进某一公共政策议程而开展广泛调查的行政人员,如开展人口普查、经

---

① 胡小君:《从分散治理到协同治理:社区治理多元主体及其关系构建》,《江汉论坛》2016 年第 4 期。
② 陈友华、夏梦凡:《社区治理现代化:概念、问题与路径选择》,《学习与探索》2020 年第 6 期。
③ 李宁、罗梁波:《国家的高地、社会的篱笆和社区的围墙——基于社区治理资源配置的一项学术史梳理》,《甘肃行政学院学报》2020 年第 4 期。
④ 韩志明:《街头官僚及其行动的空间辩证法——对街头官僚概念与理论命题的重构》,《经济社会体制比较》2011 年第 3 期。
⑤ 周振超、陈治宇:《提升社区治理效能的机理探析——基于结构—资源—效能的视角》,《学习论坛》2022 年第 1 期。

济普查时入户走访的行政人员。

整体而言,社区治理场域中的政治主体在运作上各有分工,党组织主要发挥其在组织、政治和思想上的统合优势,为社区治理主体的合作互动搭建平台,而政府组织则更多地处理具体的公共事务。

(二) 经济主体:物业管理公司

随着社会主义市场经济体制的逐步建立,商品房社区日渐成为新型城市社区的主要形态,物业管理公司也随之发展起来。在居民小区外部,政府是公共服务的主要提供者,包括街道整治、环卫与治安等;在居民小区内部,社区服务则主要依靠物业管理公司,这一主体能够快速地感知居民需求变化,更有积极性和动力去满足居民的服务需求。[①] 物业管理公司负责管理的社区事务主要与"物"相关,如小区门禁系统的建立、环境绿化的打造、路灯电梯的管理与维护等。物业管理公司具有两个突出属性:一是营利性,居民需缴纳专门的物业费用才能享受物业管理公司所提供的服务;二是管理的物品介于公共性与私人性之间,物业管理公司所管理的事项既非社区公共基础设施,如污水管网的设置、公共道路的建设,也不是居民住所之内的私有财产。根据 2018 年修订的《中华人民共和国物业管理条例》,物业管理公司需按照物业服务合同约定,对房屋及配套的设施设备和相关场地进行维修、养护、管理,并维护物业管理区域内的环境卫生和秩序,主要针对的是由小区内居民共同分担的物品管理,如停车位管理,此外还包括环境管理、治安管理等。然而,近年来一些社区的物业管理公司无法平衡自身营利目标和保障居民公共利益,加剧了业主和物业管理方之间的冲突,容易引发新的社区治理问题。

(三) 社会主体:自治组织、社会组织与社区精英

城市社区治理中的社会主体主要分为两类。第一类是组织化的社会主体,包括本地的基层群众性自治组织和外来的社会组织。本地的基层群众性自治组织主要包括居民委员会与业主委员会。居民委员会是居民自我管理、自我教育、自我服务的基层群众性自治组织,是实现居民自治的核心载体。但在实际运作过程中,由于居民委员会的工作经费主要由不设区的市、市辖区的人民政府或者上级人民政府拨付,实际上承担了许多自上而下的行政管理事务。在"市(区)—街道—社区—片区"的科层管理结构下,社区本质上是对科层体制的拟制与行政压力的延续,如此一来,居委会的行政化就成为必然。[②] 业主委员会是中国住房制度改革的产物。

---

① 陈友华、夏梦凡:《社区治理现代化:概念、问题与路径选择》,《学习与探索》2020 年第 6 期。
② 侯利文、文军:《科层为体、自治为用:居委会主动行政化的内生逻辑——以苏南地区宜街为例》,《社会学研究》2022 年第 1 期。

1998年7月,国务院发布《关于进一步深化城镇住房制度改革加快住房建设的通知》,正式宣布"停止住房实物分配,逐步实行住房分配货币化",自此,中国进入了住房商品化时代,商品房社区逐渐取代了传统的单位社区,由此促成了业主委员会这一新型自治组织的发展。根据2003年国务院颁布的《物业管理条例》,业主委员会是经业主大会选举产生并经房地产行政主管部门登记,在物业管理活动中代表和维护全体业主合法权益的组织,代表业主向物业公司、居民委员会表达各项诉求和保障居民权利,同时保障业主共有财产权利,维护和实现社区业主公共利益,治理与业主密切相关的社区公共事务。

第二类组织化的社会主体主要是指外来的社会组织。与本地自治组织相比,社会组织能够提供社区居民所需要的具有较强专业性的社会服务,如儿童日间照顾、养老服务、慈善救助等。社会组织的参与有助于促进基本公共服务均等化,也有助于重建社区依赖关系。[1] 在实践中,中央多次出台政策引导政府向社会力量购买服务和支持社会组织发展,社会组织因而凭借社会服务供给者的角色成为政府购买服务的承接者之一。但外来的社会组织也面临一些问题,比如对社区情况不了解,无法提供满足社区居民需要的精准服务[2];营利导向且专业性程度参差不齐,提供的服务质量不尽如人意等。

在组织化的社会主体之外,个体化的社会主体如一些积极参与社区事务的居民,也是支撑社区治理的重要力量。这些居民往往热衷社区的公共事务,有精力、有能力、有资源投入社区建设与管理中,并且一般具有较高的经济社会地位,被称为"社区精英"。[3] 由于社区精英具有较高的社会资本,广受其他居民认可,因而与组织化的社会主体共同构成社会治理的核心力量。

三、城市社区治理的结构

当拥有不同背景、不同利益、不同需求的人们生活在同一个社区,如何协调他们之间的关系,满足社区居民对美好生活的向往,实现城市社区的善治,是社区治理最为核心的问题。有序开展社区治理的首要前提是厘清治理结构,即治理权力在不同主体间的分布状态以及不同主体之间的互动关系。当前,中国城市社区治理并非无差别的多元主体平等并立式结构,而是党委领导、政府负责、社会协同、公众参与的"一核多元"式治理结构。[4] 近年来,中央持续推进以基层党建引导和促

① 李诗隽、王德新:《社会资本视域下新时代多元化社区治理模式研究》,《兰州大学学报》(社会科学版)2022年第3期。
② 王名、贾西津:《中国NGO的发展分析》,《管理世界》2002年第8期。
③ 卢学晖:《城市社区精英主导自治模式:历史逻辑与作用机制》,《中国行政管理》2015年第8期。
④ 李永娜、袁校卫:《新时代城市社区治理共同体的建构逻辑与实现路径》,《云南社会科学》2020年第1期。

进社区治理的政策部署。2019 年 5 月,中共中央出台《关于加强和改进城市基层党的建设工作的意见》,明确了城市基层党建工作的重要性与紧迫性;党的十九届四中全会进一步提出要"健全党组织领导的自治、法治、德治相结合的城乡基层治理体系"[1];党的二十大强调,"加强城市社区党建工作,推进以党建引领基层治理"。[2] 在此背景下,区域化党建成为引领新时期社区治理的核心机制。[3] 区域化党建不同于过去的"单位化党建",指的是在一定城市区域内,对区域内的基层组织设置、党员管理、组织生活等进行统一规划管理,同时在政治、思想、组织上引领区域内其他主体[4],党组织在社区治理体系中居于领导核心地位。在实践中,为有效引导多元主体有序参与社区治理,很多城市正在探索构建"1 + 2 + N"的社区治理体系。"1"即通过党组织以区域化党建引领各主体参与社区事务治理,形成合作共治的局面;"2"是指依托基层群众性自治组织——居民委员会与业主委员会执行政策与反映民意;"N"则是指其他行动主体,尤其是承担社区服务供给的社会组织。

(一) 引领治理的党组织

以街道党工委、社区党支部为基础的基层党组织主要从三个方面做实区域化党建:一是将党的基层组织建设向新的社会空间、新的经济形式、新的社会阶层扩展,包括以商务写字楼、购物商圈为社会空间的"楼宇党建",以互联网企业、网络从业人员为基础的"两新党建"等[5];二是打造区域党建平台,以街道层面的区域党建促进会整合区域内外的公共资源,尤其是与驻区单位进行资源对接,让这些资源下沉至社区及其各主体,形成较为稳定、持续的社区公共服务供给形式[6];三是在社区内布局党建服务中心,由党组织对服务站点进行统一规划建设,同时交由第三方专业机构进行运营,提供社区成员所需要的长期照料、亲子活动、文化娱乐等服务。这三方面既有效实现了党组织在社区事务政策方向上的引领,也推动了党的建设与社区建设的深度融合。在发挥政党引领作用的同时,党组织也要注重自我建设,矫正政党行政化和党建虚化的弊病,实现政党的政治领导功能和社

① 《中共中央关于坚持和完善中国特色社会主义制度 推进国家治理体系和治理能力现代化若干重大问题的决定》,《人民日报》2019 年 11 月 6 日。
② 习近平:《高举中国特色社会主义伟大旗帜 为全面建设社会主义现代化国家而团结奋斗——在中国共产党第二十次全国代表大会上的报告》,人民出版社 2022 年版,第 67 页。
③ 吴晓林:《党建引领与治理体系建设:十八大以来城乡社区治理的实践走向》,《上海行政学院学报》2020 年第 3 期。
④ 谢方意:《区域化党建:内生逻辑、功效与路径》,《探索》2011 年第 4 期。
⑤ 曹海军:《党建引领下的社区治理和服务创新》,《政治学研究》2018 年第 1 期。
⑥ 唐文玉:《从单位制党建到区域化党建——区域化党建的生成逻辑与理论内涵》,《浙江社会科学》2014 年第 4 期。

区服务功能的高度融合,从而营造良好的社区治理共同体,使党建引领社区治理高效运转。[1]

(二) 倡导自治的居民委员会与业主委员会

居民委员会和业主委员会是国家法律法规确认的基层群众性自治组织,是实施社区自治的核心主体。但在实际运作中,居民委员会承担行政职能过多、权责不对等以及业主委员会运作脱离法治轨道、效果不彰、缺乏代表性等问题频现,一定程度上阻碍了社区自治能力的提升。

当前,城市社区正在积极探索一系列举措以破除上述发展障碍,主要从以下两个方面展开。一是居民委员会"去行政化"[2],即通过清理社区台账,减轻居民委员会承担过多的行政事务所致的治理负担。2015 年 7 月,民政部和中共中央组织部联合下发《关于进一步开展社区减负工作的通知》,从依法确定社区工作事项、规范社区考核评比活动、清理社区工作机构和牌子、精简社区会议和台账、严格社区印章管理使用、整合社区信息网络、增强社区服务能力等七个方面,对开展社区减负工作提出明确要求。二是对居民委员会与业主委员会的"赋权增能"。就居民委员会而言,2017 年颁布的《中华人民共和国民法总则》第 101 条规定:"居民委员会、村民委员会具有基层群众性自治组织法人资格,可以从事为履行职能所需要的民事活动",意味着居民委员会可以更加独立、便捷地开展服务群众的经济社会活动,消除了以往活动中由于没有法人资格而带来的多重障碍,如社区活动资金需寄存于其他单位,使用经费需层层审批等。"增能"主要是扩充居民委员会的人力资源,包括提高居民委员会工作人员的待遇、吸引高素质人才进入社区工作、与社会工作专业机构联合培养专业人员等。就业主委员会而言,2003 年通过的《物业管理条例》明确了业主委员会作为业主大会执行机构的地位,并在 2009 年制定的《业主大会和业主委员会指导规则》中进一步强调了业主委员会的约束力。为了充分发挥业主委员会在社区治理中的应有效能,部分地方探索出"红色业委会"的创新举措,即通过党建引领强化对业主委员会的引导和约束。如福建省福安市通过推荐居民党员参选业主委员会,开展基层党建知识、物业服务标准化等专题培训,搭建业主委员会交流平台,以及指导规章制度规范的制定等途径,强化了党组织对业主委员会履职与运行的指导和监督,显著提升了业主委员会的组织能力和治理效能。[3] 此外,将一些热心公益、责任心强、富有声望、经验丰富的社区精英和专业人才吸纳进业主委

---

[1]　陈毅、阚淑锦:《党建引领社区治理:三种类型的分析及其优化——基于上海市的调查》,《探索》2019 年第 6 期。

[2]　孙柏瑛:《城市社区居委会"去行政化"何以可能?》,《南京社会科学》2016 年第 7 期。

[3]　《福建福安市:建强"红色业委会"赋能小区"微治理"》(2024 年 7 月 25 日),人民网,http://dangjian.people.com.cn/n1/2024/0725/c458448-40285547.html,最后浏览日期:2024 年 10 月 15 日。

员会,也可在一定程度上缓解业主委员会沦为房产开发商与物业管理公司附庸的问题。

(三) 参与治理的社会组织

社会组织是指"由社区居民发起成立,在城乡社区开展为民服务、公益慈善、邻里互助、文体娱乐和农村生产技术服务等活动的社会组织"。[①] 为响应中共中央、国务院关于改革社会组织管理制度和促进社会组织健康有序发展的指导意见,民政部于 2017 年 12 月出台《关于大力培育发展社区社会组织的意见》,将"培育发展社区社会组织"作为加强社区治理体系建设、推动社会治理重心向基层下移、打造共建共治共享的社会治理格局的重要举措。2020 年 12 月,民政部进一步印发《培育发展社区社会组织专项行动方案(2021—2023 年)》,要求"引导社区社会组织在城乡基层党组织领导下,协助基层群众性自治组织带动居民有序参与基层群众自治实践,依法开展自我管理、自我服务、自我教育、自我监督"。可见,社会组织是城市社区治理中不可或缺的重要力量。

现阶段,社会组织主要承担政府公共服务承接者的角色,尤其是社区居民所急需的养老、托育、医疗服务。相比于权威引导和统合的政治、行政力量,社会组织依托的是自身的专业组织能力,然而,由于缺乏必要的地方性知识和社会资本,社会组织在实践中并不能完全契合社区民众需求。一方面,为推动社会组织的在地化,街道办事处和居民委员会可以主动培育和孵化一批发源于本地、熟悉社区民情的社会组织,并与其达成长期稳定的合作,进而培养居民对社会组织的信任,避免因政府购买服务合同到期所致的社区服务中断、质量参差不齐等问题,最终提升社会组织的在地化程度。

另一方面,随着社会力量的不断壮大,中国社会组织的数量急剧上升,提供的社区服务更加多元,但整体专业化水平有待提升。根据民政部《2017 年社会服务发展统计公报》,截至 2017 年年底,全国共有社会服务机构和设施 182.1 万个,职工总数 1 355.8 万人,社会组织 76.2 万个,但持证的社会工作者仅 32.7 万人,高水平的社会工作师仅 8.3 万人。整体而言,当前社会组织的资源整合能力比较有限,呈现"小""弱""散"态势,服务内容、服务能力、服务水平与社区的实际需求仍有较大差距。同时,由于薪酬待遇和福利吸引力不强,且烦琐的社区事务对工作要求较高,社会组织很难留住专业管理人才。[②] 为提升社会组织的专业化水平,部分地区探索由政府引导与高校合作培养的模式来增强专业人才储备,采取财政补贴和提

---

① 《关于大力培育发展社区社会组织的意见》(民发〔2017〕191 号)。
② 孟晓玲、冯燕梅:《我国社会组织参与社区治理的模式、困境与路径》,《西安财经大学学报》2021 年第 3 期。

升待遇的方式吸引专业人才,从而提升社会组织的人才队伍质量。

总之,"1+2+N"模式下的社区治理实践注重发挥党组织的领导核心作用,激发居民委员会和业主委员会的自治能动性,同时撬动社会组织等专业力量共同参与社区治理,构成了"一核多元"的协作治理格局,适应了新时代促进社区治理体系和治理能力现代化的目标要求。

第二节　中国城市社区居民自治

本节首先介绍中国城市社区居民自治的实践背景,其次总结城市社区居民自治实践中的不同类型,最后阐述党建引领如何赋能社区居民自治。

一、中国城市社区居民自治的发展背景

社区不是一个简单的物理空间概念,而是具有频繁互动关系和一定认同感的"共同体"。[1] 城市社区居民自治形成的背景主要包括以下三个方面。

首先,城市化进程的加速为城市社区居民自治提供了外部驱动力。随着中国城市化的推进,城市数量不断增长,城市流动人口急剧膨胀,给城市管理、社会治安带来极大压力。城市规模的扩张、人口的激增、农民工的流入打破了城市原有社会系统及其与自然环境之间的平衡,也对以属地管理为主的传统城市管理体制提出了严峻挑战。因此社会管理亟需大力培育社区自治力量,通过对自主、分散的社会成员再组织化以整合和动员社会资源,应对城市化和工业化带来的一系列社会问题。[2]

其次,单位制的逐渐式微是开展城市社区居民自治的内在制度性诱因。改革开放前,中国实施的是计划经济体制,通过"单位"实施对整个社会的全面控制。国家犹如一个巨大的"蜂巢"一样将一个个单位吸附于其中,单位承担着劳动者永久性就业和福利的责任,同时还是劳动者参与政治过程和社会活动的主要场所,因而造成个人对就业场所的全面依赖。[3] 改革开放后,社会主义市场经济体制开始动摇"单位制"管理的制度基础,单位不再承担对个体的管理与服务职能,原来的"单位人"逐渐变成"社会人"。与此同时,随着城市管理体制、国有企业管理体制和政府机构改革的不断深化,从企业剥离的社会职能和政府转移出的服务职能,大部分

---

[1]　费孝通:《居民自治:中国城市社区建设的新目标》,《江海学刊》2002年第3期。
[2]　徐勇:《论城市社区建设中的社区居民自治》,《华中师范大学学报》(人文社会科学版)2001年第3期。
[3]　华伟:《单位制向社区制的回归——中国城市基层管理体制50年变迁》,《战略与管理》2000年第1期。

由城市管理机构承接。建立一个独立于企业和事业单位之外的社会保障体系和社会服务网络,迫切需要发挥城市社区居民自治的作用。

最后,城市社会管理体制的不断完善为推进城市社区居民自治提供了制度支撑。改革开放前,为适应计划经济管理体制的需要,中国城市社会管理采取的是"主辅双线"结构,即"单位制"为主,"街居制"为辅,形成了"国家—单位—个人"的纵向管理与"街道—居民委员会"的横向管理相结合的管理系统。[1] 进入 20 世纪80 年代,随着市场化和城市管理体制改革的深入,城市社会管理进入"后单位制"时代,"社区"逐渐成为城市社会管理的基本单元。为应对宏观社会情境变化带来的各种挑战,在中央主导的各种政策试验引领下,探索出一批富有成效的社区建设和治理实践,实现了从简单的社区服务向社区建设、社区治理的阶段性转型。[2] 在此背景下,城市社区居民自治被置于更加突出的地位,城市社区居民自治制度体系日益完善。2002 年 11 月,党的十六大明确指出,"完善城市居民自治,建设管理有序、文明祥和的新型社区"[3];党的十七大进一步将"基层民主"作为发展社会主义民主政治的基础性工程,要求"健全基层党组织领导的充满活力的基层群众自治机制","把城乡社区建设成为管理有序、服务完善、文明祥和的社会生活共同体","健全党委领导、政府负责、社会协同、公众参与的社会管理格局"[4];2013 年 11 月,党的十八届三中全会首次用"社会治理"概念取代传统"社会管理"概念。[5] 此后,在构建"共建共治共享的社会治理格局"和完善"党委领导、政府负责、社会协同、公众参与、法治保障的社会治理体制"的目标指引下,各地将提升城市社区居民自治能力和健全城市社区居民自治体系作为创新城市社会治理的重点任务予以推进,由此加速了城市社区居民自治的实践进程。

二、中国城市社区居民自治的类型

随着社会治理重心的不断下移,为构建人人有责、人人尽责的治理共同体,激发微观社会的活力,增强居民之间的信任感与认同感,各地在实践中形成了颇具特色的城市社区居民自治模式。居民作为社区最为活跃的力量,其身份背景、参与意识与行为方式的差异为城市社区居民自治的实践类型划分奠定了重要基

[1]　田毅鹏:《转型期中国城市社会管理之痛——以社会原子化为分析视角》,《探索与争鸣》2012 年第 12 期。
[2]　郭圣莉、张良:《改革开放以来中国城市社区制的形成及其推进机制研究》,《理论探讨》2020 年第 1 期。
[3]　江泽民:《全面建设小康社会,开创中国特色社会主义事业新局面——在中国共产党第十六次全国代表大会上的报告》,《求是》2002 年第 22 期。
[4]　胡锦涛:《高举中国特色社会主义伟大旗帜 为夺取全面建设小康社会新胜利而奋斗——在中国共产党第十七次全国代表大会上的报告》,《求是》2007 年第 21 期。
[5]　《中共中央关于全面深化改革若干重大问题的决定(2013 年 11 月 12 日中国共产党第十八届中央委员会第三次全体会议通过)》,《求是》2013 年第 22 期。

础。基于这些差异,可将城市社区居民自治划分为传统型社区的居民自治、过渡型社区的居民自治、房地产开发型社区的居民自治与以外来人员为主社区的居民自治四种类型。

(一) 传统型社区的居民自治

传统型社区是单位制社区转变后的产物。这类社区的居民参与通常缺乏稳定可持续的沟通平台和制度保障,自治主要体现在以社区居民委员会为核心的"组织自治"和以少数居民委员会成员为核心的"干部自治",居民自治的内容一般局限于社区公共服务,居民个人的自治能力相对弱小。传统型社区的居民自治具有以下特征:(1)以城市基层的法定社区为治理对象,以保障社区成员的民主权利、建立良好的社区秩序、维护城市基层政治稳定为核心目标;(2)传统型社区的居民自治建设与基层政权建设紧密结合,在一定程度上构成加强基层政权建设的前提;(3)强调居民广泛参与,倡导"自我管理、自我教育、自我服务"的核心理念,自治过程通常伴随着对各类社会参与主体(如志愿者组织、社会团体、企业、个人)的培育和扶持;(4)形成了"条块结合,以块为主"的权力格局,街道办事处实际掌握了更大的综合管理和协调管理权力,街道办事处及所属社区组织拥有对部分城区的规划参与权、属地管理权,以及对环境卫生、社会救济等事务的直接管理权和综合协调权(协调辖区内的治安、工商、税务等机构),可以召集辖区内有关单位参加社区联席会议。[①]

(二) 过渡型社区的居民自治

过渡型社区是指在城市化进程中,城市边缘地带由于受到城市功能的辐射,农民失去农业用地或城镇居民被迫迁移至政府统一规划的定点居住,进而从农村社区向城市社区过渡的新型社区[②],包括城镇社区(集镇社区)、城乡接合部社区、"城中村"社区、"村改居"社区和拆迁安置社区等。[③] 其居民自治的特征主要表现为以下三个方面。(1)居民的社区认同感和归属感较弱,由于打破了传统乡村的血缘和地缘关系纽带,邻里之间的社会控制力和情感联结明显减弱,加之居民职业、地域流动性较大,未能在具有高度异质性的居民之间建立稳定的信任互赖关系,进而削弱了居民对社区的认同感和归属感。[④] (2)居民自治意识相对缺乏,此类社区属于政府主导下的强制性变迁,行政力量在社区自治中占据重要地位,多数居民倾向于等待政府安排社区事务,而非自主进行管理和设计,因此社区居民的自治意愿和自

---

① 　夏建中:《从街居制到社区制:我国城市社区 30 年的变迁》,《黑龙江社会科学》2008 年第 5 期。

② 　吴缚龙:《中国城市社区的类型及其特质》,《城市问题》1992 年第 5 期。

③ 　徐宏宇:《转换角色与规范秩序:空间变革视角下过渡型社区治理研究》,《社会主义研究》2019 年第 2 期。

④ 　徐晓军:《城市自治社区的定位及其特征》,《北京社会科学》2001 年第 4 期。

治能力都处于较低水平,社区治理甚至成为政府的"独角戏"。① (3)治理职责边界模糊和治理规则紊乱,不少社区处于社治与村治的双轨制管理之下。具体而言,一方面,由于治理主体构成复杂,容易出现责任推诿、管理真空、权责模糊、权力缺位越位等问题②;另一方面,社区内部"熟人社会"与"流动社会"并行的复杂社会结构容易导致治理体制的紊乱和加剧治理体制冲突。③

(三) 房地产开发型社区的居民自治

房地产开发型社区是居民在购房过程中基于自然选择而形成的,呈现出业主自治为主的整体态势。该类社区的居民自治特征包括:(1)很大程度上摆脱了原有行政主导的束缚,居民彼此之间具有认同感,容易形成共同的规范;(2)居民构成主要以经济收入为区分,排他性较强,很难与街道其他社区融合;(3)物业管理公司和业主委员会是开展居民自治的核心组织,居民委员会对此类社区的权力渗透可能不足。

(四) 以外来人员为主社区的居民自治

外来人员社区包括外来务工人员社区、移民区、公租房和自生区几种类型,一般是受城市变迁和经济辐射形成。④ 其居民自治主要表现出以下特征:(1)劳动力资源丰富,且多为流动人口,社区归属感较弱,社区治理参与意识偏低;(2)社区居民间的互动频率和共同管理社区事务的频率较低,当地行政力量很少能渗透进去,难以形成共有的社区规范;(3)由于户籍制度限制,社区居民难以享受与本地居民同等的公共服务,部分权利在社区得不到保障。

三、"党建引领"城市社区居民自治

在中国语境下,社区党组织是构建社区治理共同体的核心载体,城市基层自治需要通过党建引领推动社区党建向不同类型的社区延伸,进而提升城市社区居民自治效能。2019 年 5 月,中共中央办公厅印发了《关于加强和改进城市基层党的建设工作的意见》,强调了城市基层党建工作的重要性及紧迫性,为街道社区党组织建设和增强城市基层党建整体效应指明了方向,要求"健全党组织领导下的社区居民自治机制"。与此同时,社区结构异质性、参与主体多元化与治理要素分散化

---

① 吴晓燕、赵普兵:《"过渡型社区"治理:困境与转型》,《理论探讨》2014 年第 2 期。
② 郑延瑾:《城乡"过渡型"社区的治理困局如何破解》,《人民论坛》2020 年第 Z2 期。
③ 叶娟丽、周泽龙:《过渡型社区治理转型中的行政扶持及其限度——基于成都市 L 街道的调查》,《华中科技大学学报》(社会科学版)2023 年第 5 期。
④ 向德平、申可君:《社区自治与基层社会治理模式的重构》,《甘肃社会科学》2013 年第 2 期。

等情境变化也对社区党建提出了新挑战,要求构建超能型引领主体、中枢型决策平台和整体性运行机制。[1] 为此,各地围绕社区党建探索出一批创新实践:四川省成都市在商品房小区探索出"找党员、建组织、优机制、聚合力、植文化"五步工作法,既能够有效化解物业纠纷,又能引导小区居民自治;广东省和上海市积极探索区域化党建机制,整合驻辖区企业、单位、社会组织开展社区治理,有效推进了社区的互联共建与居民自治。[2]

党建引领城市社区居民自治是一种"党领共治"的网络治理结构。在这一治理结构中,明确目标责任的科层代理机制、有限度的群众动员机制及针对横向组织和团体的核心领导机制均被"党领共治"的协调性模式整合起来,从而协调和平衡治理主体之间的边界与红线。[3] 在实践中,受制于制度规则和党组织统合能力等约束性条件,党建引领城市社区居民自治面临一些困境,如某些地区的社区党建缺乏组织平台与载体支持、职能边界不清晰、流于形式主义、过度挤压居民自治空间等。为此,还需从以下四方面加以完善。

一是通过"社会化"机制实现党与社会的有效链接。党建引领的城市社区居民自治兼具"政治建设"与"社会构建"双重功能,并且后者是迈向未来共建共治共享社会的必然要求。[4] 因此,在推动政治建设的同时,要通过组织动员、资源整合和服务下沉等社会化机制实现党组织的有效进场与补位,从而撬动社会发展和培育社会自治力量。

二是加强横、纵向组织建设以提升党组织的统合能力。一方面,既要完善社区党组织的功能和体制,在横向维度加强区域化党建和片区化党建联合体,推动党的基层组织对城市社区治理单元的有效覆盖;另一方面,也要在纵向维度健全组织体系和制度规范,通过优化职能配置、厘清权责边界、合理赋权与沟通协商等进一步提升党组织的统筹协调能力,强化"龙头"带动、引导社区自治良性运行和增强组织凝聚力。

三是以"服务"为抓手,提升社区党组织的服务力。党建引领城市社区居民自治实践最终服务于居民需求,因此需要着眼于群众关切,通过构建便民服务网络、创新帮民服务方式和落实惠民服务项目提升党组织的服务力和增强社区治理的凝聚力。[5] 为切实解决群众身边复杂细微的问题,部分城市社区提出了"微治理"方案,即在基层社区治理实践中秉持精细化的治理理念,以社区居民对美好生

① 姜晓萍、田昭:《授权赋能:党建引领城市社区治理的新样本》,《中共中央党校(国家行政学院)学报》2019 年第 5 期。

② 吴晓林:《以社区党建引领社区治理》,《人民日报》2019 年 6 月 27 日。

③ 朱健刚、王瀚:《党领共治:社区实验视域下基层社会治理格局的再生产》,《中国行政管理》2021 年第 5 期。

④ 吴晓林:《党如何链接社会:城市社区党建的主体补位与社会建构》,《学术月刊》2020 年第 5 期。

⑤ 曹海军:《党建引领下的社区治理和服务创新》,《政治学研究》2018 年第 1 期。

活的多样化实际需求为导向,以"微党建"为引领和突破口,在楼组或院落这样的小单位培育自治力量,进而采取具体可行、行之有效的方式自主解决社区小微型事务。①

四是积极发展全过程人民民主,发挥城市社区居民自治的应有效能。2019 年 11 月,习近平总书记在上海考察时指出,"我们走的是一条中国特色社会主义政治发展道路,人民民主是一种全过程的民主"。② 2021 年 10 月,习近平总书记在中央人大工作会议上进一步指出:"我国全过程人民民主实现了过程民主和成果民主、程序民主和实质民主、直接民主和间接民主、人民民主和国家意志相统一,是全链条、全方位、全覆盖的民主,是最广泛、最真实、最管用的社会主义民主。"③2022 年 10 月,党的二十大将"全过程人民民主"作为社会主义民主政治的本质属性,并强调"基层民主是全过程人民民主的重要体现",要求"完善基层直接民主制度体系和工作体系,增强城乡社区群众自我管理、自我服务、自我教育、自我监督的实效"。④ 在此背景下,推进党建引领城市社区居民自治应当切实保障居民在社区治理体系中的主体地位,为社区自治营造良好的发展环境。以上海市长宁区为例,作为"全过程人民民主"理念的首提地,上海市长宁区积极探索全过程人民民主理念与高效能社区治理的有机融合,提出了社区治理全过程人民民主的"一核五有"目标,即"以党建引领为核心、居民议事有阵地、民主协商有机制、社区实践有抓手、基层探索有氛围、资源供给有保障",探索出"微空间建设""分类治理""五社联动"(以社区为平台、社会组织为载体、社会工作者为支撑、社区志愿者为依托、社区慈善资源为保障的联动模式)"参与式规划"等创新实践。⑤

总之,城市社区居民自治作为基层民主的一种有效形式,有助于保障公民的民主权利和实现居民自我管理、自我服务、自我教育和自我监督,而党建引领通过教育群众、服务群众和赋权群众,能够凝聚社会最广泛力量并带领广大人民群众依法管理自身事务和实现当家作主。

---

① 唐晓勇、张建东:《城市社区"微治理"与社区人际互动模式转向》,《社会科学》2018 年第 10 期。
② 本报评论部:《紧紧依靠人民推动国家发展(人民观点)——让我们的制度更加成熟更加定型》,《人民日报》2019 年 11 月 11 日。
③ 《习近平在中央人大工作会议上发表重要讲话强调 坚持和完善人民代表大会制度 不断发展全过程人民民主》,《人民日报》2021 年 10 月 15 日。
④ 习近平:《高举中国特色社会主义伟大旗帜 为全面建设社会主义现代化国家而团结奋斗——在中国共产党第二十次全国代表大会上的报告》,人民出版社 2022 年版,第 37、39 页。
⑤ 《关于印发〈关于推进长宁区全过程人民民主实践示范社区建设的实施意见〉的通知》(2022 年 10 月 18 日),上海市长宁区人民政府网,https://zwgk.shcn.gov.cn/xxgk/zcyj-cnqzwgkbzhgfhjs/2022/296/64052.html,最后浏览日期:2024 年 10 月 25 日。

第三节　中国城市社区空间建设与社区营造

城市是空间的集合体,是由不同的空间链条所连缀起来的空间谱系[①],因此空间是城市社会系统的基础构成单元。空间的存在使物质和资源被整合在一起,共同作用于政治和社会生活。空间要素参与了城市社会关系的生产与再生产,城市场域内所发生的各种政治和社会互动均受到空间要素的规范和限制,空间与城市治理相互影响、相互塑造,从而制约城市治理水平和绩效。[②] 因此,本节聚焦社区空间建设与社区营造,首先厘清中国城市社区空间的功能与特征,其次梳理中国城市社区空间建设中存在的典型问题,最后阐明城市社区空间构建的基本原则与社区营造的实践路径。

一、城市社区空间的功能与特征

社区空间具有两方面的内涵:一是物质属性,直接表现为人们所处的地理位置,可分为社区个人空间和社区公共空间,其中公共空间对社区建设具有重要意义;二是社会属性,社区空间是塑造社区中居民生活、社会互动、社会关系和社会结构的重要场域,间接表现为社区空间与居民政治、经济、文化活动的相互关系。因此,城市社区空间不仅是人们赖以生存和进行物质生产的实践场所,也是开展社会互动与进行文化生产的重要载体。

(一) 城市社区空间的功能

在社区建设过程中,社区空间的物质属性和社会属性总是联系在一起,两者相互交织、相互作用,共同推动社区发展,社区空间主要具有以下重要功能。

1. 交往功能

社区空间对所有人开放,为居民提供了交往场所。合理的社区空间使人与其他个体、社群及组织的联系更加便利,拓宽了居民交往的广度;完备的基础服务设施、多样的公共空间形态,增加了人们参与社区活动的兴趣,提高了居民交往的频率。随着交往广度的拓宽与频度的增加,居民之间形成了长期和深入的交往行为,有助于营造和谐的社区氛围,打造有温度、有人情味和有归属感的社区,增强空间

---

①　宋道雷:《城市文化治理的空间谱系:以街区、社区和楼道为考察对象》,《福建论坛》(人文社会科学版)2021 年第 8 期。

②　谢岳、戴康:《空间结构与社会行动:一个城市政治研究的新议题》,《比较政治学研究》2020 年第 2 期。

活力。

2. 政治功能

社区空间是人们参与政治生活的重要平台,为居民的政治参与、交流与合作提供了场所。通过构建党组织、街道办事处、居民委员会、居民、社会组织等多元主体在内的合作治理机制,社区空间有助于培育社区居民的民主意识和参与能力,对实现基层民主政治建设具有十分重要的意义。此外,社区空间还是健全党组织领导的重大事项民主协商制度的物质基础,能够发挥社区协调会、评议会、听证会等制度优势,鼓励社区成员参与社区重大事务的讨论和决议,促进社区矛盾的化解与公共服务的优化。[1]

3. 文化功能

社区空间的文化功能体现为两个方面。一是作为社区文化产生的实践基础。文化是人类实践的产物,社区文化正是由一定社区空间范围内的居民所开展的各种物质和社会实践所构成。二是满足居民的文化需求和培育居民的社区认同感。社区空间为开展各类文化娱乐、政策宣传、教育服务等活动提供了重要场所,这些活动不仅能够满足居民的文化需求,而且有助于培育居民的社区认同感与归属感。

4. 安全功能

社区空间并非完全抽象的虚体空间,而是包括各种物理"硬件"设施和社会"软件"设施,这些基础设施共同为社区安全提供重要保障。正如简·雅各布斯所言,城市公共区域的安宁不是主要由警察来维持的,而是由一个互相关联的、非正式的网络来维持的。[2] 其中,彼此熟悉且相互照应的居民就形成了天然的"街道眼",能够对潜在的"坏人"实施监控,无形中构成了街区安全网络,从而保障社区安全。

(二) 城市社区空间的特征

社区作为城市系统的基本单元,其空间建设与中国城市发展的阶段性特征高度呼应,具体表现为以下特征。

1. 社区空间的多样性

自20世纪80年代以来,随着城市化的快速发展和城市扩张,城市与乡村呈现"二元分割",城市内部空间也呈现多样化的发展态势。[3] 社区空间的多样性不仅表现为不同规模城市社区空间的差异性,而且还表现为在城市扩张过程中形成的城中村社区、城郊社区与老城区社区和中心城区社区之间的较大差异,甚至在同一个城市、同一类型的社区空间依然存在明显差异。城市社区空间的多样性是中国

① 王世强:《构建社区共同体:新时代推进党建引领社区自治的有效路径》,《求实》2021年第4期。
② [加]简·雅各布斯:《美国大城市的死与生》,金衡山译,译林出版社2005年版,第32页。
③ 张勇、何艳玲:《论城市社区治理的空间面向》,《新视野》2017年第4期。

经济、社会和城市管理体制改革的产物,城市社区空间形态的变化是为了更好地适应宏观的政治、经济和社会结构,但这一多样性特征也给城市社区治理带来了重大挑战。

2.社区空间的封闭性

在传统单位制管理体制下,城市社区空间是相对封闭的,围墙是其封闭性的典型体现。20世纪90年代末,随着住房商品化、社会化改革的推进,封闭性住宅小区成为商品化建筑的主要形式,它们用围墙彼此区分,占据、分割城市空间,使得城市在空间结构上呈现碎片化特征。社区空间的隔离与封闭,阻碍了社区与外界的联系,削弱了社区空间的交往功能,造成居民活动领域的相对隔离和人际交往的空间障碍。

3.社区空间资源的非均衡性

从历史角度来看,中国城市化进程呈现高度的"时空压缩"特性,导致城市社区空间资源的非均衡性。这种非均衡性主要体现在两个维度上。一是不同城市的社区空间具有异质性,受自然区位、经济发展与历史风俗等多重因素影响,不同城市的城市化水平存在较大差异,从而造成社区空间资源分配的非均衡化。二是同一城市不同区域的社区空间资源具有差异性。随着城市化进程的加速,城市功能不断完善,坐落于中心城区、近郊区、远郊区等不同区域的社区空间在基础设施、服务供给等方面存在明显差异。

二、城市社区空间建设中存在的问题

自20世纪90年代以来,中国逐步将"社区建设"纳入政策议程,经过长时间发展,城市社区建设已经从最初的社区硬件建设扩展为社区综合设施建设,并于2019年提出建设"完整社区"。在此背景下,城市社区空间结构、服务水平、组织体系不断优化,但也存在以下问题。

第一,城市社区空间结构不协调。由于城市社区规划、建设与更新过程中的决策和执行偏差,中国城市社区空间结构尚未达至整体均衡。首先,在缺乏前瞻性、科学性与系统性的社区空间规划指引下,城市社区容易被切割为若干封闭独立的空间单元,各类基本公共服务设施和便民商业服务设施配置也难以满足社区居民的实际需求,导致城市社区空间呈现碎片化。其次,处在城市更新的重要时期,中国城市建设已从大规模的增量建设转向存量提质改造和增量结构调整并重。为此,提升城市社区空间结构的协调性需要通过对传统社区空间的保护性改造重现历史空间的完整性和连续性,从而实现传统街巷肌理与现代城市建筑的有机融合。但在实践中,盲目大拆大建、忽视历史文化传承的现象却依然广泛存在。

第二,城市社区交往的分隔化。改革开放以来,中国社会分层结构趋于定型化,阶层之间的边界开始形成,体现在消费、教育和审美等多方面,这种阶层分化在城市地域空间上最直接的体现就是居住区域的分化。[①] 在城市社区,"门禁社区"的泛化加剧了城市社区的封闭性和排斥性,造成了居民交往的分隔化。人们在社区生活中的交往显著减少,原先的"熟人社区"逐渐过渡为"陌生人社区",建立在业缘关系基础上的交往逐渐取代了地缘邻里关系的交往,邻里之间难以形成共同的价值观念和心理认同。此外,随着居民流动性的加剧,难以形成较高的社区认同感和归属感。

第三,城市社区空间的拥挤化。随着大量人口涌入城市,为了缓解社区空间的承载压力,城市社区原有的公共空间被大幅压缩,街道、花园、广场等公共空间被转化为个体私用空间,导致社区空间的拥挤化,严重影响了居民生活质量。比如,由于社区空间有限,多数中心城区、老旧小区深陷"车多位少"的矛盾,居民的正常生活受到困扰,同时也不利于维护社区秩序和促进邻里和睦。

第四,城市社区空间的商业化。随着住房商品化、社会化改革的推进,中国城市社区空间的开发和营造多以政府招标的方式交由房地产商负责,这就为资本介入公共空间提供了可能。资本和权力相结合形成了稳定的利益联盟,通过对政治经济资源的全面垄断完成了对社区公共空间的把持,在消费主义和商业经营的支配下,社区广场和绿地等公共空间不断被侵占。[②] 以商业化为主导的社区空间建设通常会把公众排除在公共空间消费之外,从而制约公共空间建设及其功能的实现。

三、城市社区空间建设的原则与社区营造的路径

城市社区空间不仅是居民参与政治生活和社会生活的物理场域,也是形成社交网络、产生归属感与安全感、追求幸福城市生活的重要基础。因此,城市社区空间建设不仅要提供优质的社会服务基础设施,还要注重发挥社区的社会性功能,综合考虑空间规模、边界、公共设施、街道系统等多项因素,以提高居民满意度与归属感为目标,以促进居民交往、建成成熟的社会网络为核心,打造安全、宜居和充满活力的社区空间。

(一) 城市社区空间建设的基本原则

社区空间建设要遵循以下基本原则。

(1) 提高社区居民的满意度和归属感。社区居民的满意度和归属感是影响社区存在和发展的重要因素。在社区空间建设过程中,需要通过基础设施建设、环境

---

① 张霞飞、曹现强:《空间边界争议:对城市产权混合社区冲突的理论解释——"隔离墙争议"的扎根理论研究》,《甘肃行政学院学报》2020年第6期。
② 许中波、孙哲:《社区治理的空间政治学——兼论"党建引领治理"的空间路径》,《甘肃行政学院学报》2021年第4期。

美化等营造良好的生活环境,满足人们的多元化需求,从而提高社区居民的满意度。社区满意度是社区归属感的重要基础,只有坚持以人民为中心的社区空间建设理念,才能够真正塑造居民对社区的归属感。

（2）促进居民交往和建立多方互动的社会网络。城市社区空间不仅仅是物理意义上的居住空间,更是促进人们交往与互动的社会空间。但在"门禁社区"的影响下,城市社区的封闭性提高了居民交往的成本。相较于老式小区,商品房社区居民的邻里互动显著减少,邻里关系的重要性日渐下降,城市社区不再是传统意义上的共同体,而是在整体上表现为"互不相关的邻里"。[①] 因此,社区空间建设的目标之一就是通过对社区空间的布局和构建,促进居民交往,形成多方互动的社会网络,缓解"众口难调"的社区治理困境。

（3）营造社区安全感。安全感是人们参与日常生活和社会性活动的前提,有了安全感居民才会进入公共空间、参与公共活动,社区安全是居民首要关注的问题。因此,城市社区空间建设需要以安全为底线,在保障居民生活需求的同时为其提供坚实的安全保障。近年来,为了灵活应对各种传统与非传统安全风险,一些社区开始加强韧性社区建设,从基础设施建设、组织管理、制度规范、技术应用等多维度提升城市社区的抗逆力和复原力。

（4）整合社区空间的功能性与社会性。在完善社区必要基础设施的同时,社区空间建设应采取将功能性空间与社会性行为空间并置的策略,即在功能性空间处根据居民的行为模式"附加"相应的交往空间,增进居民交流,让社区活动随时随地发生,提高社区活力。

同时,社区空间建设还要综合考虑空间规模、边界、公共设施、街道系统等多项因素。首先,社区空间规模不仅与物质生活质量和空间景观有关,还与实现居民自我建设、自我管理,营造和谐的社区空间系统有关,适宜的空间规模是构建"理想社会空间"的重要前提。其次,空间的围合有助于营造安全、稳定的居住环境,培育人们的社区归属感。社区空间建构的目的是鼓励居民走出自己的住房,进入公共空间,促进交往行为的发生。随着空间由私密性向公共性转化,空间边界由封闭逐渐变得模糊和敞开,从而实现公共空间与私有空间的相互渗透,引导居民从个人活动转向公共活动。再次,社区公共设施不仅提供服务,同时也是社区认同感和归属感的物质基础。在空间总体布局上,社区公共设施的规划应基于可达性、便利性与多样性等核心理念,提升社区公共设施的使用频率。最后,街道向人们提供了一个可以面对面接触的中心场所。社区街道系统的结构形态、道路系统与不同功能空间入口的关系等因素对居民的交往活动具有重要影响。在社区内部,街道规划设计

---

① 桂勇、黄荣贵:《城市社区:共同体还是"互不相关的邻里"》,《华中师范大学学报》(人文社会科学版) 2006 年第 6 期。

应当充分考虑安全性、可达性和便利性,形成多种交通方式并存的道路系统。

(二) 城市社区营造的核心路径

社区营造是指同一社区范围内的居民通过集体行动的方式处理其共同面对的社区生活议题,在解决问题的同时创造共同的生活福祉,进而在居民之间以及居民与生活环境之间建立紧密的社会联系。[①] 也有学者将其概括为:"政府引导、民间自发、社会组织帮扶,使社区居民自组织、自治理、自发展,共同解决社区所面对的公共议题。"[②]在治理机制上,社区营造旨在通过社区居民自下而上的自主规划和参与过程,改变自上而下、政府全面主导的传统规划模式,强调建立多元主体之间的良性互动和合作伙伴关系。社区空间是社区集体行动的前提和基础,蕴含着多元合作治理的可能:一方面,社区作为城市社会治理的基本单元,不可避免地受到公共权力的支配,空间生产和更新过程也需要投入大量财政资源,这些资源的使用和分配离不开公权力主体的有效监管;另一方面,社区空间的生产、更新和治理呈现权力主导逻辑之外的社会性,社区居民、社会组织及社会精英等多元的社会主体能够汇聚成自下而上的社区营造力量,进而弥补传统自上而下社区治理模式的缺陷。[③]

从实践观之,中国台湾在原有社区发展政策的基础上,吸收日本"造町"、英国"社区建造"与美国"社区设计"等理念,于 20 世纪 90 年代率先开展了社区营造实践。[④] 其社区营造模式呈现出以下特征:一是"在地性"和"文化性"。主管部门鼓励透过社区生活影像、文字、图片记录、社区剧场等方式,带动学习传统文化的热情,重新激活社区生机;同时,主管部门重视对地域传统进行保护和挖掘,人们依靠地缘关系、传统仪式等可以形成一条看不见的"边界",有了"边界"的守护,更容易产生和维系认同感。[⑤] 二是强调"自下而上"和"居民参与"。区别于自上而下的精英决策模式,自下而上的治理模式将居民视为社区营造的主力军,由社区居民组成的自治组织结合社区实际提出具体的社区行动方案并申请协助,在计划决策和执行过程中,主管部门官员、专家学者、社区居民三方进行充分互动。[⑥] 三是重视社区营造人才培训和资金支持。为保证社区营造的专业力量,中国台湾推出了社区规划师和文化服务替代役等制度,为社区营造储备了大量专业人才。同时,参与社区营造的各级主管部门以及相关部门对财务经费问题都给予高度重视,保障了社区营造的持续推进。

---

① 吴海红、郭圣莉:《从社区建设到社区营造:十八大以来社区治理创新的制度逻辑和话语变迁》,《深圳大学学报》(人文社会科学版)2018 年第 2 期。

② 罗家德、梁肖月:《社区营造的理论、流程与案例》,社会科学文献出版社 2017 年版,第 1 页。

③ 吴丹:《从空间微更新到社区营造:社区微更新的模式选择》,《公共治理研究》2022 年第 3 期。

④ 顾晓伟:《从我国台湾地区"社区总体营造"运动看我国旧城更新》,《现代城市研究》2007 年第 4 期。

⑤ 莫筱筱、明亮:《台湾社区营造的经验及启示》,《城市发展研究》2016 年第 1 期。

⑥ 王桂亭:《台湾社区营造政策 20 年发展刍议》,《台湾研究集刊》2016 年第 1 期。

　　相比之下,中国大陆地区的社区营造实践则起步较晚,始于 2008 年汶川地震之后的灾区社区重建,以四川杨柳村的灾后社区营造项目为典型代表。① 该项目由清华大学罗家德教授团队主导。杨柳村社区营造本质上是一个"自组织"过程,这一过程建立在情感、认同、共同志业的"情感性关系"之上,并依赖团体内部自治理的规则和信任、声誉、互惠、监督机制,"能人"则是自组织得以有效运作的关键环节,能人通过自身人脉开展群体动员并进行网络建构和规则制定,从而促进集体行动的可持续和保障规章制度的顺利执行。② 此后,随着社区建设和社区治理实践的不断深化,关于社区营造的实践经验也更加成熟。以广东省佛山市顺德区为例,自 2013 年启动社区营造试点以来,顺德区探索出各具特色的社区营造模式。如马东村依托"永春文化"激活乡村活力,通过打造永春文化公共空间、发展旅游经济、建立文化体验与公益服务相结合的永春文化推广机制及引入专业社工力量等途径优化社区环境和增强社区凝聚力。③ 在前期试点经验基础上,顺德区进一步总结出党建引领、"党政社企民"协同共治的社区营造"1 + 4 + X"模式,"1"是以基层党组织为领导核心,"4"是以"焦点一体"、核心团队、议事协商和多元参与为必备要素,"X"则是涵盖社区组织和居民骨干带动、重点人群服务开展、环境空间规划建设、地方文化保育、特色产业经济赋能、社区居民教育引导六类路径和组织协调、推进机制、政策资金支持、宣传引导等具体措施在内的政策体系。④ 然而,从全国范围来看,城市社区营造依然存在居民参与不足、社区共同体意识薄弱、社区自组织能力低下等突出问题。城市社区营造可从以下三个方面推进。

　　第一,注重党建引领与网格化治理。党的组织体系是社会整合的轴心,加强社区党建也是新时期城市社区治理和社区营造的必然要求。推进社区党建的重要工作路径就是网格化治理,通过搭建城市管理信息平台,将辖区内的各个社区划分为不同网格,将党员干部、居委会成员、社区工作者等配置到网格中去,通过服务下沉和网格化管理主动发现和解决问题。党建嵌入网格化治理的核心在于党支部的实体化设置,即依托群众路线动员居民积极参与社区治理,激发居民参与社区治理的意愿和提升其自治能力,从而引导社区治理回归公共性和增加居民福祉。⑤

① 尹广文:《社区营造:一个新的社区建设的理论与实践》,《福建论坛》(人文社会科学版)2017 年第 4 期。

② 罗家德、孙瑜、楚燕:《云村重建纪事:一次社区自组织实验的田野记录》,社会科学文献出版社 2014 年版,第 6—9 页。

③ 《社区营造(综合)示范点:马东——以永春团结村民力量 用文化统领乡村建设》(2018 年 4 月 17 日),顺德社会创新中心官网,https://www.ss-ic.org.cn/index/passage/details.html? artid＝889,最后浏览日期:2025 年 4 月 20 日。

④ 王名润:《顺德实践引全国关注》(2024 年 11 月 5 日),广州日报,https://gzdaily.dayoo.com/pc/html/2024-11/05/content_469_872144.htm,最后浏览日期:2025 年 4 月 20 日。

⑤ 沈迁:《党建嵌入社区网格化治理:实践形态、运行机制与内在逻辑》,《中共福建省委党校(福建行政学院)学报》2022 年第 1 期。

第二,将社区管理和服务职能逐步向社区转移,实现合作共治。以往的社区管理体制过度依赖权威主体施行一元化管理,过度行政化的管理模式影响了社区资源的配置效率。社区营造则主张整合多方资源,通过挖掘整合社区内的人力、物力和各种信息资源,了解社区资源现状和整合利用中存在的问题,进而搭建多方协作的互助平台,通过合作共治将社区空间资源与需求衔接起来。① 合作共治强调充分发挥政府、市场、社会三大部门的组织优势,共同管理社区公共事务。例如,政府通过向社会组织购买服务等形式实现政府与社会的合作治理,由社会组织承接部分公共服务职能;鼓励优秀社会工作机构和人才参与社区治理和社区营造,积极借鉴先进社区实践经验,从而激发社区参与活力和提高公共服务质量。

第三,提升社区自治组织化程度,增强居民自治能力。社区自治组织是转变自上而下的行政主导模式和实现自下而上、多方参与的社区营造的关键力量。城市社区自治组织是社区居民通过平等协商、信任合作的方式自主结合在一起,共同解决社区公共事务和实现社区利益最大化的地域性组织,包括居民委员会、社区协商议事委员会、社区志愿组织和一些自愿性的社会团体或非营利组织(如社区基金会、社区议事会)。增强社区自治能力需要实现政府、市场与社会之间的通力协作。一方面,政府应从直接干预的微观场域撤出,转化为社区自治的支持者,为社区营造提供政策和资金支持,同时通过职权下放和资源整合为社区自治提供运行空间。另一方面,政府应鼓励和支持具备专业能力的社会组织进入社区,通过政府购买公共服务的方式鼓励其参与社区营造和承接社区服务项目。此外,还要搭建社区自治组织的多元共治平台和协调机制,从而汇集各方资源推动社区自治持续发展。

思考题:

1. 在社区治理中,"三驾马车"各自发挥了哪些作用?

2. 城市社区建设面临哪些困难? 形成了哪些独具特色的解决方案?

3. 本章根据社区类型将居民自治分为四类,你所在的社区属于哪一种类型? 你是否参与过居民自治? 社区的各类主体是否在社区事务中发挥了应有的作用?

4. 如何优化社区空间建设和社区营造?

---

① 高聪颖:《城市社区公共空间治理的困境与消解》,《中共宁波市委党校学报》2021年第4期。

第八章
城市经济治理

经济是生产生活与社会发展的根基,良好的经济发展能有效促进社会稳定。目前中国经济已由高速增长阶段向高质量发展阶段转变,如何促进产业优化升级和经济可持续发展,是新时代经济建设的关键。城市是各类生产资源要素的聚集地,也是人口、产业和信息的集中涌流之地,城市的形成和发展是经济活动在一定时间与空间内逐步集聚和高度集中的过程,对经济社会发展具有重要的带动作用和辐射效应。在经济高质量发展过程中,城市是实现经济发展目标以及社会、生态、民生等多样化目标的核心场域,而实现城市经济的高质量发展,需要识别城市经济治理现状、结构和特征,创新城市发展模式。本章以城市经济治理为研究对象,主要探讨以下内容:(1)城市经济治理的概念、模式与结构;(2)城市经济竞争力与发展型城市;(3)城市经济治理政策与绩效目标。

第一节　城市经济治理概述

一个国家的经济竞争力主要体现在城市竞争力上,城市活力可以带来国家活力。[1] 城市经济发展意味着人民生活水平的提高、公共服务质量的改善以及城市竞争力的提升,是城市功能发挥的重要物质基础。因此,科学高效的城市经济治理显得尤为重要。城市经济治理主要是从制度分析、发展经济学等角度,理解城市经济的发展目标、治理手段、主体关系与治理特征。本节主要介绍城市经济治理的概念与特征,并分析城市经济治理的典型模式和治理结构。

一、城市经济治理的概念与特征

城市经济治理这一概念衍生于城市经济,是社会生产大发展带来的经济活动的集中、非农产业的繁荣以及各个生产要素在城市高度集聚的结果。城市经济治

---

[1]　王小广、刘莹:《城市经济活力:特征、评价体系与提升建议》,《区域经济评论》2022年第1期。

理具有丰富的内涵,需构建多元、协调、有效的治理结构和治理机制,实现治理目标、治理主体、治理手段、治理对象与治理要素的系统治理与有序发展。

(一)城市经济治理的定义

经济是城市产生和发展的物质基础。城市经济治理即对城市经济发展的治理,其治理范围涵盖城市产生与发展过程中的各种经济关系。城市经济是以城市为载体和发展空间,以三大产业协调发展、经济结构不断优化为主要特征,资本、技术、劳动力、信息等生产要素高度聚集,规模效应、聚集效应和扩散效应突出的地区经济。伴随着城乡之间的分离与经济活动的集聚,越来越多的人口在城市生活和工作,城市内部、城市之间、城乡间的经济关系也越来越复杂,这为城市经济学的发展提供了研究对象,也使城市经济治理的研究具有重要的现实意义。①

从治理目标来看,城市经济治理旨在实现城市经济的持续增长、稳定发展与合作共赢,使城市各经济主体共同创造和享有经济发展的成果;对治理主体而言,城市经济治理需要政府、市场、社会等多元主体共同参与,充分发挥市场在资源配置中的决定性作用,同时更好发挥政府作用和激发社会活力;就城市整体发展而言,要构建公平、合理、开放、包容、绿色、协调、共享的现代经济秩序。

总之,城市经济治理是政府、市场和社会多元主体为了实现城市宏观经济增长、微观经济发展、社会效益改进等多重目标,运用行政、经济、市场、社会、法律、协商等多种手段调节经济运行的结构、机制和规则的总和。城市经济治理对象涵盖了公共物品和私人物品的生产与供给,确保城市经济各个方面都能得到有效治理。治理要素(如资本、土地、劳动力、技术、信息、知识等生产要素)在现代城市经济治理中发挥着重要作用。

(二)城市经济治理的内涵

城市经济治理具有丰富的内涵,包括治理目标的多元化、治理主体的多元化、治理客体的多元化、治理手段的多元化、治理结构的网络化及治理评价的多维化等。为实现城市经济的有效治理,需要构建多元、协调、有效的治理结构和治理机制,不断提升城市经济治理水平。

1. 治理目标的多元化

城市经济治理的目标包括经济目标、政治目标和社会目标等。从经济目标来看,由于资源的稀缺性,城市经济治理要回答生产什么、怎样生产、为谁生产这三个基本问题,以实现资源的优化配置与合理利用,最终实现城市经济利益最大化;从政治目标来看,由于市场失灵,城市经济治理要回答提供什么样的公共产品、怎样

---

① 董昕、杨开忠:《中国城市经济学研究的"十三五"回顾与"十四五"展望》,《城市发展研究》2021 年第 8 期。

提供公共产品、为谁提供公共产品这三个基本问题,以实现公共资源的最优配置和公共利益的最大化;从社会目标来看,由于社会关系的复杂性,城市经济治理要回答如何实现经济的良性运行与协调发展这个基本问题,以实现经济、政治和社会关系的总体协调。

2. 治理主体的多元化

城市经济治理主体是指在经济治理过程中能够自主设计行为目标、自由选择行为方式、独立负责行为后果并获得利益回报的能动的经济有机体。城市经济治理主体主要包括政府主体、市场主体和社会主体。政府主体主要是指政府机构等公共权力主体,其主要作用是树立权威、制定规则、把握方向、维持秩序;市场主体主要是指企业,其主要职责是为市场提供私人物品,在遵守政府规则的前提下维护市场秩序,通过遵循市场规律优化资源配置,满足消费者的多元化需求,推动经济增长;社会主体主要包括公众、志愿组织和非政府组织等,其主要作用是弥补"市场失灵"和"政府失败"的不足,尽可能保障城市经济的稳定运行。城市经济治理多元主体应在法律与制度框架内行动,形成政府主导下有效互动的网络式治理结构,实现社会资源的优化配置与合理利用。

3. 治理客体的多元化

城市经济治理客体是经济治理主体直接作用和影响的对象,主要关注的问题是如何解决资源稀缺性以及如何实现资源的有效配置。对政府主体而言,其主要面对的客体是公共产品,通过有效提供公共产品以维护公共利益、满足公众的公共需求;对市场主体而言,其主要面对的客体是私人产品,通过有效提供私人产品以实现公众的私人利益、满足公众的私人需求;对社会主体而言,其主要面对的客体则是政府提供不足的公共产品以及市场提供不了的私人产品,以满足弱势群体、困难群体的基本生存需求。

4. 治理手段的多元化

城市经济治理手段是指经济治理主体为确保实现治理目标而采用的方法与工具。城市经济治理手段包括政府手段、市场手段和社会手段。政府手段主要依靠政府权威,即发挥"看得见的手"的作用,进行宏观调控;市场手段主要依赖价值规律,即发挥"看不见的手"的作用,实现优胜劣汰;社会手段则主要依赖社会主体的有序参与,即发挥"第三只手"的作用,完成志愿供给、公益供给和慈善供给。城市经济治理过程中政府主体、市场主体和社会主体共同参与治理规则的制定与执行过程,利用基于平等对话、合作共赢的多元化手段提高城市经济决策和执行效率。

5. 治理结构的网络化

城市经济治理在主体关系、权力关系和责任关系等方面呈现明显的网络化特征,形成网络式治理结构。首先,在治理主体关系上,政府、市场和社会三大主体之间体现的是平等的关系，彼此协同、共享资源、共担风险、平等协商、合作共赢；其次，在权力关系上，既包括纵向、横向层级的权责分工关系，还包括跨部门、跨级别的统筹、合作关系，纵横交错形成一种复杂的权力关系网络；最后，在责任关系上，城市经济治理不是片面强调政府主体在经济治理中的单方责任，而是强调政府主体、市场主体与社会主体三方的共同责任。因此，相对于传统城市经济管理，现代城市经济治理是治理方式的深刻革命，逐渐从金字塔型的简单范式向网络结构型的复杂范式转变。

6. 治理评价的多维化

城市经济治理需要投入大量资源，而判断资源配置是否有效以及治理效果如何，则需要全面合理的治理绩效评价指标。相比传统治理模式下单一的经济指标与效率指标，现代城市经济评价体系更注重效率、公平、参与度、透明度、回应性、法治等指标的综合运用，这有利于各主体之间的有效沟通和反馈，从而使治理过程实现良性循环，提高城市经济治理绩效。因此，建立一套科学且可操作性强的绩效评价体系，是认识城市经济发展现状、促进城市经济有效治理的前提，也是城市经济治理现代化的保障。

（三）城市经济治理的特征

城市经济治理具有治理主体的协同性、治理手段的综合性、治理机制的互动性和治理运行的法治性等主要特征。

1. 治理主体的协同性

城市经济治理是一项复杂工程，要求多元治理主体之间的有效协同。经济发展是社会经济结构的优化和物质产品的增加，要求经济技术的进步、政策的更新以及社会观念与意识形态的相应调整，因此需要政府、社会、市场形成合力。① 政府、社会和市场三大城市经济治理主体基于共同意愿展开合作，通过互补、互助、协同实现技术、制度、观念的进步，共同促进城市经济的发展。治理主体的协同性与多元化相辅相成，要求各治理主体在全面协同的基础上，发挥各自优势、取长补短，实现价值认同、关系互通、行为一致。

2. 治理手段的综合性

治理手段是治理主体作用于治理客体以实现治理目标的方法与工具。城市经济治理手段既包括"硬手段"，也包括"软手段"；既强调具有强制性的法律、法规、法令、条例、政策、制度，也包含非强制性的传统、习俗、乡规民约和道德；既可以是物质性的工具，也可以是符号性的工具。因此，城市经济治理的手段是综合性的，可以综合使用不同组合的多种治理手段，比如将行政、法律、经济、社会、市场等多种

---

① 徐巨洲：《城市规划与城市经济发展》，《城市规划》2001 年第 8 期。

手段交叉使用,将强制性手段与非强制性手段交替使用等。治理手段的综合性与治理问题的复杂性、治理主体的多元性紧密相连,不同复杂程度的经济治理问题,需要多元的治理主体综合利用多样的治理工具通力合作、取长补短,从而实现有效的城市经济治理。

3. 治理机制的互动性

城市经济的治理机制具有多向性和互动性,是一种多向、平等、协商、对话的互动机制和开放平台,既包括内部治理机制,也包括外部治理机制。在城市经济治理机制的设计上,要建立纵向、横向和立体化的多层次互动机制,实现政府、市场与社会主体的多元互动和协同共治;在城市经济治理过程中,由于治理主体的多元化以及治理客体的复杂化,要实现信息、能力、资源、技术、工具等多方面的共享,利用多种要素之间的联系与互动,制定出满足多方要求、促进资源合理配置的治理方案。

4. 治理运行的法治性

法治是城市经济治理的重要资源,城市经济治理要以法治为基础。城市经济治理的目的是通过政府、市场和社会主体共同完成公共产品、私人产品的供给,使公共利益最大化。法治是善治的基本要求,没有健全的法治,没有对法律的充分尊重,没有建立在法律之上的社会秩序,就没有善治。城市经济治理不仅依赖于行政和经济手段,还重视法律手段,通过法律手段将政府的治理权限、治理手段、治理程序固定下来,同时将政府、市场、社会主体以及公众之间的权利与义务关系也固定下来,使城市经济治理做到有法可依。

二、城市经济发展模式

城市经济发展有众多模式,主要包括非均衡增长模式、均衡增长模式、最优增长模式、周期性增长模式、结构性增长模式、外向性增长模式和内生性增长模式等。

1. 非均衡增长模式

非均衡增长模式主要源于阿尔伯特·O.赫希曼(Albert O. Hirschman)的不平衡增长理论。他强调经济进步并不同时出现在所有地方,而一旦出现在某一处,巨大的动力将会使经济增长围绕最初的增长点集中,该理论在区域经济学和产业经济学中广为应用。[①] 因此,经济发展在空间上并不是同时产生和均匀扩散的。在部分拥有有利条件的地区,政府会优先发展,以寻求较好的投资效率和经济增长速度;一旦这些地区的经济发展起来,他们会拥有比以前更加有利的条件,更加容易吸引外来资本的进入,经济发展更加迅速;长此以往,区域之间的不平衡进一步

---

① See Albert O. Hirschman, *The Strategy of Economic Development*, Yale University Press, 1958.

加剧,发达地区与不发达地区之间的经济差距越拉越大,贫富差距也越来越明显,
出现严重的两极分化。

2. 均衡增长模式

罗格纳·纳克斯(Ragnar Nurkse)提出了贫困恶性循环理论和平衡增长理论,
他主张各部门、各产业同时投资,相互提供需求,以摆脱贫困恶性循环,实现经济的
全面均衡增长。[①] 这种理论考虑了经济系统各部分的相互依存性。各区域为了经
济发展都会利用本区域的资源优势,如自然资源、旅游资源、文化资源等优势打造
特色经济,各个城市同时处于均衡发展之中。每个区域的经济增长了,相应的基础
设施建设、政策、投资环境会进一步完善,从而有利于不同产业的发展,逐步形成一
条完整的经济增长产业链。各区域经济同步增长形成相应经济发展辐射带,实现
各区域经济均衡增长。

3. 最优增长模式

最优增长模式基于新古典经济学派的增长理论发展而来。经济学家们在考虑
资源约束、消费者偏好、生产技术等多因素的基础上,通过构建动态优化模型来研
究经济如何在长期实现社会福利最大化的增长路径,弗兰克·拉姆齐(Frank
Ramsey)模型为最优增长理论提供了重要的分析框架。[②] 城市会科学利用自身资
源,合理地进行资源配置,详细规划区域发展,将每个区域的资源有效利用,力争做
到在劳动和技术一定的条件下,用最少的资源投入,达到最大的实际产值,获得最
多的资本收益。

4. 周期性增长模式

周期性增长模式源于对经济周期现象的长期研究,从早期的朱格拉周期
(Juglar Cycle,以设备更替和资本投资为主要驱动因素的8—10年周期)、基钦周
期(Kitchin Cycle,以库存调整为主要驱动因素的3—4年周期),到康德拉季耶夫
周期(Kondratiev Cycle,50—60年的长期经济波动周期)等理论,这些理论从不同
角度分析了经济周期性波动的原因和规律。[③] 传统周期性增长是指社会经济活动
扩张和收缩相互交替的过程,包括了危机、复苏、上涨和衰退四个紧密阶段。现代
周期性增长是指反映经济活动的各种经济指标和经济现象出现反复的过程。现代
周期性增长主要依赖于经济增长率的波动,国家根据经济增长率适时调整经济发
展方案,从而扩大国内经济发展。

---

① See Ragnar Nurkse, *Problems of Capital Formation in Underdeveloped Countries*, Oxford University Press, 1957.
② Frank P. Ramsey, "A Mathematical Theory of Saving", *Economic Journal*, 1928, 38(152), pp.543-559.
③ See Joseph Alois Schumpete, *History of Economic Analysis*, George Allen & Unwin, 1954.

5. 结构性增长模式

结构性增长模式在产业经济学和经济结构主义等理论基础上发展而来。霍利斯·钱纳里(Hollis Chenery)等人通过对产业结构转型与经济增长关系的研究,强调经济增长过程中产业结构的动态变化,包括从农业向工业、服务业的转移,以及工业内部从轻工业向重工业、高新技术产业的转变等过程对经济增长的驱动作用。[1] 通过调整传统行业的发展模式,改变传统行业的发展思路,树立新的发展目标。同时加强社会分工和科学技术的发展,促进资源的合理有效配置,实现主导行业更替,进而对产业结构进行整理、优化、完善,促进相关产业的发展,最终形成一条完整的产业经济带,拉动整个区域的经济发展。

6. 外向性增长模式

外向性增长模式主要来源于国际贸易理论和国际投资理论。比较优势理论、要素禀赋理论等国际贸易理论为外向型经济增长提供了理论基础,说明国家或地区通过参与国际分工和贸易可以获取经济利益。同时,国际直接投资理论,如约翰·邓宁(John Dunning)的国际生产折中理论,也解释了吸引外资对经济增长的重要性。[2] 在市场开放的前提下,城市经济和贸易经济具有较强的外向辐射能力和结构调整能力。通过贸易经济增加对外出口获得更多的国外资本,进而为城市经济发展注入动力,促进城市生产总值增长。

7. 内生性增长模式

这是在对新古典增长理论中技术进步外生假设的批判基础上发展起来的,代表人物有肯尼斯·阿罗(Kenneth Arrow)和保罗·罗默(Paul Romer)等。他们将技术创新、人力资本等因素内生化,强调经济系统内部的知识积累、技术创新和人力资本提升等因素是经济持续增长的动力源泉。[3] 区域经济增长不能只靠有限的资源和廉价的劳动力所形成的比较利益来实现,而应注重科学技术和人力资源有效配置的内生性基础,通过技术进步的动态效益和现代科学技术的发展,达到经济增长的目的。

三、城市经济治理的结构

要实现城市经济善治,首先必须有一个科学的城市经济治理结构。城市经济治理结构是一个包括城市政府在内的由市民、公共部门、利益集团等组成的"城市董事会"。一种较为流行的看法是将城市作为"公司"来看待,构建类似公司"委

---

[1]　See Hollis B. Chenery and Paul G. Clark, *Interindustry Economics*, John Wiley & Sons, 1959.

[2]　John H. Dunning, "Toward an Eclectic Theory of International Production: Some Empirical Tests", *Journal of International Business Studies*, 1980, 11(1), pp.9-31.

[3]　Edmund Cannon, "Economies of Scale and Constant Returns to Capital: A Neglected Early Contribution to the Theory of Economic Growth", *American Economic Review*, 2000, 90(1), pp.292-295.

托—代理"关系的城市经济治理结构。市民作为城市公司的股东拥有"用手投票"和"用脚投票"的权利,他们选择能代表其利益的城市政府组成城市公司董事会。在城市经济治理结构层次,市民是收益分配的首要考虑对象,政府和市民之间基于契约关系相互联结。作为城市经济治理结构中核心层次的政府,它的任务是上对股东负责,保证股东利益;下对城市经理层的管理行为进行监督和评价,任命和撤换主要经理人员以及制定城市发展战略和方针等。将城市作为"公司"看待并不意味着与公司运行模式完全一致。从目标来看,企业目标是单一的经济利润最大化,而城市目标是多元的,即经济、社会、环境生态效益的统一;从手段来看,城市经济治理是城市政府做自己更擅长的"掌舵"(决策)而不是"划桨"(直接提供产品和服务)。

作为委托人的市民与作为代理人的政府之间的目标并不总是完全一致。代理人也是追求自身效用最大化的"经济人",在利益不一致和信息不对称的情况下,代理人在行使委托人授予的决策权时可能会受到诱惑,把自身利益置于委托人利益之上,这就会使委托人的权益受损。[①] 在"城市董事会"的情境下,代理人可能追求规模最大化和内部人利益最大化,这就会出现"内部人控制",即政府官员谋取内部人利益,市民权益得不到保障,这就要求构建有效的内部治理结构,市民、政府、城市经理、监事会在权责分明的基础上相互制衡。为处置好委托人与代理人之间的矛盾,市民和政府需要各自在相应的机构中发挥作用并遵守规则,实现城市经济治理的科学分工与有效合作。

建立科学有效的城市经济治理的委托—代理体制,关键在于构建有效的激励与约束机制。在城市经济治理中,声誉激励与职位激励是有效的激励方式。首先要优化政府官员选拔制度,通过多种方式选拔合适的政府官员,使贤能者进入城市经济治理结构体系;其次要赋予代理人充分的经营决策权,使其充分发挥政治家代理职责,并根据其代理职能行使的好坏决定奖惩,设计激励和约束兼具的机制,不仅要能有效激励代理人去实现委托人利益,还要使代理人的行为受到约束。因此,城市经济治理中城市政府要建立完善的职责体系与分工格局,优化绩效考核体系与多元监督体系,保证代理人对委托人权益的充分维护。

第二节　城市经济竞争力与发展型城市

城市经济竞争力是衡量城市经济发展水平的重要指标,其目标是实现居民生活质量、城市吸引力、经济的可持续等全面发展,因此具有系统性、动态性、相对性、开放性与差异性等特征。发展型城市是一种促进城市经济持续发展的城市形态,

---

① 刘有贵、蒋年云:《委托代理理论述评》,《学术界》2006 年第 1 期。

是打造城市竞争力的有效路径。构建发展型城市,提升城市竞争力,需要立足城市的资源禀赋与发展现状,选择适宜的城市经济竞争与合作战略。

一、城市经济竞争力概述

城市经济竞争力的提升依靠生产要素的配置和组合产生相应的经济能量,根据不同要素对城市发展的贡献,可分成不同类型的城市竞争结构。为提升城市经济竞争力,需要进一步完善基础设施、社会结构、空间结构、制度结构等各个组成部分并达至协调互补的状态,实现城市经济的可持续发展。

(一) 城市经济竞争力的概念与构成要素

城市作为一个独特的经济系统,具有高度集聚资本、技术、人才和信息等生产要素的功能,城市竞争力的提升也依靠这些生产要素以及生产要素的配置和组合产生相应的经济能量,创造国民财富。因此独立的城市系统之间的竞争实质上是对有利的生产要素和稀缺资源的竞争。在此基础上,城市经济竞争力可以理解为城市在发展、合作和竞争过程中,与其他城市相比所具有的吸引、争夺、拥有、控制、转化资源和争夺、占领、控制市场,更多、更快、更有效率、更可持续地创造经济价值,为其居民提供福利的能力。[①]

从城市发展的角度看,城市经济竞争力不仅关系到区域乃至国家整体经济实力的提升,也直接影响居民的生活质量与城市的可持续发展能力。近年来,学界和国际组织围绕城市经济竞争力的内涵与评价展开了大量研究,并提出了不同的理论模型与指标体系。以中国社会科学院与联合国人居署联合发布的《全球城市竞争力报告》为例,该报告将城市经济竞争力划分为显示性指标和解释性指标两大类。其中,显示性指标分为经济增量(GDP 五年增量)和经济密度(地均 GDP)两类指标;解释性指标则涵盖当地要素、生活环境、营商软环境、营商硬环境和全球联系 5 类一级指标,以及 32 个二级指标(见图 8-1)。随着可持续发展理念的深入发展,联合国人居署结合《新城市议程》和可持续发展目标开发了"城市繁荣指数",旨在对城市经济的繁荣程度和可持续发展能力进行综合衡量。城市繁荣指数涉及五个维度:生产力维度能够促进城市经济增长,创造收入,为所有人提供体面的就业和平等的机会;基础设施维度则包括城市经济发展所需的必要基础设施,如水、卫生、道路、信息和通信技术,旨在改善城市生活,提高生产力、流动性和连通性;生活品质维度强调加强公共空间的使用,增强社区凝聚力和公民认同,并保障生命和财产安全;公平与社会包容维度要求确保城市发展成果的公平分配,从而减少贫困、

---

① 倪鹏飞:《中国城市崛起的经验提炼与理论启示》,《天津社会科学》2019 年第 4 期。

保护弱势群体利益及促进性别平等和公民参与;环境可持续性维度主张在确保城市经济增长的同时加强城市环境和自然资产保护,要求提高能源利用效率和资源环境承载力,通过创造性的环境保护方案减少环境损失。同时,为实现五个维度的动态平衡与协调互适,需要引入政府干预,因而联合国人居署进一步开发了"城市繁荣之轮",即在五个基本维度(车轮)的基础上纳入"城市治理与立法"维度。这一维度在城市繁荣矩阵中居于"枢纽"地位,扮演四重角色:(1)确保公众利益高于任何其他利益;(2)控制"车轮"的方向、速度和动量;(3)确保五个"辐条"的平衡发展和相关的协同效应;(4)吸纳和分摊由"辐条"传递的所有"冲击"。[①]

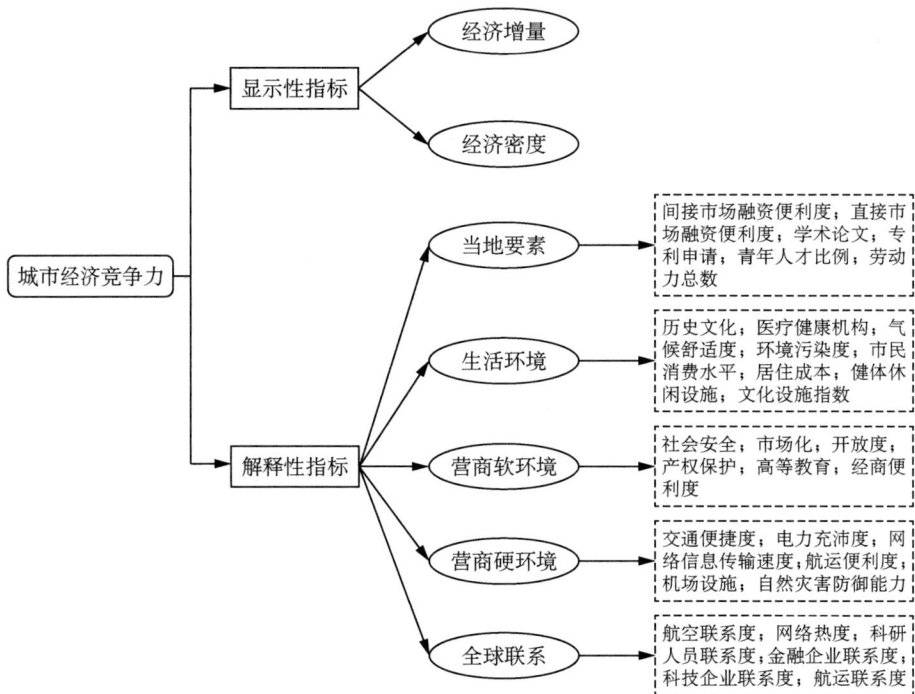

图 8-1　城市经济竞争力的构成要素

资料来源　倪鹏飞、马尔科·卡米亚、郭靖等:《全球历史价值链:一万年城市星球的烟火全球城市竞争力报告(2020—2021)》,中国社会科学出版社 2023 年版,第 77—79 页。

城市经济竞争力取决于多重因素的综合影响。迈克尔·波特(Michael Porter)的"钻石模型"(diamond model)是用于分析国家竞争力的经典理论。该模型由生产要素,需求条件,相关支撑产业以及企业战略、产业结构和同业竞争四个基本要素,以及政府和机遇两个辅助要素构成,各个要素相互影响、相互作用,共同

① United Nations Human Settlements Programme, *State of the World's Cities 2012/2013: Prosperity of Cities*, Routledge, 2013, pp.11-12.

决定一个国家或地区特定产业的国际竞争力。① 具体至城市层面,有学者在整合城市经济绩效影响因素和"钻石模型"的基础上,构建了一个"城市竞争力"模型(见图 8-2)。在这一理论模型中,最终目标变量是生活水平/生活质量,就业率和生产力是城市绩效的关键因素,行业趋势、企业特性、商业环境、创新和学习能力则是重要的输入变量,反映了不同城市之间的差异。② 也有学者将影响因素区分为经济和战略两个层次,其中经济类决定因素包括生产要素、区位条件、基础设施、经济结构和城市设施;战略性决定因素则涵盖政府效率、城市战略、公私部门合作和制度灵活性。③

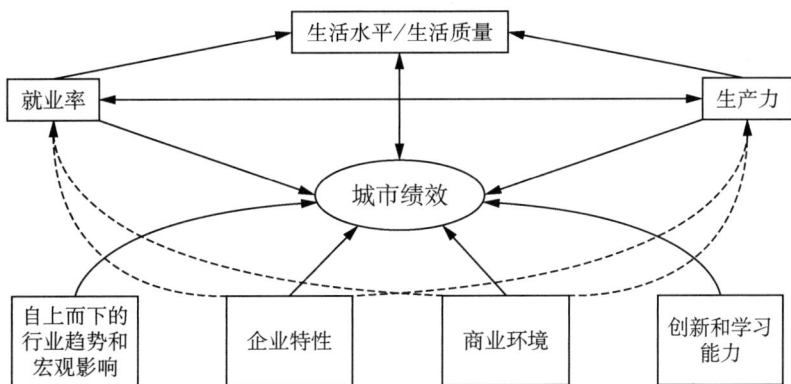

图 8-2　城市竞争力模型

(二) 城市经济竞争力的提升策略

在全球化背景下,城市经济竞争力不仅反映了城市状态和可持续发展的能力,还反映了城市的相对优势和地位,是影响城市吸引力和民众生活幸福感的重要维度。城市经济竞争力的提升可从以下 4 个方面着手。

1. 完善城市"硬""软"基础设施

城市基础设施是城市经济竞争力的基础。城市基础设施分为将人们与能源、水和其他服务连接起来的物理基础设施(如交通、通信、能源、物流设施)以及使硬基础设施和新技术投资更有成效的"软"基础设施(如技术创新与传播、教育和技能培训系统、创新生态系统、创新文化、知识产权、人才吸引力、营商环境和社会开放程度)。④ 就完善

---

① [美]迈克尔·波特:《国家竞争优势》,李明轩、邱如美译,中信出版社 2012 年版,第 65 页。
② Iain Begg, "Cities and Competitiveness", *Urban Studies*, 1999, 36(5-6), pp.795-809.
③ Peter Karl Kresl, *The Competitiveness of Cities*, United Nations Human Settlements Programme, 2013, p.13.
④ World Economic Forum, *A Report of the Global Agenda Council on Competitiveness: The Competitiveness of Cities*, 2014, p.13.

城市"硬"基础设施而言,既要考虑设施的便利性、可及性、公平性与配置效率,还要充分利用科技赋能,加强新一代信息技术与城市基础设施建设深度融合,通过信息平台建设、智能设施改造和智慧场景应用来提高城市基础设施的智能化水平,同时提升城市基础设施的整体韧性。在"软"基础设施方面,则需要处理好政府和市场的关系,营造公平竞争的市场环境并维护社会安全稳定,包括优化城市经济治理的制度体系,提供金融、科技、教育等优质公共服务和提高政府办事效率。

2. 优化城市经济治理的社会结构

城市经济治理语境下的"社会结构"是指城市经济系统中由人口、产业布局、生产和消费模式、公共服务供给和社会福利保障等要素构成的有机整体,其本质是反映城市经济活动参与主体(居民、企业、政府)之间关系及其与物质基础(产业、技术、资源)互动模式的综合性框架。社会结构优化要构建以吸引各类人才为目标、以提高居民素质为中心、以改善居民生活质量为依托的发展模式。一要充分利用全社会教育资源,组织开展多层次、多形式就业和再就业培训,提高劳动者技能,以适应劳动力市场变化和产业结构调整需要;二要加快发展就业容量大的劳动密集型产业、服务业和中小微企业,为劳动者充分就业和自主创业提供更多平台;重点发展与居民生活密切相关的交通、教育、医疗、金融、房地产、商业、咨询等服务行业及计算机网络、软件等高科技信息产业,为居民消费结构向更高层次发展创造条件。三要鼓励产品和服务创新,满足居民的多层次、个性化消费需求,通过提高公共服务供给质量和扩大社会保障覆盖面来减少居民扩大消费的后顾之忧,从而提高居民生活质量。

3. 优化城市经济治理的空间结构

城市空间结构优化应按照现代化中心城市要求,合理调节城市中心区与边缘区功能分工和空间布局,逐步消除原有城区与郊区在经济与社会发展上的二元结构。一是以城市中心区与边缘区之间立体、放射状的扩张方式,替代原有的平面、"摊大饼"式的扩张方式;二是建好一批魅力持久、品位独特的标志性建筑,形成现代化建筑群体;三是建设高效率、网络化、大运量、立体化交通体系,重点规划好体现现代城市特色的轨道网,建设城市轻轨交通网和轨道交通网,完善城市空间功能,使人口、产业与资源能够有序、低成本地从城市中心地带分流,最大限度发挥城市不同区位在功能分工和资源空间配置上的互补优势。

4. 强化城市经济治理的制度保障

制度保障是城市经济发展的重要支撑。制度保障旨在给城市经济发展提供足够的空间和动力,使其不受外力的干扰和破坏。因此,制度保障应利用正确的理论作指导,理顺各种关系,保障经济秩序,发展社会生产力。首先,统筹好顶层设计和分层对接。制度是分层次的,其中重要制度是基本制度的具体化和实现方式,向下延伸到经济社会生活方方面面,推动国家治理理念和顶层设计落到实处。要进一步完善产权制度、财政制度、税收制度、金融制度、商事制度、企业制度、科技制度等重要制度供给,有效发挥重要制度作用,防止基本制度"悬空"。其次,统筹好制度改革和制度执行。制度的生命力在于执行,要强化制度意识,维护制度权威,将制度优势转化为城市经济竞争力效能。

二、发展型城市的含义、特征与发展战略

发展型城市是一种促进城市经济持续发展的动态城市形态,这就决定了其具有系统多元的发展目标、学习型的文化氛围、强大的自主创新能力和动态持续的发展进步等特点。要实现发展的普遍化、规模化和常态化,需要制定科学有效的城市发展战略,既契合当下利益,又满足长远发展要求。

(一) 发展型城市的含义

增长是指一个国家产品和劳务数量的增加,通常采用国内生产总值(GDP)及其人均水平来衡量。① 发展不仅意味着产出的增长,还包括随着产出增长而发生的产出与收入结构的变化以及经济、政治和文化条件的变化,一般表现为国内生产总值中农业的比重相应下降,而制造业、公用事业、金融业、贸易业、建筑业和现代服务业等产业的比重相应上升,劳动就业结构随之发生变化,受教育程度和人才培训水平逐步提高。简言之,发展是一个通过物质生产的不断增长来全面满足人们日渐增长的基本需要的概念。人类社会的发展由发展目的和发展手段组成,发展目的是满足人类不断进步的生活水平需求,发展手段就是满足这种更高需求而采取的生产手段和组织手段。生产手段的发展是指经济发展,组织手段的发展是指社会制度发展。对发展中国家而言,发展的总目标是促进社会全面进步,增进人民福祉,其具体内涵包括消除贫困、失业、文盲、疾病和收入分配不公等现象。总之,增长与发展强调的方面不一样,增长强调的是经济总量的提升,发展强调的是经济社会的系统进步。阿玛蒂亚·森(Amartya Sen)认为,增长和发展是不同的,但两者紧密相连;仅有增长不足以实现发展,更加重要的是如何使经济增长所创造的资源促进发展进程。②

城市发展是指城市在一定地域内的地位与作用及其吸引力、辐射力的增长过程,是满足城市人口不断增长的多层次需要的过程,包括量的扩张和质的提高。量的扩张表现为城市数量的增加和规模的扩大,即城市化水平的提高;质的提高表现

---

① ［英］瑟尔沃:《增长与发展》(第六版),郭熙保译,中国财政经济出版社 2001 年版,第 127 页。
② 参见［印］阿马蒂亚·森、刘民权、夏庆杰等:《从增长到发展》,中国人民大学出版社 2015 年版。

为城市功能的增强,现代化水平的提高。考察城市发展,不但要看其自身增长变化情况,更重要的是考察其对周围地区吸引力、辐射力的变化,分析其在地区中的地位、作用以及对周围地区"贡献率"大小的变化。

发展型城市是通过将城市经济社会发展要素及其组合引入城市经济系统,在时间上和空间上创造一种有效的持续增长的资源配置方式,以获得地位、作用及其吸引力、辐射力的持续增长,实现包括经济、政治、社会、文化、生态等多方面的系统性功能,使城市内经济社会资源得到有效利用,增强城市竞争力,推动产业结构不断优化升级,促进城市经济持续发展的一种动态城市形态。

(二)发展型城市的主要特征

发展型城市具有以下 4 个主要特征。

1. 系统多元的发展目标

发展型城市不仅强调经济增长与经济发展,还强调社会、政治、文化、生态多方面的发展。发展型城市不只是注重经济增长的单一维度,而是需要多维度的发展进步,只有基于完善的组织机构、基础设施、资源和环境的城市才能称为发展型城市。发展型城市区别于增长型城市的一个重要方面是其发展行为的普遍化、规模化和常态化,这就需要以完善的城市发展系统为载体,通过城市区域范围内资源、组织、制度和环境的交互作用,构建全局性、动态和可持续的发展系统。

2. 学习型的文化氛围

发展型城市要面对具有挑战且持续变化的环境,要求学习新的知识、技术、方法和工具,营造学习型的文化氛围。发展的前提是知识与信息在不同主体之间快速和低成本地传递,而这实质上是一个学习的过程。学习型文化环境有利于促使知识与信息在不同组织以及个体之间有效流动,为发展提供知识积累与信息基础。在此基础上,城市发展的持续进行,还有赖于城市浓郁的创新文化和进取精神的驱动。

3. 强大的自主创新能力

发展型城市区别于增长型城市不仅体现在创新要素的数量和质量上,更重要的是体现在城市的创新能力上,即城市系统运用、整合创新要素进行创新活动的能力。城市创新能力包括自主创新能力、组织创新能力和制度创新能力等方面。城市只有具备强大的创新能力特别是自主创新能力,才能实现创新的持续化和规模化。

4. 动态持续的发展进步

发展型城市以持续发展为主要特征,并且其发展进步体现为整个城市的系统发展。这种发展不是无规划自发进行的零散活动,而是有组织、有规划的规模化发展;并非仅限于个别部门和组织的发展行为,而是涵盖城市的各个方面;不是偶发或者暂时的现象,而是一种常态的行为。

(三) 城市经济发展战略

发展型城市的构建需要制定科学有效的城市发展战略,特别是城市经济发展战略。城市发展战略是指在较长时期内,人们从城市的各种因素、条件和可能变化的趋势出发,做出的关系城市经济社会建设发展全局的根本谋划和对策。要实现城市的长期发展,城市发展战略需要符合以下要求:(1)城市发展战略要兼具问题意识、竞合意识与愿景意识;(2)城市发展战略应具有主动性、公共性和公开性;(3)成功的城市发展战略应具有远见、全局和统筹三大理念。

城市发展战略是对城市经济系统未来发展的总体部署和宏观谋划,这种总体部署和宏观谋划的合理与否,不仅关系城市经济系统本身的发展前景,而且由于城市在区域经济发展中的突出地位,也直接关系整个区域经济的发展,决定着全局目标的实现。因此,制定城市发展战略,要有正确的指导思想,并遵循其基本原则。在城市发展战略指导思想的制定中,需要加强市场意识、弹性意识、超前意识和区域意识。在城市发展战略制定过程中,应当遵循可持续发展原则、以人为本原则、技术进步原则和因地制宜原则。

经济发展战略的概念始见于美国耶鲁大学阿尔伯特·赫希曼于1958年出版的《经济发展战略》一书。[1] 随后,经济发展战略在全球得到了广泛的研究应用。20世纪六七十年代,南美、东亚、东南亚等新兴工业化国家制定实施了"工业赶超战略""出口导向战略""进口替代战略"等经济发展战略,取得了令人瞩目的发展成就。联合国自20世纪60年代起连续制定了三个为期10年的"国际发展战略",对协调国际关系和全球经济发展发挥了积极作用。城市经济发展战略最初是作为经济发展战略的一个专项内容提出,随着全球范围城市化进程的普遍推进,城市经济发展在国民经济和社会发展中的主导功能和主体地位日益突出。进入20世纪70年代,城市经济发展战略逐渐从经济发展战略研究的一个普通专题转变为相对独立的研究领域。

城市经济发展战略是指根据对城市经济系统的整体特征、内部构成、外部条件、城市在整个区域经济网络中的地位和作用现状的分析评价以及未来演化趋势的预测研究,而提出的城市经济系统在一定时期内的发展目标,以及为实现这一目标所需采取的行动部署和政策措施。从城市经济发展战略步骤来说,可通过战略目标、战略重点、战略步骤和战略措施四个要素构建战略框架。

第一,科学地选择和确定城市经济系统未来发展的战略目标,统筹全局发展。

---

[1]　See Albert O. Hirschman, *The Strategy of Economic Development*, Yale University Press, 1958.

确定战略目标是编制城市经济发展战略的首要环节,城市经济发展战略的其他诸要素,均是以战略目标为核心,围绕战略目标的贯彻实施而展开。战略目标的拟定包括两个层面:一是确定城市经济系统未来发展的总体目标;二是在总体目标的基础上,拟定由各个单项目标构成的指标体系。总体目标是对城市经济系统未来发展方向和发展前景的定性判断和综合概括,与国家和地区的宏观经济目标相衔接,在国民经济和社会发展的宏观背景下,为城市经济系统未来发展进程树立参照坐标。城市经济发展战略的指标体系是总体目标的具体化,一般包括总量指标、人均指标、速度指标、效益指标和结构指标等五个组成部分。

第二,选择和确定合适的战略重点,紧扣经济系统的主要矛盾。战略目标拟定之后,选择和确定战略重点就成为战略研究最为关键的环节。战略重点是指在城市经济系统的构成中,对城市经济发展战略目标的实现具有关键意义,需要采取针对措施予以调整、改造、加强或进行重大突破的部门或组织方式。由于城市经济系统始终处于不断的动态变化之中,因而战略重点的选择和确定具有明显的阶段特征,不同的发展阶段具有不同的战略重点。选择和确定战略重点是城市经济发展战略中最具个性的一环,不同城市具有差异化的区域社会经济背景,其所处的经济发展阶段和所具备的系统特征也不尽相同。因此,在制定城市经济发展战略时,必须根据城市的具体情况,从实际出发选择和确定战略重点,使战略重点真正符合城市的个性特色,紧扣城市经济系统所面临的主要矛盾。

第三,合理布局战略步骤,分阶段、可持续地实现发展目标。城市经济发展战略的时间期限较长,通常以20年为期,也有30年甚至长达50年的长期发展战略。在如此长的时间内,划分适当的发展阶段并有步骤地进行行动的时序组织和安排,既符合城市经济系统由低级到高级循序演进的客观规律,又有利于根据阶段反馈信息对城市经济系统的发展进行调控和修正。在通常的20年发展期限内,一般划分近期和远期两个发展阶段,前5年为近期,后15年为远期。近远期的主要战略指标相互衔接对应,但近期的指标体系更为详尽具体,其战略部署以直接的行动操作为主;而远期的指标体系则为基本框架式的,其战略部署也以宏观方向指导和政策调控为主。

第四,建立可操作的战略措施,为战略目标的实现提供保障。当战略目标明确之后,战略重点的确定和战略步骤的划分都是为战略目标的实现而采取的对策性行动,均含有战略措施的功能。城市经济发展战略措施主要是指战略制定者为确保战略目标的顺利实施而提出和制定的管理制度及相应的政策法规。战略措施主要由法律措施、行政措施和经济措施等构成:法律措施主要通过制定相关的法律法规、指导性文件和规范性文件等,以权威方式保障战略的稳步推进,以期有效实现战略目标;行政措施是通过公权力的运用,以行政规制的方式规范战略行为,为战略目标的实现提供支撑;经济措施强调通过实行与税收、货币等相关的经济措施干预市场行为,以确保战略步骤的有序开展。总之,战略措施服务于战略目标、战略重点和战略步骤,通过措施的保障支撑战略的有效推进。

三、城市经济竞争与合作

城市经济竞争与合作是各个城市政府之间在经济活动上的重要行为,通过竞争与合作可以实现地方政府不同的目标。但是,过度的竞争会产生地方保护主义、资源浪费等问题,过度的合作也会导致合作成本的上升、区域经济活力的削弱,因此要促进资源有效配置,把握好政府间竞争与合作的平衡,就需要掌握城市竞争与合作的关系及各自适用的条件。

城市竞争和城市合作犹如一个硬币的两面,城市竞合是诸多城市竞争与合作共存现象中的一种。[①] 这两者并不是一个非此即彼的关系,对地方政府来说,竞争与合作都是必要且互补的战略形式[②],要破除合作与竞争对立的固化思维。从空间上看,同一时期的城市间竞争与合作并非对称,政府间竞争主体是不断扩大的,竞争区域也会不断扩展,而合作区域的空间却不会主动扩张;从时间上看,不同时期的政府间合作与竞争也不是对等的,合作并非针对竞争而实施的,往往是后一阶段的合作规制前一阶段的竞争,政府间合作带有明显滞后性。因此,同时期的政府间合作对竞争并没有约束作用。不恰当的政府间竞争往往导致重复建设、扭曲资源配置、扰乱生产力布局、人为分割市场,严重影响生产和生活的顺利进行。而政府间合作不能有效约束政府间竞争,大都市经济区内部政府间也呈竞争过度而合作不足。[③] 总之,城市的竞争与合作不论在时间上还是在空间上都并不是对立的,城市的竞合关系也构成了城市群内部协作产生与长远发展的重要主体关系基础。

(一) 城市经济竞争的主要内容

城市竞争主要表现在资源竞争,在吸取和集聚生产要素和有利于社会协调发展的一切稀缺性要素方面进行竞争和角逐,最终促进本市比其他城市更快的经济增长和更为协调的社会发展。[④] 城市经济竞争主要分为四个方面:产业项目、交通基础设施、空间开发和资源环境。前两者属于"人系统",后两者属于"地系统"。[⑤] 这四

[①]　线实、陈振光:《城市竞争力与区域城市竞合:一个理论的分析框架》,《经济地理》2014 年第 3 期。

[②]　锁利铭:《地方政府间正式与非正式协作机制的形成与演变》,《地方治理研究》2018 年第 1 期。

[③]　付承伟:《大都市经济区内政府间竞争与合作研究:以京津冀为例》,东南大学出版社 2016 年版,第 33 页。

[④]　徐康宁:《论城市竞争与城市竞争力》,《南京社会科学》2002 年第 5 期。

[⑤]　付承伟:《大都市经济区内政府间竞争与合作研究:以京津冀为例》,东南大学出版社 2016 年版,第 18 页。

个方面是区域经济发展的关键因素,因此也是地方政府相互竞争或合作的主要重点。产业项目一般是指重大的企业投资,一个地区产业项目越多,地区经济活力就越强,经济总产值越高;交通基础设施是区域经济发展的集聚动力,一个地区的基础设施(尤其是交通基础设施)越发达,就越能吸引企业投资,从而实现经济集聚与规模效应;空间开发是区域经济发展的整合动力,土地与劳动力、资本都是国民经济增长的生产要素,产业用地的开发为经济增长提供充足的资源;资源环境是区域经济发展的持续动力,决定了地区发展的承载力,地区发展必须与本地资源环境承载力相协调,只有这样才能实现地区的可持续发展。

(二) 城市经济竞争战略

城市竞争战略是城市发展战略意图的明晰化和具体化,体现为利用多样的竞争手段实现城市利益的最大化,因此按照不同的标准可以划分不同的战略类型。依据城市竞争的目的,城市竞争战略可分为以下三种类型。(1)防御性的城市竞争战略。一个城市由于历史和现实因素拥有经济、政治和文化优势,使这个城市具有一种心理高位,从而选择利用防御性的竞争战略实现对城市既得优势的捍卫。(2)以发展为目标的城市竞争战略。一般的城市发展主要根据自身条件和所处环境确立发展目标,而竞争中的城市发展则是根据竞争对手而编制的。(3)以扩张为目标的城市竞争战略,这是一种进攻战略。城市扩张不是地域上的侵略、政治上的剥夺或财富上的掠取,而是通过城市影响力的增大从而更多占有资源和市场的行为。[①]

按照不同的竞争方式,城市经济竞争战略可分为以下三种类型。(1)地方保护主义战略。这种竞争战略使城市经济发展有悖于区域经济一体化的发展方向,出现所谓的"诸侯经济""地方保护主义""市场分割""行政区经济"等现象。(2)城市产业转型战略。通过产业转型升级提高城市在经济竞争中的影响力和吸引力,将城市经济中的劳动密集型产业竞争逐渐转型为资本密集型和知识密集型产业竞争,从而提升城市竞争力。(3)城市差异化竞争战略。竞争是一个动态的过程,因此要注重城市经济特色和城市品牌打造,形成差异化的竞争力。

(三) 城市经济合作的影响因素

在现代社会,任何组织和个人的发展,都离不开竞争,城市发展也不例外。但是,如果城市竞争过度,就会带来资源浪费、整体利益受损等弊端。如何使城市间既能通过适度竞争保持活力,又能通过合作提升区域整体发展水平,是一个重要的理论与实践问题。伴随经济全球化、区域一体化发展,城市发展由竞争走向合作将

---

① 谭贤伟:《论中国城市竞争战略》,《理论与改革》2001 年第 3 期。

成为新常态。目前,中国城市发展正步入由竞争走向合作的转型期。区域合作是指以行政区划为主要划分标准的区域之间或区域内部不同地区之间,依据一定的目标、原则和制度,将不同的系统要素在地区之间进行重新配置、整合与优化,形成规模更大、结构更佳的组织体系,以便获取更优的经济效益、社会效益和生态效益的个体和集体相互协作的行为。影响城市经济合作的因素主要包括以下7个方面。

1．地方政府协作的微观动机

制度性集体行动框架有效区分了地方政府在自主协作治理中的双重动机,即集体性收益与选择性收益。集体性收益是指协作收益,区域性公共事务无法依靠单个地方政府的行动来实现,参与协作是理性的行为结果。[①] 选择性收益包括社会声誉、积累信任和社会资本等可以扩大影响的结果。[②]

2．地方政府协作的外在约束

城市经济合作的建立与实现会受到外在交易成本与契约风险的双重影响。府际协作的交易成本主要包括信息成本、谈判成本、实施成本以及代理成本,政府行为一定程度上取决于成本与收益之间的关系。府际协作本质上是基于参与各方认同、签署或承诺的隐性或显性契约的执行问题。因此,由协调、分工等问题引发的契约执行的风险,成为影响城市经济合作的另一关键因素。

3．地理位置

地理通过多种方式影响地方政府合作。一个城市能够与区域中的其他城市甚至是国内其他城市签订契约,但是距离可能会显著削减该契约的成本/收益率,因此地方政府一般与地理上邻近的政府合作。地方政府行政边界的固定性可能会限制其潜在的合作伙伴数量,并将合作的范围局限于邻近的地理位置。

4．群体规模

曼瑟尔·奥尔森认为,群体内部的组织数量越多,协商和强制实施的交易成本就越高,组织成本也就越高;同时政府数量越多,分配到的利益越少,搭便车的现象就越容易出现。[③] 因此,群体规模对政府之间合作的选择有很大影响,小规模群体在分配利益、监控成员、责任逃避行为方面更具优势。随着成员数量的减少,成为群体内成员的相对收益就越多,在利益分配上的问题也相对较少,集体行动越容易形成。此外,小集体独有的社会联系与心理认同能发挥更大的作用,对集体内成员的行为发挥着隐性的约束与监督作用。

---

① 锁利铭:《城市群地方政府协作治理网络:动机、约束与变迁》,《地方治理研究》2017年第2期。

② Richard C. Feiock, "Rational Choice and Regional Governance", *Journal of Urban Affairs*, 2007, 29(1), pp.47-63.

③ 参见[美]曼瑟尔·奥尔森:《集体行动的逻辑》,陈郁、郭宇峰、李崇新译,上海人民出版社1995年版。

5. 共同的政策目标

影响地方政府合作的最重要因素之一是共同的政策目标,只有符合其自身利益,地方政府才会合作。地方政府对合作是否有利的判断可基于多种因素,包括潜在的成本节约、对跨区域服务连续性的渴望、民众对特定物品和服务的异质性(或同质性)偏好、被供给的物品和服务的特性等。总的来说,只要某一行为符合政府之间共同的政策目标,区域合作就可能达成。

6. 领导者和政策企业家

没有个体的积极倡议就难以产生政府间合作。地方政府合作常常由具有创新精神的领导者发起,他们愿意利用特定的机会推动城市间合作的形成。政策企业家愿意投入时间、精力甚至金钱,致力于向其他人"兜售"自己中意的政策理念并力图让其变成新的决策方案,在区域合作中发挥引领者角色。[①]

7. 强制或选择性激励

选择性激励是针对集团成员在集体行动中的表现,或者说是在集体中承担责任的能力大小,有区别地采取奖励或惩罚的手段诱导其参与集体行动,最终达到动员整个集团成员共同提供集体物品从而推动更多集体利益的实现。在城市间合作过程中,一方面,上级政府可以利用其强制性权力推进区域间政府合作;另一方面,上级政府的选择性激励和管制可能促成地方政府集体行动,特别是财政方面的激励或管制更是推进或阻碍地方政府合作的重要手段。

第三节　城市经济治理政策与绩效目标

制度环境决定了经济发展的环境。无论是资本主义国家还是社会主义国家,在经济制度变迁过程中各国都充分利用各种经济制度对经济发展进行调控和引导,制度环境在不同地区和时间内都产生了深刻的影响。当某项制度环境对城市经济发展有显著影响的时候,所隐含的政策含义就是:政府可以瞄准制度环境指数的内容来改善其制度和政策质量,营造更好的经济发展环境,从而促进经济发展。治理意味着通过政府的调控和引导,为经济发展提供更加有利的制度环境。国家通过各种行动准则来规范城市经济主体的行为,虽然在某些情况下为促进城市整体系统的协调,不得不牺牲部分的经济利益,但其最终目的都是实现社会公平与市场良性运转,最大限度地营造有利于经济发展的制度环境,制定一系列有效的经济治理政策。

---

① 朱亚鹏、肖棣文:《政策企业家与社会政策创新》,《社会学研究》2014 年第 3 期。

一、城市经济治理政策

政策是政府干预市场的主要手段,是在城市经济发展过程中避免城市经济发展失序和市场失灵的重要保障。城市经济治理政策主要包括产业政策、财政政策和货币政策三种类型。

(一) 产业政策

产业政策是政府为了实现一定的经济和社会目标而对产业的形成和发展进行干预的各种政策的总和,主要通过制定国民经济计划(包括指令性计划和指导性计划)、产业结构调整计划、产业扶持计划、财政投融资、货币手段和项目审批来引导国家产业发展方向、推动产业结构升级、协调国家产业结构,从而使国民经济健康可持续发展。产业政策具有三个层次,其中国家层级制定和施行的产业政策位居最高层次,在国家顶层政策的原则指导下,各省和城市可以根据地方实情制定具体的产业政策。[①] 城市产业政策居于产业政策体系的微观层次,它是国家产业政策和区域产业政策在城市空间范围的展开及具体化,并且又带有城市的特点。城市产业政策包括产业结构政策、产业部门政策、产业组织政策、产业技术政策和产业配套政策。由于城市产业政策在城市空间范围内实施,其选择与制定通常会结合城市的地方实际,根据城市的性质特点,把城市的经济发展与城市规划、城市建设、土地利用、城乡开发、环境保护、经济社会协调发展结合起来系统考虑。[②]

城市产业政策对城市经济治理的重要作用主要体现在以下四个方面:一是有助于城市产业结构调整,即调控产业组织结构、产业区域布局结构,引导社会资源在各产业、行业、企业、地区之间合理分配;二是影响经济的长期发展,即通过鼓励发展循环经济企业,加快技术进步,推动产业转型升级,促进经济可持续增长;三是市场调节的重要机制,产业结构政策、产业组织政策、产业区域布局政策表现为"集合"政策,每一种具体政策都对市场起着直接调控、对企业起着间接调控的宏观作用,弥补市场因外部性、公共产品等原因出现的发展不足,引导企业和消费者预期;四是调节供给,即通过促进或限制某些产业的发展,改造产业结构,调整各产业之间的相互关系,优化劳动资本和生产的配置,实现社会总需求和总供给的平衡。

(二) 财政政策

财政政策是国家为指导财政分配活动和处理各种财政分配关系而制定的基本

---

① 　津夫:《试论城市产业政策》,《城市问题》1988 年第 2 期。
② 　韩永辉、韩铭辉、沈怡青:《城市产业政策的供给侧结构性改革路径研究》,《城市观察》2016 年第 3 期。

准则,它是财政分配关系在国家意志上的反映。在现代市场经济体制下,财政政策是国家干预经济、实现宏观经济目标的工具。财政政策与产业政策、货币政策等经济政策紧密相连,共同构成了国家经济政策的框架,因此财政政策要与其他经济政策协调配合,以确保经济平稳运行与社会公平发展。从政策内容来看,财政政策是由税收政策、支出政策、预算平衡政策、国债政策等构成的政策体系。[①] 根据财政政策调节国民经济总量的功能分类,财政政策可分为扩张性财政政策、紧缩性财政政策和中性财政政策。扩张性财政政策(也叫"积极财政政策")主张扩大社会总需求,一般通过减税和增加政府支出规模实现;紧缩性财政政策强调抑制社会总需求,表现为增加税收、减少国债和降低政府购买力度;中性财政政策(也叫"稳健财政政策")则要求维持社会总供给和总需求的相对平衡。[②]

从我国财政政策实施历程来看,我国长期实施的是积极财政政策,但在不同阶段结合经济发展形势的变化有所调整。1997 年亚洲金融危机爆发后,我国采取了积极财政政策,目的在于通过扩大社会总需求以缓解经济萧条所致的外部冲击,通过增发国债、减少税收、优化支出结构等手段促进经济稳定增长和社会安定,这一政策取向一直持续至 2004 年年底。自 2005 年开始,我国将原来的积极财政政策调整为稳健的财政政策,要求在预算收支上"有保有控",保持基本平衡。在此背景下,2005 年我国长期建设国债由上年的 1 100 亿元调减到 800 亿元,全年财政赤字由上年的 3 198 亿元减少到 3 000 亿元。[③] 为应对 2008 年国际金融危机的冲击,我国于 2009 年重新实施了积极财政政策,包括五个方面:扩大政府公共投资,加强基础设施建设;推进税费改革,实行结构性减税;提高低收入群体收入,大力促进消费需求;优化财政支出结构,提高财政支出用于保障和改善民生的比例;支持科技创新和节能减排,推动经济结构调整和发展方式转变。[④] 在实施积极财政政策的同时,我国于 2015 年开始推进供给侧结构性改革,要求在适度扩大总需求的同时,通过去产能、去库存、去杠杆、降成本、补短板等举措扩大有效供给,使供给体系能够更好地适应需求结构变化,适应经济新常态的发展要求。2017 年,党的十九大报告指出,"我国经济已由高速增长阶段转向高质量发展阶段,正处在转变发展方式、优化经济结构、转换增长动力的攻关期"。[⑤] 此后,我国致力于实施更加积极和有

———————————————

① 陈共:《财政学》(第十版),中国人民大学出版社 2020 年版,第 234 页。
② 邵学峰:《财政学》,清华大学出版社 2015 年版,第 355—356 页。
③ 《"双稳健"政策奠定 2005 年经济走势主基调》(2005 年 11 月 29 日),中国政府网,https://www.gov.cn/jrzg/2005-11/29/content_112306.htm,最后浏览日期:2025 年 3 月 5 日。
④ 《我国 2009 年实施积极财政政策主要包括五方面内容》(2009 年 3 月 7 日),中国政府网,https://www.gov.cn/zxft/ft169/content_1275654.htm,最后浏览日期:2025 年 3 月 5 日。
⑤ 习近平:《决胜全面建成小康社会 夺取新时代中国特色社会主义伟大胜利——在中国共产党第十九次全国代表大会上的报告》,人民出版社 2017 年版,第 30 页。

效的财政政策。2024 年 12 月,中央经济工作会议强调,"要实施更加积极的财政政策。提高财政赤字率,确保财政政策持续用力、更加给力。加大财政支出强度,加强重点领域保障。增加发行超长期特别国债,持续支持'两重'项目和'两新'政策实施。增加地方政府专项债券发行使用,扩大投向领域和用作项目资本金范围。优化财政支出结构,提高资金使用效益,更加注重惠民生、促消费、增后劲,兜牢基层'三保'底线"。①

在积极财政政策的制度背景下,城市政府需要结合地区实际配合积极财政政策的落实,提升财政政策的有效性,使其为城市经济高质量发展和高品质生活提供可靠保障。

(三) 货币政策

货币政策是指国家为实现一定的宏观经济目标所制定的关于调整货币供应的基本方针及其相应措施,是由货币政策、信贷政策、利率政策、汇率政策等共同构成的政策体系。② 货币政策的实质是国家对货币的供应根据不同时期的经济发展情况而采取"紧""松"或"适度"等不同的政策趋向,通过运用各种工具调节货币供应量来调整市场利率,利用市场利率的变化影响民间资本投资,最终影响社会总需求和调节宏观经济运行。货币政策的核心政策目标包括四个方面:经济增长、物价稳定、充分就业和国际收支平衡。

货币政策主要包括法定存款准备金、再贴现率和公开市场业务三种常用工具。其中,法定存款准备金是指商业银行等金融机构按照规定的比率,将所吸收的存款的一部分交存中央银行,这一交存的比率即法定存款准备率。中央银行通过调高或调低法定存款准备率能够影响商业银行的贷款能力和派生存款能力,从而调节货币供应量。再贴现率是指商业银行向中央银行办理再贴现时使用的利率,若中央银行调高再贴现率,商业银行的借入资金成本就会增大,进而迫使商业银行提高贷款利率和紧缩企业借款需求,最终减少贷款量和货币供应量。公开市场业务是指中央银行在金融市场上买进或卖出有价证券,进而直接影响货币供应量,这一方式具有一定的隐蔽性,可以减轻社会震荡。除上述三种主要政策工具之外,还可通过信用控制(如消费者信用控制、证券市场信用控制、不动产信用控制)、优惠利率、预缴进口保证金等选择性政策工具对货币供应量加以调节和影响。③

---

① 《中央经济工作会议在北京举行 习近平发表重要讲话》(2024 年 12 月 12 日),中国政府网,https://www.gov.cn/yaowen/liebiao/202412/content_6992258.htm,最后浏览日期:2025 年 3 月 5 日。
② 陈共:《财政学》(第十版),中国人民大学出版社 2020 年版,第 245 页。
③ 李克强主编:《财政学》,中国社会科学出版社 2013 年版,第 443—444 页。

二、城市经济治理的绩效目标

城市经济发展需要设定基于城市政府、企业、社会组织和公民差异化的目标融合下的整体发展目标,并细化在经济发展、社会效益和生态环境等维度上的具体目标,进而构建城市经济治理绩效的指标体系。

(一) 城市经济治理主体及其绩效目标

随着经济社会的发展,城市各系统之间的联系越来越紧密,城市经济问题也更加复杂。城市治理主体与治理目标的多元化决定了城市经济治理目标设置必须符合多方主体的利益要求以及全面协调可持续的发展战略。为了适应经济全球化、信息化、城市化对城市经济治理的新要求,城市经济治理主体由政府单一主体向多元主体转变,企业、社会组织和公民也参与城市经济治理。各个主体由于利益的不同,必然拥有不同的目标绩效。[①] 在城市经济治理体系下,各主体的绩效目标相互作用,城市经济目标不单纯是经济发展目标,而是与其他城市目标相结合,在实现城市经济的持续增长、稳定发展与合作共赢的基础上,推进实现城市治理的整体目标。城市经济治理目标除了经济发展目标,还包括社会效益目标和生态环境目标等。因此,必须依据不同系统、不同主体的绩效目标对城市经济治理目标进行系统整合。

1. 城市政府的绩效目标

城市政府是城市经济治理中公共产品和服务的提供者,也是社会分工系统的主要协调者和管理者。在城市公共事务治理中,政府从制度和政策上规范城市,对推动城市发展、提高居民生活水平发挥着重要作用。城市政府被视为城市公共利益的代表,政府的治理目标主要包括以下三个方面。一是满足当地经济发展的需要,具体表现为追求 GDP 的快速增长和城市财政收入最大化。二是提供公共产品和公共服务,满足城市居民生活需求,提升居民生活水平,为社会提供更多工作岗位,解决失业问题,最终维护和实现人民利益。三是促进城市经济、社会、文化和生态环境的协同发展与可持续发展。

2. 企业的绩效目标

企业作为"经济人"的典型代表,其追求的是利润最大化。在市场经济中,不管企业采用何种形式,企业所有者都是利益所得者、成本付出者和社会责任者,因此在自由竞争的市场环境中,企业只有选择将利润最大化作为目标才能在社会中立于不败之地。但是,资源的稀缺性、信息的不完整性、政策的倾向性都可能使企业

---

① 张瑞涵、汤蕴懿:《全球时代城市治理的多元主体与目标绩效》,《上海城市管理》2015 年第 2 期。

偏离利润最大化目标,进而追求次优目标。基于信息的不完整性,要获得更多资源和政策支持,企业就必须向外界传递自己值得信赖的信息。为此,企业需要提升组织形象,通过社会目标设置获得公民与政府的支持,为企业谋求更加长远的发展。因此,随着企业对经济发展推动作用的增大,企业会在利润目标之外设定其他一些社会责任目标,如为居民提供舒适的生活、发展社会慈善事业、保护环境等。同时,城市公共服务项目的建设和管理蕴藏着巨大商机,会吸引许多企业积极投入公共事业的建设和管理中,进而促进企业的社会责任感,促使其通过参与公共事务回报社会。可见,企业承担社会责任是一种"既利他也利己"的双赢机制,可以在实现自身发展的同时提升社会效益,与企业追求利润最大化目标并不相悖。[①]

3. 社会组织的绩效目标

社会组织具有非政府性、非营利性、志愿性和灵活性等特征,可以弥补城市政府在城市治理中的不足,满足社会多元化需求。社会组织主要服务那些需要帮助的弱势群体,实现社会公平、正义的和谐发展。在城市经济治理中,社会组织在解决贫富差距、失业、生态环境破坏、交通拥挤等许多问题上发挥积极作用。社会组织一方面可以通过各种慈善捐赠与志愿活动调动社会资源提供公益服务,弥补政府缺位的社会服务;另一方面社会组织旨在维护弱势群体的利益,可以被视为表达民意、传达民情、实现民权、维护民生的最为直接的一种制度安排。[②] 总之,社会组织在城市治理中的社区治理、环境保护等政府和企业力所不及的方面发挥了巨大作用。

4. 民众的绩效目标

民众作为城市发展的推动者和受益者,以效用最大化作为目标,既希望在城市经济治理过程中能够满足对教育、医疗、社会保障等公共产品和服务的基本需求,还希望能够获得更加丰富的就业机会与稳定增长的经济收入,提升生活质量和满意度。在物质需求得到满足的基础之上,城市居民会更加积极地参与城市治理,通过参与社区活动、监督政策执行等方式,以获得更高层次的精神满足。通过城市治理的不断完善,增强对城市的认同感和归属感,在城市整体发展中找到属于自己的位置,实现自我价值最大化。

民众还可通过社交网络、社区组织等渠道,形成强大的舆论力量与监督机制。他们密切关注城市公共项目的建设与运行,对公共产品和服务的质量提出更高要求。如城市公园的设施维护不善或公共交通准点率过低,民众可通过合理途径表达诉求,督促政府部门和相关企业加以改进。这种监督与反馈机制,有助于城市治理更加透明和高效,使公共资源得到更合理的配置。

同时,民众对城市归属感的追求促使他们积极保护和传承城市文化。他们踊

---

① 张兆国、梁志钢、尹开国:《利益相关者视角下企业社会责任问题研究》,《中国软科学》2012 年第 2 期。
② 王名:《非营利组织的社会功能及其分类》,《学术月刊》2006 年第 9 期。

跃参与文化活动,支持本地艺术家与文化机构,推动城市文化产业的发展繁荣。在一些历史文化名城,居民们自发成立文化保护组织,对古建筑、传统手工艺等进行保护与宣传,让城市文化底蕴得以延续,增强城市的独特魅力与吸引力,进而提升城市综合竞争力,而这也为民众创造了更多的发展机遇与更好的生活环境,进一步推动民众绩效目标的实现。

(二) 城市经济治理绩效的指标体系

要实现城市经济治理中经济、社会、生态等多维度的发展目标,需要将目标分解为一个个细化的经济绩效指标。科学合理的经济绩效指标有助于促进资源的有效配置,提升城市治理效能,实现城市经济发展目标,促进城市全面发展,提升城市竞争力。

城市经济治理绩效是衡量城市在经济领域治理成效的关键指标体系。城市经济治理绩效指标的设置包括经济维度、社会维度和生态环境维度,这三个维度运行的结果由相互之间的输入、输出变量相互影响和相互制约所共同决定。[①] 在这三个维度下,还包含设计更细致和具体的一级指标与二级指标(见表8-1)。

表 8-1 城市经济治理绩效的指标体系

指标设置维度	一级指标	二级指标
经济维度	城市生产总值	城市的生产总值
		城市年均经济增长速度
	税收	城市税收收入占财政经常性收入总额百分比
		城市税收收入占城市生产总值总额百分比
	城市储蓄与债务	社会储蓄总额
		城市债务占外债总额百分比
		外币和本币长期主权债务评级
	资源安全	能源净进口量占商业能源使用量百分比
		单位能源使用产生的城市生产总值
	农业生产率	单位劳动力的农业增加值
	就业	城市就业率
		城市新增工作岗位数量
		城市企业中雇主对雇员技能满意率

① 吴建南、章磊、阎波等:《公共项目绩效评价指标体系设计研究——基于多维要素框架的应用》,《项目管理技术》2009年第4期。

（续表）

指标设置维度	一级指标	二级指标
经济维度	就业	农民工培训程度
		城市非正规部门就业与城市就业人数比率
	城市商品贸易	社会消费品零售总额
		外贸进出口总额
		经济外贸依存度
		实际利用外资总额
	企业创新能力附加值	城市创新能力与产业化程度的国内排名
		高附加值产业对城市生产总值的贡献率
		信息和通信支出占城市生产总值的百分比
	基础设施建设	城市交通基础设施建设数量和等级
		输配电损耗占发电量的百分比
		创新能力与产业化环境国内排名
		私人参与基础设施项目投资总额
	工作条件与环境	工伤死亡率
社会维度	公共安全	城市犯罪率
		重大责任事故发生率
		社会治安破案率
		上访人次
	居民收入与社会保障	城市居民人均可支配收入增加额
		城市居民消费价格指数
		基尼系数
		恩格尔系数
		贫困人口占总人口百分比
		社会保障覆盖率
		社会保障水平
	公共财政支出	公共财政支出占城市生产总值百分比
	政府成本	人均政府成本
	政府问责与合作	城市政府财政信息公开程度
		政府财政绩效公众满意率
		城市合作程度

（续表）

指标设置维度	一级指标	二级指标
社会维度	教育	总入学率、净入学率、受教育率
		平均受教育程度
		九年制义务教育覆盖率与实现率
		人才总量
生态环境维度	可持续发展	城市垃圾处理率
		污水处理率
		工业固体废物综合利用率
	环境质量	空气污染指数
		主要河流水质状况
		有机水污染物排放量
		绿化面积

资料来源　《新型城镇化—品质城市评价指标体系》(GB/T 39497—2020)。本书摘取该国家标准中的指标时，略有调整。

思考题：

1. 城市经济治理具有哪些特征？

2. 城市经济竞争力的提升策略有哪些？

3. 如何处理城市经济治理过程中政府间竞争与合作的关系？

4. 城市经济治理主体及其绩效目标有哪些？

第九章
城市财政治理

　　"财政是国家治理的基础和重要支柱,科学的财税体制是优化资源配置、维护市场统一、促进社会公平、实现国家长治久安的制度保障。"[1]在现代化进程中,国家治理体系的演进和完善,均以财政制度的不断发展为基础。[2] 国家如此,城市亦然,城市发展依赖于有效的财政治理。本章首先阐述城市财政治理的核心要素,包括城市财政收入、城市财政支出和城市公共预算;其次梳理中国城市财政管理体制改革历程;最后分析中国城市财政问题及其治理。

第一节　城市财政治理的核心要素

　　"财政"一词始见于1898年戊戌变法《明定国是》——"改革财政,实行国家预算。"虽然"财政"一词仅有百余年的历史,但财政活动作为一种实践却可追溯至国家的诞生,"国用""国计""度支""理财"等均是"财政"的代名词。[3] 财政是以公共部门为主体,旨在实现经济调节、市场监管、社会管理、公共服务和生态环境保护等职能而参与社会产品分配和再分配的活动。从构成要素来看,财政由收入和支出构成,因此城市财政治理本质上是围绕收入、支出及两者平衡而展开的公共活动。

一、城市财政收入

　　财政收入是指公共部门凭借政治权力,以社会管理者、国有资产所有者身份筹集到的用于履行地方公共管理与服务职能的资金,也是将私人部门的部分社会资

---

① 《中共中央关于全面深化改革若干重大问题的决定》,《人民日报》2013年11月16日。
② 刘昆:《全球视角下的中国财税体制改革——刘昆部长在中国发展高层论坛2018年会上的演讲》(2018年3月25日),中华人民共和国财政部,http://www.mof.gov.cn/zhengwuxinxi/caizhengxinwen/201803/t20180325_2850796.htm,最后浏览日期:2025年4月25日。
③ 陈共:《财政学》(第十版),中国人民大学出版社2020年版,第11页。

源转移到公共部门的过程。财政收入不仅反映了公共部门对社会发展的财力保障程度,还揭示了公共部门与私人部门之间的分配关系,展现了公共部门调控经济运行和社会资源配置的整体情况。

(一) 城市财政收入结构

在分税制财政体制下,财政收入划分为中央和地方两级,城市财政收入属于后者。近年来,中国持续推进政府收支分类改革,与此对应的政府财政收入结构也发生了较大变化。在2007年实施的《政府收支分类改革方案》中,政府收入被划分为税收收入、社会保险基金收入、非税收入、贷款转贷回收本金收入、债务收入、转移性收入六类,具体的类、款两级科目设置如表9-1所示。此后,根据经济社会发展和预算管理的需要,中国对政府收支分类科目进行了适当调整。以《2024年政府收支分类科目》为例,中国财政收入结构包括一般公共预算收入、政府性基金收入、国有资本经营收入和社会保险基金收入。(1)一般公共预算收入是财政收入的主要来源。一般公共预算收入以税收收入为主,主要是指国家凭借政治权力向纳税人征收的用于保障和改善民生、推动经济社会发展、维护国家安全、维持国家正常运转等方面的收入;此外还包括非税收收入,如专项收入、行政事业性收费、罚没收入、其他收入等。(2)政府性基金收入是依照法律、行政法规向特定对象征收、收取或以其他方式筹集的资金,专项用于特定公共事业发展。(3)国有资本经营收入是指公共部门以所有者身份依法取得的国有投资收益,包括利润收入、股利股息收入、产权转让收入等。(4)社会保险基金收入是根据相关法律法规,通过社会保险缴费等方式取得的专项用于社会保险支出的收入。[①]

表9-1　政府收入构成

类名称	款名称
税收收入	增值税、消费税、营业税、企业所得税、企业所得税退税、个人所得税、资源税、固定资产投资方向调节税、城市维护建设税、房产税、印花税、城镇土地使用税、土地增值税、车船使用和牌照税、船舶吨税、车辆购置税、关税、耕地占用税、契税、其他税收收入
社会保险基金收入	基本养老保险基金收入、失业保险基金收入、基本医疗保险基金收入、工伤保险基金收入、生育保险基金收入、其他社会保险基金收入
非税收入	政府性基金收入、专项收入、彩票资金收入、行政事业性收费收入、罚没收入、国有资本经营收入、国有资源(资产)有偿使用收入、其他收入

[①]　《什么是财政收入和财政支出》(2024年9月13日),国家统计局官网,https://www.stats.gov.cn/zs/tjws/zytjzbqs/czsyhczzc/202409/t20240910_1956347.html,最后浏览日期:2024年10月14日。

（续表）

类名称	款名称
贷款转贷回收本金收入	国内贷款回收本金收入、国外贷款回收本金收入、国内转贷回收本金收入、国外转贷回收本金收入
债务收入	国内债务收入、国外债务收入
转移性收入	返还性收入、财力性转移支付收入、专项转移支付收入、政府性基金转移收入、彩票公益金转移收入、预算外转移收入、单位间转移收入、上年结余收入、调入资金

资料来源　财政部：《财政部关于印发政府收支分类改革方案的通知》（2006 年 2 月 10 日），中华人民共和国财政部官网，https://www.mof.gov.cn/gp/xxgkml/yss/200806/t20080624_2497946.htm，最后浏览日期：2024 年 10 月 14 日。

　　从全国层面的财政收入结构来看（见图 9-1），2022 年，全国财政收入总计约389 689.8 亿元。其中，一般公共预算收入约为 203 649.3 亿元，其中税收收入约占 81.8%，非税收入仅占 18.2%，累计占全国财政收入的 53%；政府性基金收入、国有资本经营收入和社会保险基金收入则各占全国财政收入的 20%、1%、26%。

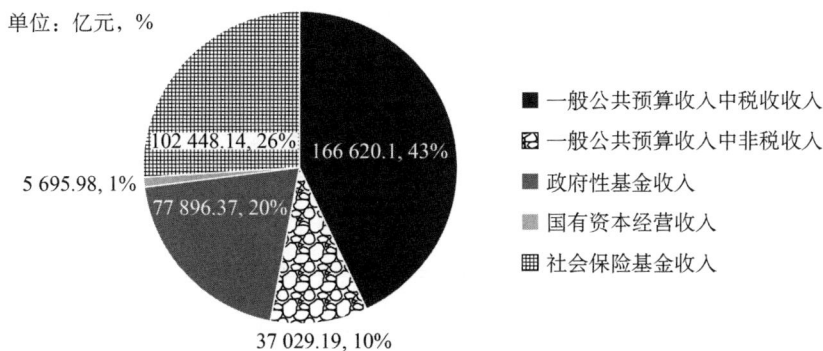

图 9-1　2022 年全国财政收入构成

资料来源　《中国财政年鉴（2023 年）》。

　　地方层面的财政收入则分为地方本级收入和中央对地方转移支付（见图 9-2）。2022 年，地方财政收入总计约 388 203.7 亿元。其中，地方一般公共预算收入约为 108 762.2 亿元，其中税收收入占比约为 70.5%，非税收入约占29.5%，累计占地方财政收入的 53%；政府性基金收入、国有资本经营收入和社会保险基金收入各占地方财政收入的 19%、1%、27%。

　　由财政收入构成可知，税收收入是财政收入的主要来源。从税收结构来看（见图 9-3），中国税收主体为增值税和企业所得税，这两种税在 2017 年就占到总税收

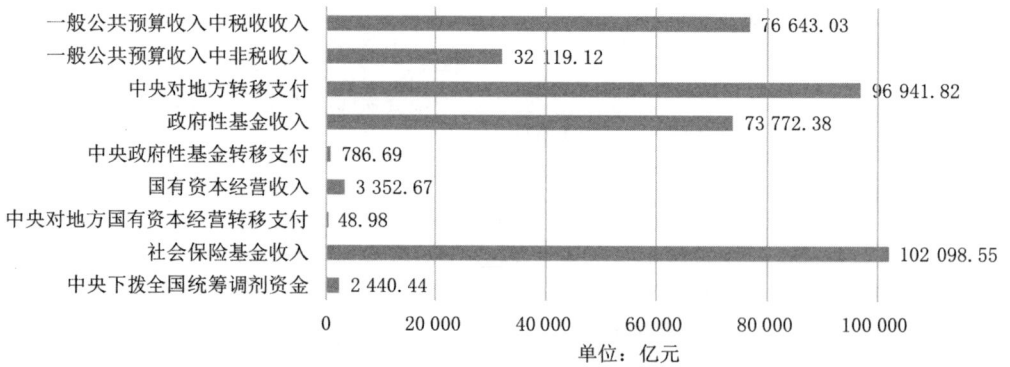

一般公共预算收入中税收收入 ████████████ 76 643.03
一般公共预算收入中非税收入 █████ 32 119.12
中央对地方转移支付 ████████████████ 96 941.82
政府性基金收入 ████████████ 73 772.38
中央政府性基金转移支付 ▏786.69
国有资本经营收入 █ 3 352.67
中央对地方国有资本经营转移支付 ▏48.98
社会保险基金收入 ██████████████████ 102 098.55
中央下拨全国统筹调剂资金 █ 2 440.44

0   20 000   40 000   60 000   80 000   100 000

单位：亿元

图 9-2 2022 年地方财政收入构成

资料来源 《中国财政年鉴（2023 年）》。

收入的 60% 以上，其中增值税占比 39.1%，企业所得税占比 22.2%。20 世纪
80 年代中期至 90 年代中期，中国的税制结构发生了较大变化。90 年代中期以后，
尽管不同税种的暂行条例和税法都有修订，但整个税制体系基本延续了分税制改
革后的基本架构，税收收入的总体构成基本维持至今。2016 年 5 月全面实施"营
改增"后，2017 年的增值税收入比重与 2016 年相比有明显的跃升，此后各税种的
收入比重相对保持平稳。

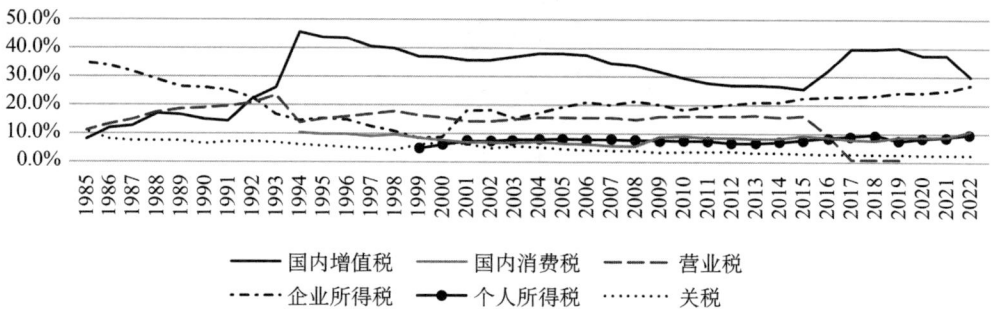

图 9-3 中国历年各项税收构成的演变（1985—2022 年）

资料来源 根据历年《中国统计年鉴》计算。

地方财政税收收入主要来源于增值税和企业所得税（见图 9-4）。除此之外，
地方政府的另一部分收入主要来自政府性基金中的土地使用权出让收入，由于部
分城市政府对土地财政依赖程度较高，致使这一部分收入在某些年份甚至超过了
一般公共预算收入。这一收入结构并非历来如此，而是与分税制改革后地方政府
缺少稳定的自有收入来源直接相关。可见，这些主体税种收入在中央和地方之间
的划分会直接影响地方政府的收入结构。

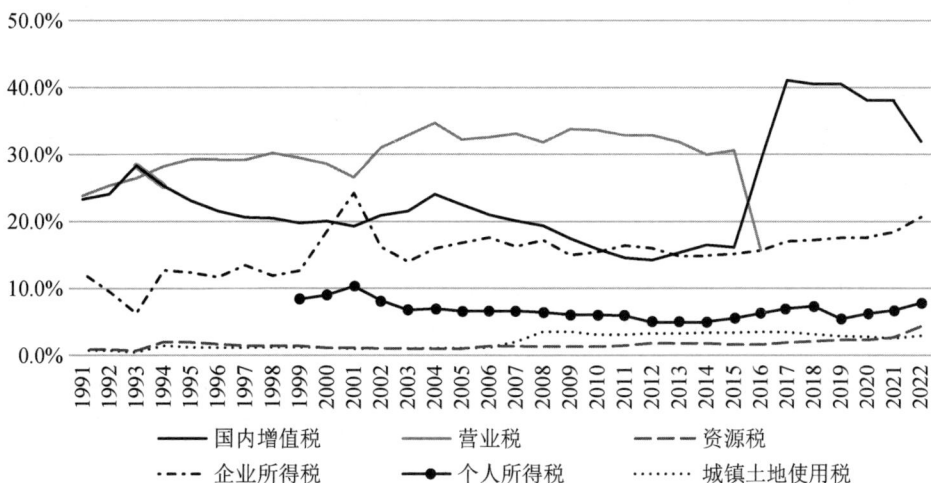

图 9-4　地方财政税收构成演变（1991—2022 年）

注：《中国财政年鉴》中的地方税收数据仅从 1991 年开始更新。

资料来源　根据历年《中国财政年鉴》计算。

（二）城市财政收入增长与"城市企业主义"

针对 20 世纪 70 年代以来城市治理越来越专注于促进经济增长而非福利供给的结构性转型，哈维提出了"城市企业主义"（urban entrepreneurialism）这一概念。在哈维看来，城市企业主义更侧重于投资和经济发展，以"公私合作"为核心，表现为地方政府与私人资本组成的增长联盟策略性地吸引外来投资，尽管以此为目标所开展的公私合作或许可以刺激经济增长，但通常公共部门也要承担投机性行为的风险。[1] 后续研究在此基础上对城市企业主义进行了有益补充，蒂姆·霍尔（Tim Hall）和菲尔·哈巴德（Phil Hubbard）将城市企业主义理解为一种"新城市政治"，城市政府更加关注"地方营销"并为此追加预算，城市的商品化被视为吸引外部投资以促进当地经济发展的必要战略，但由于这种投机策略过于注重增长，可能会加剧社会排斥、阻碍社会公平。[2] 鲍勃·杰索普（Bob Jessop）等援引了熊彼特（Schumpeter）对"创新"的界定，概括了企业型城市（entrepreneurial city）的三大特征（采取创新型战略以提高竞争力；以积极主动的方式制定切合实际、具有反思

---

[1] David A. Harvey, "From Managerialism to Entrepreneurialism: The Transformation in Urban Governance in Late Capitalism", *Geografiska Annaler: Series B, Human Geography*, 1989, 71(1), pp.3-17.

[2] Tim Hall and Phil Hubbard, "The Entrepreneurial City: New Urban Politics, New Urban Geographies?", *Progress in Human Geography*, 1996, 20(2), pp.153-174.

性的创新型战略;塑造"企业型城市"形象进行地方营销)和五种形式(打造新型城市空间、改变空间生产方式、开拓新市场、寻找新动力以增强竞争优势、重新规划城市结构或改变城市定位),主张以"全球城市化"(glurbanization)而非"全球地方化"(glocalization)来概括城市企业主义,前者强调全球化背景下城市政府通过时间和空间重构以获得结构性或系统性的竞争优势,后者针对的是企业层面的动态竞争优势。[1]

在城市间竞争日趋激烈的全球化背景下,资本主义国家之外的部分国家也开始采取城市企业主义这一发展战略,但由于政治、经济、文化等方面的诸多差异,这些国家衍生出多样化的城市企业主义。[2] 有学者以上海为例,认为中国城市企业主义是后社会主义转型中的一项国家工程,在这一过程中,市场化和全球化相互渗透,国家通过城市企业主义来恢复全球化背景下被市场化侵蚀的合法性。[3] 还有学者从地方财政结构回溯中国城市企业主义的生成机理,不同于以提升综合竞争力为目标的城市企业主义原型,中国城市企业主义是通过城市政府对土地利用的控制权来推动制造业和房地产业的发展,进而呈现出地方财政收入对商品生产、土地开发和房屋建造的高度依赖。[4] 事实上,中国城市企业主义的出现有其特定的体制性诱因。

首先是财政体制改革。1994 年分税制改革是中国城市企业主义的分水岭。根据 1994 年之前的财政体制安排,拥有良好财政状况的地方需要上缴更多的收入给中央政府,而财政状况不好的地方则可以保留相对较多的收入甚至获得补助,因而地方政府采取的策略是"藏税于企业",即先对企业进行非法的税收减免,之后再以各种"摊派"和收费的名义将其收回。1994 年分税制改革后,由于重新调整了中央与地方政府之间的税收分配制度(见表 9-2),原先"藏税于企业"的截留税收策略不再可行,加之财权上收而事权下移,地方政府开始采取招商引资、城市经营等经济发展策略。同时,税收返还制度和配套的税收管理制度改革使得营业税和增值税成为地方税基的重心,以土地开发推动房地产业和制造业的快速增长成为城市政府增加财政收入的主要策略。

---

[1] Bob Jessop and Ngai-Ling Sum, "An Entrepreneurial City in Action: Hong Kong's Emerging Strategies in and for (Inter)Urban Competition", *Urban Studies*, 2000, 37(12), pp. 2287-2313.

[2] Nicholas A. Phelps and Julie T. Miao, "Varieties of Urban Entrepreneurialism", *Dialogues in Human Geography*, 2019, 10(3), pp. 304-321.

[3] Fulong Wu, "The (Post-) Socialist Entrepreneurial City as a State Project: Shanghai's Reglobalisation in Question", *Urban Studies*, 2003, 40(9), pp. 1673-1698.

[4] 王磊、李莹、田超:《中国的城市企业主义——表现形式、制度基础与影响效应》,《公共行政评论》2012 年第 2 期。

表 9-2　中央与地方收入的划分(1994 年分税制改革)

收入类别	具体内容
中央固定收入	关税,海关代征消费税和增值税,消费税,中央企业所得税,地方银行和外资银行及非银行金融企业所得税,铁道部门、各银行总行、各保险总公司等集中缴纳的收入(包括营业税、所得税、利润和城市维护建设税),中央企业上缴利润等。外贸企业出口退税,除 1993 年地方已经负担的 2% 部分列入地方上交中央基数外,以后发生的出口退税全部由中央财政负担
地方固定收入	营业税(不含铁道部门、各银行总行、各保险总公司集中交纳的营业税),地方企业所得税(不含上述地方银行和外资银行及非银行金融企业所得税),地方企业上缴利润,个人所得税,城镇土地使用税,固定资产投资方向调节税,城市维护建设税(不含铁道部门、各银行总行、各保险总公司集中交纳的部分),房产税,车船使用税,印花税,屠宰税,农牧业税,对农业特产收入征收的农业税(以下简称"农业特产税",现已废止),耕地占用税,契税,遗产和赠予税,土地增值税,国有土地有偿使用收入等
中央与地方共享收入	增值税、资源税、证券交易税。增值税中央分享 75%,地方分享 25%。资源税按不同的资源品种划分,大部分资源税作为地方收入,海洋石油资源税作为中央收入。证券交易税,中央与地方各分享 50%

资料来源　《国务院关于实行分税制财政管理体制的决定》(国发〔1993〕85 号)。

其次是政绩考核体系调整。改革开放后,"以经济建设为中心"的发展共识使得地方官员在任期内的经济绩效成为衡量其政绩和晋升与否的关键指标。有研究发现,省级官员晋升的可能性会随着其经济绩效的提高而增加。[1] 同时,"下管一级"的干部管理制度使得省级政府掌握了下级政府的人事任命权,能够以经济竞赛的形式调动下级政府的积极性,其中量化指标的层层加码就是一个例证。[2] 政绩考核体系的调整为中国城市企业主义的发展提供了稳定的制度基础。尽管调整后的政绩考核体系同时涵盖经济发展的量化指标和质性指标,但由于不同层级政府之间存在广泛的信息不对称,上级政府通常只具备有限的信息,GDP、财政收入和外商投资等量化指标相对容易获得,而有关环境可持续性、经济平等程度和社会公平正义等质性指标的完成情况则难以掌握准确的信息。加之任期和年龄的客观限制,地方官员更倾向于通过巨型基础设施建设、招商引资等打造显性政绩以获得潜在的晋升机会。

在上述财政和行政管理制度的激励基础上,20 世纪 80 年代以来的城市住房商品化和土地利用市场化改革进一步拓宽了城市企业主义的发展空间。1988 年

---

[1]　Li Hongbin and Zhou Li-An, "Political Turnover and Economic Performance: The Incentive Role of Personnel Control in China", *Journal of Public Economics*, 2005, 89(9-10), pp.1743-1762.

[2]　周黎安:《中国地方官员的晋升锦标赛模式研究》,《经济研究》2007 年第 7 期。

2月，《国务院关于印发在全国城镇分期分批推行住房制度改革实施方案的通知》提出"用三、五年时间，在全国城镇分期分批把住房制度改革推开"，将改革住房资金分配体制、计划管理体制、资金运转机制与开放房地产市场作为住房商品化改革的核心内容。由于改革面临多重阻力，住房制度改革一度处于停滞状态，直到1998 年出台"停止住房实物分配"的规定，住房商品化改革才得以重启。按照新的住房改革方案，停止住房实物分配后，个人可以通过工资、住房公积金、住房贷款和住房补贴等方式购买商品化住房。同时，住房供应体系调整、住房交易市场规范、经济适用住房建设、住房金融发展和住房物业管理成为住房商品化改革的重点内容。在这些改革的推动下，土地利用市场化改革也逐渐进入政策议程。2002 年5 月，国土资源部颁布了《招标拍卖挂牌出让国有土地使用权规定》，要求"商业、旅游、娱乐和商品住宅等各类经营性用地，必须以招标、拍卖或者挂牌方式出让"。土地利用从协议出让到"招拍挂"的过渡意味着地方政府拥有了土地要素市场的基础定价权①，在财政压力和政治晋升的双重驱动下，土地出让收入成为地方政府维持财政平衡的主要来源，地方政府对"土地财政"产生了高度依赖。

中国城市企业主义为城市财政收入增长提供了关键动力，地方政府凭借企业化的经营模式推动城市经济快速增长的同时，也通过大力发展制造业和房地产业获得了大量的土地出让和税收收入。但是，由于城市发展阶段的差异，中国城市企业主义的发展一定程度上偏离了"提升城市综合竞争力"的原有轨道，基于用地控制从而推动房地产业和制造业发展的增长策略并不利于城市创新能力和结构性竞争优势的持续提升。② 在此模式下发展起来的"土地财政"更是一把双刃剑："土地财政"的本质是融资而非收益③，城市政府通过出让土地使用权，积累以土地为信用基础的资本，利用"土地金融"弥补城市基础设施欠账及推动工业化、城市化进程；这也让城市政府背上了大量债务，一旦经济增速放缓、地价下跌，累积的债务就会转化为沉重的负担。④ 从这个意义来看，城市企业主义的发展模式在特定制度组合下存在内在局限，对城市财政收入的可持续性造成深远影响，因此需要基于更长远的城市可持续发展视角进行反思。

（三）城市财政收入的可持续性

城市财政收入的可持续性是城市发展的重要支撑。从本质上讲，城市财政收

① 葛天任、杨晓晨、郑路：《土地金融如何塑造中产阶层？——基于金融社会学的分析》，《社会学研究》2024 年第 1 期。
② 王磊、李莹、田超：《中国的城市企业主义——表现形式、制度基础与影响效应》，《公共行政评论》2012 年第 2 期。
③ 赵燕菁：《土地财政：历史、逻辑与抉择》，《城市发展研究》2014 年第 1 期。
④ 兰小欢：《置身事内：中国政府与经济发展》，上海人民出版社 2021 年版，第 93—94 页。

入的可持续性可以理解为与地区经济发展水平和城市整体发展战略相协调的稳定收入来源。然而,由于中国财政体制存在财权向上集中而事权向下转移的路径依赖,城市政府相对缺乏稳定且可持续的自有收入来源。

从城市财政收入结构来看,营业税是地方主体税源。根据1994年分税制改革方案,营业税是地方税,增值税为分享税(中央75%,地方25%)。2012年,中国开始局部试点"营业税改征增值税"("营改增"),并于2016年在全国范围内推广。虽然"营改增"通过税制转换优化了现行税收结构,但也直接动摇了以税种划分收入的分税制财政体制基础,将原属于地方税(营业税)的一部分变成了分享税,地方主体税源也因此减少了。尽管国务院紧急调整了增值税分享比例,改为中央和地方各50%,并通过税收返还方式将中央上划收入返给地方①,但"营改增"实际上降低了地方财政分权程度,分成增加的增值税收入和转移支付收入均不足以弥补营业税的减收规模②,甚至导致地方隐性债务规模的扩张。③

此外,增值税具有很强的流动性,企业可以通过转让定价的方式将增值额在地区之间进行转移,部分学者结合国外税制经验,认为增值税不应被划为中央与地方共享税④,而应该将其列为中央税,从而引导地方政府将工作重心转移至公共产品和公共服务供给。⑤

为合理调节地区间的财力分配,分税制改革还推出了政府间转移支付制度,试图通过中央政府对财政收入在地区间的再分配来缩小中央与地方事权和支出责任的差距,同时缓解地区财政不均衡所导致的区域基本公共服务非均等化矛盾。根据国务院2007年发布的财政转移支付数据,2006年中央财政对地方转移支付9 143.55亿元,比1994年增长18.8倍,年均增长28.3%,中央对地方财政转移支付占地方财政支出总额的比重从11.4%提高到30%(中部地区由14.7%提高到47.2%,西部地区由12.3%提高到52.5%)。⑥ 自2009年开始,财政转移支付的统计口径发生了调整,将中央对地方的转移支付分为一般性转移支付和专项转移支付。前者是指中央政府对有财力缺口的地方政府(主要是中西部地区)给予的补助,地方政府可以统筹安排和使用,后者则具有指定用途、专款专用。从实施成效

---

① 《全面推开营改增试点后调整中央与地方增值税收入划分过渡方案》(2016年4月29日),中国政府网,https://www.gov.cn/zhengce/content/2016-04/30/content_5069490.htm,最后浏览日期:2024年10月17日。

② 聂卓、席天扬、刘松瑞等:《地方财政压力与融资平台举债——基于"营改增"全面推广的研究》,《经济科学》2023年第1期。

③ 崔军、颜梦洁:《"营改增"对地方政府隐性债务规模的影响》,《江西社会科学》2023年第6期。

④ 朱青:《从国际比较视角看我国的分税制改革》,《财贸经济》2010年第3期。

⑤ 冯俏彬:《"营改增"后地方财政出路》,《中国改革》2016年第4期。

⑥ 《国务院关于规范财政转移支付情况的报告》(2007年6月27日),中国政府网,https://www.gov.cn/zxft/ft98/content_903353.htm,最后浏览日期:2024年10月17日。

来看,一方面,政府间转移支付制度在缓解财政纵向失衡和促进区域基本公共服务均等化方面取得了显著成效,尤其对中西部地区发展起到了重要支撑作用,中西部地区转移支付依赖度(50%以上)通常远高于经济较发达地区(30%以下)[①];另一方面,这一援助之举也使部分地方政府对中央转移支付过度依赖,甚至诱发地方政府预算软约束与中央财政潜在的兜底风险,容易导致财政纵向与横向失衡。[②]

走出上述困局的关键在于优化地方财政的税收结构,尤其是在"营改增"改变了地方原有主体税种后,亟须发展一种新的主体税种来提升地方财政收入的可持续性。新主体税种应具备宽税基、税负不易转嫁、受益性、稳健性和易于征收管理等特点。[③] 在此基础上,房地产税由于不可移动和受益税等特征,被视为地方主体税种的较优选择。

房地产税通常被认为是一种受益税(benefit tax),即一般用于当地的基本公共服务,居民缴纳房地产税的同时也可以享受这些公共服务。即使居民不享受相应的公共服务(如教育等),这些公共服务也会被资本化到房产价值中。因此,房地产税的最终受益者仍是房产拥有者。[④] 也有学者认为房地产税是将房产看成资本的资本税[⑤],或是将房产看成消费品的消费税。[⑥] 实际上,尽管这些观点在税负评价上存在不一致,但没有改变房地产税作为受益税用于基本公共服务的事实。房地产税作为受益税可以成为财权与事权匹配的天然工具,构建地方财政治理体系,降低税收的政治和管理成本,减少经济扭曲,提高效率。

受益税通过将纳税人与公共服务支出的受益者对应,使纳税人能切实感受到赋税带来的收益。房产的不可移动性使房地产税的税基稳定且易识别,对纳税人和受益者的定位相对容易,因此可以较好地匹配缴纳的税收和获得的益处。房地

---

① 刘勇政、邓怀聪:《中国政府间转移支付制度三十年:演进、成效与变迁逻辑》,《经济理论与经济管理》2024 年第 5 期。

② 储德银、邵娇、迟淑娴:《财政体制失衡抑制了地方政府税收努力吗?》,《经济研究》2019 年第 10 期。

③ 肖加元:《地方主体税种选择逻辑与政策取向研究》,《中南财经政法大学学报》2008 年第 4 期。

④ Bruce W. Hamilton, "Zoning and Property Taxation in a System of Local Governments", *Urban Studies*, 1975, 12(2), pp.205-211; Bruce W. Hamilton, "Capitalization of Intra-Jurisdictional Differences in Local Tax Prices", *American Economic Review*, 1976, 66(5), pp.743-753; Wallace E. Oates, "The Effects of Property Taxes and Local Public Spending on Property Values: An Empirical Study of Tax Capitalization and the Tiebout Hypothesis", *Journal of Political Economy*, 1969, 77(6), pp.957-971; Wallace E. Oates, "Effects of Property Taxes and Local Public Spending on Property Values-Reply and yet Further Results", *Journal of Political Economy*, 1973, 81(4), pp.1004-1008.

⑤ George R. Zodrow, "Intrajurisdictional Capitalization and the Incidence of the Property Tax", *Regional Science and Urban Economics*, 2014, 45(1), pp.57-66; George R. Zodrow and Peter Mieszkowski, "Pigou, Tiebout, Property Taxation, and the Underprovision of Local Public Goods", *Journal of Urban Economics*, 1986, 19(3), pp.356-370.

⑥ Dick Netzer, *Local Property Taxation in Theory and Practice: Some Reflections Property Taxation and Local Government Finance*, Lincoln Institute of Land Policy, 2001; Herbert A. Simon, "The Incidence of a Tax on Urban Real Property", *Quarterly Journal of Economics*, 1943, 57(3), pp.398-420.

产税作为一种受益税,具备成为地方主体税种的优势。由于天然的信息优势,地方政府匹配纳税人与受益人的能力远远强于高层级政府。同时,由于公共服务受益范围的区域性,房地产税需要在一定的区域内征收和使用以发挥受益税的作用。美国的房地产税在政府层级间变迁的过程表明,地方政府相较于州政府能以更低的政治成本使用房地产税。[①] 由于征收房地产税同时能给当地带来更好的学校和道路等公共服务,纳税人直接享受了房地产税带来的好处。即使是对这些公共服务没有直接需求的纳税人,更好的服务也可以使他们的房产升值,从而使纳税人愿意缴纳房地产税。从国外经验来看,房地产税在美国经历了从州税逐步下沉到最终几乎完全由地方政府征收和使用的演进过程,这一事实表明地方政府在某种程度上确实拥有使用房地产税的独特优势。

也有学者对房地产税作为地方主体税种提出了反对意见:尽管房地产税具备"最优地方税"的主要特征,但也会带来潜在的政治风险与腐败问题。[②] 通过测算房地产税收入占市县地方税收入的比重发现,在短时期内,房地产税仍难以胜任地方税主体税种的角色。[③] 除房地产税之外,零售消费税也被视为地方主体税种的重要考量。[④] 2019 年 9 月,国务院印发《实施更大规模减税降费后调整中央与地方收入划分改革推进方案》指出,后移消费税征收环节并稳步下划地方,明确了消费税作为地方税的定位。但有学者认为消费税虽然具有调节功能显著、增长潜力大、利于调动地方积极性等优势,却也存在征税范围不具普适性、税收收入结构不合理、税源分布不均衡、易引发税基恶性竞争等多重局限。[⑤] 从当前税制改革实践来看,在优化所得税、增值税、消费税的基础上,房地产税有望成为中国地方税体系改革的重要组成部分。2021 年 3 月,《中华人民共和国国民经济和社会发展第十四个五年规划和 2035 年远景目标纲要》提出,"推进房地产税立法,健全地方税体系,逐步扩大地方税政管理权"。同年 10 月,全国人民代表大会常务委员会通过了关于授权国务院在部分地区开展房地产税改革试点工作的决定,要求试点地区用五年时间探索出针对居住和非居住用途等各类房地产的税收征管模式。

完善地方税体系不仅仅是确立主体税种的问题,而且是一个多措并举的协同性工程,涉及政府间税权配置与事权划分、不同税种的区分与整合以及税收与非税关系等体制、机制和制度建设考量。此外,由于地方税体系的税基主要是流动性税

---

① John J. Wallis, "A History of the Property Tax in America", in Wallace E. Oates, ed., *Property Taxation and Local Government Finance: Essays in Honor of C. Lowell Harriss*, Lincoln Institute of Land Policy, 2001, pp. 27-29.

② 朱青:《完善我国地方税体系的构想》,《财贸经济》2014 年第 5 期。

③ 李文:《我国房地产税收入数量测算及其充当地方税主体税种的可行性分析》,《财贸经济》2014 年第 9 期。

④ 林颖、欧阳升:《零售消费税:我国现行地方主体税种的理性选择》,《税务研究》2014 年第 12 期。

⑤ 刘仁济、杨得前、孙璐:《消费税作为地方税主体税种的可行性研究》,《财政科学》2021 年第 9 期。

基,无论是作为生产要素的资本、技术、劳动力、数据,还是作为消费端的商品和服务,均可以在不同地域之间流动,在分税制体制下,地方政府需要为此展开税收竞争。此类竞争虽然能够发挥地方能动性并积累差异化的实践经验,但也对建成全国统一大市场造成一定阻碍。因此,作为财税体制改革的关键环节,地方税体系改革要以全局性、前瞻性、战略性的系统思维聚焦根本性问题,通过改革的系统集成促成地方税体系改革的整体互适与协同高效。

二、城市财政支出

从公共产品供给的角度看,财政支出是指政府为提供公共产品和服务,满足社会公共需要而安排的财政资金支付,即政府为履行其职能而支出的一切费用的总和。从政府行为来看,财政支出实际上是有关政府行为的成本,反映的是政府为执行公共产品或服务相关决策所必须付出的成本。[①] 财政支出不仅反映了政府满足社会公共需要的程度,而且体现了不同层级政府的职能范围边界,还代表了政府介入经济运行和社会生活的规模和深度。以下主要介绍城市财政支出结构、城市公共服务支出与地方政府竞争,以及城市政府支出偏好与成因等内容。

(一) 城市财政支出结构

根据 2007 年 1 月 1 日施行的《政府收支分类改革方案》,财政支出分为"支出功能分类"和"支出经济分类"两类。(1)"支出功能分类"主要反映政府活动的不同功能和政策目标,包括一般公共服务、外交、国防、公共安全、教育、科学技术、文化体育与传媒、社会保障和就业、社会保险基金支出、医疗卫生、环境保护、城乡社区事务、农林水事务、交通运输、工业商业金融等事务以及其他支出和转移性支出共17 个类别。(2)"支出经济分类"旨在反映政府支出的经济性质和具体用途,包括工资福利支出、商品和服务支出、对个人和家庭的补助、对企事业单位的补贴、转移性支出、赠与、债务利息支出、债务还本支出、基本建设支出、其他资本性支出、贷款转贷及产权参股、其他支出共 12 个类别。

2014 年 8 月,《全国人民代表大会常务委员会关于修改〈中华人民共和国预算法〉的决定》正式通过。根据修订后的《中华人民共和国预算法》(以下简称新《预算法》),政府的全部收入和支出都应当纳入预算,按照"一般公共预算、政府性基金预算、国有资本经营预算、社会保险基金预算"的预算分类体系,财政支出对应分为一般公共预算支出、政府性基金支出、国有资本经营支出和社会保险基金支出。其中,一般公共预算支出主要用于保障和改善民生、推动经济社会发展、维护国家安

---

① 　高培勇:《公共经济学》(第三版),中国人民大学出版社 2012 年版,第 73 页。

全、维持国家机构正常运转等方面;政府性基金支出是专项用于特定公共事业发展的支出;国有资本经营支出主要用于解决国有企业历史遗留问题、推动国有经济布局优化和结构调整等;社会保险基金支出是指专门用于支付保险对象的社会保险待遇以及其他规定用途所形成的支出。[①]

　　为加强与现行预算管理方式的衔接,政府收支分类进行了相应调整。在沿袭2007 年"支出功能分类"和"支出经济分类"的基础上,《2024 年政府收支分类科目》按照"支出功能分类"划定了一般公共预算支出、政府性基金支出、国有资本经营支出和社会保险基金支出的类、款、项;基于"支出经济分类"细分了政府预算支出和部门预算支出的类、款。同时,为适应经济社会发展的客观需要,"支出功能分类"和"支出经济分类"的科目名称及数量也发生了一定变化,原有的"支出功能分类"扩充至 30 个一级类目,"支出经济分类"增加至 15 个一级类目。

　　从全国财政支出构成来看,一般公共预算支出是财政支出的主要构成部分,2022 年全国一般公共预算支出、政府性基金预算支出、国有资本经营预算支出和社会保险基金支出分别约为 260 609 亿元、110 583 亿元、3 395 亿元、90 603 亿元。结合一般公共预算支出的年度变化趋势(见图 9-5),2007—2022 年,全国一般公共预算支出规模整体呈增长态势,年均增长约 12.38%。按照中央、地方两级构成来看,地方一般公共预算支出占比更高,表明地方政府承担了更大的支出责任。

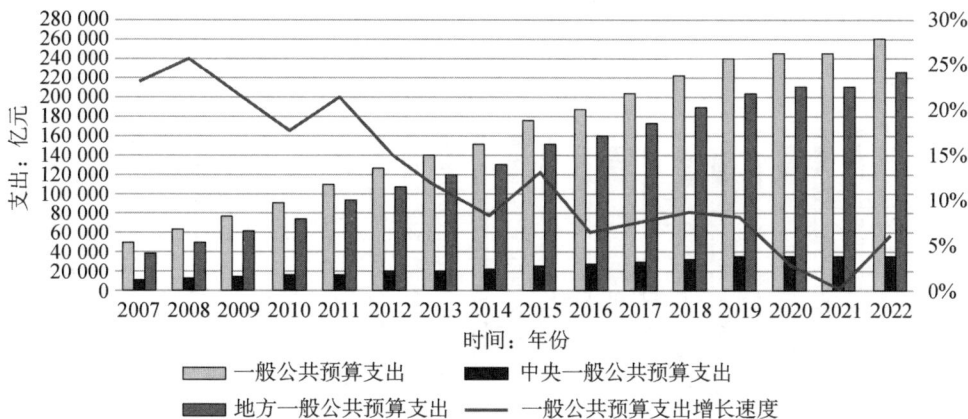

图 9-5　全国一般公共预算支出增长情况(2007—2022 年)

资料来源　《中国统计年鉴》(2008—2023 年)。

　　图 9-6 和图 9-7 呈现的是 2007—2022 年,我国中央、地方两级财政在一般公共服务、教育、科学技术、文化体育与传媒(后改为"文化旅游体育与传媒")、社会保

①　《什么是财政收入和财政支出》(2024 年 9 月 13 日),国家统计局官网,https://www.stats.gov.cn/zs/tjws/zytjzbqs/czsyhczzc/202409/t20240910_1956347.html,最后浏览日期:2024 年 10 月 30 日。

障和就业支出、医疗卫生(后改为"卫生健康")、环境保护(后改为"节能环保")、城乡社区事务领域的支出情况。一个城市的财政支出,最重要的是满足当地居民的公共服务需求。在各项支出比重中,主要社会服务性支出接近40%,其中最重要的是教育支出,其支出比重维持在16%左右;其次为社会保障支出,历年来均维持在10%以上。

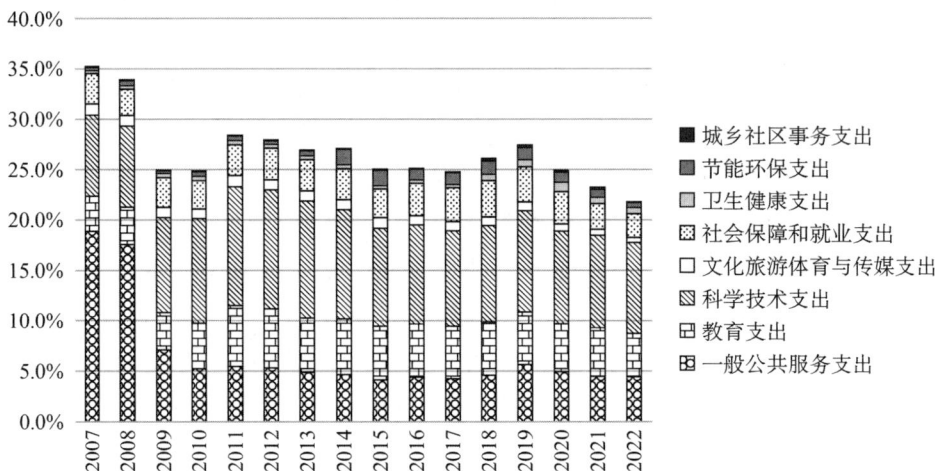

图 9-6 中央财政支出情况(2007—2022 年)

资料来源 《中国统计年鉴》(2008—2023 年)。

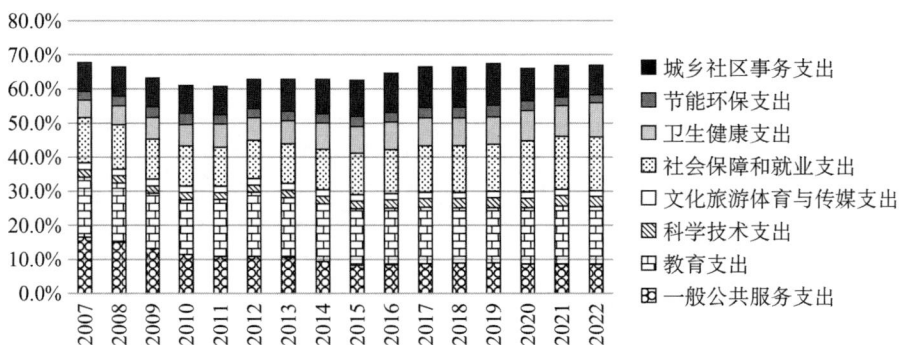

图 9-7 地方财政支出情况(2007—2022 年)

资料来源 《中国统计年鉴》(2008—2023 年)。

针对财政支出规模扩张的现实,部分学者尝试从理论维度探寻其因果机制。其中,阿道夫·瓦格纳(Adolf Wagner)最先提出财政支出扩张论(瓦格纳法则)。瓦格纳认为,现代工业的发展对社会进步提出了更高要求,而社会进步必然导致国家活动的扩张,由于市场关系的复杂化和工业化、城市化进程的加速,政府需要将更多资源用于提供治安、法律设施和公共服务,由此带来财政支出规模的扩张。简言之,随着经济发展和人均收入的提高,财政支出占 GDP 的比重也会相应提高。[①] 在瓦格纳法则的基础上,艾伦·特纳·皮考克(Alan Turner Peacock)和杰克·魏斯曼(Jack Wiseman)基于"政府喜欢多支出,公民不愿意多缴税"的预设,将公共支出的增长归结于公共收入的增长,并从内在因素和外在因素进行分析:内在因素指的是,在税率不变的税收制度下,经济发展和 GDP 的增加会提高税收收入,除非既有公共收入水平约束其扩大支出的欲望,否则政府公共支出的上升必然会同 GDP 的增长以及由此带来的公共收入增加呈线性相关关系;外在因素指的是,社会发展进程中不可避免地会遭遇动荡时期(如战争、饥荒),为了应对动荡时期的内、外部矛盾,政府支出将急剧增加,被迫提高税率或增加新税,而不愿意多缴税的公众也会被迫接受提高了的税率和新增的税种。[②] 上述理论假说表明,财政支出将随着经济发展和人均 GDP 的增长而上升,结合全球发展实际,这一普遍趋势确实得到了有力验证。需要说明的是,这一上升趋势是有限度的,当经济发展达到一定高度时,财政支出占 GDP 比重会呈现相对稳定的态势,在某一水平上下波动。如图 9-8 所示,中国一般公共预算支出规模随着 GDP 总量的上升而扩张,其比重随着经济发展阶段的差异而呈现出明显浮动,当经济步入新常态发展阶段后,财政支出占 GDP 比重的起伏相对变缓,在 20%至 26%的区间内波动。

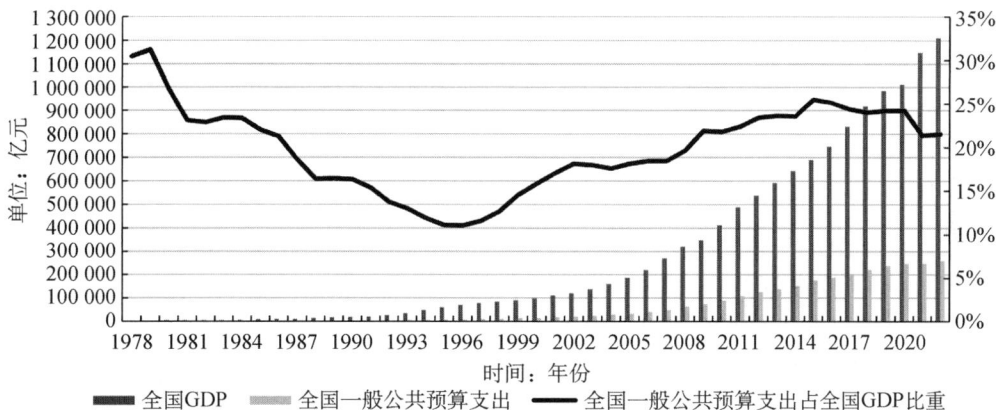

图 9-8 全国一般公共预算支出占 GDP 比重(1978—2022 年)

资料来源 《中国统计年鉴》(2023 年)。

(二)城市公共服务支出与地方政府竞争

城市公共服务支出与地方政府竞争密切相关。传统公共产品理论认为,公共物品因其固有的非排他性与非竞争性的消费特性,往往诱使个体采取"搭便车"行

---

① 陈共:《财政学》(第十版),中国人民大学出版社 2020 年版,第 61 页。

② 高培勇:《公共经济学》(第三版),中国人民大学出版社 2012 年版,第 83 页。

为,即倾向于不承担全额费用而享受由他人提供的公共产品,从而难以充分且真实地表达个体对公共产品的偏好强度。同时,公共产品供给的非竞争性特征还可能导致政府在提供公共产品时陷入效率低下与资源浪费的双重困境。然而,蒂伯特的"用脚投票"理论对传统公共产品理论提出了质疑,认为在人口流动不受限制、存在大量地方性政府、地区间无利益外溢、信息完备等假设条件下,不同地区政府提供不同的公共产品和社区服务价格(税负)的组合,居民可以根据各地方政府提供的公共产品和社区服务价格(税负)的组合情况,自由迁移至能使自身利益最大化的地方定居,即居民"用脚投票"给最符合自身利益的政府,公共产品的提供也因此达到了帕累托最优。① 随后华莱士·E. 奥茨(Wallace E. Oates)基于蒂伯特模型对公共产品的供给效率与地方政府间竞争的关系进行了论证,并得出了相似的结论。②

"竞争性政府"这一概念最早见于阿尔伯特·布莱顿(Albert Breton)的著作《竞争性政府:一个政府财政的经济理论》,"联邦制国家中政府间关系在总体上看是存在竞争性的,政府之间、政府内部部门之间以及政府与政府之外的行为主体之间迫于选民、经济主体和非经济主体的压力,必须供给合意的非市场供给的产品和服务,以满足当地居民和组织的要求"③。公共服务支出不仅关乎一个地区公共产品供给的水平和结构,还与政府间的竞争密切相关。如果一个辖区能够提供满足当地居民和企业偏好的公共服务,它将吸引更多的居民和企业流入,反之则可能导致人口和资本的流出。因此,辖区之间会围绕支出展开竞争,而这种竞争会影响公共产品供给水平。

中国是单一制国家,但政府的自利取向促使地方政府之间、内部和外部展开竞争。因此,布雷顿提出的"竞争型政府"理论范式,在很大程度上也适用于描述和分析中国地方政府的行为模式。④ 在中国现行的政治体制下,由于垂直化行政管理体制和资源流动性的限制,地方政府的竞争行为会因其所处的政府层级、地理位置、发展水平的差异有所不同。中国地方政府行为在竞争层面上的行为态势大致可分为进取型地方政府、保护型地方政府和掠夺型地方政府三类。⑤ 货币政策集中于中央政府,地方政府竞争的路径更多聚集于财政政策和行政权力。在财政框架的约束下,地方政府为了争夺区域外的经济资源和提升区域内的正外部性,主要

① Charles M. Tiebout, "A Pure Theory of Local Expenditures", *Journal of Political Economy*, 1956, 64(5), pp.416-424.
② Wallace E. Oates, "The Effects of Property Taxes and Local Public Spending on Property Values: An Empirical Study of Tax Capitalization and the Tiebout Hypothesis", *Journal of Political Economy*, 1969, 77(6), pp.957-971.
③ See Albert Breton, *Competitive Governments: An Economic Theory of Politics and Public Finance*, Cambridge University Press, 1998.
④ 傅强、朱浩:《中央政府主导下的地方政府竞争机制——解释中国经济增长的制度视角》,《公共管理学报》2013 年第 10 期。
⑤ 周业安:《地方政府竞争与经济增长》,《中国人民大学学报》2003 年第 1 期。

采取税收竞争和财政支出这两种手段作为竞争工具。①

城市政府最重要的支出责任是提供基本公共产品和服务,因此城市公共服务支出是其财政支出的重要组成部分。从近年变化趋势来看,政府支出中的公共服务支出比重呈现逐渐上升的态势,2007—2022 年,教育、医疗卫生、住房保障和社会保障四项支出总和占一般公共预算支出的比重从 29.2%增长到 40.7%(见图 9-9)。最近 15 年中,社会保障支出在总支出中所占份额在 10%—14%的小范围内波动,而在 1952 年至 20 世纪 90 年代初的 40 多年里,该比重一直在 2%左右徘徊,在 1995—2002 年从 1.7%迅速增加到 12%(其中部分原因是支出分类的调整),并在过去几年呈现明显的上升趋势,2018—2022 年的比重分别为 12.2%、12.3%、13.3%、13.8%和 14.1%。

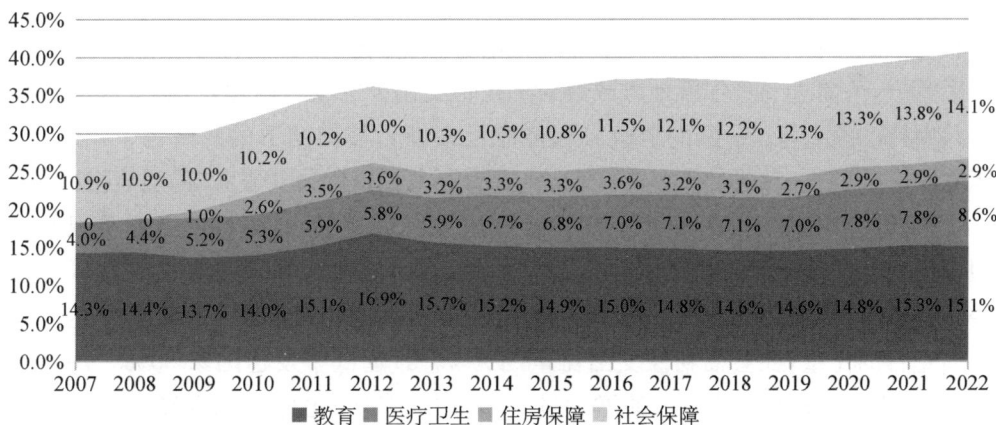

图 9-9　中国近年来主要公共服务支出的比重(2007—2022 年)

资料来源　《中国统计年鉴》(2008—2023 年)。

(三) 城市政府支出偏好及成因

地方政府财力有限,政府无法在所有领域都进行充分的财政资源投入,各类公共服务项目间的财政资源配置存在竞争性,导致地方政府在支出结构上产生特定偏好。地方政府支出偏好的成因可以从中国财政体制和地方政府的晋升考核机制两方面进行分析。

首先,财政体制是影响地方政府支出行为的重要体制因素。由于中国实行的是分税制财政体制,一方面,财政分权使地方政府的财政收入来源较为有限,主要依赖中央财政的转移支付和地方税收,但地方税收体系尚未健全,往往导致地方政

---

① 傅强、朱浩:《中央政府主导下的地方政府竞争机制——解释中国经济增长的制度视角》,《公共管理学报》2013 年第 10 期。

府面临较大财政压力,这种压力促使地方政府在支出上会倾向于短期经济刺激项目,忽视公共服务领域的长期投资[1];另一方面,财政分权体制赋予地方政府一定的资源控制权和剩余收益的处置权,作为理性经济人的地方政府谋求自身利益最大化,产生了发展本地经济和扩大财政收入行为的显著激励,加大了财政支出和参与地区竞争的压力,甚至可能会出现一些不利于经济增长的非理性行为,造成政府规模的无序扩张、区域市场割据等现象。

其次,地方政府的晋升考核机制对其财政支出决策有重要影响。中国的官员委任制以及以 GDP 增长为核心的政绩考核机制,往往导致地方政府的无序竞争和地方财政支出结构的扭曲。地方官员的晋升与地区经济增长表现——特别是 GDP 增速等指标——存在密切的关联。这种关联导致官员们在制定执政目标时往往表现出短视化倾向,即倾向于采用大规模基础设施建设等短期高投入的策略来驱动经济增长,进而形成了"为增长而竞争"的行为模式。[2] 财政分权体制下的地区竞争,可能进一步加剧地方政府对生产性支出公共项目的偏好,而忽视消费性公共项目的投入。[3] 中国的财政分权体制及政绩考核导向下的政府竞争,导致了地方政府公共支出结构"重基本建设、轻人力资本投资和公共服务"的明显扭曲。[4]

财政紧缺和发展经济的双重压力,导致在过去多年里,地方政府普遍重视发展型支出而忽视服务型支出。根据中国社科院发布的《中国财政政策报告》,从全口径来看,2012 年政府支出中的投资和建设性支出占比超过 50%,远高于发达国家 10%左右的比重;社会福利性支出比重约为 40%,远低于发达国家 60%—70%的比重。[5] 另外,土地财政收入的增加进一步促进了城市道路等地方经济性公共产品供给增长率的提高,而对诸如教育、医疗、卫生等非经济性公共产品供给增长的影响则不明显,甚至为负。[6]

社会福利性支出比重是国家治理体系和治理能力现代化的重要组成部分。尤其是对地方政府来说,教育、医疗、社会保障等社会福利性支出还远远不够。例如,2022 年一般公共预算中,省以下地方政府支出中,教育、医疗和社会保障支出比重

[1] 陈思霞、许文立、张领祎:《财政压力与地方经济增长——来自中国所得税分享改革的政策实验》,《财贸经济》2017 年第 4 期。
[2] 张军:《中国经济发展:为增长而竞争》,《世界经济文汇》2005 年第 4 期。
[3] Michael Keen and Maurice Marchand, "Fiscal Competition and the Pattern of Public Spending", *Journal of Public Economics*, 1997, 66(1), pp.33-53.
[4] 周亚虹、宗庆庆、陈曦明:《财政分权体制下地市级政府教育支出的标尺竞争》,《经济研究》2013 年第 11 期;尹恒、朱虹:《县级财政生产性支出偏向研究》,《中国社会科学》2011 年第 1 期;傅勇:《财政分权、政府治理与非经济性公共物品供给》,《经济研究》2010 年第 8 期。
[5] 社科院:《应加大社会福利性支出比重》(2014 年 2 月 15 日),新京报,http://epaper.bjnews.com.cn/html/2014-02/15/content_494944.htm?div=-1,最后浏览日期:2023 年 7 月 13 日。
[6] 田传浩、李明坤、郦水清:《土地财政与地方公共物品供给——基于城市层面的经验》,《公共管理学报》2014 年第 4 期。

分别仅占 16.9%、10.0% 和 15.9%。[1] 地方政府福利性支出的增长相对缓慢,医疗占比在之前比重较低的情形下略有提升,但教育占比甚至有所下降。

三、城市公共预算

公共预算指的是政府部门在每一个财政年度的全部公共收支结构一览表,即政府部门的公共收支计划。其功能包括:(1)反映和规定政府部门的活动范围、方向和重点;(2)监督政府收支运作的途径和窗口;(3)控制公共支出规模的有效手段。[2] 一国的预算对政府施政起着关键性的支撑作用,"治理能力在很大程度上依赖于预算能力","若不能编制预算,何谈治理国家"。[3] 同样,运用好公共预算是城市善治不可或缺的重要部分。

2011 年,中国全面取消预算外资金,将所有政府性收入纳入预算管理,将原先约 60 亿元的中央收入和约 2 500 亿元的地方收入按预算外管理的收入全部纳入预算管理。新《预算法》(2014 年修订,2015 年 1 月 1 日施行)明确规定,政府的全部收入和支出都应纳入预算,政府性基金预算、国有资本经营预算、社会保险基金预算应当与一般公共预算相衔接。

(一) 城市公共预算的决策程序

不同政府层级的公共预算决策程序比较接近,城市公共预算同样如此。公共预算周期分为四个阶段:预算的编制、预算的批准、预算的执行和预算的事后监督。以美国为例,在联邦预算的编制阶段,由白宫管理和预算办公室负责支出预算的编制,由财政部负责收入预算的编制。其中,支出预算是预算编制的重点。联邦预算的批准过程以参众两院的预算委员会为主,向国会提出两次决议,经过批准完成立法手续。经过国会的立法程序后,联邦预算就成为正式的法案进入预算执行和预算监督阶段。美国联邦预算的监督分为财政监督和审计监督,财政监督由总统领导,财政机关进行;审计监督由国会及其专门机关(总会计署)进行。

中国的城市公共预算具有部门预算的特点,首先由各部门根据上年预算和当年的规划确定新一年预算,各部门预算汇总上报后由上一级政府审阅修改后由人大批准成为正式的预算标准。正如邓小平所说,"预算不能由各部自行决定,但必

---

[1]　中华人民共和国国家统计局:《中国统计年鉴》,中国统计出版社 2021 年版,表 7-3。这里的"省以下地方政府"包括省及以下政府。中央政府一般预算支出中这三者的比重仅分别为 4.8%、1.0% 和 3.2%。

[2]　参见高培勇:《公共经济学》,中国人民大学出版社 2012 年版。

[3]　Aaron Wildavsky, "If You Can't Budget, How Can You Govern?", in Annelise G. Anderson and Dennis L. Bark, eds., *Thinking about America: The United States in the 1990s*, Hoover Institute Press, 1988, pp. 265-275.

须以各部门为主,共同商量"。①

(二) 城市公共预算的主要功能

公共预算的主要功能有四个:第一,预算是一份告知公众在下一个财政年度政府政策将是什么的政策文本;第二,预算是一份财政计划,它列出政府将在下一个财政时期支出多少、支出在什么项目上,以及资金从哪里来;第三,预算是一份操作指南,有了它,决策者知道他们将要做什么,政府项目中的官员知道要干什么、什么时候做以及花费多少,政府机构中的雇员也会知道他们工作的路线图②;最后,预算是一个贯穿财政政策、财政计划以及操作蓝图直到社会的沟通工具,这样公众就可以洞悉他们的政府。③

城市公共预算由一个城市的支出责任所决定。提供公共产品和公共服务是城市政府的基本职责。但对于什么是公共产品和公共服务、哪些是政府应提供的基本公共产品和公共服务,人们并没有一致的看法。人们对公共产品及公共服务的认定及政府责任的确定有两种不同的思路。④ 一是从产品属性的角度来划分,即凡是满足人们的公共需求、具有公共品性质的产品和服务就是公共产品和公共服务。二是根据需求及供给状况来确定政府的责任,凡是人们迫切需要而社会和市场做不了、做不好和不愿意提供的产品,均是政府的责任。后者的潜在逻辑是:不论是否是公共产品,只要是人们必需的而其他方式不能有效供给的产品,即使是私人产品,也应由政府来承担;反之,即使是具有非竞争性和非排他性的产品,只要社会和市场愿意并能够提供,政府也可以放手让社会和市场来承担。

(三) 城市预算绩效管理的发展

2018 年 9 月 1 日,《中共中央 国务院关于全面实施预算绩效管理的意见》(以下简称《预算绩效管理意见》)发布,旨在构建全方位、全过程、全覆盖的预算绩效管理体系,实现预算制度全面规范透明、标准科学、约束有力。这一举措有力推动了财政集中、预算透明、预算监督,成为政府实现良治、善治的重要手段。

预算管理是政府绩效管理的重要工具。有学者从三个方面界定绩效管理概念:(1)作为系统工程,绩效管理是为实现所期望的结果而实施的由一系列管理机制和技术构成的有机系统,包括绩效管理过程、组织绩效评估、项目评估、质量管理、标杆管理、业务流程重塑等;(2)作为一个过程,绩效管理是由战略规划、年度计划、持续性绩

---

① 《邓小平文选》(第一卷),人民出版社 1994 年版,第 193—194 页。
② See Allen Schick, *Budget Innovation in the States*, Brookings Institution Press, 1971.
③ 侯一麟、孔卫拿:《预算透明:趋势、制度与挑战——美国经验的检视》,《公共行政评论》2012 年第 6 期。
④ 项继权、袁方成:《我国基本公共服务均等化的财政投入与需求分析》,《公共行政评论》2008 年第 3 期。

效管理、绩效报告和信息利用等环节构成的动态过程;(3)作为人力资源开发手段,绩效管理是围绕组织绩效提高这一目标而实施的人力资源管理的原则和技术。[1]

近年来,财政形势步入"紧平衡"状态,收支矛盾日益突出,压减成本、提高质量和效益、讲求绩效,已经成为财政政策和预算管理的重要取向。[2] 全成本预算绩效管理通过打开成本的"黑箱",进一步增强了成本与产出之间的实质联系,是避免预算绩效管理流于形式的关键所在。[3] 2018 年的《预算绩效管理意见》强调从传统的以投入控制为主转向更加注重结果和效率的预算绩效管理,要求更加注重结果导向,强调成本效益,强化责任约束,重视成本效益分析法。2021 年,国务院印发《关于进一步深化预算管理制度改革的意见》,再次强化成本意识,加强成本控制与监督,如要求"推进运用成本效益分析等方法研究开展事前绩效评估"。

2018 年以来,北京、上海等城市深入贯彻党中央、国务院全面实施预算绩效管理的决策部署,建立健全预算绩效制度体系,探索推进成本预算绩效管理改革。通过探索推进成本预算绩效管理改革,健全全方位、全过程、全覆盖的预算绩效管理体系,加强重点领域、政策和项目的绩效管理和成本管控,优化财政支出结构,提升财政治理效能和政府治理能力。

2018 年,北京市率先探索全成本预算绩效管理模式,通过选取学前教育、养老机构运营等作为首批试点项目,逐步拓展至老旧小区整治、城市管网供热、公立医院成本等多个领域,形成了一套包括事前评估、事中监控和事后评价在内的全链条预算管理机制。2019 年,北京市委、市政府印发《关于全面实施预算绩效管理的实施意见》等文件,确立了北京市全方位格局、全过程闭环、全范围覆盖、全成本核算、多主体联动("四全一多")的全面预算绩效管理体系建设总体目标。2018—2019 年,北京市按照"点面结合、分类推进、重点突出、积极稳妥"的工作原则,不断探索全成本预算绩效管理改革的实施路径。通过对 27 个项目的成本效益分析,根据支出政策、项目要素及成本、财力水平等,建立了 89 个分类项目财政保障定额标准,同时对相应的管理提出了可行性强、注重成本控制、强调结果运用以及进行动态调整的要求,构建了投入、产出和效益一一对应的评价指标体系,并将评价结果应用于下年度预算编制中,打造了"部门职责—保障范围—行业标准—投入成本—工作数量—施政结果—绩效考核"的闭环管理机制。2019 年,分领域出台成本标准和效益考核方法,节约总成本 60.72 亿元,节约率为 8.6%。[4]

---

[1] 周志忍:《效能建设:绩效管理的福建模式及其启示》,《中国行政管理》2008 年第 11 期。

[2] 《减税降费力度大 收支安排紧平衡》(2018 年 3 月 7 日),中华人民共和国财政部网站,https://www.mof.gov.cn/zhengwuxinxi/caijingshidian/jjrb/201803/t20180307_2828931.htm,最后浏览日期:2024 年 11 月 7 日。

[3] 马蔡琛、朱雯瑛:《全成本预算绩效管理的改革实践与未来展望》,《经济与管理研究》2024 年第 2 期。

[4] 王霏:《北京市全成本预算绩效管理改革探索》,《财政监督》2021 年第 24 期。

上海市也持续推动预算绩效管理改革。针对绩效目标与预算资金关联度不足、绩效与预算融合不深等问题,上海市政府办公厅印发《上海市加强成本预算绩效管理的实施方案》(沪府办〔2023〕16 号)。作为全国首个由省级政府层面印发实施的成本预算绩效管理文件,该方案提出,加强顶层设计和制度创新,强化成本效益分析,加强成本管控,力争用三年左右时间建立"预算申请问成本、预算安排核成本、预算执行控成本、预算完成评成本"的成本预算绩效管理体系,推动预算管理与绩效管理"双融合、双促进、双提升",推动实现公共服务标准、成本定额标准和财政支出标准协调统一,推动财政资金降本增效、财政支出结构优化、财政管理和业务流程改进提升。同年,上海市政府办公厅配套印发了《上海市市级财政支出成本预算绩效分析操作指引(试行)》(沪财绩〔2023〕20 号)和《关于开展 2023 年成本预算绩效管理首批试点工作的通知》,细化了工作机制、方案制定、报告形成、结果应用、第三方参与和工作范本,推进了成本预算绩效管理各方面工作的标准化、规范化。

第二节　中国城市财政管理体制改革

中央与地方财政关系是政府间权责划分的基本组成部分,是现代国家治理的重要方面。省以下财政体制是中央和地方财政关系的延伸,是政府间财政关系的重要组成部分。本节主要分析中央与地方政府间财政体制改革的历程,以及城市财政管理体制改革的实践探索。

一、中央与地方政府间财政体制改革的历程

如表 9-3 所示,新中国成立以来中央与地方政府间财政体制经历了多次调整。新中国成立后至改革开放前,一直采用的是各种不同形式的统收统支体制。改革开放后,为了调动地方政府发展经济的积极性,中央政府开始对财政体制进行改革。1980 年 2 月,国务院颁布《关于实行"划分收支,分级包干"的财政管理体制的暂行规定》,明确划分了中央财政与地方财政的收支范围,从以往中央与地方"一灶吃饭"变为中央与地方"分灶吃饭"。1988 年发布《国务院关于地方实行财政包干办法的决定》,开始全面推行财政包干体制,具体有收入递增包干、总额分成、总额分成加增长分成、上解额递增包干、定额上解、定额补助 6 种模式。随着时间推移,中央政府占财政收入的比重越来越低,财政总收入占 GDP 的比重也越来越低(见图 9-10)。1993 年,财政总收入占 GDP 的比重仅为 12.2%,其中地方政府为9.5%,中央政府仅为 2.7%。两个比重过低(财政收入占 GDP 比重和中央财政收入占财政总收入比重)促使中央政府启动分税制改革。

表 9-3　新中国成立以来中央与地方政府间财政体制沿革

实行时间		财政体制简述
统收统支阶段	1950 年	高度集中,统收统支
	1951—1957 年	划分收支,分级管理
	1958 年	以收定支,五年不变
	1959—1970 年	收支下放,计划包干,地区调剂,总额分成,一年一变
	1971—1973 年	定支定收,收支包干,保证上缴(或差额补贴),结余留用,一年一定
	1974—1975 年	收入按固定比例留成,超收另定分成比例,支出按指标包干
	1976—1979 年	定收定支,收支挂钩,总额分成,一年一变,部分省(市)试行"收支挂钩,增收分成"
分灶吃饭阶段	1980—1985 年	划分收支,分级包干
	1986—1988 年	划分税种,核定收支,分级包干
	1989—1993 年	财政包干
分税制	1994 年至今	按照统一规范的基本原则,划分中央地方收支范围,建立并逐步完善中央对地方财政转移支付制度

资料来源　根据财政部网站资料整理。

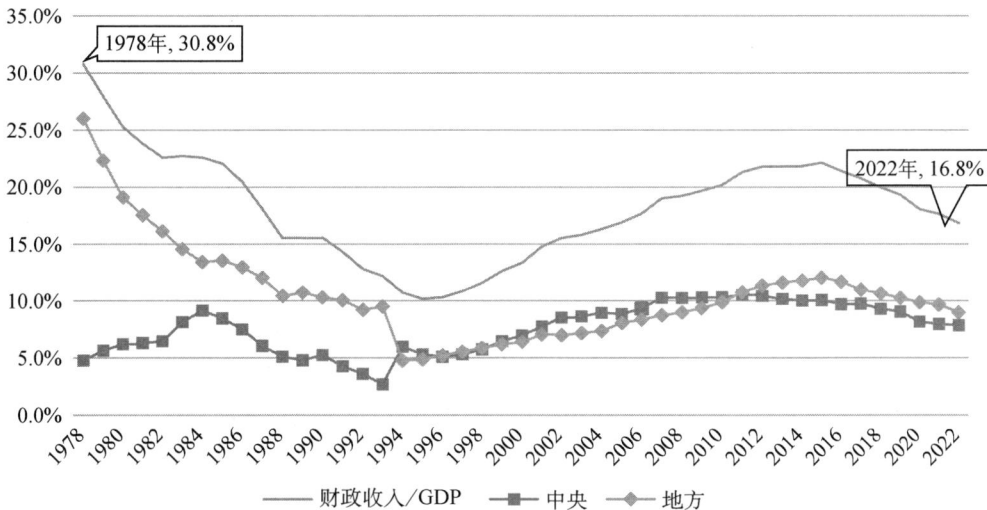

图 9-10　改革开放后财政收入占 GDP 比重的变化

资料来源　根据历年《中国统计年鉴》计算而得。

　　1993 年 12 月 15 日,《国务院关于实行分税制财政管理体制的决定》正式发布,1994 年 1 月 1 日开始实行。分税制改革主要确立了以下内容:一是按照中央和地方政府的事权划分,合理确定各级财政的支出范围;二是根据事权和财权相结合原则,将税种统一划分为中央税、地方税和中央地方共享税,分别建立中央税收和地方税收体系,分设两套税务机构(国税局和地税局)进行征管;三是实行中央对地方的税收返还,妥善解决原体制遗留问题,开始建立规范的转移支付制度。

表9-4展示了当前一般预算收入在政府层级间的划分。从税收收入来看,不同税种被划分为中央税、地方税和共享税三类。其中,主体税种(增值税、企业所得税、个人所得税)均为共享税。实际上,在1994年分税制改革时,个人所得税原为地方税。20世纪90年代,个人所得税起征点(免征额)为800元,而大多数居民的月工资收入很少能够超过起征点,个人所得税的收入极为有限。随着经济不断发展,居民个人收入逐步提高,个人所得税筹集税收收入的作用也开始显现。为支持西部大开发战略,中央财政需要进一步集中财力,于是把原本属于地方财政的所得税(包括个人所得税和企业所得税)变更为共享税。[1] 2001年12月31日,《国务院关于印发所得税收入分享改革方案的通知》对所得税重新划分:2002年所得税收入中央分享50%,地方分享50%;2003年中央分享60%,地方分享40%;2003年以后年份的分享比例根据实际收入情况再行考虑。2003年11月13日,《国务院关于明确中央与地方所得税收入分享比例的通知》进一步明确所得税的分享为中央60%和地方40%,此后这一比例维持至今。

表9-4　一般预算收入在政府层级间的划分

中央固定收入	关税,海关代征消费税和增值税,消费税,铁道部门、各银行总行、各保险公司总公司等集中缴纳的收入(包括营业税、利润和城市维护建设税),未纳入共享范围的中央企业所得税,中央企业上交的利润等
中央与地方共享收入	增值税中央分享75%,地方分享25%(2016年5月1日全面实施营改增后改为中央和地方各分享50%的过渡方案);纳入共享范围的企业所得税和个人所得税中央分享60%,地方分享40%;资源税按不同的资源品种划分,海洋石油资源税为中央收入,其余资源税为地方收入;证券交易印花税中央分享97%,地方(上海、深圳)分享3%(2016年1月1日起全部归中央)
地方固定收入	营业税(不含铁道部门、各银行总行、各保险公司总公司集中交纳的营业税),地方企业上缴利润,城镇土地使用税,城市维护建设税(不含铁道部门、各银行总行、各保险公司总公司集中交纳的部分),房产税,车船使用税,印花税,耕地占用税,契税,遗产和赠予税,烟叶税,土地增值税,国有土地有偿使用收入等

资料来源　根据财政部网站资料整理。

---

[1]　范子英:《国税地税合并的逻辑》(2018年4月26日),搜狐网,https://www.sohu.com/a/229543950_701468,最后浏览日期:2021年10月29日。

在中央与地方政府间财政关系中,所得税由地方税变为分享税的过程,充分体现了中央将收入上收的意图。但在支出责任方面,如表 9-5 所示,城市维护和建设经费,地方文化、教育、卫生等各项事业费等重要支出仍然全部由地方政府承担。也就是说,分税制体系在收入集权的同时,却让地方政府承担了比财政包干制时期更多的支出责任,从而使地方财政运行全面依靠中央的转移支付。

表 9-5　支出责任在不同政府层级间的划分

中央 财政支出	国防、武警经费,外交和援外支出,中央级行政管理费,中央统管的基本建设投资,中央直属企业的技术改造和新产品试制费,地质勘探费,中央安排的农业支出,中央负担的国内外债务的还本付息支出,以及中央本级负担的公检法支出和文化、教育、卫生、科学等各项事业费支出
地方 财政支出	地方行政管理费,公检法经费,民兵事业费,地方统筹安排的基本建设投资,地方企业的改造和新产品试制经费,农业支出,城市维护和建设经费,地方文化、教育、卫生等各项事业费以及其他支出

资料来源　根据财政部网站资料整理。

尽管后来不同税种的暂行条例和税法都有修订,但当前的整个税制体系基本延续了分税制改革后的架构(见表 9-6)。

表 9-6　改革开放后重要税种的发展过程

税种	重要发展过程
增值税	1979 年,机械、农机等两个行业试点 1983 年,5 个行业(征税范围不断扩大,直到今天仍然在延续这一趋势) 1984 年,结合国营企业的第二步利改税,《增值税条例(草案)》 1993 年 12 月 13 日,《中华人民共和国增值税暂行条例》经由生产型向消费型转型并扩围 2008 年 11 月 5 日正式修订《增值税暂行条例》,2009 年 1 月 1 日起施行,2016 年 2 月 6 日和 2017 年 11 月 19 日分别进行两次修订
消费税	1950 年,政务院公布《货物税暂行条例》 1993 年 12 月 13 日,《中华人民共和国消费税暂行条例》 2008 年 11 月 5 日修订,2009 年 1 月 1 日起施行
企业所得税	1984 年,《国有企业所得税条例(草案)》 1985 年,《集体企业所得税暂行条例》 1986 年,《城乡个体工商业户所得税暂行条例》 1988 年,《私营企业所得税暂行条例》 1993 年 12 月 13 日,《中华人民共和国企业所得税暂行条例》,实现了内资企业所得税制的合并与统一 2007 年,《中华人民共和国企业所得税法》统一内外资企业所得税(2007 年 3 月 16 日通过,2008 年 1 月 1 日起施行),2017 年 2 月 24 日修订

（续表）

税种	重要发展过程
个人所得税	1980 年,《中华人民共和国个人所得税法》,开征个人所得税,统一适用于中国公民和在中国取得收入的外籍人员 1986 年,《中华人民共和国城乡个体工商业户所得税暂行条例》 1987 年,《中华人民共和国个人收入调节税暂行条例》 1993 年 10 月,修改《中华人民共和国个人所得税法》(1994 年 1 月 1 日实施),取消个人收入调节税暂行条例和城乡个体工商业户所得税暂行条例。1999 年 8 月、2005 年 10 月、2007 年 6 月、12 月、2011 年 6 月和 2018 年 8 月对《中华人民共和国个人所得税法》又进行了六次修正

资料来源   作者根据相关政府文件整理。

为了使地方政府能够配合分税制改革,降低改革阻力,中央财政特别设置了地方税收的返还数额,也就是一直持续至今的包含在转移支付中的"税收返还"项目。1993 年 12 月,《国务院关于实行分税制财政管理体制的决定》指出:"为了保持现有地方既得利益格局,逐步达到改革的目标,中央财政对地方税收返还数额以 1993 年为基期年核定。按照 1993 年地方实际收入以及税制改革和中央与地方收入划分情况,核定 1993 年中央从地方净上划的收入数额(消费税＋75% 的增值税－中央下划收入)。1993 年中央净上划收入,全额返还地方,保证现有地方既得财力,并以此作为以后中央对地方税收返还基数。1994 年以后,税收返还额在 1994 年基数上逐年递增,递增率按全国增值税和消费税的平均增长率的 1∶0.3 系数确定,即上述两税全国平均每增长 1%,中央财政对地方的税收返还增长 0.3%。如若 1994 年以后中央净上划收入达不到 1993 年基数,则相应扣减税收返还数额。"

二、城市财政管理体制改革的实践探索

1994 年,中国实施了财政分税制改革,在中央与"地方"(以省为代表)之间确立了以分税制为基础的分级财政框架。然而,受当时主客观条件的诸多限制,1994 年分税制改革方案仅原则性地要求省以下各级政府比照"中央—省"模式实行分税制,缺乏具体的可操作方案。事实上,无论是发达地区还是欠发达地区,由于税收体系税种的复杂性和税收管理上的技术性难题,难以在中央至地方再到基层的五级框架中构建一个合理、可行的分税制方案。因此,从技术层面来看,所谓的"五级分税制"在中国的实际运作中难以实现。1994 年后,各省在出台财政体制相关文件时普遍进行了多次调整。然而,在省以下层级,分税制并未真正得到落实,而是继续沿用五花八门、复杂易变的分成制,甚至在一些欠发达地区的市、县级政府仍存在包干制。[①]

---

① 贾康:《论中国省以下财政体制改革的深化》,《地方财政研究》2022 年第 9 期。

　　分税制改革 30 多年以来,国家持续优化对省以下财政体制的顶层设计,为省以下财政体制的实践探索制定基本遵循和具体指导(见表 9-7)。中央与地方财政关系的不断规范化和法治化推动各省不断调整与完善省以下财政体制,地级财政逐步实现全面规范化。2022 年,《国务院办公厅关于进一步推进省以下财政体制改革工作的指导意见》,明确提出"优化资源配置""理顺省以下政府间收入关系""清晰界定省以下财政事权和支出责任"等工作部署,并参照中央与地方的分税制财政体制的原则与内容,对省以下财政关系提出了全面、具体的规范和要求,对分税制财政体制向省以下推进具有重要意义,也进一步明确了地级财政的定位。

表 9-7　关于完善省以下财政管理体制的中央政策文件

文件	相关表述
《财政部关于完善省以下分税制财政管理体制意见的通知》(财地字〔1996〕24 号)	为了保证分税制财政体制框架的完整性,各地区要参照中央对省级分税制模式,结合本地区的实际情况,将分税制体制落实到市、县级,有条件的地区可落实到乡级
《国务院批转财政部关于完善省以下财政管理体制有关问题意见的通知》(国发〔2002〕26 号)	各地要按照建立公共财政框架的基本要求,依法界定各级政府的事权范围,进一步明确省以下各级政府的财政支出责任。 各地要根据各级政府的财政支出责任以及收入分布结构,合理确定各级政府财政收入占全省财政收入的比重
《财政部关于推进省直接管理县财政改革的意见》(财预〔2009〕78 号)	实行省直接管理县财政改革,就是在政府间收支划分、转移支付、资金往来、预决算、年终结算等方面,省财政与市、县财政直接联系,开展相关业务工作
《国务院关于推进中央与地方财政事权和支出责任划分改革的指导意见》(国发〔2016〕49 号)	省级政府要根据省以下财政事权划分、财政体制及基层政府财力状况,合理确定省以下各级政府的支出责任,避免将过多支出责任交给基层政府承担
《国务院办公厅关于进一步推进省以下财政体制改革工作的指导意见》(国办发〔2022〕20 号)	在中央和地方分税制的原则框架内,遵循健全政府间财政关系的基本原则,清晰界定省以下财政事权和支出责任,理顺省以下政府间收入关系,完善省以下转移支付制度,建立健全省以下财政体制调整机制,规范省以下财政管理

　　中国现行行政体制分为五个层级,即中央政府、省级政府、地级政府、县级政府和乡镇级政府。按照"一级政府一级预算"的原则,各级政府均为独立财政单位。因此,地级财政体系主要包括行政层级上属于地级的城市类型,如一般地级市和部

分副省级城市。一般地级市在财政层级上属于地级，并通过其财税管理体系与上一级的省级财政对接，其财政安排和收支权限均遵循地级财政标准。其他副省级城市，即非计划单列的副省级城市，尽管在行政等级上高于一般地级市，但在财政层级中与一般地级市无异，财政管理权限一致，因此也归属于地级财政层级。此外，自 2009 年全面推进"省直管县"改革以来，相关县（市）财政独立于地级市财政，其财政直接对接上级财政（省级财政），财政层级实际有所提升。[①] 中国城市的行政等级与财政层级如图 9-11 所示。

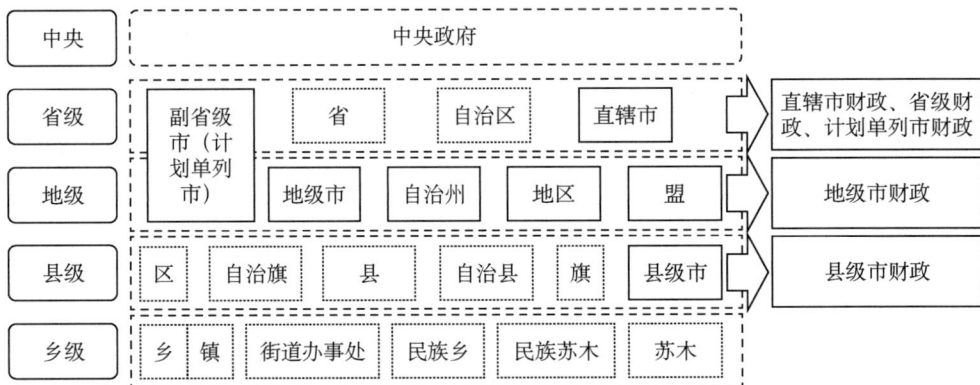

图 9-11 中国城市的行政等级与财政等级

地级市作为一级政府，其本身是一级财政，向上对接省，向下衔接区县。地级市的预算由地级市本级预算和地级市下辖的区县预算组成。和其他层级政府预算体系组成相一致，地级市的政府预算体系包括一般公共预算、政府性基金预算、国有资本经营预算和社会保险基金预算。结合中国分税制以来各级政府在一般公共预算收入与支出方面的变化（见图 9-12、图 9-13），可以更加明晰地级市在整个财政体制中的地位和职能，以及地级市在推动地方经济发展、保障基本公共服务方面的财政支撑力度及其与其他层级财政之间的关系。

从图 9-12 可以看出，1994 年分税制改革以来，中央政府一般公共预算收入占比呈现下降趋势，从 1994 年的 55.7% 逐渐下降至 2023 年的 45.9%。与此同时，1994 年地级市一般公共预算收入占比约为 18.16%，在 2008 年降至最低点，约为 15.46%。随后这一比例有所回升并在 2014 年后趋于稳定，维持在［16%，18%］的区间范围内。从地县级收入合计的统计口径来看，地县级一般公共预算收入占比在 1994—2002 年总体呈现下降趋势，到 2002 年达到最低点，约为 33.3%。之后，这一比例快速上升并在 2012 年后趋于稳定，近年保持在 44% 左右的较高水平。

---

① 参见何杨、黄志基、刘威等：《城市财政发展报告（2022）》，经济科学出版社 2023 年版。

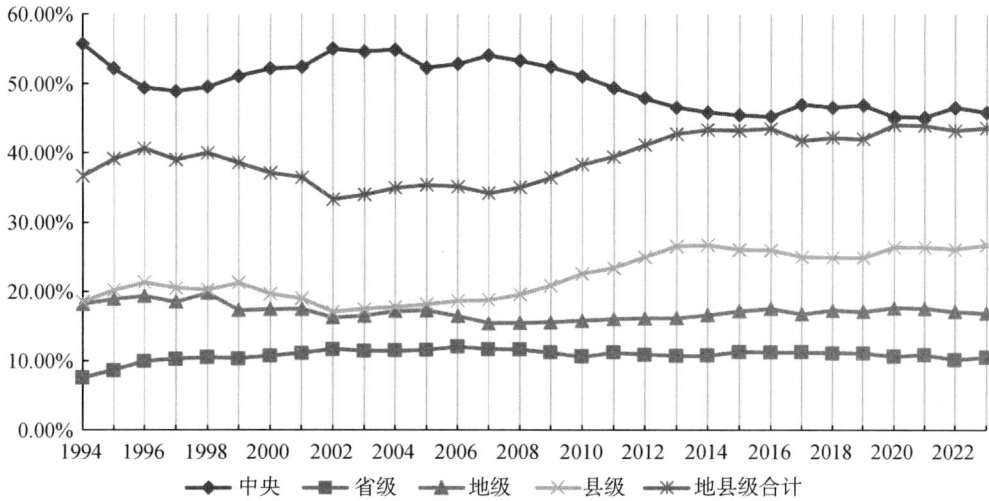

图 9-12　1994—2023 年一般公共预算收入级次情况

资料来源　《1994 年—2023 年我国一般公共预算收入级次情况》,《地方财政研究》2024 年第 9 期。

从图 9-13 可以看出,1994 年分税制改革以来,中央政府一般公共预算支出占比呈现出总体下降的趋势,从 1994 年的 30.3% 逐渐下降至 2023 年的 13.9% 左右。与此同时,地级市一般公共预算支出占比相对稳定,在 20% 上下波动,并在 2012 年后略有上升,稳定在 22%—25%。从地县级支出合计的统计口径来看,地县级一般公共预算支出占比在 1994 年约为 51.26%,在 1994—2000 年呈现出明显的下降趋势,2000 年降至最低点,约为 46.52%,随后进入了稳步上升的发展阶段,2023 年地县级一般公共预算支出占比约为 70.86%。

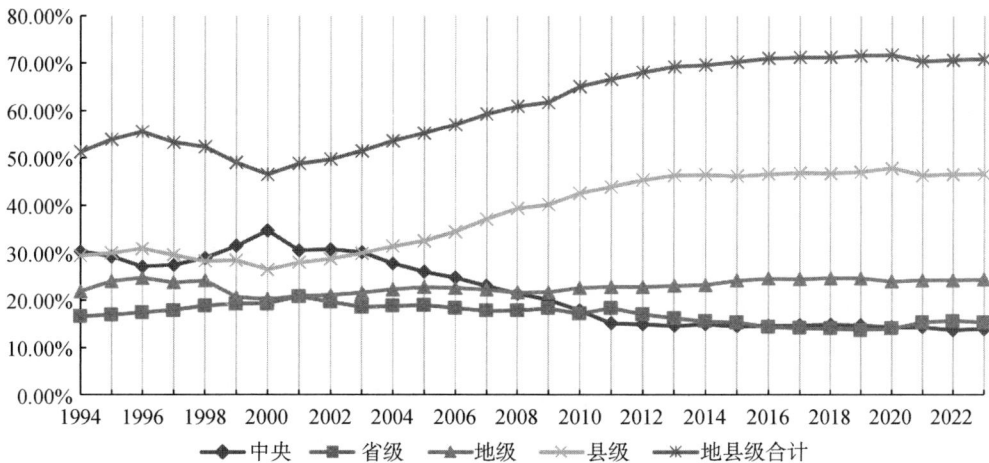

图 9-13　1994—2023 年一般公共预算支出级次情况

资料来源　《1994 年—2023 年我国一般公共预算支出级次情况》,《地方财政研究》2024 年第 11 期。

第三节　中国城市财政问题及其治理

中国城市财政治理存在明显的财权事权不匹配,这进一步导致地方政府的土地财政依赖、地方债,以及缺少公共服务供给的定价机制等问题。这些问题的解决亟须城市财政治理的变革,其根本在于城市政府财权事权与支出责任的重构。

一、地方政府的收支矛盾

由图 9-14 和图 9-15 可以看出,自 1993 年分税制改革后,中央政府占总收入的比重约为 50%,但其支出比重则从 50% 逐步下降至 15% 左右;相对应的,地方政府(省及省以下)的收入和支出比重则分别为 50% 和 85%。如果进一步考虑土地财政等一般预算之外的支出,地方政府的支出比重甚至更高。这样的收入和支出分权现状,导致大多数地方政府面临财政收入低于支出需要的困境。世界银行将中国政府间财政关系概括为"环环相套"的财政联邦制,在这样的制度下,收入权力上移和支出责任下移导致越处于基层的政府,其财力越紧缺。其结果是,地方政府想方设法获取更多额外收入(包括转移支付),居民公共服务支出需求不能得到有效满足。根据财政学原理,地方政府最重要的职能是提供基本公共服务。不同地区的经济社会发展水平差异明显,公共服务需求亦存在多样性。地区间经济社会发展水平的异质性和公共服务偏好的多样性,决定了地方政府需要具备充分的财政自主性来提供差异化的基本公共服务。

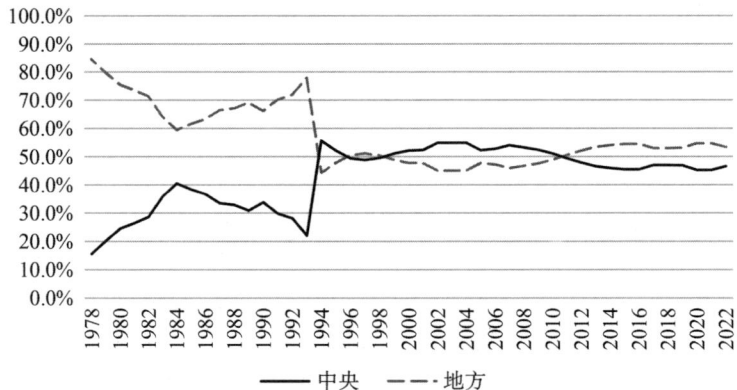

图 9-14　中央和地方历年财政收入分布(1978—2022 年)

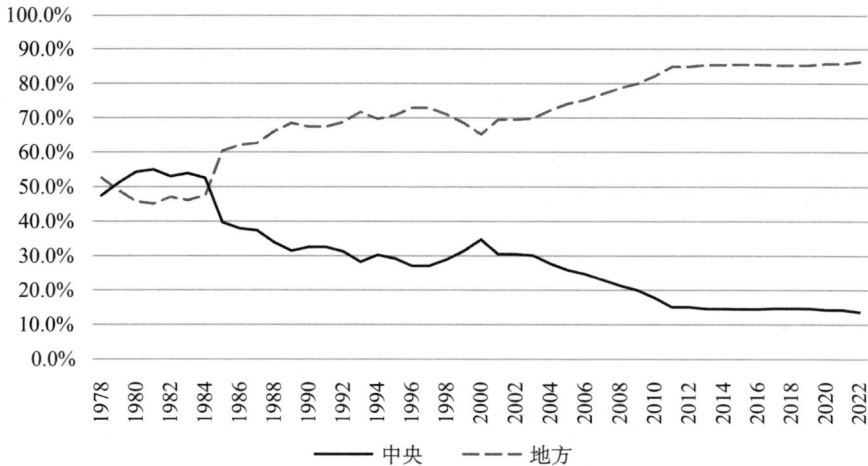

图 9-15　中央和地方历年财政支出分布(1978—2022 年)

资料来源　历年《中国统计年鉴》。

二、土地财政与地方债

随着城镇化和房地产市场的快速扩张和增长,中国地方政府的土地财政有愈演愈烈之势。土地财政已经逐步成为中国地方政府的主要收入来源。如图 9-16 所示,1998 年以来,土地出让金(预算外)占地方一般预算收入(预算内)的比重波动

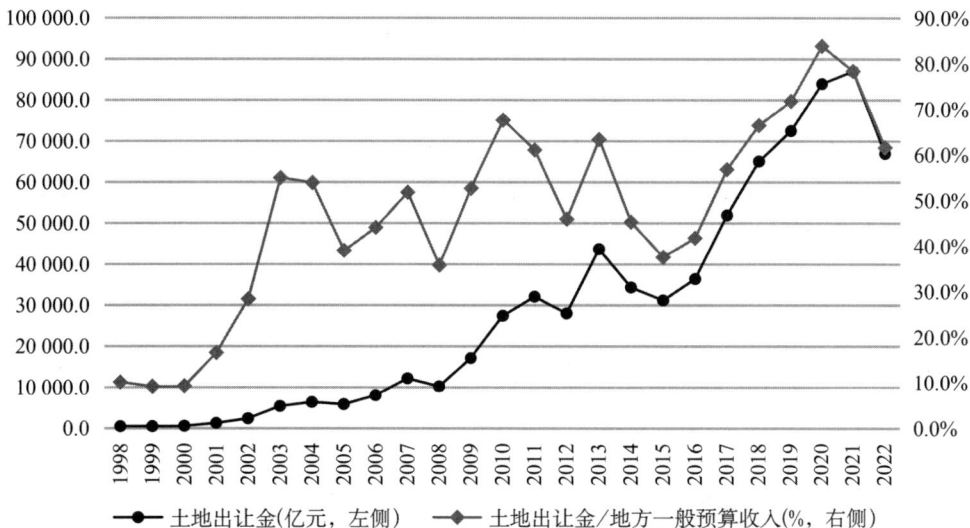

图 9-16　中国土地财政的发展趋势(1998—2022 年)

注:土地财政数据来源于《中国国土资源统计年鉴》,仅更新至 2017 年。2018 年及以后的土地财政数据来源于财政部每年发布的财政收支情况。

资料来源　历年《中国统计年鉴》和《中国国土资源统计年鉴》。

上升。2010 年土地出让金占地方一般预算收入的比重达到 67%,之后虽有所回落,但仍在 50% 左右,在 2015 年下降至 37.6%,2016—2020 年又有回升趋势。在某些省市,土地出让金收入甚至超过了地方一般预算收入。对土地财政的严重依赖已经成为中国地方政府的主要特征。

引发土地财政的根本原因包括分税制集中财权、投资冲动、地方政府官员晋升竞争和房地产价格上涨等。[①] 土地财政虽然一定程度上提高了地方政府发展经济的积极性[②],但也造成了很多消极影响。例如,土地财政收入的形成直接推动了空间城镇化的快速扩张;受现行地方官员考核机制制约的土地财政支出结构又决定了地方政府积极带动空间城镇化,消极应对人口城镇化。[③]

土地财政造成的各种问题已经逐步显现,也为各方所诟病。随着土地财政的不可持续,以及财政收入增长的式微,政府也开始想方设法解决这一问题。房地产税的改革能否替代土地财政,成为地方政府的主体税种? 相关测算表明,尽管上海、重庆两地的房产税试点对财政收入的贡献甚至可以忽略不计,但这与试点政策的具体设计有关。从房地产税的财政收入潜力来看,房地产税在某些地区可以达到基层财政收入的 50% 以上,有潜力成为地方政府稳定的主体收入来源。[④]

三、公共服务地区差异的税收定价

中国各地的政府支出水平差异巨大,随之而来的是省际公共服务水平差异较大且呈现扩大趋势。[⑤] 变异系数(coefficient of variation)常用于测量省内不同区之间和不同县之间的人均总支出的差异,从当前数据来看,不少省份人均财政支出的省内差异较大,尤其是不同县之间的差异更加明显。政府的人均支出差异在教育医疗等具体的公共服务上更为明显。

公共服务均等化是政府的重要政策目标,政府提供的公共服务应当向包括城

---

① 宫汝凯:《分税制改革、土地财政和房价水平》,《世界经济文汇》2012 年第 4 期;刘佳、吴建南、马亮:《地方政府官员晋升与土地财政——基于中国地市级面板数据的实证分析》,《公共管理学报》2012 年第 2 期;李郇、洪国志、黄亮雄:《中国土地财政增长之谜——分税制改革、土地财政增长的策略性》,《经济学》(季刊)2013 年第 4 期;孙秀林、周飞舟:《土地财政与分税制:一个实证解释》,《中国社会科学》2013 年第 4 期;范子英:《土地财政的根源:财政压力还是投资冲动》,《中国工业经济》2015 年第 6 期。

② 杜雪君、黄忠华、吴次芳:《房地产税、地方公共支出对房价影响——全国及区域层面的面板数据分析》,《中国土地科学》2009 年第 7 期。

③ 崔军、杨琪:《新世纪以来土地财政对城镇化扭曲效应的实证研究——来自一二线城市的经验证据》,《中国人民大学学报》2014 年第 1 期。

④ 参见侯一麟、任强、张平:《房产税在中国:历史、试点与探索》,科学出版社 2014 年版。

⑤ 刘德吉、胡昭明、程璐等:《基本民生类公共服务省际差异的实证研究——以基础教育、卫生医疗和社会保障为例》,《经济体制改革》2010 年第 2 期;任强:《中国省际公共服务水平差异的变化:运用基尼系数的测度方法》,《中央财经大学学报》2009 年第 11 期。

市居民和外来转移人口在内的所有居民提供。[①] 但实际情况并非如此,不同区域之间公共服务的质量和数量的差距,以及同一地区不同群体对公共服务的可及性差异使得居民对社会不平等的感受强烈,而这很大程度上源于城市的公共服务没有良好的定价机制,居民往往将公共服务差异归结于政府的公共支出投入差别。

消费者不会抱怨私人市场中产品的等级差异,这是由于消费者需要为自己消费偏好付费。而公共服务作为公共产品由于存在非竞争性和非排他性的特征,很难进行精确的定价。但如果一个地方政府拥有完整的财政收入和支出的权力,即相应的财政自主权,那么该地区居民缴纳的税款实际上就是为了获得公共服务所支付的价格。中国以间接税为主的税制结构以及收入多数归中央而支出责任归地方的政府间财政关系,决定了不同地区间的公共服务差异缺乏相应的税收定价。居民缴纳的税款多数归于中央政府,其中很大一部分通过转移支付的方式到达地方政府用于提供公共服务。这一迂回的路径切断了居民缴纳的税款和可获得的公共服务之间的联系。由于地方政府不存在相应的财政自主权,使政府提供的公共服务缺乏对应的税收定价。这在很大程度上抑制了财政制度的治理工具属性。因此,对公共服务的地区差异进行必要的税收定价是提高治理水平的重要环节。

四、城市财政治理变革:财权事权与支出责任重构

中国财政收支中收入集中而支出分权导致地方政府支出偏好等各类问题,其主要原因是财权事权和支出责任划分不明确。2016 年 8 月颁布的《国务院关于推进中央与地方财政事权和支出责任划分改革的指导意见》提出,财政事权和支出责任的五项划分原则为"体现基本公共服务受益范围""兼顾政府职能和行政效率""实现权、责、利相统一""激励地方政府主动作为"和"做到支出责任与财政事权相适应",这些原则要求地方政府担负起地方治理的主体责任。2018 年 2 月 8 日,国务院办公厅印发了《基本公共服务领域中央与地方共同财政事权和支出责任划分改革方案》(国办发〔2018〕6 号),对八大类基本公共服务领域制定了国家基础标准,并根据不同地区制定了中央与地方的差异化的支出责任划分档次。这说明政府认识到了亟须解决的政府间财政关系问题并开始着手实施改革。为理顺政府间财政关系,推动财政事权和支出责任划分改革,发展地方政府的主体税种和稳定收入来源是必不可少的。房地产税是天然的地方税,可以作为重要的基层治理工具,

---

① 高培勇:《农民工面前,财税莫再半遮面》(2016 年 1 月 18 日),中国城市报,http://paper.people.com.cn/zgcsb/html/2016-01/18/content_1649211.htm,最后浏览日期:2025 年 1 月 9 日。

是地方政府的最优选择之一。[①]

从收入层面看,目前中国中央财政的集中程度不算很高,英国、法国、意大利、澳大利亚等国家的中央财政收入比重都在 70% 以上,美国联邦政府收入也在 60% 左右。进一步理顺中央和地方收入划分,主要是合理调整中央和地方收入划分,遵循公平、便利、效率等原则,考虑税种属性和功能。其基本思路包括:将收入波动较大、具有较强再分配作用、税基分布不均衡、税基流动性较大的税种划为中央税,或中央分成比例多一些;将地方掌握信息比较充分、对本地资源配置影响较大、税基相对稳定的税种,划为地方税,或地方分成比例多一些。收入划分调整后,地方形成的财力缺口由中央财政通过税收返还和转移支付解决。在支出责任方面,适度加强中央事权和直接支出比重,将国防、外交、国家安全、关系全国统一市场规则和管理的事项集中到中央,减少委托事务,提高全国公共服务水平和效率;将区域性公共服务明确为地方事权;明确中央与地方共同事权。在明晰事权的基础上,进一步明确中央和地方的支出责任,中央可运用转移支付机制将部分事权的支出责任委托地方承担。[②]

理想的政府间财政体系应当先行划分支出责任归属,从公共服务的提供如何才能对社会需要做出回应、向公民负责的角度,对各级政府的支出责任进行划分,并适当考虑效率的因素。[③] 一旦支出责任划分完毕,收入根据效率和充分性两个原则在各级政府之间划分。在支出责任和收入划分确定后,收入低于支出的差额则通过转移支付来弥补。[④] 因此,由于公共服务均等化的需要,会存在部分经济不发达地区收不抵支的情况。转移支付主要应用于帮助这些地方政府填补其财政缺口(收支差异),即用于解决财政水平的不均衡。

财政联邦主义理论表明对政府的三个不同功能——经济稳定、资源配置和收入分配,应该由不同层级的政府来承担。[⑤] 构建各级政府的收支体系,需要重点考虑效率与公平,实现满足公民需求的同时提高政府治理能力。这里主要考虑支出

① 张平:《房地产税的政府层级归属:作为地方税的理论依据与美国经验启示》,《中国行政管理》2016 年第 12 期。

② 楼继伟:《深化财税体制改革 建立现代财政制度》(2015 年 11 月 11 日),中国共产党新闻网,http://dangjian.people.com.cn/n/2015/0916/c117092-27594203.html,最后浏览日期:2023 年 10 月 30 日。

③ Roy Bahl, "Intergovernmental Transfers in Developing and Transition Countries: Principles and Practice", in The World Bank, ed., *Urban and Local Government Background Series*, 2000, Report No. 21097.

④ 张光:《中国政府间财政关系的演变(1949—2009)》,《公共行政评论》2009 年第 6 期。

⑤ "Fiscal Federalism"常被直译为"财政联邦制"或"财政联邦主义",其实这里的"联邦"并没有政治制度的含义,而是一种财政管理中的分级,侯一麟(2009)第一次专门阐述了"Fiscal Federalism"为何译为"财政分级制"更为合适。下文沿用"财政分级制"的译法。See Richard A. Musgrave, *The Theory of Public Finance: A Study in Public Economy*, McGraw-Hill, 1959; Wallace E. Oates, "The Theory of Public Finance in a Federal System", *The Canadian Journal of Economics*, 1968, 1(1), pp. 37-54; Wallace E. Oates, *Fiscal Federalism*, Harcourt Brace Jovanovich, 1972.

责任划分和收入划分两个方面。首先,从公共服务提供的角度看,支出责任的划分需要在充分考虑效率的同时,以服务民生为方向,回应公民需要、对公民负责,并与公民共同决策。其次,收入划分也要有效率,而且不应对税收政策和管理产生歪曲效应,并保证地方政府有充足的收入,以完成其支出责任。由于存在不同的居民偏好分布,由能够掌握更多信息的地方政府来提供公共产品和服务会更高效。随着区域间异质性和复杂性的日益增加,完善地方税制体系为地方政府提供了充足的收入,从而满足其支出责任。地方政府可以更好地匹配与本地人口需求相一致的公共产品和服务的组合,提高政府服务效率。

在理想的政府间财政关系中,财权、财力、事权、事责之间的关系应该如何确定?财权是指在法律允许下与财政收入相关的一系列权力,主要包括税权、收费权以及发债权等;财力是以货币衡量的财政资源,包括自有收入和转移支付等。[1] 地方政府的信息优势决定了其应为公共服务提供的主体。而上级政府倾向于截留事权和财权,同时将事责和支出责任推给下级政府,这是上级政府对事权与事责的人为分裂,造成基层政府的事责结构与其可支配财力无法匹配。[2] 因此,在理想的政府间财政体系中,事权与事责应该相一致,转移支付存在的合理性决定了财权可以适当小于财力,但财力需要与事权事责相匹配。

基于以上分析,理想化的财政体系中,财权、财力、事权与事责之间的关系可以概括为如下公式所示:

$$\text{理想化的财政体系:财权} \leqslant \text{财力} = \text{事权} \leftrightarrow \text{事责}$$

财政分级制说明不同层级政府需要有自己的收入划分和支出责任,同时需要制度化的转移支付体系保障相应的财力,以使财力与事权、事责及支出责任相对应。财政分级制在中国的发展也说明,尽管中国与美国的政治体制有很大差异,利用财政分权调动地方政府的积极性,促进资源优化配置和实现经济持续稳定增长的作用是相通的。地方政府的支出责任有两种提供方式。一是自己提供,此时事权与事责是相匹配的。二是将公共服务外包,将事权转移至外包企业或组织,此时事责仍然在政府身上,这种事权和事责不一致的情况可能因责任不清而导致一系列问题。当然,城市财政治理的变革还包括其他多个方面,如税制体系完善、预算和财政透明度的增强、住房政策、公共服务供给的模式与效率等方面。这些变革紧扣中国现代财政体制改革研究中的三个重要问题,即现代预算制度、现代税制结构和政府间财政关系。

---

[1]　马海涛、任强、程岚:《我国中央和地方财力分配的合意性:基于"事权"与"事责"角度的分析》,《财政研究》2013 年第 4 期。

[2]　侯一麟:《政府职能、事权事责与财权财力:1978 年以来我国财政体制改革中财权事权划分的理论分析》,《公共行政评论》2009 年第 2 期。

思考题：

1. 如何从财政视角看中国中央政府和地方政府间关系？

2. 当前城市财政的主要收入构成包括哪些？城市财政的主要收入来源应该由哪些税种承担？

3. 当前城市财政的主要支出构成有哪些？城市财政的主要支出中哪些类别还有继续提升的空间？

4. 未来中国财政税制改革面临哪些机遇和挑战？

第十章
城市文化治理

　　"城市总是有自己的文化,它们创造了别具一格的文化产品、人文景观、建筑及独特的生活方式。"[①]在全球化和消费主义大行其道的背景下,城市竞争日益加剧,面临着走向千城一面的同质化风险。"文化"对城市发展愈发重要,人文社会科学的"文化转向"也赋予文化更多的能动性和建构意义,文化成为"对一种社会生活状况的不断构建,而不是一个依附的变量"。[②] 以托尼·本尼特(Tony Bennett)为代表的"治理性文化观"将"治理"看作文化的本质属性,"当把文化看作一系列通过历史特定的制度形成的治理关系,目标是转变广大人口的思想和行为,这部分地是通过审美智性文化的形式、技术和规则的社会体系实现的,文化就会更加让人信服地加以构想"。[③] 文化不仅是治理的对象,亦成为治理的工具。本章聚焦城市文化治理,主要包括三部分内容:(1)城市文化与城市文化治理;(2)城市公共文化服务及其治理政策;(3)城市本土性与城市文化治理主体性建构。

第一节　城市文化与城市文化治理概述

　　"人类的精神思想是在城市环境中逐渐成形的,反过来,城市的形式又限定着人类的精神思想;因为空间——像时间一样——同样在城市环境中被艺术化地予以重新安排着。"[④]在刘易斯·芒福德看来,城市是文化的容器,且这容器所承载的生活比这容器本身更重要,文化积累和创新是城市的根本功能。[⑤] 一定意义上,城市发展的过程是城市文化被创造、贮存和传承的过程。

---

① [英]迈克·费瑟斯通:《消费文化与后现代主义》,刘精明译,译林出版社 2000 年版,第 139 页。
② Stuart Hall, "The Centrality of Culture: Notes on the Cultural Revolution of Our Time", in K. Thompson, ed., *Media and Cultural Regulation*, Sage, 1997, p.200.
③ [英]托尼·本尼特:《文化、治理与社会:托尼·本尼特自选集》,王杰、强东红译,东方出版中心 2016 年版,第 210 页。
④ [美]刘易斯·芒福德:《城市文化》,宋俊岭、李翔宁、周鸣浩译,中国建筑工业出版社 2009 年版,第 4 页。
⑤ 同上书,第 xvii 页。

一、城市文化的定义

"文化"一词的多重含义决定了"城市文化"内涵的广泛性与复杂性。文化作为"一种特殊的生活方式(关于一个民族、一个时期、一个群体或全体人类)"①,爱德华·泰勒(Edward Tylor)将其阐释为"包括知识、信仰、艺术、道德、法律、习俗以及人们作为社会成员所获得的其他能力和习惯的复合体"。② 借助这一定义,城市文化可以理解为城市范围内由人类实践所衍生出的信仰、知识、艺术、道德、法律及风俗的总和。广义的城市文化包括文化的指导系统和社会知识系统,前者主要指对区域、全国乃至世界产生影响的文化指挥功能、高级的精神文化产品和文化活动;后者主要指具有知识生产和传播功能的科学文化教育基地,以及具有培养创造力和恢复体力功能的文化娱乐、体育系统等多种内容。狭义的城市文化是指城市的文化环境,包括城市建筑文化环境的缔造、文化事业设施的建设等。③

如果按照有形与无形的划分来理解文化,文化可以被视为人类在社会历史发展过程中所创造的物质财富和精神财富的总和,尤指精神财富。与之对应,城市文化也包括物质形态和精神形态两种形式,前者主要指城市的物质环境,如城市的总体布局、建筑街道、历史文化遗产和人文景观等;后者则更多地表现为城市的"环境氛围",包括城市居民在世代生活中累积形成的生活方式、社会网络、精神面貌、价值取向、社会风俗和历史传统等。④ 从这个意义上来讲,城市文化是人们在城市范围内所进行的一系列文化实践及其产物,以建筑、仪式、故事、风俗、精神等有形或无形的方式保存下来,同时承载着人们生活的过程、方式与结果,通过文化生产与再生产实践不断延续。

城市文化还表现为一座城市独特的精神或气质,"有些城市的确表达和优先选择了不同的社会和政治价值观:我们称之为城市的'精神'或'气质'。我们把城市的精神(气质)定义为生活在某个城市的人普遍认可的一套价值观和观念"。⑤ 这种价值观和观念体现在城市的规划设计、建筑形态、产业构成、人口结构、社区组成、邻里关系、身份认同等方面。城市文化使城市居民对自己的生活方式感到自豪

---

① [英]雷蒙·威廉斯:《关键词:文化与社会的词汇》,刘建基译,生活·新知·读书三联书店 2005 年版,第 106 页。

② Edward Burnett Tylor, *Primitive Culture: Researches into the Development of Mythology, Philosophy, Religion, Language, Art and Custom*, Estes and Lauriat, 1874, p.1.

③ 吴良镛:《吴良镛城市研究论文集——迎接新世纪的来临(1986~1995)》,中国建筑工业出版社 1996 年版,第 141 页。

④ 姜华、张京祥:《从回忆到回归——城市更新中的文化解读与传承》,《城市规划》2005 年第 5 期。

⑤ [加]贝淡宁、[以]艾维纳:《城市的精神:全球化时代,城市何以安顿我们》,吴万伟译,重庆出版社 2018 年版,第 16 页。

并努力推广其独特的城市身份认同。贝淡宁（Daniel Bell）和艾维纳·德夏里特（Avner De-Shalit）创造了"市民精神"（civicism）一词来表达人们对自己城市文化的自豪感。[①] 这种基于城市文化的自豪感和维持城市文化独特性的努力，有助于抵御全球主义将城市文化同质化的趋势。

二、城市文化的产生和构成

著名城市学家爱德华·苏贾（Edward Soja）建构了"社会""历史/时间""空间/地理"三位一体的本体论来阐释和研究城市问题。[②] 城市被视为空间、时间和社会三位一体的存在，城市文化也由此具备了空间性、时间性和社会性三元属性，是"物""事""人"的互动与凝结，这有助于我们更好地理解城市文化如何产生、由何构成。

（一）空间性："物"的创造、地方性与场所感

城市首先是一种空间，人们在城市空间中居住、生活、生产和交往，不断进行着"物"的创造。一方面，人们生产了各种作为具体物质形态而存在的艺术形式与产品；另一方面，空间本身也成为参与生产的要素和产品，经由空间生产实践，不仅生产了空间产品如建筑、街道、社区、广场、公园等，同时也再生产了相应的社会关系与精神文化。在这种"物"的创造与空间的生产过程中，城市文化得以诞生，并呈现为具体的物质形态和载体。

城市文化赋予城市空间以地方性。"空间"是抽象、客观和物质的，而"地方"则是具体、主观和经验情感的。[③] 城市文化使城市成为一种地方的存在，地方与文化紧密交织在一起：地方通过密集的人际互动与交往而孕育了文化，而文化现象则赋予地方以特色，从而将不同地方区分开来。[④] 正是地方独特的自然环境、历史脉络和社会关系孕育了独特的城市文化；城市文化也进一步确立了地方的独特性，定义了城市的独特精神和气质。

在空间视角下，城市文化无法脱离场所感而凭空存在。场所是"由具体物质的本质、形态、质感及颜色的具体的物所组成的一个整体，这些物的总和决定了一种

---

① ［加］贝淡宁、［以］艾维纳：《城市的精神：全球化时代，城市何以安顿我们》，吴万伟译，重庆出版社2018 年版，第 18 页。

② Edward W. Soja, *Seeking Spatial Justice*, University of Minnesota Press, 2010, pp.69-71.

③ 谢涤湘、范建红、常江：《从空间再生产到地方营造：中国城市更新的新趋势》，《城市发展研究》2017 年第12 期。

④ Allen J. Scott, "The Cultural Economy of Cities", *International Journal of Urban and Regional Research*, 1997, 21(2), pp.323-339.

'环境的特性',亦即场所的本质。一般而言,场所都会具有一种特性或'气氛'。① 场所感意味着人们在城市中确认了自己的位置,也意味着人们对自己所处的城市空间产生了认同感。城市的山水树木花草等自然环境,房屋、建筑、街道、广场、码头、商场、学校和公园等场所都是人们在城市中生活和交往的空间,城市文化诞生于这些场所之间,并附着于这些场所之上。因此,城市文化的场所感营造了人们对城市的空间认同,离开了特定场所,人们无法获得这种认同感。例如,在武汉这座城市之外吃到的热干面,难以担当"武汉热干面"的饮食文化;离开了上海石库门这一具体场所,也难以真正体会石库门的里弄文化。

(二) 时间性:"事"的累积与传统的"被发明"

在某种意义上,城市文化即城市的发展史,也是世代城市居民终身事迹的积累和凝结。芒福德将城市看作时间的产儿,"城市是一座座巨大的铸模,多少人终生的经验积累都在其中冷却着、凝结着,又通过艺术手段被赋予永恒的形式;城市以不同的历史时间层次把一个个世代的具体特征都依次贯穿了起来"。② 如果没有了悠久的历史和丰富时间的结构特性,城市自身将难以摆脱"唯有现在"的悲惨局面,只能面临一种单调的未来。以历史事件、历史遗迹、历史传统等为内容的城市历史文化遗产构成了城市文化的重要组成部分。城市作为一个有机体,其从起源、发展、兴盛、衰败乃至复兴的演变,也是城市文化从诞生、繁荣到消逝再到重新创造的过程。

"一个地方的特征则是由发生在那里的事件所赋予的"③,因为具有不可逆性的时间从本质上表现为一系列的不可回溯的事件。对生活在城市中的人来说,时间就是其生命的历程,是其人生事迹的积累。城市中众多人们的时间和事件,汇聚而成城市的历史。因此,城市的历史事件"不仅包括城市中发生的重大事件,也包括城市日常生活故事,它们共同构成了城市所有记忆载体所蕴藏的思想和文化传统"。④ 城市文化就是这些城市历史事件与城市居民的生命故事的累积。

从时间的视角来看,文化也面临着兴衰的命运。总有一些文化在城市发展中沦为"古董"——它们总体上被视为过去的元素,以一种精致的专业化方式被感知、被审视甚至偶尔还会被有意识地"复活"。⑤ 博物馆里陈列的珍贵展品很大程度上就是这种精致的专业化的古董。而另外一种文化形式,则是对传统进行新的建构,

---

① [挪]诺伯舒兹:《场所精神:迈向建筑现象学》,施植明译,华中科技大学出版社 2010 年版,第 7 页。
② [美]刘易斯·芒福德:《城市文化》,宋俊岭、李翔宁、周鸣浩译,中国建筑工业出版社 2009 年版,第 2 页。
③ [美]C. 亚历山大:《建筑的永恒之美》,赵冰译,知识产权出版社 2002 年版,第 41 页。
④ 朱蓉、吴尧:《城市·记忆·形态:心理学与社会学视维中的历史文化保护与发展》,东南大学出版社 2013 年版,第 31 页。
⑤ Raymond Williams, *Marxism and Literature*, Oxford University Press, 1977, p.122.

即"为了新近的目的而使用旧材料来建构一种新形式的被发明的传统"①,这种根据当下需求有意识地复活过去的做法,成为现代城市对待其历史文化的流行选择。当"旧的生活方式已然衰败和消失,而历史则往往是破碎和匮乏的,由此需要大量的发明",城市不得不"将大量精力用于文化事业、探寻历史乃至在缺乏历史的时候发明历史"。② 对传统的发明,尽管失去了原真性,但是契合了当下的需求,创造了超越破碎和断裂的真实历史的一种新的连续性,这种连续性成为城市文化的重要组成部分。

(三) 社会性:"人"的归属、社会关系与日常生活

城市文化的产生和构成,始终离不开城市中的人。城市文化是由城市居民在世代生活中所集体建构出来的,它表现为人们在城市中的生活方式、价值情感、风俗习惯等等。正是依靠这种共同建构和共同认可的文化,人们维系了对城市的认同,也找到了对所在城市的归属感。现代化和城市化进程加剧了现代人的乡愁,城市文化则帮助城市扮演一种能够抚慰现代人漂泊心灵的"家园"角色,使得人们能产生一种"我属于这座城市"或"这是我的城市"的归属感。这种文化意义上的归属,超越了经济意义上的"物质依赖",是一种精神和心理上的"情感寄托"。

人的归属感更多地表现为社会关系层面。一座城市,如果没有亲人朋友、没有可以互动的人际关系网络,那么人的归属感通常会很低。对于新的城市移民来说,其是否能够落脚并扎根城市,很大程度上取决于是否有可以依赖的社会关系网络。简言之,城市文化是人与人互动的产物,互动方式及其关系的不同,也产生了不同的城市文化,即便是在一城之中,文化也有着丰富的层次性。社会关系完全地投射到城市文化之上,城市文化也被打上了层级的烙印,如精英文化与底层文化、中心文化与边缘文化、支配文化与弱者文化。这种层级区分加剧了城市文化的破碎性,由此产生的城市非正义问题正困扰着全球的城市治理者。

城市文化滋生于真实的日常生活而非宏大的历史叙事和被官方保护的遗产中。充满人情味的邻里社区、可以让孩子放学玩耍的步行街巷和弥漫烟火气息的日常生活场所反而是人们更能感受到鲜活城市文化的场所。一条居民日常生活于其中的老街巷,可能比重修后金碧辉煌的历史街区更能承载一座城市的真正文化。因为"真正的城市精神,一定是自治、自由与自我的,它不是宏大叙事的行政精神,而是自下而上的市民精神"。③ 而这种市民精神来源于自下而上的市井生活和真

---

① ［英］E. 霍布斯鲍姆、T. 兰格:《传统的发明》,顾杭、庞冠群译,译林出版社 2004 年版,第 6 页。
② 同上书,第 127 页。
③ ［加］贝淡宁、［以］艾维纳:《城市的精神:全球化时代,城市何以安顿我们》,吴万伟译,重庆出版社2018 年版,第 13 页。

实的社会交往。尽管在今天,商业化、旅游业和消费主义已经成为众多城市复兴其历史文化的重要方式,但不能因此忽视真实的日常生活与社会交往,事实上,植根于城市居民日常的市民文化恰好是抵御商业化和消费主义蔓延的同质化风险、维护城市独特性的重要屏障。

三、城市文化治理与建设人文城市

城市文化治理具有双重内涵:一方面,文化是城市治理的对象;另一方面,文化也是实现城市治理的重要工具。对于前者而言,城市文化治理,就是对城市中包括"文学艺术、新闻传媒、意识形态、教育等各个层面的文化内容和文化活动在内的文化事象(cultural matters)的治理"。① 城市文化治理的目标即通过完善治理体系和治理能力现代化,构建现代化城市公共文化服务体系和维护市民的文化权利。对于后者而言,城市文化治理具有更进一步的意义。"文化是治理的工具,并且要运用到帮助治理所有那些还处于死气沉沉、被人忽略的区域。"②此时,"文化拥有一种能动地塑造、组织(从内部建构)一系列经济、社会和政治关系和实践的能力"。③ 文化本身具有治理性,"文化政策有重塑灵魂的作用"④,其内在的转变能力,不仅可以改变人们的行为方式,而且有助于加深人们对城市和彼此的认同,影响他们的行为方式和互动方式,"透过文化和以文化为场域可以达到治理的目的"。⑤

因此,城市文化既作为治理对象,又充当治理工具,这一特点赋予了城市文化治理不同于一般治理的特殊范式。城市文化治理,既是现代国家治理的重要组成部分,又具有不同于一般治理过程的特殊性。就其本质而言,城市文化治理需要从自上而下的单向文化统治转向由国家、市场和市民社会等多元主体共同配置文化领域资源与权力的文化治理过程。⑥ 对城市政府而言,要在"文化与社会"的关系中发挥文化的内在治理性,构建和完善城市公共文化服务体系与政策,确保市民平等的文化权利,回应多层次、多样化的文化需求,从而促进市民对城市的认同感和归属感,推动城市文化持续更新。

针对城市文化治理,《国家新型城镇化规划(2014—2020 年)》提出要"注重人

---

① 孙秋云、周浪:《文化社会学的内涵、发展与研究再审视》,《中南民族大学学报》(人文社会科学版)2016 年第 4 期。
② [英]托尼·本尼特:《文化、治理与社会:托尼·本尼特自选集》,王杰、强东红译,东方出版中心 2016 年版,第 208 页。
③ 同上书,第 258 页。
④ [英]吉姆·麦圭根:《重新思考文化政策》,何道宽译,中国人民大学出版社 2010 年版,第 48 页。
⑤ 吴理财:《文化治理的三张面孔》,《华中师范大学学报》(人文社会科学版)2014 年第 1 期。
⑥ 季玉群:《文化治理的基础与形态》,《东南大学学报》(哲学社会科学版)2015 年第 3 期。

文城市建设",即把城市建设成历史底蕴深厚、时代特色鲜明的人文魅力空间。①"人文城市"的建设理念和政策规划将城市文化提到更加重要的位置,城市建设不再像过去那样只关注政治和经济问题,城市的文化和社会领域也成为城市发展的重要内容。人文城市建设理念标志着中国从经济型城市化向文化型城市化的重大战略转型,是一种以文化资源和文化资本为主要生产资料,以服务经济和文化产业为主要生产方式,以人的知识、智慧、想象力、创造力等为主体条件,以提升人的生活质量和推动个体全面发展为社会发展目标的城市理念、形态与模式。②"人文城市"体现了人本主义的城市发展理念,要求在城市发展中保护和传承城市的历史文脉,注重营造城市的地方性和场所感,以城市中的人为根本,确保人们的文化权利,追求城市空间的正义性,从而创造具有认同感和归属感的城市文化,实现"城市让生活更美好"的治理目标。

第二节　城市公共文化服务及其治理政策

城市文化治理关乎市民的公共文化福利和文化权利,因而城市文化治理更多聚焦城市公共文化服务领域。2017 年 3 月 1 日起施行的《中华人民共和国公共文化服务保障法》第二条将公共文化服务界定为"由政府主导、社会力量参与,以满足公民基本文化需求为主要目的而提供的公共文化设施、文化产品、文化活动以及其他相关服务"。参照这一定义,城市公共文化服务主要是指由城市政府和市场以及社会主体参与提供的,由城市居民共享的具有公共性的城市文化产品和服务。

一、城市公共文化服务的特征、功能与类型

城市公共文化服务是以公共性、多样性为基本特征,旨在满足市民公共文化需求的产品和服务,承担着重要的政治功能、经济功能、社会功能和文化功能。城市公共文化服务的独特属性和多重功能使其类型更具丰富性。

(一)城市公共文化服务的基本特征

城市公共文化服务以满足市民的文化需求、保障其文化权利为根本目标,因此公共性是城市公共文化服务的基本特征。首先,这种公共性体现为城市公共文化产品和服务的高度非竞争性、非排他性和正外部性。例如,城市的历史文化遗产、

---

① 刘士林:《为什么要"注重人文城市建设"》,《光明日报》2014 年 5 月 19 日。
② 刘士林:《关于人文城市的几个基本问题》,《学术界》2014 年第 5 期。

城市的精神气质、城市的荣誉等,它们具有培养市民对城市的认同感和归属感,陶冶市民文化素质的作用,但是,很难产生经济收益,因此需要政府财政负担。尽管一些文化产品和服务如图书馆、博物馆、广播电视、出版业等具有排他性,也会产生消费上的竞争性,但仍与私人产品所具备的完全意义上的竞争性和排他性具有明显区别。由于此类文化产品和服务具有明显的正外部性,能够满足市民的娱乐和教育需求,具有准公共产品的特征,因此通常由政府主导、监管,鼓励市场和社会力量的合作参与。

其次,城市公共文化服务的公共性决定了其面向所有市民,而市民的文化需求具有层次性和多样性,加上文化服务供给主体能力的差异,共同造就了城市公共文化服务的层次性、多样性和差异性。由于人们所处的阶层和身份、所拥有的财富、受教育水平以及审美偏好的差异,其对应的文化需求也不尽相同。比如,中产阶层审美与大众文化偏好有着明显的冲突,中产阶层可能更关注高品质的文化环境和欣赏高雅的文化产品和服务,更偏爱艺术馆、音乐厅、歌剧院等文化产品;而普通大众则更偏好接近日常生活、热闹鲜活的文化氛围,如广场舞、市井街巷等。以城市历史街区更新为例,文化学者、艺术家、建筑师等专业人士更看重历史文化遗产的原真性、文化价值和美学价值,而普通市民可能更关注对其生活的改善以及依托历史街区发展起来的旅游观光和消费活动。此外,政府作为城市公共文化服务的关键主体,承担安排和提供城市公共文化服务的主要责任,因此城市政府的财政供给能力很大程度上影响着城市公共文化服务的供给水平,导致不同市域的城市公共文化服务供给存在明显差异。

最后,城市公共文化服务的公共性、层次性、多样性和差异性决定了政府主导、社会参与、共建共享的文化治理格局。《"十四五"文化和旅游发展规划》提出,"深入推进政府购买公共文化服务,鼓励第三方参与公共文化设施运营、活动项目打造和服务资源配送等"。以北京市东城区为例,作为第二批国家公共文化服务体系示范区,东城区持续推进公共文化服务供给侧结构性改革,积极引入社会力量参与公共文化服务,涌现了"美后肆时"(景山街道市民文化中心)、角楼图书馆、27 院儿、胡同博物馆等形式多样的社会化运营典型。① 城市公共文化服务的高质量发展还强调区域间、城乡间公共文化服务的均衡、可及和共同发展,这就要求促进区域间、城乡间公共文化服务资源整合和互联互通,使人民群众能够享有更加公平的公共文化服务。

---

① 《北京东城:推动公共文化服务社会化不断升级》(2022 年 7 月 15 日),中华人民共和国文化和旅游部官网,https://www.mct.gov.cn/whzx/qgwhxxlb/bj/202207/t20220715_934710.htm,最后浏览日期:2024 年 11 月 5 日。

(二) 城市公共文化服务的功能

城市公共文化服务除了为市民提供公共文化产品和服务,满足他们的公共文化需求之外,还承担着相应的政治功能、经济功能、社会功能和文化功能。

1. 政治功能

文化的本质是观念形态,对个体和社会具有教化作用,因而常与意识形态联系起来。在阶级统治时期,文化是统治阶级的私有物,是为自身利益量身定制的,服务于占据统治地位的意识形态。[①] 统治集团通过文化将意识形态渗透到社会的方方面面,从而影响人们对政治系统的偏好、塑造自身的合法性并实施对社会的控制。[②] 文化与意识形态的内在勾连一直延续到现代社会,马克斯·霍克海默(Max Horkheimer)和西奥多·阿道尔诺(Theodor Adorno)称之为"文化工业",在他们看来,"文化工业"不以满足人们真正的精神需求为目标,而是通过娱乐消遣诱发大众的堕落心理,进而欺骗、操控大众思想,本质上是资本主义意识形态的强制灌输。[③] 可见,城市公共文化服务承担着特定的意识形态教育功能。城市公共权力机构可以借助公共文化服务塑造人们的价值观念,通过宣扬社会主义核心价值观促进人们的价值认同和行为规范,进而凝聚社会共识。城市政府通过开展各类文化活动和建设公共文化空间,也能够促进市民的政治参与,有利于培养市民精神和公民意识。

2. 经济功能

文化内在的生产性和消费性赋予了城市公共文化服务特定的经济功能。2015—2023 年,全国规模以上文化及相关产业企业营业收入从 27 235 亿元增加至 129 515 亿元,占当年国内生产总值的比重从 4.02%提高至 10.27%[④],2023 年"教育文化娱乐"在居民人均消费支出中占比约为 10.8%。[⑤] 可见文化服务已经成为国民经济发展和人们日常生活不可或缺的重要组成部分。城市公共文化服务的经济功能主要体现为促进文化消费。为适应经济发展方式转变和产业结构调整优化的内在需求,城市公共文化服务统筹考虑市民的基本文化需求和多样化文化需求,通过标准化和个性化服务相结合的形式拉动内需。如广泛开展公益性文化艺术活

[①] 颜玉凡、叶南客:《文化治理视域下的公共文化服务——基于政府的行动逻辑》,《开放时代》2016 年第 2 期。

[②] [美]道格拉斯·凯尔纳、雷保蕊:《文化马克思主义和现代文化研究》,《上海行政学院学报》2006 年第 5 期。

[③] [德]霍克海默、阿道尔诺:《启蒙辩证法:哲学断片》,渠敬东、曹卫东译,上海人民出版社 2006 年版,第 107—108 页。

[④] 根据国家统计局公开数据计算得出。

[⑤] 《中华人民共和国 2023 年国民经济和社会发展统计公报》(2024 年 2 月 29 日),国家统计局网站,https://www.stats.gov.cn/sj/zxfb/202402/t20240228_1947915.html,最后浏览日期:2024 年 11 月 5 日。

动,鼓励研发文化创意产品,完善票价、剧场运营补贴,积极发展与公共文化服务相关联的教育培训、体育健身、演艺会展、旅游休闲等产业,引入市场力量开发公共文化产品和服务,从而满足人民群众的多元化文化消费需求。城市公共文化服务还主动利用城市更新与数字化转型的时代契机,创造性地推出城市书房、文化驿站、文化礼堂、文化广场等新型公共文化空间,借助数字技术推动智慧图书馆、公共文化云服务建设和中华优秀传统文化传承,为促进文化消费提供新的增长动力。

3．社会功能

城市公共文化服务的主要目的是满足城市居民的文化需求和保障市民的文化权利,因而发挥着重要的社会功能。公共文化产品和服务的提供不仅有助于提升居民的文化素养,还有助于加强他们对城市的认同感和归属感,有助于凝聚社区关系,加强居民之间的社会协作。同时,城市公共文化服务也可以通过社会力量的参与促进社会组织的成长,如各种文化类协会、学会、促进会、研究会、志愿组织、群众文化团队等,而这些社会组织也是繁荣城市文化事业的重要社会力量。此外,城市公共文化服务也有助于促进城市的社会融合,若流动人口在城市中也能享有基本的公共文化服务,将有助于他们建构起新的城市身份认同。

4．文化功能

文化功能是城市公共文化服务最直接的功能。首先,对古城、历史街区和历史建筑的保护与更新,有助于保护、传承和创新城市的历史文化,从而保存市民的城市记忆,为他们创造留住"乡愁"的历史文化空间。其次,对城市文化的宣传和城市精神的塑造能够帮助市民更全面深入地认识和理解自己的城市,在增强城市认同感的同时培养市民的文化意识。最后,城市公共文化服务在满足市民的娱乐、休闲和文化需求的同时,也有助于提升市民的文化素养,使他们能广泛地参与文化活动和文化创作,从而推动城市文化的可持续发展。

(三) 城市公共文化服务的类型

城市公共文化服务以满足公民基本文化需求为主要目标,承担特定的政治、经济、社会和文化功能,可以根据目标差异将城市公共文化服务划分为以下四类。

1．精神文明创建活动

精神文明创建类公共文化服务通常以弘扬主旋律为引领,将社会主义核心价值观融入文艺作品创作和文化服务的全过程,从而在全社会推动形成适应新时代要求的思想观念、精神面貌、文明风尚和行为规范,最终丰富人民精神世界和增强人民精神力量。比如,围绕党史、新中国史、改革开放史、社会主义发展史所开展的"四史"知识教育;以"国庆"等重大时间节点和革命历史类纪念设施、遗址、爱国主义教育基地为载体而进行的爱国主义、集体主义、社会主义教育;为学习党的重要会议精神以及宪法、民法典等法律法规所广泛开展的主题教育活动;旨在加强公民道德建设而举办的道德模范评选表彰、文明城市创建、学雷锋志愿实践、诚信教育、移风易俗等精神文明创建活动。随着精神文明创建活动的深入开展,越来越多的社会力量开始加入志愿服务队伍,2012—2021 年全国志愿者人数从 292 万人增加至 2.17 亿人,增长 73 倍之多。[1]

2. 公共文化服务设施与群众文化活动

各类公共文化服务设施和群众文化活动是满足人民基本文化需求的关键载体。按照《中华人民共和国公共文化服务保障法》第十四条的界定,公共文化服务设施包括图书馆、博物馆、文化馆(站)、美术馆、科技馆、纪念馆、体育场馆、工人文化宫、青少年宫、妇女儿童活动中心、老年人活动中心、乡镇(街道)和村(社区)基层综合性文化服务中心、农家(职工)书屋、公共阅报栏(屏)、广播电视输出覆盖设施和公共数字文化服务点等多种类型。群众文化活动则是由政府和公益性文化单位统筹开展的各类文化惠民活动,如文艺演出、陈列展览、公益讲座、影视观赏、艺术培训等。以上海为例,在公共文化服务设施建设方面,截至 2023 年 6 月,上海市共有公共图书馆 239 家、文化馆 19 家、社区文化活动中心 220 家、居村综合文化活动室 6 608 个,新型公共文化空间 3 500 个,形成了相对完备的"市、区、街镇、居村"四级公共文化基础设施网络,基本建成"15 分钟公共文化服务圈",全市常住人口人均公共文化设施建筑面积为 0.21 平方米。[2] 为了创新群众文化活动形式,上海市持续开展"市民文化节""市民艺术夜校""社会大美育课堂"等品牌活动,为满足市民基本文化需求提供了重要支撑。公共文化服务设施和群众文化活动作为公共文化服务体系建设的核心内容,其发展过程中也暴露出成本过高、脱离市民实际需求、可及度不佳、空间适配度不高等问题,应当回归市民真实需求。

3. 多元供给的公共文化产品与服务

城市公共文化服务的公共属性决定了服务供给的需求导向,即以是否满足人民实际文化需求为根本评判标准。然而,在很长一段时期内,传统城市公共文化服务秉持的是供给导向,该模式的典型特征是以政府为单一主体进行标准化安排、生产和提供。由于理想设计与复杂现实的脱节,公共文化服务供给经常处于失灵状态。为提升城市公共文化产品和服务的供给效率与供给质量,促进文化供给与实际需求相匹配,中国开始鼓励和引导公共文化服务领域的社会组织参与公共文化服务多元化供给。自 2015 年《国务院办公厅转发文化部等部门关于做好政府向社会力量购买公共文化服务工作意见的通知》下发以来,政府购买公共文化服务资金

① 张翼、田丰:《中国志愿服务发展报告(2021~2022)》,社会科学文献出版社 2022 年版,第 9 页。
② 《关于完善公共文化服务体系工作情况的报告》(2023 年 9 月 26 日),上海人大官网,https://www.shrd.gov.cn/n8347/n8407/n9703/u1ai260623.html,最后浏览日期:2024 年 11 月 6 日。

逐渐纳入财政预算,并通过出台政府购买公共文化服务指导性目录和完善政府购买公共文化服务项目绩效评价的方式引导社会力量规范化运营。以北京市为例,政府购买公共文化服务的范围最初分为八类①,2023 年简化为两类——公共文化服务和活动、公共文化设施委托运营管理。② 由于城市公共文化服务兼具公共性、社会性与经济性等多重目标,因而需要通过正式规则对城市公共文化服务供给的参与主体进行约束。对此,北京市于 2023 年 12 月出台《政府购买公共文化服务项目绩效评价实施办法(试行)》,要求对 50 万元(含)以上公共文化服务和活动类项目以及利用全部或部分财政资金购买的公共文化设施委托运营管理项目开展绩效评估,设置了绩效目标完成情况(40%)、过程管理(20%)、项目效益(20%)和满意度(20%)四类一级指标和目标设定、目标数量和质量完成情况、管理制度完整性、服务成效、创新/融合发展效益、购买主体满意度、服务对象满意度等二级指标。

4. 公共文化与旅游融合类产品与服务

历史文化资源作为城市公共文化的重要组成部分,不仅是城市的文化之根,而且是提升城市形象、塑造城市精神和赓续城市文化的关键来源。在构建现代公共文化服务体系的转型过程中,依托历史文化资源而兴起的公共文化与旅游融合类产品与服务成为城市公共文化服务高质量发展的重要载体。早在 2009 年,文化部和国家旅游局就联合发文,要求高度重视文化与旅游的结合发展,并提出了推进文化与旅游结合发展的十项举措。2013 年中央城镇化会议指出,城镇建设“要融入现代元素,更要保护和弘扬传统优秀文化,延续城市历史文脉”。2018 年 4 月 8 日,“文化和旅游部”正式挂牌,将文化与旅游融合发展,统筹文化事业、文化产业发展和旅游资源开发置于更加突出的位置。自 2019 年开始,北京、浙江、广东、江苏、山西等地密集出台关于文化和旅游融合发展的指导意见和行动方案。2022 年 10月,“坚持以文塑旅、以旅彰文,推进文化和旅游深度融合发展”③被写入党的二十大报告。在中央和地方的协同推动下,城市历史文化服务与旅游融合发展取得了显著成效,依托历史遗迹、革命旧址、文学艺术、传统技艺兴起的文化观光游、体验游、休闲游迅速崛起,涌现了大理、淄博、哈尔滨、天水、平遥等“网红”城市,形成了

---

① 政府购买公共文化服务的范围包括:公益性文化体育产品的创作与传播;公益性文化体育服务和活动的组织与承办;中华优秀传统文化与民族民间传统体育的保护、传承与展示;公共文化体育设施的规划、运营与管理;民办文化体育机构提供的免费或低收费服务;公共文化工作人员的培训和考核;公共文化项目的研究分析和绩效评估服务;其他需要购买的公共文化服务。详见《北京市人民政府办公厅转发市文化局等部门〈关于政府向社会力量购买公共文化服务的实施意见〉的通知》(京政办发〔2016〕37 号)。

② 公共文化服务和活动类具体包括公益性文化产品的创作与传播,公益性文化服务和活动的组织与承办,中华优秀传统文化的保护、传承与展示,公共文化工作人员的培训和考核,公共文化项目的研究分析和绩效评估服务等。公共文化设施委托运营管理类包括公共文化设施的运营、维护和管理等。详见《政府购买公共文化服务项目绩效评价实施办法(试行)》(京文旅发〔2023〕125 号)。

③ 习近平:《高举中国特色社会主义伟大旗帜 为全面建设社会主义现代化国家而团结奋斗——在中国共产党第二十次全国代表大会上的报告》,人民出版社 2022 年版,第 45 页。

"诗"和"远方"相得益彰的融合态势,公共文化服务的空间功能也由此拓展。

二、城市公共文化服务治理转型与政策变迁

中国城市公共文化服务治理转型与国家建设重心的阶段性演进,以及宏观经济、政治体制改革的持续推进高度呼应。在"立国"到"富国"再到"强国"的发展进程中,国家治理经历了"管制—管理—治理"的根本性转型[①],城市公共文化服务也从最初的文化统治、文化管理过渡到文化治理模式。

(一)治理转型:从文化统治到文化管理再到文化治理

新中国成立以来,先后经历了社会主义革命和建设时期、改革开放和社会主义现代化建设新时期,党的二十大报告指出,"从现在起,中国共产党的中心任务就是团结带领全国各族人民全面建成社会主义现代化强国、实现第二个百年奋斗目标,以中国式现代化全面推进中华民族伟大复兴"。[②] 在不同的历史时期,文化作为国家治理的重要工具,承担了政治、经济和社会等不同功能。

新中国成立初期,国民经济得以缓慢发展,第一个五年计划将社会主义工业化作为中心任务,体现在国家建设资金的分配上,工业成为国家建设的重点领域,占比高达 58.2%,文化、教育和卫生领域占比为 7.2%,城市公用事业建设获得了3.7%的资金支持。文化建设的重点内容是提高人民的文化水平和反对资产阶级思想,报纸、广播、文学艺术、电影、文化馆、图书馆和博物馆等公共文化服务得到了初步发展,但整体的文化建设理念是以维护国家政权和防范意识形态风险为核心内容。1951 年 5 月,中央人民政府政务院发布了《关于戏曲改革工作的指示》,要求"戏曲应以发扬人民新的爱国主义精神,鼓舞人民在革命斗争与生产劳动中的英雄主义为首要任务",同时"戏曲工作应统一由各地文教主管机关领导"。[③] 因此,这一时期的城市文化不仅具有强烈的政治性,甚至本身也经受着被"改造"的过程。城市中很多历史建筑、文物古迹、风俗传统、文艺形式在"重起炉灶""思想改造""破除四旧"等口号下被抛弃或改造,城市中的反小资文化与反精英文化也成为主流。虽然这一时期的文化政策具有浓厚的政治意味,且一度为"以阶级斗争为纲"的口号所裹挟,1956 年提出的"百花齐放、百家争鸣"方针也未能得到完全贯彻,但大规模的宣扬基层文化和大众文化建设以及"扫盲运动"的开展,确实惠及了广大民众,

---

① 邓海龙、洪向华:《中国共产党国家治理的历史进程、动态特征与主要经验》,《山东社会科学》2020 年第 6 期。

② 习近平:《高举中国特色社会主义伟大旗帜 为全面建设社会主义现代化国家而团结奋斗——在中国共产党第二十次全国代表大会上的报告》,人民出版社 2022 年版,第 21 页。

③ 中央人民政府政务院:《关于戏曲改革工作的指示》,《人民日报》1951 年 5 月 7 日。

人民的文化水平显著提升,也为城市文化的长期发展奠定了重要基础。

自党的十一届三中全会将党和国家工作中心从"以阶级斗争为纲"转移到"以经济建设为中心"后,文化建设的理念也随之转变,开始服务于城市经济建设。1979年召开的中国文学艺术工作者第四次代表大会指出:"我们国家已经进入一个新的历史时期。我们的历史任务,是在促进社会主义经济发展的同时,促进社会主义文化艺术的繁荣。"[①]随着社会主义市场经济的发展确立,文化建设的范围不再停留于以电影、艺术、新闻、出版、广播、电视、文物、博物馆、图书馆为主的文化事业,而是囊括"文化市场"这一新概念。针对音乐茶座、营业性舞厅、民间剧团、演唱会、卡拉OK等新事物的崛起和地方性文化市场管理机构的设立,1988年2月,文化部、国家工商行政管理局联合发布《关于加强文化市场管理工作的通知》,正式使用"文化市场"概念,并于1989年在文化部设置文化市场管理局,"文化管理"的模式由此形成。为规范文化市场的良好秩序和促进文化产业健康发展,《营业性演出管理条例》《印刷业管理条例》《电影管理条例》《出版管理条例》《音像制品管理条例》《互联网上网服务营业场所管理条例》《娱乐场所管理条例》相继出台,同时在文化管理领域推行"双轨制"改革("国家扶持的全民所有制院团"与"多种所有制的艺术团体"并存发展)。[②] 这一时期,文化产业获得了较大的发展空间,成为第三产业的重要组成部分,城市政府开始通过开发城市文化资源和发展旅游业以提高城市竞争力。根据北京市统计局数据,1999年北京市共有文化产业单位3 800多个,创造增加值近100亿元,约占全市生产总值的5%。但与此同时,"以经济建设为中心"的文化管理模式让文化发展陷入"文化搭台、经济唱戏"的窘境[③],市场的逐利本性渗透到文化创作过程,出现了迎合低级趣味、"一切向钱看"、拜金主义、享乐主义、个人主义等错误思想观念,对文化事业和文化功能的有效发挥产生了不良影响。

进入21世纪,"文化让位于经济"的建设理念逐渐被"两手抓,两手都要硬"所取代,以牺牲精神文明为代价换取经济一时发展的模式遭到了遏制,"建设社会主义文化强国"成为文化建设的总体目标。"十五"计划围绕文化设施建设、文化体制、文化市场管理体制和文化产品生产经营机制等进行了战略部署。2002年11月,党的十六大报告正式提出"文化公益事业"的概念,"保障人民的文化权益"被列入全面建设小康社会的目标,至此,公共文化服务逐渐被提上政策议程。据统

① 周扬:《继往开来,繁荣社会主义新时期的文艺——在中国文学艺术工作者第四次代表大会上的报告》(1979年11月1日),中国文艺网,https://www.cflac.org.cn/wdh/cflac_wdh-4th_Article-03.html,最后浏览日期:2024年11月12日。
② 范周、杨裔:《改革开放四十年中国文化产业发展历程与成就》,《山东大学学报》(哲学社会科学版)2018年第4期。
③ 唐亚林:《当代中国文化治理的生成逻辑与维度建构》,《中国文化产业评论》2017年第1期。

计，"十五"期间中国文化事业基本建设投资额累计完成 136.3 亿元，比"九五"同期增长 37.9%，全国投资亿元以上的大型文化设施项目达 61 个，基层文化设施建设也取得了突破性进展，2005 年年底基本实现了县县有图书馆和文化馆的建设目标。① 2006 年 9 月，为适应"十一五"规划的发展需要，国务院出台了首个面向文化发展的中长期专项规划——《国家"十一五"时期文化发展规划纲要》。该《规划纲要》明确了"以发展为主题，以改革为动力，以体制机制创新为重点，深化文化体制改革，一手抓公益性文化事业，一手抓经营性文化产业"的基本原则，将"完善公共文化服务体系"作为文化发展的重点目标，提出了完善公共文化服务网络、加强农村文化建设、普及文化知识、建立健全文化援助机制、鼓励社会力量捐助和兴办公益性文化事业五类任务。

2011 年 10 月，《中共中央关于深化文化体制改革 推动社会主义文化大发展大繁荣若干重大问题的决定》正式通过，成为新时期指引文化治理的纲领性文件，该《决定》提前擘画了文化改革发展的奋斗目标，要求"到二〇二〇年，覆盖全社会的公共文化服务体系基本建立，努力实现基本公共文化服务均等化"。此后，《中共中央关于全面深化改革若干重大问题的决定》《深化文化体制改革实施方案》等重要文件进一步推动了文化体制改革进程。2019 年 5 月，中共中央办公厅、国务院办公厅印发《关于加快构建现代公共文化服务体系的意见》，确立了"政府主导、社会参与、共建共享"的基本原则，更加注重公共文化服务的均衡发展，鼓励和引导社会力量参与公共文化服务供给。相较于前两个阶段以"文化统治"和"文化管理"为主的发展模式，这一时期政府更加注重从服务导向回应公民的文化需求，逐渐从计划经济体制下的国家单一供给、管办一体、凸显意识形态功能和高度集权的文化管控模式过渡到以实现公民文化权利为目标、公共服务多元供给的共治模式。②

（二）城市公共文化服务的政策演变

经由"文化统治—文化管理—文化治理"的治理转型，城市公共文化服务政策逐渐趋于体系化。公共文化服务政策是政府为了协调并保障人民群众公平地享有基础性公共文化服务而制定的与公共文化服务供给及公共文化服务体系建设相关的法律法规和计划措施。③ 根据政策内容的阶段性差异可将 21 世纪以来我国城市公共文化服务政策演变划分为以下三个阶段。

1. 探索阶段：2000—2005 年

探索阶段的政策主题主要集中于文化设施建设和文化体制改革等方面。在

---

① 《"十五"期间文化设施建设成绩显著》(2006 年 6 月 19 日)，中华人民共和国文化和旅游部官网，https://www.mct.gov.cn/whzx/bnsj/cws/201111/t20111128_827399.htm，最后浏览日期：2024 年 11 月 12 日。

② 周笑梅、高景：《公共文化服务视阈下的国家文化治理转型》，《社会科学战线》2015 年第 5 期。

③ 胡税根、李倩：《我国公共文化服务政策发展研究》，《华中师范大学学报》(人文社会科学版)2015 年第 2 期。

《国家计委、文化部关于"十五"期间加强基层公共文化设施建设的通知》《文化体制改革试点中支持文化产业发展和经营性文化事业单位转制为企业的两个规定》等文件的指引下,各个城市开始围绕公共文化服务政策进行探索。例如,2003 年 9 月,深圳市文化局出台了《深圳市建设"图书馆之城"(2003—2005)三年实施方案》,提出要把深圳建成图书馆之城,争取每个社区都有一座规模不等的图书馆(室)或"共享工程"基层网点。截至 2005 年年底,深圳市建成市级图书馆 2 座、区级图书馆 6 座、街道图书馆 51 座,全市公共图书馆总面积超过了 16 万平方米,基本实现了每 1.5 万人拥有一个社区图书馆,"图书馆之城"取得阶段性成果。① 北京、重庆、浙江围绕文化体制改革试点,进行了支持文化产业发展和经营性文化事业单位转企改制的相关探索。以北京儿童艺术剧院为例,作为北京市文化体制改革试点工作的第一个突破口,北京儿童艺术剧院自 2004 年 1 月改制为股份制现代企业,引入了社会化的人才管理机制和基于绩效考核的分配机制,改制当年创收 2 163 万元,约为改制前的 18 倍。②

　　2. 深化阶段:2006—2015 年

　　继中央层面出台《国家"十一五"时期文化发展规划纲要》《中共中央办公厅、国务院办公厅关于加强公共文化服务体系建设的若干意见》等纲领性文件后,地方公共文化服务政策关注的议题更加多元,包括历史文化保护、基层公共文化建设、文化事业管理、文化惠民工程以及文化队伍建设等诸多方面。以历史文化保护为例,南京市作为"六朝古都"和首批国家历史文化名城,于 2010 年出台了《南京市历史文化名城保护条例》,对历史文化名镇名村、历史文化街区、非物质文化遗产等规划、保护、利用和管理工作进行了严格规定。随着新一代互联网和信息技术的广泛应用,公共文化服务数字化也逐渐提上议程。2011 年,文化部、财政部联合印发《关于实施"数字图书馆推广工程"的通知》与《关于进一步加强公共数字文化建设的指导意见》,拉开了地方公共文化服务数字化的序幕。其中,上海市致力于"文化上海云"信息系统建设,在专业技术机构和全市各级各类公共文化单位及区县的通力协作下,"文化上海云"实现了"市—区—街道乡镇"三级文化资源的融会贯通,市民只需通过手机 App、网站、微信公众号等在线服务即可预约各类文化活动、场馆,极大地提升了公共文化服务的便捷度。这一时期,各城市在探索社会力量参与公共文化服务供给和文化事业单位改革等方面也取得了重要进展。2012 年,上海制定了《上海市社区公共文化服务若干规定》,鼓励社区文化活动中心实行社会化、专业化运作,各级人民政府及其文化行政部门可以通过购买服务、项目补贴或者奖励

---

① 《图书馆之城的三级跳》(2009 年 11 月 27 日),深圳图书馆网,https://szln. szlib. org. cn/cooperation/news/306. do,最后浏览日期:2024 年 11 月 12 日。

② 刘江、刘洋:《北京文化体制改革呈现勃勃生机》(2005 年 5 月 25 日),光明网,https://www. gmw. cn/01gmrb/2005-05/25/content_238107. htm,最后浏览日期:2024 年 11 月 13 日。

等方式支持各类企业事业单位、文化团体、社区群众文化团队和个人为社区提供公共文化服务,对部分公共文化设施实行委托管理。为落实文化事业单位改革目标,上海市制定了《上海非时政类报刊转企改制方案》,基本完成首批106种非时政报刊的转企改制工作,同时也完成了区县文广(化)局所属事业单位制影(剧)院以及东方网的转企改制工作。

3. 法治化与现代化建设阶段:2016年至今

2016年《中华人民共和国公共文化服务保障法》的出台标志着国家开始运用法律约束来保障公共文化服务,城市公共文化服务政策由此进入法治化阶段。截至2023年年底,共有18个省级行政区出台了公共文化服务保障的地方性法规、规章,明确了公共文化设施建设与管理、公共文化服务提供、社会力量参与、保障与监督等方面的实施细则。为贯彻"构建现代公共文化服务体系"的总体目标,各地以县为单位推进公共文化服务"现代化"建设进程,并结合《国家基本公共文化服务指导标准(2015—2020年)》制定了符合辖区实际的基本公共文化服务标准。以上海为例,其基本公共文化服务标准高于全国平均水平,从基本服务项目(阅读、广播、电视、电影、文化鉴赏与文化活动、艺术教育、数字文化服务、设施开放)、硬件设施(文化、广电、体育、辅助设施)和人员配备(人员编制和业务培训)三大方面提出了39项具体指标要求,并建立了指标动态调整、动态监测、绩效评价和公众满意度测评机制。2021年3月,文化和旅游部、国家发展改革委与财政部联合发布了《关于推动公共文化服务高质量发展的意见》,为城市公共文化服务政策如何适应高质量发展指明了方向。从各地实践来看,推动城乡公共文化服务一体化建设、提升公共文化服务供给效能、推动公共文化服务社会化发展以及助力公共文化服务数字化、智能化转型,将成为后续公共文化服务政策的重要任务。

第三节　城市文化本土性与文化治理的主体性建构

城市文化的独特性源自其本土性。差异化的文化实践与社会交往衍生了各不相同的城市文化。但是,在追求现代化、全球化的背景下,文化同质化、"千城一面"的现象日益突出,城市文化的传统性和多样性呈现消逝的迹象。与此同时,由于城市文化本土性丧失而产生的文化焦虑以及回归传统的渴求也成为城市建设的重要趋势,近年来兴起的古城建设、历史街区改造热潮正是典型的以本土文化为导向的城市更新模式。[1] 在追求现代与回归传统之际,有必要从城市本土性出发,重新审

---

[1]　黄晴、王佃利:《城市更新的文化导向:理论内涵、实践模式及其经验启示》,《城市发展研究》2018年第10期。

视城市文化治理的未来方向。

一、文化差异与城市文化本土性

从文化构成的角度来看,城市文化本土性也是空间、时间和社会共同作用的产物。城市文化本土性与文化差异性(多样性)是一对融合共生的范畴,城市文化的多样性进一步凸显了城市文化本土性的独特价值。

(一) 地理与空间:城市文化本土性的物理载体

城市文化本土性依托于特定的城市地理环境及其长期文化积淀,地理和空间是生成城市本土性的物理载体。"顺地理之势"是还原城市文化本土性的重要前提。体现在城市建设中,即要依循城市地理环境中的山水格局、生态环境与自然条件,而不是一味地追求所谓的标准化城市空间。城市利用好自然环境可以塑造清晰的城市意象和培育城市精神,如杭州的西湖、济南的泉水和南京的紫金山,这些自然山水已经融入城市之中,成为城市的标志性名片。与之对比,部分城市罔顾地区实际,片面追求高楼大厦、"异域风情",最终导致单一化、低辨识度的城市形象,难以引起人们内心的城市认同。

在迈向城市现代化的发展进程中,还原城市文化本土性还意味着对城市地理环境进行创造性活化,即在城市本土特色的基础上融入现代元素,使其原有功能最大化,而不是原封不动地保存原有空间或"穿衣戴帽"式的表面装饰。如上海新天地通过对本土元素"石库门"的再运用,以怀旧的方式重构了上海城市空间中被认为最有特色的里弄、弄堂和石库门住宅,从而完成了城市本土性的再生产。石库门是上海市井文化的重要载体,为发挥石库门建筑独特的文化价值,上海新天地通过功能置换的方式,将符合当下需求和时代特征的新的城市功能赋予旧的建筑形式,将私人化的居住空间转变为公共空间,这种对城市本土性的创新性转化,实际上是对城市文化的再建构,是对历史传统的新"发明"。

(二) 时间延展性:城市文化本土性的历史积淀

城市地理环境与空间结构塑造了城市文化本土性的一维界面,而时间延展性所带来的历史积淀则是城市文化本土性得以多维发展的根本来源。"人类历史刚刚破晓时,城市便已经具备成熟形式了",城市作为人类聚落形态的历史悠久性使得城市成为"最好的记忆器官"。[①] 越是历史悠久的城市,其文化积淀越是深厚,文

---

① [美]刘易斯·芒福德:《城市发展史——起源、演变和前景》,宋俊岭、倪文彦译,中国建筑工业出版社2005年版,第2、256页。

化生态体系越是完整,正如生命体的发展离不开遗传信息的传递一样,城市发展也离不开它的历史文化传统。[①] 城市历史文化与人们在城市中的生命记忆,是现代人在城市中的乡愁,城市建设要留得住乡愁,就要保护和传承城市的历史文化,为人们保留文化记忆。

基于时间延展性,城市文化本土性建构需要考虑历史、当下和未来等多个维度。在城市文化治理中,一方面,城市文化本土性的还原是以"保存城市文化记忆"为首要前提,应加强对历史风貌区、历史文化街区、历史文化遗产、民族风情小镇、传统村落等历史文化资源的挖掘和文化生态的整体保护,彰显地方特色文化,如上海提出"分区引导、分级保护、分类施策"的总体思路;另一方面,尽管城市文化本土性的再建构是以本土文化资源和历史文化积淀为基础的,但也要适应当下实际需求与未来的长远发展,现代元素需要与城市原有自然人文特征相协调,警惕千篇一律的高楼大厦或仿古建筑两个极端,要像"绣花"一样推进历史文化资源的活化利用,从而塑造清晰的城市意象和可辨识的文化记忆。此外,处在时间高度压缩的城市化背景下,城市文化本土性还要避免掉入现代性陷阱,即沦为资本逐利或权力操控的异化工具,而应在尊重、保护和传承历史文化中推动本土性的再建构。

(三) 交往与互动:城市文化本土性的社会基础

满足人的交往与互动需求是城市空间的本质属性,城市文化正是诞生于城市居民真实的日常生活与社会交往中。雅各布斯认为,城市作为实实在在存在的地点,必须寻求人与人之间的亲密和谐,这才是城市最本质的特性;城市必须有喧闹声和街市,必须有那些发生在街道上的商业交往,只有通过这些人与人之间的交往,城市生活才真正形成。[②] 城市是以人为核心的有机体,围绕人的生活、生产与交往,城市文化得以打上社会性的烙印。如果城市失去了具有亲和力的社会关系网络,失去了热闹的日常生活与社会交往的空间,城市要么会成为冷冰冰的历史遗迹,要么成为被商业化和消费主义占领的同质化空间,在地文化正是在这样的过程中逐渐被侵蚀的。城市本土性从根本上离不开生活在当地的居民及其日常生活。

对城市本土性的理解,一方面要批判现代主义和标准化的城市生产对城市历史和地方特色的忽略;另一方面也要反思以本土性为名号,制造一些带有乡愁意味的博物馆式历史建筑的地域主义行为。真正的历史和文化应该诞生于真实的城市生活,不能为了复原历史的形式而忽视城市居民的当下需求和发展需要。因此,那些以保护历史为名义而打造复古街区并将大量原居民迁往租金更便宜的郊区的行为,实际上是不正义的,也不符合城市本土性的本意。总之,城市本土性的核心是

---

① 单霁翔:《从"功能城市"走向"文化城市"》,天津大学出版社 2007 年版,第 46 页。
② [美]简·雅各布斯:《美国大城市的死与生》,金衡山译,译林出版社 2005 年版,第 346 页。

城市本土的"人"和他们的真实生活。

（四）寓于文化差异性与多元性之中的城市本土性

根据文化生态学的观点，生物的"多样共生"既是生物之间的一种互利关系，也是人与人之间、文化与文化之间相互依存、和谐统一的共存关系。[①] 城市文化在发展过程中必须正视文化个体的差异性和文化元素的多样性，通过有意识地协调与平衡，使之达到和谐统一。事实上，城市文化并不是单一的，即使是同一座城市中的文化，既面临着传统文化与现代文化、本地文化与外来文化的差异和冲突，也面临着城市中不同阶层、不同社会地位、不同受教育水平的群体之间的文化差异。城市文化的多样性和差异性是城市文化生态的鲜明特征。

强调城市本土性并不意味着封闭和排外，相反，城市必须在开放与多元的文化互动中才能确认、建构和发展其本土性。在城市之间，正是承认和鼓励城市文化的差异性和多样性，才使不同城市能坚持自身的本土性，不同的城市本土性构成了城市文化的多样性，才使城市不再千城一面；在一座城市之内，承认和尊重不同群体的文化需求和文化偏好，使人们能够产生更多的文化交流与碰撞，从而产生更有生命力、更丰富的城市文化。文化差异和文化冲突也不断激发文化的多样性。以上海为例，上海既面临地域文化与国际文化的差异，也面对文化主体存在的文化个体差异，不同的人群来到上海打拼，他们最终找到并再生产印有他们特征的文化归属，从而在这种开放与差异的并存中，形成了上海独一无二的城市文化，既具有海纳百川的开放精神，又具有鲜明的上海特色。人们曾将上海称作"冒险家的乐园"，因为无论是富人还是穷人，都怀揣着希望来到这里，寻觅其城市梦想。正是这种开放、多元和包容，造就了独一无二的上海城市文化和城市精神。

二、城市文化治理的主体性建构

城市文化治理的主体性建构要重视发挥文化主体性，从主体建构、内容建构、体制建构和机制建构等多维视角增强城市文化治理的主体性。

（一）文化主体性与城市文化治理

文明的进程是一个"能去旧创新、有选择、新陈代谢的过程"。[②] 文明体现在不同地域，并与不同族群结合，产生了丰富多彩的文化形态，经过以国家为核心的共同体的有机整合，形成具有高度稳定性和自主性的价值秩序。以国家共同体为依

---

① 胡印影：《关于保护多样性文化的思考》，《东南文化》2006 年第 4 期。
② 费孝通：《中国文化的重建》，华东师范大学出版社 2014 年版，第 59 页。

托,城市文化也具有相应的文化自觉和文化主体性。

费孝通认为,文化自觉是指生活在一定文化中的人对其文化有"自知之明",明白它的来历、形成过程、所具有的特色和它的发展趋向。[①] 文化自觉的目的是"文化主体性",即对现代化的"自主的适应"。[②] 在现代化和全球化的背景下,城市如何处理本土文化与现代化规则、技术及外来文化的关系? 城市发展以开放和交换为基础,必然面临着文化的适应问题。这种适应主要表现为两方面:一方面,城市要发掘本土文化与现代化规律以及与全球化规则相契合的要素,依托本土文化促进城市的现代发展;另一方面,当本土文化与现代发展产生冲突时,城市必须主动参与、学习和适应现代发展,在参与和发展中重建自身的文化个性。

由社会主义核心价值观指导的文化治理,体现了鲜明的文化自觉与文化自信两大基本特征,进而型构了文化的主体性实质。[③] 从哲学上看,文化的主体性实质指的是认识主体的"自我认识、自我理解、自我确信、自我塑造、自我实现、自我超越的生命运动,及其表现出来的自主性、选择性和创造性等;它是认识主体通过实践和反思而达到的存在状态和生命境界,展现了生命活动的深度和广度,是生命自觉的一种哲学表达"[④],文化正是人作为主体进行实践和反思的过程和结果。文化本身也作为一种能动力量,在潜移默化地影响、塑造和约束着人的心理和行为。城市的地方性知识和传统并不是遥远的过去,而是城市发展进程中,潜藏在城市市民精神中的文化基因。

文化主体性也意味着人在对文化的自主建构中增强文化认同和文化归属感。在城市生活中,是人创造和建构了文化,同时文化也再建构了人,最终人在文化中找到身份认同和归属感。人作为文化的创造者,在城市生活、生产和社会交往的实践中,创造了打下共同体烙印的城市文化。人们彼此依靠城市文化确认自己处在何种共同体之中,从而区分出"我们"和"你们",城市文化也塑造和再建构了不同的"我们"。人们之所以恐惧和排斥城市的千城一面,正是害怕在同质化的城市空间中迷失自我,害怕在空洞、虚无的城市文化中丧失自己的归属感和存在感。人们不仅依赖自我价值而存在,也依赖其所属共同体的共同价值而存在。因此,具有独特性和真实感的城市文化对人们来说至关重要,是其得以安身立命的精神家园。

因此,城市文化治理离不开对文化主体性的激发和鼓励。然而在目前的城市文化治理实践中,市民作为文化主体的能动性并没有得到有效发挥,无论是在文化政策的制定和执行中,在城市文化的发展过程中,还是在文化项目的利益分配中,居民都处于"边缘化"状态。文化决策仍是以政府为主导,政策的制定和实施以自

---

① 费孝通:《对文化的历史性和社会性的思考》,《思想战线》2004 年第 2 期。

② 李友梅:《文化主体性及其困境——费孝通文化观的社会学分析》,《社会学研究》2010 年第 4 期。

③ 唐亚林:《当代中国文化治理的生成逻辑与维度建构》,《中国文化产业评论》2017 年第 1 期。

④ 郭湛:《主体性哲学:人的存在及其意义》(修订版),中国人民大学出版社 2011 年版,第 29 页。

上而下为主,市民的文化参与没有得到有效实现。① 只有真正实现从文化管理到文化治理的转变,使作为文化主体的市民,凭借文化自觉,参与所在城市文化的保护、传承和发展,并获得文化认同感、归属感和自豪感,才能创造出真正的城市本土性和城市精神。

(二) 城市文化治理主体性的多维建构

城市文化治理的主体性建构是一个复杂的体系,包括治理主体建构、内容建构、体制建构和机制建构等多个维度。②

1. 城市文化治理的主体建构

新中国成立以来,中国经历了"办文化""管文化"和"兴文化"三个阶段。③ 改革开放前,政府是"办文化"的主体,只有文化事业,没有文化市场和文化产业,文化事业由政府全资投入,并由事业单位全权运营和管理。改革开放后,虽然文化市场和文化产业相继出现,但政府依然是"管文化"的主体,通过行政命令和规章制度对文化进行微观管理。到了全面深化改革的"兴文化"阶段,中国才进入真正的文化治理阶段,变"管文化"为提供公共文化服务,政府不断深化职能转变,把创造良好的文化发展环境、提供优质的公共文化服务、确保公民的文化权利、维护社会公平正义作为政府重要的文化职能。

中国的文化治理也有其特殊性。一是文化本身的意识形态属性决定了党委在城市文化治理中的核心地位;二是中国政府主导型的发展模式决定了政府在城市文化治理中的主导作用。因此城市文化治理应构建由政府、市场和社会共同参与的多元主体共治模式。一方面,可以根据城市文化的类型将不同的城市文化服务划分给不同主体:将具有意识形态属性的文化产品和服务留给城市各级党委负责;具有公益性的文化事业由政府主导或与其他社会力量合作提供,政府偏重对满足基本文化需求的公共文化产品和服务的提供,以维护公民的基本文化权利;对具有经营性的文化产业尽可能地引入市场机制,主要由市场主体和社会力量生产和提供,以提高服务效率,满足多元的文化需求。另一方面,城市政府在制定和执行文化政策时,应尽可能地确保市民参与,发挥市民在文化治理中的主体作用。具体而言:既要在制度和规则上为市民参与文化治理创造空间,又要激发他们的文化主体性,鼓励市民和社会组织积极参与文化政策的制定和执行,培育由政府—专家(精英)—民众(社会)共同治理文化事务的多元主体共治模式;广泛开展文化志愿活

动,充分鼓励和吸引公民志愿者参与城市文化活动;培育文化类的非营利组织的成长,鼓励社会力量、民间资本兴办文化事业,参与公共文化服务体系建设。

2. 城市文化治理的内容建构

当前的城市文化治理主要着眼于公共文化服务,而政府公共文化服务建设又着重于公共文化服务设施如图书馆、博物馆、文化馆等文化设施的建设,在评价公共文化服务效果时,主要考核这些场所的建设,从而使公共文化服务的内容供给严重不足。根据前述城市文化的内容,城市文化治理的内容建构主要包括以下七个方面。

第一,保护、传承和运营城市历史文化资源。城市历史文化是城市文化的核心组成部分,也是城市本土性的重要来源,因此,对城市历史文化资源的保护、传承与运营是城市文化治理的重要内容。政府应审慎地对城市古城区和历史街区进行修复和改造,一方面要严格保护城市历史文化遗产;另一方面也要平衡历史保护与城市发展的当下需求,对不具有文物意义的城市历史空间进行科学合理的更新和改造,赋予传统新的功能,对城市文化进行积极合理的再建构,带动城市旅游业和文化产业的发展,提升城市文化形象。

第二,在城市规划中重视文化内涵。城市规划决定了城市空间布局和城市样貌,因此,城市规划必须受城市文化的约束,坚持人文城市的建设理念,秉持人本主义的规划理论。在城市规划和建设中,把城市环境、城市功能和城市文化形象紧密结合,在城市规划中使城市建设更具文化内涵。从大的城市空间如广场、公园、景点,到具体的建筑如房屋、雕塑、设施,再到城市的街道命名、广告牌、店名等,尽可能地体现文化内涵,使城市规划和建设与城市文化紧密相连,构建多元和谐的文化空间。

第三,塑造城市精神。城市精神是城市文化的集中体现,它是一个城市的灵魂,并以一种文化自豪感存在于城市居民的心中,体现在居民的价值取向、精神风貌、思维方式和文化传统中。它既来源于城市的本土性,又"活在"城市居民的当下生活中。城市精神具有重要凝聚力,有助于增进城市共识,激励人们积极进取,共同建设美好城市。城市精神是城市居民的一种"爱城主义"[1],有助于激发市民对城市的认同感和归属感。因此,打造城市文化,进行城市文化治理,离不开对城市精神的发现、塑造和培育。城市精神并不来自城市规划和行政命令,而是来自自下而上的真实的城市生活。城市精神建立在城市历史文化的传承、城市决策的公共参与、城市社会的公平正义和城市权利的充分实现等诸多要素之上。

第四,优化城市公共文化服务。公共文化服务的软件建设与硬件设施同样重

---

[1]　[加]贝淡宁、[以]艾维纳:《城市的精神:全球化时代,城市何以安顿我们》,吴万伟译,重庆出版社2018年版,第11页。

要。首先,城市公共文化服务意味着要完善城市公共空间和文化设施,如图书馆、博物馆、文化馆等在内的公益性文化平台体系;其次,加强作为文化治理的软件建设,其主要内容包括三个方面:一是以社会主义核心价值观为引领的意识形态体系建设,二是以文化传承与创新为核心的文化知识生产与再生产体系建设,三是以文化发展权利为核心的公民文化权利体系建设。①

第五,开展城市文化艺术活动。在城市中开展文化艺术活动,可以为城市文化治理不断注入活力,促进城市文化创新。城市中具有较大影响力的文化事件和文化设计活动,可以吸引文化创意专业人才的积极参与,这也为他们进行文化创意活动提供了平台和契机。如"北京国际设计周"已持续给北京的胡同改造和公共空间设计带来了良好改变。城市举办的文化活动,如青岛的国际啤酒节,已经成为集旅游休闲、文化娱乐和经贸展示于一体的大型节庆活动,对青岛的城市美誉度和旅游业以及经济发展都有着重要促进作用。

第六,发展文化产业。文化产业的健康蓬勃发展,是繁荣文化事业、坚定文化自信的有力支撑。文化产业既可以有力地带动城市经济发展,为城市发展注入活力,也可以生产出更丰富多元的文化产品和服务以满足城市多元的文化需求。文化产业的发展依赖各类文化市场主体的发展壮大,要培育新型文化产业和文化消费模式,激发全民族文化创新创造活力。同时,数字时代的到来、科技的进步和新业态新消费模式的涌现,为文化产业融合提供了更多可能性,"文化+"成为文化与旅游、商业、科技、互联网、金融、时尚等多元要素融合的新业态。

第七,培育市民精神。市民精神与城市文化紧密相连,市民的精神面貌本身构成城市文化的重要内容,积极向上、拼搏进取的市民精神是城市发展动力的重要来源。市民精神强调契约、法治意识,强调市民的自主性、参与性和公共精神,因此,发展成熟的市民精神有助于市场主体和社会组织的发展壮大,有助于公民理性的培育,有利于市民更好地参与城市公共政策制定和执行以及城市文化治理。一方面要在文化治理中不断增强市民的城市意识、文化意识、法治意识和自主性;另一方面,政府在文化政策制定和执行过程中要尽可能地创造机会和平台使市民广泛参与进来,市民精神是在市民参与实践中形成的。

3. 城市文化治理的体制建构

城市文化治理的体制建构的路径具体如下。首先,理顺党委部门和政府文化部门的关系。中国共产党在城市文化治理中占据领导地位,要确保党委对新闻、理论宣传等意识形态领域的文化工作的领导权和主导权。其次,继续深化党政机构改革,使党的思想宣传工作与政府文化部门的工作实现有效的分工与协作,将一般的文化工作如文化事业和文化产业的发展主要交由政府来负责。再次,深化政企

---

① 唐亚林:《当代中国文化治理的生成逻辑与维度建构》,《中国文化产业评论》2017年第1期。

分开改革,政府在文化治理中起主导作用,承担公共文化服务的公共责任,而文化事业和文化产业可分别由事业单位和市场主体自主运营,理顺政府与文化机构、文化行政部门与直属单位之间的关系。最后,培育文化领域行业协会的发展,积极尝试公共文化服务的社会化,形成由党委领导、政府主导、企事业单位自主运营、行业自律的城市文化治理体制。

4. 城市文化治理的机制建构

城市文化治理机制是指,协调城市党委、政府、市场、社会组织和个人等多元主体,形成一个稳定有序的多元主体协作的平台和制度,提升多元主体的对话、协商和合作,从而实现更好的城市文化治理效能。城市文化治理机制主要包括以下6个方面的内容。

(1) 权责一致机制。城市公共文化服务的生产和提供涉及党委、政府、事业单位、企业、社会组织、个人等不同性质的多元主体,必须厘清各个主体的责任,才能实现真正的分工协作。根据文化治理的多重功能,党委主要承担领导和政治责任,政府对文化治理肩负着主导责任和公共职责,而事业单位、企业和社会主体要对其参与承担的文化事业或文化产业负责。政府可以通过购买服务、补贴等方式将某些公共文化服务转交给市场或社会主体,但政府依然承担着监管职责等公共责任。

(2) 法律支撑机制。建立健全法律机制是完善城市公共文化服务治理的关键。城市文化治理中政府主导作用的发挥需要通过制定和实施法律法规来实现。只有通过法律法规规范各参与主体的权责和职能,才能形成良好有序的多元主体共治模式。在城市公共文化服务中,市民的文化权利需要法律来保障。文化事业、文化产业的繁荣发展也需要法律来规范。只有以法律机制作为支撑,才能有效地协调与保障文化治理中多元主体的利益,保障文化治理过程的合理化和合法化。

(3) 需求导向和需求回应机制。城市文化治理应以满足市民的文化需求为导向,积极、及时地回应市民多元且不断发展变化的文化需求。通过畅通需求表达渠道、开放文化决策过程和政策执行过程等方式,提高对市民文化需求的回应效率。

(4) 财政支持机制。城市文化治理离不开财政支持,政府应设立专项预算和各类发展基金,对文化治理尤其是城市基本公共文化服务提供资金支持和经费保障。通过财政支持如补贴等优惠政策,鼓励市场和社会力量参与公共文化服务的生产和提供。

(5) 多元合作机制。多主体的合作需要行动规则,也需要行动舞台。城市文化治理的多元合作离不开各类文化工程和文化项目的建设,需要搭建公益性的文化平台,开展各种公益性的文化活动,为多主体参与和合作创造契机和舞台。

(6) 绩效评估机制。建立政府自我评估与第三方评估相结合的公共文化服务评估机制。政府自我评估的优势在于对自身工作的深入了解,掌握全面的一手资料,缺点在于缺乏客观性和公正性。引入第三方评估可以借助完备的专业评估技术和方法,从经济效益和社会效益等多维角度对城市文化治理绩效进行客观评估。可以由专家顾问、技术人员、市民群众和城市文化爱好者等组成的评估团队开展定期的评估工作,及时向市民公开评估结果。通过绩效评估和反馈不断提升城市公共文化服务的效率和效果。

思考题:

1. 城市文化是什么? 城市文化是如何产生的?

2. 城市公共文化服务具有哪些功能? 城市公共文化服务有哪些具体类型?

3. 城市文化的本土性是什么? 可以从哪些维度建构城市文化治理的主体性?

4. 如何推进城市文化治理机制创新?

第十一章
城市治理创新

美好的城市生活需要有效治理。进入 21 世纪,全球科技创新空前活跃,以人工智能、物联网、移动通信、大数据为代表的新一轮信息革命深刻影响人类社会发展和政府治理转型。当前,中国城市化进程正处于快速发展阶段,在增进民生福祉、享受文明红利的同时,城市的复杂性和脆弱性急剧增强,资源环境过载、公共服务供给不平衡不充分等"城市病"更加突出。因此,创造美好城市生活,必须推进城市治理体系和治理能力现代化,以前沿技术推动城市治理理念、治理方式和治理制度等多维度创新。本章主要探讨以下内容:(1)城市网格化治理创新;(2)城市精细化治理创新;(3)城市智慧治理创新。

第一节　城市网格化治理创新

实现对基层社会的有效管理贯穿整个帝制中国和现代中国。自秦代建立"郡县制"以来,古代中国政权通常只设置到县一级,因此有所谓"皇权不下县"之说。但事实上,历代王朝借助各种"控制术"实现了对乡村的有效控制,萧公权将其概括为三种方式:一是通过照顾臣民基本的物质需求,避免臣民因难以忍受艰困的生活而"铤而走险";二是通过向臣民反复灌输精心筛选的道德教条(大部分是从儒家学说中筛选出来的),使臣民接受或认同现存的统治秩序;三是通过不断监视臣民,查出"奸民"并及时加以处理。[①] 鲁西奇进一步指出,这些"控制术"是建立在户籍登记、乡里编排等制度基础之上,而由"乡""里"构成的乡村控制制度进而成为国家政治控制权力在县级政权以下的延伸,如秦汉乡里制、北魏三长制、隋唐乡里制、宋代都保制、金元社制或村社制、明清里甲制与保甲制等,皆是王朝国家实现社会控制的重要制度保障。[②] 由此可见,古代国家统治一方面依赖于科层行政区划所搭建

---

① 萧公权:《中国乡村:论 19 世纪的帝国控制》,张皓、张升译,联经出版事业股份有限公司 2014 年版,第 3 页。
② 鲁西奇:《"下县的皇权":中国古代乡里制度及其实质》,《北京大学学报》(哲学社会科学版)2019 年第 4 期。

的正式权力结构,另一方面依托田制、户籍、乡里等制度将县级政权以下乡村的民户和地域纳入国家管理体系,从而实现自上而下的控制。

新中国成立后,实行了高度集中的计划经济体制,采取了以"单位制"为主、"街居制"为辅的管理体制。改革开放后,中国社会发生了剧烈变迁,逐渐从传统的农耕社会向现代的工业社会转型,社会主义市场经济体制取代了原有的计划经济体制,工业化和城镇化的快速发展使社会流动日益频繁,大量农村人口向城市转移,高度封闭的单位制逐渐消解。在此背景下,"街居制"成为连接国家与基层社会的重要制度支撑。伴随着改革的逐步深入和经济社会的深刻转型,城市基层管理的复杂性日益加剧,"沙漏型"的街居组织形态不仅难以应对激增的社会管理事务,而且容易导致内部的结构性紧张和对外部社会力量的挤压。[①] 到20世纪90年代,信息技术开始赋能城市治理的众多领域,如基础设施建设、社会监管和公共服务等。信息技术重塑着城市治理的情境、过程和结果,创新了城市治理的"硬件"和"软件"。由人工智能、大数据、云计算等智能技术驱动的第四次工业革命,为城市治理带来了新机遇。在智能技术的驱动下,物理世界经由移动终端、遥控传感和智能设备等中介得以数据化,进而形成一个全新的"数字空间"场域,提升了城市治理效能。

基于上述治理挑战和技术契机,城市网格化治理这一创新实践应运而生。本节主要探讨以下问题:(1)城市网格化治理的演进历程;(2)城市网格化治理的结构体系;(3)城市网格化治理的优势与限度;(4)城市网格化治理的未来发展趋向。

一、城市网格化治理的演进历程

2003年7月10日,一场暴雨使整个北京市的交通陷入瘫痪状态,城市内涝和基础设施的损坏严重影响了居民的正常生活。而这一危机的爆发,一定程度上源自传统城市管理模式下的管办不分、职责模糊和相互推诿等体制性诱因。为此,2003年年底,北京市东城区成立了以区委书记为组长的城市创新管理小组。经过近一年的调研论证与局部试点后,北京市东城区于2004年正式推行城市网格化管理,形成了以"万米单元网格管理法"和"城市部件管理法"为代表的"东城区网格化城市管理新模式"。

首先,东城区网格化城市管理新模式可概括为"两个轴心"(监督和调度轴心)、"三级平台"(社区社会服务管理综合指挥中心、街道社会服务管理综合指挥分中心和社区社会服务管理综合工作站)、"四个层级"(区—街道—社区—网格单元)和

---

① 袁立超:《从"沙漏型"到"立体化":街居制的转型研究——基于上海市Y街道"睦邻中心"的创新实践》,《经济社会体制比较》2022年第4期。

"六大系统"(建设服务、信息网络、组织指挥、维稳防控、应急处置和考核评价系统)。[1] 在这一模式下,北京市东城区首先应用电子网格地图技术,将所辖区域划分成1 652个网格单元。其次,东城区政府结合功能主线,为6大类的56种城市部件和7大类的33种城市事件问题划定了责任部门,并用编码的形式将其纳入"网格地图"。最后,进行信息传递。网格员依托移动通信技术,将大大小小的事件上报至网格指挥中心,再由指挥中心根据权责归属,下发给相关职能部门予以解决。[2] 此外,东城区还构建了从信息收集、事项分级、任务下发、责任部门处理、结果反馈到结案以及综合评价的闭环流程,确立了问题发现、问题处置和考核评价机制,最终实现了由被动型管理向主动型管理的转变。

在北京市东城区取得一定成效之后,2005年7月,原国家建设部出台《建设部关于推广北京市东城区数字化城市管理模式的意见》,旨在推广"东城模式"。在试点推广的基础上,经过十余年的发展,超过95%的地级以上城市采纳了网格化城市管理模式,并建成了数字化城市管理系统。[3] 发展至今,城市网格化治理在应用领域与发展模式上都发生了巨大变化,主要经历了城市管理网格化、城市服务网格化和城市社会网格化三个发展阶段。

(一) 城市管理网格化阶段

城市管理网格化是指将网格化治理运用于城市管理全过程。传统经验式的模糊管理难以识别城市管理中的"盲区",而网格化治理将城市管理的方方面面置于一张大网之中,从细微处入手以实现精准治理。以社会治安和城市管理执法为例,单凭"手工作业"式的巡视与监督,既耗费大量的人力和财力资源,又无法保证监管的有效性和实时性。但是,若将网格化治理形态嵌入其中,整合部门的内部资源并细分工作区域和权责,则有望实现城市管理的流程化和实时化。无论是基础设施更换维修、安全隐患排查,还是流动人口管理,这些过往的"老大难"问题都能够顺利解决。例如,武汉市江汉区在网格化管理模式下,将全区13条街道、114个社区划分为1 003个网格,在对城市部件和事件进行分类的基础上,安排城市管理监督员进行巡查,市民和社会组织也可以随时向监督中心反映问题,并设有指挥中心负责督办。[4]

在城市管理网格化阶段,嵌入网格化治理技术能够及时、高效地获取信息,为政府减轻了庞杂的城市维稳治理负担,形成了"横向到边,纵向到底"和"全覆盖,无

---

[1]　魏娜:《社区管理原理与案例》,中国人民大学出版社1993年版,第60页。

[2]　阎耀军:《城市网格化管理的特点及启示》,《城市问题》2006年第2期。

[3]　住房和城乡建设部城市管理监督局:《城市运行管理服务平台发展历程概述》,《城乡建设》2022年第7期。

[4]　张大维:《城市网格化管理模式的创新研究——以武汉市江汉区为例》,《理论与改革》2006年第5期。

死角"的城市治理体系。然而,该阶段下的城市网格化管理更加突出"管控",其"服务意识"相对不足,因而城市基层秩序的维护主要依赖于自上而下的行政干预。

(二) 城市服务网格化阶段

城市治理也面临着多元的社会服务需求、差异化群体的利益冲突等"隐性"风险,且后一风险引发的连锁反应可能更甚。因此,各地政府开始有意识地将网格化治理拓展至服务领域,其中浙江省舟山市"网格化管理、组团式服务"的治理模式即典型代表。"网格化管理"是指根据属地管理等原则,将管辖地域划分成若干网格单元,对每一网格实施动态和全方位管理;"组团式服务"则是针对每一网格内的群众设置专门服务团队,通过整合公共资源,为目标群众提供多元化、人性化、即时化和精细化的服务。[1] 浙江省舟山市的网格化管理以打通干群关系和增强社会服务为治理目标,通过"市—县(区)—乡镇(街道)—社区—网格"五级管理架构,促进基层服务队伍的再组织,形成了"管理服务团队 + 党小组"的组团模式。[2] 在管理事项上,该模式强调以服务内涵填充网格空间,网格员既通过电话、实地走访和蹲点等方式切实了解民众需求,也受定期回访与绩效考核等激励制度的约束;民众需求经由各级网格办设立的"服务办事平台"得以汇总、分类、调查和处理。在运行机制上,舟山市建立了责任包干、民意表达、民情研判、民主决策、分层解决、信息共享、考核激励和组织协调机制,以保证整个管理系统得以有效运转。[3]

与上一阶段相比,城市网格化治理实现了从单个职能部门到城市整体服务供给的转变,更加凸显了网格化治理的"服务"功能。网格员不再为单个职能部门服务,而是作为多个职能部门在基层社会治理的延伸,使职能部门之间的信息融合、资源共享与有机联结得以强化,也疏通了政府与民众之间的信息沟通渠道。在这一阶段,政府试图建立公共服务供给的"扁平化-开放型"结构,从而提供更加有效的公共服务。

(三) 城市社会网格化阶段

在城市网格化治理优势显现的同时,仅凭政府单一主体的资源投入已无法满足网格化治理大量财政资金投入的需求,如东部 H 省仅网格员每年工资投入就达5亿元之多,而财力不佳的省份面对网格化治理更加"有心无力"。[4] 在这一阶段,

① 胡重明:《再组织化与中国社会管理创新——以浙江舟山"网格化管理、组团式服务"为例》,《公共管理学报》2013 年第 1 期。
② 林雪霏:《政府间组织学习与政策再生产:政策扩散的微观机制——以"城市网格化管理"政策为例》,《公共管理学报》2015 年第 12 期。
③ 竺乾威:《公共服务的流程再造:从"无缝隙政府"到"网格化管理"》,《公共行政评论》2012 年第 2 期。
④ 唐皇凤:《我国城市治理精细化的困境与迷思》,《探索与争鸣》2017 年第 9 期。

调动其他组织的资源优势成为网格化治理发展的重点,由此步入城市社会网格化阶段。宁夏石嘴山市大武口区在探索城市网格化治理时注重动员社会力量,建立了网格员配置的"4＋6"运作模式,统筹街道干部、社区工作者、下派干部、社区警员、社区老党员、"4050"人员、低保户、热心公益事业者等多种人力资源,形成了以网格管理员队伍为主体,其他志愿服务队伍和互助服务团队互为补充的社会协同、公众参与的社会管理新格局。与政府在技术领域的"非专业"不同,企业在技术领域有不可比拟的专业优势,如 2015 年投入使用"百度迁徙"以及承包政府数字化治理平台等,均是企业组织介入城市网格化治理的代表性实践。

迈入城市社会网格化治理阶段,传统由政府单一主导的"行政管控"格局朝向多元化治理转变。政府更加注重培养社会主体的自我管理能力,而且越来越多的社会组织和企业能够通过提供及时有效的治理信息和社会服务等途径,参与城市网格化治理实践。

经由上述阶梯式发展,城市网格化治理实现了从重技术到重内容、从单一维稳到多元服务、从单一主体到多元共治的根本转型。一张无形的"城市治理网"正将技术与制度、管控与服务、行政与社会等治理要素整合起来,而网格化治理实践也越来越适应城市治理现代化的需求,逐步从城市治理的边缘走向中心,对推进城市治理体系和治理能力现代化发挥着不可替代的作用。

二、城市网格化治理的结构体系

城市网格化治理是网格技术与治理理念的有机融合。"网格"一词来源于网格技术,旨在通过技术将信息的储存和处理环节进行整合,构造完整的信息过程有机体,从而打破信息壁垒和信息孤岛,促进信息的开发利用和交换共享,提升治理主体的信息处理能力和交换共享能力。[1] "治理"这一概念盛行于 20 世纪 90 年代,与"统治"所重视的"控制、引导和操纵"不同,"治理"把实现"善治"作为根本宗旨。联合国全球治理委员会在《我们的全球伙伴关系》报告中指出,治理是由具有公共或私人性质的个人和机构共同参与事务管理的总和,也是通过各种正式和非正式制度安排来协调差异化以及利益冲突,促使多主体联合行动的持续过程;与规则和活动相比,治理是一种对公共部门和私人部门进行协调而非控制的持续互动过程。[2] 俞可平进一步指出,治理的根本目的在于利用多种正式或非正式的制度关系,引导、控制和规范公民的各种行为,从而增进公共福祉。[3]

---

①　郑士源、徐辉、王浣尘:《网格及网格化管理综述》,《系统工程》2005 年第 3 期。

②　See The Commission on Global Governance, *Our Global Neighborhood*, Oxford University Press, 1995.

③　俞可平:《治理和善治引论》,《马克思主义与现实》1999 年第 5 期。

　　"网格化治理"并非只是借助现代信息技术和网格单元划分来实现"社会事实的清晰化"①和"国家政权向基层社会的延伸"②,而是强调"以民为本、服务为主"的治理理念,主张通过自上而下与自下而上的双向互动,实现多主体之间的内外协调与合作共治。③ 因此,可以将网格化治理理解为当代中国基层社会治理的"基础设施",即通过划分网格单元和嵌入信息技术和人力资源,建立上下协同、条块联动、政社互动的治理结构④,从而弥补"碎片化"和"分割式"治理的缝隙,依托行政体系内部与外部的整体协同,实现社会问题的高效处理和公共服务的精准供给。

　　从结构体系来看,城市网格化治理以网格治理单元划分和现代信息技术为前提,旨在将城市空间细分为尽可能小的网格单元以进行集中化管理,同时依托统一的信息平台和协同联动的多层次治理体系,实现城市网格单元的精确化治理和精准化服务。

1. 划分城市网格治理单元

　　传统的城市治理是以社区为基本的治理单元和切入点,将城市问题的处理与公共服务的供给都沉积在基层,但由于社区规模普遍较大、管理幅度广、治理资源较为匮乏、治理手段相对落后,因而形成大量的治理真空。城市网格化治理依据行政区划、人口数量、治理重点、属地管理等标准⑤,将城市治理单元划分为更小的网格,依托四级或五级管理架构,将城市治理的"触角"延伸到社区以下。如北京市东城区首创了网格化管理模式,设立了"区—街道—社区—网格"四级管理架构,以万米为基本单元来划分网格单元,同时结合城市部件、事件管理法,将6大类的56种城市部件和7大类的33种城市事件问题纳入"网格地图";浙江省舟山市则构建了"市—县(区)—乡镇(街道)—社区—网格"的五级管理架构,把全市43个乡镇(街道)划分为2 360个管理服务网格⑥;天津市分级划定大气污染防治网格,将全市16个区县以及海河教育园区划定为一级网格33个、二级网格200个、三级网格2 014个、四级网格5 718个。⑦

2. 应用现代信息技术

　　能够及时准确地获取城市社会事务和社会问题的治理信息是实现网格化治理的关键。传统的城市治理主要依靠人工搜集治理信息,难以保证信息的准确性与

---

① 韩志明:《城市治理的清晰化及其限制——以网格化管理为中心的分析》,《探索与争鸣》2017年第9期。
② 田毅鹏、薛文龙:《城市管理"网格化"模式与社区自治关系刍议》,《学海》2012年第3期。
③ 姜晓萍、焦艳:《从"网格化管理"到"网格化治理"的内涵式提升》,《理论探讨》2015年第6期。
④ 张捷、王诗宗:《网格化管理:中国基层治理的基础设施》,《治理研究》2024年第5期。
⑤ 陈柏峰、吕健俊:《城市基层的网格化管理及其制度逻辑》,《山东大学学报》(哲学社会科学版)2018年第4期。
⑥ 胡重明:《再组织化与中国社会管理创新——以浙江舟山"网格化管理、组团式服务"为例》,《公共管理学报》2015年第10期。
⑦ 牛桂敏:《城市网格化管理模式的创新与发展——以天津为例》,《城市》2015年第7期。

全面性,导致治理偏差和治理漏洞。城市网格化治理以现代信息技术为依托,通过应用地理编码系统、3S(GIS、RS、GPS)、互联网、物联网、大数据以及云计算等技术,不仅建立了电子表格、数据、地图等电子档案,而且通过基础网络和互联网络将"格""线""网""云"和"数"融为一体。[①]　如北京市东城区利用网格地图技术划分网格单元,并用"城管通"采集信息;山西省长治市综合运用物联网、云计算以及大数据等前沿技术,集合无线传输、系统数据存储和系统网络安全等科技成果,打造"党的建设、社会管理、公共服务"三位一体的网格化社会管理服务系统。[②]　现代科学技术为城市网格化治理的发展提供了契机,使社会问题和社会事务得以清晰呈现,城市治理主体因而能够及时采取有效的治理策略。

3. 构筑信息共享平台

网格治理单元划分和现代技术应用只完成了信息的搜集与传递,而城市网格化治理还需在此基础上构筑统一的信息处理与共享平台。构筑信息共享平台可分为两大环节。一是确定网格的归属,通常按照"市辖区代码—大类代码—小类代码—部件名称—归属部门—问题位置—所在网格号"进行统一编码,形成地理空间数据库[③],从而实现城市治理信息的整合和部门事务权责的确立,形成"无缝隙"的信息搜集处理"闭环"和事务责任归属"闭环"。[④]　如南京市江宁区将公安、司法、人社、环保等诸多涉及基层社会治理的部门工作全部纳入网格,形成了9大类,22小类共82项具体工作的任务清单。二是组建平台运营队伍,因为单凭网格员的个人力量尚不足以解决现有的社会问题,还需打通部门、层级与职能之间的壁垒。以北京市东城区为例,其城市网格化管理架构设立了"两个轴心",即城市管理监督评价中心和城市管理指挥中心。后者负责调度行政资源,前者实施过程监督,从而实现"纵向到底"。

4. 协同联动的多层次治理体系

网格划分、技术应用和信息共享平台的搭建仅从技术端铺垫了城市网格化治理的物理基础,此外还需从制度端着手,以突破行政层级"条块分割"和"碎片化"的管理"桎梏"。首先,为实现政府各部门间的"横""纵"协同,城市网格化治理力图改变部门间职能缺位错位的现状。如南京市江宁区开发了"全要素网格通"采集终端以及公众版App等,实现了与区综合治理平台、综合执法平台的联动运行,打破了部门之间的"信息孤岛"。[⑤]　此外,有效的部门协同有赖于机制保障。以浙江省舟

① 岳金柱:《"网格化+"服务:北京的城市治理创新实践》,《国家治理》2016年第25期间。
② 陈荣卓、肖丹丹:《从网格化管理到网络化治理:城市社区网格化管理的实践、发展与走向》,《社会主义研究》2015年第4期。
③ 竺乾威:《公共服务的流程再造:从"无缝隙政府"到"网格化管理"》,《公共行政评论》2012年第2期。
④ 孙柏瑛、于扬铭:《网格化管理模式再审视》,《南京社会科学》2015年第4期。
⑤ 李佳婧:《"互联网+"社会治理在城市社区的运行及其困境——以南京市江宁区为例》,《现代管理科学》2018年第11期。

山市为例,其网格化治理依托责任包干、民意表达、民情研判、民主决策、分层解决、信息共享、考核激励和组织协调等机制,调动了各部门的能动性,避免了传统官僚体制下专业化运作导致的破碎化,实现了多部门的高效联动。① 其次,协同联动的多层次治理体系还包括政府与非政府主体之间的高效合作。在 2014 年河北省网格化治霾过程中,河北省政府就以政府购买的形式,吸引了第三方参与环保厅网格信息共享系统的建设,有效调动了民间资本加入雾霾治理。同时,河北省政府也注重公众参与,主动将空气质量情况向公众实时公布,既保障了公民的知情权和参与权,又促进了治理主体间的合作互赖。②

由于各地现实的差异,网格化治理的实践形态并不一致,但总体涵盖上述四大核心要素,并在此基础上形成管理闭环。

三、城市网格化治理的优势与限度

城市网格化治理以网格为治理单元,借助现代化技术,通过信息共享平台达成治理主体协同的有机衔接,将城市治理全貌更加清晰地呈现在政府面前,从而实现城市的有效治理。城市网格化治理具有使治理对象与治理事务更加清晰,促进治理主体的协同化与监督反馈的实时化等优势。

第一,治理对象与治理事务的清晰化。在传统城市管理模式下,治理对象与治理事务处于相对"混沌"的状态,政府无法准确识别治理对象的行动和需求,因而难以采取有效的治理策略。然而,城市网格化治理依靠治理单元的网格化和强大的信息获取、处理技术,使治理对象和治理事务在政府面前得以清晰呈现。政府可以根据治理信息合理确定治理责任机构并调配治理资源,及时采取恰当的治理行动,促进社会矛盾的解决和优化公共服务的供给。

第二,治理主体的协同化。不同社会事务往往牵涉多个部门和主体,科层制的分层化和专业化运作容易导致各部门的协调困难与行动滞后。城市网格化治理遵照城市部件管理法,对城市管理区域进行网格划分,将繁杂的城市管理事务匹配至权责明晰的管理部门,有利于提升管理效率。因此,城市网格化治理既通过资源共享和及时反馈为城市治理提供了高效服务,也实现了从"碎片化管理"到"整体性治理"的飞跃。此外,城市网格化治理还将政府自上而下的管理与居民自下而上的自治连接起来。政府开始有意识地吸纳个人和非政府组织力量,通过招聘网格员、政府购买服务等形式,调动社会主体的治理积极性,有利于构建多元主体合作共治的治理格局。

---

① 竺乾威:《公共服务的流程再造:从"无缝隙政府"到"网格化管理"》,《公共行政评论》2012 年第 2 期。
② 高明、曹海丽:《网格化管理视阈下大气污染协同治理模式探析》,《电子科技大学学报》(社科版)2019 年第 5 期。

第三，监督反馈的实时化。监督是实现城市治理活动中的信息获取与整理、信息平台的流畅运作以及责任部门履行正当职责的有效措施。米歇尔·福柯（Michel Foucault）认为，即使监督者并未施以监督行为，只要被监督对象被告知了监督的存在，仍然可以达到既有的监督效果。[①] 城市网格化治理使政府监督从过去的"运动式监督"向"全景敞式监督"转变，使城市治理对象无一不在政府的监督之下。区别于传统城市管理中的信息更新滞后和反馈延迟，网格化治理在缩小治理单元空间的同时，显著增加了服务密度。城市网格化治理借助网格监督管理员的全时段巡视和网络系统平台的信息技术监控，能够一一排查各个网格的治理问题，并及时交由责任部门进行规范处理。因此，城市网格化治理通过对管辖范围内的人和事进行动态化监测，由以往静止、被动的管理状态转变为实时、主动的监督反馈。

以上三个方面的优势使网格化治理成为当前城市治理的重要手段，网格化治理实践因而在全国各地不断拓展运用。与此同时，随着城市网格化治理的广泛应用，这一模式的治理限度也逐渐显露出来。

首先，行政力量的过度下沉挤压了社会自治空间。网格化治理作为行政威权统合的产物，具有强烈的行政化属性，在实际运行过程中因而更偏向行政体系内部的威权统合与集中控制。在网格技术的吸附与行政化统合之下，社会的自治空间相对有限，多元主体合作共治的治理结构与制度化条件尚未形成。[②] 可见，网格化治理本质上仍然是国家重构社会控制的一种方式。随着政府的主导性更加凸显，网格管控越精细和全面，城市基层的自治空间越被压缩，甚至逐渐丧失参与城市治理的积极性。

其次，网格职能泛化容易导致责任虚化。从各地公布的网格化服务管理事项清单来看，网格化管理机构所承担的实际职能呈现泛化的趋向：不仅要承担特定网格单元内的人口、家庭、单位等基础信息采集职能和排查网格内各类信访与矛盾纠纷、公共安全、社会治安等风险隐患，还要协助城管、环保等政府职能部门和村（居）民委员会、村（居）便民服务中心等自治组织开展城市管理、生态保护、民生服务、宣传教育、综治维稳等管理与服务工作，此外还包括自上而下派发的各种临时性、应急性任务。与此同时，逐级下沉的管理事务未能辅之以适配的行政资源，容易导致责任虚化和助长形式主义。

最后，网格化治理技术存在清晰化限度。受制于城市管理规模、信息搜集的能力与成本以及社会事实信息化的可行性等主客观条件限制，网格化治理技术将不可避免地遭遇清晰化的瓶颈。[③] 另外，网格化治理目前多停留在信息

---

① ［法］米歇尔·福柯：《规训与惩罚》（修订译本），刘北成、杨远婴译，生活·读书·新知三联书店2019年版，第226—229页。

② 孙柏瑛、于扬铭：《网格化管理模式再审视》，《南京社会科学》2015年第4期。

③ 韩志明：《城市治理的清晰化及其限制——以网格化管理为中心的分析》，《探索与争鸣》2017年第9期。

获取层面①,缺乏后续对信息的分析、对比和综合利用,因而难以掌握治理信息的共性和差异性,导致信息资源的价值尚未被充分挖掘,清晰化治理的目标也大打折扣。

四、城市网格化治理的未来发展趋向

随着城市治理的复杂性与风险性显著提升,城市网格化治理凭借技术优势和协同联动的合作模式,在实践中备受青睐。然而,这一治理模式的内在限度为城市治理增添新活力的同时,也产生了一些非预期后果,如行政挤压社会、网格责任虚化、治理效能不彰等。对此,可以从两个方面加以改善:一是着眼于技术维度,通过加大技术投入,提升信息获取、处理和利用的精确度与效度;二是从治理维度出发,进一步划清政府管理与社会自治的边界,强调构建和完善多元治理主体间的网络关系,从而化解网格化治理行政属性过强和社会参与不足的困境。其中,后者导向的是"网络化治理"模式。

网络化治理是一种介于等级制与市场机制之间的新型治理模式,建立在政府、市场与社会多元主体间的关系网络基础之上。不同参与者在统一的制度化框架中相互依存,为实现一定的公共价值而展开联合行动②,因而主体多元、互动协同、资源共享和追求公共价值是其核心内涵。③ 网络化治理能够发挥政府与第三方的高水平的公私合作能力,并将其与协同性政府充沛的网络管理能力相结合④,基于无数个体与集体的交汇、叠加与互动,可以推动权力结构的流变和创设利益联结的交汇点,进而塑造治理的创新动力和重构治理的运作形态。⑤ 与网格化治理相比,网络化治理主体更为丰富。虽然网格化治理也强调多元主体参与,但在实际运作中仍然以国家力量为主,而网络化治理则更加重视在价值共识的基础上,增强主体间的合作和信任。因此,网络化治理能够更加有效地整合市场和社会资源,而党政部门可由网格化管理的单一治理主体转化为网络化治理中的掌舵者,吸引企业和社会共同分担公共产品生产与社会资源调配的职责,从而缓解网格化管理资源不足的问题。⑥ 此外,网络化治理能够适应社会公共事务治理的复杂化、多元化需求,克服网格化治

---

① 井西晓:《挑战与变革:从网格化管理到网格化治理——基于城市基层社会管理的变革》,《理论探索》2013 年第 1 期。

② 陈剩勇、于兰兰:《网络化治理:一种新的公共治理模式》,《政治学研究》2012 年第 2 期。

③ 姜晓萍、田昭:《网络化治理在中国的行政生态环境缺陷与改善途径》,《四川大学学报》(哲学社会科学版)2017 年第 4 期。

④ [美]斯蒂芬·戈德史密斯、威廉·D. 埃格斯:《网络化治理公共部门的新形态》,孙迎春译,北京大学出版社 2008 年版,第 17 页。

⑤ 唐亚林、王小芳:《网络化治理范式建构论纲》,《行政论坛》2020 年第 3 期。

⑥ 王庆华、宋晓娟:《共生型网络化治理:社区治理的新框架与推进策略》,《社会科学战线》2019 年第 9 期。

理"重管理轻服务""强控制弱合作""纵向利用充分、横向协调不足"等缺陷。① 当然,实施有效的网络化治理也面对诸多挑战,包括调整目标、提供监督、实现良好的沟通与协调、有效管理竞争与合作之间的紧张关系,以及克服各种数据不足和能力缺陷等②,因而需要进一步完善监督、激励等制度设计。

除了向网络化治理转型之外,明晰治理主体的权责界限、增强服务意识、完善网格化治理的制度设计、发挥基层党建的引领作用等,也能够在一定程度上化解城市网格化治理的内在矛盾。总之,城市网格化治理无论朝何种方向发展,其实质都是借助现代技术推动权力与治理资源下沉,以解决公共问题和满足公众需求。因此,城市网格化治理需要坚持问题导向,主动适应不断变化的治理情境,基于实践反馈,构建和完善配套的制度体系,最终提升基层治理效能。

第二节　城市精细化治理创新

随着城市化进程加快,城市发展由外延式扩张向内涵式发展转型,城市治理的内容更加复杂多样,交通拥堵、资源短缺、环境污染、公共服务供给低效等公共问题制约了城市发展。现阶段,我国社会的主要矛盾也发生了重大转变,城市居民的需求不再停留于物质需要,而是呈现出对民主、法治、公平、正义、安全、环境等日益多样化与个性化的发展需求。③ 为实现城市治理体系和治理能力现代化,政府依托网格化治理打通了城市社会治理的纵向信息脉络,实现了社会事实可视化,并依据其属性差异确定了不同事项的责任部门,一定程度上提升了城市治理的准确性。但是,责任部门的确定只能解决"归谁管"的问题,而能否"管得好"取决于治理手段和治理方式的科学性与合理性。城市与社会发展的新情况与新要求呼吁城市治理理念的转变和实践模式的更新。因此,提升城市治理的精细化程度成为新的改革目标。

2015年10月,党的十八届五中全会指出,"加强和创新社会治理,推进社会治理精细化,构建全民共建共享的社会治理格局"。④ 同年12月,中央城市工作会议进一步提出,"抓城市工作,一定要抓住城市管理和服务这个重点,不断完善城市管

---

① 秦上人、郁建兴:《从网格化管理到网络化治理——走向基层社会治理的新形态》,《南京社会科学》2017年第1期。

② [美]斯蒂芬·戈德史密斯、威廉·D.埃格斯:《网络化治理公共部门的新形态》,孙迎春译,北京大学出版社2008年版,第37页。

③ 张明斗、刘奕:《新时代城市精细化治理的框架及路径研究》,《电子政务》2019年第9期。

④ 《中共中央关于制定国民经济和社会发展第十三个五年规划的建议》(2015年11月3日),中国政府网,https://www.gov.cn/xinwen/2015-11/03/content_5004093.htm,最后浏览日期:2025年3月5日。

理和服务,彻底改变粗放型管理方式"。① 2017 年两会期间,习近平总书记在参加上海代表团审议时强调,"城市管理应该像绣花一样精细"。② 2018 年 11 月,习近平总书记在上海考察时再次强调,"要注重在科学化、精细化、智能化上下功夫。既要善于运用现代科技手段实现智能化,又要通过绣花般的细心、耐心、巧心提高精细化水平,绣出城市的品质品牌"。③ 在实践层面,重庆市于 2017 年发布了全国首个城市精细化管理标准,涵盖市政设施、市容环境卫生、城市照明、行政执法等九个方面,对每项管理内容的目标、标准、责任分工、工作流程和奖惩等进行精细化设计。上海、安徽、河北、山东等地也相继出台精细化治理的政策文件。城市精细化治理已成为中国城市治理现代化的重要战略目标和基本政策导向。

一、城市精细化治理的构成要素

"精细化"一词在 20 世纪 50 年代颇为盛行,起初应用于企业管理领域,弗雷德里克·W. 泰勒(Frederick W. Taylor)的"科学管理"和威廉·E. 戴明(William E. Deming)的"为质量而管理"都是精细化管理的重要思想源流。④ 到 20 世纪 80 年代,"新公共管理运动"掀起了"重塑政府"和"再造公共部门"的浪潮,如何引入企业高效的精细化管理方式并建设有"企业家精神"的政府成为这场运动的核心追求。区别于以营利为导向的企业,政府更加强调社会治理效能,而非单一的经济效益,并追求社会系统的高效运转。这就需要政府在高度复杂的社会情境中协调各方利益关系,寻求一种高效且合理的治理方式推动全社会高效协调运转。

从内涵来看,城市精细化治理是通过治理制度、政策和技术的革新以实现城市治理的细分、精准、智慧和效能,从而构建繁荣和谐、安全有序、充满活力、富有温度的宜居城市。⑤ 城市精细化治理以"精、准、细、严"为核心要素。其中,"精"是指精心和求精,力图在空间规划、社会秩序、经济发展等各个领域达到精益求精;"准"是准确和精准,需要精准设定治理目标、精准识别治理问题、精准选择治理技术和精准把握治理效果;"细"即细致和细化,要细分治理对象、治理职责和治理工具,对城市治理工作进行细致化处理;"严"是指严谨和严格,要严谨制定城市治理标准,严

① 《中央城市工作会议在北京举行 习近平李克强作重要讲话》(2015 年 12 月 22 日),中国政府网,https://www.gov.cn/xinwen/2015-12/22/content_5026592.htm,最后浏览日期:2025 年 3 月 6 日。
② 《习近平:城市管理应该像绣花一样精细》(2017 年 3 月 5 日),央广网,https://china.cnr.cn/gdgg/20170305/t20170305_523637510.shtml,最后浏览日期:2025 年 3 月 6 日。
③ 《习近平心中的"城"》(2019 年 8 月 28 日),求是网,http://www.qstheory.cn/zdwz/2019-08/28/c_1124930241.htm,最后浏览日期:2025 年 3 月 6 日。
④ 韩志明:《从粗放式管理到精细化治理——迈向复杂社会的治理转型》,《云南大学学报》(社会科学版)2019 年第 1 期。
⑤ 陈水生:《我国城市精细化治理的运行逻辑及其实现策略》,《电子政务》2019 年第 10 期。

格把控治理偏差。① 此外,城市精细化治理具有治理主体多元化、治理流程精密化、治理技术专业化及治理效果最优化等特征②,实现了治理结构从单向连接到多向连接、治理机制从弱关联到强互动的重要转变。③ 城市精细化治理的构成要素可从治理主体、治理单元、治理目标和治理工具四个方面予以分析(见表 11-1)。

表 11-1　传统城市治理与精细化治理的比较

构成要素	传统城市治理	精细化治理
治理主体	政府	政府与社会
治理单元	群体	个体
治理目标	模糊配对	精确匹配
治理工具	经验治理	数据支撑

(一) 治理主体

传统城市管理模式往往以政府为唯一主体,城市治理资源全部由政府调配。但是,在实际的城市管理过程中,正式的制度安排和规则常被忽视,政府管理实践多借助官僚个人经验,管理策略往往具有随意性,导致城市治理程序混乱、标准不一和形式主义等问题;加上成本控制、人员管理、资源投入和监督管理等方面的缺位与错位④,导致"粗放式管理"的治理方式贯穿于城市治理过程中。

城市精细化治理追求治理主体的多元化、制度化与专业化。首先,在党和政府的引导下,公共部门、私人部门和第三部门都是城市精细化治理网络的参与者,能够以通力合作和良性互动来共同达成政策目标。其次,治理流程再造能够使每一个治理环节最优化,促进治理流程制度化,实现政府治理资源配置"精细化"。最后,不同于"全能型政府"的治理理念,城市精细化治理强调实现不同治理主体的专业优势"互补",即政府作为"指挥家",社会团体与个体作为"演奏者",共同奏响"精确、精准、精致"的城市治理乐章。

(二) 治理单元

在单一制的国家结构形式下,为贯彻中央的一统性政策,国家通常以地域、种族或战略意图进行整体化的治理单元划分。在总体性治理模式下,治理事务和治

---

① 陈水生、卢弥:《超大城市精细化治理:一个整体性的构建路径》,《城市问题》2021 年第 9 期。
② 周晓丽:《论社会治理精细化的逻辑及其实现》,《理论月刊》2016 年第 9 期。
③ 锁利铭、冯小东:《数据驱动的城市精细化治理:特征、要素与系统耦合》,《公共管理学报》2018 年第 4 期。
④ 韩志明:《从粗放式管理到精细化治理——迈向复杂社会的治理转型》,《云南大学学报》(社会科学版) 2019 年第 1 期。

理对象往往聚焦于行政区域或组织层面,难以触及微观个体,秉承"差不多"的模糊治理理念。改革开放以来,城市社会需求和社会事务日趋复杂化和多元化,社会事实由简单逐渐变得复杂,既往针对具有共同特征的群体性治理单元的单一化管理模式已难以匹配城市治理的新需求,管理模式应细化为微观个体的自然人单元,以更好匹配个体的异质性特征并满足其偏好诉求。[①]

城市精细化治理遵循"以人为本"的核心理念,旨在满足治理对象的多元化需求,将治理单元下沉到城市少数群体甚至个人。在满足群体性公共服务的基础上,城市精细化治理洞悉了个体需求,使城市公共服务直接惠及社会个体。"以人为本"的城市精细化治理强调"人民参与",区别于传统自上而下的权威管控,城市精细化治理注重"政府主导+人民参与"的双向互动,通过人民参与城市治理,政府能够更加精准地回应民众的多元需求。[②]

(三)治理目标

传统中国的人口规模和经济格局相当稳定,社会事务呈现高度同质化和简单化的特征。城市治理大多通过职能部门的简单分工、社会机构的简约设置以及管理人员的简单安排,实现国家对社会事务的权威掌控和治理资源的模糊匹配。20 世纪 80 年代以来,在信息化、全球化和网络化的发展背景下,社会发生了快速分化和发展,错综复杂的社会问题纷至沓来,社会的不确定性、不可预知性和高风险性愈加凸显。因此,实现治理资源与治理事务的精确匹配需要基于清晰的社会事实,而传统的城市管理理念与手段难以满足这一约束性条件。

在此背景下,城市精细化治理借由"流程再造"和"过程管理"实现城市治理目标的精确匹配。例如,浙江"最多跑一次"改革通过系统梳理政府业务流程,简化了不必要的流程和步骤,实现了企业和民众需求的精准对接。[③] 有别于纯结果导向和事后补救型的管理理念,城市精细化治理主张重塑治理过程,遵循"事前详尽调查—事中科学处理—事后总结反馈"的闭环管理,以全覆盖的制度规范和严格的标准化程序,极大地保障治理的透明性和可见性。[④] 通过"流程再造"和"过程管理",城市治理对象和治理事务的全貌得以廓清,社会事实的清晰化程度显著提升,从而实现了城市治理供给与需求的精确匹配。

(四)治理工具

人类社会的任何一种政治文明形式都不是抽象的,而是包含在具体的社会治

---

① 锁利铭、冯小东:《数据驱动的城市精细化治理:特征、要素与系统耦合》,《公共管理学报》2018 年第 4 期。
② 陈水生、卢弥:《超大城市精细化治理:一个整体性的构建路径》,《城市问题》2021 年第 9 期。
③ 郁建兴、高翔:《浙江省"最多跑一次"改革的基本经验与未来》,《浙江社会科学》2018 年第 4 期。
④ 韩志明:《从粗放式管理到精细化治理——迈向复杂社会的治理转型》,《云南大学学报》(社会科学版)2019 年第 1 期。

理方式之中。① 中国素来缺乏"数目字管理"的历史传统②,古代官员以儒学经典、道德教化而非正式制度规则作为治理工具。"当一个人口众多的国家,各人行动全凭儒家简单粗浅而又无法固定的原则所限制,而法律又缺乏创造性,则其社会发展的程度,必然受到限制。即便是宗旨善良,也不能补助技术之不及。"③因此,古代官员难以对国家事务形成精准的认识,治理策略"靶向不明"。步入现代,城市管理亦呈现"粗放式"形态,单一的行政命令式治理工具增加了资源利用成本,难以实现资源合理配置,且依然存在"模糊不清"的问题。随着城市事务日益繁杂,资源填补式的治理手段难以适应治理需求,甚至引发新的社会矛盾。

在选择治理工具方面,城市精细化治理强调治理工具的综合性和智慧性。首先,面对城市治理领域多元化和治理事务复杂化的现实情境,仅仅依靠单一的行政命令式治理工具难以为继,而城市精细化治理基于不同的治理对象与治理任务,综合运用行政手段、经济手段、法律手段、自治手段和技术手段等治理工具,弥补了以往治理工具的失灵。其次,城市精细化治理强调治理工具的智慧性,充分利用以互联网和物联网为代表的现代信息技术,涌现出了上海"一网通办"、杭州"城市大脑"等创新实践,实现了政府多部门间、政府与社会之间的数据联通和城市治理资源的精准配置,并提升了政府治理决策的科学化与智慧化水平。

二、城市精细化治理的运行特征

城市精细化治理涵盖组织、技术和制度三个层次,不同层次之间相互联系并构成一个有机系统。其具体特征包括职责清晰、技术支持、事务明晰、规则细致、体制嵌入、主体协同和专业逻辑等运行特征。

第一,职责清晰。城市事务越繁杂,涉及的政府部门往往越多。长期以来,政府职责交叉不清的问题始终存在,对有利的社会事务"争功",对难办、不利的社会事务"避责",使社会治理时常陷入"大事难解决,小事不解决"的困境。城市精细化治理要求政府部门职责清晰化,对单一事务以事务性质确定责任部门,对涉及多部门的城市事务要求责任细化,确定不同阶段、不同情形、不同流程中相对应的政府职能部门,从而避免因政府推诿、不作为、乱作为所致的治理困境,有效缓解社会矛盾。

第二,技术支持。传统城市治理更多依靠官员的个人知识和经验判断,从发现机制到应对机制都存在高度的不确定性。精细化治理运用互联网、云计算、物联网

---

① 张康之:《政治文明与社会治理体系的核心价值》,《社会科学研究》2004年第2期。
② 唐皇凤:《我国城市治理精细化的困境与迷思》,《探索与争鸣》2017年第9期。
③ 黄仁宇:《万历十五年》,生活・读书・新知三联书店1997年版,第245页。

以及智能终端搜集、整合、管理和分析数据[1]，将无序的数据碎片转化为有序、可利用的信息资源，并在此基础上，对社会事务进行准确而迅速的判断，变"经验治理"为"科学治理"，实现城市事务和问题的有效治理。

第三，事务明晰。社会事务是城市治理的对象，而充分的治理信息是城市治理的重要前提。尽管政府可能掌握80%的公共垄断信息，但这仅是基于统计编码可得的宏观信息，仍有大量散落于个体及社会组织的社会信息未被囊括。[2] 信息不对称与不全面加剧了城市治理的"模糊性"，导致政府难以实施精确治理。城市精细化治理通过纵向组织层级延伸（如网格）使国家触角遍布城市的微观角落，同时结合现代化技术，使各种社会问题和社会事务的特征更加明晰。因此，政府既能掌握宏观治理信息，也能及时洞察微观个体需求，从而实现城市事务治理的精细化。

第四，规则细致。治理规则的细致程度在一定程度上决定城市事务和问题精准治理的效果。传统城市治理以"大而化之"为治理原则，依靠治理主体的主观裁量来判定城市事务和问题的特点与性质，难以形成精确有效的治理方案。城市精细化治理则强调制度化和标准化取向，在明晰城市治理问题和事务的基础上，制定配套的制度、规范和标准，将无序化、随机化的城市问题和事务细化为具体的步骤和流程，通过拆解和重组，从而使城市治理各个环节和各项工作实现有章可依、有规可循。[3]

第五，体制嵌入。随着新型城镇化建设的持续推进，城市治理问题错综复杂，且治理任务日益艰巨，治理难度随之加大。城市精细化治理是对原有制度的补充与完善，也是对传统城市管理模式的超越。但是，若要实现创新实践的效用最大化，城市精细化治理还需与现存治理体制相融合[4]，因此依然需要强调政府在治理体系中的主导地位。但是，"横向到边、纵向到底"的城市治理网络并非政府的"独角戏"，城市精细化治理既要利用科层组织的刚性优势，又要与现行社会治理体制形成引导与嵌入、承载与依托的互适关系，才能实现城市精细化治理的常态化运作。

第六，主体协同。有限能力与无限责任是中国政府治理的内在矛盾。[5] 有限能力意味着治理资源和能力相对有限，无限责任则是指广泛的社会治理需求。在这一矛盾下，实现治理资源的有效配置绝非易事。改革开放以来，中国社会治理经历了由单一主体向多元主体、由单向建构向双向建构、由反应性建构向能动性建构

① 李雪松：《大数据推进城市公共服务精细化的逻辑解构》，《电子政务》2018年第5期。
② 韩志明：《模糊的社会——国家治理的信息基础》，《学海》2016年第4期。
③ 董幼鸿：《精细化治理与特大城市社区疫情防控机制建设——以上海基层社区疫情防控为例》，《社会科学辑刊》2020年第3期。
④ 柯尊清、崔运武：《社会治理精细化的生成机理与运行逻辑研究》，《理论月刊》2018年第5期。
⑤ 杨宏山：《整合治理：中国地方治理的一种理论模型》，《新视野》2015年第3期。

转变的演进历程①,多元主体协同成为善治的必然要求。城市精细化治理也遵循这一历史演进逻辑,将社会主体纳入精细化治理,使国家的基础性权力得以渗入市民社会,国家也开始依靠与市民社会的制度化协商和谈判来执行政治决定。② 一方面,在明确政府组织职能边界的基础上,原有的职能、层级和社会关系不断调整,组织结构向下授权、向基层授权,在纵向层面增强了治理结构的弹性。另一方面,力图实现在横向层面的治理主体协同化,通过调整政府内部以及政府与公众、社会等多元主体之间的关系,优化政府内部流程并促进双向互动③,构建多元主体协同联动的治理格局。

第七,专业逻辑。在复杂的社会背景下,城市社会需求朝着多元化和个性化的方向发展,加上政府职能分化与扩张所导致的政府规模膨胀,使治理的复杂性增加,因此更加呼吁专业化的治理。城市精细化治理强调专业性的回归,让专业的主体承担不同性质的社会事务,生产和供给不同类别的专业化公共服务,再辅之以界定明晰的职责和事务、制度化的治理流程和标准以及提供完备的技术支持,使盘根错节的社会关系更加明晰,资源配置效率得以显著提升。城市精细化治理的专业逻辑也是当前知识和创新驱动型社会的必然要求,各种规章制度和操作标准等都离不开大量跨学科的专业知识。

三、城市精细化治理的成效、困境与优化路径

在社会分工日益深化和利益取向渐趋多元的当今社会,从粗放式管理走向精细化治理是政府治理的重要转型。④ 城市精细化治理是精细化理念与官僚运作逻辑的适当衔接,是标准化治理流程与现存体制机制的融合互适,是政府主导与多元主体的系统合作,对提升城市治理效能具有重要意义。城市精细化治理改变了传统公共服务供给中的同质化思维,推动了城市治理政策、治理手段、治理对象、治理结果的精确化、智慧化、精细化和效能化。然而,城市精细化治理也存在内在困境,例如,因事务过细而降低城市治理效率、因系统复杂而弱化社会参与意愿,以及技术取向和制度主义取向所致的异化风险与治理隐忧。

(一)城市精细化治理的成效

城市精细化治理是推动城市治理转型的"机制性"策略,其主要成效包括如下

① 柯尊清:《城市基层社会治理的社会建构研究》,《学术探索》2016 年第 6 期。
② Michael Mann, "The Autonomous Power of the State: Its Origins, Mechanism and Result", *European Journal of Sociology*, 1984, 25(2), pp.185-213.
③ 唐皇凤:《我国城市治理精细化的困境与迷思》,《探索与争鸣》2017 年第 9 期。
④ 蒋源:《从粗放式管理到精细化治理:社会治理转型的机制性转换》,《云南社会科学》2015 年第 5 期。

四个方面。第一,城市政策供给精确化。精细化治理针对城市问题和社会事务特点而对治理领域和治理职责进行细分,提升了政策供给的精确化程度。第二,城市治理手段智慧化。精细化治理依托现代科学技术,扩大了城市治理工具的选择范围,有效降低了人工治理的难度和成本,从而促进了城市治理智能化与便捷化。第三,城市治理对象精细化。精细化治理不再将治理对象局限于群体层面,而是正视个体的差异化需求,通过精准识别个性化需求和多元化供给促进了公共服务供需适配。第四,城市治理结果效能化。精细化治理改变了传统治理中只注重结果和数量的笼统思维,将服务是否细致、事务是否满意和问题是否被解决,作为治理结果的评价标准,实现了治理结果的效能化。

(二) 城市精细化治理的困境

为最大限度发挥精细化治理的效用,城市精细化治理需要在规范和约束的过程中走向制度化,但这一过程也存在制度僵化的威胁,进而可能导致城市精细化治理的"过制度化"。城市精细化治理主要存在以下发展困境。

第一,事务过细降低城市治理效率。细化治理职责和事务符合专业主义取向,但城市治理事务与问题的复杂性又往往需要系统性和全局性的治理思维,而过于细分所致的碎片化治理则割裂了城市治理事项间的内在联系和联动机制,反而会降低整体治理效率。

第二,复杂系统弱化社会参与意愿。精细化治理强调治理的专业化与细致化,导致了制度设计繁复,进而加剧了治理系统的庞杂性,使得社会主体参与治理的成本变高,参与治理的渠道不畅,最终降低其参与精细化治理的意愿。

第三,精细化治理存在技术取向和制度主义取向的异化风险和治理隐忧。一方面,城市精细化治理离不开现代技术的有力支撑,但过度技术化会引发技术崇拜、过度管控、技术碎片化、技术歧视与技术压制人性等异化风险;另一方面,城市精细化治理需要完善的制度设计作为保障,构建规范的治理准则、科学的治理流程和可控的治理秩序,而制度主义取向下的城市精细化治理也存在部门本位、创新缓慢、制度超载和"制度—技术"脱节等隐忧。①

(三) 城市精细化治理的优化路径

针对上述困境,不少学者提出城市精细化治理的优化建议。例如:坚持以人为本的治理理念,制定整体性规划并完善城市治理体系和创新治理手段②;实现制度

---

① 陈水生:《技术、制度与人本:城市精细化治理的取向及调适》,《山西大学学报》(哲学社会科学版) 2021 年第 3 期。

② 张明斗、刘奕:《新时代城市精细化治理的框架及路径研究》,《电子政务》2019 年第 9 期。

优化、政策创新和技术驱动的融合性治理,包括构建联动协同的城市精细化治理制度体系、整合城市精细化治理政策工具、推动城市网格化治理与智慧治理技术的双重融合①;加强城市精细化治理的顶层设计,建立更加科学的标准体系,夯实城市精细化治理的技术支撑,并拓展问题驱动的精细化治理工具。② 可见,城市精细化治理是一个系统性工程,可从治理理念、治理体系、治理制度、治理技术等多维度加以优化。

首先,"以人民为中心的治理理念"是城市精细化治理优化的首要前提。这就要求维护人民在城市精细化治理中的主体地位,以人民需求为治理决策的出发点和落脚点,积极引导和保障公民参与城市公共事务治理,从而提升人民群众的获得感、幸福感、安全感。

其次,"职责明确、多元协同的治理体系"是城市精细化治理优化的组织基础。区别于传统粗放式管理,城市精细化治理对政府治理体系和治理能力提出了更高要求。一方面,要进一步厘清城市治理中不同纵向层级与横向部门之间的权力分配与职责界定,避免职能分散、权责不一所导致的治理冲突;另一方面,随着信息流动、系统开放和公共事务跨域性的程度加深,"今天的政府在治理上的作为不如过去的政府。部分政府的政策自主权已经逐渐被政府以外的机制所取代"③,因而加强不同层级、不同职能部门及政府与其他主体之间的协同治理已经成为不可逆转的时代潮流。

再次,"整体互适、稳定持续的治理制度"是提升城市精细化治理效能的制度保障。城市精细化治理涉及多元主体的协同合作,覆盖多个政策领域、行政层级和职能部门,因此,需要建立一套相互衔接、整体互适的制度规则来维系治理过程并引导各主体做出符合制度预期的行为,进而培育行动共识,采取统一的治理行动。此外,为增进多元主体的合作互赖,还应注重治理制度的稳定性和可持续性,从而将城市精细化治理的制度优势转化为治理效能。

最后,"丰富多元的现代治理技术"是城市精细化治理有效运转的强有力支撑。以互联网、物联网、大数据、人工智能、云计算为代表的新一代信息技术正成为城市精细化治理的重要技术驱动力。但城市精细化治理要避免掉入技术决定论的陷阱,要求超越单一的工具理性,让技术工具真正服务于人的美好生活需求和人的自由全面发展。

---

① 陈水生:《我国城市精细化治理的运行逻辑及其实现策略》,《电子政务》2019 年第 10 期。
② 韩志明:《推进城市精细化治理的关键问题》,《人民论坛》2024 年第 14 期。
③ [美]B. 盖伊·彼得斯:《政府未来的治理模式》,吴爱明、夏宏图译,中国人民大学出版社 2017 年版,第 1 页。

第三节　城市智慧治理创新

政府治理实践与时代发展相辅相成。在互联网时代,信息技术赋能政府治理,催生了电子政务这一创新实践。在第四次工业革命浪潮的驱动下,以物联网、大数据、云计算、人工智能为代表的新兴技术使人类进入"大数据"时代。数据具有规模(volume)大、处理速度(velocity)快、数据类型(variety)多和数据价值(value)高的4V特征。[①] 2020年4月,中共中央、国务院出台《关于构建更加完善的要素市场化配置体制机制的意见》,将数据列为继土地、劳动力、资本、技术之后的第五生产要素。

在此背景下,城市智慧治理开始进入人们的视野。2008年12月,IBM公司提出了智慧城市的发展愿景,将物联网、云计算、大数据等信息通信技术的应用作为智慧城市建设的基本内容。[②] 2012年12月,《住房和城乡建设部办公厅关于开展国家智慧城市试点工作的通知》公布,该文件指出,"智慧城市是通过综合运用现代科学技术、整合信息资源、统筹业务应用系统,加强城市规划、建设和管理的新模式",随后进行了三轮国家智慧城市试点。2014年3月,中共中央、国务院出台《国家新型城镇化规划(2014—2020年)》,将"智慧城市建设"列为"推进新型城市发展"的三大目标之一,要求"推动物联网、云计算、大数据等新一代信息技术创新应用,实现与城市经济社会发展深度融合。强化信息网络、数据中心等信息基础设施建设。……促进城市规划管理信息化、基础设施智能化、公共服务便捷化、产业发展现代化、社会治理精细化"。2016年3月,《中华人民共和国国民经济和社会发展第十三个五年规划纲要》指出,要推进大数据和物联网发展,充分运用现代信息技术,创新城市治理方式,改革城市管理和执法体制,推进城市精细化、全周期、合作性管理,从而提升城市治理水平。2020年4月,国家发展和改革委员会出台《关于印发2020年新型城镇化建设和城乡融合发展重点任务的通知》,要求实施新型智慧城市行动,进一步完善城市数字化管理平台和感知系统,打通社区末端、织密数据网格,整合多领域信息系统和数据资源,推进政务服务"一网通办"、城市运行"一网统管"建设,支撑城市健康高效运行和对突发事件的快速智能响应。在中央顶层文件的指引下,城市智慧治理实践在各地呈现燎原之势。本节主要包括以下内容:(1)城市智慧治理的内涵与特征;(2)城市智慧治理的核心要素;(3)城市智慧治理的技术构成;(4)城市智慧治理的整体性构建路径。

[①]　杨冬梅:《大数据时代政府智慧治理面临的挑战及对策研究》,《理论探讨》2015年第2期。
[②]　李云新、韩伊静:《国外智慧治理研究述评》,《电子政务》2017年第7期。

一、城市智慧治理的内涵和特征

从刀耕火种的远古时代到蒸汽时代、电气时代、信息时代,再到第四次科技革命方兴未艾的当下,发现和探索更加精妙的应用工具和技术以提升社会生产效率和治理效能,是社会发展的永恒追求。现代技术正影响着人们的生产和生活,而智慧治理是现代技术发展和行政管理变革共同作用的产物,是以现代技术为依托,创新政府治理方式和提升治理效能的现代治理形态。从内涵来看,已有研究多从技术和治理两个维度对城市智慧治理进行界定:智慧治理是网络技术、数据技术、信息通信技术等治理工具变革背景下的政府治理创新的结果,而治理工具创新能更好辅助政府治理决策,体现"智慧"的特点[1];智慧治理也是信息技术的特殊组合形态,包含复杂的技术元素,其技术系统由行动者、技术要素和规则体系构成[2];智慧治理也能被理解为利用信息通信技术创造新的人类协作形式,从而获得更优结果和更开放的治理流程。[3] 智慧治理还是一种思维方式和价值理念,强调效率、民主、回应、公平、开放、协同与合作[4],秉持兼容开放、以人为本的价值追求。[5] 因此,城市智慧治理是指通过治理技术创新、治理制度变革、治理过程优化和治理体系再造,全面提升城市治理的智能化、精准化、人本化和效能化水平。

城市智慧治理以算法至上、数据驱动和连接治理为典型特征。[6] 首先,算法至上是指依托算法提升决策和治理的科学性、精准性。在机器学习、深度学习和人工神经网络渐趋成熟的基础上,算法具备独立进化、自我改进、反思学习等优势。[7] 借助精确算法技术,传统粗放式和模糊化的城市治理模式得以改变,城市治理的精细化水平和治理结果的效能化程度均显著提升。其次,城市智慧治理呈现数据驱动特征。数据是实现智慧治理的基本要素,为政府科学决策提供支持。数据驱动的智慧治理利用互联网、物联网、云计算等技术,实现了海量数据的收集、存储与分析。与此同时,数据共享平台的建立也促使政府的数据分析能力日益增强,由数据索取转为服务推送,实现了政府决策的实报与精报[8],极大地提高了政

---

① 李云新、韩伊静:《国外智慧治理研究述评》,《电子政务》2017 年第 7 期。
② 韩志明、李春生:《城市治理的清晰性及其技术逻辑——以智慧治理为中心的分析》,《探索》2019 年第 6 期。
③ Albert Meijer and Manuel Pedro Rodríguez Bolívar, "Governing the Smart City: A Review of the Literature on Smart Urban Governance", *International Review of Administrative Sciences*, 2016, 82(2), pp.392-408.
④ 颜佳华、王张华:《数字治理、数据治理、智能治理与智慧治理概念及其关系辨析》,《湘潭大学学报》(哲学社会科学版)2019 年第 5 期。
⑤ 宋国恺、张怡然:《迈向技术融合的智慧治理》,《行政管理改革》2023 年第 5 期。
⑥ 陈水生:《迈向数字时代的城市智慧治理:内在理路与转型路径》,《上海行政学院学报》2021 年第 5 期。
⑦ [以]尤瓦尔·赫拉利:《未来简史——从智人到智神》,林俊宏译,中信出版社 2017 年版,第 357 页。
⑧ 刘叶婷、王春晓:《"大数据",新作为——"大数据"时代背景下政府作为模式转变的分析》,《领导科学》2012 年第 35 期。

府的数据治理能力。最后,城市智慧治理是一种连接治理。所谓连接治理,是指人与物、人与组织、技术与制度等的互联互通。城市智慧治理通过技术、信息与数据的连接,实现全景、全程和全域治理,从而构建了一个多元主体协同、技术嵌入、治理能力迭代的城市治理新体系。概言之,城市智慧治理是集算法至上、数据驱动、连接治理于一体的城市治理新形态。借助数字、算法和数据等要素,综合应用人工智能、云计算和互联网等技术,城市智慧治理实现了治理信息的集成化与治理手段的智能化,并通过精确制导、精细治理、精心执行,达成城市治理的精准化与效能化。

二、城市智慧治理的核心要素

智慧治理的核心要素决定城市智慧治理的发展走向与应用空间。其中,技术标准是基础,即城市智慧治理依赖高度发达的数据、通信和网络等技术;顶层设计是核心,城市智慧治理是一项需要进行系统的顶层设计以指导智慧治理实践的复杂工程;政策环境是保障,智慧治理需要稳定而持续的政策支持;法律规范是要求,作为新兴治理形态的智慧治理需要受到法律规范的约束;市场需求是支撑,稳定的市场需求是智慧治理持续发展的催化剂;专业人才是纽带,城市智慧治理是"以人为本"的治理,需要扩大高素质人才储备以驾驭高度复杂的智能技术。

1. 技术标准

智慧治理架构基本遵循"3I"特征,即透彻感知、互联互通和深度智能化,而这三大特征将通过相应的核心技术来实现。① 中国城市智慧治理技术取得了一定成效,但整体仍处于发展初期,在技术供给上存在较明显的不稳定性和差异性。因此,需要统一的技术标准进行"软约束",防止智慧治理技术的盲目开发。只有以相对统一的技术标准为基础,智慧治理技术才能在横向和纵向上实现无缝衔接,从而加速城市智慧治理的发展进程。

2. 顶层设计

城市智慧治理的顶层设计能够以全局和系统的视角对智慧城市治理的各领域和各要素进行统筹考虑,从而在具体政策目标和实施路径的指引下,可持续地提高效益、节约资源、降低风险和成本。② 以上海市为例,上海市人民政府办公厅于2021年10月印发了《上海市全面推进城市数字化转型"十四五"规划》。作为上海市智慧治理的顶层文件,《规划》明确了城市数字化建设的总体架构——"底座、中

① 胡丽、陈友福:《智慧城市建设不同阶段风险表现及防范对策》,《中国人口·资源与环境》2013年第11期。
② 何军:《智慧城市顶层设计与推进举措研究——以智慧南京顶层设计主要思路及发展策略为例》,《城市发展研究》2013年第7期。

枢、平台互联互通的城市数基,经济、生活、治理数字化'三位一体'的城市数体和政府、市场、社会'多元共治'的城市数治",此外还明确了城市数字化转型的建设指标、重点任务和保障措施,为上海城市智慧治理提供良好指引。

3. 政策环境

作为城市治理的创新实践,城市智慧治理有赖于稳定且持续的政策环境支持,以保障智慧治理实践得以稳步推进。一方面,国家需要设计宏观的发展图景以规范各地表现迥异的智慧治理实践,确保城市智慧治理可持续发展;另一方面,还需要制定微观的专项政策,特别是在数据层面形成统一的政策支持体系,保证数据的获取、存储、转化与处理,同时防止"政策打架",从而为城市智慧治理提供良好的政策环境保障。

4. 法律规范

城市智慧治理以数据驱动和技术取向为特征,因而容易陷入"技术万能论"的误区,导致城市治理变成冷冰冰的"技术治理"。此外,诸如数据开放的安全性、公民隐私的保护以及数据治理成本等皆是城市智慧治理需要直面的问题,均需要完善的法律规范予以引导。法律规范虽无法明确城市智慧治理的未来进路,却能够保证治理实践的有序发展。以技术供给为例,城市智慧治理多由科技企业或科研单位提供技术及设备固件,而相关法律规范的缺位势必会引致技术供给的良莠不齐、恶性竞争和不可持续。

5. 市场需求

由于社会分工的专业化,城市智慧治理的物理设施往往不是由政府主体直接提供,而是以政府购买或公私合作的形式,交由现代企业这一市场主体负责。企业出于逐利目的,其组织行为多受市场需求驱动。易言之,城市智慧治理的市场需求决定了企业的研发投入与产出行为,进而直接影响城市智慧治理的技术基础和发展程度。有学者预言,到2030年,发展中国家将投入30万亿美元进行城市基础设施建设[1],来自政府的投资信号无疑会激发企业主体的市场活力。此外,广大人民群众亦是市场需求的重要动力源。在感知智慧治理带来巨大便利的同时,人们也会因信息安全与数字鸿沟等问题而产生对技术治理的不信任,而这一信任危机在一定程度上会影响政府投入治理资源,甚至会延迟政策的出台。由此可见,广泛且稳定的市场需求是推动城市智慧治理可持续发展的催化剂。

6. 专业人才

城市智慧治理归根结底是以人为本的治理,是一种体现人本价值的治理方式。现代科学技术为城市智慧治理奠定了良好的物质基础,但贯彻"以人为本"的治理理念还需依靠高素质的专业人才。技术嵌入使社会治理的场域发生转变,促成了

---

[1] Milind Naphade, Guruduth Banavar and Colin Harrison, et al., "Smarter Cities and Their Innovation Challenges", *Computer*, 2011, 44(6), pp.32-39.

治理主体的机器化、治理体系的算法化和治理手段的技术化,同时也面临滑向"技术利维坦"的风险。① 缺乏专业人才可能诱发以下风险:一是人员素质风险,如业务不精或决策和管理能力不足;二是职业道德风险,如"以智慧治理为名,行侵犯隐私之实",导致核心技术流失。当前中国绝大多数城市的智慧治理仍处于技术引入阶段,对人才的储备、培训和管理机制尚不健全,而专业人才的缺乏将制约城市智慧治理的可持续发展。

三、城市智慧治理的技术构成

城市智慧治理是技术治理的高级形态。在现代技术的加持下,城市智慧治理能够推动数据资源的信息化,构建城市社会事务之间的数据关联,从而生成标准化的城市社会事务处理流程,实现城市治理的智能化和精准化。在城市治理实践中,新一代信息技术被广泛应用于城市基础设施、公共安全、医疗卫生、文化教育、民生服务等诸多领域,极大地提升了城市智能感知、安全管理、分析决策等能力。②

城市智慧治理内含多种技术组合。从关键技术支撑来看,城市智慧治理需要依托物联网、云计算、大数据、人工智能、5G、增强现实(AR)以及地理信息技术等赋能城市治理。③ 这些技术需要与具体的城市治理事务相结合,体现为智能感知技术、信息共享技术、智慧决策技术和民生服务技术等方面。

1. 智能感知技术

感知城市空间的社会事实是实现城市智慧治理的前提,只有建立在社会事实可感知的基础上,重要的信息和数据才能在城市治理中得以提炼、加工、存储和分析。智能感知技术即着眼于社会事实的感知、读取和编码,从而形成清晰的数据映射。具体而言,智能感知技术能够通过地理编码系统、3S 技术等获取城市物理空间信息;应用高清摄像头、传感器、人体芯片等洞悉城市居住者的行为信息;借助 API 接口、App 接口等获取网络用户数据信息。为规范智能感知技术在城市智慧治理中的应用与发展,北京市于 2021 年 3 月出台了《北京新型智慧城市感知体系建设指导意见》,将新型智慧城市感知体系分为感知、网络、数据、应用四个层次,围绕感知体系规划建设与管理、感知数据共享互通等进行了整体部署。

2. 信息共享技术

城市智慧治理要求多元社会主体共同参与城市治理,而信息的获取往往是多

---

① 王小芳、王磊:《"技术利维坦":人工智能嵌入社会治理的潜在风险与政府应对》,《电子政务》2019 年第 5 期。

② 郑明媚、张劲文、赵蓄蓄:《推进中国城市治理智慧化的政策思考》,《北京交通大学学报》(社会科学版) 2019 年第 4 期。

③ 李云新、韩伊静:《国外智慧治理研究述评》,《电子政务》2017 年第 7 期。

主体参与共治的前提条件。因此,在智能感知技术生成海量信息的基础上,还需借助信息共享技术打破各部门间、各主体间的信息壁垒,实现信息在多部门与多主体间的交流与共享。在具体实践中,城市智慧治理多借由网络平台和智能终端等实现信息共享共通。其中,网络平台主要是指各级政府建立的官方网站、微博、微信公众号等数据共享平台。一方面,各级政府需要遵照《中华人民共和国政府信息公开条例》和各地"数据共享开放条例"向公众开放特定的数据信息资源;另一方面,民众也可以通过在线留言、政务咨询等端口表达自身诉求,促进政民信息交流。智能终端则是围绕治理事务搭建的智慧平台,如北京的"智慧城管"、上海的"一网统管",能够实现信息资源在多部门间的交流共享,避免因信息不对称所导致的治理决策失误。

3. 智慧决策技术

智能感知和信息共享技术实现了信息集成,但导向智能化、精准化的城市治理还需依托智慧决策技术。不同于传统城市管理的经验与直觉式决策,智慧决策技术基于对海量信息资源的分析,依托各种算法和模型,输出经由数据论证的决策结果。智慧决策技术还可进一步细分为实时性决策技术和预测性决策技术。其中,实时性决策技术是借助镜像模拟等数据挖掘技术,基于实时数据的基础上生成决策结果;预测性决策技术则是运用 Python、深度学习等数据分析技术,对历时性数据进行归纳总结,从而提前预判潜在的治理问题,并生成针对性的应急预案。[①] 例如,杭州市"城市大脑"由数据采集系统、数据交换中心、开放算法平台、超大规模计算平台和数据应用五个子系统构成,在数据采集和数据交换系统完成信息的收集与传递之后,基于阿里云自研的飞天算法系统在开放算法平台完成算法建模和计算,最后在数据应用系统输出决策。

4. 民生服务技术

城市化的快速发展为城市民生服务带来了新的挑战,使传统城市治理中依托人工识别的公共服务供给方式难以为继。城市智慧治理依托新一代智能技术,能够感知、分析和整合城市运行的关键信息,切中民生服务的难点、痛点和堵点,并做出科学化和智能化的响应。目前民生服务技术大致分为两类:一类是聚焦于民众的政务服务需求,如建立一站式服务平台、数字化平台等,以上海的"一网通办"为典型代表;另一类围绕民众的日常生活所需,涵盖出行、医疗、教育、养老等领域,如"公交云""在线医疗""国家智慧教育平台""智慧养老云平台"等,为城市居民带来了更加便捷与智能的体验。

---

① 韩志明、李春生:《城市治理的清晰性及其技术逻辑——以智慧治理为中心的分析》,《探索》2019 年第 6 期。

四、城市智慧治理的整体性构建路径

城市智慧治理不仅是对传统粗放式城市管理的摒弃与超越,也是对城市网格化治理、城市精细化治理等城市治理创新实践的继承与发展,因而思考其构建路径对于推进城市治理创新具有重要现实意义。城市智慧治理既要求治理技术的智能化,又需要协调治理行为和治理过程的价值多元与矛盾[1],而新一代信息技术的嵌入使城市治理生态、城市治理制度、城市治理事务等呈现新的特征。[2] 因此,城市智慧治理转型涉及治理理念、治理制度、治理工具和治理模式的更新。

(一) 治理理念创新:从分离治理到连接治理

在传统官僚运作逻辑下,城市治理长期秉持分离治理的治理理念,即城市治理事务通常依照部门权责交由不同的治理主体去办。这在一定程度上符合治理倡导的专业化和责任分工的要义,但由于"本位主义"观念的误导,城市治理"各自为政"渐成常态。分离治理强调从局部出发,形成以部门或领域为划分的治理闭环,应对复杂程度较低的治理事务尚且可行,对于诸如"九龙治水""条块分割"的治理困境却颇为无力。尤其是在万物互联的当今社会,"头痛医头、脚痛医脚"只会加剧城市治理脱节和治理低效,无法实现治理信息、治理流程和治理工具的高效协同。

与分离治理理念不同,连接治理将新技术作为推动公共服务创新和生产力提高的工具[3],树立无缝隙、一体化和整体性的治理理念,以现代信息技术的连接特性突破部门分割、领域分割和过程分割的治理弊病。现代信息技术能够实现治理主体、治理对象、治理资源和治理工具的有机连接,将城市治理置于互联互通、共治共享、流动流畅的网络之中,从而提升城市治理的连接度、流畅性与高效能。连接治理要求重构城市治理的权责体系,重新划分治理权责,梳理并再造治理流程,最终实现治理理念与价值、技术与制度、主体与对象、过程与效能的无缝连接。

城市智慧治理内嵌于连接治理的技术要求,其整体性构建也需要连接治理的治理理念引领。一方面,连接治理高度依赖数字技术和智能技术的发展与应用,与城市智慧治理的内在要求不谋而合。另一方面,连接治理依托数字技术的链接属性,能够促进人人互联、人机互联、人与组织和制度互联,从而打破治理的碎片化和割裂化困境,实现治理的一体化和整体性。以城市空气污染治理为例,其治理主体

---

① 颜佳华、王张华:《数字治理、数据治理、智能治理与智慧治理概念及其关系辨析》,《湘潭大学学报》(哲学社会科学版)2019 年第 5 期。

② 陈水生:《技术驱动与治理变革:人工智能对城市治理的挑战及政府的回应策略》,《探索》2019 年第 6 期。

③ 胡重明:《"政府即平台"是可能的吗?——一个协同治理数字化实践的案例研究》,《治理研究》2020 年第 3 期。

涉及经济建设、环境监察、交通管理等多部门,而囿于职权分工和科层运作逻辑,这些治理主体间存在阻碍信息共享和协同治理的机制性障碍。连接治理通过统筹治理权责、共享治理信息、整合治理资源和协同治理行动,解决了治理破碎、分隔、乏力和低效等既有的制度性和机制性弊端。

(二)治理制度创新:从分域治理到整合治理

由于城市是多空间、多领域的治理场域,分域治理成为实践常态。分域治理包含两层含义:一是治理对象和治理议题分隔。面对繁杂的城市治理任务,依照治理对象的属性和议题领域进行责任分工,是政府部门的应对之举,而这一分隔式治理又会使政府各部门之间缺乏应有的协同观。受数据割裂与垄断的影响,信息共享机制和数据共享中心缺位,造成治理信息和治理流程的人为割裂,最终导致涉及全局性的重大问题难以得到有效解决。二是治理主体分化。分域治理强调社会分工,但由于中国政府主导城市治理的社会现实,加上治理资源分配不平衡和多元参与制度不完善,抑制了社会主体参与城市治理的积极性,故而加剧了城市治理多元主体的分化而非协同。概言之,分域治理的治理制度实质导向的是"碎片化"治理,使其无法克服信息壁垒、数据封锁和过程模糊等治理痛点和盲点,最终可能导致城市管理的"局部空转"和"体系失灵"。[①]

为解决上述治理难题,应将整合治理嵌入城市智慧治理实践,使分域治理制度转变为整合治理的制度体系。整合治理形成于政府从"总体性支配"向"技术治理"的转变进程之中,主张政府这一公共部门充分整合多元社会主体掌握的治理资源,从而提升治理能力和实现政策目标。[②] 城市智慧治理的整合治理制度体系包括如下三大要求。一是形成整体性的治理网络体系。依托数字技术、人工智能技术等对城市要素进行全息映射,以 G2G、G2B、G2C 等运行模式加强城市政府、经济组织和市民社会的协同共治,进而构建治理主体、治理对象和治理机制高效协同的治理网络体系。二是弥合治理缝隙、完善治理链条。充分利用现代信息技术完善治理信息的收集、传递、存储和分析,实现对治理对象的无缝隙管理;统合信息资源,通过搭建数字治理平台,促进要素信息共享和公共服务供给优化,最终推进全景式和全过程治理。三是实现智能技术与治理制度的深度融合。现代信息技术为解决城市问题提供了治理良方,但也容易陷入误区并忽视技术作为城市治理的"工具"属性,且由于存在技术规则过密、治理成本过高等倾向,因而更加需要以治理制度对技术应用进行规划和约束。此外,治理制度也需适应技

---

① 高艳、韩志明:《清晰与模糊交织的治理图景——城市数字化转型的前景及未来》,《浙江学刊》2022 年第 3 期。

② 杨宏山:《整合治理:中国地方治理的一种理论模型》,《新视野》2015 年第 3 期。

术的嵌入,正视技术应用引致的治理流程和治理规制变革,实现"制度＋技术"的有效互动与融合发展。

(三) 治理工具创新:从电子治理到数据治理

在数字时代到来之前,由电子政府延伸的电子治理是当时政府治理的主流形态。电子政府是政府利用网络技术构建的虚拟政府,目的是使政府与公民(G2C)、政府与企业(G2B)、政府与政府(G2G)之间形成友好、透明、低成本的互动。[1] 电子治理则是指运用信息技术来支撑公共服务和政府管理[2],进而推动政府管理流程再造、公共服务电子化和治理体系多元化。

迈入数字时代,城市智慧治理需要从电子治理转向数据治理。首先,数字时代的城市治理汇聚了海量的数据流,整合了有形的物质生产和无形的服务供给的信息,从而构造了一个新的治理场域。其次,数据治理是数字时代政府治理变革的发展趋势,通过精简、精准和智慧的数据治理,公共事务治理流程和社会管理方式得以持续改进。[3] 数据治理最初源自企业对数据资产的管理实践,是指为实现对结构化或非结构化的信息资产的有效利用而实施的政策、流程和标准实践。在政府治理情境下,政府数据治理不仅包括政府机构内部的数据治理,还包括对市场和社会的数据资源和数据行为的治理。[4] 为实现数据治理的转变,政府需要主动适应数据主义的治理思维,将数据视作重要的生产要素,重视数据和信息的生产、处理与应用;还应提升政府的数据治理能力,重构政府的技术基础、工作平台和工作流程,打造良好的数据生态和制度环境。

数据治理在城市智慧治理中的一个关键应用是建设城市智慧治理大脑,而目前国内多地政府已将其纳入实践。在杭州市 2020 年公布的《杭州城市大脑赋能城市治理促进条例》中,城市智慧治理大脑主要包含中枢、系统与平台、数字驾驶舱和应用场景等要素,是以数据、算力、算法等为支撑,运用大数据、云计算、区块链等新技术,推动城市治理体系和治理能力现代化的数字系统和现代城市基础设施。换言之,城市智慧治理大脑汇集了来自政府、企业和社会的多方数据,围绕城市经济、社会、环境等领域构建了统一的数据库,为智慧治理提供了即时、海量与精准的有效信息。城市智慧治理大脑的核心运行机制是以数字基础设施建设为底座的数据治理和数据应用双轮驱动机制。[5] 杭州城市大脑被视作城市智慧治理大脑建设的

① Subhash Bhatnagar, *Unlocking E-Government Potential: Concepts, Cases and Practical Insights*, SAGE Publications India Pvt Ltd., 2009, pp.77-78.
② Sharon S. Dawes:《电子治理的演进及持续挑战》,郑磊、纪昌秀译,《电子政务》2009 年第 10 期。
③ 刘桂锋、钱锦琳、卢章平:《国内外数据治理研究进展:内涵、要素、模型与框架》,《图书情报工作》2017 年第 21 期。
④ 黄璜:《对"数据流动"的治理——论政府数据治理的理论嬗变与框架》,《南京社会科学》2018 年第 2 期。
⑤ 梁正:《城市大脑:运作机制、治理效能与优化路径》,《人民论坛·学术前沿》2021 年第 9 期。

样板,随后涌现出海淀"1＋1＋2＋N"等具体形态。① 数据治理作为一项长期性、系统性的工作,其未来发展还需聚焦技术和制度创新,既要进一步拓宽技术赋能城市治理的应用场景,也应重点建设和明确数据治理的运作机制和制度规范,推进城市智慧治理向纵深发展。

(四)治理模式创新:从模糊治理到精准治理

传统城市治理往往以个体的直觉和经验为基础,现代技术的赋能作用不明显,因而其治理目标、过程和结果都具有"模糊性"。② 社会事实的多样性、社会过程的复杂性以及社会结果的不确定性,使治理的"模糊性"更甚,进而导致城市的粗放式管理。在粗放式管理模式下,缺乏明确的职责分工体系、治理主体的分权意识淡薄、治理信息资源匮乏以及治理手段单一,城市治理不仅效率低下,而且容易罔顾多元主体的需求、偏好与利益,最终导致治理目标异化、脱离治理实际。

城市智慧治理能够运用现代技术实现治理的高度精准化,变模糊治理为精准治理,而其关键内核在于精准把握治理个体化信息和精准匹配治理政策供需。治理主体首先通过特定数据网络获取精准的个体化信息,其次利用数据分析等手段实现对个体需求、公共问题特征的精准把握,最终生成精细化的治理方案。③ 城市智慧治理的精准治理包括治理目标的精准定位、治理问题的精准识别、治理技术的精准选择与治理效果的精准达成。其中,治理目标应同时兼顾城市高质量发展和"以人为本"的发展理念,运用大数据、人工智能、机器学习等数据挖掘与分析技术对公共问题进行精准排序和科学溯因,以此选择合适的治理技术和政策工具,提高治理的有效性。

城市智慧治理的精准治理要以精准治理技术作为支撑。以城市网格化治理技术为例,网格化治理技术的运用使城市问题得以从"被动发觉"向"主动发现"与"主动管理"转变。网格既是发现和处置问题的管理单元,又是提供公共服务的基本单元。经由实践发展,网格化治理技术从最初的北京市东城区"万米网格单元管理法"发展为"网格化＋"的治理新形态。得益于物联网、移动互联网、地理信息及智能终端等技术的集成与创新,"网格化＋"融通了城市管理网格、社会治安网格以及社会服务网格,形成了新的一体化、网络化、信息化和智能化的整体网络体系。④ 如上海市某街道运用网格化治理技术构建了街道网格化智能化平台,建立了"网格化＋X"的治理新格局,将网格化延伸至城市管理、公共安全、公共服务和

---

① "1＋1＋2＋N"是指一张感知神经网,一个智能云平台,大数据和人工智能计算处理两个中心,和N个创新应用。

② 唐皇凤:《我国城市治理精细化的困境与迷思》,《探索与争鸣》2017年第9期。

③ 李大宇、章昌平、许鹿:《精准治理:中国场景下的政府治理范式转换》,《公共管理学报》2017年第1期。

④ 岳金柱:《"网格化＋"城市服务管理的探索与展望》,《社会治理》2016年第4期。

社区党建等领域。此外,为克服网格化治理技术的弊端,还衍生了"网格化＋网络化"的复合模式。①

　　总之,城市智慧治理的整体性构建路径需实现从分离治理向连接治理、从分域治理向整合治理、从电子治理向数据治理、从模糊治理向精准治理的转变,充分运用新一代信息技术,构建智能化、一体化、贯通式的整体性治理网络,最终实现协同高效的城市智慧治理。

思考题：

1. 城市网格化治理、精细化治理和智慧治理有何联系与区别?
2. 城市网格化治理的优势与限度有哪些?
3. 超大城市如何通过精细化治理为民众创造美好生活?
4. 城市智慧治理具有哪些优缺点?

---

① 沈承诚、侯玉芬:《经济发达镇的社会治理创新:"网格化＋网络化"的复合模式——基于 J 市 X 镇的分析》,《江苏行政学院学报》2020 年第 5 期。

第十二章
城市治理现代化与城市群治理

城市既是政治权力集中地,又是现代文明展示区。城市治理是国家治理的重要组成部分,同时也是推进国家治理现代化的重要驱动力。为此,需要理解城市治理现代化的深刻内涵,分析城市现代化进程中遭遇的多重挑战,探寻城市治理现代化的实现路径。城市群作为城市化进程中形成的人口、资源和经济集聚的独特形态,其治理对推动区域和国家发展具有重要战略意义。本章聚焦中国城市治理现代化与城市群治理两个核心主题,主要包括以下三部分内容:(1)城市治理现代化的概念、挑战与实现路径;(2)城市群的形成与发展;(3)中国城市群治理现代化。

第一节　城市治理现代化

现代城市是一个高度复杂的系统。城市治理现代化面临诸多挑战,比如,治理理念滞后、治理能力不足、"城市病"的治理压力较大、不同群体的利益冲突严重、服务需求的多元化等。为此,中国城市治理现代化迫切需要转变治理理念、优化治理体系、提高治理能力,促进城市治理现代化转型。

一、城市治理现代化的定义与内涵

城市是人类文明进化的产物,也是人类文明创新活力的集中涌流之地。回顾城市发展历史,人们不约而同地把构筑精神得以皈依的神圣之地、提供基本的安全保障、拥有繁华的商业市场作为城市生活的三个基本价值。换言之,城市生活是一个集多样性、丰富性与包容性于一体的复合体生活,自毁其中任何一个方面价值的行径,就等于自毁其生活,甚至最终导致城市的衰亡。① 在现代社会,城市是市民进行生产、消费和服务等活动的中心,是人类文化集聚地和美好生活所在地。守护人类文明的传承,促进城市安全和繁荣,需要实现城市治理体系和治理能力现

---

① ［美］乔尔·科特金:《全球城市史》(典藏版),王旭等译,社会科学文献出版社 2014 年版,第 5—6 页。

代化。

城市治理现代化具有丰富的内涵,包括治理理念、治理目标、治理方法、治理路径和治理体系等方面的现代化,具体可从以下三个方面理解。

首先,治理是城市治理现代化的核心要义。这就要求人们重新理解政府在城市治理中的作用,科学界定政府、市场和社会的关系。鉴于城市问题的复杂性与利益诉求的多元性,城市治理现代化需要政府、私营部门和非营利组织等多元主体构建相互依赖、相互支持的治理网络,这符合政府分权化、主体多元化、社会自治化的发展取向。

其次,现代化是城市治理现代化的目标导向。城市现代化是传统城市向现代城市转型的动态、系统的变迁过程,是涵盖城市政治、经济、社会、文化和环境等多个领域的整体性变革。城市治理现代化肩负着促进经济发展、提升城市治理效能、完善社会保障、塑造城市精神、重塑城市形象、创造美好城市生活等多方面的系统性任务。

最后,城市治理现代化是治理理念、体系、能力、过程和结果等维度的全面变革。城市治理理念现代化要求实现人本治理、依法治理、系统治理、敏捷治理和智慧治理;城市治理体系现代化也要求科学划分不同治理主体的权力、职责和角色;城市治理能力现代化还要求治理主体不断提升发展、治理和服务能力,不断提升城市网格化、精细化和智慧治理水平。

总之,城市治理是对传统城市管理模式的根本性变革,既蕴含着平等、多元、民主、高效的治理价值取向,也强调政府在城市治理中的关键作用。城市治理现代化意味着构建权责相称、结构合理、运行科学、治理高效的治理体系,及时回应城市多元化需求,有效解决各种城市问题,促进城市高质量发展,满足民众高品质生活需要,构建美好城市生活与治理共同体。这就要求城市治理摒弃片面的经济导向和效率导向,通过统筹政治、经济、社会、文化和环境等各方面从而实现城市整体性发展,构建与之相适应的现代化治理体系,共同推进城市治理现代化。

二、中国城市治理现代化面临的挑战

改革开放以来,中国城市化发展取得了举世瞩目的成就。但随着城市人口不断增多,社会结构日益分化,利益诉求更加多元,地域空间急剧扩张,空间治理和区域治理压力也随之增大。城市资源、社会服务、管理能力的有限性与城市居民不断增长的需求之间存在持续张力,与城市发展相生相伴的"城市病"进一步凸显,城市治理问题十分棘手。总体而言,中国城市治理现代化面临以下主要挑战。

第一,利益诉求的多元化。城市化的飞速发展带来城市人口的集聚和增长,蓬勃涌入城市的人群为城市带来了不同地域、民族和文化背景的多样化元素,这为城市注入发展活力的同时也带来人口异质性的管理困境。与此同时,市场化改革导致城市居民的利益诉求逐步分化,不同个体与群体间的利益冲突、对立和博弈日益增多。如何在城市治理中吸纳、调适、化解多元利益矛盾,如何将原子化的个体通过制度化途径组织起来,构建整合利益、输出需求、回应诉求的畅通渠道,维护城市社会秩序的安全与稳定,成为城市治理者面临的重要挑战。

第二,城市政府治理结构的碎片化与职能定位的模糊。随着现代政府职能分工与专业化的发展,政府治理出现碎片化问题。城市治理事务日趋复杂,多重风险叠加,单一部门难以协调多种力量解决全局性和系统性的复杂议题。在现有条块关系格局下,城市政府职能存在权责不对称、不统一和不适配等问题。同时,在政府与市场、社会的关系上,政府职能定位不清,缺乏多元主体参与城市治理的制度化机制,存在着政府越位、错位和缺位等现象,以及过度以政府为中心和权力本位问题。因此,如何融合专业分工与整合协同,充分发挥专业治理与整合治理的双重优势是城市治理面临的重要挑战。未来需要构建多元主体共建共治共享的城市治理体系,形成政府、企业、社区、公众共同参与的治理新格局。

第三,城市空间布局的不合理与城市功能的紊乱。城市空间和功能规划的目的是使城市成为结构合理、功能齐全、资源有机组合的整体。在经济导向的发展环境下,城市空间规划强调经济效益至上,忽视多元空间需求;城市功能交错重叠,导致城市空间资源浪费;城市新城新区公共服务不健全,难以疏解城市核心区功能。未来城市的转型发展,需要进一步统筹旧城改造、新城建设、产业发展、市民生活,为城市多元功能设计科学合理的空间,让城市在发展的同时又不失品质,从而塑造融生产、生活和生态空间于一体的城市空间新形态。

第四,城市治理模式与城市发展要求的不适配。传统粗放式、"一刀切"和运动式的治理模式存在于城市治理的不同领域。[①] 这种城市治理模式着眼于短期成效而忽视问题根源,不能从系统全局综合施策,因而难以巩固治理成效,反而会增加长期的治理成本;偏好自上而下的命令式管理、依赖可量化的考核指标对官员行为进行强激励,常常与基层实际情况脱节,造成政策目标置换与地方选择性执行。"城市病"治理的客观挑战、中国城市竞争时代的发展诉求、城市治理体系和治理能力现代化的内在需求,共同推动中国城市治理模式从粗放式向现代化转型。

三、中国城市治理现代化的实现路径

现代城市是一个复杂系统,城市问题错综复杂,各个利益主体之间相互联系,

---

① 唐贤兴:《政策工具的选择与政府的社会动员能力——对"运动式治理"的一个解释》,《学习与探索》2009 年第 3 期;周雪光:《运动型治理机制:中国国家治理的制度逻辑再思考》,《开放时代》2012 年第9 期。

要求治理主体统筹协调、综合考量,因此城市中的诸多问题需用系统思维协调推进治理。中国城市治理现代化的实现路径可从城市治理理念创新、城市治理体系优化和城市治理技术变革三个方面系统推进。

(一) 城市治理理念创新

城市治理现代化首先要重视城市治理理念创新,具体包括:从突出上下权力关系的统治城市走向强调多元合作关系的治理城市,从侧重管理效率取向的城市经营到侧重公平回应取向的城市服务,从追求城市竞争的零和博弈转变为城市协作的共赢互利。

第一,从统治城市到治理城市。统治代表单一主体的纵向权力结构,突出命令与服从;治理则是一个上下互动的管理过程,通过合作协商建立伙伴关系、确立认同感和塑造共同的目标等方式实现对公共事务的管理。[1] 多元化的现代社会要求从单一的政府管理走向多元的社会治理,从部门各自为政转向跨域的协同治理。从统治城市走向治理城市,标志着城市治理理念的根本性转变。[2] 城市治理现代化要吸纳多元社会力量,不断创新治理手段和方法,实现高效能的城市治理。

第二,从城市经营到城市服务。城市经营(urban management)带有明显的管理主义色彩,即侧重经济(economy)、效率(efficiency)和效能(effectiveness)。[3] 城市企业主义(urban entrepreneurialism)被视为城市经营理念的衍生,通常是指政府采用市场化方式鼓励和促进地方发展,推动经济增长。[4] 而城市服务更加关注效率、效能、公平(equity)和回应性(responsiveness)。摆脱片面的城市企业主义,转向提高城市公共服务的整体品质,是目前中国城市治理的重要任务,这要求政府构建符合公平准则与民众期待的回应性治理体系。

第三,从城市竞争到城市协作。官场"晋升锦标赛"模式与投资驱动的经济发展方式,使城市竞争一度成为区域发展的重要动力。但过度追求地方利益最大化也会带来"零和博弈"的消极影响:地方政府构筑贸易壁垒、招商引资相互压价、环境保护恶意倾轧等。为了化解城市过度竞争带来的问题和跨域的城市问题,城市治理亟须超越行政区划与政绩考核的约束,破解区域治理中的碎片化问题,从城市竞争转向城市协作。城市协作要求治理者将城市发展融入区域协同发展中,发挥中央的顶层设计与纵向协调功能,给予城市间协作战略性、整体性、权威性的支持;

① 俞可平:《权利政治与公益政治:当代西方政治哲学评析》,社会科学文献出版社 2000 年版,第 115 页。
② 黄徐强:《从统治城市到治理城市:城市政治学研究综述》,《华中科技大学学报》(社会科学版)2015 年第 1 期。
③ 诸大建、刘冬华、许洁:《城市管理:从经营导向向服务导向的变革》,《公共行政评论》2011 年第 1 期。
④ Tim Hall and Phil Hubbard, "The Entrepreneurial City: New Urban Politics, New Urban Geographies?", *Progress in Human Geography*, 1996, 20(2), pp.153-174.

调动城市间横向协作的自主性和积极性,构筑创新合作平台,通过集体行动实现城市区域的善治。

(二) 城市治理体系优化

城市治理现代化要求优化城市治理体系,即从分域治理走向综合治理,从单一主体走向多元共治,从部门管理走向平台治理,充分发挥多元主体的积极性,对内处理好政府各部门之间的关系,对外处理好政府、社会和市场的关系,明确政府的职能定位。

第一,从分域治理到综合治理。城市治理问题牵一发而动全身,传统的单一部门各自管理的模式无法有效应对复杂的城市问题,因此要跳出单一部门、单一政府的管理逻辑,探索联动与合作的综合治理模式,不断整合分散的管理资源,实现城市治理效能的提高。为整合管理资源、提高治理效能,不少城市引入整体性治理理念,建立问题导向的跨部门网络合作体系,利用网络化治理模式协调各种资源解决公共问题。[1] 综合治理模式重构了传统管理模式。首先,职能划分合理、边界清晰,精准界定管理对象与范围;其次,以整体性解决公共问题为导向,破除部门间各自为政的壁垒,促成跨部门协同行动;再次,凭借技术驱动与数据共享,打破信息孤岛,让各管理部门实现数据互通;最后,整合资源、优化流程,汇聚分散的执法监督力量,构建涵盖反映、处置、监督、考评的全过程治理体系。

第二,从单一主体到多元共治。城市治理离不开公众参与。城市治理中的公众参与能有效满足民众需求,增强城市治理政策的合法性、认同度和有效性,提升城市品质与活力,培养城市归属感与公民意识。以往脱离公众、以政府为中心的单一主体的治理模式,导致城市治理中公民参与理念缺失、参与动力不足、参与途径有限和参与能力匮乏等现实困境。城市治理多元共治要求政府调解不同治理主体的利益矛盾,整合治理资源,充分发挥多元主体共同治理的主动性。构建多元共治的合作机制,政府需从"划桨者"转变为"掌舵者",做好对多元主体的政策引导与培育支持;市场需充分发挥自身在城市公共服务供给中的优势,积极参与城市治理过程;社会需积极动员社会组织的力量,建立健全公民权益维护机制,完善信息沟通渠道与反馈机制,激发公民参与城市治理的积极性,构建全民共建共治共享的社会治理格局。[2]

第三,从部门管理到平台治理。在传统科层制结构中,城市管理依靠各个行政部门相互分工,依托条线自上而下进行管理和服务供给。随着社会事务的复杂化,

---

[1]　[美]斯蒂芬·戈德史密斯、威廉·D.埃格斯:《网络化治理:公共部门的新形态》,孙迎春译,北京大学出版社2008年版,第21页。

[2]　李祥、孙淑秋:《从碎片化到整体性:我国特大城市社会治理现代化之路》,《湖北社会科学》2018年第1期。

部门之间的协调成本显著上升,缺少统筹能力的"条"逐渐形塑了碎片化的服务权力。继科层制政府、契约型政府、协作型政府后,平台治理开始受到关注。平台治理是数字时代城市治理的全新模式,是指政府积极借鉴电子商务发展的平台运营模式,通过治理理念更新、数字技术嵌入、服务供给集成、治理架构重组、治理流程再造等多方面创新,构建整体性、一体化与平台化的治理新模式。

上海市实行的"一网统管"是平台治理的典型模式,其发展经历了从区域先行逐步扩大到全局部署的过程。2018年,上海"一网通办"政务服务在全国率先启动。2020年4月,上海市委常委会会议审议通过《上海市城市运行"一网统管"建设三年行动计划》,在全市范围全面启动并推进城市运行"一网统管"。上海市"一网统管"的平台治理结构,发挥了数字化、感知化、互动性、无界性和智慧化的优势,体现了多重运作逻辑:(1)多重功能集成逻辑,集精准服务、监测预警、决策支持、全程监督、协同办公五大功能于一体,将原本不同治理领域的业务和流程统一整合起来;(2)全域系统架构逻辑,构建多个子平台相互协作配合的全域系统架构,以保障整体平台的正常运作与功能的有效发挥;(3)全面技术驱动逻辑,关键技术内核是物联网、人工智能、区块链、5G、云计算等技术;(4)整体流程再造逻辑,对跨部门、跨层级和跨区域的办事流程进行整体性重构,以线上信息流、数据流倒逼线下业务流程优化创新。[①] 上海市的"一网统管"治理模式实现了治理过程的科学化、精准性、智能化与人本化,证明平台治理在适应城市现代化发展与治理上的有效性。

(三) 城市治理技术变革

技术迭代与技术创新驱动城市治理理念、治理制度、治理技术和治理能力的全面变革。城市治理技术创新和治理制度变革是为了构建品质城市和宜居城市,为城市居民创造美好城市生活。技术嵌入城市治理过程,驱动城市治理吸收、采纳和创新各项客观技术,形成技术治理的新图景,技术由此转变为内嵌治理、驱动治理、融合治理与优化治理的重要影响因素。

第一,技术嵌入城市治理过程。技术要素与其他要素资源叠加组合,逐步成为现代社会发展进步的"催化剂",使技术在现代社会具备较强的"通行权",从而具备更强的变革推动力。技术与治理的交互式影响催生了新型的治理技术。现代社会问题的复杂性和城市治理挑战的多重性为城市治理技术化提供了发展动力,当技术成长到一定程度也会"反哺"治理,服务于治理过程,技术由此转化为"治理技术"。以数字技术为例,城市数字空间的拓展迫使城市服务吸纳新的治理技术,为城市治理技术化提供了技术储备,技术嵌入也为城市治理技术化打开了技术空间。

---

① 陈水生:《数字时代平台治理的运作逻辑:以上海"一网统管"为例》,《电子政务》2021年第8期。

技术嵌入城市治理过程改变了传统城市治理的滞后、迟钝与分割,使城市治理变得更敏捷、精明与智能,城市治理成为更具技术含量和技术敏感度的专业化管理活动。

第二,技术驱动城市治理变革。数字技术驱动治理变革主要有两种机制。一是技术的示范机制。数字技术的发展与创新凸显了技术的先进性与创新性特质,使其可以更自由地融入治理过程中,主动服务于城市治理,这可视为技术化治理的过程。不同的技术叠加并应用于城市治理的各个场域与各个环节,从而形成技术示范效应,这些先进的治理技术被应用到更广阔的治理场域,城市治理的技术化水平得以提升。二是治理的吸纳机制。数字时代的城市治理面临着较强的治理绩效压力,故其具有强烈的变革意愿。城市治理主体看到先进技术在解决自身治理难题上显现的优越性,会主动吸纳先进技术并进行适当改造,使技术适合城市治理体系,满足治理要求,从而形成特有的治理技术,这是治理技术化的过程。

第三,技术优化城市治理绩效。城市治理需要实现治理技术、治理流程和治理结果的兼容,技术才能在适宜的制度体系内发挥优势,与制度协同发力,持续提升治理成效。首先,优化治理技术。在技术嵌入与技术驱动中所形成的技术化治理与治理技术化过程中,城市治理享受着技术发展所带来的红利——更丰富的技术手段和政策工具。其次,优化治理流程。数字技术的发展与应用使城市治理过程与流程更加科学、合理与人性化。运用数字技术可以实现城市治理问题的精准识别、精确诊断与精细治理,缩短治理时间,降低治理成本,不断优化治理过程,改善民众的服务体验和满意度。最后,实现技术创新与城市治理绩效提升的良性循环。技术优化治理绩效既体现了数字技术对城市治理过程强大的技术影响力,又构成推动城市治理创新的重要动因。技术优化治理绩效发展到一定阶段又会对城市治理制度提出更高要求,迫使城市治理积极变革,以回应数字技术发展与应用带来的挑战。

总之,城市治理现代化重构意味着城市治理的理念创新、体系优化与技术变革。治理理念创新强调协商与互动、容纳更多的社会性力量,意味着从单向度的政府管理走向多元主体共治,适应城市现代化的根本价值、人民美好城市生活和社会整体发展需求。治理体系优化强调体系的整体化和网络化,要求城市政府以整体性理念优化组织结构、再造服务流程,重构问题导向的跨域合作机制,实现治理结构由层级管理向扁平化的网络化治理的转型。治理技术变革主要包括数字化与智慧化,它们是城市治理提质增效的重要引擎,信息技术为城市数字化治理的数据采集、传输、归集与共享提供了基础支撑,以实现数据驱动、算法主导和智能融合的智能化治理。

第二节　城市群的形成与发展

城市的形成和发展是社会生产力逐步集聚和高度集中的显著标志。随着城市化的发展,城市不再是孤立封闭的体系,与邻近的区域和城镇的联系日益密切。随着城市规模的扩大、区域空间距离的缩小及经济联系的日益密切,相邻城市辐射的区域不断接近并有部分重合,这些联系紧密的城市积聚在一起形成了城市群。城市群作为城市化的主体形态,成为国家参与全球竞争和国际分工的新型地域单元。[①]　本节重点考察城市群的概念、特征与发展演进,以及中国主要城市群的发展变迁。

一、城市群的概念与特征

世界城市化的显著特点是大城市化趋势明显,人口和财富进一步向大城市聚集,大城市数量急剧增加、规模急剧扩大,出现了超级城市(supercity)、巨型城市(megacity)等城市空间组织形式。与此同时,城市化发展到一定阶段,人口与产业出现向大城市郊区扩散的趋势,拉近了城市间的距离和联系,从而形成众多地域相连的都市区(metropolitan district)、都市圈(metropolitan area)、大都市带(megalopolis)和城市群(urban agglomeration)。城市群是城市化发展到成熟阶段的城市空间组织形式,是城市化进入高级阶段的标志。而都市圈与都市区是下一层级的城市地域组织方式,都市圈是介于都市区和城市群之间的空间范围。城市群由至少一个超大或特大城市为核心城市、若干辐射带动能力强的都市圈和众多规模各异的中小城市共同组成。

城市群这一概念是社会经济发展的产物,伴随着城市化进程的加快演进而来。1915 年,帕特里克·格迪斯提出"城市区域—集合城市—世界城市"的城市形态演进过程,集合城市是城市群概念的雏形。[②]　1957 年,简·戈特曼提出大都市带概念,用以描述美国东北海岸出现的巨大城市化区域,大都市带的基本组成单元是都市区,若干都市区在社会、经济、文化等各领域有机整合在一起。[③]　2006 年,彼得·霍尔提出巨型城市区域(megacity region)概念,是指由功能上相互联系的 10—50 个城市

---

①　张倩、胡云锋、刘纪远等:《基于交通、人口和经济的中国城市群识别》,《地理学报》2011 年第 6 期。

②　Partrick Geddes, *Cities in Evolution: An Introduction to the Town Planning Movement and to the Study of Civics*, Williams and Norgate, 1915, pp.25-35.

③　Jean Gottmann, "Megalopolis or the Urbanization of the Northeastern Seaboard", *Economic Geography*, 1957, 33(3), pp.189-200.

集聚在中心城市周围,通过功能性劳动分工组织起来,被高速公路、高速铁路和电信电缆的流动空间联结起来的城市化区域。城市群是在特定的区域范围内云集相当数量的不同性质、类型和等级规模的城市,以一个或几个特大城市为中心,依托一定的自然环境和现代化的交通条件,城市之间的内在联系不断加强,共同构成一个相对完整的城市集合体。[①]　城市群概念具有丰富的内涵:(1)城市群是由某地域空间内的多个联系密切的城市构成的城市组;(2)存在等级结构与空间结构,往往以若干有竞争力的大型城市为核心;(3)存在功能分工及其背后的共同利益与集体行为,形成有机融合、相互依赖的城市集合体。

城市群具有规模性、中心性、网络性、集聚性和开放性等基本特征:(1)从人口空间规模来看,只有在特定范围内的人口超过一定数量,才有可能形成集聚经济效应和专业化分工;(2)从区域空间结构来看,城市群是有核心的,中心城市对整个区域经济社会活动起着组织和主导作用;(3)从经济地理网络来看,便捷的交通体系构建通往城市群内外的通道,发达的铁路、公路设施构成城市群空间结构的骨架[②];(4)从经济格局和资源分布来看,城市群产业集群化发展格局明显,经济密度、城镇密度和人口密度水平都较为突出;(5)从对外开放的角度来看,城市群大都濒临海洋或交通运输枢纽,具有发展国际联系的最佳区位、优越的生产生活条件和巨大的消费市场,是连接海内外市场、利用国内外先进技术、参与国际分工的桥头堡。[③]

二、城市群的发展演进

城市群从萌生、发展到成型要经历一个长期的过程,考察城市群演进的动力机制与内在规律,有助于理解中国城市群的发展进程,以及城市群在中国城市发展中的主体战略地位。

(一)城市群的发展演进及其动力因素

从时间维度分析,有学者建立了城市群空间演化模型,将城市群的发展演进分为四个阶段。第一阶段是工业化以前的农业社会;第二阶段是工业化初期,出现了点状分布的城镇,由于资本供给不足,国家只能选择1—2个具有特别区位优势的城市进行开发;第三阶段是工业化的成熟期,城市的中心边缘结构逐渐转变为核心结构,边缘的部分优势地区得到开发,形成城市群的经济基础;第四阶段是工业化

[①]　姚士谋、周春山、王德等:《中国城市群新论》,科学出版社 2016 年版,第 2 页。
[②]　吴传清、李浩:《国外城市群发展浅说》,《经济前沿》2003 年第 5 期。
[③]　黄征学:《城市群界定的标准研究》,《经济问题探索》2014 年第 8 期。

后期,工业卫星城发展很快,区域性基础设施逐渐完善,城市间的经济文化联系日益加强,产生了相互吸引与反馈作用,形成城市群。[①]

　　从空间维度分析,城市群的形成和发展是城市空间和功能不断扩展的过程。比尔·斯科特(Bill Scott)将城市群空间结构的演化划分为三个阶段:单中心(中心城市为主导)、多中心(中心城市和郊区相互竞争)和网络化阶段(复杂的相互依赖和相互竞争关系)。[②] 陈群元和喻定权把城市群发展分为四个阶段:雏形发育阶段、快速发育阶段、趋于成熟阶段和成熟发展阶段,不同发展阶段城市群的特征不同,开发模式也有差异(见表12-1)。

表 12-1　城市群发展的四个阶段

指标	阶段			
	雏形发育阶段	快速发育阶段	趋于成熟阶段	成熟发展阶段
城市化率	30%左右 增长速度较慢	30%—50% 增长速度最快	50%—70% 增长速度较稳定	70%以上 区域内部动态平衡
城镇体系	不完善 城镇密度低	较为完善 城镇密度较高	完善 城镇密度继续提高	完善 城镇密度趋于稳定
空间结构	松散 基础设施不完善	较紧密 基础设施较完善	紧密 基础设施完善	最紧密 基础设施相当完善
空间作用	集聚作用占绝对优势	集聚作用为主 扩散作用为辅	集聚与扩散作用 相平衡	扩散作用略占优势
城市分工	分工体系还未形成	分工体系开始形成	分工体系较为合理	分工体系完善
增长路径	外延式增长	外延式为主 内涵式为辅	内涵式为主 外延式为辅	内涵式增长

资料来源　陈群元、喻定权:《我国城市群发展的阶段划分、特征与开发模式》,《现代城市研究》2009年第2期。

　　城市群的发展和演进是一个较为复杂的过程,具有阶段性特征,其动力机制随着发展环境的变迁而发生改变。城市群演进的关键动力包括城市化进程、现代交通技术进步、产业扩散与转移、政府决策与规划。[③] 改革开放以来,中国城市群的发展主要以经济发展为优先目标,在全球化和信息化的背景下,由市场经济、产业发展和政府政策等交织因素共同推动,由此形成具有中国特色的城市群发展动力模式。[④] 中国城市群发展的传统动力因素包括自然资源、产业基础、技术、投资、区位条件等。经济全球化、新型工业化、信息化、交通快速化、政策引导成为中国城市

① 盛蓉、士林:《世界城市理论与上海的世界城市发展进程》,《学术界》2011年第2期。
② 熊剑平、刘承良、袁俊:《国外城市群经济联系空间研究进展》,《世界地理研究》2006年第1期。
③ 薛俊菲、顾朝林、孙加凤:《都市圈空间成长的过程及其动力因素》,《城市规划》2006年第3期。
④ 于迎:《从经济优先型到整体性规划:中国城市群发展新型动力建构战略及其实现路径》,《行政论坛》2017年第5期。

群发展的新型动力因素。[①]

（二）中国城市群的发展进程

中国城市化空间发展战略经历了从以小城镇为主到以城市为主再到以城市群为主的发展阶段，以大城市群为主体的空间战略是中国区域经济发展和城市化推进长期探索与实践的结果。[②]中国城市群发展起步较晚，从意识到世界城市群竞争的重要价值到真正融入世界城市群历经了四十多年的艰苦历程。

20世纪70年代中后期，中国出现了少数在空间布局上较为集中的城市密集板块，如京津唐地区的北京、天津和唐山，长江三角洲地区的上海、南京和杭州等。20世纪80年代初期，国家提出以大城市为中心组织跨行政区域的经济活动；后来把沈阳、长春、哈尔滨、大连、济南、青岛、南京、宁波、杭州、厦门、广州、深圳、武汉、西安、成都15个城市列为副省级城市，赋予其省一级经济管理权限，这些核心大城市的培育是城市群形成的必要条件。20世纪80年代中后期，国家进一步鼓励以大城市为核心发展的横向经济联合，出现一批不同层次的区域联合与横向协作群，如以广州为中心的珠江三角洲经济区、以上海为中心的长江三角洲经济区、以武汉为中心的武汉经济协作区等，中心城市的辐射带动作用凸显，城市间市场分割状况开始松动，呈有限开放态势。此时的城市协作群已经具备了一定的规模性、集聚性和开放性等基本特征，可视为中国城市群的萌芽。

但是，由于当时城镇化总体水平偏低和长期以来限制大城市发展的政策等，中国城市群基本上还只是一群经济和交通欠发达、内部联系松散、壁垒众多和内部竞争激烈的城市。[③]21世纪后，中国城市群进入快速发展新阶段，出现了两个较为重要的标志性事件。一是2006年国家"十一五"规划提出把城市群作为推进城镇化的主体形态，首次明确了中国城镇化要走城市群发展道路。二是2014年《国家新型城镇化规划（2014—2020年）》提出把城市群作为主体形态，首次对"新型城镇化"发展模式和道路定调。城镇化是保持经济持续健康发展的强大引擎，是城市群形成的经济基础，明确城镇化的发展道路对城市群的培育起到了奠基作用，有助于使中国落后松散的城市群转型为经济发达、道路通达、内部联系紧密的现代化城市群。

在城镇化达到更高水平的基础上，区域差距成为中国城市发展的重要矛盾，而历史经验证明城市群对调整区域经济结构、有效治理"大城市病"以及协调区域发展具有重要作用。2018年11月，《中共中央　国务院关于建立更加有效的区域协调

---

①　王婧、方创琳：《中国城市群发育的新型驱动力研究》，《地理研究》2011年第2期。

②　苗长虹、王海江：《中国城市群发育现状分析》，《地域研究与开发》2006年第2期。

③　刘士林：《改革开放以来中国城市群的发展历程与未来愿景》，《甘肃社会科学》2018年第5期。

发展新机制的意见》提出建立以中心城市引领城市群发展、城市群带动区域发展新模式,推动区域板块之间融合互动发展。2019 年,国家发展和改革委员会在《关于培育发展现代化都市圈的指导意见》中指出,城市群是新型城镇化主体形态,是支撑全国经济增长、促进区域协调发展、参与国际竞争合作的重要平台,要梯次形成若干空间结构清晰、城市功能互补、要素流动有序、产业分工协调、交通往来顺畅、公共服务均衡、环境和谐宜居的现代化都市圈。《中华人民共和国国民经济和社会发展第十四个五年规划和 2035 年远景目标纲要》提出,建立健全城市群一体化协调发展机制、以中心城市和城市群等经济发展优势区域为重点,带动全国经济效率整体提升。中国城市群建设的主体战略地位逐渐凸显,现代化建设对城市群发展提出了更高要求。

三、中国主要城市群的形成过程与发展现状

改革开放以来,随着国内经济的稳定发展,各省(市)的城市化进程逐步加快,中国的城市分布密度开始逐渐增大,继而在各个区域形成了初现规模、类型各异的城市群。中国的城市群按照规模大小和集聚程度可分为国家级、区域级、次区域级和地区级四个等级,其中国家级城市群是城市发展到成熟阶段的最高空间组织形式,对推动国家区域发展具有重要作用。根据《中华人民共和国国民经济和社会发展第十四个五年规划和 2035 年远景目标纲要》,我国目前规划了十九个国家级城市群①,以下主要介绍发展基础较好的长江三角洲城市群、京津冀城市群、珠江三角洲城市群和成渝城市群。

(一) 长江三角洲城市群

长江三角洲地处中国东部沿海的中间位置,是中国重要的城市经济区,也是世界六大城市群之一。长江三角洲地区涵盖上海市、江苏省、浙江省和安徽省多个地区。长江三角洲城市群在空间结构上可分为三个圈层:第一圈层为上海,是长三角城市群的龙头城市,发挥区域中心的辐射带动作用;第二圈层是以上海为中心,联合南京、苏州、无锡、常州、镇江、扬州、泰州、南通、杭州、宁波、湖州、嘉兴、绍兴、舟山、台州共计 16 个城市所组成的长三角核心区②;第三圈层即 27 个城市所组成的

---

① 十九个城市群包括:京津冀城市群、长三角城市群、珠三角城市群、成渝城市群、长江中游城市群、山东半岛城市群、粤闽浙沿海城市群、中原城市群、关中平原城市群、北部湾城市群、哈长城市群、辽中南城市群、山西中部城市群、黔中城市群、滇中城市群、呼包鄂榆城市群、兰州—西宁城市群、宁夏沿黄城市群和天山北坡城市群。

② 《长江三角洲地区区域规划》(2010 年 5 月),中国政府网,http://www.gov.cn/gzdt/att/att/site1/20100622/001e3741a2cc0d8aa56801.pdf,最后浏览日期:2023 年 10 月 26 日。

长三角城市群。

2016 年 5 月,国务院正式通过了《长江三角洲城市群发展规划》,提出在长三角城市群中构建"一核五圈四带"的网络化空间格局,即以上海为核心,推动南京、杭州、合肥、苏锡常、宁波五大都市圈的同城化发展,同时强化沿海发展带、沿江发展带、沪宁合杭甬发展带、沪杭金发展带的聚合发展。[①] 2018 年 11 月 5 日,习近平总书记在首届中国国际进口博览会上宣布,支持长江三角洲区域一体化发展并上升为国家战略,进一步完善中国改革开放空间布局。2018 年 11 月 18 日中共中央、国务院发布《关于建立更加有效的区域协调发展新机制的意见》,提出以上海为中心引领长三角城市群发展,完善长三角区域合作工作机制,推动国家重大区域战略融合发展。2019 年 12 月 1 日,中共中央、国务院正式印发实施《长江三角洲区域一体化发展规划纲要》,鼓励上海发挥区域比较优势,带领全国高质量发展、完善改革开放空间布局、打造中国发展强劲活跃增长极。2022 年 3 月 18 日,国家发展和改革委员会发布了《关于推动长江三角洲区域公共资源交易一体化发展的意见》,推动长三角三省一市公共资源交易一体化,为全国城市群一体化建设提供有益经验。可见,长江三角洲城市群的发展对国家建设与经济发展具有重大战略意义,代表着中国城市群在世界经济格局中的地位。

长江三角洲跨越了不同层次和类型的行政单位、经济背景及地域文化,亟需一个协调各方的合作机制统筹城市群发展。经过长期的探索与实践,长三角在改革开放推动、经济发展驱动、顶层设计引领下,建立了成效显著的协同机制。20 世纪 80 年代,由中央自上而下建立了上海经济区办公室、长江沿岸中心城市经济协调会、南京区域经济协调会等区域协作机制,但由于地方经济竞争和属地化的公共服务提供模式,区域公共服务碎片化问题较为显著,与跨域公共问题的治理需求的冲突仍然存在。20 世纪 90 年代后,改革开放深入发展,浦东开发开放加速,长三角协同治理进入有限协同阶段。1992 年,长三角 14 个城市发起成立城市协作办(委)主任联席会;1997 年,发展为长三角城市经济协调会,以区域经济议题为核心,但在履行区域公共服务职能方面作用仍然有限。

目前,长三角府际协同已步入高质量一体化发展阶段。2018 年 1 月,由上海、浙江、江苏、安徽三省一市联合组建的长三角区域合作办公室在上海正式成立,负责研究拟订长三角协同发展的战略规划、体制机制和重大政策建议,协调推进区域合作中的重要事项和重大项目。2018 年 4 月,长三角经济协调会第十八次市长联席会确定了长三角经济版图,会员城市达到 34 个。2019 年 5 月,习近平总书记主持召开中央政治局会议,审议《长江三角洲区域一体化发展规划纲要》,之后会议指

---

① 《长江三角洲城市群发展规划》(2016 年 6 月),国家发展和改革委员会官网,https://www.ndrc.gov.cn/xxgk/zcfb/ghwb/201606/W020190905497826154295.pdf,最后浏览日期:2023 年 10 月 26 日。

出,长三角一体化发展具有极大的区域带动和示范作用,要紧扣一体化和高质量两个关键,带动整个长江经济带和华东地区发展,形成高质量发展的区域集群。[①] 2019 年 6 月,推动长三角一体化发展领导小组全体会议在上海举行,全面贯彻落实《长江三角洲区域一体化发展规划纲要》,研究部署下一阶段重点工作。2019 年 10 月底,《长三角生态绿色一体化发展示范区总体方案》获国务院批复同意,即在沪、苏、浙三地交界处,建设长三角一体化示范区,涵盖上海青浦区、江苏苏州吴江区、浙江嘉兴嘉善县。2020 年 9 月,上海、江苏、浙江同步作出决定,授予长三角示范区执委会省级项目管理权限,创新长三角一体化发展体制。2021 年 5 月 13 日,长三角一体化示范区执委会,上海市、江苏省、浙江省两省一市发展改革部门,苏州市、嘉兴市人民政府共同发布《长三角生态绿色一体化发展示范区重大建设项目三年行动计划(2021—2023 年)》,为长三角一体化示范区近期重大建设项目明确了任务书和时间表,标志着示范区不破行政隶属、打破行政边界,在区域项目协同走向区域一体化制度创新的探索中迈出了坚实一步。

长江三角洲地区是中国经济发展最活跃、开放程度最高、创新能力最强的区域之一,在国家现代化建设全局和全方位开放格局中具有举足轻重的战略地位。推动长三角一体化发展,提高经济集聚度、区域连接性和政策协同效率,有利于充分发挥区域内各地区的比较优势,提升长三角地区整体综合实力,引领长江经济带发展,在全面建设社会主义现代化国家新征程中走在全国前列;有利于深入实施区域协调发展战略,探索区域一体化发展的制度体系和路径模式,为全国区域一体化发展提供示范;有利于提升长三角在世界经济格局中的能级和水平,引领中国参与全球合作和竞争。[②]

(二)京津冀城市群

京津冀战略地位十分重要,北京作为中国的政治中心,在发展规划中处于核心地位。京津冀城市群包括北京市、天津市以及河北省的 11 个地级市以及河南省安阳市,土地面积 21.6 万平方千米,截至 2022 年年末,常住人口总量达 1.1 亿人;2023 年,京津冀三地 GDP 达 10.4 万亿元。[③] 京津冀城市群概念从首都经济圈发展而来,北京、天津、保定和廊坊为中部核心功能区,京津保地区率先联动发展,发挥北京的辐射带动作用,打造以首都为核心的世界级城市群。在其功能定位中,北

① 参见安蓓:《"融"出新机遇 "合"出新动力——从城乡区域发展看中国经济新空间》,《人民日报》2019 年 5 月 15 日;徐锦庚、颜珂、潘俊强:《新使命激发新动能(壮丽 70 年 奋斗新时代·区域协调发展新格局)》,《人民日报》2019 年 11 月 24 日。
② 何立峰:《凝聚共识 形成合力 加快推进长三角洲区域一体化发展》,《中国改革报》2019 年 12 月 6 日。
③ 任娇、任婉晴:《"北京研发 津冀制造"三地经济总量超十万亿》(2024 年 2 月 28 日),《新京报》客户端,https://m.bjnews.com.cn/detail/1709043230129772.html,最后浏览日期:2025 年 4 月 27 日。

京市为"全国政治中心、文化中心、国际交往中心、科技创新中心";天津市为"全国先进制造研发基地、北方国际航运核心区、金融创新运营示范区、改革开放先行区";河北省是"全国现代商贸物流重要基地、产业转型升级试验区、新型城镇化与城乡统筹示范区、京津冀生态环境支撑区"。

2015年6月,中共中央、国务院印发实施《京津冀协同发展规划纲要》,从战略意义、总体要求、定位布局等方面描绘了京津冀协同发展蓝图,京津冀协同发展的顶层设计正式形成。京津冀城市群协同的核心是有序疏解北京非首都功能,推动重点领域率先突破、促进创新驱动发展、统筹协同发展相关任务、深化体制机制改革、开展试点示范、加强组织实施。《京津冀协同发展规划纲要》提出构建"一核(北京)、双城(北京、天津)、三轴(京津、京保石、京唐秦)、四区(中部核心功能区、东部滨海发展区、南部功能拓展区、西北部生态涵养区)、多节点(石家庄、唐山、保定、邯郸等)"的区域空间格局,即以北京为核心,推动北京、天津的同城化发展,同时依托京津、京保石、京唐秦三大发展轴线,重点推进四区建设。2017年4月,中共中央、国务院决定设立河北雄安新区,涉及保定市下辖的雄县、容城、安新三县及周边部分区域;2018年4月,中共中央、国务院批复《河北雄安新区规划纲要》。党的十九大报告明确要求,"以疏解北京非首都功能为'牛鼻子'推动京津冀协同发展,高起点规划、高标准建设雄安新区"。[1] 2018年11月,中共中央、国务院在《关于建立更加有效的区域协调发展新机制的意见》中明确要求以北京、天津为中心引领京津冀城市群发展,带动环渤海地区协同发展。2020年北京市出台的《关于建立更加有效的区域协调发展新机制的实施方案》中提出:到2020年,区域协调发展新机制在促进资源要素流动、加快区域合作中发挥积极作用,初步形成京津冀协同发展的新局面;到2035年,区域协调发展新机制在促进南北区域均衡和缩小城乡发展差距等领域发挥重要作用,首都核心功能更加优化,京津冀世界级城市群构架基本形成;到21世纪中叶,区域协调发展新机制在完善区域治理体系、提升区域治理能力等方面更加有效,推动建成以首都为核心的世界级城市群,为建成社会主义现代化强国作出贡献。

(三)珠江三角洲城市群

珠江三角洲城市群是我国改革开放的"先行区",在全国经济社会发展和改革开放大局中具有突出的带动作用和举足轻重的战略地位。从发展历程来看,珠江三角洲城市群的前身是1985年设立的珠江三角洲沿海经济开放区,而后逐步过渡为珠江三角洲经济区、珠江三角洲城市群、泛珠三角区域和粤港澳大湾区。

① 习近平:《决胜全面建成小康社会 夺取新时代中国特色社会主义伟大胜利——在中国共产党第十九次全国代表大会上的报告》,人民出版社2017年版,第33页。

　　1994 年，广东省决定设立"珠江三角洲经济区"，旨在以珠江三角洲经济区现代化带动全省现代化进程，同时促进粤港澳经济合作的稳定与繁荣发展。此时珠江三角洲经济区的规划范围包括广州市、深圳市、珠海市、佛山市、江门市、中山市、东莞市，惠州市城区及惠阳、惠东、博罗以及肇庆市端州区、鼎湖区、四会和高要，要求从重要能源设施建设、统一产业布局、城乡建设、生态环境保护和精神文明建设等领域推动珠江三角洲经济区的协调发展。① 2005 年，广东省人大常委会审议通过了《珠江三角洲城镇群协调发展规划（2004—2020）》，将"珠江三角洲经济区"升级为"珠江三角洲城镇群"，规划范围略有调整，即在珠江三角洲经济区范围基础上把肇庆市区全部纳入，总人口 4 230 万人，土地总面积 41 698 平方千米。该规划旨在加强珠江三角洲内部各城镇之间、珠江三角洲与省内东西两翼和北部山区之间以及"大珠三角""泛珠三角"区域在资金、技术、人才、市场等方面的交流与合作，促进区域一体化发展。② 2008 年，珠江三角洲城市群正式进入国家战略，同年 12 月，国务院正式批复《珠江三角洲地区改革发展规划纲要（2008—2020 年）》。此次规划进一步拓宽了珠江三角洲城市群的辐射范围，即以广东省的广州、深圳、珠海、佛山、江门、东莞、中山、惠州和肇庆市为主体，并辐射泛珠江三角洲区域。③

　　根据 2016 年 3 月国务院印发的《关于深化泛珠三角区域合作的指导意见》，泛珠三角区域包括福建、江西、湖南、广东、广西、海南、四川、贵州、云南等九省区和香港、澳门特别行政区，拥有全国约五分之一的国土面积、三分之一的人口和三分之一以上的经济总量，在国家区域发展总体格局中具有重要地位。该《意见》还要求广州、深圳携手港澳共同打造粤港澳大湾区，建设世界级城市群。④ 2017 年 3 月，李克强总理在政府工作报告中进一步提出，"要推动内地与港澳深化合作，研究制定粤港澳大湾区城市群发展规划"。⑤ 同年 7 月，《深化粤港澳合作 推进大湾区建设框架协议》在香港签订，确立了七大合作重点领域，包括基础设施互联互通、市场一体化、科技创新、产业协同发展、优质生活圈、国际合作与重大合作平台建设。2019 年 2 月，中共中央、国务院正式印发《粤港澳大湾区发展规划纲要》，明确了粤

① 《印发关于珠江三角洲经济区规划协调领导小组第一次会议纪要的通知》（1994 年 11 月 14 日），广东省人民政府官网，https://www.gd.gov.cn/zwgk/gongbao/1994/22/content_post_3357372.html，最后浏览日期：2025 年 3 月 25 日。
② 本书编委会编：《珠江三角洲城镇群协调发展规划：2004—2020》（上卷），中国建筑工业出版社 2007 年版，第 27—28 页。
③ 《珠江三角洲地区改革发展规划纲要（2008—2020 年）》（2008 年 12 月），广东省人民政府官网，https://www.gd.gov.cn/attachment/0/513/513375/4094614.pdf，最后浏览日期：2025 年 3 月 25 日。
④ 《国务院关于深化泛珠三角区域合作的指导意见》（2016 年 3 月 15 日），中国政府网，https://www.gov.cn/zhengce/content/2016-03/15/content_5053647.htm，最后浏览日期：2025 年 3 月 25 日。
⑤ 《政府工作报告——2017 年 3 月 5 日在第十二届全国人民代表大会第五次会议上》（2017 年 3 月 16 日），中国政府网，https://www.gov.cn/premier/2017-03/16/content_5177940.htm，最后浏览日期：2025 年 3 月 25 日。

港澳大湾区的战略定位、空间布局和发展任务。在战略定位上，建设粤港澳大湾区是新时代推动形成全面开放新格局的新尝试，也是推动"一国两制"事业发展的新实践，使粤港澳大湾区成为充满活力的世界级城市群、具有全球影响力的国际科技创新中心、"一带一路"建设的重要支撑、内地与港澳深度合作示范区和宜居宜业宜游的优质生活圈。从规划范围来看，粤港澳大湾区包括香港特别行政区、澳门特别行政区，以及广东省广州市、深圳市、珠海市、佛山市、惠州市、东莞市、中山市、江门市、肇庆市，总面积5.6万平方千米。就发展任务而言，粤港澳大湾区在优化城镇化空间布局和完善城市群与城镇发展体系的基础上，部署了构建开放型区域协同创新共同体、加快基础设施互联互通、健全现代产业体系、协同推进生态文明建设、提供优质公共服务、深化"一带一路"合作与共建粤港澳合作发展平台等重点任务。[①]

发展至今，珠江三角洲城市群已经进入粤港澳大湾区的建设新阶段，其战略定位和辐射能级均发生了显著变化，反映了全球化背景下我国城市群战略的不断升级。未来，粤港澳大湾区将继续发挥特有优势，增强对周边区域发展的辐射带动作用，提升其对国家新型城镇化和现代化建设的贡献比重，同时不断缩小与美国纽约湾区、旧金山湾区和日本东京湾区等国际一流湾区的发展差距，提升全球影响力。

（四）成渝城市群

成渝城市群位于中国西南地区，是西部大开发的重要平台，也是长江经济带的战略支撑。成渝城市群作为中国少见的地处内陆的国家级城市群，承担着高层次扩大对内对外开放的功能，对"一带一路"建设具有重要战略意义。2001年《重庆—成都经济合作会谈纪要》中首次提出"成渝经济走廊"的概念，开启了成都、重庆两地的经济与交通联动。成渝城市群以成渝经济走廊为主轴，形成了"一主轴、放射状"的城市发展网络。成渝发展主轴与沿江城市带（包括泸州、宜宾、江津、丰都等节点城市）、成德绵乐城市带（成都、德阳、绵阳、乐山等）形成了"工"字形的空间结构，带动了区域内部川南、南遂广、达万三大城镇密集区的进一步发展。

2020年1月，中央提出推动成渝地区双城经济圈建设，强化重庆和成都的中心城市带动作用，使成渝地区成为具有全国影响力的重要经济中心、科技创新中心、改革开放新高地、高品质生活宜居地，助推高质量发展。[②] 2021年2月24日，中共中央、国务院印发《国家综合立体交通网规划纲要》，提出建设面向世界的京津冀、长三角、粤港澳大湾区、成渝地区双城经济圈四大国际性综合交通枢纽集群。

---

① 《粤港澳大湾区发展规划纲要》（2019年2月18日），中国政府网，http://www.gov.cn/gongbao/content/2019/content_5370836.htm，最后浏览日期：2025年3月25日。
② 《习近平主持召开中央财经委员会第六次会议》（2020年1月3日），人民网，http://cpc.people.com.cn/n1/2020/0103/c64094-31534393.html，最后浏览日期：2025年4月27日。

成渝地区双城经济圈首次与京津冀、长三角、粤港澳大湾区并列,成为重要"一极",按照极、组群、组团之间交通联系强度,打造由主轴、走廊、通道组成的国家综合立体交通网主骨架。位于内陆的"成渝极"的战略和交通地位跃升,成为推进西部陆海新通道建设的重要战略支撑点,显示出巨大的发展潜力。

成渝城市群是继京津冀协同发展、粤港澳大湾区、长三角一体化之后的又一个重大区域发展战略。相较于前三者建造世界级城市群的构想,成渝城市群致力于打造具有全国影响力的高品质生活宜居地。成渝拥有得天独厚的交通资源,通过三条稳定可靠的国际物流大通道——中欧班列、西部陆海新通道铁海联运班列,以及长江黄金水道,将中亚、南亚、东南亚、欧洲及中国西部连接起来,使之成为内外沟通中不可忽视的重要节点;同时它拥有宜居的地理气候,处于四季分明的四川盆地,在城市化的过程中并没有过度损耗自然资源,具有很强的人口承接能力;在政策支持方面,重庆作为直辖市享有丰富的行政资源和较好经济条件,同时西部大开发给予成渝地区政策倾斜与便利,使成渝城市群的建设具有"天时地利人和"等优势。

第三节　中国城市群治理现代化

城市群是中国城市发展的重要形态,推进城市群治理创新是实现城市治理现代化的必然要求。分割的城市治理体系、碎片化的城市管理权限、单一的政府管理模式使城市政府无法有效应对城市群的公共问题,也无法有效供给高效的一体化公共服务。[1] 随着城市化深入发展与城市之间的经济、资源、行政各个要素联系与交流的深入,城市之间恶性竞争和"邻避现象"突出,区域发展碎片化,制度建设和集体行动缺乏统筹性、规范性等问题逐步显现,单一行政边界下的地方政府难以完全有效应对,这就要求将城市群作为国家治理的重要单元,增强府际协作和跨域协同能力,提供一体化的区域公共服务,促进城市群的高质量和可持续发展。

中国城市治理实践既致力于推进超特大城市治理现代化,又致力于推进以区域合作与发展共荣为核心的区域一体化,旨在创造具有中国特色的城市群治理经验与模式。随着城市群在中国城市发展中的地位不断提升,如何协调统筹区域发展、破除各种障碍,通过城市群治理推动城市治理体系和治理能力现代化,成为亟待解决的关键问题。

---

① 唐亚林:《当代中国大都市治理的范式建构及其转型方略》,《行政论坛》2016年第4期。

一、中国城市群治理的实践经验

改革开放以来,中国在城市群治理过程中积累了一定的成功经验,包括纵向协同与横向联系并举的府际协作机制、顶层设计与统筹规划的整体性发展模式、因地制宜与"点-线-圈-群"扩散的一体化发展路径等。这些经验取得了良好的治理效果,为新时代实现城市群的高质量发展和城市群治理现代化提供了重要借鉴。

(一)纵向协同与横向联系并举的府际协作机制

城市群治理需着眼于整体利益,借助建立完善包容整合的制度机制,打造契合区域实情、助力协同发展的合作体制,为城市群创造正外部效益。以长三角城市群为例,起初中央政府通过行政手段直接干预,设立跨区域行政管理机构,然而仅靠中央主导的纵向协同,难以激发地方政府积极性,各地合作意愿匮乏,一味追逐自身利益最大化,致使跨区域协同机构有名无实。后来,长三角各城市政府主动携手,经平等协商组建非政府组织机制——长三角城市经济协调会,制定了一系列涵盖商贸、旅游、交通、区域项目等有利于区域经济一体化发展的地方法规政策。目前,长三角城市合作体制迈向深入,中央政府运用经济、法律与行政手段制定统一发展规划,设立重大财政项目,各城市政府、各行业协会与民间组织制定一体化政策标准,签署有约束力的项目合作协议[1],形成了纵向协同与横向联系并举的府际合作模式。这种兼顾中央宏观调控权威性与地方自由裁量权的府际合作模式,既能顾全大局,又可因地制宜。

城市群政府合作体制创新的实践经验可以总结为以下几点。(1)在单一制国家结构形式下,中央政府明确各城市群战略定位、战略目标和支持条件[2],进行前瞻性、权威性的顶层设计和统筹规划。(2)地方政府根据自身定位、禀赋条件和比较优势,制定具体化的配套规划和实施细则,在此过程中上级政府可就某些公共议题进行统筹协商,寻求共识,构建政府之间的协同平台,在一致同意的基础上达成协议[3],通过区域一体化的例行交流、项目合作、政策对接,最终形成制度化的府际协作机制。(3)地方政府还将本地政策与城市群发展战略主动接轨,通过密集规划、精准接轨、深化落实等创新举措,形成主动对接、全面对接、深度对接等新型区

[1]　唐亚林:《区域治理的逻辑:长江三角洲政府合作的理论与实践》,复旦大学出版社 2019 年版,第 89—113 页。

[2]　于迎:《从经济优先型到整体性规划:中国城市群发展新型动力建构战略及其实现路径》,《行政论坛》2017 年第 5 期。

[3]　锁利铭:《跨省域城市群环境协作治理的行为与结构——基于"京津冀"与"长三角"的比较研究》,《学海》2017 年第 4 期。

域合作机制。①

（二）顶层设计与统筹规划的整体性发展模式

城市群的整体性发展一方面要处理好城市的经济发展与社会、文化、生态等其他发展维度的关系，另一方面也要处理好发挥"增长极"效应与区域内各城市共同发展的关系。2015年国家"十三五"规划提出牢固树立并贯彻创新、协调、绿色、开放、共享的新发展理念，中国城市群治理进入政治、经济、社会、文化、生态并重的发展新阶段。城市群的发展规划要着重体现经济、环境与社会全面、协调、可持续的理念，通过顶层设计与整体性规划为各城市群发展进行战略定位、统筹协同治理，协同区域经济、社会、文化一体化发展。历史经验表明，不能为了单一维度的短期发展而损害城市其他维度的长期发展，否则会付出巨大代价，早期城市化过度注重经济效率导致了一系列"城市病"就是沉痛教训。因此，中国城市群治理通过战略规划统筹区域协同治理，再用区域协同治理推动区域经济社会文化一体化发展。统筹规划的城市治理不仅促进了各发展维度的协调，也有利于各城市之间的合作共赢。顶层设计引领和整体规划先行有助于各地方政府在参与城市群协同发展中，突破以本区域的经济绩效优先为目标而将区域发展和区域合作等议题边缘化的困境，打破行政壁垒和制度障碍，为城市群政府合作提供制度支持和制度保障。

（三）因地制宜与"点—线—圈—群"扩散的一体化发展路径

中国城市群一体化发展经历了从各城市因地制宜、相对独立的发展模式，向紧密联系、协调发展的都市圈一体化模式演变，最终确立了网络式的城市群一体化模式演进的发展路径。

以珠江三角洲城市群为例，最初广州市依托省会城市的行政优势，深圳市依托特区城市的政策优惠，分别成为区域内两个强核心。随后中心城市与周边城市形成强联系的格局，以广州为例，随着广州经济的迅速发展，其中心的产业和人口向地缘邻近、产业承接能力强的佛山扩散，加上两地政府在制度对接与基础设施建设方面的协同，共同促成了同城化特征显著的"广佛都市圈"形成。珠江三角洲城市群朝着强联系、多核心城市群的空间形态演变，广佛肇、深莞惠、珠中江等都市圈均得到不同程度的发展，都市圈出现明显分工，高快交通网不断完善，广深科技创新走廊、珠江两岸通道设施等建设凸显了城市群的网络化趋势。②

① 唐亚林、于迎：《主动对接式区域合作：长三角区域治理新模式的复合动力与机制创新》，《理论探讨》2018年第1期。
② 马向明、陈昌勇、刘沛等：《强联系多核心城市群下都市圈的发展特征和演化路径——珠江三角洲的经验与启示》，《上海城市规划》2019年第2期。

在城市群发展初期,部分城市较好地依托区位优势和要素禀赋条件,因地制宜形成独具特色的城市发展模式,率先成为区域发展核心;中心城市综合实力得到增强后辐射带动周边城市,地域邻近的城市承接中心城市的产业和劳动力等,形成经济产业结构相似、人员联系密切的都市圈;在都市圈的基础上地域间各要素流通加快,交通网络逐步建成,联系日益紧密,最终呈现城市群一体化的发展形态。在此过程中,政府积极互通基础设施、协调产业分工、对接各类制度、完善政策机制,促进城市群与城市群间的紧密联系,城市群间逐渐形成分工协作、协调联动,圈层式辐射与点轴式串联结合的格局,最终汇聚成城市群,实现全域高质量发展。“点—线—圈—群”的扩散过程既体现了市场化改革背景下要素流动与产业集聚的自发规律,也展现政府不断努力顺应并推动区域一体化发展的实践成果。

二、中国城市群治理存在的主要问题

城市群的本质是在经济上紧密联系、在功能上分工合作、在交通上联合一体的高度同城化的城市共同体,但联系的紧密也意味着城市之间不可避免地存在利益冲突。集体行动中每个个体都有独特的利益偏好,城市群中各个城市在利益诉求上难以达成共识,在博弈协商的过程中难免会存在地方保护主义、区域间协调困境等问题。城市群治理的意义就在于尽可能通过互惠、协商、补偿等方式谋求合作共赢,促进整体的协调发展。中国城市群治理中存在以下突出问题,有待进一步解决。

第一,府际竞争和地方保护主义阻碍城市协作,产业结构同质化加剧城市恶性竞争。传统的以经济绩效为核心的晋升激励模式,使得地方政府追求行政区划内的垄断利益最大化,导致要素市场分割化、地方政府企业化、经济形态同构化、资源配置等级化等现象。[①]　各地区产业结构同质化也是形成地方保护主义的重要原因。区域整合进程中缺乏协同,导致城市群及区域经济发展从产业生态到功能定位的高度重叠,增加了城市群产业整合的难度,生产要素和商品流通都受到很大限制。城市群产业发展的趋同特征导致市场竞争更多地采取价格竞争策略,使主要产业的价格大战此起彼伏,陷入重复建设和恶性竞争的怪圈,影响了城市群内城市之间的协同整合。

第二,跨区域合作尚处于浅层合作阶段,城市之间深度融合不够。目前,中国城市群内在联系不强,城市之间功能耦合与深度融合不够,难以形成一加一大于二的合力。总体而言,各大城市群的区域合作尚处于浅层合作阶段,长期局限于产业项目与经济建设层面的协作,难以突破行政壁垒,达成多维度深度融合。城市群建设缺乏统一规划、地方保护主义盛行、未能形成有效的制度融合等问题都增加了城

---

① 金太军、汪波:《中国城市群治理:摆脱“囚徒困境”的双重动力》,《上海行政学院学报》2014 年第 2 期。

市群发展与治理成本。与世界范围内普遍建立的城市群内区域协调机制相比,中国城市群在相关领域还处于初步探索阶段,区域协调机制尚未健全,使城市群的内部治理较为碎片和松散。

第三,城市群发展模式简单粗放,缺乏科学合理的政府引导,脱离了城市群发育的客观规律。理想的城市群发展模式应该包括空间上合理拓展、经济上均衡增长、管理体制上综合创新三个方面。中国城市群在发展模式上普遍存在内涵简单化和形态粗放化两大问题。在地方政府、新闻媒体推动和部分专家的迎合下,不少城市群不断"扩容"贪大,违背了国家建设城市群的基本初衷。[1]

第四,协同治理与集体行动困境的矛盾,导致城市群跨域问题难以得到有效解决。城市群之间的很多公共问题具有外部性和跨域性特征,如资源、大气、水污染和公共服务等。以环境问题为例,据不完全统计,中国城市群工业废水排放总量、工业废气排放量和工业固体废弃物产生量占全国的比重均高达 67% 以上;城市群虽然集中了全国 3/4 以上的经济总量与经济产出,但同时又集中了全国 3/4 以上的污染产出,释放了超负荷的巨大能量与污染。[2] 由于外部性和行政碎片化问题,单一政府难以有效应对此类跨域公共事务的挑战,需要加强城市群之间的协同治理。然而面对搭便车、机会主义等集体行动困境,如何构建协作机制、降低交易成本与合作风险[3]、打破行政壁垒、破解协同治理与集体行动的困境及构建新型城市合作关系等,仍是亟待解决的难题。

三、中国城市群治理现代化的实现路径

城市群治理水平对实现城市治理现代化具有重要意义。城市群治理现代化的理想目标在于:发挥中心城市的辐射带动作用,充分发挥多元主体的治理优势,通过区域统筹协调,破除地域、市场、部门间藩篱,实现科学、高效、有序、有为的现代化城市治理。中国城市群治理现代化要重点构建城市群规划、执行、协调的全过程治理机制,加强区域产业、基建网络与公共服务的统筹协同发展,构建多元主体参与的共建共治共享的城市群治理新格局,实现城市群与城市治理现代化的融合发展,不断提升城市治理效能,为民众创造美好城市生活。

(一) 构建城市群规划、执行、协调的全过程治理机制

城市群治理有赖于一套覆盖治理全流程的整体性治理机制。在城市规划上,

---

① 方创琳:《中国城市群研究取得的重要进展与未来发展方向》,《地理学报》2014 年第 8 期。
② 方创琳、周成虎、顾朝林等:《特大城市群地区城镇化与生态环境交互耦合效应解析的理论框架及技术路径》,《地理学报》2016 年第 4 期。
③ 锁利铭:《中国城市群跨域治理的经验、前景与路径》,《人民论坛》2021 年第 11 期。

要立足大局,统筹兼顾,提升规划的科学性与系统性;在法治建设上,要在城市群各个主体间构建统一协调、权威有效的法律体系,保障规划的顺利执行;在府际协调上,促进政府间共商共建共享,保障协作治理的实施。

第一,不断提升规划水平,增强城市群规划的科学性和系统性。在规划设计上要综合考虑城市功能定位、文化特色、建设管理等多种因素,明确城市群的角色、地位和城市间关系;规划主体在编制过程中要接地气、汇民智,邀请规划企事业单位、建设方、管理方和市民共同参与;在规划方法上要不断创新,利用现代化规划设计工具,提升政策设计技术,增强规划的科学性和可操作性。

第二,构建城市群协调发展的法治框架。城市群治理要坚持依法治理,严格执行城市规划,引导城市群的经济规模、人口数量、空间布局、产业集聚、环境保护等有序发展。通过城市规划确定城市群的发展路径,并将其上升为法律,提升其政策效力和法律效力,确保规划和政策得到有效执行;在城市群各个主体间,建立各城市法律互认和共享机制,促进城市间法律的协调,维护城市群治理的法治权威性。

第三,构建权威有效的跨区域府际协调机制。城市群发展和治理涉及多个城市、不同行政区划的政府,在利益上存在诸多矛盾和冲突,这就需要构建权威有效的府际协调机制。目前各城市主要通过联席会议、府际协议、异地互访等方式进行府际协作,各种形式的协作取得了一定成效,但与深度一体化的协调沟通机制仍有距离。需要进一步完善已有协商对话机制,建设立体化、多层次的议事对话与执行协调平台;统筹区域内发展战略、项目布局、资源分配,协调城市群整体性、全局性的建设问题;积极创新合作模式,建立常设性的区域委员会、秘书处、共同发展基金等,实现政府间共商共建共享,有效保障协作治理的实施。

(二) 加强区域产业、基建网络与公共服务的统筹协同发展

城市群发展目标是区域经济融合、社会发展和公共服务一体化。作为一个复杂系统,城市群的产业、资源、要素联系密切,城市群统筹发展要从打造协同发展的产业集群格局、完善互联互通的基础设施网络、促进公共服务一体化与均衡化发展几个方面努力。

第一,打造协同发展的产业集群体系。产业关联效应、产业转移效应和产业聚集效应共同催生了现代化城市群的空间结构格局。产业协同和产业集聚对城市全要素生产具有正向促进作用。优化城市群产业协调发展机制,建立产业发展规划协调、培育、利益联动等机制,能够有效避免无序竞争带来的区域经济冲突。在产业规划中,要充分利用非均衡的差异所产生的发展动力,根据自然禀赋、发展水平、历史基础,突出产业特色和区域比较优势,通过产业协同互补,降低发展的不平衡性。深刻把握产业发展的非均衡性与协同互补的关系,以区域产业在非均衡条件下协同互补发展为思路,推动差异地区之间的产业对接协作,实现生产要素由发达

地区向欠发达地区的有序转移和自由流动;打破和消除城市群内分割封闭、无序竞争的局面,以网络化和产业链为基础,构建定位清晰、分工明确、优势突出、资源共享、开放协同、有机融合的城市群产业生态体系。

第二,完善互联互通的基础设施网络。基础设施网络能够发挥城市群内部自组织、自协调和自调整的能动性,加强城市群内部的经济联系与合作关系。在制度设计上创设一体化的规则、标准体系,降低交易成本、经济成本和时间成本,重点建设一体化的区域基础设施网络,比如高效的交通通勤网络、快速的通信网络、安全的生活管网体系、便捷的生活娱乐设施等。2018 年 12 月,中央经济工作会议首次提出新型基础设施建设的概念,"新基建"被寄予助推中国数字经济发展、赋能中国经济转型升级的厚望。《长江三角洲区域一体化发展规划纲要》将协同建设新一代信息基础设施作为共同打造数字长三角、提升基础设施互联互通水平的重要方式。"新基建"不但包括 5G 网络、工业互联网、数据中心等新型信息化基础设施,还包括铁路、港口、城市管网等传统基础设施的数字化升级与智能化改造。随着信息技术与城市建设、城市形态深度嵌入,新型基础设施为城市群间的数据融通、服务协同、功能板块融合提供基础,基建先行、数据驱动、平台赋能,成为智慧城市群建设发展的关键。①

第三,促进公共服务一体化与均衡化发展。对民众而言,城市治理成果直接体现为公共服务质量的提高,由于自然禀赋、发展水平、体制机制和服务能力等差异,目前城市之间、城乡之间、区域之间的公共服务供给水平差距较大。促进公共服务一体化和均衡化发展,要通过公共服务在财政上一体化统筹、在体制上一体化运作、在标准上一体化接轨等方式,使各区域内的全体公众都能公平可及地获得大致均等的公共服务,减小公共服务质量和数量的差距。城市群公共服务一体化要促进教育、土地、住房、医疗等资源按市场规律跨区域合理流动,形成互补分享、达到最优配置的过程,关键在于通过体制机制创新,降低区域间公共服务要素流动的制度性障碍。政府可通过推进标准互认、系统互通,利用信息技术畅通公共服务项目的流转渠道,实现城市群各区域公共服务的对接联通;提高制度规范和政策标准的一体化水平,实现区域内基本公共服务制度融合;通过城市群先行先试,由点到面逐步拓展覆盖全域,为国家推动城乡、区域公共服务一体化均衡化发展提供经验借鉴。

(三) 构建多元主体参与的共建共治共享的城市群治理新格局

随着城市化进程的加快,中国城市群的治理主体愈加多元,治理内容也愈加复

---

① 胡广伟、赵思雨、姚敏等:《论我国智慧城市群建设:形态、架构与路径——以江苏智慧城市群为例》,《电子政务》2021 年第 4 期。

杂。党的十九大报告提出"打造共建共治共享的社会治理格局",为此要"加强社会治理制度建设,完善党委领导、政府负责、社会协同、公众参与、法治保障的社会治理体制"。[①] 城市群治理包含多种行为主体,需要多方力量参与。市场组织、社会组织能够跨越政府、市场和社会领域的边界,提供具有灵活性、动态化和多元化特点的区域公共服务。一方面,产业组织、行业协会及产业生态系统在提升产业发展水平的同时,更好地与区域环境相融合,有益于区域公共设施的进一步完善;另一方面,社区、网络平台及社会组织致力于提升社会整体福利水平,以实现公众的真实需求为区域治理的主要目标,不断提高公共服务供给的精准性和适配性。

政府、市场、社会组织等主体都不是各自独立的系统,要实现高效的社会供给,就需要在资源提供方面引入多元主体的合作以及适当的竞争机制与考核机制。在逐步加强政府与其他组织共享资源、合作提供公共产品、共同治理公共事务的同时,一方面要以政府为中心,针对不同性质的公共组织明确划分其功能定位和职权范围,发挥政府的规划引领、监管与服务职能;另一方面积极引导多元主体参与治理,培育其依法有序参与城市群治理的意识与能力。充分利用社会组织灵活度高、包容性强等特点,构建企业积极运作、市场配置资源的供给平台,积极拓展多元主体的参与渠道,形成政府主导、多元主体参与、多种方式运作的网络化城市群治理新模式。

(四) 实现城市群与城市治理现代化的融合发展

城市群是全球城市发展的重要趋势。改革开放以来,中国城市化进程不断加快,随着人口、资源等生产要素的聚集效应逐步放大,城市群在国家发展中的重要性与日俱增,已经成为中国城镇空间分布的主体形态及承载发展要素的主要空间形式。城市群发展要求降低区域间要素流动的制度性障碍,这就要求:构建覆盖治理全流程的府际协调机制和法治化框架,建立议事协调机制、建设合作对话平台、加快法律标准互认;在环境治理、基础设施、公共服务、产业集聚等领域,发挥中心城市的辐射带动作用,从城市群整体系统利益出发统一谋划、协同推进;充分发挥多元主体的治理优势,形成网络形态的跨域治理结构,体现出不同政治主体、行政主体与专业主体之间的功能分工,加快公共事务治理去行政级别化[②],构建共建共治共享的城市群治理新格局。在中国城市群建设中,需要融合城市治理现代化的理念,通过信息化手段和智慧城市建设,将优质资源在跨区域间同步共享,改革传统的碎片化治理模式。目前,中国城市群还处在初级阶段的发展关键期,需要多方

① 习近平:《决胜全面建成小康社会 夺取新时代中国特色社会主义伟大胜利——在中国共产党第十九次全国代表大会上的报告》,人民出版社 2017 年版,第 49 页。
② 锁利铭:《中国城市群跨域治理的经验、前景与路径》,《人民论坛》2021 年第 11 期。

治理主体创新思维,秉持城市治理现代化理念,消除城市群内部无序竞争,构建共享、开放、融合的城市群生态体系。

实现城市群与城市治理现代化的融合发展,本质是为人民群众创造美好城市生活。党的十九届四中全会提出,健全"公共服务制度体系,注重加强普惠性、基础性、兜底性民生建设","满足人民多层次多样化需求,使改革发展成果更多更公平惠及全体人民"。① 从城市产生、建设与发展的历史来看,城市发展要让人类生活得更美好,城市的本质特征与功能要求城市治理要实现人民之城、繁荣之城与生活之城的统一。因此,完善城市群治理体系,促进城市治理现代化,要将以人民为中心的发展思想作为城市治理的出发点和归宿点,适应城市发展不同阶段的挑战,不断提升城市治理效能,为民众创造美好城市生活。

思考题:

1. 如何理解城市治理现代化的内涵?
2. 中国城市治理现代化主要面临哪些挑战,有何解决路径?
3. 中国四大城市群未来的发展方向和治理模式会走向何方?
4. 如何实现中国城市群治理现代化?

---

① 《中国共产党第十九届中央委员会第四次全体会议公报》(2019 年 10 月 31 日),求是网,http://www.qstheory.cn/yaowen/2019-10/31/c_1125178191.htm,最后浏览日期:2025 年 4 月 27 日。

第十三章
未来城市的治理

　　城市是人类最伟大的发明与最美好的希望①，代表人类不再依赖自然的恩赐，而是另起炉灶，试图构建一个新的可操控的秩序，展现了人类从草莽未辟的蒙昧状态到繁衍扩展至全世界的历程。② 从农业社会的城市初具雏形，到工业社会的城市大规模扩张，再到信息与智能社会的城市系统更新，城市形态随着时间、物质和技术的积累与进步而演化，人类也依循自身对美好生活的期待而不断畅想城市的未来：田园城市、广亩城市、有机城市、全球城市、智慧城市、韧性城市、向心城市、人文城市、创新城市、宜居城市……在此基础上，新一代物联网、互联网、人工智能、数字孪生等智能技术在城市规划、建设与治理中的广泛应用，进一步改变了"未来城市"的存在形态和治理模式。处在"未来已来"的当下，系统审视城市发展的历史演进并对"未来城市"进行前瞻性探讨具有重要意义。本章聚焦未来城市的治理，主要包含以下内容：(1)城市发展的历史与挑战；(2)未来城市的影响因素与发展图景；(3)未来城市的空间形态和治理模式。

第一节　城市发展的历史与挑战

　　城市作为相对于村庄的另一聚落形态，经由生产力和生产关系的发展变革从最初作为神灵的家园过渡为改造人类社会的主要场所，从美索不达米亚平原的一隅遍布至世界各地，其形态、功能、目标、发展及治理模式无不呈现出鲜明的时代烙印。未来城市不仅面向长远的将来，还是过去和当下的延续，正如刘易斯·芒福德所言，"如果我们要为城市生活奠定新的基础，我们就必须明了城市的历史性质"③，但这种延续并非简单复制，而是为了更好地克服城市发展过程中的衰败并

① ［美］爱德华·格莱泽：《城市的胜利》，刘润泉译，上海社会科学院出版社 2012 年版。
② ［美］乔尔·科特金：《全球城市史》（典藏版），王旭等译，社会科学文献出版社 2014 年版，第 1 页。
③ ［美］刘易斯·芒福德：《城市发展史——起源、演变和前景》，宋俊岭、倪文彦译，中国建筑工业出版社 2005 年版，第 1 页。

不断走向胜利。因此,本节先简要回顾城市的发展脉络,再梳理未来城市面临的主要挑战。

一、城市发展的历史变迁

据考证,城市发展为一种普遍存在的聚落形态至少已有 5 000 余年的历史,人类从原始社会向农业社会、工业社会乃至后工业社会的不断发展演进,相应地衍生了古代城市、中古城市、近代工业城市和现代城市等不同城市形态。古代城市始于一些永久性的神圣聚会地点,散居的人群定期回到这些地点举行祭祀仪典①,因此,庙宇、教堂、清真寺等宗教设施长期以来支配着城市的景观轮廓和形象。② 宗教文化对城市的强大影响一直延续至中世纪,并在商品经济的推动下衍生出中古城市这一新形态。随着商业贸易的不断发展,集市逐渐取代修道院成为人们活动的主要场所,商人作为一种新的社会阶层,与牧师、武士等旧社会阶层达成了某种程度的均衡。与古代城市相比,中古城市具备了更多的核心功能,乔尔·科特金(Joel Kotkin)将其概括为"神圣、安全和繁忙",即城市不仅仅是承载精神寄托的神圣之地,还以封围地的形式为人们提供庇护之所,更通过商业贸易生产足够的财富来维系大规模人口的长久生存,盛极一时的佛罗伦萨、威尼斯等都是该时期城市发展的典型代表。然而,这一时期的商业城市始终受到封建势力的压制,并在极度奢靡和享乐主义文化的诱导下逐渐走向衰败。

进入 18 世纪,工业资本主义的扩张为城市发展注入了新动力。由于市场的无限扩大与全方位渗透,流动的资本开始重塑现存的城市结构:一是将城市的边界逐渐拓展至郊区,从而避开市政当局的束缚和限制;二是通过拆除和重建破坏已有的城市结构,大幅提高城市密度。③ 接踵而至的工业革命更是近代工业城市崛起的催化剂。第一次工业革命推动了生产力的进步与生产方式的变革,吸引了大量人口投入大规模工业生产,城市人口呈快速增长态势,城市面貌在工业化进程的推动下焕然一新,城市基础设施得到明显改善。然而,这种物质环境的改善却是以牺牲人类的生存环境为代价的,随处可见的"黑烟囱"和污染物使新兴的工业城镇沦为"焦炭城",这种状况一直延续到 19 世纪中后期。

自 20 世纪以来,近代工业城市逐步向现代城市转型。随着第二次工业革命的纵深推进,这一时期的城市不再只是作为工业化进程的附属物,而是呈现城市化进

---

① [美]刘易斯·芒福德:《城市发展史——起源、演变和前景》,宋俊岭、倪文彦译,中国建筑工业出版社 2005 年版,第 102 页。
② [美]乔尔·科特金:《全球城市史》(典藏版),王旭等译,社会科学文献出版社 2014 年版,第 5 页。
③ [美]刘易斯·芒福德:《城市发展史——起源、演变和前景》,宋俊岭、倪文彦译,中国建筑工业出版社 2005 年版,第 430 页。

程的阶段性特征。一方面,城市人口规模依然呈上升趋势,并形成了特大城市、都市圈、城市群等新型城市形态;另一方面,为了缓解前期城市畸形发展所致的"城市病","田园城市""有机城市""卫星城"等规划方案成为引领城市发展的新理念。与此同时,部分城市化水平居于前列的国家开始出现"逆城市化"现象,伴随着中心城区的衰退和城市功能不断向郊区转移,由此又兴起了城市复兴运动。第三次工业革命的到来进一步推动了"未来城市"的发展,由于生产方式从机械化向自动化和智能化转变,人们开始致力于勾勒未来城市的图景,包括"信息城市""全球城市""文脉城市""山水城市""生态城市""可持续发展城市"等。[1] 由大数据、人工智能等新兴技术引领的第四次科技革命使人类步入数字时代和智能时代,过去有关未来城市的想象从"理想"转变为"现实",城市结构、城市功能与治理模式呈现出新的特征,城市发展与治理开始迈向高级阶段。

二、未来城市面临的挑战

未来城市作为人类集聚、生产生活与安身立命的主要空间,其发展理念、空间布局、生活形态和治理模式等不仅遵循城市生命体发展的内在规律,而且深受政治、经济、技术、社会、文化等外部环境的影响,面临着巨大的不确定性。未来城市需要解决城市包容性发展、城市可持续发展、城市复合风险及城市公共空间和文化的失落等各种严峻挑战。

(一) 城市包容性发展

早在 2000 年,联合国人居署便提出了"包容性城市"的理念,强调城市是"所有人的城市",不应受生理差异、宗教信仰、社会阶级等因素限制而排斥任何一个城市居民,而要给予所有公民平等的权利,使每个人都拥有参与城市生产活动和共享城市发展成果的机会。[2] 2016 年,联合国住房和城市可持续发展大会通过的《新城市议程》提出"人人共享城市",要求促进城市的包容性,确保今世后代的所有居民不受任何歧视,都能享有公正、安全、健康、便利、负担得起、有韧性和可持续的城市和住区。[3]

城市包容性是一个多维概念,涉及空间、经济、社会和文化等多个维度[4],其

① 黄肇义、杨东援:《未来城市理论比较研究》,《城市规划汇刊》2001 年第 1 期。
② 唐艺宁、刘晔、王英伟:《从增长到包容:城市权利视角下包容性城市的多维度内涵与评估》,《上海行政学院学报》2023 年第 2 期。
③ 联合国住房和城市可持续发展大会:《新城市议程》(2016 年 10 月 20 日),联合国官网,https://www.un.org/zh/documents/treaty/A-RES-71-256,最后浏览日期:2025 年 4 月 28 日。
④ 国务院发展研究中心和世界银行联合课题组、李伟等:《中国:推进高效、包容、可持续的城镇化》,《管理世界》2014 年第 4 期。

中,权利不平等、空间排斥与隔离、公共服务资源分配不均衡是城市包容性缺失的集中体现。首先是权利不平等。城市包容性不足会导致居民在政治参与、社会福利、文化教育以及平等就业等方面的权利无法获得公正对待和有效保障,特别是弱势群体和外来人口会面临更多限制,难以享受同等水平的公共服务和发展机会,进一步加剧社会不公和贫富差距。其次是空间排斥与隔离。受制于权力和资本的主导,一些城市空间并非对所有人开放,由此造成对部分社会群体和阶层的排斥,形成城市内部的隔离区域,这种空间上的隔离对居民的社会交往与融合产生了深远影响。最后是公共服务资源分配不均衡。包容性不强的城市往往在公共服务资源分配上存在明显的不均衡性,尤其是教育、医疗和养老等领域,一些群体因资源分配不公而无法获得应有的公共服务。

城市包容性缺失使城市面临着社会结构失衡和内部矛盾激化的风险,随着城市规模的快速扩张,如果这些矛盾得不到有效治理和调解,不仅会加剧城市内部的社会分层,限制部分群体享受城市发展红利的机会,并且还会导致社会不稳定,引发社会冲突,进而影响城市的和谐发展。因此,如何实现城市包容性发展是未来城市面临的一大挑战。

(二) 城市可持续发展

随着城市人口数量的不断增长,传统以规模和数量扩张为目标的粗放型城市发展模式与有限的资源环境承载力之间的矛盾日益突出,城市发展越来越多地受到资源损耗与环境污染的限制。例如,随着城市用水量的增加,水资源紧张状况日益加剧,与此同时,水体污染问题也未能得到有效解决。城市无限扩张所致的土地过度开发对城市可持续发展造成了重要影响,不仅破坏了自然栖息地,导致生物多样性的减少,还造成植被同绿地面积和质量的缩减,进而降低了城市生态环境的质量和承载力。此外,土壤退化、大气污染、噪声污染、光污染等问题也对城市生态系统构成严重威胁。

近年来,气候变化成为制约城市可持续发展的重要因素,气候危机也被视为现代社会所面临的最大安全威胁,有可能造成城市文明崩溃。一方面,城市因人口和基础设施的集中使其容易成为气候变化的受害者。以 2021 年河南郑州"7·20"特大暴雨为例,此次灾害导致郑州市 380 人死亡、失踪,直接经济损失 409 亿元。[1] 据悉,2024 年是有气象记录以来最暖的年份,高温、暴雨、洪涝、台风、寒潮和火灾等极端天气事件呈频发强发态势,对城市人员伤亡、财产损失和居民生活都造成了极大影响。另一方面,城市也是气候变化的主要加害者。20 世纪 90 年代以来,城市

---

[1] 《河南郑州"7·20"特大暴雨灾害调查报告公布》(2022 年 1 月 21 日),中国政府网,https://www.gov.cn/xinwen/2022-01/21/content_5669723.htm,最后浏览日期:2024 年 12 月 3 日。

化进程与人均二氧化碳排放量之间存在高度的相关性。2015 年，仅占全球陆地和海洋表面面积 0.5% 的城市中心区产生了全球 35% 的二氧化碳排放量，如果将范围扩大至所有城市地区，这一比例将提高至 70%—80%。[1] 在此背景下，中国自 2010 年连续开展三批"低碳城市"试点行动，并进一步提出"2030 年前实现碳达峰，2060 年前实现碳中和的'双碳'目标"。[2] 2017—2022 年，试点城市以年均 1.3% 的碳排放增速支撑了年均 5.8% 的 GDP 增长，95% 的试点城市实现了碳排放强度显著下降。[3] 但由于发展理念、制度规则与技术水平等限制，中国城市可持续发展依然面临严峻挑战。

（三）城市复合风险

城市作为一个复杂系统，在运行和发展过程中面临着极大的不确定性和风险性。随着城市化进程的加快，城市所面临的社会结构和环境更加多元，其自身增长所带来的内在风险因素与日俱增。城市风险呈现复合化特征，即由自然、技术、社会等多种风险源相互作用和叠加所致的风险，如公共安全风险、制度性风险、技术风险等。

按照《中华人民共和国突发事件应对法》，公共安全风险可能来源于自然灾害、事故灾难、公共卫生安全事件和社会安全事件。城市作为人口流动和聚集的中心，容易产生公共安全风险，而风险一旦发生就会产生强烈的连锁反应，从而引发次生灾害和衍生灾害。同时，公共安全风险还具有模糊性、复杂性、不确定性等特征。随着城市人口密度和人口流动性的增强，城市公共安全风险的复杂性和治理难度也在不断增加，对城市治理体系和治理能力提出了更高要求。

制度性风险是指城市治理中的制度设计不合理或制度固化而导致的风险。城市制度性风险与城市内部的组织结构、政策制定、治理规则、资源配置的合理性和有效性紧密相关。与此同时，城市发展是一个动态过程，当城市治理制度未能有效应对城市发展与城市安全需求时，便会产生制度性风险。此外，城市治理制度还涉及多元主体的利益调整与合作共治，因此，作为治理主体之一的政府也需要采取与之适配的治理方式和制度设计，降低制度性风险。

技术风险主要指现代技术在城市发展与治理中的广泛应用所带来的技术依赖、算法歧视、技术失控和技术压制人性等风险。首先是技术依赖。城市运行的高

---

[1] Monica Crippa, et al., "Global Anthropogenic Emissions in Urban Areas: Patterns, Trends, and Challenges", *Environmental Research Letters*, 2021, 16(7), 074033.

[2] 《习近平主持召开中央财经委员会第九次会议强调 推动平台经济规范健康持续发展 把碳达峰碳中和纳入生态文明建设整体布局》，《人民日报》2021 年 3 月 16 日。

[3] 《国家低碳城市试点工作进展评估报告》（2023 年 7 月），生态环境部官网，https://www.mee.gov.cn/ywgz/ydqhbh/wsqtkz/202307/t20230713_1036161.shtml，最后浏览日期：2024 年 12 月 3 日。

效性依赖于技术进步,但这些技术同样带来了复杂性和不确定性,未来城市所面临的危机在很大程度上源于新技术的开发与利用,以及由此产生的技术依赖。[1] 技术依赖可能会导致城市治理主体在面对技术故障时缺乏应有的应急处理能力,从而影响公共服务的连续性和可靠性。其次是算法歧视。作为一种颠覆性的智能决策技术,算法技术能够超越传统经验式决策的局限,但也因开发者和使用者的主观意志而导致不同程度的歧视与偏见,在"黑箱"式的算法规则和决策者的注意力偏差影响下可能会产出无意识的歧视性结果,从而损害公平正义和加剧社会分化。再次是技术失控。技术的革命性和颠覆性革新可能使其脱离人类掌控,带来一系列不可控的连锁反应,进而形成技术应用的不确定性风险。最后是在技术至上的治理取向下,还存在技术压制人性的风险。[2] 技术的工具属性决定了其最终目标需要满足人的美好生活需求,但过度的技术崇拜会忽略人的多元化需求,困于技术治理的刚性约束而背离"以人为本"的初衷。

(四) 城市公共空间和文化的失落

城市公共空间不仅是市民休闲娱乐的场所,也是促进社会交往和提升社区凝聚力的重要途径,对提升城市生活品质、促进社会和谐具有重要意义。然而,在经济利益至上的工具理性主导下,城市公共空间被大幅压缩,变得碎片化和分散化,其公共性和包容性明显减弱。[3] 与此同时,城市中心地带与边缘地带的空间分层愈发明显,公共空间的环境品质不断下降,人文关怀日益淡漠,与民众的实际需求渐行渐远。针对城市公共空间的失落,纽约自 2010 年相继出台了"滨水 2020 愿景计划""没有边界的公园战略""城市广场计划"和"零愿景(街道)计划";伦敦颁布了"伟大的户外公共空间"市长宣言,完成了泰晤士河南岸中心滨水空间改造、"100 个公共空间计划"等城市更新项目[4];北京自 2017 年启动了城市公共空间改造提升试点工程,涵盖小微公共空间、城市会客厅、活力街区/滨水空间、铁路沿线/地铁周边、学校周边、桥下空间、片区更新等多种类型[5];上海在最新版城市总体规划中提出"建设高品质、人性化的公共空间",要求强化公共空间的贯通性,以慢行

[1] Ottenburger Sadeeb Simon and Ufer Ulrich, "Smart Cities at Risk: Systemic Risk Drivers in the Blind Spot of Long-Term Governance", *Risk Analysis: An International Journal*, 2023, 43(11), pp. 2158-2168.
[2] 陈水生:《技术、制度与人本:城市精细化治理的取向及调适》,《山西大学学报》(哲学社会科学版)2021 年第 3 期。
[3] 陈水生、石龙:《失落与再造:城市公共空间的构建》,《中国行政管理》2014 年第 2 期。
[4] 杨超:《公共空间治理的顶层设计刍议——以〈北京城市公共空间发展纲要研究〉为例》,《城市发展研究》2021 年第 10 期。
[5] 《深度|城市公共空间:不止于 City walk》(2023 年 9 月 24 日),北京市发展和改革委员会官网,https://fgw. beijing. gov. cn/gzdt/fgzs/mtbdx/bzwlxw/202309/t20230925_3265412. htm,最后浏览日期:2024 年 12 月 4 日。

道、滨水空间、街巷与公共通道为主构建多层次的公共空间网络,改善街道和广场的空间尺度、配套设施和环境品质。可见,优化城市公共空间将是未来城市亟待解决的实践难题。

　　城市作为人类文明的载体,自诞生起便肩负贮存、流传和创造文化的基本使命。进入工业文明以来,城市的经济功能被无限放大,"每一座日益增大的小城镇中,机械的物质外壳都优先于它的人文内核而发展"①,文化建设在城市规划与发展中一度处于边缘地位。正式将"文化城市"作为一种城市发展战略始于 20 世纪80 年代,"欧洲文化之都"就是其中最为盛行的一种形式②,其本质是文化导向的城市复兴。1982 年,中国公布了首批 24 个国家历史文化名城,要求在推进城市现代化建设的同时传承独特的历史文化,并于 2008 年出台了《历史文化名城名镇名村保护条例》。此后,城市文化建设日益受到重视。在《国家新型城镇化规划(2014—2020 年)》中,"人文城市"与"绿色城市""智慧城市"共同被确定为未来城市建设的重点方向,要求进一步推动地方特色文化发展和保存城市文化记忆。然而在实践中,借"复兴城市历史文化"之名而兴起的拆旧和仿古热潮却滋生了不少乱象,如开封千亿元重塑汴梁城、昆明 220 亿元打造古滇王国等,此类动辄百亿、千亿投资的古城重建项目,在一定程度上使城市文化建设陷入了有"体"无"魂"的窘境。③ 这也是未来城市面临的重要挑战。

第二节　未来城市的影响因素与发展图景

　　未来城市是立足当下、面向未来的一种新型城市形态,不仅与其历史形成的空间结构、建筑布局、产业形态、生活方式和文化传统密切相关,也深受政治、经济、技术、社会和人文等因素的综合影响。④ 在这些因素的共同作用下,未来城市将朝向人本主义城市、紧凑型城市和智能化城市等多元图景发展。

一、未来城市的影响因素

　　纵观城市发展史,人口、土地、产业、技术因素对城市形态和功能的影响尤为突

---

① ［美］刘易斯·芒福德:《城市文化》,宋俊岭、李翔宁、周鸣浩译,中国建筑工业出版社 2009 年版,第 6—7 页。
② 顾朝林:《转型发展与未来城市的思考》,《城市规划》2011 年第 11 期。
③ 闻白:《"古城热"切莫丢了文化魂》,《人民日报》2012 年 11 月 19 日。
④ 刘士林:《未来城市的基本原理与中国经验》,《南京社会科学》2024 年第 10 期。

出。首先,"城市是由人民构成的"①,人口因素从来都是城市得以存续的基本条件之一;其次,城市作为人类定居的聚落形态,土地是构筑其物理空间的关键要素;再次,为维系人口的长期生存,城市必须具备创造经济财富的能力,而产业是主要来源;最后,自城市初具雏形以来,技术便在其漫长的演进历程起着重要的推动作用,并随着科学技术的不断进步而长期存续。

(一) 人口因素

人口作为社会构成的基本要素,是城市发展最为活跃的力量,也是衡量城市化水平的关键指标。但城市人口数量的急剧膨胀也会成为未来城市发展的限制性因素。据联合国人居署预测,2050 年全球城市人口占比将上升至 68%,并且这一增长将主要集中在广大亚洲、非洲国家。② 城市人口的膨胀无疑会给城市治理带来诸多挑战,如就业困难、食品供应不足、环境承载压力等。特别是对发展中国家而言,城市政府的治理能力和城市的社会文明程度难以匹配城市人口规模急剧增长的需求,进而导致了治理低效或无效、环境污染、交通拥堵、基础设施与公共服务供给不足等一系列问题,激化了社会矛盾,成为未来城市治理的不稳定因素。此外,人口在不同城市之间的自由流动也对城市住房、交通、医疗、教育、文化等公共服务供给和资源环境承载带来巨大压力,同时加剧了城市治理的协同困境。

人口老龄化是未来城市治理面临的另一难题。随着社会生产力和医疗水平的提升,人类平均寿命大幅延长已成为一个不争的事实。早在 1978 年,联合国大会就呼吁加强对"老龄化"问题的关注,并于 1982 年召开"第一届老龄问题世界大会"。根据联合国经济与社会事务部发布的《2009 年世界人口老龄化》报告,全球平均预期寿命从 1950—1955 年的 47 岁增加到 2005—2010 年的 68 岁,2009 年60 岁及以上人口占世界人口的 11%;在较发达区域,60 岁及以上人口预计从2009 年的 2.64 亿人增加至 2050 年的 4.16 亿人,发展中国家则可能增加三倍之多,从 2009 年的 4.73 亿人上升到 2050 年的 16 亿人。③ 最新数据显示,到2054 年,全球平均寿命将达到 77.4 岁;到 2080 年,65 岁及以上人口将超过 18 岁以下的儿童人口。④ 人口老龄化的加剧不仅会给城市养老、医疗、文化等公共服务带来巨大挑战,而且对城市精细化、智能化治理能力提出了更高要求,需要积极开发适老化产品和服务,打造老年人友好型城市。

---

① [美]亨利·丘吉尔:《城市即人民》,吴家琦译,华中科技大学出版社 2017 年版,前言。
② United Nations Human Settlements Programme, *World Cities Report 2022: Envisaging the Future of Cities*, p. iii.
③ 《第二次老龄问题世界大会的后续行动》(2009 年 7 月 6 日),联合国官网,https://documents. un. org/doc/undoc/gen/n09/392/73/pdf/n0939273. pdf,最后浏览日期:2024 年 12 月 5 日。
④ United Nations Department of Economic and Social Affairs, *World Population Prospects 2024*, p. 4.

（二）土地因素

土地作为城市得以建立与发展的物质和空间基础,土地资源的合理配置和高效利用是提升城市竞争力的关键因素。一方面,随着城市规模的不断扩张,城市人口增长与土地资源稀缺之间的矛盾日益突出,面临从粗放式的增量建设向集约型的存量提质的深刻转型。因此,合理挖掘土地资源潜力对城市可持续发展愈发重要。另一方面,土地资源的分配直接关系城市空间结构的优化和城市功能的完善。当前城市土地资源还存在不同程度的低效利用和闲置,未来城市治理应着重增加城市土地利用效益,科学合理布局城市生产、生活、生态空间,改进城市基础设施、生态环境和公共服务质量,不断优化城市空间结构和完善城市功能。

土地资源配置还涉及空间正义和社会公平。在城市空间生产过程中,必须防止城市土地过度资本化,需要综合考虑不同群体的需求,平衡公共与私人利益之间的关系,通过科学合理的规划和管理机制,实现城市空间的公平、合理分配,使其更好地服务于居民需求,提升居民的认同感和归属感。同时,还可借助信息技术实现对城市土地资源的动态规划和管理,提高土地资源管理的科学性和精准性,通过土地混合利用促进职住平衡、产城融合,营造高品质的城市空间和促进城市可持续发展。

（三）产业因素

产业是城市经济的支柱,也是塑造未来城市的关键力量。产业对未来城市发展的影响具体表现在以下两个方面。

首先,合理的产业结构是未来城市经济发展的前提。未来城市的产业结构将呈现出多元化、智能化、高度融合的特点。多元化意味着未来城市的经济将不再依赖某个单一产业,而是通过发展高科技、服务业、绿色能源等多个领域的产业来分散经济风险并增强竞争力。智能化是指数字技术将贯穿于各个产业,推动城市产业数字化转型。高度融合则是指产业之间、产业与城市功能之间的紧密协作和整合,形成产业链上下游的协同效应,提高城市的综合竞争力。

其次,通过产业转移和产业协作提升产业的集聚性是未来城市发展的重要驱动力。通过不同产业在空间上的集聚和协作,城市能够更有效配置各种生产资源,提高生产效率。产业集群的发展不仅有利于提升城市的经济竞争力,也影响了城市的物理形态,推动了工业园区和科技园区的兴起。同时,产业的多样化和灵活性也使城市能够更好地应对经济波动和外部冲击,保持经济和社会的稳定。

（四）技术因素

技术的持续进步正深刻改变着城市治理模式,推动城市治理现代化进程。智能技术的应用在增强城市治理者的感知和判断能力、促进多元治理主体的协同合作等方面具有突出优势。

首先,技术通过提供高效的数据处理能力和决策支持系统,极大地提升了城市治理的科学性和精准性。例如,城市管理者能够利用物联网和大数据分析技术实时监控城市运行状态,有效预测和应对突发事件,从而提高响应速度和处理效率。其次,技术通过构建互动平台促进了政府与市场、社会主体之间的沟通与协作,增强了公众参与城市治理的广度和深度,提升了治理过程的开放性。最后,技术还在促进城市资源优化配置、提升服务效能以及推动城市可持续发展等方面也发挥着重要作用。

技术既是推动未来城市发展的动力,也是需要审慎对待的因素。技术的发展进步与治理制度、组织、观念等要素的不匹配,容易产生治理堕距与数字鸿沟。其中,治理堕距表现为城市治理制度、组织管理和人们的观念认知未能适应新兴技术的快速发展与应用,从而导致治理要素之间出现不协调、不匹配的现象;数字鸿沟是指部分人口在城市数字化进程中被边缘化,无法享受数字化带来的红利,从而加剧社会阶层分化。因此,未来城市治理应重视技术赋能与风险防控的平衡,建立更加完善的技术治理体系,增强技术与制度、组织、观念等治理要素的适配性,缩小数字鸿沟和防范数字技术嵌入城市治理的各种风险,从而更好地发挥技术对城市治理的赋能作用。

二、未来城市的发展图景

为了适应上述影响因素对城市发展的限制,未来城市需确立以人为本的发展导向,平等、包容地重视不同群体和个体的多元化需求,通过更加集约化、功能混合的土地资源利用模式来优化城市空间结构并提升城市空间品质,同时积极把握新一代技术变革的时代潮流,努力创建人本主义城市、紧凑型城市和智能化城市。

(一) 人本主义城市

城市从其起源时代开始便是一种特殊的构造,专门用来贮存并流传人类文明的成果①,未来城市不仅是文明贮存和流传的容器,更是一个不断生长的文明体。在这一过程中,人的主体性地位将更加凸显,关怀人、陶冶人将成为城市发展的最佳模式,通过人本主义城市建设最终实现"城市让生活更美好"的终极目标。

首先,未来的人本主义城市将更加注重"以人为中心"。城市规划、建设、发展

---

① [美]刘易斯·芒福德:《城市发展史——起源、演变和前景》,宋俊岭、倪文彦译,中国建筑工业出版社2005年版,第33页。

和治理将服务于最广大人民的生存、生活和发展需求,而非少数精英群体的政治和经济利益,以提升人民生活品质和福祉为目标,使城市发展成果由全体人民共享,创造一个更加宜居、幸福的城市环境。此外,人本主义城市将更加重视不同群体的文化多样性和生活方式差异,致力于提升城市发展的包容性和消解社会排斥。利用先进的数据分析和模拟技术,城市管理者能细致描绘市民的行为特征,进而为其提供定制化的服务。

其次,人本主义城市要提升公共服务的可及性与可负担性,实现公共服务均等化。依托智能系统的精准调度和分配,城市的公共服务资源将实现更高效的利用,使身处城市任何区域的居民都能享受高质量和均等可及的教育、医疗、交通等公共服务。在医疗领域,人工智能和大数据技术的应用将推动远程医疗和精准治疗的发展,为居民提供更加便捷、高效的医疗服务。教育领域则将通过智能化教学设备和在线教育平台,提供更加个性化、多样化的学习体验,满足不同学习者的需求。此外,通过多层次、立体化的综合交通网络,统筹发展多种城市交通运输方式,提升城市交通资源集约利用水平和降低城市环境污染,最大限度地满足人们的出行需求,解决城市拥堵难题。

最后,人本主义城市重视社区参与和共治共享。城市居民能够在社区建设中发挥自我才能,与他人分享资源、知识和经验,形成更加丰富的社交文化环境。城市建设也将更加重视居民的参与度,使居民成为城市发展的积极参与者和推动者,他们能够自由地表达自己对城市功能、服务、环境等方面的意见和建议。民众参与不限于城市建设,还包括文化活动、志愿服务和社区治理等多个方面,使每个人都能在城市生活中找到归属感,实现自我价值,最终促进社会融合,增强社区的凝聚力,为居民创造一个充满活力和创造力的生活空间。

(二)紧凑型城市

为拯救19世纪以来的城市衰败危机,城市规划理论学者提出了众多解决方案,其中,霍华德的"田园城市"和柯布西耶的"现代城市"规划理念影响力较大,为莱奇沃思、韦林、昌迪加尔和巴西利亚等城市规划的成功作出了重要贡献。然而,上述规划实践在20世纪后期却广受质疑,如空地增多和土地利用效率不高、建筑高层化导致了犯罪的增加和安全隐患、功能导向的土地用途分离使得城市交通量大幅提升和污染加剧。① 在此背景下,紧凑型城市(compact city)逐渐成为城市规划设计的一种新潮流。这一理念最早出现于1973年,被视为应对城市无序蔓延和扩张的关键策略。在其提出者看来,紧凑型城市的总体轮廓是低而平的,整体趋近于一个圆形建筑,其最大直径约8 840英尺、垂直高度约240英尺(分为8层),可容

---

① 〔日〕松永安光:《城市设计的新潮流》,周静敏、石鼎译,中国建筑工业出版社2012年版,第21—22页。

纳人口约为 25 万人。[①] 进入 20 世纪 90 年代,紧凑型城市日益成为促进城市可持续发展的可行策略,荷兰、英国、美国、日本等国家开始将紧凑型城市理念融入城市可持续发展规划。2012 年,经济合作与发展组织总结了紧凑型城市的核心特征:(1)密集和邻近的发展模式,即城市土地被密集利用,城市城区连片发展或紧密相连,处在城市边缘的城乡土地利用边界相对清晰;(2)城市由公共交通系统连接而成,从而提高城市地区的移动性;(3)土地混合利用,居民能够便利地享受本地服务和就业机会。[②] 可见,紧凑型城市主张通过土地资源的集约、复合化利用和构建多层次、立体化的交通系统达至空间形态上的紧凑,从而遏制城市无序蔓延和提升居民生活的便利度。

随着可持续发展日益成为全球共识,紧凑型城市有望成为未来城市发展的典型形态,对土地资源较少、分布不均且面临生态退化问题的地区更是如此。因此,未来城市将借助公共交通为导向的综合交通系统连接地上、地下空间,同时依托功能混合利用实现城市功能的高度集约和有机融合。紧凑型城市作为一种高密度的空间规划模式,在实践中可能面临土地高强度开发和经济收益等多重压力,进而走向"过密化"。为此,需要综合利用土地用途管制、资源环境承载能力评价、设置"留白区域"及空间更新与整治等多种治理工具,从而提升土地资源利用效率和增强城市空间活力。此外,紧凑型城市的核心目标在于通过空间的紧凑来提升城市生活的便利性,因而在城市规划与建设时还需进一步考虑高密度与舒适环境的取舍问题,统筹考虑人们的生产、生活、生态和安全需求。

(三) 智能化城市

纵观城市发展史,科学技术的变革始终扮演着关键角色。在新一轮技术革命的推动下,物联网、大数据、人工智能等新兴技术将全面赋能城市发展与治理,不断迈向智慧化、智能化的高级发展阶段。

首先,智能化城市将呈现物理空间与虚拟空间深度融合的新形态。虚拟空间(cyberspace,也叫赛博空间)是人-机界面发展的最新分支,是"一种三维的、电脑生成拟像环境,它根据用户的行为在实时中呈现"。[③] 在互联网、数字孪生、人工智能、虚拟现实(Virtual Reality,VR)等一系列技术的组合作用下,人们可以通过数字替身在虚拟世界中与外部世界产生连接并开展各种社会活动。随着技术的迭代发展,城市物理空间与虚拟空间的交互也会不断演化,从最初的虚实衍生(虚拟空

① George B. Dantzig and Thomas L. Saaty, *Compact City: A Plan for a Liveable Urban Environment*, W. H. Freeman and Company, 1973, pp.36-37.1 英尺等于 0.304 8 米。

② OECD, *Compact City Policies: A Comparative Assessment*, OECD Publishing, 2012, pp.27-28.

③ [荷]约斯·德·穆尔:《赛博空间的奥德赛:走向虚拟本体论与人类学》,麦永雄译,广西师范大学出版社 2007 年版,第 140 页。

间只是存储信息和知识交流的网络空间)过渡到虚实孪生(虚拟空间是物理空间的模型映射)再到虚实融合的新阶段,即虚拟空间不仅仅是物理空间的复制,而是依托人工智能体独立开展各种生产与创新活动,与物理空间共同成为社会生产活动的重要载体。①

其次,智能化城市将变成一个高度互联互通的智能体,城市治理精细化、智慧化水平将显著提升。一方面,为了适应虚实交融的空间发展需求,未来城市将铺设各种数字新基建、开发"城市大脑"系统和智慧应用场景,城市中的各种物理设施能够实现智能感知、连接与智慧化决策,真正进入"万物互联"的新时代。另一方面,城市管理者可以利用新技术和智能中枢系统提升城市管理效能和优化公共服务。以交通治理为例,在整合多行业、多部门数据的基础上,城市管理者可以借助智能中枢系统对交通运行态势进行实时监测,利用大数据挖掘和算法技术输出各种交通流量分析、道路线网优化等决策报告和应急预案,同时实现跨部门的整体联动与综合指挥协调。此外,城市管理者还可借助统一的信息发布和互动平台向公众提供更加全面、及时、可靠的出行信息服务,从而提高人们出行的便利性和经济性。

最后,智能化城市将深刻改变人们的社会交往和生活方式。随着技术的不断迭代升级,社交机器人将充当生活管家、工作助理、情感伙伴等诸多角色,不仅能够根据用户的喜好和习惯提供个性化的建议,满足人们感知、分析、判断与决策等信息需求;还可以与用户直接进行社交互动,如自动评论用户发布的社交动态,借助文字、语音、图像等形式与用户进行问答交流。同时,增强现实(AR)、虚拟现实(VR)和混合现实(MR)等技术在城市生活中的普及,将给人们带来真正的沉浸式体验,如虚拟图书馆和博物馆能够超越物理空间和时间的限制,依托头显设备等智能穿戴,让人们随时随地"置身"于世界任何角落的文化宝库。

第三节　未来城市的空间形态与治理模式

自20世纪中后期以来,"空间"逐渐挣脱"时间"的束缚,在福柯、哈维、列斐伏尔、卡斯特等学者的努力下成为一个相对独立的研究范畴。② 在此背景下,城市空间作为经济、社会、文化的物质载体,是透视城市发展与人类文明嬗变的基本维度之一。与此同时,城市作为政治权力、经济发展和人们生活的重要场所,其对应的理论研究经历了从"权力控制"到"城市发展"再到"城市治理"的范式演进,

---

① 国容毓、陈劲、李振东:《基于虚拟空间的创新:空间演进、理论框架与展望》,《科学学研究》2024年第2期。
② 刘铭秋:《全球城市:空间转型与历史记忆》,《理论与改革》2019年第1期。

城市治理成为一个重要议题。因此,本节从空间形态和治理模式两个维度分析未来城市。

一、未来城市的空间形态

未来城市的空间形态涉及多个维度,其中,经济、社会和文化空间是未来城市空间形态的基础。此外,在信息化和全球化的推动下,未来城市空间不再只是一个固定的集合点,而是由各种物质和非物质性要素汇聚和流动的动态网络系统。正如曼纽尔·卡斯特所言,"我们的社会是环绕着流动而建构起来的:资本流动、信息流动、技术流动、组织性互动的流动、影像、声音和象征的流动。流动不仅是社会组织里的一个要素而已:流动是支配了我们的经济、政治与象征生活之过程的表现"。[①] 下文将分别阐述未来城市经济、社会、文化空间和"流空间"的基本形态和发展策略。

(一) 数实融合的经济空间

随着新一轮技术革命的纵深推进,数字经济已成为全球城市经济竞争的战略制高点,英国、美国、德国、澳大利亚、中国和韩国等国家都制定了数字经济发展战略。数字经济是以数字化信息、互联网平台、数字技术为关键资源所衍生的一系列新经济模式和业态。[②] 在大数据、云计算、互联网、人工智能等新一代信息技术的赋能作用下,未来城市的经济空间将是一个传统产业与数字产业高度融合的综合体,通过数字经济推动产业结构的优化升级和城市经济的高质量发展是未来城市的重要目标。当前,中国城市围绕数字技术创新、平台载体建设、数实融合和数字化场景拓展等领域取得了重要进展,但距离"城市全域数字化转型"这一目标仍存在较大差距,可从两个方面入手。

一是着力推进城市数字产业化、产业数字化进程。从产业构成来看,数字经济涵盖数字产业化和产业数字化两大部分,前者包括计算机通信和其他电子设备制造业、电信广播电视和卫星传输服务、互联网和相关服务、软件和信息技术服务业等数字产品制造业、服务业、应用业,是数字经济发展的基础;后者是指应用数字技术和数据资源提升传统产业增加值和效率,如智慧农业、智能交通、智慧物流、智慧医疗,是数字技术与实体经济的融合。[③] 根据中国信息通信研究院统计数据,

① [西班牙]曼纽尔·卡斯特:《网络社会的崛起》,夏铸九、王志弘等译,社会科学文献出版社2001年版,第505页。
② 陈晓红、李杨扬、宋丽洁等:《数字经济理论体系与研究展望》,《管理世界》2022年第2期。
③ 《数字经济及其核心产业统计分类(2021)》(2021年5月27日),中国政府网,https://www.gov.cn/gongbao/content/2021/content_5625996.htm,最后浏览日期:2024年12月6日。

2022年全球51个主要经济体数字产业化规模约为6.1万亿美元,占数字经济比重为14.7%,占GDP比重为6.8%;产业数字化规模为35.3万亿美元,占数字经济比重为85.3%,占GDP比重为39.3%。[①] 可见数字经济仍有较大的发展空间。未来可通过加强顶层设计与政策支持,明确数字经济的长期发展战略和引导数字经济健康发展;运用技改资金、电子信息产业发展基金等多种财政金融政策加大数字产业化、产业数字化的扶持力度,进一步优化产业结构和促进传统产业转型;完善数字经济发展的软环境,如制定适应数字经济发展的法律法规体系,积极培育数字化人才队伍,加强知识产权保护,营造公平竞争的市场环境。

二是充分利用数字技术推动城市区域数字化协同发展。城市发展经历了一个从平面化到立体化的空间演化过程,从最初的单个城市发展到囊括多个城市在内的都市圈、城市群、跨域经济带[②],呈现显著的区域联动效应。在新一代数字技术不断向多元化应用场景渗透的背景下,数字技术凭借强大的穿透性破除了地理位置的"界限",能够将分散的城市区域紧密联结起来,为增强城市区域的联动性和集聚效应提供了关键技术支撑。可见,推动城市区域数字化协同发展是塑造未来城市经济空间的重要策略。具体而言,城市区域数字化协同包括数字基础设施、数据要素、数字服务等共享与联通。例如,《长江三角洲区域一体化发展规划纲要》提出"共同打造数字长三角",包括协同建设新一代信息基础设施、协力开拓数据要素市场、建立科技创新合作与联合攻关机制、打造优势产业集群和共同推动重点领域智慧应用(如城市公共管理、公共服务、公共安全)等举措,旨在促进区域数字化协同发展。

(二) 包容共治的社会空间

在空间社会学家看来,空间是社会的产物[③],社会空间即社会关系的空间,因此,社会空间的发展强调社会关系的塑造。为了化解城市化进程中潜在的城乡二元分割、社会阶层分化、排斥与隔离等社会风险,未来城市需要建设一个包容共治的社会空间。其中,包容的社会空间是指居住在城市中的不同群体、个体之间相互尊重且能够受到公平对待,平等重视所有人群的贡献和需求,践行"每个人都很重要"的理念;共治的社会空间则是让决策者(如政府)和利益相关者(如企业、居民、社会组织)共同参与城市治理过程,更多地借助沟通协商机制调解利益冲突和创造

---

① 《全球数字经济白皮书(2023年)》(2024年1月),中国信息通信研究院官网,https://www.caict.ac.cn/english/research/whitepapers/202404/P020240430470269289042.pdf,最后浏览日期:2024年12月6日。

② 唐亚林:《构建新时代社会主义现代化国家的空间布局战略体系——基于城市化发展的考察》,《同济大学学报》(社会科学版)2021年第1期。

③ Henri Lefebvre, *The Production of Space*, Blackwell, 1991, p.30.

公共价值,进而将不同的原子化个体联结为具有认同感和归属感的社会治理共同体。为了实现上述期待,全球范围内涌现了"儿童友好城市""老年人友好城市""青年发展型城市"等城市治理实践,并逐步向"全龄友好型城市"发展;中国提出"建设人人有责、人人尽责、人人享有的社会治理共同体",探索"区域化党建""睦邻中心""三会制度(听证会、协调会、评议会)"等创新机制,为打造包容共治的社会空间奠定了重要基础。

未来城市的社会空间建设需坚持以下基本理念。一是"以人为本"。长期以来,城市规划与建设陷入了"见物不见人"的误区,城市沦为增长机器,忽视了应有的人文关怀和人的需求满足。提升城市社会空间的包容性要求重视人的主体性地位,通过完善基础设施建设、优化公共服务供给和消除社会歧视,促进人的自由全面发展。二是"以邻为善"。在从农业社会到工业社会乃至后工业社会的转型过程中,传统的"熟人社会"逐渐过渡为"陌生人社会","邻里关系淡漠"成为常态。然而,邻里之间的互动与联系是城市社会治理共同体赖以存在的基础。[1] 正如简·雅各布斯所言,"在与野蛮行为进行斗争或防备陌生人时,城市的公民必须做出选择,是担当起这种责任还是放弃它。关于这种关注意识有一个简单的概括:信任"。[2] 这种信任同样是以亲密友好的邻里关系为前提的。重建邻里守望相助精神还有助于应对现代城市海量流动性与风险性所致的各种社会危机。[3] 由此,重建"以邻为善、以邻为伴"的邻里关系对提升未来城市空间品质具有重要价值。三是合作共治。处在社会分工不断细化和利益诉求多元化的复杂社会,传统"中心-边缘"式的社会管理模式逐渐失灵,实现多元主体间的合作共治被视为有效的替代方案。为增进多元治理主体的信任与合作,需要推动治理权力和责任向多元主体转移,依托沟通协商、社会参与、责任监督、成果共享等机制实现治理主体间的结构性均衡,并通过情感培育和价值认同来提升城市社会治理共同体的稳定性和可持续性。

(三) 多元融合的文化空间

城市文化空间是集中开展各类文化实践的场所,既包含直观具体的物质性构成要素(如自然和人文景观、各式建筑和文化机构),也涵盖抽象的精神性构成要素(如城市精神、城市记忆和城市魅力)。[4] "城市不只是建筑物的群集,它更是各种密切相关并经常相互影响的各种功能的复合体——它不单是权力的集中,更是文

---

① 桂勇、黄荣贵:《城市社区:共同体还是"互不相关的邻里"》,《华中师范大学学报》(人文社会科学版)2006 年第 6 期。

② [加]简·雅各布斯:《美国大城市的死与生》,金衡山译,译林出版社 2006 年版,第 59 页。

③ 唐亚林:《新邻里守望:海量流动性、连锁风险与超大城市的安生之道》,《探索与争鸣》2022 年第 7 期。

④ 董慧:《秩序与活力:城市文化空间的意义构建》,《苏州大学学报》(哲学社会科学版)2011 年第 4 期。

化的归极（polarization）。"①"城市若要具备吸引力、创造力和可持续性，文化是关键。……城市丧失了文化，就不再是活力充沛的生活空间，而仅仅是一座座钢筋混凝土建筑，极易出现社会倾颓和断裂。"②从实践观之，在反思城市现代化和解决"城市病"的历史进程中，城市文化空间建设被寄予厚望，由此衍生了文化城市、创意城市等规划方案，未来城市将是"文化引领"的城市。③

从本质上来讲，文化的生产是由两个基本维度决定的：时间和空间，即不同时代和地点塑造的文化往往具有异质性。因此，城市文化空间建设通常面临两对矛盾：一是传统与现代的矛盾，关乎城市文化的历史继承性与可持续性；二是多样性与同一性的矛盾，决定城市文化的地方特色在多大程度上能够得以保留。于未来城市而言，上述矛盾随着现代化和全球化进程的推进而呈现不断激化的态势：一方面，饱含文化积淀的城市历史建筑与充满科技感、未来感的现代城市风貌呈现明显的割裂；另一方面，外来文化的入侵削弱了城市文化的本土性，城市文化空间陷入"以洋为美"和"千城一面"的困境，城市文化空间的独特性逐渐消失。因此，未来城市的文化空间建设应强调"融合性"和"多元性"，即在保护历史文脉的基础上，通过"活化利用"使其与现代城市文化相融；同时，积极挖掘本土文化资源以重塑地方特色，提升城市文化的多样性，进而让人们"诗意地栖居"成为可能。

（四）动态的"流空间"

"流空间"（space of flows）这一概念诞生于"信息时代"，由曼纽尔·卡斯特提出。"流空间"意味着物质安排允许社会实践的同时性，而不受地域连续性的限制，其构成要素包括：（1）信息系统、电信和运输线路等技术基础设施；（2）连接特定区域的节点和枢纽；（3）网络运营的物理场所；（4）电子空间、互动空间及信息系统。④后续学者进一步将"流空间"的基本结构概括为"三个层次"（电路层、节点和枢纽层、空间组织层），每一层次又由五个基本要素组成，包括信息技术基础设施、节点和枢纽、精英空间需求、全球化的经济活动及社会行动者网络。⑤在"流空间"视角下，城市的功能和联系不再局限于地理上的邻近性，而是通过信息通信技术、交通网络等"软网络"连接起来，形成了跨越地理界限的功能性网络。⑥

---

① ［美］刘易斯·芒福德：《城市发展史——起源、演变和前景》，宋俊岭、倪文彦译，中国建筑工业出版社2005年版，第91页。
② 《文化：城市未来》（2016年），联合国教育、科学及文化组织数字图书馆网站，https://unesdoc.unesco.org/ark:/48223/pf0000246291_chi，最后浏览日期：2024年12月6日。
③ 刘士林：《未来城市的基本原理与中国经验》，《南京社会科学》2024年第10期。
④ Manuel Castells, "Grassrooting the Space of Flows", *Urban Geography*, 1999, 20(4), pp.294-302.
⑤ 陈明星、汤淑娟、陆大道等：《流空间理论与多尺度分析》，《地理科学进展》2024年第12期。
⑥ Biao Jin, Wuheng Yang and Xuan Li, et al., "A Literature Review on the Space of Flows", *Arabian Journal of Geosciences*, 2021, 14(13), pp.1-24.

　　展望未来,城市之间的联系与互动将日益依赖于各种"流",如人流、物流、资金流、信息流、数据流、技术流,共同构成一个跨越城市甚至国家边界的"流空间"。这种"流空间"不仅重塑了城市间的物理连接,还改变了城市的功能结构和网络关系。在各种"流"的推动下,原本以单中心为主的区域网络结构将朝向多中心的扁平形态发展,不同城市由功能性节点、枢纽紧密连接起来,从而形成多功能混合的整体性区域。数据流和技术流进一步促成了城市之间的实时连接和智能化发展,不仅提升了城市间的连通性,还优化了城市间的网络关系。此外,随着"流空间"功能的不断强化与拓展,节点城市通过"流空间"获取各种要素资源的效率也将显著提升,进而有利于区域范围内的动态均衡发展。因此,在未来城市规划与治理中,应主动适应"流空间"的发展趋势,通过多中心、组团式、网络化的功能体系增强城市间的联系与交往,促进城市间的多中心治理、资源互补和服务共享,进而提升城市发展水平和居民生活质量。

二、未来城市的治理模式

　　为适应未来城市空间形态的变化,传统的城市管理模式需要向更加开放、多元、智慧、敏捷、高效的治理模式转型。基于此,下文主要介绍网络化治理、元宇宙治理和敏捷治理三种模式,旨在满足未来城市的发展需求和人们对美好城市生活的向往。

(一) 网络化治理

　　在社会多元化、权力分散化、组织边界模糊化的背景下,传统依赖等级和科层权威的官僚制在处理各种"棘手问题"时越来越显示出其固有的缺陷。[1] 现代城市治理中,单一行政主体的能力不足已成为全球性问题[2],亟须不同层级的政府与职能主体之间强化联系,形成彼此依赖的合作关系,以降低潜在的治理风险。由此,网络化治理作为一种新的治理模式应运而生。"网络"的本质是基于特定联系纽带的多个节点组成的复杂组织系统[3],网络化治理是指政府、企业、社会组织与公民等多元主体联结互动,共同参与城市公共事务管理和提供公共服务,并有效发挥多主体共治作用的治理模式。在城市治理领域,网络化治理是对既有城市网格化管

---

① 　陈剩勇、于兰兰:《网络化治理:一种新的公共治理模式》,《政治学研究》2012 年第 2 期。

② 　Renzo de la Riva Agüero, "Do Cogovernance and CSOs Supplement Municipal Capacity for Service Delivery? An Assessment of Differences in Simple Versus Complex Services", *Journal of Public Administration Research and Theory*, 2022, 32(1), pp.1-22.

③ 　Erik-Hans Klijn and Joop Koppenjan, "Governance Network Theory: Past, Present and Future", *Policy & Politics*, 2012, 40(4), pp.187-206.

理模式的修正和完善,通过整合自上而下的行政机制与自下而上的自治机制,能够有效调动多元主体的治理积极性,并借助沟通协商、利益协调、评价反馈等机制增进不同治理主体间的价值共识,进而维护公共利益和实现公共价值。

　　未来城市的网络化治理将借助物联网、云计算、大数据、人工智能等现代信息技术,在无数主体的交汇、叠加、互动之中,推动治理结构向多元化、平等化、合作化转型。城市中的居民、企业、政府的多元数据会形成一个云端数字孪生体,通过物理世界和云端的互动,创设利益联结的交汇点,各类数据资源将更加系统、快捷地服务于城市运行,从而塑造城市治理的创新动力和重构城市治理的运作形态。[①] 一方面,公共部门的内部组织结构将经历进一步演变,构建出"一网统管"等新型枢纽平台。同时,为解决政府内部条块分割的问题,提升整体治理效能,相对专业化的条线部门将逐步合并或缩减。另一方面,网络化治理通过技术的嵌入、互构和固化等方式,能够加强各主体力量在治理网络中的联系与合作,网络节点之间有效且持续的连接关系得以维系,从而实现网络纽带化。[②] 此外,治理主体间将形成彼此依赖的合作关系和相互联结的利益共同体,能够更加主动地参与城市公共事务管理和公共服务供给。

　　值得注意的是,任何一种治理模式都不是万能的,而是存在特定的适用情境与约束性条件,网络化治理亦不例外。相对于那些权责边界清晰、利益诉求单一且解决方案相对明确的公共问题,网络化治理更适用于那些责任边界模糊、容易诱发利益冲突且难以依靠单一行政主体或市场主体便得以有效解决的公共问题。与此同时,网络化治理对治理主体的组织能力、协调能力、动员能力和适应能力也提出了更高要求,同时面临效率、合法性、目标一致、监督与问责以及平衡秩序与活力等诸多挑战。由此可见,实现未来城市的网络化治理仍然是一个任重道远的系统性工作,需要在技术嵌入的基础上进一步增强技术、组织、主体间的多维互构与相互适应,真正激发多元主体的治理主动性和培育其参与城市公共事务管理的复合能力,通过价值共识、认同感与归属感的深层次联结构建充满秩序与活力的治理共同体。

(二) 元宇宙治理

　　元宇宙的概念最早是由尼尔·斯蒂芬森(Neal Stephenson)在其小说《雪崩》中提出的,他创造了一个与现实世界平行的虚拟场景——元宇宙,人类仅需通过佩戴耳机和目镜形成"虚拟分身",即可无障碍地参与到虚拟场景内。[③] 元宇宙是整合了区块链、5G、人工智能、物联网、脑机接口、全息技术、边缘计算等目前人类最

[①]　唐亚林、王小芳:《网络化治理范式建构论纲》,《行政论坛》2020 年第 3 期。

[②]　Manoj K. Shrestha and Richard C. Feiock, "Toward a Multiplex Network Theory of Interlocal Service Contracting", *Public Administration Review*, 2021, 81(5), pp.911-924.

[③]　Neal Stephenson, *Snow Crash*, Penguin Random House, 1992, pp.1-3.

尖端的数字科技的复合有机体,这种"连点成线"的技术集群整合范式使元宇宙成为现实世界与虚拟世界的互构。元宇宙的出现为未来城市治理提供了新的变革思路,通过构建数字孪生城市[①],实现虚拟与现实的无缝对接,为城市治理提供了全新的可能性。

元宇宙作为一种整合性技术应用,可以促使未来城市治理由以政府为主导向多元主体协同共治转变。[②] 一方面,元宇宙通过虚拟化建构现实世界中的生产关系和生产过程,打破传统城市治理中政府单一主体的局限[③],使居民能够以"智能身体"的形式参与城市治理,与政府及其他社会主体展开深入互动,从而推动共商共建、责任共担的城市协同治理体系的形成。另一方面,元宇宙能够扩大公共政策过程的多元主体参与,公共政策的制定、执行、评估、反馈等环节都可以在虚拟空间实现个性化重塑。在虚拟世界里,城市治理的政策、文件、声明、信息等内容将通过更为具象和立体的形式进行传播,使政策议题和对象能够更精准地定位到相关人群,公众能够更轻松地接收政策信息,并能及时、真实和直观地给予反馈,自由地参与到政策问题的建构中。

元宇宙也在推动未来城市智能治理和智慧化建设方面扮演着重要角色。首先,元宇宙为城市治理提供了一个高精度的虚拟映像。[④] 利用大数据、人工智能、可视化渲染以及物联网等技术,城市管理者可以从全局视角实时感应城市的运行状态,预测未来发展走向,并制定出更精准、高效的治理策略。其次,元宇宙技术还能通过扩展现实(XR)技术,让城市管理者在虚拟环境中进行各种治理方案的预演,从而帮助他们在现实世界中制定更为完善的政策,使城市治理变得更加情境化,使城市管理者更准确地把握城市发展的脉络,提前感知态势的变化。最后,元宇宙通过区块链技术还可以创建去中心化的自治组织,实现组织内外边界的模糊化,层级更加扁平化。这种组织结构既保留了科层制的强大整合能力,又规避了其内在的僵化缺陷,使得城市治理更加灵活、高效。

总之,元宇宙作为一个多种技术和理念的综合体,能够为城市治理模式创新提供更多路径,实现技术驱动性、空间虚拟性、现实世界交互性的融合[⑤],形成虚实相

---

① 彭国超、吴思远:《元宇宙:城市智慧治理场景探索的新途径》,《图书馆论坛》2023 年第 43 期。

② Zhihan Lv, Wen-Long Shang and Mohsen Guizani, "Impact of Digital Twins and Metaverse on Cities: History, Current Situation, and Application Perspectives", *Applied Sciences*, 2022, 12(24), 12820;李玉梅、王嫣、许晗等:《元宇宙赋能智慧城市建设:理论机制、问题检视与治理举措》,《电子政务》2024 年第 8 期。

③ 孟凡坤、李文钊:《与复杂社会"连接"起来:元宇宙对城市治理的变革性效应》,《电子政务》2023 年第 11 期。

④ Martin Lnenicka, Nina Rizun and Charalampos Alexopoulos, et al., "Government in the Metaverse: Requirements and Suitability for Providing Digital Public Services", *Technological Forecasting and Social Change*, 2024, 203, 123346.

⑤ 刘洋、韩永辉:《元宇宙赋能城市治理:机理、问题与路径》,《深圳大学学报》(人文社会科学版)2023 年第 3 期。

融的空间形态。

（三）敏捷治理

自人类社会进入工业 4.0 时代以来，城市生活日益数字化。相较于信息化社会，数字化城市中的治理对象呈现更高的不确定性，传统治理范式难以有效应对新兴技术的应用风险。数字技术也逐渐从个性化转向普适化，其迭代周期越来越短，数字空间的无限扩展加速了治理形态的脱域现象，也对传统的城市结构和治理模式提出了挑战。[①] 在此背景下，未来城市治理要融合应用多样化的数字技术，实现智能化、人本化与生活化的统筹，敏捷回应人民的合理需求。[②]

敏捷治理作为一种新兴的治理模式，具有区别于传统治理模式的灵活性、适应性和全面性特征[③]，它强调对不断变化的复杂环境、公共价值和需求保持开放态度，通过快速响应、灵活适应以及协同合作等方式及时调整组织策略，进行柔性的政策干预和适度的统筹管理，促进技术工具的有效使用，从而实现治理问题的灵敏感知、有效回应以及可持续处置。[④] 同时，敏捷治理体系也会根据城市环境和需求的变化进行适应性的迭代升级，城市的数字化转型就成为敏捷治理的强大驱动力，通过数字技术的应用构建城市治理多元协同的行动者网络，从而构建敏捷治理的新形态。[⑤] 此外，城市的智慧化、协同化和人性化的发展趋势也为敏捷治理的优化创造了有利条件。

未来城市的敏捷治理将呈现以下发展趋势。一是技术驱动治理，新技术的应用将推动敏捷治理方式的创新与优化。数字平台作为技术发展的产物，成为连接多元主体的数字界面或组织媒介，强化了无缝合作，能够更好地实现敏捷治理的目标。二是动态优化管理，政府能够根据环境变化灵活调整治理策略，以保障治理的可持续性。[⑥] 敏捷治理强调在实施过程中开展持续学习和动态调整，通过渐进迭代的方式推动政策优化，实现治理目标。[⑦] 利用模拟仿真技术和物联网设备，城市传感器能实时捕捉环境变化、交通状况、能源消耗等数据，传输到中央控制系统后，城市管理者能够实时监测城市运行状态，并通过多情景模拟工具评估不同治理方

---

① ［英］安东尼·吉登斯：《现代性的后果》，田禾译，译林出版社 2011 年版，第 18 页。
② 陈水生、王培红：《统筹式城市更新：中国城市更新的发展困境与优化路径》，《治理研究》2024 年第 4 期。
③ 张凌栗、于琳：《从传统治理到敏捷治理：生成式人工智能的治理范式革新》，《电子政务》2023 年第 9 期。
④ 顾丽梅、宋晔琴：《超大城市敏捷治理的路径及其优化研究——基于上海市"一网统管"回应社情民意实践的分析》，《中国行政管理》2023 年第 6 期。
⑤ 袁方成、魏玉欣：《数字化转型何以助推敏捷治理？——以淮安"码"上议工程为分析对象》，《行政论坛》2024 年第 1 期。
⑥ Mergel Ines, Gong Yiwei and Bertot John, "Agile Government: Systematic Literature Review and Future Research", *Government Information Quarterly*, 2018, 35(2), pp.291-298.
⑦ 赵静、薛澜、吴冠生：《敏捷思维引领城市治理转型：对多城市治理实践的分析》，《中国行政管理》2021 年第 8 期。

案的效果,及时调整方案。三是智能风险管理,即通过智能化手段提高城市应对突发事件的能力。城市管理者能够利用智能化手段及时、高效地应对城市风险,如构建智能预警系统提前预测潜在风险,建立灵活、高效的应急响应机制迅速调动资源,协调各方力量有效应对突发事件,提高决策的科学性和时效性,构建安全韧性城市。

思考题:

1. 未来城市治理将面临哪些挑战?

2. 未来城市形态受到哪些因素的影响?

3. 未来城市空间将呈现何种形态?

4. 未来城市治理形态中,网络化治理、元宇宙治理和敏捷治理模式具有哪些优势和局限?

第十四章
走向人民城市

　　"人民城市人民建,人民城市为人民"的人民城市理念,深刻体现了人民在城市发展中的核心地位,强调城市建设和发展的主体是人民,城市建设依靠人民,城市发展的成果惠及人民,构建共建共治、共享共荣的人民城市文明共同体,促进城市的可持续发展,提升人民的获得感、幸福感和安全感,实现人民与城市的和谐共生,践行"以人民为中心"的发展与治理理念。现代城市文明体建设体现了城市人民性的根本属性,开创了人类社会城市化发展与繁荣的"人民城市论"新型理论范式的建构之路。人民城市论的创造性提出,是人类社会城市理论与实践的创新性发展的集中体现。人民性不仅是人民城市论的本质特征,也是城市功能性的不断扩容,还将国家发展与人民幸福联结起来,建立了城市性、人民性与国家性有机统一的人民城市理论体系。城市发展从有机体向生命体再向文明体的演变历程中,人民的主体性地位逐渐得到确立,人民城市成为展现社会主义现代化文明的世界窗口。新中国成立以来,超特大城市作为国家战略平台,在实现国家从工业化到现代化再到中华民族伟大复兴的进阶式战略目标过程中,努力建构了回应人民需求、维护人民利益、实现人民价值和人民当家作主的人民城市。人民城市的建设与实践既开辟了中国特色社会主义现代化城市的新型发展道路,又标志着人类社会城市理论新范式的建构与成长,对构建人类城市文明共同体具有重大理论、历史与实践意义。本章主要考察人类社会城市理论从聚落论到增长机器论再到人民城市论的演进历程,并从城市性的要素与功能、城市共同体的核心要义以及城市发展的战略平台三大方面,系统探讨了人民城市的理论逻辑、历史逻辑与实践逻辑。

第一节　人民城市论的提出

　　2019年11月2日,习近平总书记在上海考察时指出,"城市是人民的城市,人民城市为人民。无论是城市规划还是城市建设,无论是新城区建设还是老城区改造,都要坚持以人民为中心,聚焦人民群众的需求,合理安排生产、生活、生态空间,走内涵式、集约型、绿色化的高质量发展路子,努力创造宜业、宜居、宜乐、宜游的良好环境,让人民有更多获得感,为人民创造更加幸福的美好生活"。①

习近平总书记所提出的"人民城市人民建,人民城市为人民"的重要论述,将"忽视人"的"城市是增长机器"的城市增长理论范式,推进到"重视人"的"城市是人民的城市"的社会主义现代化城市发展新阶段,并型构了"为了人"的"为人民创造更加幸福美好生活"的城市新型理论范式——人民城市论,这是城市发展理论的一个重大飞跃。人民城市理论与实践的双重创新发展,标志着人类社会城市理论范式的新发展,意味着当代中国进入了基于人民本位观的现代城市发展的新时期,迎来了人民城市发展的新时代。

一、历史中的城市

城市成为人类社会的一种普遍聚落形态,发生在从旧石器时代向新石器时代的转换时期,距今约 5 000 年的历史。最初的三大标志分别是围绕祭祀而兴起的祭司阶层与神庙的出现,围绕交易而生的集市的兴隆,以及集生产生活于一体的如庄园、城堡等聚落的形成。这种以神祇崇拜地、集中固定交易场所与生活住宅区为标志的城市聚落,与分散自给自足的乡村聚落,共同构成了农业社会时代的两种人类聚居文明形态。在城市最初三大标志形成的过程中,商贸和交流起到了关键作用。"商贸和交流是城市形成的原因。城市从来都是出现在自然形成的商贸路线的交叉点上,而且都是当时的战略要地。"②

回顾人类社会的发展史,人们通常以生产力为标准,将人类社会的发展阶段划分为前后相接的农业社会(农业文明)、工业社会(工业文明)和信息社会(信息文明)三大时代。在当今世界各地,除了极少数地区尚停留在农业社会时代,大部分地区正处于从工业社会向信息社会的转型时期,而城市聚落作为一种强势文明形态,又以其高度浓缩与抽象的精神,始终碾压着同样作为聚落形态的乡村。"历史发展表明,城市不仅仅能用具体的形式体现精神宗教,以及世俗的伟力,而且城市又以一种超乎人的明确意图的形式发展着人类生活的各个方面。"③"城市则无异于一位强大神祇的家园。城市中许多建筑物和雕像都体现了这一事实,它们使城市高高地超过了村庄和乡镇。"④与此同时,城市聚落还以其所展现的巨大物质力

---

① 《习近平在上海考察时强调 深入学习贯彻党的十九届四中全会精神 提高社会主义现代化国际大都市治理能力和水平》,《人民日报》2019 年 11 月 4 日。
② [美]亨利·丘吉尔:《城市即人民》,吴家琦译,华中科技大学出版社 2017 年版,第 3 页。
③ [美]刘易斯·芒福德:《城市发展史——起源、演变和前景》,宋俊岭、倪文彦译,中国建筑工业出版社 2005 年版,第 33 页。
④ 同上书,第 53 页。

量与强大观念力量,向世人诉说着"城市的演进展现了人类从草莽未辟的蒙昧状态到繁衍扩展到全世界的历程"①的美好故事。

二、人民城市论的演进

城市聚落形态日渐成为强势聚落形态,城市文明日益战胜乡村文明,这是人类文明主流形态的历史进程。与之相伴随的,是人类社会关于城市发展的理论范式与知识体系的建构进程。虽然关于城市发展的理论林林总总,五花八门,但如果从发展主线来划分城市理论的演化范式,无外乎是城市聚落论、增长机器论和日渐成型的人民城市论三大理论范式,而人民城市论的创造性提出是人类社会城市理论与实践的创新性发展的集中体现。

贯穿于城市聚落论、增长机器论与人民城市论三大理论范式的城市发展特性,就是城市理论的底色,即城市性的生成。这种城市性首先是基于功能论的交易性(经济性)特征,其次是与交易性密切相连的并得到不断拓展的诸如市民性、自治性、文化性(神圣性)等特征的叠加。这种城市的交易性与市民性、自治性、文化性的叠加和组合,形成了城市聚落的最重要特征,而城市理论的最初理论范式就是揭示这种城市聚落形态的生成特征。比如,亨利·皮雷纳(Henri Pirenne)的《中世纪的城市》就是通过展示八九世纪地中海商业城市的兴起、市民阶级的成长、城市共和国的兴盛及城市制度的发展等历史进程,揭示了城市聚落论的重要特征。②

随着工业社会时代的降临,各地孤立分散的城市逐渐走向了一体化联通和规模性集中的格局,城市的特性也随之发生了转变,表现为多样性特征的累积式扩容以及与城市作为人类适宜栖居的文明场所本质相背离的异化现象。现代城市特质的扩容与异化过程,是由城市性的资本性、空间性等新特征与权力性联手塑造的。"城市的转化过程是由其增长和土地使用的分化所构成的,经过了资本的转换与分配,并要无奈地避开地形的限制,避开已经开发过的用地,避开有象征意义的圣地,而且总是相互竞争着对空间的控制权。"③自此开始,城市理论的发展开始从聚落理论范式演进到增长机器理论范式,即由土地、资本、信息、技术、人力等生产要素与权力一起制造的城市"增长神话"阶段,且形成了基于土地开发利用的,拥有共同利益的,由地方商人、投资者、房地产经纪人、律师、财团、新闻媒体、公共机构等商媒政界精英群体组成的,以经济增长为导向的"增长联盟",整个城市就变成了一部

---

① [美]乔尔·科特金:《全球城市史》(典藏版),王旭等译,社会科学文献出版社2014年版,第1页。
② [比利时]亨利·皮雷纳:《中世纪的城市》,陈国译,商务印书馆2006年版,第68—133页。
③ [美]凯文·林奇:《城市形态》,林庆怡、陈朝晖、邓华译,华夏出版社2001年版,第19页。

"增长机器"。① 其中,"商界精英是增长机器中的主要成员。他们通过利用自己对丰富的物质、人力资源的控制,以及拥有顺利获得外部投资的能力,在城市的发展上共同运用权力"。②

虽然增长机器理论范式这一名词是在 20 世纪 70 年代中期才正式出现,但以土地开发利用与资本运营为核心的城市增长实践,早在 20 世纪三四十年代以英国、美国为主的老牌资本主义国家中,就以一种对城市化进程的"反叛"方式呈现。它从城市的聚集阶段向分散阶段演进,资本、劳动力、物流、信息、资源、技术等生产要素向大城市周边地区或郊区转移的状态,形成了大城市的郊区化现象以及相互连通的大都市圈与大都市带等新型城市发展形态。

随着西方发达国家从工业化时期走向后工业化时期,以增长机器理论范式为核心的城市理论范式虽然先是受到精英主义与多元主义的影响,而后还受到城市政体理论、城市治理等理论的冲击。③ 尽管出现了反对增长为导向的环境运动等思潮,但这些思潮并未从根本上改变增长机器理论范式中所内蕴的"财富性"与"财富增长观"的典型特征。这种以追逐超额利润为核心的财富增长观及建立其上的城市增长机器理论范式,必然催生"资本至上""金钱至上""贫富分化"的恶果,加剧城市政治、经济与社会发展的不平衡状况,忽视城市发展的出发点与落脚点,没有真正契合广大市民的真实生活需求与发展需求,最终酿成了一幕幕因不平等不公正分配现象而引发的人间悲剧。

不可否认的是,现代社会科学知识体系的建构总是落后于社会实践活动,而且整个社会科学各学科理论范式的演化基本上是对社会实践活动的事后解释与被动建构。现代社会科学知识体系的"话语权"建构不得不让位于现实生活中经过长期演化和成熟建构的"政治权力主导社会运行现实"的制度框架体系。当然,这并不意味着社会科学知识体系的建构在明明认清楚了社会现实之后,就处于无能为力的状态。正如马克思在《关于费尔巴哈的提纲》中所言,"哲学家们只是用不同的方式解释世界,问题在于改变世界"。④

有鉴于此,针对过往增长机器理论范式忽视了城市发展的人民性特征,没有将人民的需求和现代城市文明体的创造作为城市理论演化的出发点和落脚点,这就

① Harvey Molotch, "The City as a Growth Machine: Toward to a Political Economy of Place", *The American Journal of Sociology*, 1976, 82(2), pp.309-332.

② [英]戴维·贾奇、格里·斯托克、[美]哈罗德·沃尔曼:《城市政治学理论》,刘晔译,上海人民出版社2009 年版,第 52 页。

③ 有关城市政体理论、城市治理理论对城市增长机器理论的冲击,可参见 Jefferey M. Sellers, *Governing from Blow: Urban Regions and the Global Economy*, Cambridge University Press, 2002, p.291;[瑞典]乔恩·皮埃尔:《城市政体理论、城市治理理论和比较城市政治》,陈文、史滢滢译,《国外理论动态》2015 年第 12 期。

④ 《马克思恩格斯选集》(第一卷),人民出版社 2012 年版,第 136 页。

需要我们从"人民城市人民建,人民城市为人民"这一全新视角,结合社会主义国家的城市化进程实际,改写人类城市理论范式变迁的历史,书写人类社会"人民城市论"这一新型城市理论范式的新篇章。

第二节　人民城市的理论逻辑

人民城市的理论逻辑发端于城市功能性向主体性的拓展。在城市性质从功能性走向主体性的理论反思进程中,人民城市论确立了不同于城市聚落论和城市增长机器论的理论内核,即以人民性为基点实现城市功能的整体扩容,将国家性、城市性与人民性有机融合,将人民性与国家的发展和人类的发展有机相连,以不断获得城市的发展性特征,并创造源源不断的城市发展动力,指明了社会主义国家城市理论乃至人类社会城市理论的最终归宿。

一、城市功能的拓展与城市性的要素生成

人类社会关于城市理论的演进,有一个从不自觉到自觉的认识过程。最早关于城市理论的认识,是从功能视角而获得的,也就是关于城市性的逐步扩容和深化。如上所述,这种城市性最初是基于贸易的交易性特征和祭祀基础上的神圣性特征。科特金在《全球城市史》一书中,从功能视角将"城市性"概括为"神圣、安全、繁忙"。[1] 随着城市功能性特征的日益拓展,一方面自然涌现出诸多新的特征,诸如市民性、自治性、文化性、资本性和空间性等;另一方面,城市在不断扩大和完善的过程中,也建立起庞大的管理机构体系和规则体系,这些体系和规则进一步丰富和强化了城市的公共性和政治性等核心特征。

从城市性的构成要素中,我们可以看出,基于交易性、资本性与空间性的城市特性,为城市的经济与社会发展注入了源源不断的活力,是城市发展的"硬环境";基于市民性、自治性、文化性的城市特性,为城市的经济与社会发展找到了城市发展的主体性所在,是城市发展的"主心骨";基于公共性与政治性的城市特性,则为城市的经济与社会发展指明了正确的发展方向,是城市发展的"软环境"。其中,城市发展的主体性是城市发展的根本属性,它与"硬环境""软环境"的有机统一,超越了传统城市发展理论的功能性特征,将城市发展理论从增长机器理论范式阶段成功地推进至人民城市论的新型理论范式阶段。

人民性既是人民城市论的本质特征,也是城市发展主体性特征的最直接体现。

---

[1]　[美]乔尔·科特金:《全球城市史》(典藏版),王旭等译,社会科学文献出版社2014年版,第1页。

从城市发展历史来看,对城市性的批判往往伴随着对人的命运的反思。罗伯特·E.帕克(Robert E. Park)认为,庞大的城市结构虽然复杂,但它其实发端于人性,是人性的表现形式。① 早期资本主义的出现瓦解了中世纪被宗教信仰、君主专制制度所控制的社会结构,建立在启蒙运动之上的个体权利意识的觉醒,使自由的人成为城市发展的重要力量。而城市性,也终于找到了其内在核心——人民性。意大利政治学家乔万尼·波特若(Ginvanni Botero)这样评价城市:"城市被认为是人民的集合,他们团结起来在丰裕和繁荣中悠闲地共度更好的生活。城市的伟大则被认为并非其处所或围墙的宽广,而是民众和居民数量及其权力的伟大。人们现在出于各种因由和时机移向那里并聚集起来:其源泉,有的是权威,有的是强力,有的是欢乐,有的是利益。"②人民向城市的集聚与转移,使城市从神圣、安全、繁忙的聚居区域转变为具有特殊情感、文化和历史传统的文明之地。人民性的觉醒与升华,成为城市性的核心所在。

二、城市增长观的异化与城市人民性的回归

遗憾的是,随着资本主义的不断扩张,城市发展逐渐被权力与资本所掌控和支配,人民性湮没在资本压迫与劳动剥削之中,人民沦为城市发展的工具而非目的。传统的增长机器理论将城市视为实现经济增长的机器③,即政府为了实现土地价值的最大化,吸引商业资本进行集聚,通过权力与资本的联姻,形成政商联盟,制定有利于分利性联盟的公共政策,促进地方经济发展。权力与资本逻辑主导下的城市增长机器理论,致力于维护少数利益集团或联盟的利益,使城市空间布局商品化、密集化与分层化等现象日益严重,城市的人文属性和生活属性不断受到挤压,财富两极分化等不平等现象与社会矛盾激增,导致城市发展中人民性的缺失。

中国特色社会主义道路的开辟,开创了"人民城市论"这一全新城市理论范式,为人民性的回归创造了制度性与主体性条件。人民城市论强调人民在城市建设中的主体地位,始终坚持以人民为中心的城市发展理念,实现城市发展在根本属性、动力机制、主体力量与目标追求等方面的全方位创新突破。"人民城市人民建,人民城市为人民"的"人民性",提供了人民全过程参与城市建设、城市治理、城市发展等全环节的各种载体、平台、机制和制度,为社会主义现代化城市建设开创了全新的发展道路。人民城市论的人民性特征主要体现在:城市发展的目标在于人民,城

① [美]罗伯特·E.帕克、欧内斯特·W.伯吉斯等:《城市:有关城市环境中人类行为研究的建议》,杭苏红译,商务印书馆2016年版,第8页。
② [意]乔万尼·波特若:《论城市伟大至尊之因由》,刘晨光译,华东师范大学出版社2006年版,第3页。
③ Harvey Molotch, "The City as a Growth Machine: Toward to a Political Economy of Place", *The American Journal of Sociology*, 1976, 82(2), pp.309-332.

市的主人是人民，以及城市的发展过程在于不断提升人民的幸福感三大方面。

（一）城市发展中人民性目标的确立

人民城市论的人民性特征，最先体现在将城市发展的最终目标放在人之上，即将人民的需求、人民的利益和人民的价值作为城市发展的出发点和落脚点。对城市而言，人作为目的而真实地存在着。康德指出，"要把你自己人身中的人性，和其他人身中的人性，在任何时候都同样看作是目的，永远不能只看作是手段"。[1] 在康德看来，人是目的，而城市则是满足人的工具。因此，人民城市建设，必须以人民的需求为导向，致力于维护人民的利益，最终实现人的全面自由发展的价值追求。

中国共产党作为马克思主义政党，一个鲜明的品格就是"没有任何同整个无产阶级的利益不同的利益"[2]，中国共产党始终代表着最广大人民群众的根本利益。中国共产党领导下的城市工作，始终把最广大人民根本利益作为根本出发点和落脚点。习近平总书记指出，"推进城市治理，根本目的是提升人民群众获得感、幸福感和安全感。要着力解决人民群众最关心最直接最现实的利益问题，不断提高公共服务均衡化、优质化水平"。[3] 人民城市建设，必须把人民生命安全和身体健康等切身利益作为城市发展的基础目标。

人民对美好生活的向往一直是中国共产党奋斗的目标所在。新中国成立以来，中国共产党始终关切人民群众的真实需求，并将其作为城市发展的重要目标。党的八大提出国内的主要矛盾是"人民对于建立先进的工业国的要求同落后的农业国的现实之间的矛盾，人民对于经济文化迅速发展的需要同经济文化不能满足人民需要的状况之间的矛盾"[4]。为此，中国开启了以工业生产为核心的城市化道路，城市生产的恢复和发展成为党和国家的工作重心，从而满足人民生活的需要。党的十一届六中全会提出，中国社会的主要矛盾是人民日益增长的物质文化需要同落后的社会生产之间的矛盾。为此，中国加快城市建设，通过大力发展生产力与优化调整生产关系，不断推动经济增长，历经四十多年的改革开放进程，中国城市化进程不断加快，人民生活水平日益提升。截至 2024 年年底，中国常住人口城镇化率已达到 67%[5]，全社会已全面建成小康社会，人民的物质文化生活需求得到极大满足。进入新时代，中国社会主要矛盾已经转化为人民日益增长的美好生活需

---

[1] ［德］伊曼努尔·康德：《道德形而上学原理》，苗力田译，上海人民出版社 2012 年版，第 36—37 页。

[2] 《马克思恩格斯选集》（第一卷），人民出版社 2012 年版，第 413 页。

[3] 习近平：《论把握新发展阶段、贯彻新发展理念、构建新发展格局》，中央文献出版社 2021 年版，第 437 页。

[4] 《中共八大关于政治报告的决议》（1956 年 9 月 27 日），中国政府网，https://www.gov.cn/test/2008-06/04/content_1005155.htm，最后浏览日期：2025 年 4 月 25 日。

[5] 《中华人民共和国 2024 年国民经济和社会发展统计公报》（2025 年 2 月 28 日），国家统计局官网，https://www.stats.gov.cn/sj/zxfb/202502/t20250228_1958817.html，最后浏览日期：2025 年 4 月 25 日。

要和不平衡不充分的发展之间的矛盾。在此背景下,习近平总书记提出"人民城市人民建,人民城市为人民"的重要理念,强调城市规划、建设与管理必须"坚持以人为本,进一步保障和改善民生。要坚持发展的目的是为广大市民创造更加美好的生活,采取更加公正、合理、普惠的制度安排,确保广大市民分享发展成果"。① 总而言之,随着中国社会主要矛盾的变化,城市发展目标始终围绕人民需要与满足而不断演化进阶,开辟了独具中国特色的人民城市发展道路。实现人的全面自由发展是人民城市建设的价值旨归。人民是城市的核心,人的发展进步也是城市建设的目的。人的全面自由发展,是建立在人民的物质与文化需求得到极大满足的基础上,是实现了全体社会成员自由自觉的、德智体美劳的全面发展。人民城市建设必须"顺应人民对高品质生活的期待,适应人的全面发展和全体人民共同富裕的进程,不断推动幼有所育、学有所教、劳有所得、病有所医、老有所养、住有所居、弱有所扶取得新进展"。②

(二) 城市治理中人民主体性地位的确立

人民城市论的人民性特征也体现在通过人民当家作主的方式,将人民视为城市的主人,实现人民城市为人民的根本目标。城市属于人民,人民在城市建设中的主体性地位,是人民城市区别于资本城市的根本属性。权力与资本逻辑主导下的城市治理,强调政府对人民的管控,资本对人民的操纵,最终人民沦为权力机构和资本家联合攫取利益的工具。人民城市论则强调人民在城市治理中的主体地位,明确城市建设的主体是人民,通过丰富和发展全过程人民民主的实践形态,充分调动人民参与城市规划、建设与治理的积极性与创造性,努力实现人民共享城市发展成果的目标。

人民是历史的创造者,人民城市建设必须坚持始终相信人民、依靠人民、从人民身上汲取力量。中国共产党自成立之初,便充分认识到人民是历史的创造者,并在城市工作中始终坚持"一切为了群众,一切依靠群众和从群众中来,到群众中去"的群众路线。新中国成立后,国家一切权力属于人民,人民是国家的主人。人民代表大会制度、中国共产党领导的多党合作和政治协商制度、民族区域自治制度及基层群众自治制度,为人民参与城市治理提供了制度保障。新时代,中国进一步提出"建设人人有责、人人尽责、人人享有的社会治理共同体"的社会治理目标,强调完善基层直接民主制度体系和工作体系,特别是通过技术赋能的方式,构建各种议事协商等公共参与平台,建构全过程人民民主的实践形态。这就要求把民主选举、民主协商、民主决策、民主管理、民主监督与民主评价等全过程人民民主环节贯通起来,让人民真正参与到城市经济、政治、文化、社会、生态文明建设的各个方面,使城市治理能听到人民声音、体现人民意愿、贯彻人民意志、实现人民利益。

---

① 中共中央党史和文献研究院:《十九大以来重要文献选编》(中),中央文献出版社 2021 年版,第 354 页。
② 习近平:《习近平谈治国理政》(第四卷),外文出版社 2022 年版,第 344 页。

三、人民性与城市性、国家性的统一

人民城市论的人民性特征还表现为它是集城市性与国家性于一体的发展产物,它代表了人类社会未来发展的一种美好图景。这意味着人民通过城市来治理国家,将国家的发展与人民性有机相连,实现人民国家为人民的发展目标。国家一经诞生,便高度依赖城市力量与城市机制。随着人类在城市的聚集,出现了交通设施、通信手段、机械制造、艺术创作等纷繁复杂的物质与文化样态,创造了国家发育、成长和稳固的支持条件。[①] 现代城市则进一步成为国家兴衰的尺度,城市作为资本、人才、技术、土地、信息等生产要素的聚集场所,对一个国家能否占据国际竞争优势地位发挥着决定性作用。面向中国式现代化新征程,人民城市建设承担着国家性使命,已成为社会主义现代化强国建设的新兴战略平台。

人民城市建设乃国家现代化征途上的战略基石,其兴衰成败直接关乎社会主义现代化强国梦想的实现与否。因此,人民城市建设必须将国家发展、社会进步与人民幸福有机统一起来,使城市成为融合高质量发展、高品质生活、高效能治理、高心安秩序等现代化目标于一体的国家战略平台。高质量发展要求城市实现传统产业改造升级,建构先进产业集群,提供高水平制度供给,增强自主创新能力。高品质生活要求城市建设满足人民对美好生活的向往,努力创造宜业、宜居、宜乐、宜游的良好环境,不断提高公共服务均衡化、优质化水平,让人民有更多获得感,为人民创造更加幸福美好的生活。高效能治理要求构建经济治理、社会治理、生态治理有机统一的治理体系,建立智能运行的数字治理平台,创建市场化的良好营商环境,推进更高水平的平安建设,构建和谐优美的生态环境。高心安秩序要求构建心有所寄、心有所安的心灵秩序,创建集"丰衣足食、安居乐业"的生存需求、"出入相友、守望相助"的交往需求、"国泰民安、政通人和"的发展需求与"天下为公、四海一家"的共荣需求于一体的圈层包容共生式需求观[②],将发展秩序、服务秩序、治理秩序与心安秩序的"四位一体"建构有机融入社会主义现代化强国的历史进程,这也是城市性与国家性有机统一于城市人民性的过程。

第三节　人民城市的历史逻辑

城市的形成与演进展现了人类文明的历史进程。随着城市形态的变化与城市

[①]　黄璜、任剑涛:《城市演进与国家兴衰历程的现代启示》,《中国人民大学学报》2014年第1期。
[②]　唐亚林:《当代中国政治发展的逻辑》,上海人民出版社2019年版,第226—231页。

功能的持续性拓展,城市从简单的有机体进化为复杂的生命体,最终成为承载人类现代文明的容器。纵观城市演进历程,人与组织的地位与作用在城市发展中愈发重要,人民需求日益成为城市发展的核心动力,城市成为人民的经济、政治和生活的重心。"人民城市人民建,人民城市为人民"的人民城市建设,使城市成为展现社会主义现代化文明的重要窗口,并推动城市理论迈上新台阶。

一、工业城市崛起与人民性的缺失

从村庄到城市的形成,本身可以理解为一个有机体形成的过程。刘易斯·芒德福指出,"村庄原来那些构成因素都被保存下来,并且被组合到新城市原始有机体中。但在一些外来因素作用下,这些因素又被重组,成为比村庄更复杂更不稳定的形式"。① 在城市原始有机体中,人类的组织形式开始变得复杂,除了猎民、农民、牧民等村庄传统职业之外,矿工、樵夫、渔人等原始类型也开始进入城市,并产生了一些其他职业团体,如士兵、商人、僧侣等。随着城市的兴起,许多社会功能从自发的、分散的无组织状态,聚拢到有限的区域内,各种组成部分才逐步形成一种相互感应的有机体状态。城市功能也变得更加丰富,最终成为一个包含经济、文化、政治、社会、生态等各个领域的综合系统。城市的各个组成部分自成一体,又相互关联,形成了特殊的运行规律。

18世纪以后,随着蒸汽机的发明,工业和人口实现大规模集中,尤其是在煤田或铁路交通能到达的地方,许多工业像雨后春笋般兴起,形成了新的城市有机体,其主要的组成部分是工厂、铁路和贫民窟。工厂是新的城市有机体的核心,其他部分都附属于它。机械化带来的巨大利润,驱使资本家们以功利主义原则进行城市建设,在城市化速度空前加快的同时,也造成大量的环境破坏与生命损伤。大批的炉渣、烟灰、废料甚至垃圾都往河里倾倒,杂乱无章的固体垃圾堆积如山,许多城市的优美之地因为工业和铁路的入侵受到污染和损害。以破坏环境而带来的经济利益的提升,并没有改善人民生活,反而导致工人的居住条件更加糟糕。1843—1844年,在曼彻斯特的工人居住区内,7 000个居民只有33个厕所。许多城市的情况甚至更为严峻,以至于地窖也被用作居住空间。在20世纪30年代,伦敦有20 000人住在地下室。② 整体来说,新城市不但环境恶劣,居住条件也违反人类生命最基本的生理需求。

因此,城市发展的有机体论是一种适用性有限的理论与实践,城市的发展很有

① [美]刘易斯·芒福德:《城市发展史——起源、演变和前景》,宋俊岭、倪文彦译,中国建筑工业出版社2005年版,第31页。
② 同上书,第475—476页。

可能因为人类社会的技术进步与功利主义行为而遭到无法修复的破坏。亨利·丘吉尔在《城市即人民》一书中特别强调了这一点。他通过批评沙里宁的理论,阐述了合理吸收自然中的有机部分以及区分人为组织过的内容之想法,即"沙里宁认为,城市是一种有机的生长过程,它的细胞结构已经被破坏了,但是,假如用心治理,在我们的规划中运用生物学的概念,那些被破坏的细胞是可以修复的。这个类比根本是不成立的,它是一种主观拟人化的概念。城市能够生存是因为有人生活在其中,不能本末倒置。然而,我们的确可以从它的自然过程中学到很多东西,但是我们必须小心地加以区别,哪些是自然中的有机部分,哪些是人为组织过的"。[①] 城市发展的有机体论尽管揭示了城市功能自然扩张与城市系统自我完善的性质,但由于其对生活在城市中的人民的根本性忽视,致使城市发展走向无序化的混乱状态,城市生态环境与生活环境遭到不可逆的损伤。

二、现代城市治理与人民主体性

20 世纪后期,生物学的发展为生命现象赋予了全新的解释。人们开始认识到城市与生命的诸多相似性,催生了城市生命体理论的发展。在很多学者看来,城市的复杂性如同生命体一样。沙里宁首次将城市比作生命体,认为城镇建设是要使城市社区得到有机的秩序,并且,在这些社区发展时有秩序地保持生机,这种过程同自然界任何有活力的生命体的生产过程相似。[②] 路易斯·苏泽维拉(Luis Suazer-Villa)也认为,城市如同生命体,会经历出生、发育、发展以及衰落等过程。[③]

理解城市生命体的基本特征,需要从城市的生命特征和结构特征两个方面着手。一方面,城市生命体是一个由不同功能的子系统组合而形成的复杂巨系统,包括行政系统、产业系统、交通系统、能源系统、生态系统、通信系统等,这些子系统彼此独立而又相互联系、相互支撑,从而形成复杂的城市系统网络结构。另一方面,城市生命体具有新陈代谢、自适应、应激性、生长发育和遗传变异等生命体征。也就是说,城市需要与外界进行能量、物质及信息的交换,对外部环境具有适应性,能够应对外界环境的突变,并呈现出功能不断完善的发育特征,以及功能遗传与变异的特征。

在生命体理论的视野下,城市被赋予了超越有机体论的发展特性。一是城市

---

① ［美］亨利·丘吉尔:《城市即人民》,吴家琦译,华中科技大学出版社 2016 年版,第 114 页。
② ［美］伊利尔·沙里宁:《城市:它的发展、衰败与未来》,顾启源译,中国建设工业出版社 1986 年版,第 9 页。
③ Luis Suarez-Villa, "Urban Growth and Manufacturing Change in the United States-Mexico Borderlands: A Conceptual Framework and an Empirical Analysis", *Annals of Regional Science*, 1985, 19(3), pp. 54-108.

的发展不再是无序的扩张,而是遵从生命体的成长秩序,遵循生命体正常的生长发育规律。二是城市运行更加高效稳定,城市像生命体一样,是一个功能健全的生命系统,是行政系统、经济系统、自然系统高度融合的复杂系统,而不再像18世纪的工业城市一样,成为只注重工业发展的畸形怪物。如此一来,城市对外部环境的适应性、应激性将得到极大提升,不会像"焦炭城"一样,因为资源的枯竭而消亡。三是城市生命体的核心是人,城市因人的需求而形成、发展与演变。城市生命体理论强调,城市存在的根本目的是为人类提供生产、生活的场所。人的物质与精神需求构成了城市生命体成长的原生动力,驱使城市生命体通过持续的新陈代谢实现正常运转。人就像城市生命体的大脑和心脏,既决定着城市生命体的前进方向,也为城市生命体提供源源不断的发展动力,这是城市生命体超越有机体论的关键所在。

自习近平总书记提出人民城市论以来,以上海为代表的当代中国超特大城市坚持以人民为中心的发展思想,从生命体的理念出发,探索符合人民城市建设特点和规律的新路子。一方面,将人民需求作为人民城市建设的出发点,以实施民心工程为重要突破口,让群众感受到人民城市的温度。上海市紧扣"老、小、旧、远"等民众烦心事,持续推进"一江一河"岸线贯通开放,着力增加高品质生态空间、文化空间、体育空间、服务空间,及时回应人民群众提高生活品质的新需求。另一方面,城市是一个生命体的理念,已成为像上海等超特大城市治理的共识。中国超特大城市重新审视城市风险的复杂性和不确定性,牢固树立全生命周期理念,以智能化为城市细致"画像",精准"把脉",依托数字治理系统,率先建构起经济治理、社会治理、生态治理与城市治理统筹推进和有机衔接的治理体系,彰显人民城市治理的精度、深度与温度。

三、共建共治共享的城市文明共同体建构

党的二十大的召开揭开了中华民族迈上全面建成社会主义现代化强国新征程的历史性序幕。在这一历史背景下,人民城市被赋予了新的使命。以上海为代表的超特大城市既是中国改革开放的前沿阵地、国际社会的"东方明珠",又肩负着"展现社会主义现代化文明窗口"的使命。刘易斯·芒德福认为,"城市从起源时代开始便是一种特殊的构造,它专门用来贮存并流传人类文明的成果"。[1] 在他看来,城市是现代文明的容器,是观察现代文明的窗口。人类文明的更替伴随着城市作为文明载体的周期性兴衰。无论是古典文明中的雅典,还是中世纪文明中的基督教城市,以及商业文明中的阿姆斯特丹,抑或工业文明中的伯明翰,资本主义现

---

[1] [美]刘易斯·芒福德:《城市发展史——起源、演变和前景》,宋俊岭、倪文彦译,中国建筑工业出版社2005年版,第33页。

代文明中的纽约、巴黎；还有中国古代盛唐时期的长安，明清时期的北京，以及近代以后的上海，不同的城市记录了不同历史时期人类社会的历史和文化，创造了不同的城市文明样态。人民是城市历史和文化的真正创造者，人的社会生产活动构成了人类文明的生成过程。质言之，城市是高度的文明体，城市既是人类文明进化的结晶，又是人类文明创造活力集中涌流之地。城市辉煌的文明，无论是物质文明还是精神文明，无论是历史还是文化，都是各行各业的人民的累积性创造。

作为社会主义现代化文明的窗口，以上海为代表的人民城市建设的基本要义是构建共建共治、共享共荣的人民城市文明共同体。一方面，人民城市文明共同体建构要求人民积极参与城市规划、建设与管理等各个领域，充分发挥人民的主动性、能动性和积极性，为人民提供实现梦想、展现才华的广阔舞台。人民城市治理要求超越以管理者为中心的治理模式，树立以人民为中心的共同治理理念，协调好城市管理与人民生活的关系，创造现代城市治理的新范式。另一方面，人民城市文明共同体建构要求人民共享城市发展成果，以不断提升内在品质的文明新形态来满足人民的多元需求，创造人民城市的文明新境界。人民城市建设必须满足人民对美好生活的需要，让城市发展成果惠及全体人民，使每个人都能享受高品质的生活空间、绿色的生产方式和宜居的生活环境，真正提升人民群众的获得感、幸福感和安全感。

共建共治、共享共荣的人民城市文明共同体具有丰富的内容体系，既要建构社区层面的生活共同体、情感共同体、关系共同体，又要建构公共界面的服务共同体、发展共同体、秩序共同体，为铸造社会主义现代化的人类文明新形态奠定多层次、多领域、多方面的共同体基础。这要求在城市政府、市场、社会与人民的互动关系建构过程中，围绕基于人民真实需求与切身利益的公共事务这一目标，以城市共同体精神至上为原则，以协商民主为利益表达与诉求机制，最大限度地建构人民有效参与的城市空间与公共领域，健全全过程人民民主的制度、机制、载体和平台，把人民城市建设切实地转化为承载人类历史文化和智慧结晶的共建共治共享的城市文明体。

第四节　人民城市的实践逻辑

当代中国的城市建设始终与国家发展战略紧密相关。新中国成立以来，中国从一穷二白的农业国家发展成为一个富强、民主、文明、和谐、美丽的社会主义现代化国家，创造了人类历史的发展奇迹。在这一过程中，城市一直是国家战略布局的重要平台，城镇化被视为驱动中国经济持续增长、加快产业结构转型升级、促进社会全面进步的重要力量。人民城市正是在国家战略的持续布局中逐步成长起来的。

一、新中国经济赶超型发展战略与现代工业体系的构建

新中国成立后,优先发展重工业、走工业化道路成为社会主义国家建设的首要战略。毛泽东指出,"中国落后的原因,主要的是没有新式工业。日本帝国主义为什么敢于这样地欺负中国,就是因为中国没有强大的工业"[1],"要中国的民族独立有巩固的保障,就必须工业化"。[2] 在此战略背景下,城市建设的中心工作便是恢复和发展生产,基本方针是"为工业建设、为生产、为劳动人民服务,保证工业建设和工业生产的需要,适当满足劳动人民的物质文化生活要求"。[3] 这一时期的城市,主要作为国家工业化平台进行产业布局和城市建设。"一五"计划期间,中国依托 156 个重点工程,通过工业化的发展推动了一批工业城市的快速兴起和发展。随着工业化的不断推进,截至 1977 年,中国城市化率由新中国成立之初的 10.64%增长至 17.55%,城市人口总量增加至 16 669 万人。[4]

在工业化战略引领下,上海城市建设的重心也放到了工业发展方面。"一五"期间,上海积极贯彻"优先发展重工业"的建设路线,不断加大对重工业的投资比重,重工业投资占到工业总投资中的 74.5%。基于此,上海积极争取改建、新建了一批工业企业,包括上海柴油机厂、上海锅炉厂、上海汽轮机厂、上海电机厂等。截至 1957 年,上海市重工业在工业结构所占比重由 1952 年的 22.9%增长至 36.5%,比重明显上升。随着工业化的发展,上海新建了 7 个新兴工业区,包括以钢铁、化工产业为主导的蕰藻浜、桃浦、吴泾、高桥工业区,由机械工业主导的彭浦工业区,由机电产业主导的闵行工业区,以及由仪表工业主导的漕河泾工业区。新型工业区的建设为上海卫星城的建设提供了基础。"大跃进"期间,上海提出建设闵行、吴泾、嘉定、松江、安亭作为卫星城镇的发展规划,进一步推动了上海的城市化进程。为了满足工人的生活需求,闵行卫星城打造了"生产与生活并重"的居民街,实现了从农田向现代化都市的转变。"文化大革命"期间,社会正常的生产生活秩序遭到破坏,工业化与城市化进程基本处于停滞状态。

二、社会主义市场经济条件下大中小城市和小城镇协调发展战略格局的构建

改革开放后,为实现"四个现代化"目标,城市建设重新提上日程。为此,

---

① 《毛泽东文集》(第三卷),人民出版社 1996 年版,第 146—147 页。
② 同上书,第 146 页。
③ 中央档案馆、中共中央文献研究室:《中共中央文件选集》(第 21 册),人民出版社 2013 年版,第 440 页。
④ 数据源自《中国统计年鉴》(2024 年)。

第七个五年计划确立了优先发展东部城市的战略,率先建设一批能够满足经济发展和人民生活的社会主义新型城市。1992 年,党的十四大正式确立社会主义市场经济改革目标,城市建设进入市场化阶段,要求"以市场为导向,进一步提高城市开放度,扩大城市综合功能,加速实现现代化"。[①] 市场经济的发展极大地加快了中国城市化进程。截至 2002 年,中国城市化率从 1993 年的 27.99%增长至 39.09%。[②]

　　但与此同时,城市建设也陷入"区域发展不平衡"和"社会建设与经济建设不平衡"的困境。2002 年,党的十六大提出了"坚持大中小城市和小城镇协调发展,走中国特色的城镇化道路"的城市化发展战略。2007 年,党的十七大进一步强调,要按照"以大带小的原则,促进大中小城市和小城镇协调发展"。[③] 在此基础上,2012 年,党的十八大提出要"科学规划城市群规模和布局,增强中小城市和小城镇产业发展、公共服务、吸纳就业、人口聚集功能"。[④] "大中小城市和小城镇协调发展"的城市现代化战略,使中国城市现代化进程迈上新台阶。截至 2017 年,中国城市化率达 60.24%,城市人口占全国人口比重已超过一半。[⑤]

　　在"四个现代化"目标引领下,中国城市建设由粗放型模式转向集约型发展模式,更加注重城市居民、资源、环境的全面可持续发展。2003 年以来,上海市树立了"以人为本"的城市发展理念,采取了"统筹发展"与"品质提升"并重的城市发展方式,更加注重城乡协调发展。党的十八大后,党中央制定了《国家新型城镇化规划(2014—2020 年)》,提出了城市建设的新目标,即"建设和谐宜居、富有活力、各具特色的现代化城市,提高新型城镇化水平,走出一条中国特色城市发展道路",进一步推动了城市发展由外延扩张向内涵式提升转变。为此,上海市制定了加快建设社会主义现代化大都市的战略目标,坚持高起点规划、高水平建设、高效能管理,推进上海城乡建设和城市管理向精细化、集约化模式转变。上海市提出了"以人为本,安全为先,管理为重"的城市建设方针,更加注重改善民生和生态环境建设,致力于满足人民全面需求,促进上海宜居城市建设。

三、新时代人民城市的高质量发展模式的建构

　　随着中国特色社会主义进入新时代,中国城镇化进入以中心城市和都市圈为引领的城市群发展时代,构建了大都市圈发展格局、跨域经济带发展格局、跨域城

①　陈文宪:《城市建设市场化道路探寻》,《中国软科学》1996 年第 1 期。
②　数据源自《中国统计年鉴》(2024 年)。
③　《胡锦涛文选》(第二卷),人民出版社 2016 年版,第 632 页。
④　《胡锦涛文选》(第三卷),人民出版社 2016 年版,第 630 页。
⑤　数据源自《中国统计年鉴》(2024 年)。

市群发展格局、区域发展格局与跨国经济文化带发展格局相互联通、贯通与叠加，融"都带群区路"等发展战略于一体的新时代社会主义现代化国家的空间发展格局。[①] 大都市圈成为遵循经济发展规律、探索新型大都市治理范式、引领城乡融合发展、实施新型"都带群区路"融合发展战略体系的最佳实践场景和发展形态。在实践中，大都市圈开创性地走出了一条"抓两头促中间"的区域协同治理路径。在宏观层面，注重"顶层设计、规划引领、制度对接"为区域发展奠定坚实基础；在中观层面，推动区域"产业链集群发展、多元主体协同治理、经济社会文化一体化发展"激发区域活力；在微观层面，重视"基础设施、互联互通、标准一体"助力整体跃升。大都市圈治理不仅是区域协同的先锋，更是城乡融合发展的强大引擎，以其创新理念和前瞻布局，引领未来城市的发展。由此，为全面提升新时代中国以大都市圈为核心的城市化发展绩效，最终走出一条由人民城市论引领的带有普遍意义的新型城市发展道路，奠定了坚实的理论与实践基础。[②]

在此战略布局下，人民城市建设进入高质量发展阶段。《上海市城市总体规划（2017—2035 年）》提出了新阶段人民城市的建设目标，即"建成卓越的全球城市，令人向往的创新之城、人文之城、生态之城，具有世界影响力的社会主义现代化国际大都市"。[③] 为此，上海市以落实国家重大战略任务为牵引，以强化"四大功能"、建设"五个中心"为主攻方向，新能源汽车、高技术船舶、新材料、机器人等新兴产业持续发展壮大。截至 2022 年年底，上海市全社会研发经费支出占全市生产总值的比例提高到 4.2% 左右[④]，集成电路、生物医药、人工智能三大先导产业规模达到1.4 万亿元。与此同时，上海市民心工程、民生实事扎实推进，人民生活水平持续提升。居民人均可支配收入从 2017 年的 5.9 万元增加到 2022 年的 7.9 万元左右，五年新增养老床位 2.65 万张；各类托育机构达到 1 277 个，是五年前的 3.6 倍；完成 40 个城中村改造项目，建设筹措 24.8 万套（间）保障性租赁住房。通过科学化、

---

① "都带群区路"战略，是指由在国内形成的以各大省会与副省级城市为中心的都市圈建设的"核心都战略"，横跨国土东西的长江经济带发展、黄河流域生态保护和高质量发展"两带战略"，地跨国土东中部地区、华北地区、东南部地区的长三角一体化发展、京津冀协同发展、粤港澳大湾区建设"世界级城市群""三群战略"，覆盖国土全境的西部大开发、东北振兴、中部地区崛起与东部地区加快推进现代化"四区战略"，以及在中国周边塑壤地区及国际上形成的连接亚洲欧洲非洲大陆、辐射美洲大洋洲的"一带一路"倡议，五者共同构成的社会主义现代化国家新型空间融合发展战略体系。参见唐亚林：《构建新时代社会主义现代化国家的空间布局战略体系——基于城市化发展的考察》，《同济大学学报》（社会科学版）2021 年第 1 期。

② 唐亚林：《构建新时代社会主义现代化国家的空间布局战略体系——基于城市化发展的考察》，《同济大学学报》（社会科学版）2021 年第 1 期。

③ 《上海市城市总体规划（2017—2035）》（2018 年 1 月），上海市人民政府网站，https://www.shanghai.gov.cn/newshanghai/xxgkfj/2035002.pdf，最后浏览日期：2025 年 4 月 28 日。

④ 《2022 年上海市国民经济和社会发展统计公报》（2023 年 3 月 22 日），上海市统计局官网，https://tjj.sh.gov.cn/tjgb/20230317/6bb2cf0811ab41eb8ae397c8f8577e00.html，最后浏览日期：2025 年 4 月 28 日。

精细化、智能化"三化联动",上海市扎实推进城市治理现代化,实行生活垃圾分类政策,全市公园从 2017 年的 243 座增加到 2022 年的 670 座,生态环境质量显著改善。[①]

从工业化平台到现代化发展平台再到中华民族伟大复兴战略平台,当代中国城市的命运始终与国家命运紧密相连、与国家发展的阶段性战略互为促进。在城市发展实践中,党和政府越来越认识到城市"人民性"的本质特征是决定城市兴衰和国家兴盛的关键所在,因此,提出"人民城市人民建,人民城市为人民"的人民城市理念,并在城市建设与发展实践中一以贯之地落实。在全面建成社会主义现代化强国的新征程中,人民城市建设必须始终坚持"发展为了人民,发展依靠人民,发展成果由人民共享"的理念,在党的领导下建构共建共治、共享共荣的城市共同体,不断缩小城乡发展差距、居民收入差距、区域发展差距,深入推进共同富裕目标的实现,满足人民更加多向度、多样化与高层次需求,为人民创造更加幸福美好的生活。

人民城市论既继承了中国共产党人的初心和理想,强化了人民在城市建设与发展中的主体地位,又创新了中国特色社会主义城市建设与发展的理论范式与实践道路,回应了新时代人民对美好生活向往的美好期待。从城市的功能性建构到城市的人民主体性与国家使命性建构的跨越,体现了城市发展理论的超越性,展现了人民城市的主体性建构逻辑。从城市有机体论到城市生命体论再到城市文明体论,揭示了城市发展理论的核心逐渐由"物"向"人"的转变,由"物质世界"向"精神文明"的转变,呈现了人民城市的认识论建构逻辑。作为国家战略平台,城市建设重心从工业化目标到现代化目标再到实现中华民族伟大复兴目标的进阶式跃升,体现了以人民为中心的人民城市的发展论建构逻辑。这种集主体性建构逻辑、认识论建设逻辑与发展论建构逻辑于一体的人民城市论的提出,展现了新时代中国特色社会主义现代化城市发展的理想图景,开创了人类社会城市理论与实践的新型范式与未来前景。

人民群众是历史的创造者,是人民城市建设的主体力量。人民城市建设的根本动力在于人民的支持。基于此,创建思想最自由、文明最高尚、生活最美好的人民城市,需要把维护人民利益、回应人民需求、实现人民价值、增进人民福祉等目标贯穿到城市治理与城市发展的全过程与全领域,既要充分激发人民群众在城市治理中的主人翁精神,积极践行全过程人民民主,探索人民群众参与城市建设的创新路径,又要将"老百姓满意不满意、生活方便不方便"作为人民城市发展的重要评判

---

① 《龚正市长在上海市第十六届人民代表大会第一次会议的政府工作报告（2023 年）》（2023 年 1 月 17 日）,上海市政府网,https://www.shanghai.gov.cn/nw12336/20230117/b511b08dd4e54a13bc592fed41 ce2510.html,最后浏览日期:2025 年 4 月 28 日。

标准,建构共建共治、共享共荣的城市共同体,进而让人民城市发展成果更好地惠及广大人民群众,并切实改善人民生活,不断满足人民群众日益增长的多元需求以及不断将人民对美好生活的向往变为现实。

思考题:

1. 城市理论发展过程中形成了哪些理论范式,其内涵分别是什么?
2. 如何理解人民城市论的理论逻辑?
3. 如何构建共建共治共享的城市文明共同体?
4. 如何更好地推进人民城市建设?

图书在版编目(CIP)数据

城市治理学/陈水生,唐亚林主编.--上海:复旦大学出版社,2025.7.--(新时代公共管理学教材系列).-- ISBN 978-7-309-18142-5

Ⅰ.C912.81

中国国家版本馆 CIP 数据核字第 202552JH86 号

城市治理学

Chengshi Zhilixue

陈水生　唐亚林　主编

责任编辑/朱　枫

复旦大学出版社有限公司出版发行

上海市国权路 579 号　邮编:200433

网址:fupnet@ fudanpress.com　http://www.fudanpress.com
门市零售:86-21-65102580　团体订购:86-21-65104505
出版部电话:86-21-65642845

浙江新华数码印务有限公司

开本 787 毫米×1092 毫米　1/16　印张 26.25　字数 515 千字
2025 年 7 月第 1 版
2025 年 7 月第 1 版第 1 次印刷

ISBN 978-7-309-18142-5/C·474
定价:80.00 元